교점역해(校點譯解)

정원고사(政院故事)

서울대학교 규장각한국학연구원 한국학자료총서 26

교점역해(校點譯解) 정원고사(政院故事)

초판 1쇄 인쇄 2017년 5월 25일
초판 1쇄 발행 2017년 5월 30일

감수 · 해설 김태웅 이강욱
교열 · 해제 진현 하명준
표점 · 번역 조미은 외
펴낸이 성낙인
펴낸곳 서울대학교출판문화원

출판등록 제15-3호

주소 08826 서울 관악구 관악로 1
대표전화 02-880-5252 | **팩스** 02-888-4148
전략기획팀(출판상담 및 홍보) 02-880-5217
출판관리팀(주문상담) 02-889-4424, 02-880-7995
이메일 snubook@snu.ac.kr
홈페이지 www.snupress.com

ISBN 978-89-521-1885-1 94360
978-89-521-1026-8(세트)

이 연구는 서울대학교 규장각한국학연구원에서 시행한 '2015년도 21세기 신규장각 자료구축사업'의 지원을 받아 수행되었음.

서울대학교 규장각한국학연구원 한국학자료총서 26

교점역해(校點譯解)
정원고사(政院故事)

감수 · 해설 김태웅 이강욱
교열 · 해제 진 현 하명준
표점 · 번역 조미은 외

서울대학교출판문화원

Comparison, Marking, Translation, and Interpretation of *Chŏngwŏn'gosa*

Live commentary by

Kim, Tae Woong and Lee, Kang Wook

Seoul National University Press

머리말

이 책은 조선 후기 승정원(承政院)의 업무지침서라 할 『정원고사(政院故事)』에 대한 교감(校勘), 표점(標點), 주석(註釋), 해설(解說) 작업의 성과물이다.

주지하다시피 조선 시대 승정원은 의정부, 육조, 사헌부, 사간원과 함께 중추적인 정치 기구로서 왕명의 출납을 맡아 보았다. 즉 승정원은 임금에게 육조를 중심으로 관청에서 올리는 보고와 그것에 대한 국왕의 처리 명령을 위아래로 전달하였다. 따라서 승정원의 각종 일상 업무를 파악하는 일은 국왕과 신하들의 신상과 언동은 물론 국정 전반에 대한 모든 상황을 일목요연하게 파악하는 데 첩경이다.

이에 승정원에서 기록한 『승정원일기』가 임진왜란과 이괄의 난으로 일부 소실되었음에도 불구하고 분량의 방대함으로 인해 학계에서는 일찍부터 주목하였다. 최근 국사편찬위원회에서 현재 남아 있는 『승정원일기』의 원문을 확인한 결과에 따르면, 기사 수 179만 2,366건, 원문 글자 수 2억 2,649만 5,969자이다. 또 『승정원일기』는 규모의 방대함을 넘어서서 "임금의 모든 행동은 은폐하지 않고 반드시 기록한다."라는 자세에서 볼 수 있듯이 그 상세함과 정확성에서 여타 문헌을 압도한다. 그 결과 『승정원일기』는 1999년에 국보 제303호로 지정받았고, 2001년 9월 『직지심체요절』과 함께 세계기록유산으로 등재되었다.

그러나 『승정원일기』가 승정원이 업무를 수행하는 과정에서 생산된 기록물임에도 불구하고 일기 자체의 내용만 주목될 뿐 승정원의 고유 업무라는 왕명 출납 업무에 대해서는 오랫동안 관심의 대상이 아니었다. 그것은 승정원의 업무가 국왕과 신하의 신상과 언동을 기록하는 기능에 국한시켜 인식하는 경향이 강했기 때문이다. 따라서 승정원의 업무 지침서라고 할 『정원고사(政院故事)』(奎 1018), 『은대편고(銀臺便攷)』(奎古 5120-155), 『은대조례(銀臺條例)』(奎 6140) 등은 학계의 관심 대상에서 벗어나 있었다. 하지만 승정원이 자신의 또 다른 고유 업무라 할 왕명 출납을 수행하기 위해 이전 시기에 국왕이 내린 전교(傳教)와 교지(教旨) 등을 참조할 필요가 있다는 점에 유념한다면 승정원에서 정리·편찬한 이들 업무 지침서는 당연히 법규의 연원과 배경, 제정 절차, 역사적 의미 등을 구명하는 데 매우 유용한 자료인 셈이다.

이에 규장각한국학연구원에서는 이들 업무 지침서의 중요한 가치를 인식하고 2000년에 『은대편고』와 『은대조례』를 영인본으로 간행하였다. 그 결과 한국고전번역원에서는 이러한 영인본을 저본으로 『은대조례: 조선조 승정원의 업무규정집』(이강욱 옮김, 2012)과 『은대조례 참고자료집』(이강욱 외 해설·교열·번역, 2015)을 간행할 수 있었다.

그러나 『은대조례』(고종 7)는 이들 업무 지침서 가운데 편찬 시기가 가장 늦을뿐더러 고종 당시에 실제로 시행되고 있었던 법규만을 수록 대상으로 삼았다는 점에서 사문화된 법규가 누락되어 있고 법규가 제정되는 배경이 기술되어 있지 않다. 또한 헌종 연간에 편찬된 『은대편고』는 승정원의 업무와 관련된 규정과 사례를 모두 모아 놓았으나 분량이 많고 사례가 정리되어 있지 않아서 접근하기가 쉽지 않은 면이 있다. 반면에 『정원고사』는 순조대에 편찬된 업무 지침서로서 수록 규정이 어느 시기에 어떠한 상황에서 제정되었는지를 설명해 주는 사례를 담고 있다.

따라서 본 작업팀에서는 『정원고사』의 이러한 자료적 가치와 역사적 의미를 중시하여 이 책에 대한 교점역주 작업을 결정하고 준비에 들어갔다. 그러던 차에 2015년 "서울대학교 규장각한국학연구원 21세기 신규장각 자료구축사업"의 지원을 받게 됨으로써 작업을 소기의 계획대로 원만하게 진행할 수 있었다.

작업의 주안과 단계는 다음과 같다. 무엇보다 『정원고사』에 수록된 규정 및 사례에 대한 이해를 심화시키는 데 그치지 않고 18세기~19세기 전반의 역사적 상황에 대한 정밀한 해석과 이해의 확충을 도모하는 데 중점을 두었다. 이에 『승정원일기』, 『일성록』, 『조선왕조실록』 등의 연대기 자료와 함께 정조대의 『대전통편(大典通編)』, 고종대의 『대전회통(大典會通)』과 비교하여 일일이 교감하고 오자(誤字), 탈자(脫字), 연문(衍文), 도치문(倒置文)을 바로잡았다. 다음 독자들이 한문을 정확하게 이해하는 데 도움을 주기 위해 15가지의 표점 부호를 사용하여 표점(標點)하였다. 이어서 어려운 어휘를 가능한 한 풀어서 쉽게 번역하고자 하였다. 또한 독자들이 해당 사례를 다른 연대기 자료에서 쉽게 찾을 수 있도록 각 사례마다 『승정원일기』, 『일성록』, 『정조실록』에 기록되어 있는지 여부를 밝혔다. 특히 일반 독자들이 이 책의 구성과 내용을 쉽게 이해할 수 있도록 소제목과 본문에 대한 해설을 풍부하게 달았을뿐더러 수록 어휘를 전거에 입각하여 가능한 한 풀이하였다.

따라서 이 책은 조선 시대 정치, 경제, 법제, 사회, 문화 등에 관심을 가진 연구자와 독자들에게 여러 측면에서 유용한 참고서가 되리라 본다. 우선 이 책이 승정원의 업무지침서라는 점에서 승정원의 기능과 승지의 역할을 이해하는 데 도움이 될 것이다. 뿐만 아니라 『승정원일기』를 비롯한 연대기 자료를 연구하는 데에 길잡이가 될 것이다. 특히 18세기 후반 승정원의 운영 실태와 군신 간 정책 결정의 과정을 이해하는 데 유익할 것이다. 또한 이 책에 수록된 사례 중에는 『대전통편』과 『대전회통』에 반영된 사례들이 있어서 국왕의 전교와 신하들의 거행조건(擧行條件)이 법제화되는 과정을 연구하는 데에도 유용한 자료가 될 것이다.

그런 측면에서 이 책은 한국학 기초연구의 토대로서 역사학, 국문학, 한문학, 법학, 고문헌관리학 등의 관련 연구에 기여하리라 본다. 이 작업이 원만히 진행되고 소기의 목적대로 간행될 수 있었던 데는 무엇보다 이 책의 역사적 의미와 자료적 가치를 높이 평가한 규장각한국학연구원의 지원과 서울대학교출판문화원의 출판 결정이 컸다. 이 자리를 빌려 양 기관에 깊이 감사드린다.

끝으로 이 작업에는 역사학, 한문학, 서지학, 철학, 국어국문학, 중문학, 고문헌관리학 등 다양한 분야의 전공자들은 물론 번역의 실무에 종사하는 분들이 힘을 합쳐서 성과를 냈다는 점에서 새로운 번역 방식을 제시하는 선례를 남겼다. 앞으로도 교점역주 작업을 통해 한국학 기초토대의 구축에 기여하는 학제 연구로 이어지길 고대한다.

2017년 4월

김태웅(金泰雄)

차례

예고(禮攷)

병고(兵攷)

표 차례

일러두기

1. 이 책은 서울대학교 규장각한국학연구원이 소장하고 있는 『정원고사(政院故事)』(奎 1018)를 저본(底本)으로 삼아 교감・표점・번역・해설한 것이다.
2. 각 조항별로 기사 번호, 원문, 번역문, 해설의 순서로 실었으며, 원문은 교감과 표점을 하였다.
3. 기사 번호를 부여한 원칙은 다음과 같다.
   1) 기사 번호는 각 고(攷)가 시작될 때마다 새롭게 부여하였으며, 모두 두 자리로 이루어져 있다.
   2) 기사 번호 중 앞자리 번호는 각 고(攷)에 속한 소제목마다 차례대로 번호를 부여한 것이고, 뒷자리 번호는 소제목 안에 속한 조항마다 차례대로 번호를 부여한 것이다.
4. 원문에 대한 교감과 표점의 원칙은 다음과 같다.
   1) 교감은 『승정원일기』, 『일성록』, 『정조실록』 해당 날짜의 기사와 대조하여 오자(誤字), 탈자(脫字), 궐문(闕文), 연문(衍文), 도치문(倒置文)이 있을 경우에 행하였으며, 3가지 사료에 모두 실려 있지 않은 경우에는 『은대편고(銀臺便攷)』와 『내각일력(內閣日曆)』 등과 대조하여 행하였다.
   2) 교감한 글자 위에는 'ᵒ'로 표시하였으며, 교감의 주석은 원문 아래에 달고 번역문에는 달지 않았다.
   3) 표점에 사용된 부호는 고리점(。), 물음표(?), 느낌표(!), 반점(,), 모점(、), 가운뎃점(·), 쌍반점(;), 쌍점(:), 큰따옴표(" "), 작은따옴표(' '), 어미괄호(【 】), 서명 부호(『 』), 편명 부호(「 」), 인명 부호(____), 지명 부호(____) 등 총 15가지이다.
5. 번역의 원칙은 다음과 같다.
   1) 번역문은 일반 교양인이 이해할 수 있는 수준에 맞추어 번역하였다.
   2) 어휘는 가능한 풀어서 번역하였으나, 제도(制度)와 관련된 어휘 중 풀기가 곤란한 것은 그대로 사용하였다.
   3) 주석은 『정원고사』의 각 조항마다 『승정원일기』, 『일성록』, 『정조실록』에 해당 기사가 실려 있는지와 내용이 일치하는지의 여부를 밝혔으며, 3가지 사료에 모두 실려 있지 않은 경우에는 『은대편고』에서 확인하여 밝혔다.
   4) 원문의 주석은 【 】로 묶어 번역하였다.

6. 해설은 소제목, 본문, 어휘로 나누어 실었으며, 그 원칙은 다음과 같다.
   1) 소제목 해설: 각 고(攷)에 속한 소제목마다 해설을 붙인 것으로, 제목의 의미와 유래 등을 설명하고 참고자료를 밝혔다.
   2) 본문 해설: 각 고의 소제목에 소속된 조항마다 해설을 붙인 것으로, 해당 조항이 나오게 된 배경과 문맥의 이해에 필요한 설명을 싣고 참고자료를 밝혔다.
   3) 어휘 해설: 풀어서 번역하지 않고 그대로 사용한 어휘에 대해 해설을 붙인 것으로, 해당 어휘의 의미와 유래 등을 밝혔다.
7. 『교점역해 정원고사』는 한국승정원일기연구소 부설 은대학당의 수강생들이 1차 표점・번역한 원고를 바탕으로 정리한 것이며, 이 책을 만드는 데 참여한 인원 및 역할은 아래와 같다.

*감수・해설　김태웅　이강욱

*교열・해제　진　현　하명준

*표점・번역　윤미숙　「이고」 정사(政事).

박순애　「이고」 정품(政稟)~수령(守令).

채은주　「이고」 정사(呈辭)~구임 낭청(久任郎廳).

진　현　「이고」 통행잡식(通行雜式) 12-01~12-19.

김용미　「이고」 통행잡식(通行雜式) 12-20~12-38.

홍진용　「호고」 세선(稅船)~휼전(恤典).

오윤정　「호고」 진배(進排)~오부(五部).

김유경　「예고」 제향(祭享) 01-01~01-16.

조미은　「예고」 제향(祭享) 01-17~01-28.

손왕호　「예고」 황단(皇壇)~영희전(永禧殿).

전철근　「예고」 문안(問安)~윤대(輪對).

조춘래　「예고」 문신제강(文臣製講)~명과학(命課學).

안소라　「예고」 향실충의(香室忠義)~취품(取稟).

김효동　「예고」 탈품(頉稟)~전정품표(殿庭品表).

김윤지　「예고」 겸춘추(兼春秋)~승전색접대(承傳色接待).

이상설　「병고」 동가(動駕) 01-01~01-20.

박지은　「병고」 동가(動駕) 01-21~품계(稟啓).

강민정　「병고」 표신(標信) 04-01~04-15.

추소령　「병고」 표신(標信) 04-16~04-31.

이윤희　「병고」 밀부(密符)~마정(馬政).

권혁식　「병고」 문무신강사(文武臣講射).

오원경　「병고」 과거(科擧).

하지영　「병고」 관제(官制).

하명준　「병고」 군장(軍裝)~수개(修改).
주정순　「병고」 액례(掖隷)~찬화(鑽火).
전철근　「형고」 친국(親鞫)~격쟁(擊錚).
김양현　「형고」 복계(覆啓)~잡식(雜式).
노효경　「공고」 소장(疏章).

*윤문 · 교정　노효경

『정원고사(政院故事)』 해제(解題)

하명준

1. 조선 시대 승정원의 업무와 관련 자료

『정원고사』는 정조(正祖)의 재위기간(1776년 3월~1800년 6월) 동안 승정원(承政院)의 업무와 관련하여 왕의 전교(傳敎)에 따라 새롭게 정해진 규정이나 기존의 규정을 재천명하는 내용을 수록한 책이다. '정원(政院)'은 후원(喉院)・은대(銀臺)・대언사(代言司) 등과 더불어 조선 시대 정3품아문인 승정원을 가리키는 말이다. '고사(故事)'는 말 그대로 옛날부터 전해 오는 규칙과 정례(定例) 등을 의미한다. 따라서 『정원고사』는 승정원에 관한 업무의 규식과 사례 등을 모은 책이라고 할 수 있다. 이 책은 1책 64장의 필사본으로 되어 있고 편년은 미상(未詳)이며, 편찬자나 편찬과정을 정확히 밝힐 만한 단서도 찾기 어렵다. 교점・역해한 이 책은 서울대학교 규장각한국학연구원에 소장되어 있는 『정원고사』(奎 1018)를 저본으로 한 것이다.

조선 건국 직후인 태조 원년(1392) 7월에 새롭게 정한 관제(官制)에 따르면, 고려의 제도를 이어받은 중추원(中樞院)은 왕명 출납과 군사 기밀(軍機)을 총괄하였다.[1] 그러나 이방원(李芳遠)이 왕자의 난을 통해 권력을 장악하고 왕권을 강화하는 과정에서 정종 2년(1400) 4월에 중추원의 관제를 개편하여 군무(軍務)는 의흥삼군부(義興三軍府)로 이양하고 왕명 출납은 승정원에서 전담하게 하였다.[2] 이후 승정원은 수차례 제도상의 변천을 거쳐 세종 15년(1433) 9월에 도승지(都承旨)・좌승지(左承旨)・우승지(右承旨)・좌부승지(左副承旨)・우부승지(右副承旨)・동부승지(同副承旨) 등 6명의 승지(承旨, 정3품)와 2명의 주서(注書, 정7품)를 주요 관원으로 하는 직제(職制)가 성립되었다. 여기

1. 『太祖實錄』 1, 太祖 元年 7月 28日(丁未).
2. 『太祖實錄』 4, 定宗 2年 4月 6日(辛丑).

서 6명의 승지들은 육조(六曹)의 국정 처리에 상응하는 임무를 수행하였는데, 승정원의 우두머리인 도승지는 이조, 좌승지는 병조, 우승지는 호조, 좌부승지는 예조, 우부승지는 공조, 동부승지는 형조의 업무를 분장(分掌)하였다. 승지의 지휘를 받아 실무를 담당한 주서(注書)는 승정원을 거치는 공사(公事)와 문서의 기록 및 관리 등을 주된 임무로 하였다. 이와 같은 승정원의 직제와 업무 분장은 『경국대전(經國大典)』에 명문화되면서 그대로 확립되어 고종 31년(1894) 갑오개혁 때 승정원이 승선원(承宣院)으로 개칭될 때까지 그 골격을 유지하였다.[3]

승정원의 기본적인 업무는 『경국대전』에 기재되어 있듯이 왕명(王命)의 출납(出納)을 관장하는 것이다.[4] 임금의 최측근으로 목구멍과 혀와 같은 기능을 담당한다고 하여 승정원을 '후설(喉舌)'로 별칭했던 것도 그러한 업무의 내용과 성격을 가늠하게 한다. 하지만 임금의 명령이 그르다고 판단되면 '복역(覆逆)'이라고 표현하는 것처럼 왕에 맞서 간쟁(諫爭)에 나서기도 하였다.[5] 『육전조례』의 승정원 항목에는 출납(出納)·계품(啓稟)·전지(傳旨)·제향(祭享)·등연(登筵)·청패(請牌)·청추(請推)·거둥(擧動)·의절(儀節)·영칙(令飭)·과시(科試)·정사(呈辭) 등 국정 전반에 걸친 업무가 광범위하게 제시되어 있다.[6] 이런 업무 여건에서 사무를 처리하는 데 혼선을 피하고 전체적인 효율을 제고하기 위하여 관련 규정을 정비할 필요가 있었다. 이와 관련해서 『정원고사(政院故事)』(奎 1018), 『은대편고(銀臺便攷)』(奎 6780), 『은대조례(銀臺條例)』(奎 5046) 등 승정원의 업무 규식을 정리한 책들이 잇달아 편찬되었다. 이 책들은 일종의 승정원 업무 지침서라고 할 수 있으며, 각각 그 나름의 특징을 갖고 시기적으로 이어져 있다.

먼저 19세기 전반 순조대(純祖代)에 편찬된 것으로 추정되는 『정원고사』는 승정원의 업무에 관한 규정의 제정 시기와 배경을 설명해 주는 사례를 모아 놓았다. 『정원고사』를 편찬하기 전에도 승정원의 업무를 규정과 사례에 따라 정리한 것으로 보이는 『은대고사

---

3. 申炳周, 「『承政院日記』의 자료적 가치에 관한 연구」 『奎章閣』 24, 서울대학교 규장각한국학연구원, 2001, pp.6~8.
林仟煥, 「『承政院日記』 王命記錄의 特徵과 情報化 方案」 『한국사론』 37, 국사편찬위원회, 2003, pp.90~91.
4. 『經國大典』 1, 吏典 京官職, 承政院.
5. 李玄逸, 『葛庵集』, 「己甲辛癸錄」, 辛丑(1721) 6月.
安鼎福, 『順菴覆瓿稿』 6, 「政院古事」.
6. 『六典條例』 2, 吏典, 承政院.

(銀臺故事)나 『은대사례(銀臺事例)』 등의 존재가 연대기 자료에서 확인되지만 오늘날 전해지지는 않고 있다.[7] 그러므로 현재 승정원의 업무 규식에 관해 구체적인 내용과 사정을 파악할 수 있는 책으로는 『정원고사』가 시기상 가장 앞선 것으로 판단된다.

다음으로 헌종대(憲宗代)에 편찬된 것으로 추정되는 『은대편고(銀臺便攷)』는 승정원의 업무와 관련된 규정과 사례 등을 단순한 참고 자료에 이르기까지 최대한 수집하여 사안별로 정리한 책이다. 이 책은 조정에서 처리한 사무들을 일일이 수록하고 있어 국정 처리에 참고하여야 할 규례로 활용하였음을 알 수 있다.[8] 아울러 승정원의 업무와 관련된 규정은 물론이고 그러한 규정이 제정된 연혁을 추적할 수 있는 사례가 실려 있어 전체적인 법전 편찬의 흐름 속에서 승정원의 기능을 살필 수 있게 한다. 다만, 『은대편고』는 상대적으로 분량이 방대하고 또 사문화한 조례와 사례 등이 망라되어 있는 관계로 승정원의 관원들이 실무에 적용해서 처리하기에는 난점이 없지 않았다.

이에 따라 고종대(高宗代)에 편찬된 『은대조례(銀臺條例)』에서는 번잡하게 구성되어 있는 『은대편고』의 단점을 보완하여 편찬 당시의 기준으로 정리된 규정만을 수록하였다. 동시에 『은대편고』의 내용 중에서 사례에 관한 부분은 삭제함으로써 업무 지침에서 요점이 되는 사항들을 간추려 놓았다. 요컨대, 『은대편고』가 승정원의 업무와 관련된 규정과 사례를 총망라하였다면, 『은대조례』는 그중에서 승정원의 업무와 관련된 규정을 간략하게 요약한 것이라고 할 수 있다. 이에 비해 『정원고사』는 승정원의 업무에 관한 규정이 만들어진 배경을 알려 주는 사례를 모은 책으로 갈래를 지을 수 있으며, 후대에 편찬된 관서지(官署志)와 법전(法典)의 전거(典據)가 된다는 점에서 정조에서 고종 초년에 걸친 제도 개혁, 관제 변화, 법전류 편찬의 흐름 등을 체계적으로 이해하는 데 긴요한 자료라고 할 수 있겠다.

---

7. 『承政院日記』 38, 英祖 5年 10月 5日(丙午).
『正祖實錄』 29, 正祖 14年 3月 16日(丙申).
19세기 전반 『정원고사(政院故事)』(奎 1018)의 편찬 이전에 승정원에서 역대의 관련 업무에 관한 규정 및 사례를 정리하여 활용한 정황에 관해서는 장유승, 「『은대조례』 해제」(이강욱 譯, 『은대조례』, 한국고전번역원, 2012, pp.8~9) 참고.
8. 吳洙彰, 「『銀臺便攷』解題」(서울대학교 奎章閣 資料叢書 法典篇, 『銀臺便攷』 上, 2000, p.22).

2. 『정원고사』의 체제와 내용

『정원고사』는 이(吏)·호(戶)·예(禮)·병(兵)·형(刑)·공(工)의 여섯 고(攷)로 나뉘어 있다. 이러한 분류는 승정원의 업무를 6방(六房)으로 나누고 6명의 승지에게 각각 1개의 방을 담당하도록 한 제도와 연관이 있다. 즉 승정원의 이방승지(吏房承旨), 호방승지(戶房承旨), 예방승지(禮房承旨), 병방승지(兵房承旨), 형방승지(刑房承旨), 공방승지(工房承旨)가 각각 육조(六曹)의 업무를 분담하도록 한 체제에 맞추어 각 방의 담당 승지가 숙지해야 할 규정과 사례를 육고(六攷)로 분류한 것이다.

이고(吏攷)는 이방승지의 업무와 관련 있는 사안들을 순차적으로 모아 놓은 편으로, 모두 12개의 소제목으로 나누어져 있다. 정사(政事)의 개최와 승지의 참석, 관직의 제수와 가자(加資), 어보(御寶)의 출납, 대신을 비롯한 각 관원에 대한 예우와 처벌, 관원의 휴가와 실적 평가, 승지와 옥당의 해유(解由) 발급, 상언(上言)의 처리, 승정원에서 통용되는 규정 등이 실려 있다.

호고(戶攷)는 호방승지의 업무와 관련 있는 사안들을 순차적으로 모아 놓은 편으로, 모두 15개의 소제목으로 나누어져 있다. 세선(稅船)과 조선(漕船)의 침몰에 따른 처리, 궁방(宮房)의 절수(折受) 전답에서 거두는 세곡(稅穀)의 납부, 조보(朝報)에 공개할 사안과 공개를 금지할 사안, 수령에 대한 시상, 궐 안팎 건물과 도로의 수리, 재해를 입은 백성의 구휼, 궐에 바칠 물품에 대한 규정, 회계 장부의 관리, 호구의 보고 및 장부 관리, 하속(下屬)에 대한 침탈 금지 등이 실려 있다.

예고(禮攷)는 예방승지의 업무와 관련 있는 사안들을 순차적으로 모아 놓은 편으로, 모두 35개의 소제목으로 나누어져 있다. 각종 제향(祭享)의 절차·재계(齋戒)·헌관(獻官)·봉심(奉審), 황단(皇壇)의 제향과 망배례(望拜禮), 영희전(永禧殿) 관원의 차출, 관원의 문안과 숙배(肅拜), 정기적 행사인 경연(經筵)·상참(常參)·윤대(輪對)의 취품(取稟)과 탈품(頉稟), 유생이나 문신을 대상으로 정기적으로 시행하는 전강(殿講)과 제술(製述), 향실충의(香室忠義)의 취재(取才)와 승진, 동가(動駕)할 때의 수행 및 의장(儀仗), 각 능(陵)과 경모궁(景慕宮)의 식목(植木), 시사(視事)의 취품과 탈품, 사행(使行)의 파견과 사대문서의 처리 절차, 규장각 제학의 권한과 의무, 예비사관(豫備史官)의 의무, 삭서(朔書)의 제출과 채점, 효행이나 열행(烈行)이 뛰어난 사람에 대한 표창, 관상감의 강수량 측정 보고, 책력(冊曆)의 진상과 반포, 인신(印信)의 제작, 시권(試券)의 등급 작성, 승정원에서의 승전색(承傳色) 접대 등이 실려 있다.

병고(兵攷)는 병방승지의 업무와 관련 있는 사안들을 순차적으로 모아 놓은 편으로, 모두 19개의 소제목으로 나누어져 있다. 동가(動駕)할 때의 시위(侍衛)와 군병(軍兵) 징발, 차대(次對)와 조참(朝參)의 취품 및 연설(筵說) 정리, 표신(標信)과 신전(信箭)의 출납 및 궐문과 성문의 개폐(開閉), 밀부(密符)의 전달과 반납, 습진(習陣)을 행할 때의 절차 및 탈품, 궐문 출입의 제한 및 단속, 신부(信符)와 한부(漢符)의 발급, 어가(御駕)를 수행하거나 왕명을 봉행(奉行)하는 신하에게 지급하는 말, 문신과 무신을 대상으로 시행하는 전강(殿講)과 시사(試射), 무과(武科)와 내시사(內試射) 등의 거행 절차, 서반(西班)의 관제(官制)와 포폄(褒貶), 군장(軍裝)과 군물(軍物)의 관리, 군병(軍兵)의 구휼, 궁궐과 종묘 담장 등의 수리 및 성문과 궐문 자물쇠의 보수, 무예별감(武藝別監)의 운용, 병방승지가 숙지해야 할 승정원의 규정, 계절마다 불씨를 바꾸는 일 등이 실려 있다.

형고(刑攷)는 형방승지의 업무와 관련 있는 사안들을 순차적으로 모아 놓은 편으로, 모두 11개의 소제목으로 나누어져 있다. 친국(親鞫)과 추국(推鞫), 죄수에 대한 가혹 행위 금지, 소결(疏決)과 의처(議處), 궁녀와 관원의 금지 사항, 격쟁(擊錚)의 처리, 복계(覆啓)의 지연 금지, 사계(查啓)에 대한 처리 및 통지, 대간(臺諫)의 복장 및 대간 계사(啓辭)의 작성 방식, 기타 잡다한 규정 등이 실려 있다.

공고(工攷)는 공방승지의 업무와 관련 있는 사안들을 순차적으로 모아 놓은 편으로, 단지 1개의 소제목으로 되어 있다. 분량상으로도 육고(六攷) 중에서 가장 소략하다. 소장(疏章)의 수납(收納)과 환급(還給) 등에 관한 규정이 실려 있다.

3. 『정원고사』 조항의 연대기 자료 수록 검토

『정원고사』는 정조가 재위하는 기간에 내린 전교(傳教)·하교(下教)와 신하들이 낸 거행조건(擧行條件) 등을 모아 놓은 사례집이므로, 『정원고사』에 실린 사례들은 정조 재위 기간에 편찬된 『승정원일기』와 『일성록』, 정조 사후에 편찬된 『정조실록』에 거듭해서 실려 있는 경우가 많다. 『정원고사』의 육고(六攷)에 수록된 조항은 총 400개인데, 번역하는 과정에서 이들 조항이 『승정원일기』·『일성록』·『정조실록』에 실려 있는지의 여부를 조사한 결과는 표 1과 같다.

표 1. 『정원고사(政院故事)』 육고(六攷)의 조항별 연대기 자료 수록 횟수

분류(조항 수)		승정원일기	일성록	정조실록	개유(皆有)	개무(皆無)
吏攷	政事(13)	9	5	0	0	3
	政稟(4)	2	2	0	0	1
	大臣(3)	3	3	1	1	0
	監司(1)	1	1	0	0	0
	守令(3)	3	3	2	2	0
	呈辭(8)	6	5	0	0	2
	解由(1)	1	0	0	0	0
	殿最(2)	2	1	1	1	0
	上言(2)	0	0	0	0	2
	歲抄(1)	1	1	0	0	0
	久任郎廳(1)	0	0	0	0	1
	通行雜式(38)	24	19	4	2	13
戶攷	稅船(1)	1	1	1	1	0
	宮房折受(1)	1	1	1	1	0
	給復(1)	1	1	1	1	0
	賞典(1)	1	1	1	1	0
	還穀(1)	0	0	0	0	1
	回啓(1)	1	1	0	0	0
	營繕(1)	1	1	1	1	0
	修理(2)	2	2	1	1	0
	恤典(3)	3	3	2	2	0
	進排(2)	2	2	1	1	0
	道路(1)	1	0	0	0	0
	掖屬(1)	1	1	1	1	0
	會簿(1)	1	1	0	0	0
	戶口(2)	2	2	2	2	0
	五部(1)	1	1	1	1	0
禮攷	祭享(28)	19	15	7	6	9
	皇壇(11)	4	3	1	1	7
	永禧殿(3)	3	3	3	3	0
	問安(4)	3	3	1	1	1
	肅拜(3)	2	2	0	0	1
	經筵(4)	2	1	1	0	2
	常參(2)	0	0	0	0	2

	輪對(3)	0	0	0	0	3
	文臣製講(4)	3	3	2	2	1
	日次儒生殿講(7)	6	6	3	3	0
	漢學殿講(1)	1	1	0	0	0
	命課學(2)	2	2	0	0	0
	香室忠義(1)	1	1	1	1	0
	動駕(2)	1	1	1	1	1
	奏御文字(1)	1	1	0	0	0
	各陵奉審(1)	1	1	1	1	0
	取稟(1)	0	0	0	0	1
	頉稟(1)	0	0	0	0	1
	庭試易書(1)	1	1	0	0	0
	拜表樂作(1)	1	1	1	1	0
	方物看品(1)	1	1	0	0	0
	使行節目(1)	1	1	0	0	0
	奏咨文(2)	2	2	1	1	0
	景慕宮植木(1)	0	0	0	0	1
	內閣提學掌試(1)	1	1	0	0	0
	殿庭品表(1)	1	1	1	1	0
	兼春秋(1)	1	1	0	0	0
	預備翰林(1)	1	1	0	0	0
	朔書(3)	3	3	0	0	0
	孝烈(2)	2	2	1	1	0
	測雨器(1)	1	1	0	0	0
	頒曆(2)	2	2	2	2	0
	印信(1)	1	1	0	0	0
	科場試券(1)	0	0	0	0	1
	承傳色接待(1)	0	0	0	0	1
兵攷	動駕(30)	23	20	10	8	7
	賓對朝參(4)	4	2	1	0	0
	稟啓(9)	5	4	0	0	4
	標信(31)	23	20	8	8	8
	密符(5)	3	2	1	1	2
	習陣(5)	4	4	4	3	0
	門禁(5)	5	4	2	2	0
	信漢符(2)	2	0	0	0	0

	馬政(3)	3	2	2	1	0
	文武臣講射(19)	14	13	3	3	5
	科擧(11)	11	10	6	6	0
	官制(20)	19	17	6	6	1
	軍裝(1)	1	1	1	1	0
	軍物(3)	2	2	0	0	1
	週給(2)	1	1	1	1	1
	修改(4)	1	1	0	0	3
	掖隷(5)	4	3	1	1	1
	院例(10)	5	3	3	2	5
	鑽火(1)	1	1	1	1	0
刑攷	親鞫(1)	1	1	1	1	0
	推鞫(1)	1	1	1	1	0
	恤囚(4)	3	3	2	2	1
	疏決(2)	2	2	2	2	0
	議處(1)	1	1	1	1	0
	禁法(3)	3	3	2	2	0
	擊錚(4)	4	4	0	0	0
	覆啓(1)	1	1	0	0	0
	查啓(4)	3	3	2	2	1
	臺諫(5)	2	2	1	1	3
	雜式(2)	2	2	0	0	0
工攷	疏章(4)	3	3	0	0	1
總計(400)		296(74%)	256(64%)	110(27.5%)	100(25%)	98(24.5%)

① '개유(皆有)'는 『승정원일기』·『일성록』·『정조실록』 3곳 모두 기록되어 있는 횟수이고, '개무(皆無)'는 3곳 모두 기록되어 있지 않은 횟수다.

② 서술 형식으로 기록된 정품(政稟), 구임 낭청(久任郎廳), 취품(取稟), 탈품(頉稟)의 각 1조항은 '개무(皆無)'로 처리하였다.

③ ( ) 안의 숫자는 각 고(攷)의 소제목에 딸린 조항의 숫자다.

표 1에서 『정원고사』의 조항이 가장 많이 실린 사료는 296회(74%)를 차지하는 『승정원일기』다. 『정원고사』는 승정원에서 업무에 참고할 내용을 모아 놓은 사례이고, 『승정원일기』는 승정원에서 군신의 문서와 대화 내용 등을 매일 일기 형식으로 작성한 사

료라는 점에서 당연한 결과로 여겨진다. 『정원고사』의 내용이 축약적으로 실려 있어서 전후의 배경과 문맥의 이해를 위해서는 『정원고사』 중 거의 4분의 3이 실려 있는 『승정원일기』의 도움이 절대적으로 필요하다고 하겠다. 반면에 『승정원일기』에 실려 있지 않으면 『일성록』과 『정조실록』의 사료에 실려 있지 않은 경우가 대부분이었다. 이는 『승정원일기』에 실린 횟수 296회(74%)와 3개의 사료 모두에 실려 있지 않은 수치를 나타내는 '개무(皆無)'의 횟수 98회(24.5%)를 합하면 394회(98.5%)가 된다는 점에서도 증명이 된다.

『정원고사』의 조항이 가장 적게 실린 사료는 110회(27.5%)가 실린 『정조실록』이다. 이는 『승정원일기』에 비해 훨씬 못 미치는 것으로 전체 조항의 4분의 1을 약간 넘는 수치다. 『정원고사』의 조항이 『정조실록』에 실린 경우에는 3개의 사료에 모두 실린 경우가 많았다. 이는 『정조실록』에 실린 횟수 110회(27.5%)와 3개의 사료 모두에 실려 있는 수치를 나타내는 '개유(皆有)'의 횟수 100회(25%)와 거의 유사하다는 점에서도 입증된다.

『정원고사』의 조항이 『일성록』에 실린 횟수는 256회(64%)로, 『승정원일기』에 비해서는 부족하지만 『정조실록』에 비해서는 2배가 넘는 수치다. 『일성록』은 승정원의 일기가 아닌 국왕의 시각에서 기록된 일기라는 점과 『승정원일기』에 비해 문서 등을 고르고 축약하는 과정을 한 차례 거쳐서 수록하기 때문에 이러한 수치가 나온 것이라고 여겨진다.

위 표에서 3개의 사료에 모두 실리지 않은 경우인 '개무(皆無)'의 횟수가 98회(24.5%)라는 것은 『승정원일기』·『일성록』·『정조실록』에서는 볼 수 없고 『정원고사』에서만 볼 수 있는 사례가 약 4분의 1이나 된다는 사실을 말해 주는 것이다. 그중에는 『은대편고』 등의 사례에 실려 있는 경우도 있기는 하지만, 이와 같은 수치는 『정원고사』의 자료적 가치를 여실히 보여 주는 대목이라고 할 수 있겠다.

4. 맺음말

이번에 간행되는 『정원고사』 번역서는 당시 연대기 자료를 비롯한 관련 자료를 비교·검토하면서 빠진 부분은 보충하고 틀린 부분은 바로잡았으며 가급적 쉬운 용어로 본문과 어휘를 해설하고 각주 등을 곁들임으로써 전체적으로 풍부한 내용 설명이 가능하도록 하였다. 특히 원문에서 제시된 규정 및 사례가 만들어진 연대와 상황에 대해 꼼꼼하게 고증함으로써 그 내용의 변화 시점과 과정을 체계적으로 파악할 수 있게 하였다.

이러한 일련의 작업들은 역대의 승정원 관련 업무의 규정과 사례에 대한 이해를 심화시키는 동시에 연대기와 법전류 등의 자료와 연계함으로써 해당 시기의 역사적 상황과 국면에 대해 정밀한 해석을 이끌어 낼 수 있을 것으로 기대한다. 아울러 특정 전공에 편중되지 않은 연구자의 상호 보완적인 역주(譯註) 작업에 기반 해서 역사학 · 국문학 · 한문학 · 고문헌관리학 등의 제반 연구에 질적 발전을 도모함으로써 학제 간 균형 있고 융합적인 자료 활용과 한국학의 토대 구축에 이바지하는 효과도 거둘 수 있을 것으로 전망하는 바이다.

이고(吏攷)

01. 정사(政事)

정사(政事)는 인사 행정을 가리키는 말로, 시행하는 주체에 따라 이비 정사(吏批政事)와 병비 정사(兵批政事)로 나누어진다. 이비 정사는 동반(東班)의 인사 행정을 담당하는 기구인 이비(吏批)에서 행하는 정사를 말하고, 병비 정사는 서반(西班)의 인사 행정을 담당하는 기구인 병비(兵批)에서 행하는 정사를 말한다.

그리고 정사는 다시 시행하는 시기에 따라 도목정사(都目政事)와 전동정사(轉動政事)로 나누어진다. 도목정사는 해마다 정기적으로 행하는 대규모의 인사 행정을 가리키는 것으로, 조선 후기에는 대체로 6월 20일과 12월 20일을 전후하여 두 차례 시행되었다. 도목정사가 시행되기 전 6월 1일과 12월 1일에 세초(歲抄)를 행하고, 6월 15일과 12월 15일을 전후하여 포폄(褒貶)을 행하였는데, 세초를 통해서는 죄를 지어 처벌받은 전직 관원 중에서 다시 임용할 사람을 고르고, 포폄을 통해서는 현직 관원의 근무 실적을 평가하여 축출이나 승진 등의 상벌을 시행하였다. 그리고 세초와 포폄의 결과는 그 뒤에 열리는 도목정사에 반영되었다. 전동정사는 평상시에 수시로 열리는 인사 행정을 가리키는 것으로, 하루에 여러 차례 열리기도 하였다. 도목정사는 대정(大政)이라고도 불렀고, 전동정사는 산정(散政)이라고도 불렀다.

◑ 참고자료 ◐

『은대편고』「이방고(吏房攷)」 정사(政事) · 친림도정(親臨都政) · 전최(殿最) · 세초(歲抄).
『세종실록』 즉위년 12월 5일(경진).
『성종실록』 9년 7월 14일(계유).
『광해군일기』 6년 7월 3일(계축), 12년 8월 1일(병오).
『승정원일기』 숙종 35년 1월 6일 예조의 초기(草記), 영조 25년 8월 10일 친정(親政) 기사.

01-01

○ "開政時, 殿座相值, 則啓辭、望筒, 政廳承旨親持入稟。"事, 定式。【兼進啓辭入啓後, 不待批下, 直爲兼進。丁酉四月初九日。】

● "정사(政事)를 열 때가 전좌(殿座)할 때와 서로 겹치면 계사(啓辭)와 망통(望筒)은 정청(政廳)에 나아간 승지가 직접 가지고 와서 보고하도록 한다."라는 내용으로 정식을 삼았다.【이비 정청(吏批政廳)과 병비 정청(兵批政廳)에 겸해서 나아가겠다는 내용의 계사를 들인 뒤에 비답(批答)이 내릴 때까지 기다리지 않고 곧바로 이비 정청과 병비 정청에 겸해서 나아간다. 정유년(1777, 정조 1) 4월 9일.[1]】

■본문 해설

승정원에서 임금에게 문서를 바칠 때에는 승전색(承傳色)이나 사알(司謁)·별감(別監) 등을 불러서 전해 주었다. 그런데 정조가 전좌할 때에는 승전색이나 별감 등을 부를 수 없도록 명하였기 때문에 정사를 열 때가 전좌할 때와 서로 겹치면 이비(吏批)와 병비(兵批)의 계사 및 망단자(望單子)를 정청에 나아간 승지가 직접 가지고 와서 보고하도록 한 것이다. 『승정원일기』 정조 원년(1777) 4월 9일의 기사에 의하면, 이날 숭정전(崇政殿)에서 전경 문신 전강(專經文臣殿講)을 거행하였고, 이비 정청과 병비 정청에는 모두 동부승지 이진형(李鎭衡)이 나아갔다가 망단자(望單子)를 가지고 입시하였다.

원래 정사를 여는 이비 정청과 병비 정청에는 각각 승지 1명씩 나아가고 전좌하는 자리에는 승지 전원이 참석해야 한다. 그런데 정사와 전좌가 동시에 거행될 경우에는 이러한 원칙이 지켜질 수 없으므로 승지 1명을 이비 정청과 병비 정청에 겸하여 나아가게 하고 나머지 승지들은 전좌하는 자리에 참석시킨 것으로 보인다. 위의 규정은 『은대편고』에도 수록되어 있다.

◑ 참고자료 ◐

『은대편고』「이방고(吏房攷)」 정사(政事), 「예방고(禮房攷)」 상참(常參)·각신(閣臣).
『승정원일기』 효종 9년 11월 24일 홍처대(洪處大)의 계사, 경종 즉위년 7월 5일 정사[有政] 기사, 정조 원년 4월 9일 정사[有政] 및 전경 문신 전강(專經文臣殿講) 기사.

---

1. 『승정원일기』와 『일성록』 및 『정조실록』 모두 동일한 날짜에 기록되어 있지 않으나, 『은대편고』「이방고」 정사(政事)에 동일한 날짜의 일로 기록되어 있다.

■어휘 해설

1. 전좌(殿座): 과시(科試)를 거행하거나 하례(賀禮)를 받는 것처럼 공식 행사가 있을 때 임금이 그곳에 마련된 어좌(御座)에 나아와 앉는 것을 가리킨다.
2. 계사(啓辭): 조선 시대 중앙 관부(中央官府)나 중앙 관부의 신하가 임금에게 올리던 문서의 일종으로, 초기(草記)와 함께 『승정원일기』에 기록된 관부 문서 중 가장 많은 양을 차지하였다. 계사의 원래 의미는 '신하가 임금에게 아뢰는 말이나 내용'이었으며, 문서로서의 계사는 중종 이후에 확립된 것으로 보인다.
3. 망통(望筒): 관직에 제수할 후보의 이름을 열거한 명단을 가리킨다. 망통은 일반적으로 이비(吏批)와 병비(兵批)에서 작성하여 올렸으며, 망단자(望單子)라고도 불렀다.
4. 정청(政廳): 이비와 병비의 관원이 정사를 열기 위해 모이는 건물을 가리킨다. 정청은 이비 정사가 열리는 이비 정청과 병비 정사가 열리는 병비 정청으로 나누어지며, 모두 궐 안에 있었다.

01-02

○ "堂下資級驟濫，專由代加時直出通德郎。此後代加時，必自將仕郎順序代加。"事，吏曹堂上擧條蒙允。【丁酉五月十五日。】

＊ 時: 저본에는 '之'로 되어 있는데, 『승정원일기』 같은 날 기사에 근거하여 수정하였다.

● "당하관(堂下官)의 자급(資級)이 갑자기 지나치게 많이 오르는 것은 전적으로 대가(代加)할 때 곧바로 통덕랑(通德郎, 정5품 상계(上階))으로 올려 주기 때문이다. 앞으로 대가할 때에는 반드시 장사랑(將仕郎, 정9품 하계(下階))부터 순차적으로 대가한다."라는 내용으로 이조 당상이 거행 조건(擧行條件)을 내어 윤허를 받았다. 【정유년(1777, 정조 1) 5월 15일.[2]】

■본문 해설

이조 당상은 이조 참의 정민시(鄭民始)를 가리킨다. 대가(代加)할 경우에는 원래 장사랑(將仕郎)에서 통덕랑(通德郎)까지 14자급을 한 자급씩 차례차례 올려 주어서 통덕랑에서 그치도록 하였다. 그러나 이러한 원칙이 잘 지켜지지 않아 몇 자급씩 건너뛰어서 올려 주는 것이 관례처럼 굳어지자, 숙종과 영조가 재위했던 기간에 여러 차례 이를 지키도록 신칙하고 정식으로 삼았다. 따라서 정민시가 거행 조건(擧行條件)을 내어 정조의 허락을 받은 것은 새로운 정식을 만든 것이 아니라 예전의 정식을 다시 밝힌 것이라고 할 수 있다. 위의 규정은 『대전

2. 『승정원일기』에는 동일한 날짜에 기록되어 있고, 『일성록』과 『정조실록』에는 기록되어 있지 않다.

통편(大典通編)』과 『전율통보(典律通補)』에도 수록되어 있다.

◑ 참고자료 ◐

『대전통편』 「이전(吏典)」 제수(除授).
『전율통보』 「이전」 경관격식(京官格式).
『승정원일기』 숙종 13년 10월 23일 인견(引見) 기사, 영조 2년 11월 8일 이병상(李秉常) 상소, 12월 18일 인견 기사, 35년 6월 5일 주강(晝講) 기사, 37년 9월 26일 입시 기사, 44년 3월 11일 인견 기사, 정조 1년 5월 15일 입시 기사.

■어휘 해설

1. 자급(資級): 조선 시대 각 품(品)을 더욱 세분화한 등급을 가리킨다. 조선 시대의 동반(東班)과 서반(西班)의 품계는 정(正)과 종(從) 각 9품씩 총 18품으로 나누었다. 그리고 종9품에서 정7품까지는 각 품마다 1개씩의 자급만을 두었고, 종6품 이상부터는 각 품마다 상하 2개씩의 자급을 두었다.
2. 대가(代加): 자급을 올려 주어야 할 사람 대신 그 친인척의 자급을 올려 주는 것을 가리킨다. 나라에서 백관(百官)의 자급을 하나씩 올려 주거나 공로가 있는 관원 등에게 자급을 올려줄 때, 해당 관원이 당상관이거나 자궁(資窮)이 된 경우 등에는 당사자 대신 그의 아들, 사위, 조카, 아우 등의 자급을 올려 주었는데, 이를 대가라고 하였다.
3. 거행 조건(擧行條件): 연석(筵席)에서 군신 간에 나눈 대화 내용 중 임금의 허락을 받은 사안에 대해 주서(注書)가 문서로 작성하여 임금의 재가를 거친 뒤에 조보(朝報)에 반포하는 것을 가리킨다. 군신이 만나 나눈 대화 내용은 주서에 의해서 『승정원일기』에 기록되기는 하지만, 기본적으로 문서로 남겨지지는 않는다. 그런데 군신의 대화 내용 중에는 대중에게 공개해야 할 사안도 있고 문서로 근거를 남겨야 할 사안도 있다. 이럴 때 그러한 내용만을 뽑아서 주서가 정서하여 임금의 재가를 받아 조보에 반포하게 되는데, 이를 거행 조건이라고 하였다. 거행 조건은 거행 조목(擧行條目) 또는 거조(擧條)라고도 불렀다.

01-03

○ “正、雜職官, 遇赦與準考, 例皆加階, 而吏曹因循廢置, 參下官, 無出六之望。自今申明舊制, 著實擧行。”事, 大臣擧條蒙允。【戊戌四月二十八日。】

* 與: 저본에는 ‘典’으로 되어 있는데, 『승정원일기』와 『일성록』 같은 날 기사에 근거하여 수정하였다.

● “정직(正職)이나 잡직(雜職)의 관원이 사면(赦免)할 때를 만나거나 고과(考課) 횟수를 채운 경우에는 으레 모두 가자(加資)해 주는데, 이조가 잘못된 전례를 답습하

여 방치해 두어 참하관(參下官)이 6품으로 올라갈 가망이 없다. 지금부터는 옛 제도를 거듭 밝혀서 착실하게 거행한다."라는 내용으로 대신이 거행 조건을 내어 윤허를 받았다. 【무술년(1778, 정조 2) 4월 28일.[3]】

■본문 해설

대신은 우의정 서명선(徐命善)을 가리킨다. 국가에 경사가 있거나 역적을 토벌한 경우 등에는 사면령을 내려 죄인에게 관대한 처분을 내리고 관원들에게는 한 자급씩 올려 주었다. '고과(考課) 횟수'란 정해진 임기 중에 반드시 받아야 할 포폄(褒貶)의 횟수를 가리킨다. 포폄은 해마다 6월과 12월에 두 차례 거행하였으므로 3년 임기일 경우에는 6차례의 포폄을 거치게 된다. 『경국대전』에서는 원칙적으로 6품 이상은 900일, 7품 이하는 450일을 근무하면 관직을 옮겨 주고 자급도 올려 주도록 하였다.

◑ 참고자료 ◐

『경국대전』「이전」 고과(考課).
『전율통보』「이전」 경관격식(京官格式)·고과(考課).

■어휘 해설

1. 정직(正職): 동반(東班)의 문산계(文散階)와 서반(西班)의 무산계(武散階)에 의거하여 제수되는 모든 관직을 가리킨다. 즉 법전에 규정된 동반과 서반의 관직 중 잡직(雜職)과 토관직(土官職)을 제외하고 동반과 서반의 품계에 따라 제수되는 모든 관직이 정직이다. 이때의 정직은 실직(實職), 겸직(兼職), 군직(軍職)을 모두 포함한 개념이다. 그러나 사료에서는 정직이 실직의 개념으로 사용되는 경우도 많이 보인다.
2. 잡직(雜職): 동반과 서반의 잡직계(雜職階)에 의거하여 제수되는 관직을 가리킨다. 법전에는 동반의 문산계와 서반의 무산계와는 별도로 각각 잡직계를 규정하고 있는데, 이 잡직계에 따라 제수되는 관직이 잡직이다. 동반이나 서반을 막론하고 잡직은 모두 체아직(遞兒職)으로 이루어져 있다.
3. 고과(考課): 관원의 근무 실적을 평가하여 등급을 매기는 것을 가리킨다. 『경국대전(經國大典)』을 비롯한 여러 법전의 「이전(吏典)」 고과(考課)에는 관원의 출퇴근 시각, 회의 개최 일수와 당상의 참석 여부 보고, 관원에 대한 정기적인 근무 실적 평가 및 그에 따른 상벌, 관원의 임기 및 인사이동 등에 대해 규정하고 있다. 고과는 해마다 정기적으로 관원의 근무 실적을 평가하는 포폄(褒貶) 또는 전최(殿最)와 같은 의미로 쓰이기도 하였다.
4. 가자(加資): 관원의 자급을 한 자급 이상 올려 주는 것을 가리킨다. 관원이 규정된 근무 일수를 채운 경우, 과시(科試)에서 우수한 성적을 거둔 경우, 도적을 잡거나 진휼(賑恤) 곡물을 바친 사

3. 『승정원일기』와 『일성록』에는 동일한 날짜에 기록되어 있고, 『정조실록』에는 기록되어 있지 않다.

람 등에게 시상할 경우, 일정한 나이에 이른 사람에게 노인직(老人職)을 제수할 경우 등에 자급을 올려 주었다. 특히 당하관에서 당상관으로 올려 주는 것을 가자라고 한 경우가 많다. 가자는 한 자급만 올려 주는 경우도 있고 두 자급 이상 올려 주는 경우도 있었다.

01-04

○ "北兵使例兼鏡城府使, 自前無下批之例, 此後, 依喬桐、瓮津例, 一體單付。"事, 吏曹堂上擧條蒙允。【戊戌閏六月二十三日。】

* 例兼鏡城府使: 저본에는 없는데, 『승정원일기』 같은 달 13일 기사에 근거하여 보충하였다.

● "북병사(北兵使)가 당연직으로 겸하는 경성 부사(鏡城府使)에 대해서는 예전부터 하비(下批)한 예가 없었으나, 앞으로는 교동 부사(喬桐府使)나 옹진 부사(甕津府使)의 예에 따라 똑같이 단독 후보로 올려 제수한다."라는 내용으로 이조 당상이 거행 조건을 내어 윤허를 받았다.【무술년(1778, 정조 2) 윤6월 23일.[4]】

■본문 해설

이조 당상은 이조 판서 이중호(李重祜)를 가리킨다. 위의 규정이 만들어지기 전에 병조 판서 이휘지(李徽之)의 건의에 따라 병비(兵批)가 차출하는 자리 중 묘당(廟堂)이 천거하는 자리와 당연직으로 겸하는 자리에 대해서는 이비(吏批)의 규례에 따라 단독 후보로 올려서 하비(下批)하는 절차를 밟도록 정식으로 삼았다. 이처럼 정식이 전해지기 전에는 북병사가 겸하는 경성 부사는 단독 후보로 올려서 하비하던 원칙을 적용하지 않고 있었는데, 이때 이조 판서 이중호의 건의에 따라 이러한 정식을 적용하도록 한 것이다. 북병사는 함경북도의 병마절도사로서 경성 부사를 겸하였고, 교동 부사는 경기 수사(京畿水使)가, 옹진 부사는 황해 수사(黃海水使)가 겸하였다. 그중 경성은 『경국대전』에서부터 도호부사(都護府使)로 정하여 북병사가 겸하도록 하였고, 교동과 옹진은 『경국대전』에서는 현감(縣監)이었다가 『속대전』에서 도호부사로 승격되어 각각 수사가 겸하도록 하였다. 이처럼 당연직으로 겸하는 관직에 제수할 때에는 후보자를 선발하기 위한 별도의 정사를 열지 않고 하비 정사(下批政事)에서 곧바로 당사자를 단독 후보로 올려 제수하였다.

---

4. 『승정원일기』에는 동일한 달 13일에 기록되어 있고, 『일성록』과 『정조실록』에는 기록되어 있지 않다.

◑ 참고자료 ◐

『경국대전』「이전」 외관직(外官職) 영안도(永安道).

『속대전』「이전」 외관직 경기·황해도.

『대전회통』「이전」 외관직 경기.

『전율통보』「이전」 외관직.

『승정원일기』 정조 2년 윤6월 13일 인견 기사.

■어휘 해설

1. 하비(下批): 관원의 인사이동에 관한 일을 전담하는 기구인 이비(吏批)와 병비(兵批)에서 임금의 낙점을 받은 관원이나 단독 후보로 올릴 관원에 대해 하비 단자(下批單子)를 작성해서 올려 임금에게 재가받는 것을 가리킨다. 이를 위해서 여는 정사를 하비 정사(下批政事)라고 하였다. 하비 단자에는 관원의 성명과 이력, 새로 임명된 관직에 대한 사항이 기재되었던 것으로 보인다.

01-05

○ "祭酒, 以兼窠擧行, 雖遞解實職, 依他送西付軍職。"事, 下教。【己亥正月初九日。】

● "좨주(祭酒)는 겸직(兼職)의 자리로 거행하니, 실직(實職)에서 체차되더라도 다른 관직의 예에 따라 서반(西班)으로 보내서 군직(軍職)에 제수한다."라는 내용으로 하교하였다. 【기해년(1779, 정조 3) 1월 9일.[5]】

■본문 해설

좨주는 정1품에서 정3품으로 제수하던 성균관의 벼슬로, 학행(學行)이 뛰어난 명망 있는 자에게 제수하였다. 좨주는 원래 다른 실직을 맡고 있는 관원이 겸직하는 자리이기 때문에 그가 맡고 있던 실직을 그만두게 되면 겸직할 수가 없게 된다. 이럴 때에는 해당 관원을 서반으로 보내 병비 정사에서 군직에 제수하여 좨주 자리를 계속 유지하게 한 것이다. 『대전통편』과 『전율통보』에 의하면, 좨주를 맡은 사람이 실직을 맡고 있으면 좨주는 겸직이 되고, 실직을 맡고 있지 않으면 좨주를 실직으로 삼는다고 하였다.

◑ 참고자료 ◐

『대전통편』「이전」 경관직.

5. 『승정원일기』와 『일성록』 및 『정조실록』 모두 동일한 날짜에 기록되어 있지 않다.

『전율통보』「이전」 경관직 성균관.

■어휘 해설

1. 겸직(兼職): 본직(本職) 또는 실직(實職) 이외에 별도로 겸임한 관직을 가리키며, 겸함(兼銜) 또는 겸관(兼官)이라고도 하였다. 겸직에 대해서는 원칙적으로 녹봉을 지급하지 않았다. 겸직 제도를 시행한 것은 소수의 인력으로 행정의 효율성을 높이고 국가의 예산을 절감하기 위한 목적이 있었다고 할 수 있다.
2. 실직(實職): 동반과 서반의 정직(正職) 중에서도 겸직과 군직 등을 제외하고 실제로 맡는 직무가 있는 관직을 가리키며, 실함(實銜) 또는 실관(實官)이라고도 하였다. 사료에서 실직은 다양한 의미로 쓰이고 있는데, 대체로 다음 3가지의 의미가 포함되어 있다고 할 수 있다. 첫째는 이름만 있고 실제로 맡는 직무가 없는 산직(散職)이나 군직(軍職)과는 달리 실무를 맡는다는 점이고, 둘째는 실직을 맡은 관원이 없거나 부족할 때 임시로 차출하는 가함(假銜) 또는 가관(假官)과는 달리 지속적으로 근무하고 정기적으로 녹봉을 받는 정규직이라는 점이며, 셋째는 겸직이 아닌 본직이라는 점이다.
3. 군직(軍職): 오위도총부(五衛都摠府)에 설치한 관직으로, 군함(軍銜)이라고도 불렀다. 조선 후기에는 주로 관직이 없는 관원에게 임시로 직무를 맡길 경우 또는 교체된 관원이나 승진된 관원 등에게 직무는 없이 녹봉을 지급할 경우에 군직을 활용하였다. 군직으로는 정3품 상호군(上護軍), 종3품 대호군(大護軍), 정4품 호군(護軍), 종4품 부호군(副護軍), 정5품 사직(司直), 종5품 부사직(副司直), 정6품 사과(司果), 종6품 부사과(副司果), 정7품 사정(司正), 종7품 부사정(副司正), 정8품 사맹(司猛), 종8품 부사맹(副司猛), 정9품 사용(司勇), 종9품 부사용(副司勇)이 있었다.

01-06

○ "蔭參上十窠, 以文參上調用。"事, 榻前定奪。【己亥四月二十五日。】

● "음관(蔭官) 참상(參上)으로 차출하는 10자리를 문관(文官) 참상으로 임용한다."라는 내용으로 어전에서 결정하였다. 【기해년(1779, 정조 3) 4월 25일.[6]】

■본문 해설

위의 규정은 좨주(祭酒) 송덕상(宋德相)의 건의에 따라 문관 참하관과 참상관의 적체를 해소하기 위해서 마련된 것으로, 정조가 영의정 김상철(金尙喆), 좌의정 서명선(徐命善), 도승지

---

6. 『승정원일기』와 『일성록』에는 동일한 날짜에 기록되어 있고, 『정조실록』에는 기록되어 있지 않다.

홍국영(洪國榮), 좌승지 정민시(鄭民始) 등과 의논하여 결정한 것이다. 이에 따라 음관으로 임명하던 참상관 10자리를 문관으로 임명하는 참상관 자리로 바꾸었다.

◑ **참고자료** ◐

『승정원일기』 정조 3년 4월 25일 인견 기사.

01-07

○ "堂下官有兼官, 則必有實官, 元無無實官只有兼官之例。獨內閣之直閣、待教, 無實官而只有兼啣, 有實職人除拜時, 許令兼帶。"事, 吏曹堂上擧條蒙允。【庚子六月十三日。】

＊ 無: 저본에는 없는데, 『승정원일기』 같은 달 12일 기사에 근거하여 보충하였다.

● "당하관은 겸직이 있으면 반드시 실직이 있고, 실직은 없이 겸직만 있는 예는 원래 없다. 그런데 유독 내각(內閣)의 직각과 대교만은 실직이 없이 겸직만 가지고 있으니, 실직이 있는 사람을 제수할 때에만 겸임하게 한다."라는 내용으로 이조 당상이 거행 조건을 내어 윤허를 받았다.【경자년(1780, 정조 4) 6월 13일.[7]】

■**본문 해설**

이조 당상은 이조 판서 김종수(金鍾秀)를 가리킨다. 위의 규정은 정조가 규장각(奎章閣)을 창설할 때 신하들과 의논하여 정한 것이다. 즉 김종수의 건의에 따라 규장각의 직각과 대교를 실직으로 삼되, 다른 실직을 맡고 있는 사람을 직각이나 대교에 제수할 때에만 겸직으로 삼도록 한 것이다. 『대전통편』과 『전율통보』에는 다른 실직을 맡고 있는 사람을 직각이나 대교에 제수하면 겸직이 되고, 다른 실직을 맡고 있지 않은 사람을 직각이나 대교에 제수하면 실직이 된다고 하였다. 이에 따라 다른 실직을 맡고 있는 사람을 직각이나 대교에 제수하면 겸직각(兼直閣)이나 겸대교(兼待教)로 하비(下批)하였다.

◑ **참고자료** ◐

『대전통편』 「이전」 경관직 규장각.
『전율통보』 「이전」 경관직 규장각.
『은대편고』 「이방고」 정사(政事).

---

7. 『승정원일기』와 『일성록』에는 같은 해 6월 12일에 기록되어 있고, 『정조실록』에는 기록되어 있지 않다.

『승정원일기』 정조 4년 6월 12일 입시 기사.

01-08

○ "直閣, 以曾經玉堂人, 待教, 以翰、注及說書通望人, 薦狀。"事, 吏曹堂上擧條蒙允。【庚子六月十三日。】

● "직각은 일찍이 옥당을 거친 사람으로, 대교는 한림 권점(翰林圈點)에서 뽑힌 사람이나 주서로 천거된 사람 및 설서에 통망(通望)된 사람으로 규장각이 추천장을 작성해서 이조로 보낸다."라는 내용으로 이조 당상이 거행 조건을 내어 윤허를 받았다. 【경자년(1780, 정조 4) 6월 13일.[8]】

■본문 해설

이조 당상은 이조 판서 김종수(金鍾秀)를 가리킨다. 규장각의 직각과 대교를 임명할 때에는 각신(閣臣) 3명이 모여 권점(圈點)을 찍어 후보를 선발한 뒤에 임금의 재가를 받아 그 명단인 추천장을 이조로 보내 차출하였다. 이처럼 직각과 대교를 선발하기 위해서는 각각 자격 기준이 필요하였는데, 위의 규정은 그러한 기준을 정한 것이라고 할 수 있다. 위의 규정은 『대전통편』과 『전율통보』 및 『은대편고』에도 수록되어 있다.

◑ 참고자료 ◐

『대전통편』「이전」 경관직 규장각.
『전율통보』「이전」 경관직 규장각.
『은대편고』「예방고」 내각(內閣).
『승정원일기』 정조 4년 6월 12일 입시 기사.

■어휘 해설

1. 한림 권점(翰林圈點): 한림(翰林)의 후보를 선발하기 위해 후보 명단의 이름 아래에 동그라미로 표시하는 것 또는 그러한 제도를 가리킨다. 한림은 예문관의 정9품 검열(檢閱) 4명, 정8품 대교(待教) 2명, 정7품 봉교(奉教) 2명을 가리키며, 이들은 사관(史官)으로서 입시하여 군신의 대화 내용을 기록하고 시정기(時政記)를 작성하였다. 한림의 후보는 전임자가 천거하는 방식으로 선발하다가 영조 17년(1741)에 권점(圈點)과 소시(召試)를 통해 선발하는 방식으로 바뀌었다.
2. 통망(通望): 관직에 제수할 후보자 중 1명으로 뽑힌 것을 가리킨다. 이비나 병비 등에서 관직에

8. 『승정원일기』와 『일성록』에는 같은 해 6월 12일에 기록되어 있고, 『정조실록』에는 기록되어 있지 않다.

제수할 후보자를 뽑으면 이들의 명단을 작성하여 임금에게 올려 낙점을 받았는데, 이때 후보자의 명단[望單子]에 이름이 오르는 것을 통망이라고 하였다.

01-09

○ "通禮三十朔準瓜, 數十年來只有一人, 可知稀罕。左通禮則直陞, 右通禮則不得陞資, 太甚斑駁。此後, 則通禮之以右移左者, 通計朔數。"事, 傳教。【庚子十月初三日。】

● "통례 중에 30개월의 임기를 채운 자는 수십 년 동안 한 사람이 있었을 뿐이니, 매우 드물다는 것을 알 수 있다. 좌통례는 곧바로 자급을 당상관으로 올려 주는데 우통례는 자급을 당상관으로 올려 주지 않으니, 이는 너무도 형평성에 맞지 않는 일이다. 앞으로는 우통례에서 좌통례로 옮겨진 자에 대해서는 우통례 때의 근무한 개월 수까지 합쳐서 계산한다."라는 내용으로 전교하였다. 【경자년(1780, 정조 4) 10월 3일.[9]】

■본문 해설

위의 규정은 좌통례와 우통례를 당상관으로 승진시킬 때의 불합리한 규정을 바로잡기 위해 마련된 것이다. 통례원에는 좌통례와 우통례 각 1명씩 두었는데, 좌통례는 만 30개월의 근무 기간을 채우면 당상관으로 올려 주었고, 우통례는 좌통례의 자리가 비면 그 자리로 올려 주었다. 그런데 우통례가 좌통례로 오른 뒤에는 그때부터 다시 30개월의 근무 기간을 채워야 당상관으로 오를 수가 있어 장기간을 근무해야 했다. 그러던 것을 이때부터는 우통례로 근무한 기간까지 포함시켜 30개월을 계산하도록 한 것이다. 위의 규정은 『대전통편』과 『전율통보』에도 수록되어 있다.

◑ 참고자료 ◐

『대전통편』「이전」 경관직 통례원(通禮院).
『전율통보』「이전」 경관직 통례원.
『양전편고』「동전(東銓)」 승자(陞資).
『승정원일기』 정조 4년 10월 3일 입시 기사.

9. 『승정원일기』와 『일성록』에는 동일한 날짜에 기록되어 있고, 『정조실록』에는 기록되어 있지 않다.

01-10

○ "閣視館, 愈淸愈密, 館官則時任例兼知製敎, 閣官則時原任皆例兼爲可, 以此分付奎章閣, 直提學以下, 勿論曾經、時任, 皆付知製敎, 著爲定式。"事, 傳敎。【辛丑正月二十九日。】

＊ 閣官則時原任皆例兼爲可: 저본에는 없는데, 『승정원일기』 같은 날 기사에 근거하여 보충하였다.

＊ 著: 저본에는 '竝'으로 되어 있는데, 『승정원일기』 같은 날 기사에 근거하여 수정하였다.

● "규장각은 홍문관에 비해 더욱 청요직(淸要職)에 해당하고 더욱 임금 가까이에서 모시는 자리이다. 홍문관 관원은 현임이 지제교(知製敎)를 당연직으로 겸하니, 규장각 관원은 현임이나 전임 관원이 모두 지제교를 당연직으로 겸해도 된다. 이 내용을 규장각에 분부하여 직제학 이하의 관원은 전임이든 현임이든 모두 지제교에 제수하는 것으로 정식을 삼게 한다."라는 내용으로 전교하였다. 【신축년(1781, 정조 5) 1월 29일.[10]】

■본문 해설

위의 규정은 정조가 규장각을 창설하면서 규장각의 관원을 홍문관의 관원과 대등하게 우대하려는 취지에서 만든 것이다. 홍문관의 부제학 이하 부수찬까지는 모두 지제교를 겸하도록 하였는데, 이들을 내지제교(內知製敎)라고 하였다. 그 외에 대제학과 이조 판서가 상의하여 옥당(玉堂) 이외에 6품 이상의 문관 중에서도 선발하여 지제교를 겸하도록 하였는데, 이들을 외지제교(外知製敎)라고 하였다. 옥당은 현임만 지제교를 겸하였는데, 정조가 각신(閣臣)은 현임은 물로 전임까지도 지제교를 겸하도록 하여 더욱 우대하였다. 위의 규정은 『대전통편』과 『전율통보』에도 수록되어 있다.

◑ 참고자료 ◐

『대전통편』「이전」 경관직 홍문관(弘文館).

『전율통보』「이전」 경관직 홍문관.

『승정원일기』 정조 5년 1월 29일 입시 기사.

---

10. 『승정원일기』와 『내각일력』에는 동일한 날짜에 기록되어 있고, 『정조실록』에는 같은 해 2월 13일에 기록되어 있으며, 『일성록』에는 기록되어 있지 않다.

01-11

○ "此後過三日請牌, 自除拜日至第三日, 請牌事, 定式。"事, 下敎。【壬寅十月二十日。】

● "앞으로 제수한 지 3일이 지나면 궐 안으로 불러들이기를 청하던 것은 제수한 날부터 3일째 되는 날까지 사은숙배하지 않으면 궐 안으로 불러들이기를 청하는 것으로 정식을 삼는다."라는 내용으로 하교하였다. 【임인년(1782, 정조 6) 10월 20일.[11]】

■본문 해설

『은대편고』에서는 의정부의 서벽(西壁), 돈녕부·육조·한성부·의금부의 당상, 대사성이 제수된 지 3일이 지나도록 숙배(肅拜)하지 않으면 승정원에서 궐 안으로 불러들이기를 청한다고 하였는데, 이때 3일의 기준을 제수된 날로부터 3일째 되는 날로 정한 것이다. 또『은대편고』에서는 제수된 지 3일째 되는 날 신시(申時) 이후에 이조가 기한 안에 숙배하지 않은 사람의 거안(擧案)을 승정원에 바친다고 하였다.『육전조례』에서는 위의 대상에 의정부의 동벽도 포함시켰으며, 모든 관원은 제수된 지 3일 안에 숙배해야 한다고 하였다. 이러한 규정을 참고하면 새로 제수된 관원은 제수된 날로부터 3일째 되는 날 신시까지 숙배해야 하고, 그 시한을 넘기면 궐 안으로 불러들이거나 체차하는 등의 조치를 취하였음을 알 수 있다. 위의 규정은『은대편고』에도 수록되어 있다.

◑ 참고자료 ◐

『은대편고』「이방고」 과삼일(過三日).
『육전조례』「이전」 승정원 청패(請牌)·사헌부 서경(署經),「예전」 통례원 숙배(肅拜).

01-12

○ "開政時, 雖値夜深, 政事寶, 不得奉置經宿於政院, 而昨夜所下寶, 今朝始爲還納。此後如此之時, 微稟還納事, 定式。"事, 承旨擧條蒙允。【癸卯八月十四日。】

● "정사를 여는 때가 한밤중이더라도 정사에서 사용한 어보(御寶)는 정원에 밤새도록

11. 『승정원일기』와『일성록』및『정조실록』모두 동일한 날짜에 기록되어 있지 않으나,『은대편고』「이방고」 과삼일(過三日)에 동일한 날짜의 일로 기록되어 있다.

안치해 둘 수가 없는데, 어젯밤에 내린 어보를 오늘 아침에야 반납하였다. 앞으로 이와 같은 경우에는 넌지시 여쭈어 반납하는 것으로 정식을 삼는다."라는 내용으로 승지가 거행 조건을 내어 윤허를 받았다. 【계묘년(1783, 정조 7) 8월14일.[12]】

■본문 해설

승지는 도승지 심풍지(沈豐之)를 가리킨다. 4품 이상의 관직에 제수된 사람에게는 관교(官敎)를 발급하였는데, 이 관교에는 어보 중의 하나인 '시명지보(施命之寶)'를 찍었다. 이처럼 관교에 찍는 어보를 사용한 뒤에는 그날 안으로 반납하도록 정식을 삼은 것이다. 관교에 찍을 어보(御寶)는 이비(吏批)에서 내달라고 청하는 것이 원칙이었으나, 병비(兵批)의 망단자(望單子)를 먼저 들여보낼 경우에는 병비에서 청하기도 하였다. 위의 규정은 『은대편고』에도 수록되어 있다.

◑ 참고자료 ◐

『대전통편』「예전」 새보(璽寶).
『전율통보』「예전」 새보(璽寶).
『은대편고』「이방고」 정사(政事).

■어휘 해설

1. 어보(御寶): 임금이 사용하는 인장(印章)을 가리킨다. 어보는 용도에 따라 여러 가지가 있었는데, 중국과의 외교 문서에 찍는 대보(大寶), 교명(敎命)·교서(敎書)·교지(敎旨)에 찍는 시명지보(施命之寶), 일본과의 외교 문서에 찍는 이덕보(以德寶), 유서(諭書)에 찍는 유서지보(諭書之寶), 시권(試券) 및 백패(白牌)와 홍패(紅牌)에 찍는 과거지보(科擧之寶), 신하에게 내려 주는 서적에 찍는 선사지기(宣賜之記)·선황단보(宣貺端輔)·동문지보(同文之寶), 어제(御製)에 찍는 규장지보(奎章之寶), 각신(閣臣)에게 발급하는 교지에 찍는 준철지보(濬哲之寶)가 있었다.

01-13

○ "開政時, 寶、下直雖下, 而落點未下, 則銓官言于政院, 自政院啓辭入稟事, 定式。"事, 下敎。【年條未詳。】

* 事: 저본에는 없는데, 『정원고사』의 다수 용례에 따라 보충하였다.

● "정사를 열 때 어보를 내어 달라고 청한 것과 하직하겠다고 청한 것에 대해 비답이

12. 『승정원일기』에는 동일한 날짜에 기록되어 있고, 『일성록』과 『정조실록』에는 기록되어 있지 않다.

내려왔더라도 낙점한 결과를 내려 주지 않았을 경우에는 전관(銓官)이 정원에 말하면 정원에서 계사를 올려 보고하는 것으로 정식을 삼는다."라고 하교하였다. 【연도는 상세하지 않다.[13]】

■본문 해설

이비(吏批)나 병비(兵批)가 정사를 열어 관직에 제수할 후보를 정한 뒤에 망단자(望單子)를 올릴 때 교지(敎旨)에 찍을 어보를 내어 달라고 청하고 미리 하직하겠다는 의사 표시를 하였다. 이에 대한 임금의 허락이 내려졌는데도 정작 망단자에 대한 낙점이 내려오지 않은 경우에는 어보를 찍을 수도 없고 반납할 수도 없는 상황이 되므로 위와 같은 절차를 밟도록 한 것이다. 위의 규정은 『은대편고』에도 수록되어 있다.

◑ 참고자료 ◐

『대전통편』 「예전」 새보(璽寶).
『전율통보』 「예전」 새보(璽寶).
『은대편고』 「이방고」 정사(政事).

02. 정품(政稟)

정품(政稟)은 '개정취품(開政取稟)'의 줄임말로, 전조(銓曹)나 승정원이 임금에게 정사를 열 것인지에 대해 묻는 것을 가리킨다. 『은대편고』, 『은대조례』, 『양전편고』에는 모두 「정품(政稟)」 항목이 들어 있는데, 각각 약간씩 다르게 되어 있다. 『은대편고』는 「이방고(吏房攷)」, 『은대조례』는 「이고(吏攷)」에 각각 「정품」 항목을 실어 이조와 병조의 「정품」을 구분하지 않았는데, 『양전편고』에서는 「정품」 항목을 「동전(東銓)」과 「서전(西銓)」으로 나누어 실었다. 이상의 법전류(法典類)에서는 전조의 정품과 승정원의 정품을 나누었으나, 이 『정원고사』에서는 이를 나누지 않았다.

정품의 대상이 되는 사안은 시종(侍從), 수령(守令), 전조(銓曹)의 장관(長官), 비변사에서 후보를 추천하는 감사(監司) 등 주요 관원의 차출과 관련된 정사이거나 대신(大臣)의

13. 『승정원일기』와 『일성록』 및 『정조실록』 모두 기록되어 있지 않으나, 『은대편고』 「이방고」 정사(政事)에는 경술년(1790, 정조 14) 11월 9일의 일로 기록되어 있다.

거취, 도목정사(都目政事), 새로 급제(及第)한 사람의 관직 제수, 백관(百官)에 대한 가자(加資) 등과 관련된 정사이다. 정품에 대한 규정은 모두 정조 대에 만들어진 것은 아니고 『정원고사』가 편찬될 시점을 기준으로 당시에 행해지던 규정을 정리한 것이다.

◑ 참고자료 ◐

『은대편고』「이방고(吏房攷)」 정품(政稟).
『은대조례』「이고(吏攷)」 정품.
『양전편고』「동전(東銓)」 정품, 「서전(西銓)」 정품.

02-01

○ 臺諫有闕。承旨有闕。吏曹判書有闕。【雖以他事稟政, 亦必更稟。】兵曹判書有闕。【吏、兵判在喪, 稟政則自政院微稟。】平安監司有闕。【自備局薦望入啓後稟政, 而瓜滿代, 則不爲稟政, 待後政下批。】咸鏡監司有闕。【與平安監司同。】守令三窠則有闕, 四窠以上多窠。都政前, 殿最守令差出, 而無開政之命, 則殿最守令差出。都政後, 追褒貶入來, 而貶罷三窠以上, 則稟政。兩都目及四等祿都目, 本曹與兵曹相議定日入啓。【啓下後, 有稟政之事, 則更爲稟政。】大臣置處。【雖以西樞罷職, 敍用。在喪終制, 則雖有明日開政之命, 必更稟政。】大臣致仕後, 無開政之命, 則亦以大臣置處稟政。文、武科榜出後, 新恩政事。【各道別遣重臣, 不爲稟政, 待後政。設科榜目雖上來, 不必別其文、武, 壯元付六品職。】頒赦百官加爲之事命下, 則百官加下批。卜相單子封入及大提學圈點封入, 而無開政之命, 則古例稟政, 而近來則自政院請牌開政。吏曹雖無行公堂上, 凡稟政, 則循例爲之。

* 敍用在喪: 저본에는 '在喪敍用'으로 되어 있는데, 『승정원일기』 영조 38년 3월 11일 인견(引見) 기사와 『은대편고』「이방고(吏房攷)」 정품(政稟)에 근거하여 수정하였다.
* 不: 저본에는 없는데, 전후 문맥에 따라 보충하였다.

● 대간의 자리가 비었을 경우 정사를 열 것인지 여쭌다. 승지의 자리가 비었을 경우 정사를 열 것인지 여쭌다. 이조 판서의 자리가 비었을 경우 정사를 열 것인지 여쭌다.【다른 일로 정사를 열 것인지 여쭈었더라도 반드시 다시 여쭌다.】 병조 판서의 자리가 비었을 경우 정사를 열 것인지 여쭌다.【이조 판서나 병조 판서가 상중에 있을 때 정사를 열 것인지 여쭐 일이 있으면 정원에서 넌지시 여쭌다.】 평안 감사의

자리가 비었을 경우 정사를 열 것인지 여쭌다.【비변사에서 천망 단자(薦望單子)를 들인 뒤에 정사를 열 것인지 여쭙되, 임기가 만료된 사람의 후임 자리는 정사를 열 것인지 여쭙지 않고 다음 정사를 기다려 하비(下批)한다.】 함경 감사의 자리가 비었을 경우 정사를 열 것인지 여쭌다.【평안 감사의 경우와 같다.】 수령의 자리가 3자리가 빈 경우에는 '궐원이 있다[有闕]'라고 말을 만들어 정사를 열 것인지 여쭈고, 4자리 이상이 빈 경우에는 '많은 자리가 비었다[多窠]'라고 말을 만들어 정사를 열 것인지 여쭌다. 도목정사(都目政事)를 행하기 전에 포폄(褒貶)의 결과가 좋지 않아서 파직(罷職)된 수령의 후임을 차출해야 하는데 정사를 열라는 명이 없으면, 포폄의 결과가 좋지 않아서 파직된 수령의 후임을 차출하기 위한 정사를 열 것인지 여쭌다. 도목정사를 행한 다음에 추후 포폄 단자(褒貶單子)가 들어왔는데 포폄의 결과가 좋지 않아서 파직된 자리가 3자리 이상이면 정사를 열 것인지 여쭌다. 1년에 두 차례 여는 도목정사 및 4차례 여는 녹도목정사(祿都目政事)는 이조와 병조가 상의해서 날을 정해서 들인다.【임금의 재가를 받은 후에 정사를 열 것인지 여쭐 일이 있으면 다시 여쭌다.】 대신에 대한 치처 정사(置處政事)를 열어야 할 경우 정사를 열 것인지 여쭌다.【대신이 중추부 관원으로서 파직되었더라도 서용한다. 대신이 상중에 있다가 삼년상을 마친 경우에는 내일 정사를 열라는 명을 내렸더라도 반드시 정사를 열 것인지 다시 여쭌다.】 대신이 정계에서 은퇴한 뒤에 정사를 열라는 명이 없으면 또한 대신에 대한 치처 정사를 열 것인지 여쭌다. 문과(文科)와 무과(武科)의 합격자 발표가 나온 뒤에 새로 과거에 급제한 사람들에 대한 신은 정사(新恩政事)를 열 것인지 여쭌다.【각 도에 도과(道科)를 거행하기 위해 별도로 파견할 중신(重臣)을 차출하는 것에 대해서는 정사를 열 것인지 여쭙지 않고 다음 정사가 열리기를 기다렸다가 거행한다. 도과(道科)를 설행한 뒤에 방목(榜目)이 올라왔더라도 문과와 무과를 구별할 필요 없이 장원(壯元)을 6품의 관직에 제수한다.】 사면령을 반포한 뒤에 모든 관원에게 한 자급씩을 올려 주라는 명이 내리면 모든 관원에게 한 자급씩 올려 주기 위한 하비 정사(下批政事)를 열 것인지 여쭌다. 재상의 후보를 선발하여 작성한 명단을 들였거나 대제학의 후보를 선발하여 작성한 명단을 들였는데도 정사를 열라는 명이 없으면, 옛 규례에는 정사를 열 것인지 여쭈도록 하였으나 근래에는 정원에서 정관(政官)을 궐 안으로 불러들여 정사를 열게 할 것을 청한다. 이조에 공무를 행할 당상이 없더라도 정사를 열 것인지 여쭈는 것은 규례대로 행한다.

■본문 해설

위의 규정은 이조와 병조 및 승정원이 임금에게 정사를 열 것인지 물어야 할 사안을 정리한 것이다. 이조와 병조의 판서 및 평안도와 함경도의 관찰사는 비변사가 후보자를 천거하여 임금의 낙점을 받으면, 이조에서는 하비 정사(下批政事)를 열어 하비 단자(下批單子)를 작성해서 올려 임금의 확인을 받았다. 포폄에서 하위 실적으로 평가받은 수령은 파직하였는데, 이들의 후임을 차출하기 위한 정사는 도목 정사와 상관없이 별도로 열었다. 임금이 즉위하거나 반란을 진압하는 등 국가에 큰 경사가 있을 경우에는 사면령을 반포하고 모든 관원에게 자급(資級)을 하나씩 올려 주었는데, 이러한 제도는 세종(世宗)이 당시 세자(世子)였던 문종(文宗)의 병이 쾌차한 것을 기뻐하여 처음으로 시행한 데서 유래한 것이다.

◑ 참고자료 ◐

『속대전』「이전」 천거(薦擧).
『대전통편』「이전」 고과(考課).
『은대편고』「이방고」 정사(政事)·정품(政稟)·전최(殿最).
『단종실록』 즉위년 윤9월 19일(무인).

■어휘 해설

1. 천망 단자(薦望單子): 관직에 제수할 후보자로 천거된 인물의 명단을 가리킨다. 천망(薦望)은 인사 행정을 담당하는 이비(吏批)와 병비(兵批)가 아닌 다른 관사나 관원이 관직에 제수할 후보자를 천거하는 것을 말한다. 예를 들면 비변사가 이조·병조·호조의 판서, 강화(江華)·개성(開城)의 유수(留守), 평안도·함경도의 관찰사, 광주(廣州)·의주(義州)의 부윤(府尹), 수원(水原)·동래(東萊)의 부사(府使), 제주 목사(濟州牧使), 오군문(五軍門)의 대장(大將), 함경북도·평안도의 병사(兵使)를 천망하는 것이 해당된다.
2. 포폄(褒貶): 해마다 6월과 12월, 두 차례 정기적으로 관원의 근무 실적을 평가하여 등급을 매기는 것 또는 그러한 제도를 가리킨다. 전최(殿最)라고도 한다. 자세한 것은「전최(殿最)」해설 참조.
3. 녹도목 정사(祿都目政事): 관원의 녹봉을 책정하기 위해서 1년에 4차례 여는 정사를 가리킨다. 녹도목 정사는 이비와 병비가 서로 의논하여 해마다 3, 6, 9, 12월의 20일 이후에 열었다.
4. 치처 정사(置處政事): 대신이 정계에서 은퇴하거나 사직한 경우, 또는 삼년상을 마치고 서용(敍用)된 경우에 돈녕부나 중추부의 관직에 제수하기 위해 여는 정사를 가리킨다. 대신 이외에도 이조 판서, 각신(閣臣), 춘방(春坊), 삼사(三司)의 관원이 벼슬을 그만둔 경우에도 치처 정사를 행하여 군직(軍職) 등에 제수하였다.
5. 신은 정사(新恩政事): 문과(文科)나 무과(武科)에 새로 급제한 사람을 관직에 제수하기 위해 여는 정사를 가리킨다. 신은 정사는 문과나 무과의 합격자 발표가 나온 뒤에 임금에게 여쭈어 행하였다.
6. 도과(道科): 평안도, 함경도, 강화(江華), 제주(濟州), 교동(喬桐), 전주(全州), 개성(開城) 등

특정 지역의 유생(儒生)과 무사(武士)를 대상으로 초시(初試) 없이 시행하던 과시(科試)로, 외방 별과(外方別科)나 외방 별시(外方別試)라고도 불렀다. 도과는 해당 지역에 중신(重臣)이나 어사(御史)를 보내 시행하기도 하고, 중신 대신 해당 지역의 감사가 시행하거나 어사 대신 해당 지역의 수령이 시행하기도 하였다. 중신이나 도신이 시행할 경우에는 직접 채점한 시험 답안지를 서울로 올려 보내면 서울에서 합격자를 발표한 뒤에 홍패(紅牌)와 사화(賜花)를 내려 보내 당사자에게 수여하도록 하였다. 어사나 수령이 시행할 경우에는 채점하지 않은 시험 답안지를 서울로 올려 보내면 제학(提學)을 궐 안으로 불러들이고 대독관(對讀官)을 선발하여 채점한 뒤에 합격자를 발표하였다.

02-02

○ "閣臣新除下批, 入政稟事, 定式施行。"事, 下教。【丙午二月二十四日。】

● "각신을 새로 임명하여 하비 정사를 행할 때에는 정사를 열 것인지 여쭙는 것으로 정식을 삼아 시행한다."라는 내용으로 하교하였다.【병오년(1786, 정조 10) 2월 24일.[14]】

■본문 해설

위의 하교는 승정원이 규장각 직각에 대한 하비 정사를 거행할지 정조에게 묻는 과정에서 내린 것이다. 각신 중 직각과 대교는 현임 각신, 또는 전임 각신이 모여 권점(圈點)을 통해 후보를 선발한 뒤에 임금의 재가를 받아 명단을 이조로 보내면 이조에서 권점을 얻은 순서에 따라 후보로 올려 낙점을 받아 제수하였다. 위의 규정은 『전율통보』에도 수록되어 있다.

◑ 참고자료 ◐

『대전통편』「이전」 경관직(京官職) 규장각(奎章閣).
『전율통보』「이전」 경관격식(京官格式).
『은대편고』「예방고」 내각(內閣).
『승정원일기』 정조 10년 2월 24일 군사방 승지(軍士房承旨) 입시 기사.

02-03

○ "兵批無政事入稟時, 勿爲言稟, 以書稟。"事, 定式。【辛亥十月二十日。】

14. 『승정원일기』와 『일성록』에는 동일한 날짜에 기록되어 있고, 『정조실록』에는 기록되어 있지 않다.

● "병비(兵批)에 정사가 없다고 임금에게 보고할 때는 구두로 보고하지 말고 문서로 보고한다."라는 내용으로 정식을 삼았다.【신해년(1791, 정조 15) 10월 20일.[15]】

■본문 해설

위의 규정이 만들어졌다고 한 날짜에 해당 기사가 기록되어 있지 않아서 정식이 만들어진 과정을 확인할 수는 없다. 그러나 병비 정사가 없음을 기록한 기사는 『승정원일기』에 인조 때부터 빈번하게 등장하며, 병비가 정사가 없음을 보고한 기록도 현종 때부터 보이기 시작한다. 『은대편고』에서는 "병비에 정사가 없으면 승정원이 계사(啓辭)를 올린다."라고 하였다. 이를 통해 병비에 정사가 없음을 보고하는 문서는 승정원이 올리는 계사임을 알 수가 있다.

◑ 참고자료 ◐

『은대편고』「이방고」 정사(政事).

『승정원일기』 인조 15년 12월 30일 병비(兵批) 기사, 현종 14년 6월 3일 안신(安縝)의 계사.

02-04

○ "御覽官案, 若有不察處多, 則當該堂上直捧禁推傳旨, 郎廳先汰後拿; 一二處, 則堂上推考, 郎廳拿處。以此傳教, 載之『故事』, 該房常目擧行。"事, 傳教。【癸丑七月初一日。】

● "임금이 보는 관안(官案)에 살피지 못한 곳이 많을 경우에는 해당 당상에 대해서는 의금부에 내려 추고(推考)하라는 전지(傳旨)를 곧바로 들이고 낭청은 태거(汰去)한 뒤에 의금부로 잡아다 처리하며, 살피지 못한 곳이 한두 곳일 경우에는 당상은 추고하고 낭청은 의금부로 잡아다 처리하라. 이 전교를 『정원고사』에 실어서 이방 승지(吏房承旨)와 병방 승지(兵房承旨)가 항상 주목하여 거행하도록 한다."라는 내용으로 전교하였다.【계축년(1793, 정조 17) 7월 1일.[16]】

■본문 해설

위의 규정은 정조가 관안을 수정하지 않아 사망한 사람을 관직에 제수한 사실을 알고서 정한

15. 『승정원일기』와 『일성록』 및 『정조실록』 모두 동일한 날짜에 기록되어 있지 않다.
16. 『승정원일기』와 『일성록』에는 동일한 날짜에 기록되어 있고, 『정조실록』에는 기록되어 있지 않다.

것이다. 당시 병비가 유상희(柳相熙)를 가설 오위장(加設五衛將)으로 삼고 정긍래(鄭肯萊)를 충장장(忠壯將)으로 삼았는데, 경기 감사 정창순(鄭昌順)이 계본(啓本)을 올려 이들이 이미 사망하였음을 보고하자, 정조가 이와 같이 전교한 것이다. 위의 규정은 『은대편고』에도 수록되어 있다.

◑ **참고자료** ◐
『은대편고』 「이방고」 정사(政事).
『승정원일기』 정조 17년 6월 25일 병비 기사, 7월 1일 정창순의 계본에 대한 전교.
『일성록』 정조 17년 7월 1일 정창순의 계본에 대한 전교.

■**어휘 해설**

1. 관안(官案): 동반(東班)과 서반(西班)의 인사 행정을 담당하는 이비와 병비가 각각 작성하는 전현직 관원의 명부를 가리킨다. 이비가 작성하는 관안을 이비 관안(吏批官案)이라 하였고, 병비가 작성하는 관안을 병비 관안(兵批官案)이라 하였으며, 이와는 별도로 임금이 볼 관안을 각각 작성하였는데 이를 어람 관안(御覽官案)이라 하였다. 관안에는 성명, 역임한 관직, 집안 내력, 해유(解由)의 발급 여부, 급제(及第) 및 사망 여부 등이 기록되어 있어, 이비와 병비에서 관직에 제수할 후보를 뽑을 때 참고하는 기본 자료가 되었다. 관안은 관원의 신분 변동에 따라 계속적으로 수정하였는데, 정사를 연 다음 날에 수정하는 것이 원칙이었다.
2. 추고(推考): 죄를 짓거나 잘못을 저지른 관원에 대한 처벌 중의 한 가지이다. 추고는 원래 관원의 죄를 조사하여 그 죄의 경중에 따라 태(笞)나 장(杖)을 치는 것으로, 대신에게는 시행하지 않고 일반 관료에게만 시행하던 가볍지 않은 형벌이었다. 그러나 후대에 와서는 추고의 종류에 따라 약간씩 차이가 있기는 하지만, 이처럼 몸에 가하는 실질적인 형벌은 사라지고 해당 관원에게 경고하는 의미의 형식적인 처벌로 변하였다. 의금부(義禁府)에서 추고하는 금추(禁推)를 제외하고는 원칙적으로 사헌부(司憲府)에서 추고하였으나, 예외적으로 종친(宗親)은 종친부(宗親府)에서, 규장각과 홍문관의 관원은 승정원(承政院)에서, 감찰(監察)을 제외한 사헌부의 관원은 사간원(司諫院)에서 추고하였다.
3. 전지(傳旨): 관원의 시상이나 처벌과 관련한 임금의 전교를 바탕으로 승정원에서 작성하여 임금의 재가를 받은 뒤에 해당 관사에 내려 주는 국왕 문서의 일종이다. 전지를 작성하고 전달하는 절차에 따라 나누면 유음 전지(流音傳旨)와 하음 전지(下音傳旨)로 나눌 수가 있다. 유음 전지는 임금이 관원의 시상이나 처벌 등에 대한 전교를 내린 뒤에 승지가 그 내용을 뽑아서 주서에게 내주면 주서가 작은 글씨로 써서 재가받은 전지를 말한다. 하음 전지는 재가받은 유음 전지를 주서가 베낀 다음에 인장을 찍고 승지가 직함(職銜)을 갖추어 써서 해당 관사에 내려 주는 전지를 말한다. 즉 유음 전지는 승정원에서 임금에게 재가받기 위해 작성하는 전지이고, 하음 전지는 승정원에서 재가받은 유음 전지의 내용을 베껴서 해당 관사에 내려 주는 전지이다.
4. 태거(汰去): 잘못을 저지르거나 임무를 제대로 수행하지 못한 관원을 골라 축출하는 것을 가리킨

다. 태거의 대상은 낭청(郎廳), 주서(注書), 선전관(宣傳官) 등 주로 당하관(堂下官) 이하의 하위 관료와 장졸(將卒), 액례(掖隷), 향임(鄕任) 등이었던 것으로 보인다. 태거의 처벌 수위는 파직(罷職)이나 삭직(削職)보다는 가벼운 것으로 인식했던 점으로 볼 때, 체직(遞職)에 가깝거나 체직과 파직의 중간쯤에 해당하는 처벌이라고 하겠다.

03. 대신(大臣)

대신(大臣)은 현재 의정(議政)을 맡고 있는 사람과 예전에 의정을 거쳤던 사람을 통틀어서 부르는 호칭이다. 현재 의정을 맡고 있는 사람을 시임 대신(時任大臣)이라 하고 예전에 의정을 거쳤던 사람을 원임 대신(原任大臣)이라 하였다. 의정은 의정부의 삼정승, 즉 영의정, 좌의정, 우의정을 가리킨다. 의정의 후보자를 선발할 때에는 시임 대신이 원임 대신의 이름을 열거한 명단을 작성하여 올렸는데, 임금이 적합한 인물이 없다고 판단하여 추가로 선발하라고 명하면 적합한 인물을 명단에 추가하였다. 시임 대신이 1명도 없을 경우에는 원임 대신이 후보자의 선발을 대행하였다. 임금은 대신이 올린 명단에 낙점하여 의정을 임명하였다. 의정에 대해서는 현임으로 있을 때에도 여러 가지로 우대하였지만, 자리에서 물러난 뒤에도 돈녕부나 중추부의 명예직을 주어 계속적으로 국정에 참여할 수 있도록 하였다.

◑ 참고자료 ◐

『은대편고』「이방고(吏房攷)」 대신(大臣)·복상(卜相)·돈유(敦諭)·해래(偕來), 「병방고(兵房攷)」 차대(次對).
『양전편고』「동전(東銓)」 승강(陞降)·치처(置處).

03-01

○ "大臣箚批與疏批及勿待命傳諭, 若無遣史官下教, 則本院微稟。"事。【戊戌六月初九日。】

● "대신이 올린 차자에 대한 비답이나 상소에 대한 비답 및 처벌 명령을 기다리지 말라는 내용의 전유(傳諭)를 내릴 때에 만일 사관(史官)을 보내 전해 주라는 하교가 없

으면 승정원에서 넌지시 묻는다."라는 내용이었다. 【무술년(1778, 정조 2) 6월 9일.[17]】

■**본문 해설**

위의 규정은 좌의정 정존겸(鄭存謙)의 차자에 대해 정조가 비답을 내리면서 사관을 보내 전달하라는 명을 깜빡 잊고 내리지 않았는데도 승정원에서 묻지 않은 일로 인하여 정한 것이다. 일반 관원과 달리 대신에게 내리는 비답은 대신을 예우하는 차원에서 사관을 보내 전달하게 하였다. 대신이 임금의 질책이나 다른 관원의 탄핵을 받은 경우 등에는 의금부의 문 앞에 나아가 처벌 명령이 내리기를 기다렸는데, 임금이 처벌 명령을 기다리지 말라는 명을 내리면 이때에도 사관을 보내 임금의 말을 전달하게 하였다. 위의 규정은 『은대편고』에도 수록되어 있다.

◑ 참고자료 ◐

『은대편고』 「이방고」 소비(疏批)・대신(大臣)・돈유(敦諭).
『은대조례』 「부록(附錄)」 제품(提稟).
『승정원일기』 정조 2년 6월 9일 도승지 입시 기사.

■**어휘 해설**

1. 전유(傳諭): 임금의 말이나 글을 왕세자(王世子)나 신하 등에게 전하는 것 또는 그러한 내용의 말이나 글을 가리킨다. 조선 후기에는 주로 왕세자, 대신(大臣), 산림(山林) 등에게 승지나 사관 또는 정경(正卿)이나 아경(亞卿) 등을 보내어 돈유(敦諭), 별유(別諭), 비답(批答), 전교(傳敎) 등을 전하는 것을 전유라고 하였다. 승지나 사관 등이 전유한 뒤에는 당사자의 답변을 서계(書啓)나 장계(狀啓) 안에 부주(附奏)로 실어 보고하였다. 전유할 대상이 지방에 있을 경우에는 감사에게 유지(有旨)를 보내 전유하게 하기도 하였다.

03-02

○ "大臣箚子, 値齋日留院, 則政院微稟, 批答迫鐘不下, 則亦令微稟。"事, 備忘記。【辛丑九月初八日。】

● "대신이 올린 차자를 재계하는 날과 겹쳐서 정원에 보류해 둔 경우에는 정원이 넌지

17. 『승정원일기』와 『일성록』에는 동일한 날짜에 기록되어 있고, 『정조실록』에는 기록되어 있지 않다.

시 묻고, 인정(人定)의 종을 칠 때가 되어도 비답을 내려 주지 않았을 경우에도 정원에서 넌지시 묻도록 한다."라는 내용으로 비망기(備忘記)를 내렸다. 【신축년(1781, 정조 5) 9월 8일.[18]】

■**본문 해설**

위의 비망기는 정조가 9월 8일 세조의 기신일(忌辰日)을 맞아 재계하는 기간에 영중추부사 김상철(金尙喆)의 차자가 올라왔는데도 승정원에서 아무런 보고를 하지 않자 내린 것이다. 임금이 재계하는 날에는 모든 문서를 임금에게 올리지 않고 승정원에 보류하는 것이 원칙이었으나, 그 기간에 대신이 상소나 차자를 올린 경우에는 승정원이 임금에게 그러한 사실을 보고하여 하교를 받은 뒤에 들였다. 다만 위의 규정은 정조 때에 처음 정해진 것은 아니고 그전부터 관례적으로 행해져 왔던 것이다. 『은대편고』에는 역적에 대해 급히 성토한 대신의 차자의 경우 재계하는 날이라도 정원에서 넌지시 물은 뒤에 들이도록 하였다.

◑ **참고자료** ◐

『은대편고』「이방고」 소비(疏批), 「예방고」 차자(箚子), 「공방고(工房攷)」 소장(疏章), 「통고(通攷)」 월령(月令).

『승정원일기』 정조 5년 9월 8일 비망기 및 영중추부사 김상철의 차자.

■**어휘 해설**

1. 비망기(備忘記): 승지가 입시하지 않았을 때 사알이 임금의 지시나 명령을 글로 작성하여 승정원에 전달하는 것으로, 전교의 일종이다. 비망기를 사알이 승정원에 전해 주면 승지가 이를 받아 적고 사알과 함께 대조한 뒤에 원본은 사알이 다시 가지고 들어갔다. 비망기는 사알이 승정원에 전하는 것이 원칙이었지만 『승정원일기』에는 승전색이 전한 경우도 다수 보인다.

03-03

○ "凡有偕來之命, 無論史官、承旨、卿宰, 與大臣同去就, 造朝之前, 毋得退去。"事, 傳敎。【丙午月日未詳。】

● "대신과 함께 오라는 명을 받고 나갔으면 사관이나 승지나 경재(卿宰)를 막론하고 대신과 거취를 함께하여 대신이 조정에 나아오기 전에는 물러가지 못한다."라는 내용

18. 『승정원일기』와 『일성록』에는 동일한 날짜에 기록되어 있고, 『정조실록』에는 기록되어 있지 않다.

으로 전교하였다.【병오년(1786, 정조 10)에 내렸으나, 월일은 상세하지 않다.[19]】

■본문 해설

위의 전교는 판중추부사 서명선(徐命善)과 함께 오라는 명을 받고 나간 우부승지 이겸빈(李謙彬)이 정조의 허락도 없이 혼자 돌아오자 내린 것이다. 대신이 어떤 이유로든지 사임하겠다는 의사 표시를 하고 조정에 나아오지 않을 경우에는 임금이 승지나 사관 등을 보내어 반드시 대신과 함께 오도록 하였는데, 이들을 해래승지(偕來承旨)와 해래사관(偕來史官)으로 불렀다. 이들은 대신과 거취를 함께 하면서 임금의 전유(傳諭)를 대신에게 전달하고 대신의 답변을 임금에게 보고하였으며, 임금의 허락 없이는 혼자 돌아올 수가 없었다. 다만 위의 규정은 이때 새로 정한 것이 아니고 그전부터 관례적으로 시행되고 있던 것을 재차 밝힌 것이다. 위의 규정은 『은대편고』에도 수록되어 있다.

◑ 참고자료 ◐

『은대편고』「이방고」 돈유(敦諭)·해래(偕來).
『승정원일기』 정조 10년 6월 4일 판중추부사 서명선(徐命善) 상소, 5일 우부승지 이겸빈(李謙彬) 서계(書啓), 6일 서명선에게 내리는 돈유(敦諭) 및 호방 승지(戶房承旨) 입시 기사, 7일 우승지 입시 기사.

04. 감사(監司)

감사(監司)는 임금의 임명을 받아 각 도(道)에 1명씩 파견되던 종2품의 관찰사를 가리킨다. 감사는 한 도의 행정권과 사법권을 장악하여 관내를 통치하였으며, 관할 아래에 있는 수령의 실적을 평가하고 죄가 있는 수령을 파직할 수 있는 권한도 가졌다. 감사는 도내의 농사 상황이나 재해 상황 등을 수시로 임금에게 장계로 보고하였으며, 이러한 의무는 감사가 죄를 지어 신문을 받거나 대간의 탄핵을 받은 경우가 아니면 도사(都事)에게 대행시키지 못하고 직접 행하였다. 조정에서는 관찰사로 적합한 인물을 확보하기 위해서 해마다 1월에 의정부와 육조(六曹)의 당상관 및 사헌부와 사간원의 관원에게 각각 관찰사로 적합한 인물을 천거하도록 의무화하였다.

19 『승정원일기』와 『일성록』 및 『정조실록』 모두 정조 10년 6월 7일에 기록되어 있다.

◑ 참고자료 ◐

『경국대전』「이전」 천거(薦擧).
『전율통보』「이전」 외관직(外官職)·외관격식(外官格式).
『은대편고』「이방고(吏房攷)」 감사(監司), 「통고(通攷)」 장계(狀啓).

04-01

○ "監、兵使拿推之代, 以三日內下直, 而以期限太促, 更定十五日, 尤緊急者, 或以十日爲限, 自先朝因大臣陳達, 定式遵行矣。近來久不遵行, 自今更加嚴飭, 三日太促, 十五日太緩, 以十日施行, 過限則自政院察推。"事, 承旨擧條蒙允。【庚子八月二十三日。】

＊ 久: 저본에는 '亦'으로 되어 있는데, 『승정원일기』와 『일성록』 같은 날 기사에 근거하여 수정하였다.

● "의금부로 잡아다 신문하도록 한 감사나 병사의 후임은 3일 안으로 하직 인사하게 하였는데, 기한이 너무 촉박했기 때문에 기한을 다시 15일로 정하되, 특히 긴급한 경우는 10일로 기한을 삼도록 선조(先祖, 숙종) 때부터 대신이 진달한 일로 인하여 정식으로 삼아 준행하였다. 그런데 근래에는 오래도록 준행되지 않고 있으니, 지금부터 더욱더 엄하게 신칙하되, 3일은 너무 촉박하고 15일은 너무 느슨하므로 10일로 기한을 정하여 시행하고, 이 기한을 넘기면 정원에서 추고(推考)한다."라는 내용으로 승지가 거행 조건을 내어 윤허를 받았다.【경자년(1780, 정조 4) 8월 23일.[20]】

■본문 해설

승지는 도승지 정창성(鄭昌聖)을 가리키고, 대신은 좌의정 권대운(權大運)을 가리킨다. 의금부로 잡아다 신문하도록 한 감사의 후임으로 차출된 자를 3일 안에 하직 인사하도록 한 것은 현종 5년(1664)의 일이었는데, 숙종 5년(1679)에 좌의정 권대운이 건의하여 3일은 너무 촉박하므로 15일 이내에 하직 인사하는 것으로 정식을 바꾸었다. 그러다가 정조 때에 와서 다시 이처럼 바꾼 것이다. 위의 규정은 한 도를 통치하는 감사의 자리를 오랫동안 비워 두지 않으려는 의도에서 정한 것이다. 이러한 규정은 『은대편고』에도 수록되어 있다.

20. 『승정원일기』와 『일성록』에는 동일한 날짜에 기록되어 있고, 『정조실록』에는 기록되어 있지 않다.

◑ 참고자료 ◐

『수교집록(受教輯錄)』「병전」 감사(監司).

『은대편고』「이방고」 감사(監司), 「병방고」 촬요(撮要).

『승정원일기』 현종 10년 6월 21일 정원의 계사, 숙종 5년 2월 18일 인견 기사, 정조 4년 8월 23일 입시 기사.

05. 수령(守令)

수령(守令)은 임금의 임명을 받아 지방의 각 고을마다 1명씩 파견되던 관원을 가리키며, 지방관(地方官)이라고도 하였다. 수령은 고을의 등급에 따라 종6품 현감(縣監), 종5품 현령(縣令), 종4품 군수(郡守), 종3품 도호부사(都護府使), 당하 정3품 목사(牧使)와 대도호부사(大都護府使), 종2품 부윤(府尹)으로 나누어졌다. 감영이 소재하는 고을의 수령은 관찰사가 겸하고 함경도의 경성 부사(鏡城府使)는 북병사(北兵使)가 겸하였는데, 이들 고을과 제주(濟州)에는 종5품 판관(判官)을 두어 수령의 역할을 대행하도록 하였으므로 판관도 수령에 포함시킬 수가 있겠다. 수령은 관찰사의 관할 아래 한 고을을 통치하였으며, 통치 실적이 우수하거나 일정 기간을 근무해야 중앙으로 돌아올 수가 있었다. 조정에서는 수령으로 적합한 인물을 확보하기 위해서 해마다 1월에 동반(東班) 3품 이상과 서반(西班) 2품 이상은 각각 수령으로 적합한 인물을 3명 이내로 천거하도록 의무화하였다.

◑ 참고자료 ◐

『경국대전』「이전」 천거(薦擧).

『전율통보』「이전」 외관직(外官職)·외관격식(外官格式).

『은대편고』「이방고(吏房攷)」 수령(守令).

05-01

○ "邊地守令及僉使之限前圖遞者, 邊地履歷, 勿爲施行。"事, 大臣擧條蒙允。【丙申十二月二十一日。】

● "변지 수령(邊地守令)이나 변지 첨사(邊地僉使)로서 임기를 채우기 전에 체차되려고 도모한 경우에는 변지과(邊地窠)의 이력을 인정해 주지 않는다."라는 내용으로 대신이 거행 조건을 내어 윤허를 받았다. 【병신년(1776, 정조 즉위) 12월 21일.[21]】

■본문 해설

대신은 우의정 정존겸(鄭存謙)을 가리킨다. 위의 규정은 이때에 처음 만들어진 것이 아니고, 영조 34년(1758)에 영의정 유척기(兪拓基)의 건의에 따라 처음 정해진 것인데, 시간이 흐르면서 흐지부지되자 이때에 다시 천명한 것이다. 무관은 변지 수령이나 변지 첨사를 거쳐야 방어사(防禦使)가 될 수 있고, 방어사를 거쳐야 곤수(閫帥)가 될 수 있었다. 그러다 보니 무관들이 변지과의 임기를 채우기보다는 변지과를 역임했다는 이력만을 얻기 위한 수단으로 활용하여 자주 교체되는 폐단이 발생하였다. 이러한 폐단을 막기 위해 유척기의 건의에 따라 임기가 만료되기 전에 체차된 경우에는 변지과의 이력을 인정해 주지 못하도록 정한 것이다. 위의 규정은 『대전통편』과 『전율통보』에도 수록되어 있다.

◑ 참고자료 ◐

『대전회통』「병전(兵典)」 외관직(外官職).
『전율통보』「병전」 외관격식(外官格式).
『승정원일기』 영조 34년 8월 26일 입시 기사, 정조 즉위년 12월 20일 인견 기사.
『정조실록』 즉위년 12월 20일(정사).

■어휘 해설

1. 변지 수령(邊地守令): 변지과(邊地窠)로 지정된 고을의 수령을 가리킨다. 변경 지역 중에는 그 지역에서 수령이나 첨사 등을 지내면 그 이력(履歷)을 인정하여 특정한 자리로 옮겨 주는 혜택을 주었는데, 이러한 자리를 변지과라고 불렀다. 『정조실록』에서는 변지 수령을 임명하는 지역으로 부령(富寧)·회령(會寧)·종성(鍾城)·온성(穩城)·경원(慶源)·경흥(慶興) 등 육진(六鎭), 강계(江界)·위원(渭原)·초산(楚山)·벽동(碧潼)·창성(昌城)·삭주(朔州)·의주(義州) 등 강변(江邊)의 7개 읍, 삼수(三水)와 갑산(甲山) 등 총 15개 읍을 꼽았고, 『전율통보』에서는 여기에 무산(茂山)을 추가하였다.
2. 변지 첨사(邊地僉使): 변지과로 지정된 진(鎭)의 첨사를 가리킨다. 『정조실록』과 『전율통보』에서는 변지 첨사를 임명하는 지역으로 만포(滿浦), 아이(阿耳), 성진(城津), 혜산(惠山), 고령(高嶺), 장진(長津), 훈융(訓戎), 백령(白翎), 고군산(古羣山), 부산(釜山), 다대포(多大浦) 등

21. 『승정원일기』와 『일성록』 및 『정조실록』 모두 정조 즉위년 12월 20일에 기록되어 있다.

11개 진을 꼽았다.

05-02

○ "受由守令之發行與還官, 隨爲文移該曹, 使之憑據, 如有入侍之命, 則無或遺漏事, 定式。"事, 承旨擧條蒙允。【庚子十月初五日。】

● "말미를 받은 수령이 상경한 것과 고을로 돌아온 것에 대해 그때마다 각 도(道)가 이조에 공문을 보내 이조에서 이를 근거로 상경한 자와 돌아온 자를 파악하게 하였다가, 만일 입시하라는 명이 있으면 한 사람도 빠짐없이 참석하도록 하는 것으로 정식을 삼는다."라는 내용으로 승지가 거행 조건을 내어 윤허를 받았다.【경자년(1780, 정조 4) 10월 5일.[22]】

■**본문 해설**

승지는 도승지 이갑(李押)을 가리킨다. 위의 규정은 말미를 받아 상경한 수령을 재촉하여 내려 보내려고 해도 대상을 정확히 파악할 수 없는 점을 해결하기 위해서 정해진 것이다. 즉 휴가를 받은 수령이 출발할 때와 고을로 돌아올 때마다 각 도에서 이조로 공문을 보내 알려주게 함으로써, 상경한 수령을 내려 보내기 위해 입시하도록 할 때 빠짐없이 참석하여 하직 인사할 수 있게 한 것이다.

◑ **참고자료** ◐

『승정원일기』 정조 4년 10월 5일 친압(親押) 기사.

05-03

○ "守令辭朝時, 掖隷濫受行下事, 竝頭目, 令兵曹嚴棍, 押送該道伯處, 輪示列邑後, 更加嚴治狀聞。此後無禮索帖者, 該倅言送該房, 隨現處置。"事, 下教。【丙辰八月十五日。】

● "수령이 하직 인사할 때에 액례(掖隷)가 행하(行下)를 지나치게 많이 받는 일이 있

---

22. 『승정원일기』와 『일성록』에는 동일한 날짜에 기록되어 있고, 『정조실록』에는 기록되어 있지 않다.

을 경우에는 액례의 두목(頭目)까지 아울러 병조에서 엄히 곤(棍)을 친 다음 해당 도백에게 압송하게 하여, 해당 도백이 여러 고을에 조리돌리고 나서 더욱더 엄하게 다스린 뒤 장계로 보고하도록 한다. 앞으로 무례하게 첩문(帖文)을 요구하는 액례에 대해서는 해당 수령이 이방 승지(吏房承旨)에게 구두로 전달하여 적발되는 대로 처리하도록 한다."라는 내용으로 하교하였다. 【병진년(1796, 정조 20) 8월 15일.[23]】

■본문 해설

위의 규정은 액정서의 별감(別監)이 하직 인사하는 보성 군수(寶城郡守) 윤경철(尹敬喆)에게 강제로 행하를 요구한 일이 발생하자, 좌부승지 한만유(韓晩裕)가 이를 정조에게 보고하여 정한 것이다. 이 조항은 두 가지 사안으로 이루어져 있다. 하나는 액례(掖隸)가 수령에게 행하를 지나치게 많이 요구한 경우의 처벌에 대한 것이고, 또 하나는 액례가 수령에게 무례하게 첩문을 요구한 경우의 처벌에 대한 것이다. 액례에 대해서는 「호고」 액속(掖屬)과 「병고」 액례(掖隸) 참조.

◑ 참고자료 ◐

『승정원일기』 정조 20년 8월 25일 한만유(韓晩裕)의 계사 및 입진(入診) 기사.
『정조실록』 20년 8월 25일(정유).

■어휘 해설

1. 행하(行下): 윗사람이 아랫사람에게 수고비 명목으로 주는 돈이나 물품 등을 가리킨다.
2. 첩문(帖文): 남에게 돈을 주는 사람이 작은 종이에 서명을 해서 주는 것으로, 일종의 약속 어음이라고 할 수 있다. 여기에서는 수령이 액례에게 얼마의 돈을 지급하겠다고 약속하는 내용으로 발급하는 문서를 가리킨다.

06. 정사(呈辭)

정사(呈辭)는 관원(官員)이나 종친(宗親) 등이 휴가를 청하는 내용이나 사직(辭職)하겠다는 내용으로 문서를 올리는 것 또는 그러한 내용의 문서를 가리킨다. 관원이나 종친

23. 『승정원일기』와 『일성록』 및 『정조실록』 모두 정조 20년 8월 25일에 기록되어 있다.

등이 휴가를 청할 때 올리는 정사에는 병을 앓는 어버이를 문안하고 간호하러 갈 때 올리는 친병 정사(親病呈辭), 신병을 치료하거나 요양할 때 올리는 신병 정사(身病呈辭), 정기적으로 어버이를 만나러 갈 때 올리는 근친 정사(覲親呈辭), 정기적으로 부모의 묘소를 살피러 갈 때 올리는 소분 정사(掃墳呈辭), 부모의 묘소를 보수하러 갈 때 올리는 가토 정사(加土呈辭), 부모와 조상의 묘소에 추증 교지(追贈敎旨)를 바치고 교지의 사본을 불사르러 갈 때 올리는 분황 정사(焚黃呈辭), 과거(科擧)에 급제(及第)하여 부모의 묘소에 제사를 지내러 갈 때 올리는 영분 정사(榮墳呈辭), 과거에 급제하여 어버이에게 잔치를 베풀러 갈 때 올리는 영친 정사(榮親呈辭), 처나 처부모 등의 장례를 치르러 갈 때 올리는 귀장 정사(歸葬呈辭), 자식의 혼례를 치르러 갈 때 올리는 성혼 정사(成婚呈辭), 침을 맞거나 뜸을 뜰 때 올리는 침구 정사(針灸呈辭), 온천(溫泉)에서 목욕하며 병을 치료할 때 올리는 목욕 정사(沐浴呈辭) 등이 있었다.

관원에게 주는 휴가 일수는 휴가의 명목과 고향의 거리에 따라 다르게 적용하였다. 예를 들어 어버이의 병을 보살피러 갈 경우, 서울에서 멀리 떨어진 전라도, 평안도, 경상도, 함경도는 70일, 서울에서 가까운 충청도, 강원도, 황해도는 50일, 경기도는 30일을 주었고, 시골에 있는 어버이를 만나러 갈 때나 부모나 조부모의 묘소를 살피러 갈 때에는 왕복하는 데 걸리는 시간을 제외하고 7일간 머무를 수 있는 휴가를 주었다.

◑ 참고자료 ◐

『대전통편』「이전」 급가(給暇), 「병전」 급가.
『전율통보』「이전」 급가, 「별편(別編)」 본조문자식(本朝文字式).
『은대편고』「이방고(吏房攷)」 정사(呈辭).
『육전조례』「이전」 이조(吏曹) 고공사(考功司) 휴가(休假), 승정원 정사(呈辭).

06-01

○ "中官之親呈呈辭, 旣有先朝飭敎。此後如有使司謁、司鑰替呈者, 當汰去, 以此申飭。"事, 傳敎。【丙申十二月初八日。】

● "중관(中官)이 정사(呈辭)를 직접 올리는 것에 대해서는 선조(先朝, 영조)의 신칙하는 하교가 있었다. 앞으로 사알(司謁)이나 사약(司鑰)을 시켜 대신 올리는 자가 있으면 태거(汰去)할 것이니, 이것으로 신칙한다."라는 내용으로 전교하였다. 【병신년

(1776, 정조 즉위) 12월 8일.[24]】

■본문 해설

위의 전교는 중관이 직접 정사(呈辭)를 바치는 것이 원칙인데도 사알이나 사약을 시켜 대신 바치자, 정조가 다시 천명하기 위해 내린 것이다. 영조 45년(1769)과 49년(1773)에도 중관이 정사 단자(呈辭單子)를 직접 바치지 않는 것에 대해 영조가 질책하고 앞으로는 그러지 못하도록 명하였다. 정사 단자는 당상관은 모두 승정원에 바치고, 당하관은 어버이의 병 때문에 바치는 경우를 제외하고 동반은 이조에, 서반은 병조에 바쳤으며, 종친은 종부시에 바쳤다. 위의 규정은 『은대편고』에도 수록되어 있다.

◑ 참고자료 ◐

『전율통보』「이전」 급가(給暇).
『은대편고』「이방고」 정사(呈辭).
『승정원일기』 영조 45년 8월 8일 입진(入診) 기사, 49년 6월 25일 인견(引見) 기사, 정조 즉위년 11월 12일 전교.

06-02

○ "凡諸臣陛辭而出者, 入卽反面, 乃是國典, 而堂上特以無過限人論罪之例, 堂上侍從之呈告在外者, 過數三朔不呈入來肅拜。此後, 政院察飭。"事, 傳教。【戊戌十一月二十三日。】

● "하직 인사를 하고서 나간 신하들이 들어오는 즉시 돌아왔다고 인사하는 것이야말로 국가의 법전에 실려 있는 것이다. 그런데 당상들의 경우에는 기한이 지나도록 돌아오지 않는 사람을 논죄한 전례가 없기 때문에 당상 시종 중 정사(呈辭)를 바치고 지방에 있는 자들이 2, 3개월이 지나도록 돌아와 올려야 하는 숙배 단자(肅拜單子)를 바치지 않는다. 앞으로는 정원이 살펴 신칙한다."라는 내용으로 전교하였다. 【무술년(1777, 정조 1) 11월 23일.[25]】

---

24. 『승정원일기』와 『일성록』에는 정조 즉위년 11월 12일에 기록되어 있고, 『정조실록』에는 기록되어 있지 않으며, 『은대편고』「이방고」 정사(呈辭)에는 정조 즉위년 12월 18일의 일로 기록되어 있다.
25. 『승정원일기』와 『일성록』에는 동일한 날짜에 기록되어 있고, 『정조실록』에는 기록되어 있지 않다.

■ 본문 해설

위의 전교는 휴가 기한이 지나도록 올라오지 않는 대간(臺諫)을 의금부에 내려 추고(推考)하는 일을 계기로 내린 것이다. 『경국대전』에서는 동반 9품 이상과 서반 4품 이상으로서 휴가를 받은 자는 휴가를 받아 나갈 때와 휴가를 끝내고 돌아왔을 때 모두 숙배하도록 하였고, 『전율통보』에서는 휴가를 받은 당상관과 시종(侍從)으로서 휴가를 끝내고 돌아온 자가 숙배하지 않으면 추고(推考)하도록 하였다. 『경국대전』에서는 휴가를 받은 뒤 기한이 지나도록 돌아오지 않는 수령에 대해서는 개차(改差)하도록 하고 그 외의 관원에 대해서는 특별한 규정이 없었는데, 『전율통보』에서는 휴가를 받은 뒤 기한이 지나도록 돌아오지 않는 관원에 대해서는 모두 임금에게 아뢰어 체차하되, 승문원 · 성균관 · 교서관의 참하관은 파직하고 수령은 개차하도록 하였다. 위의 규정은 『전율통보』와 『은대편고』에도 수록되어 있다.

◑ 참고자료 ◐

『경국대전』 「이전」 급가, 「예전」 조의(朝儀).
『전율통보』 「이전」 고과(考課) · 급가(給暇).
『은대편고』 「병방고」 대군함하향(帶軍啣下鄕).
『승정원일기』 정조 1년 11월 23일.

06-03

○ "朝臣受由下鄕者, 或有呈病封啓之例, 而至如除職前在外者, 則不得用此規。此後, 辭朝下鄕者外, 毋得縣道呈病之意, 另加申飭。"事, 承旨擧條蒙允。【戊戌十二月十五日。】

* 前: 저본에는 없는데, 『승정원일기』 같은 날 기사와 『은대편고』 「이방고」 정사(呈辭)에 근거하여 보충하였다.

● "조정 관원 중에 말미를 받아 시골에 내려간 자가 더러 병을 이유로 정사(呈辭)를 봉하여 아뢴 전례가 있었다. 그러나 관직에 제수되기 전부터 지방에 있었던 사람 같은 경우는 이 규례를 적용할 수가 없다. 앞으로는 하직 인사하고서 시골에 내려간 자 외에 병을 이유로 현(縣)과 도(道)를 통해 정사를 올리지 못한다는 뜻으로 각별히 신칙한다."라는 내용으로 승지가 거행 조건을 내어 윤허를 받았다. 【무술년(1778, 정조 2) 12월 15일.[26]】

26. 『승정원일기』에는 동일한 날짜에 기록되어 있고, 『일성록』과 『정조실록』에는 기록되어 있지 않다.

■본문 해설

승지는 좌부승지 채홍리(蔡弘履)를 가리킨다. 위의 규정은 새로 관직에 제수된 자가 올라오지 않아 업무 공백이 생기는 폐단을 막기 위한 의도에서 나온 것이라고 할 수 있겠다. 즉 현직 관원으로서 휴가를 받아 시골에 내려간 자는 현과 도를 통해 정사를 바칠 수가 있었으나, 전직 관원으로서 시골에 있다가 다시 관직에 제수된 자는 정사를 바칠 수 없도록 한 것이다. 그리고 현직 관원으로서 휴가를 받아 시골에 내려간 자라 할지라도 현과 도를 통해 사직하지는 못하도록 하였다.

◑ 참고자료 ◐

『은대편고』「공방고(工房攷)」 소장(疏章), 「통고(通攷)」 장계(狀啓).
『승정원일기』 숙종 2년 11월 29일 목창명(睦昌明)의 계사, 정조 2년 12월 15일 전최(殿最) 기사.

06-04

○ "大臣呈辭, 自初度至三度, 不允批答; 四度以下, 敦諭或別諭或安心調理, 傳諭則遣史官爲之。"事, 承旨因下教考例微稟。【庚子五月初一日。】

● "대신이 올린 정사에 대해 첫 번째부터 세 번째까지는 불윤비답(不允批答)을 내리고, 네 번째 이후의 정사에 대해서는 돈유(敦諭)하거나 별유(別諭)하거나 '안심하고 몸조리하라.[安心調理]'는 비답을 내리되, 전유(傳諭)는 사관을 보내 전하도록 한다."라는 내용으로 승지가 하교로 인하여 규례를 살펴 넌지시 여쭈었다. 【경자년(1780, 정조 4) 5월 1일.[27]】

■본문 해설

위의 규정이 정해진 날짜라고 기록된 날의 사료에 이러한 기사가 없으므로 해당 승지가 누구인지는 알 수가 없다. 『은대편고』에서는 이 규정에 대해 "경자년(1780, 정조 4) 5월 1일과 갑진년(1784, 정조 8) 6월 26일에 대신이 정사(呈辭)를 바쳤을 때 정조가 하문한 일로 인하여 승지가 규례를 조사한 뒤 이처럼 보고하였으나, 그 뒤에도 규례가 각각 달랐다."라고 하였다. 『승정원일기』 영조대와 정조대의 실제 사례를 살펴보아도 규정이 일정하지는 않았던 것으로 보인다.

27. 『승정원일기』와 『일성록』 및 『정조실록』 모두 동일한 날짜에 기록되어 있지 않으나, 『은대편고』「이방고」 정사(呈辭)에 동일한 날짜의 일로 기록되어 있다.

◑ 참고자료 ◐

『은대편고』「이방고」 정사(呈辭).

『승정원일기』 영조 35년 3월 13일 인견 기사, 8월 5일 입진(入診) 기사, 51년 12월 18일 청정 절목(聽政節目), 정조 19년 12월 10일 입시 기사.

■어휘 해설

1. 불윤비답(不允批答): 대신 등이 사직하겠다는 내용으로 올린 상소나 차자에 대해 임금이 지제교(知製教)를 시켜 윤허하지 않는다는 내용으로 짓도록 한 비답을 말한다. 이때의 비답은 교서(敎書)의 형식과 마찬가지로 대부분 '왕은 다음과 같이 말한다.[王若曰]'로 시작해서 '그러므로 이와 같이 나의 뜻을 밝혔으니 잘 알았으리라고 생각한다.[故玆教示, 想宜知悉。]'로 끝맺었다.
2. 돈유(敦諭): 임금이 신하에게 정중히 권유하는 것 또는 그러한 내용으로 내리는 말이나 글을 가리킨다. 조선 후기에는 새로 제수된 대신(大臣)을 불러들일 경우, 산림(山林)을 초빙할 경우, 대신이나 산림 등이 다른 신하의 탄핵을 받거나 임금의 질책을 받은 뒤 사직 상소를 올리고 나오지 않을 경우 등에 임금이 이들을 불러들이기 위해 돈유를 내렸다. 돈유는 임금이나 승지가 지었으며, 승지나 사관, 정경(正卿)이나 아경(亞卿) 등이 당사자에게 전하였다.
3. 별유(別諭): 임금이 신하에게 특별히 권유하는 것 또는 그러한 내용으로 내리는 말이나 글을 가리킨다. 별유도 돈유와 마찬가지로 임금이나 승지가 지었으며, 승지나 사관, 정경이나 아경 등이 당사자에게 전하였다. 사료에서 별유는 돈유와 구별하여 서로 다른 의미로 사용한 경우도 있지만 둘을 구별하지 않고 함께 혼용한 경우가 많았다. 별유가 돈유와 서로 다른 의미로 사용된 경우에는 비답이나 돈유와는 별도로 특별히 권유하는 것, 또는 그러한 의미로 내리는 말이나 글을 가리켰다.

06-05

○ "此後, 大臣掃墳呈辭或上疏、箚子批答, 無澆奠床備給之下教, 則卽爲微稟。"事, 下教。【宗臣若往省大君墓, 則一例爲之事。甲寅十月初六日。】

● "앞으로는 대신의 소분 정사(掃墳呈辭)나 상소·차자에 대한 비답에 요전상(澆奠床)을 갖추어 지급하라는 하교가 없으면 즉시 넌지시 여쭌다."라는 내용으로 하교하였다.【종신(宗臣)이 대군(大君)의 묘에 가서 살필 경우에도 똑같이 행하도록 한다. 갑인년(1794, 정조 18) 10월 6일.[28]】

28. 『승정원일기』와 『일성록』 및 『정조실록』 모두 동일한 날짜에 기록되어 있지 않으나, 『은대편고』「이방고」 정사(呈辭)에 동일한 날짜의 일로 기록되어 있다.

■본문 해설

조상의 산소를 살피러 가거나 보수하러 가기 위해 휴가를 청한 대신, 수릉관(守陵官)을 지낸 사람, 종1품 이상의 종신(宗臣)과 도위(都尉)에게는 휴가를 받아 내려갈 때 타고 갈 말과 제사 지낼 때 필요한 요전상을 내려 주는 것이 규례였으므로, 임금이 이를 몰라서 지시하지 않거나 잊어버려서 지시하지 않을 때에는 승정원에서 귀띔을 하도록 한 것이다. 위의 규정은 『은대편고』에도 수록되어 있다.

◑ 참고자료 ◐

『은대편고』「이방고」 정사(呈辭)·대청(代聽).
『승정원일기』 영조 51년 12월 18일 청정 절목(聽政節目), 정조 18년 10월 2일.
경기 도사(京畿都事) 이익모(李翊模)의 장계에 대한 전교.

■어휘 해설

1. 소분 정사(掃墳呈辭): 관원이나 종친 등이 정기적으로 부모의 묘소를 살피기 위해 말미를 청할 때 올리던 정사를 가리킨다. 『경국대전』에는 5년에 한 차례씩 소분 정사를 올릴 수 있도록 하였고, 『대전통편』에서는 한 해 걸러서 한 차례씩 올릴 수 있도록 바뀌었다. 『경국대전』과 『전율통보』에는 소분 정사를 올려 말미를 받으면 왕복 기간을 제외하고 7일을 머무르도록 하였고, 『양전편고』에서는 왕복할 때 걸리는 기간을 매일 80리씩 계산하도록 하였다. 『전율통보』「별편(別編)」 본조문자식(本朝文字式) 정사식(呈辭式)에는 소분 정사를 작성하는 방식이 규정되어 있다.
2. 요전상(澆奠床): 묘소 앞에서 제사를 지낼 때 차리는 제사상에 필요한 제물(祭物) 일체를 가리킨다. 나라에서 요전상을 내려 주는 것은 큰 은전이었기 때문에 그 대상을 대신, 수릉관(守陵官)을 지낸 사람, 종1품 이상의 종신(宗臣)과 도위(都尉), 대군(大君)의 묘소를 살피러 가는 종신으로 제한하였다.

06-06

○ "大享入稟, 則卿宰以下呈辭, 毋得捧入, 親享命下, 則畿、湖原居侍從, 催促上來。"事, 傳敎。【乙卯四月二十九日。】

● "대제(大祭)를 임금이 직접 지낼지 여쭈고 나면 경재(卿宰) 이하가 올린 정사는 받아들일 수 없고, 임금이 직접 지내겠다는 명을 내리면 경기와 충청도에 원래 거주하던 시종(侍從)들을 재촉하여 올라오게 한다."라는 내용으로 전교하였다.【을묘년(1795, 정조 19) 4월 29일.[29]】

■본문 해설

위의 규정은 대제(大祭)를 지내거나 임금이 직접 제향을 지낼 때 필요한 인원을 확보하기 위한 것으로, 이때 새로 만든 것이 아니고 이전부터 행해지던 규정을 재차 천명한 것이다. 이때는 경모궁(景慕宮) 하향 대제(夏享大祭)를 앞두고 있었는데 각신(閣臣)과 중신(重臣)이 서로 정사를 바치고, 심지어 천조관(薦俎官)을 맡은 호조 판서 이시수(李時秀)가 소분 정사를 올리고 시골로 내려갔기 때문에 정조가 이러한 전교를 내린 것이다. 경기와 충청도에 원래 거주하던 시종들을 재촉하여 올라오게 한 것은 서울과 가까운 곳에 살고 있는 임금의 측근을 속히 불러들여 제향을 지낼 때 보직을 맡기기 위한 것이라고 하겠다.

◑ 참고자료 ◐

『은대편고』「예방고(禮房攷)」 제향(祭享).
『육전조례』「예전」 전향사(典享司) 제사(祭祀), 봉상시(奉常寺) 사전(祀典).
『승정원일기』 영조 47년 2월 17일 인견(引見) 기사, 정조 19년 4월 29일 문신제술(文臣製述) 기사.

■어휘 해설

1. 대제(大祭): 조선 시대에 나라에서 지내는 제사를 대사(大祀), 중사(中祀), 소사(小祀)로 분류하였는데, 그중 대사를 가리킨다. 대사는 산재(散齋) 4일, 치재(致齋) 3일을 하였고, 제물(祭物)로는 소와 양과 돼지 3가지를 썼다. 대제는 춘향 대제(春享大祭), 하향 대제(夏享大祭), 추향 대제(秋享大祭), 동향 대제(冬享大祭), 납향 대제(臘享大祭) 등이 있다.

06-07

○ "一年之內一次親享, 先朝已行之例, 而一年再次躬行, 特例也。若以大享入稟呈辭一切防塞, 則果無許捧之日。自今爲始, 當年內廟、社、宮一經親享, 則由單勿拘捧入。"事, 下教。【乙卯七月二十一日。】

● "1년에 한 차례 임금이 직접 제향을 지내는 것은 선조(先朝, 영조)가 이미 행했던 규례이지만, 1년에 두 차례 직접 지내는 것은 특별한 규례이다. 만약 대제를 임금이 직접 지낼지 여쭈고 난 뒤라고 해서 정사(呈辭)를 모두 받아들이지 않는다면, 과연 정사를 받아들이도록 허락할 날이 없을 것이다. 지금부터 해당 연도에 종묘(宗廟), 사직(社稷), 경모궁(景慕宮)에 한 차례 직접 제향을 지냈으면 휴가를 청하는 단자

---

29. 『승정원일기』와 『일성록』에는 동일한 날짜에 기록되어 있고, 『정조실록』에는 기록되어 있지 않다.

(單子)는 구애받지 말고 받아들인다."라는 내용으로 하교하였다. 【을묘년(1795, 정조 19) 7월 21일.[30]】

■**본문 해설**

위의 하교는 우승지 이면긍(李勉兢)이 1년에 5차례의 종묘 대제(宗廟大祭)와 경모궁 대제(景慕宮大祭) 및 4차례의 사직 대제(社稷大祭)를 지내는데, 대제를 지내기 3개월 전에 임금이 직접 대제를 지낼지 여쭈고 난 뒤에는 신하들의 정사를 받아들이지 않는다면 1년 내내 정사를 받아들일 수가 없다고 보고하였기 때문에 내린 것이다. 종묘(宗廟)에는 사계절(1・4・7・10월)에 각 한 차례씩과 12월의 납향 대제(臘享大祭) 등 총 5차례의 대제를 지냈고, 경모궁(景慕宮)에는 사계절(2・5・8・11월)에 각 한 차례씩과 12월의 납향 대제 등 총 5차례의 대제를 지냈으며, 사직(社稷)에는 1・2・8・12월 등 총 4차례 대제를 지냈다. 위의 규정은 『은대편고』에도 수록되어 있다.

◑ 참고자료 ◐

『은대편고』「이방고」정사(呈辭), 「예방고」 묘사전궁(廟社殿宮)・제향(祭享).
『승정원일기』 정조 19년 7월 21일 입시 기사.

06-08

○ "廟、社、宮, 雖未各親行, 或攝儀下之後, 來頭祭享未入稟之前, 由單勿拘捧入。"事, 承旨入侍停當。【丙辰三月十七日。】

● "종묘(宗廟), 사직(社稷), 경모궁(景慕宮)의 제향을 각각 임금이 직접 지내지는 않았더라도 신하에게 대행하라는 명이 내리고 난 뒤로부터 앞으로 있을 제향을 직접 지낼지 묻기 전까지는 휴가를 청하는 단자(單子)를 구애받지 말고 받아들인다."라는 내용으로 승지가 입시하여 결정하였다. 【병진년(1796, 정조 20) 3월 17일.[31]】

■**본문 해설**

승지는 좌승지 이면긍(李勉兢)을 가리킨다. 위의 규정은 종묘의 하향 대제를 임금이 직접 지낼지 물었으나 아직 답변이 내리기 전에 이조 판서인 심환지(沈煥之)가 분황 정사(焚黃呈

---

30. 『승정원일기』와 『일성록』에는 동일한 날짜에 기록되어 있고, 『정조실록』에는 기록되어 있지 않다.
31. 『승정원일기』와 『일성록』에는 동일한 날짜에 기록되어 있고, 『정조실록』에는 기록되어 있지 않다.

辭)를 바치자, 정조가 좌승지 이면긍의 의견을 듣고서 정한 것이다. 즉 06-07에서 정했던 '1년에 한 차례'의 의미가 모든 대제를 통틀어서 1년에 한 차례가 아니라 각 대제를 지내는 곳마다 1년에 한 차례임을 명확히 한 것이다.

이때 정해진 규정에 따라 종묘, 사직, 경모궁 중 어느 한 곳에 임금이 직접 제향을 지냈으면 이후로는 그곳의 대제를 직접 지낼지 묻는 것에 구애받지 않고 정사를 바칠 수가 있었다. 그리고 종묘, 사직, 경모궁 중 어느 한 곳이라도 임금이 직접 제향을 지내지 않은 곳이 있으면 그곳의 대제를 직접 지낼지 묻고 난 이후로 답변이 내리기 전까지는 정사를 바칠 수가 없었으나, 신하에게 대행하게 하라는 임금의 답변이 내린 뒤로부터 다음 차례의 대제를 직접 지낼지 묻기 전까지는 정사를 바칠 수가 있었다. 위의 규정은 『은대편고』에도 수록되어 있다.

◑ 참고자료 ◐

『은대편고』「이방고」 정사(呈辭).

『승정원일기』 정조 20년 3월 17일 이조 판서 심환지의 분황 정사에 대한 전교 및 입시 기사.

■어휘 해설

1. 종묘(宗廟): 조선 시대 왕과 왕비의 신주(神主)를 모셔 둔 사당을 가리킨다. 종묘에는 원칙적으로 다섯 분의 신주만 모실 수가 있었기 때문에 다섯 분의 신주가 찬 상태에서 새로 승하한 임금의 신주를 모시게 되면 그중 태조(太祖)를 제외하고 가장 윗분의 신주를 영녕전(永寧殿)으로 옮겨서 모셨다. 다만 공덕이 큰 임금의 경우에는 다섯 신주에 구애받지 않고 영원히 종묘에 신주를 모셔 두도록 세실(世室)로 정하기도 하였다. 종묘에는 음력 1월에 춘향 대제(春享大祭), 4월에 하향 대제(夏享大祭), 7월에 추향 대제(秋享大祭), 10월에 동향 대제(冬享大祭), 12월 납일(臘日)에 납향 대제(臘享大祭)를 지냈다.
2. 사직(社稷): 토지의 신과 곡식의 신에게 제사 지내기 위해 세운 제단(祭壇)을 가리킨다. 고대에는 궁궐을 중심으로 왼쪽에는 종묘를 세우고 오른쪽에는 사직을 세웠다. 사직에는 음력 1월에 기곡 대제(祈穀大祭), 2월에 춘향 대제, 8월에 추향 대제, 12월 납일에 납향 대제를 지냈다.
3. 경모궁(景慕宮): 사도세자(思悼世子)와 그의 빈(嬪) 혜경궁(惠慶宮) 홍씨(洪氏)의 신주를 모신 사당을 가리킨다. 경모궁에는 음력 2월에 춘향 대제, 5월에 하향 대제, 8월에 추향 대제, 11월에 동향 대제, 12월 납일에 납향 대제를 지냈다. 경모궁에 지내는 제사는 원래 대사(大祀)가 아니고 중사(中祀)지만, 정조의 생부인 사도세자의 사당이라는 특수성으로 인해 정조가 제사의 규모는 대사와 중사의 중간 규모로 마련하고 제사의 칭호는 '대제'로 칭하도록 하였다.

07. 해유(解由)

해유(解由)는 관원이 벼슬을 그만두면서 재임할 때 관리하던 물품 등을 후임자에게 이상 없이 인계하였음을 증명하는 절차 또는 그런 과정을 거쳐서 발급받은 문서를 가리킨다. 해유를 발급하는 절차는 당사자의 발급 신청, 후임자의 회계 장부 및 물품 수량 등 확인, 수령의 경우 감사의 확인, 호조와 병조의 확인, 이조의 조흘(照訖) 순으로 진행하였다. 이조와 병조가 새로운 관원을 관직에 제수할 때에는 당사자의 해유가 정상적으로 발급되었는지의 여부를 살폈고, 해유가 발급되지 않은 사람은 후보자로 선발하지 못했다.

◑ 참고자료 ◐

『대전통편』「이전」 해유(解由), 「호전」 해유.
『전율통보』「별편(別編)」 본조문자식(本朝文字式) 해유이관(解由移關)·해유첩정(解由牒呈).
『은대편고』「이방고」 해유.
『양전편고』「동전(東銓)」 해유.

07-01

○ 古法, 承旨、玉堂, 則解由勿拘, 而雖承旨、玉堂, 有特教然後, 始爲勿拘事。【丙申五月二十二日。】

● "옛 법에 승지나 옥당에 제수할 때에는 당사자의 해유가 발급되지 않았더라도 구애받지 않는다고 하였으나, 승지나 옥당에 제수할 때라 하더라도 특별 하교가 있고서야 구애받지 않는다."라는 내용이었다. 【병신년(1776, 정조 즉위) 5월 22일.[32]】

■본문 해설

위의 규정이 정해진 날짜에 정조와 좌승지 홍국영(洪國榮)의 대화 내용을 살펴보면, '옛 법[古法]'은 영조 이전의 규례를 가리킨다. 『승정원일기』를 참고해 보면, 옥당에 제수할 때에는 해유가 발급되지 않았더라도 구애받지 않는 것이 관례라고 한 기사가 숙종 12년(1686)에 보이고, 영조 즉위년(1724)에는 영조가 채팽윤(蔡彭胤)을 승지에 제수할 때 옥당처럼 해유에 구애받지 않는 관례가 있는지를 알아본 뒤에 해유를 발급받지 못한 채팽윤을 승지에 제수하

32. 『승정원일기』에는 동일한 날짜에 기록되어 있고, 『일성록』과 『정조실록』에는 기록되어 있지 않다.

도록 한 기사가 보인다. 그러나 승지나 옥당에 제수할 때 해유에 구애받지 말도록 하였더라도 해당 관직에 대해서만 적용이 되고, 기타의 관직에 후보자로 뽑아 올릴 때에는 구애를 받았다. 위의 규정은 『대전통편』과 『전율통보』 및 『은대편고』에도 수록되어 있다.

◑ **참고자료** ◐

『대전통편』 「이전」 해유.
『전율통보』 「이전」 경관격식(京官格式).
『은대편고』 「이방고」 해유.
『승정원일기』 숙종 12년 4월 10일 주강(晝講) 기사, 영조 즉위년 12월 13일 정석삼(鄭錫三)의 계사 및 전교, 정조 즉위년 5월 22일 조전(朝奠) 기사.

08. 전최(殿最)

전최(殿最)는 해마다 6월과 12월, 두 차례 정기적으로 관원의 근무 실적을 평가하는 것 또는 그러한 제도를 가리킨다. 전최는 관원의 근무 실적에 대해 상등으로 평가하는 것을 포(褒)나 최(最)라 하고 하등으로 평가하는 것을 폄(貶)이나 전(殿)이라 한 데서 유래한 것으로, 전최를 포폄(褒貶)이라고도 하였다. 『경국대전』에는 서울의 관원은 해당 관사의 당상관과 제조 및 속조(屬曹)의 당상관이, 지방의 관원은 관찰사 및 절도사가 1년에 두 차례 관할 관원에 대한 전최를 행하여 왕에게 보고하도록 하였다. 전최 결과는 계본(啓本)으로 작성하여 보고하였는데, 그 내용에 따라 상벌을 시행하였다.

◑ **참고자료** ◐

『경국대전』 「이전」 포폄(褒貶), 「병전」 포폄.
『전율통보』 「이전」 포폄.
『은대편고』 「이방고」 전최(殿最).
『경국대전주해(經國大典註解)』 후집(後集) 「호전(戶典)」.
『승정원일기』 숙종 29년 6월 16일 정원의 계사.

08-01

○ 各道頉狀，同爲入啓於開拆事。【承旨，以頉狀之徑先入啓推考。丙申六月

十二日。】

● "탈이 있어 전최를 행하지 못한다고 보고하는 각 도의 장계는 포폄 계본(褒貶啓本)을 개봉하는 날에 함께 들인다."라는 내용이었다. 【탈이 있어 전최를 행하지 못한다고 보고하는 장계를 지레 들였다는 이유로 승지를 추고(推考)하였다. 병신년(1776, 정조 즉위) 6월 12일.[33]】

■본문 해설

승지는 누구를 가리키는지 알 수가 없다. 다만 이때 포폄 계본을 개봉할 때 이방 승지(吏房承旨)는 좌승지 김문순(金文淳)이 맡고 병방 승지(兵房承旨)는 도승지 서호수(徐浩修)가 맡았던 점으로 보아 둘 중의 한 사람일 것으로 보인다. 위의 규정은 정조 때에 새로 만들어진 것이 아니라 그 이전부터 전해 오던 것이었다. 그런데 이때 포폄 계본을 개봉하는 날이 되기도 전에 승지가 지레 장계를 들여보내자, 정조가 해당 승지를 추고하면서 재차 거론한 것이다.

해마다 6월과 12월에 전최를 행해야 하지만, 각 관사의 장관(長官)이나 관찰사·절도사 등이 사정이 있어 행할 수가 없으면 이러한 사실을 각 관사에서는 초기(草記)로, 관찰사·절도사는 장계로 보고하였다. 관찰사·절도사가 올리는 장계 이외에 서울의 각 관사에서 올리는 초기도 전최 계본을 개봉하는 날에 들여보냈다. 위의 규정은 『은대편고』에도 수록되어 있다.

◑ 참고자료 ◐

『은대편고』「이방고」 전최.
『승정원일기』 정조 즉위년 6월 12일 전교, 15일 전최 기사.

■어휘 해설

1. 포폄 계본(褒貶啓本): 관원의 실적에 대한 평가 결과를 보고하는 문서를 가리키며, 전최 계본(殿最啓本)이라고도 하였다. 포폄 계본의 내용은 크게 제목(題目)과 등제(等第)로 나눌 수가 있다. 제목은 관원에 대한 평가를 글로 표현한 것을 가리키는데, 대부분 4자로 1구를 이루어 1구나 2구로 표현하였다. 등제는 제목의 내용에 따라 해당 관원의 근무 실적을 상고(上考)·중고(中考)·하고(下考) 3등급으로 나누어 매긴 것을 가리킨다.

33. 『승정원일기』에는 동일한 날짜에 기록되어 있고, 『일성록』과 『정조실록』에는 기록되어 있지 않다.

08-02

○ "政府貶坐，雖無首相，左、右相中如有行公大臣，則勿拘磨勘。"事，傳敎。【乙巳十二月十二日。】

● "의정부의 포폄 좌기(褒貶坐起)는 영의정이 없더라도 좌의정이나 우의정 중에 공무를 행할 대신이 있으면 구애받지 말고 마감한다."라는 내용으로 전교하였다.【을사년(1785, 정조 9) 12월 12일.[34]】

■본문 해설

위의 전교는 정조가 의정부의 포폄을 영의정이 없어 행하지 못한다는 보고를 받고서 내린 것이다. 특히 숙종 경인년(1710, 숙종 36)에도 영의정이 없어 좌의정과 우의정이 포폄을 마감한 전례가 있다는 주서의 말에 따라 정조가 이처럼 전교하였다. 위의 규정은 다른 관사에도 적용되어 제조(提調)가 2명인 관사는 공무를 행하는 제조 1명이 있으면 포폄을 마감할 수 있도록 하였고, 규장각은 일제학(一提學)이 없더라도 이제학(二提學)이 마감할 수 있도록 하였다.

◑ 참고자료 ◐

『승정원일기』 정조 9년 12월 12일 입시 기사.
『내각일력(內閣日曆)』 정조 9년 12월 10일 비망기(備忘記).

■어휘 해설

1. 포폄 좌기(褒貶坐起) : 각 관사에서 포폄을 행하기 위해 여는 회의를 가리킨다. 해마다 6월 15일과 12월 15일에 임금 앞에서 포폄 계본을 개봉하는 것이 원칙이었으므로, 각 관사에서는 그 이전에 포폄 좌기를 열어 마감하고 결과를 계본으로 작성하여 올렸다.

09. 상언(上言)

상언(上言)은 일반 백성이 억울한 사정이나 청원(請願)을 임금에게 호소하는 것 또는 그런 내용으로 작성한 글을 가리킨다. 상언할 수 있는 사안은 사건사(四件事)로 제한되었

34. 『승정원일기』와 『일성록』 및 『정조실록』 모두 동일한 날짜에 기록되어 있다.

으며, 격쟁(擊錚)과 달리 본인이 직접 작성하고 직접 제출하도록 의무화하였다. 상언한 사람은 3일 안에 호구 단자(戶口單子)를 가지고 출두해야 했으며, 3일 안에 출두하지 않으면 해당 상언을 무효화하였다. 임금이 상언을 재가하여 해당 관사에 내려 주면 해당 관사에서는 5일 안에 처리할 대책을 마련하여 보고해야 하였다.

◑ 참고자료 ◐

『경국대전』「형전(刑典)」 소원(訴冤).
『속대전』「형전」 소원.
『은대편고』「이방고」 회계(回啓).
한상권, 『조선후기 사회와 소원제도』, 일조각, 1996.

09-01

○ "凡上言中爲其祖先干恩者, 依例拔去; 雖非四件事, 多士聯名而屢呈營邑見格者, 依列聖朝受教入啓; 衆民之以民事聯籲者, 亦許捧入; 建院、賜額、配食等可以疏而冒呈上言者, 依禁條一切勿捧。"事, 下教。【戊午二月初六日。】

● "모든 상언 중에 자기 선조를 위해 은택을 구하는 것은 규례대로 제외하고, 사건사(四件事)는 아니더라도 많은 선비가 연명하여 감영과 고을에 누차 제기하였으나 퇴짜를 당한 것은 역대 임금의 수교(受教)에 따라 받아들이며, 백성들이 민사(民事)에 대해 연명으로 호소하는 것도 받아들이도록 허락하고, 서원(書院)의 건립, 편액(扁額)의 하사, 배향(配享) 등처럼 상소로 제기할 수 있는데도 함부로 상언을 바친 경우에는 금지 조항에 따라 모두 받아들이지 않는다."라는 내용으로 하교하였다.【무오년(1798, 정조 22) 2월 6일.[35]】

■본문 해설

이 하교를 내린 날짜라고 한 정조 22년(1798) 2월 6일의 사료에는 이러한 내용이 보이지 않는다. 다만 영조와 정조대에 이와 관련된 기사들이 산발적으로 보일 뿐이다. 조상을 위해 은택을 구하는 상언에 대해서는 정조 10년 9월 30일에도 받아들이지 못하도록 한 기사가 보인

35. 『승정원일기』와 『일성록』 및 『정조실록』 모두 동일한 날짜에 기록되어 있지 않으나, 『은대편고』「이방고」 회계(回啓)에 동일한 날짜의 일로 기록되어 있다.

다. 많은 선비들이 연명으로 올린 상언에 대해서는 정조 11년 2월 10일에 '누차 상언을 바쳤으나 저지당했다.[屢呈見格]'라는 내용으로 상언을 작성한 경우에만 받아들이도록 하였다. 민사와 관련된 상언의 경우에는 영조 15년 1월 29일에 사건사가 아니더라도 백성의 고통과 관계된 상언은 해당 관사에 내려 조치하도록 하였고, 정조 11년 11월 26일에는 법전(法典)에도 받아들이도록 규정되어 있다는 이유를 들어 허용하였다. 이때의 법전은 『대전통편』「예전(禮典) 잡령(雜令)」의 "민사와 관계된 문서는 재계하는 날이라 하더라도 승정원이 물어보고 들여보낸다."라고 한 것을 가리킨 것으로 보인다.

위의 규정은 『대전회통』「형전(刑典)」 소원(訴冤)에 "격쟁한 사안이 사건사에 해당하는 것이 아니더라도 백성의 폐해와 관계된 사안이면 함부로 격쟁하였을 때 적용하는 형률을 청하지 않는다."라고 수록되어 있다. 『속대전』「예전」 잡령에서는 나라의 허락 없이 서원(書院)을 세우거나 서원에 배향(配享)하는 것을 금지하였다. 위의 규정은 『은대편고』에도 수록되어 있다.

◑ 참고자료 ◐

『속대전』「예전」 잡령(雜令).
『대전통편』「예전」 잡령.
『대전회통』「형전」 소원(訴冤).
『은대편고』「이방고」 회계(回啓).
『승정원일기』 영조 15년 1월 29일 전교, 정조 10년 9월 30일 예조의 초기(草記), 11년 2월 10일 인견 기사, 11월 26일 황해 감사의 계본(啓本)에 대한 전교.

■어휘 해설

1. 사건사(四件事) : 백성이 억울한 사정을 임금에게 호소할 수 있도록 규정한 4가지 사안을 가리킨다. 즉 자신이 억울하게 형벌을 받은 일, 아버지와 아들의 분별에 관한 일, 본처와 첩의 분별에 관한 일, 양민(良民)과 천민(賤民)의 분별에 관한 일을 말한다. 이 외에 자손이 아버지나 할아버지를 위해 청원하는 일, 아내가 남편을 위해 청원하는 일, 아우가 형을 위해 청원하는 일, 종이 주인을 위해 청원하는 일도 별도의 사건사로 인정되었다.

09-02

○ "疏儒伏閤, 若不當捧者, 而過三日, 該房筵稟後, 招入疏頭, 曉諭下送。"事, 下教。【辛亥六月二十七日。】

● "받아들여서는 안 되는 상소를 바친 유생(儒生)들이 궐문 밖에 엎드려서 호소한 지 3일이 지나면 공방 승지(工房承旨)가 연석에서 여쭌 뒤에 상소한 유생 중의 우두머리를 불러들여서 잘 타이른 뒤에 내려 보낸다."라는 내용으로 하교하였다. 【신해년(1791, 정조 15) 6월 27일.[36]】

■본문 해설

이러한 하교를 내린 날이라고 한 날짜의 사료에는 해당 기사가 보이지 않는다. 『은대편고』 「공방고(工房攷)」 소장(疏章)에는 "편액(扁額)의 하사나 서원(書院)의 건립이나 배향(配享)을 청하는 일은 금지하도록 한 명령이 있으므로 궐문 밖에 엎드려서 호소한 지 3일이 지나면 승정원에서 물리쳐서 보내겠다는 내용으로 보고한 뒤에 계판(啓板) 앞에 불러다가 잘 타이르고 물리쳐 보낸다."라고 하였고, 그 주(註)에 '무오년(1798, 정조 22)의 수교'라고 하였다.

『승정원일기』 정조 19년 11월 25일 기사에는 상소한 유생들이 궐문 밖에 엎드려서 호소한 지 한 달이 넘었으면 정원에서 잘 타이른 뒤에 내려 보내도록 정식을 삼은 것이 있다고 하였고, 이어서 상소한 유생들이 궐문 밖에 엎드려서 호소한 지 3일이 지난 뒤에는 받아들일 만한 상소면 즉시 받아들이고 받아들일 수 없는 상소면 유생을 즉시 물러가게 한 내용이 보인다. 그리고 『승정원일기』 정조 20년 11월 19일 기사에는 상소한 유생들이 궐문 밖에 엎드려서 호소한 지 3일이 지나면 승정원이 임금에게 여쭌 뒤에 상소한 유생들을 불러다가 잘 타이르고 돌려보내도록 정식을 삼은 적이 있다는 내용이 보인다.

◑ 참고자료 ◐

『은대편고』 「공방고」 소장(疏章).
『승정원일기』 정조 19년 11월 25일 입진(入診) 기사, 20년 11월 19일 인견(引見) 기사.

10. 세초(歲抄)

세초(歲抄)는 재직 중에 처벌을 받은 관원의 명단을 작성하여 보고하는 것 또는 그러한 문서를 가리킨다. 세초는 해마다 6월 1일과 12월 1일에 이조와 병조가 정기적으로 행하

36. 『승정원일기』와 『일성록』 및 『정조실록』 모두 동일한 날짜에 기록되어 있지 않으나, 『은대편고』 「공방고」 소장(疏章)에 이와 유사한 규정이 실려 있다.

였으며, 이때 올리는 단자(單子)를 세초 단자(歲抄單子)라고 하였다. 그 외 국가에 경사가 있을 경우에는 별도로 세초를 행하였는데, 이를 별세초(別歲抄)라고 하였다. 세초 단자에는 '파직된 부류[罷職秩]', '삭직된 부류[削職秩]', '고신을 추탈한 부류[奪告身秩]'처럼 죄명별로 분류하여 처벌받은 관원의 직명과 성명을 열거하였다. 세초 단자에 왕이 점을 찍어 내려 주면 당사자에 대해서는 감등(減等), 탕척(蕩滌), 서용(敍用) 등의 조치를 취하였다.

◑ **참고자료** ◐

『전율통보』「이전」 고과(考課).
『은대편고』「이방고」 세초(歲抄).
『육전조례』「이전」 승정원 출납(出納).

10-01

○ "居中者, 旣曰罷黜, 則雖經一都目, 不捧傳旨, 何可循例擬望! 此是謬例, 此後, 蕩滌及敍用傳旨捧入事, 定式。"事, 傳敎。【丙申十二月二十日。】

● "포폄에서 중등 실적으로 평가받은 자는 이미 파직(罷職)을 당한 이상 한 차례의 도목 정사를 거쳤다고 하더라도 전지를 들이지도 않고 어찌 의례적으로 망단자(望單子)에 후보로 뽑아 올릴 수 있겠는가. 이는 잘못된 규례이니, 앞으로는 탕척(蕩滌)하라는 전지(傳旨)와 서용(敍用)하라는 전지를 들인 뒤 망단자에 후보로 뽑아 올리는 것으로 정식을 삼으라."라는 내용으로 전교하였다. 【병신년(1776, 정조 즉위) 12월 20일.[37]】

■본문 해설

위의 전교는 포폄(褒貶)에서 중등의 실적으로 평가받아 파직된 사람을 다시 관직에 제수하기 위해서는 탕척과 서용의 절차를 거쳐야 하는데도 그런 절차 없이 관직에 제수할 후보로 뽑아 올린 것의 문제점을 지적하고 그러한 절차를 지키도록 재차 밝히기 위해 내린 것이다. 위의 규정은 『대전통편』과 『전율통보』에도 수록되어 있다. 한편 『대전통편』「이전」 고과에서는 육조(六曹)의 낭청이 포폄에서 중등 실적으로 평가받으면 파직한다고 하였고, 「병전」 포폄에

37. 『승정원일기』와 『일성록』에는 동일한 날짜에 기록되어 있고, 『정조실록』에는 기록되어 있지 않다.

서는 임기가 30개월인 관원이 두 차례 중등 실적으로 평가받으면 파직한다고 하였다. 이처럼 중등 실적으로 평가받아 파직된 관원에 대해서는 한 차례의 도목 정사가 지나고 나서 6월 10일과 12월 10일에 탕척하라는 전지를 임금에게 들여서 재가를 받았다.

◑ 참고자료 ◐

『대전통편』「이전」 고과, 「병전」 포폄.
『전율통보』「이전」 포폄.
『은대편고』「통고(通攷)」 월령(月令).
『육전조례』「이전」 승정원 전지(傳旨).
『양전편고』「동전(東銓)」 세초(歲抄).

■어휘 해설

1. 탕척(蕩滌): 죄를 지은 관원의 죄를 깨끗이 씻어 주는 것을 가리킨다. 즉 죄명(罪名)을 말소해 주는 것이다. 따라서 죄를 지은 전직 관원이 탕척의 처분을 받게 되면 다시 관원이 될 수 있는 자격을 회복하게 된다. 탕척하기 위해서는 승정원이 탕척 전지(蕩滌傳旨)를 작성하여 임금의 재가를 받는 절차가 필요하였다.
2. 서용(敍用): 관원으로 등용하는 것 또는 관직에 임용하는 것을 가리킨다. 서용은 죄를 지은 관원을 서용하는 경우와 죄를 짓지 않은 사람을 서용하는 경우로 나누어 볼 수 있다. 죄를 지은 관원의 경우에는 세초(歲抄)의 과정을 거쳐 서용하였고, 죄를 짓지 않은 사람은 세초와 상관없이 서용하였다. 서용하는 절차는 3단계로 나누어 시행되었다. 첫 번째 단계는 서용하라는 왕의 처분이 내려지는 단계다. 두 번째 단계는 승정원에서 서용 전지(敍用傳旨)를 작성하여 왕의 재가를 받는 단계이다. 세 번째 단계는 전조(銓曹)에서 서용 전지에 따라 당사자를 관직에 임용하는 단계다.

11. 구임 낭청(久任郎廳)

구임 낭청(久任郎廳)은 장기 근무하도록 정해진 낭청의 자리나 그 자리에 차출된 낭청을 가리킨다. 관원의 잦은 교체로 인하여 생기는 업무 공백이나 업무 미숙 등을 방지하기 위해 특정한 관직은 일정 기간을 교체하지 않고 의무적으로 근무하도록 정하였는데, 이를 구임이라고 하였다. 또는 그러한 관직 및 그러한 관직에 제수된 관원을 구임이라고 하기도 하였다. 구임 낭청은 각 관사의 제조(提調)와 해당 조(曹)의 당상이 함께 마련하여 이조로 공문을 보내면 이조에서 왕에게 보고하고 장부를 만들어 두었다. 구임 낭청이 다른 관직으로 옮겨 갈 수 없도록 한 기간을 30개월로 한정하였으나 감찰, 수령, 6품으로 오르는 관원, 신중히 골라서 차출하는 자리 등은 이에 구애받지 않고 옮겨 갈 수 있도록 하였다.

구임 낭청을 대령시키라는 임금의 명이 있으면 다섯 관사의 구임 낭청이 입시하여 윤대관(輪對官)과 마찬가지로 직장(職掌), 유재(遺在), 소회(所懷) 등을 아뢰었다.

◑ 참고자료 ◐

『속대전』「이전」 고과(考課).
『전율통보』「이전」 경관격식(京官格式).
『경국대전초해(經國大典抄解)』「호전」.
『은대편고』「호방고」 구임각사(久任各司).
『육전조례』「이전」 승정원 총례(總例).

11-01

○ 備邊司、宣惠廳、訓鍊都監、禁衛營、御營廳、漢城府、兵曹、戶曹、刑曹、成均館、司僕寺、廣興倉、軍資監、掌樂院。

● 구임 낭청이 있는 관사는 비변사, 선혜청, 훈련도감, 금위영, 어영청, 한성부, 병조, 호조, 형조, 성균관, 사복시, 광흥창, 군자감, 장악원이다.

■본문 해설

『경국대전』에는 구임 낭청의 자리가 많이 보이나, 『전율통보』에서는 이들이 점차 폐지되고 비변사, 선혜청, 호조, 병조, 형조, 한성부, 성균관, 사복시, 군자감, 장악원, 광흥창, 삼군문 등의 아문에만 있다고 되어 있다. 『은대편고』에는 구임하는 관원이 있는 관사들을 전곡 아문(錢穀衙門), 사송 아문(詞訟衙門), 공물 아문(貢物衙門)으로 분류하였는데, 『정원고사』나 『전율통보』에 비해 훨씬 많은 것이 특징이다.

◑ 참고자료 ◐

『전율통보』「이전」 경관격식(京官格式).
『은대편고』「호방고」 구임각사(久任各司).

12. 통행잡식(通行雜式)

통행잡식(通行雜式)은 별도의 항목으로 분류하기 곤란한 규정이나 사례들을 모아 놓은 것이다. 『정원고사』는 승정원 육방(六房)의 업무와 관련된 규정이나 사례를 이고(吏攷), 호고(戶攷), 예고(禮攷), 병고(兵攷), 형고(刑攷), 공고(工攷)에 각각 나누어 실었다. 그런데 승정원의 육방 중 특정 승지방(承旨房)의 업무라고 할 수 없이 공통적으로 적용되는 규정이나 사례 및 이방 승지의 업무와 관련된 것이라 하더라도 별도로 분류하기 곤란한 규정이나 사례들을 통행잡식에 모아 놓았다. 총 38조항이다.

12-01

○ "三請承傳色而不來, 則政院卽爲請罪。"事, 下教。【丙申四月十九日。】

● "승전색(承傳色)을 세 번 청해도 오지 않으면 정원에서 즉시 죄주기를 청한다."라는 내용으로 하교하였다.【병신년(1776, 정조 즉위) 4월 19일.[38]】

■본문 해설

위의 하교는 승정원에서 중궁전(中宮殿)의 승전색을 여러 차례 불렀는데도 오지 않자 해당 승전색을 의금부에 잡아다 처리하도록 지시하면서 내린 것이다. 승전색을 3차례 불러도 오지 않으면 처벌하기를 청하는 것은 정조 이전부터 정해진 규정이었다. 다만 청하는 시기를 정하지 않아 제대로 지켜지지 않았는데, 이때에 와서는 '즉시' 청하는 것으로 정하였다. 이때 중궁전 승전색은 신택하(申宅夏)를 가리킨 것으로 보인다. 위의 규정은 『은대편고』에도 수록되어 있다.

◑ 참고자료 ◐

『은대편고』「통고(通攷)」 통행사례(通行事例).
『승정원일기』 정조 즉위년 4월 19일 전교 및 구전하교(口傳下敎), 정조 즉위년 4월 24일 의금부의 계목(啓目)·25일 의금부의 계목.

38. 『승정원일기』와 『일성록』에는 동일한 날짜에 기록되어 있고, 『정조실록』에는 기록되어 있지 않다.

12-02

○ "藥房雖直宿之時, 非移直之時, 則各司依例開坐。"事, 傳教。【丙申九月十六日。】

● "약방이 숙직하는 때일지라도 장소를 옮겨 숙직하는 때가 아니면 각 관사는 규례대로 좌기(坐起)를 연다."라는 내용으로 전교하였다. 【병신년(1776, 정조 즉위) 9월 16일.[39]】

■본문 해설

위의 전교는 혜경궁(惠慶宮)의 건강이 좋지 않아 약방의 관원들이 숙직하고 있던 시기라서 각 관사에서 공식 행사 등을 중지하고 있었는데, 정조가 의금부의 문서를 처리하면서 이날 안으로 좌기를 열어 죄인에 대한 처리를 마치도록 지시하면서 내린 것이다. 임금 또는 왕실 구성원의 건강이 좋지 않거나 산실청(産室廳)이 설치되었을 때에는 내의원 관원들이 숙직을 하며 건강을 돌보았고, 이러한 때에는 상참(常參)과 경연(經筵) 등의 공식 행사를 중지하였다. 그러다 보면 사무 처리가 지체되었기 때문에 내의원의 숙직과 관계없이 각 관사가 좌기를 열어 정상적으로 업무를 보도록 한 것이다.

장소를 옮겨 숙직한다는 것은 진찰이나 치료 등의 편의를 위해서 내의원이 아닌 환자로부터 가까운 곳으로 옮겨 숙직하는 것으로, 대체로 상황이 더욱 긴박할 때 취하는 조치였다. 예를 들면 산실청이나 시약청(侍藥廳)이 설치되어 있을 때, 또는 임금이 다른 곳으로 옮겨서 거주하고 있을 때 장소를 옮겨 숙직하였다. 위의 규정은 『은대편고』에도 수록되어 있다.

◑ 참고자료 ◐

『은대편고』 「예방고」 시사탈품(視事頉稟) · 약방(藥房), 「통고」 통행사례(通行事例).
『승정원일기』 숙종 44년 12월 6일 약방의 구전 계사(口傳啓辭), 영조 28년 10월 14일 김상철(金尙喆)의 계사, 정조 즉위년 9월 9일 전교 · 11일 도총부의 초기(草記) · 16일 약방 입시 기사.

■어휘 해설

1. 좌기(坐起): 각 관사가 업무를 처리하기 위해서 여는 공식적인 회의를 가리킨다. 좌기는 좌기를 열지 못하도록 규정한 날을 제외하고 매일 여는 것이 원칙이었다. 특히 사헌부와 사간원, 육조(六

39. 『승정원일기』에는 동일한 날짜에 기록되어 있고, 『일성록』과 『정조실록』에는 기록되어 있지 않으며, 『은대편고』 「통고(通攷)」 통행사례(通行事例)에는 병신년(1776, 정조 즉위) 10월 18일의 일로 기록되어 있다.

曹), 한성부(漢城府)는 좌기를 연 날수와 당상(堂上)이 좌기에 참여하였는지의 여부를 기록한 단자를 5일마다 임금에게 올리도록 의무화하여 사무가 지체되지 않게 하였다. 좌기를 열지 못하도록 한 날은 종묘(宗廟) 및 사직(社稷)의 대제(大祭)를 맞아 재계하는 날, 국기(國忌)를 맞아 재계하는 날과 당일, 임금이 직접 참석하는 행사가 열리는 날이나 거둥하는 날, 대전(大殿)의 탄일(誕日) 및 전후 각 1일, 왕비의 탄일, 왕세자의 탄일, 임금이 직접 제사를 지내기 위해 재계하는 날과 당일, 기우제(祈雨祭)를 지내기 위해 재계하는 날, 일식(日食)이나 월식(月食)이 있는 날, 조회(朝會)와 시장(市場)을 정지한 날, 전시(殿試)를 여는 날, 죄인을 처형하는 날 등이다.

12-03

○ "帶軍啣下鄕, 非但先朝飭教截嚴, 亦有『續典』禁令。雖以今番朔試射觀之, 多有在外者, 帶軍啣下鄕人, 無論堂上、堂下, 爲先罷職。此後, 依『續典』隨現捧傳旨。"事, 傳教。【丙申九月二十四日。】

● "군직(軍職)을 가진 상태에서 시골로 내려가는 것에 대해서는 선조(先朝, 영조)의 신칙하는 하교가 매우 준엄할 뿐만 아니라 『속대전』에도 금지 규정이 있다. 이번 삭시사(朔試射)로 보더라도 지방에 있는 자가 많았으니, 군직을 가진 상태에서 시골에 내려간 사람은 당상이나 당하를 막론하고 우선 파직한다. 앞으로는 『속대전』에 의거하여 적발되는 대로 의금부에 내려 추고하라는 전지를 들인다."라는 내용으로 전교하였다.【병신년(1776, 정조 즉위) 9월 24일.[40]】

■본문 해설

위의 전교는 군직을 가진 많은 관원들이 지방에 있다고 하면서 삭시사에 불참하자 내린 것이다. 군직을 가진 상태에서 마음대로 시골에 내려가지 못하도록 한 규정은 숙종 때부터 보이기 시작하며, 영조는 이를 위반한 자에 대해 의금부에 내려 추고(推考)하도록 하였다. 영조의 지시는 『속대전』과 『전율통보』에도 수록되어 있는데, 그 대상을 당하관으로 한정하였다. 정조의 이 전교는 그 적용 대상을 당상관까지 확대한 것이며, 『은대편고』와 『육전조례』 등에도 수록되어 있다. 『은대조례』에서는 문관 3품과 무관 2품 이하는 의금부에 내려 추고하고 문관 2품은 무거운 쪽으로 추고하도록 구분하였다.

40. 『승정원일기』에는 동일한 날짜에 기록되어 있고, 『일성록』과 『정조실록』에는 기록되어 있지 않다. 다만 『일성록』에는 같은 해 10월 18일에 이와 유사한 기사가 기록되어 있다.

◑ **참고자료** ◐

『속대전』「이전」 급가(給假).

『전율통보』「이전」 급가.

『은대편고』「통고」 통행사례(通行事例).

『육전조례』「이전」 승정원 전지(傳旨).

『은대조례』「부록(附錄)」 통례(通例).

『승정원일기』 정조 즉위년 9월 24일 전교.

■어휘 해설

1. 삭시사(朔試射): 매달 정기적으로 시행하는 활쏘기 시험을 가리킨다. 매달 20일에 시행하는 문신 당하 삭시사, 매달 17일에 시행하는 무신 당상 삭시사, 6월과 12월을 제외하고 매달 22일에 시행하는 문신 당하 삭시사 등이 있다.

12-04

○ "自下入啓公事外, 傳敎及自內所下文書, 不書大臣名字, 有列聖朝受敎。"事, 傳敎。【丙申十一月初三日。】

* 有: 저본에는 없는데, 『승정원일기』와 『일성록』 같은 날 기사에 근거하여 보충하였다.

● "아래에서 재가를 받기 위해 들이는 문서 외에 전교 및 대내에서 내리는 문서에는 대신의 이름을 쓰지 않는다는 역대 임금의 수교가 있다."라는 내용으로 전교하였다. 【병신년(1776, 정조 즉위) 11월 3일.[41]】

■본문 해설

위의 전교는 사은사(謝恩使) 이은(李溵)에게 물품을 하사하는 것과 관련된 문서에 중관(中官) 김우장(金佑章)이 이은의 이름을 쓴 일로 인하여 내린 것이다. 수교는 어느 왕의 수교인지 확인하지 못하였다. 신하들이 임금에게 올리는 문서에는 대신의 이름을 쓸 수 있지만, 전교 등에 대신의 이름을 쓰지 못하도록 한 것은 대신에 대한 예우라고 하겠다. 대신에 임명하라는 전교 이외의 전교에 임금이 실수로 대신의 성명을 써서 내려 주면 승정원에서 임금에게 보고하였다. 위의 규정은 『은대편고』에도 수록되어 있다.

41. 『승정원일기』와 『일성록』에는 동일한 날짜에 기록되어 있고, 『정조실록』에는 기록되어 있지 않다.

◑ 참고자료 ◐

『은대편고』「이방고」 대신(大臣).
『은대조례』「부록(附錄)」 제품(提稟).
『승정원일기』 정조 즉위년 11월 3일 도승지 입시 기사.

12-05

○ "吏·兵曹曾經臺侍、侍從別致賻單子，若循例踏啓字以下，則自政院直書別致賻判付事，定式。"事，下敎。【丁酉二月十九日。】

* 侍從: 저본에는 없는데, 『정원고사』「병고」 원례(院例), 『은대편고』「이방고」 촬요(撮要) 및 「병방고」 촬요, 『육전조례』「이전」 이조 총례(總例) 및 「병전」 병조 총례, 『은대조례』「예고」 정조시조제(停朝市弔祭) 및 「부록(附錄)」 판부규식(判付規式)에 근거하여 보충하였다.

● 이조나 병조에서 올린 대시(臺侍)나 시종(侍從)을 지낸 사람의 별치부(別致賻) 단자에 의례적으로 계자(啓字)를 찍어서 내리면 정원에서 '별치부를 행하라.'라는 판부를 직접 쓰는 것으로 정식을 삼는다."라는 내용으로 하교하였다. 【정유년(1777, 정조 1) 2월 19일.[42]】

■본문 해설

위의 하교는 사료에서 확인하지 못하였다. 2품 이상 및 2품 이상의 실직(實職)을 거친 사람에게는 치조(致弔), 치제(致祭), 치부(致賻)를 행하였고, 3품 이하의 시종과 대시에게는 별치부만 행하였다. 문서에 대한 판부는 입시한 승지가 임금 앞에서 쓰기도 하고, 그 자리를 물러나와 승정원에서 작성하여 다시 임금의 검토를 거치기도 하였다. 『은대조례』에서는 시종이나 대시의 별치부 단자에 대한 판부(判付)를 '별치부를 행하라고 재가함[啓別致賻爲良如敎]'이라 쓴다고 하였다. 위의 규정은 「병고」 '원례(院例)'에도 중복되어 보이며, 『은대편고』, 『은대조례』, 『육전조례』, 『양전편고』에도 수록되어 있다.

◑ 참고자료 ◐

『은대편고』「이방고」 촬요(撮要), 「예방고」 정조시(停朝市), 「병방고」 촬요.
『은대조례』「예고」 정조시조제(停朝市弔祭), 「부록(附錄)」 판부규식(判付規式).
『육전조례』「이전」 이조 총례(總例), 「병전」 병조 총례.

---

42. 『승정원일기』와 『일성록』 및 『정조실록』 모두 동일한 날짜에 기록되어 있지 않으나, 『은대편고』「이방고」 촬요(撮要)와 「병방고」 촬요에 모두 동일한 날짜의 일로 기록되어 있다.

『양전편고』「동전(東銓)」 총례(總例).

■ 어휘 해설

1. 별치부(別致賻): 3품 이하의 시종이나 대시가 죽었을 경우에 나라에서 제수(祭需)에 보태도록 내려 주는 물품을 가리킨다. 정조 23년(1799)의 기사에 의하면, 별치부로 내리는 물품은 목면(木綿) 5필, 백지(白紙) 5권, 유지(油紙) 5장, 공석(空石) 30닢이었다.
2. 계자(啓字): '啓'자가 새겨진 인장으로, 큰 것과 작은 것 두 종류가 있었다. 계자인은 신하나 각 관사에서 올린 문서에 임금이 재가하였음을 나타내는 의미로 말미에 찍었다. 계자인을 찍거나 관리하는 일은 내시가 맡았다.
3. 판부(判付): 신하나 각 관사가 올린 문서에 대해 임금이 판결한 것을 가리키며, 판하(判下)라고도 하였다. 넓은 의미에서는 상소(上疏)와 차자(箚子)를 비롯하여 신하나 관사가 올린 모든 문서에 대한 판결을 판부라고 할 수 있으나, 좁은 의미에서는 계목(啓目), 장계(狀啓), 단자(單子) 등 특정 문서에 대한 판결만을 가리켰다. 판부를 작성하는 방식은 승지가 문서를 가지고 입시하였을 때 그 자리에서 적는 경우도 있었고, 임금이 판부를 쪽지에 적어서 승정원에 내려 주면 승지가 승정원에서 작성하여 임금의 재가를 거치는 경우도 있었다. 전자의 판부 방식을 '친계판부(親啓判付)'라 하고, 후자의 판부 방식을 '환판부(還判付)'라고 하였다.

12-06

○ 殿講殿座時, 以吏批啓辭, 請承傳色, 史官出來曰: "'凡殿座時, 不得呼承傳色及別監。'事, 下敎。" 【丁酉四月初九日。】

● 전강(殿講)을 행하기 위해 전좌(殿座)하였을 때 이비(吏批)의 계사(啓辭)를 올리는 일로 승전색을 청하였는데, 사관이 나와서 말하기를, "'전좌할 때에는 승전색이나 별감을 부를 수 없다.'라는 내용으로 하교하였다."라고 하였다. 【정유년(1777, 정조 1) 4월 9일.[43]】

■ 본문 해설

위의 하교를 내린 날짜라고 한 정유년(1777, 정조 1) 4월 9일에 전경 문신 전강(專經文臣殿講)을 행한 기사가 보인다. 그리고 이와 관련된 사례가 앞의 '정사(政事)' 01-01에 보이는데, 전좌할 때와 겹칠 경우에는 정청(政廳)에 나아간 승지가 직접 계사와 망통(望筒)을 가지고

43. 『승정원일기』와 『일성록』 및 『정조실록』 모두 동일한 날짜에 기록되어 있지 않으나, 『은대편고』「이방고」 정사(政事)와 「통고」 통행사례(通行事例)에 모두 동일한 날짜의 일로 기록되어 있다.

들어오도록 하였다. 이상의 기록을 참고해 볼 때 이전부터 전좌할 때에는 승전색이나 별감을 부르지 못하도록 하였는데 이날 이비의 계사를 올리기 위해 승전색을 부르자 사관을 시켜 기존의 규례를 재차 천명하게 한 것으로 보인다. 위의 규정은 『은대편고』와 『은대조례』에도 수록되어 있다.

◑ 참고자료 ◐

『은대편고』 「이방고」 정사(政事), 「통고」 통행사례(通行事例).

『은대조례』 고사(故事).

『정원고사』 「이고」 정사(政事) 01-01.

『승정원일기』 정조 1년 4월 9일 전경 문신 전강(專經文臣殿講) 기사.

■어휘 해설

1. 전강(殿講): 유생(儒生)이나 문신·무신이 임금 앞에서 경전(經傳) 등을 강독하는 시험을 가리킨다. 전강에는 유생을 대상으로 시행하는 일차 유생 전강(日次儒生殿講)과 도기 유생 전강(到記儒生殿講), 문신을 대상으로 시행하는 전경 문신 전강(專經文臣殿講)과 초계 문신 전강(抄啓文臣殿講) 및 한학 문신 전강(漢學文臣殿講), 무신을 대상으로 시행하는 전경 무신 전강(專經武臣殿講) 등이 있다.

12-07

○ "昨年『日記』, 幾皆修整, 各房各抄本房事之可以謄考者, 或錄之便覽, 或載之『故事』, 以爲開卷瞭然擧行。"事, 傳敎。【丁酉四月十五日。】

● "작년의 『승정원일기』를 거의 다 수정하였으니 각 승지방(承旨房)은 각각 본방의 일 가운데 베껴 두었다가 참고할 만한 사례를 뽑아서 편람(便覽)에 기록하거나 『정원고사』에 기재하여 책을 열면 한눈에 알아볼 수 있게 정리해서 그것을 보고 거행할 수 있게 한다."라는 내용으로 전교하였다. 【정유년(1777, 정조 1) 4월 15일.[44]】

■본문 해설

위의 전교는 승정원의 업무 처리에 참고가 될 만한 사례들을 모아 책으로 편집하여 업무의 정확성과 효율성을 높이기 위해 내린 것이다. 정조 이전부터 승정원의 업무에 참고가 될 만한

44. 『승정원일기』와 『일성록』에는 동일한 날짜에 기록되어 있고, 『정조실록』에는 기록되어 있지 않다.

사례를 뽑아서 주서가 육방(六房)별로 정리하여 편람을 편찬해 왔던 것으로 보인다. 정조 원년(1777)에는 이를 새롭게 정리하여 정조의 검토를 거치는 기사가 보이는데, 이 과정에서 정조가 이러한 전교를 내린 것이다. 후일 이 편람이 『은대편고』를 편찬하는 기초 자료가 되었을 것으로 보인다. 위의 규정은 『은대편고』에도 수록되어 있다.

◑ 참고자료 ◐

『은대편고』 「통고」 통행사례(通行事例).

『승정원일기』 숙종 45년 8월 24일 사간원의 달사(達辭), 경종 3년 10월 4일 동부승지 이하원(李夏源)의 상소, 영조 10년 9월 10일 좌부승지 정언섭(鄭彦燮)의 상소, 정조 1년 4월 15일 우승지 입시 기사·26일 도승지 입시 기사, 5월 10일 좌부승지 입시 기사.

12-08

○ "騎郎之望, 以曾經三司人, 通融備擬事, 定式。"事, 傳教。【丁酉七月初四日。】

● "병조 낭청의 후보 명단에는 삼사(三司)를 지낸 사람을 통틀어 뽑아 올리는 것으로 정식을 삼는다."라는 내용으로 전교하였다.【정유년(1777, 정조 1) 7월 4일.[45]】

■본문 해설

위의 전교는 병조 낭청 유성한(柳星漢)의 일로 인하여 내린 것이다. 유성한은 정조 원년(1777)에 증광 문과(增廣文科)에서 장원(壯元)으로 급제하여 곧바로 정6품인 성균관 전적(典籍)에 제수되었고, 같은 해 7월에 병조 좌랑에 제수되었다. 유성한이 병조 좌랑으로 입직(入直)하던 도중에 지레 궐문을 나갔다가 신문을 받게 되었는데, 함께 신문을 받던 말구종 박중근(朴重根)이 칼을 뽑아들어 자신의 목을 찌르려고 한 사건이 발생하여 유성한은 경상도 사천현(泗川縣)에 찬배(竄配)되고, 박중근은 사형을 당하였다. 이 일로 인해 정조가 병조 낭청을 신중히 가려서 뽑지 못한 것을 책망하면서 이처럼 전교한 것이다.

◑ 참고자료 ◐

『승정원일기』 정조 1년 4월 21일 정사(政事) 기사, 7월 2일 도목 정사(都目政事) 기사, 7월 3일 병조의 초기 및 도승지 입시 기사, 7월 4일 병조의 초기(草記) 및 의금부의 초기 및 좌승지 입시 기사, 11월

45. 『승정원일기』와 『일성록』에는 동일한 날짜에 기록되어 있고, 『정조실록』에는 기록되어 있지 않다.

12일 형조의 계목(啓目).

12-09

○ "政官書啓之式, 非自政廳書啓者, 只憑掖隸之目擊口傳, 而渠輩自下書入, 事面不正。此後, 政廳承旨書啓政官之進不進事, 定式。"事, 傳教。【丁酉七月初十日。】

* 式: 저본에는 '或'으로 되어 있는데, 『승정원일기』와 『정조실록』 같은 날 기사에 근거하여 수정하였다.

● "정관(政官)의 참석 여부를 써서 보고한 문서가 정청(政廳)에 나아간 승지가 써서 보고한 것이 아니라 액례들이 눈으로 보고서 구두로 전달하는 말에만 의거하여 그들이 아래에서 써서 들인 것이라고 하니, 일의 체모가 바르지 않다. 앞으로는 정청에 나아간 승지가 정관이 참석했는지의 여부를 써서 보고하는 것으로 정식을 삼는다." 라는 내용으로 전교하였다. 【정유년(1777, 정조 1) 7월 10일.[46]】

■본문 해설

위의 전교는 정조가 정청에 정관이 참석하였는지의 여부에 대해 보고하는 문서를 액례(掖隸)가 작성한다는 사실을 알고서 내린 것이다. 『승정원일기』에는 거의 매일 정사(政事) 기사가 기록되어 있는데, 그 정사 기사에는 정관과 승지의 명단 및 참석 여부가 함께 기록되어 있다. 위의 규정은 『은대편고』에도 수록되어 있다. 액례에 대해서는 「호고」 액속(掖屬)과 「병고」 액례(掖隸) 참조.

◑ 참고자료 ◐

『은대편고』 「이방고」 정사(政事).
『승정원일기』 정조 1년 7월 10일 입시 기사.

12-10

○ "各殿擧動承旨進去處, 皆以分承旨磨錬, 定式。"事, 傳教。【丁酉八月初一日。】

46. 『승정원일기』와 『정조실록』에는 동일한 날짜에 기록되어 있고, 『일성록』에는 기록되어 있지 않다.

● "각 전이 거둥할 때 승지가 나아가야 할 곳에는 모두 분승지로 마련하는 것으로 정식을 삼는다."라는 내용으로 전교하였다. 【정유년(1777, 정조 1) 8월 1일.[47]】

■본문 해설

위의 전교는 왕대비전(王大妃殿), 혜경궁(惠慶宮), 중궁전(中宮殿)이 경희궁(慶熙宮)에 거주하다가 창덕궁(昌德宮)으로 돌아올 때 수행할 승지에 대해 분부하면서 내린 것이다. 즉 전날 정조가 혜경궁을 수행할 승지와 사관은 분춘방(分春坊)과 분계방(分桂坊)으로 마련하도록 하였는데, 다음 날 좌부승지 정민시(鄭民始)가 이조에서 이미 분승지를 차출하였다고 보고하자, 차출한 분승지로 각 전을 수행하게 하면서 이처럼 전교한 것이다. 위의 규정은 『은대편고』와 『육전조례』에도 수록되어 있다.

◑ 참고자료 ◐

『은대편고』「이방고」 정사(政事).
『육전조례』「이전」 승정원 거둥(擧動).
『승정원일기』 정조 1년 8월 1일 입시 기사.

■어휘 해설

1. 분승지(分承旨): 분승정원(分承政院)의 승지를 가리킨다. 분승정원은 왕대비, 왕비, 세자 등이 거처를 옮길 때나 임금과 가례(嘉禮)를 치르기 위해 최종적으로 간택된 처자가 별궁(別宮)에 거처할 때처럼 원래 승정원의 업무를 나누어 관장할 필요가 있을 때에 설치하였다. 이때에는 분승지 이외에 분주서(分注書)도 함께 차출하였다.

12-11

○ 親臨春塘臺殿試入侍時, "吏、兵批政廳承旨兼進時, 必啓辭然後兼進。"事, 定奪。【丁酉十一月初一日。】

● 임금이 참석한 가운데 춘당대(春塘臺)에서 시행하는 전시(殿試)에 신하들이 입시하였을 때, "이비 정청과 병비 정청에 승지가 겸하여 나아가야 할 때에는 반드시 계사(啓辭)를 올린 뒤에 겸하여 나아간다."라는 내용으로 결정하였다. 【정유년(1777, 정조 1) 11월 1일.[48]】

---

47. 『승정원일기』와 『일성록』에는 동일한 날짜에 기록되어 있고, 『정조실록』에는 기록되어 있지 않다.

■본문 해설

정조 1년(1777) 10월 30일에 춘당대에서 토역 정시(討逆庭試) 문과(文科)와 무과(武科)의 전시(殿試)를 거행하고 이튿날 성적과 등급을 매긴 기사가 보이는데, 이때 위의 규정이 정해진 것으로 보인다. 이때의 토역 정시는 정조 1년에 역모를 꾀한 홍상간(洪相簡)과 홍상범(洪相範) 등을 토죄한 뒤 시행한 경과(慶科)다.

◑ 참고자료 ◐

『정조실록』 1년 8월 11일(갑진).
『승정원일기』 정조 원년 10월 30일 토역 정시(討逆庭試) 기사, 11월 1일 과차(科次) 기사.

12-12

○ "每日申前, 諸承旨持公事入侍。"事, 下敎。【丁酉十一月三十日。】

● "매일 신시(申時) 이전에 승지들은 문서를 가지고 입시한다."라는 내용으로 하교하였다. 【정유년(1777, 정조 1) 11월 30일.[49]】

■본문 해설

위의 하교는 희정당(熙政堂)에서 유생(儒生)들에게 경전 강독 시험을 보일 때 승지들이 문서를 가지고 들어온 자리에서 내린 것이다. 즉 신하나 각 관사에서 승정원에 올린 문서를 매일 신시 이전에 승지들이 가지고 들어와서 재가를 받도록 한 것이다. 신하나 각 관사에서 올리는 문서 이외에도 임금의 전교와 판부(判付), 임금이 재가하여 내린 문서와 거행 조건(擧行條件) 등은 영조 때부터 신시 이전과 이후로 나누어 베껴서 들이도록 하였는데, 중간에 시행되지 않다가 정조가 세손(世孫)으로서 대리청정(代理聽政)할 때부터는 다음 날에 써서 들이도록 하였다.

◑ 참고자료 ◐

『은대편고』「통고(通攷)」 통행사례(通行事例).
『승정원일기』 정조 원년 11월 30일 유생(儒生)의 월삼강(月三講) 기사.

48. 『승정원일기』와 『일성록』 및 『정조실록』 모두 동일한 날짜에 기록되어 있지 않다.
49. 『승정원일기』에는 동일한 날짜에 기록되어 있고, 『일성록』과 『정조실록』에는 기록되어 있지 않다.

12-13

○ "宗親、儀賓、蔭・武正一品, 與文大臣輔國比等。故'宗親之顯祿、儀賓之綏祿, 因大臣例, 不得推考; 宗親之興祿、儀賓之成祿、蔭・武之輔國, 用文輔國例, 請推不得照律。'事, 載之『故事』。"事, 備忘記。【庚子四月二十三日。】

● "종친・의빈・음관・무관으로서 정1품은 문관 대광보국숭록대부(大匡輔國崇祿大夫, 정1품 상계(上階))와 대등하다. 그러므로 '현록대부(顯祿大夫, 정1품 상계)인 종친과 수록대부(綏祿大夫, 정1품 상계)인 의빈은 대광보국숭록대부의 예를 적용하여 추고하지 못하고, 흥록대부(興祿大夫, 정1품 하계(下階))인 종친과 성록대부(成祿大夫, 정1품 하계)인 의빈과 보국숭록대부(輔國崇祿大夫, 정1품 하계)인 음관・무관은 문관 보국숭록대부의 예를 적용하여 추고하기를 청하더라도 조율할 수 없다.'라고 『정원고사(政院故事)』에 싣는다."라는 내용으로 비망기를 내렸다. 【경자년(1780, 정조 4) 4월 23일.[50]】

■본문 해설

위의 비망기는 정1품인 종친・의빈・음관・무관에게도 정1품인 문관과 동일한 예우를 적용하기 위해 내린 것이다. 『정조실록』과 『일성록』의 같은 날 기사에는 '用文輔國例' 뒤에 '請推'가 이곳과 동일하게 기록되어 있다. 그러나 위의 규정이 수록된 『전율통보』 「병전」 잡령(雜令), 『은대편고』 「통고」 통행사례(通行事例), 『육전조례』 「이전」 종친부 관제(官制)에는 '용문보국례' 뒤에 '不得請推'나 '毋得請推'라고 되어 있어 '추고하기를 청할 수 없다.'라고 되어 있다. 그렇다면 이때에는 추고하기를 청할 수는 있어도 조율할 수는 없도록 하였다가 이후에는 추고하는 것도 청할 수 없도록 변경한 것으로 보아야 할 듯하다. 즉 이때에는 정1품 안에서도 상계와 하계에 따라 차이를 두었다가 이후에는 차이를 두지 않은 것이다.

◑ 참고자료 ◐

『전율통보』 「병전」 잡령(雜令).
『은대편고』 「통고」 통행사례(通行事例).
『육전조례』 「이전」 종친부 관제(官制).

---

50. 『일성록』과 『정조실록』에는 동일한 날짜에 기록되어 있고, 『승정원일기』에는 기록되어 있지 않다.

『일성록』 정조 4년 4월 23일 전교.
『정조실록』 4년 4월 23일(신미).

■어휘 해설

1. 조율(照律): 죄인에게 적용할 형률(刑律)의 조항을 살펴 정한다는 의미다. 즉 법전(法典)에 규정된 조항을 살펴서 죄인의 범죄 행위에 적용하기 적합한 조항을 정하는 것이다. 이때 법전으로는 명(明)나라에서 제정된 『대명률(大明律)』과 조선에서 시대별로 편찬된 『경국대전(經國大典)』, 『속대전(續大典)』, 『대전통편(大典通編)』, 『대전회통(大典會通)』 등이 활용되었다. 조율은 의처(議處)의 다음 단계로 행해지는 조치로, 의처를 통해 죄인의 죄상을 심의하여 처리 방향을 정한 뒤에 구체적으로 적용할 형률 조항을 정하는 절차라고 할 수 있다.

12-14

○ "此後持公事入侍, 判付規式出笏記, 各房承旨揷于草紙。"事, 下敎。【庚子九月初五日。】

● "앞으로 재가받을 문서를 가지고 입시할 때에는 판부규식(判付規式)을 홀기로 만들어서 각 방(房)의 승지가 초지축(草紙軸)에 꽂아 가지고 들어온다."라는 내용으로 하교하였다. 【경자년(1780, 정조 4) 9월 5일.[51]】

■본문 해설

이러한 하교를 정조 4년(1780)의 사료에서는 확인하지 못하였다. 다만 정조 3년(1779)에 정조가 판하(判下)한 사례들을 모아서 홀기를 만들어 승지들이 문서를 가지고 입시할 때에 함께 가지고 입시하도록 한 기사가 보인다. 이는 승지들이 판부(判付)를 적을 때 홀기를 참고하여 적음으로써 판부를 잘못 적는 폐단을 예방하기 위한 조치였다. 위의 규정은 『은대편고』에도 수록되어 있다.

◑ 참고자료 ◐

『은대편고』 「통고」 승지(承旨).
『일성록』 정조 3년 3월 27일 전교, 28일 소견(召見) 기사.

51. 『승정원일기』와 『일성록』 및 『정조실록』 모두 동일한 날짜에 기록되어 있지 않으나, 『은대편고』 「통고」 승지(承旨)에 동일한 날짜의 일로 기록되어 있다.

■어휘 해설

1. 판부규식(判付規式): 신하나 각 관사에서 올린 문서에 대해 판부(判付)하는 규정을 가리킨다. 각 문서의 종류와 내용에 따라 판부를 기록하는 방식이 각각 달랐다. 조선 후기의 판부규식에 대해서는 『후원홀기(喉院笏記)』와 『은대조례(銀臺條例)』 「부록(附錄)」 판부규식(判付規式) 등에 자세히 실려 있다. 판부에 대해서는 통행잡식 12-05 어휘 해설 참조.
2. 홀기(笏記): 의식의 진행 순서나 왕에게 아뢸 사항 등을 홀(笏)에 기록한 것을 가리킨다. 조참(朝參)·상참(常參)·제례(祭禮)·영칙(迎勅) 등의 의식 진행 순서, 대간(臺諫)의 전계(傳啓) 등 상주(上奏)할 내용, 하직하는 수령 등에게 유시(諭示)할 내용, 문서에 대한 판부규식, 군사의 조련(操鍊) 절차, 물품 목록 등을 홀기로 만들었다. 이러한 홀기를 만드는 것은 의식의 절차나 전달할 내용 등을 잊지 않기 위한 것이라고 할 수 있다. 홀은 옥, 상아, 나무 등으로 만들어진 것으로 보인다.
3. 초지축(草紙軸): 초지(草紙)의 묶음을 가리킨다. 초지는 종이의 일종으로, 임금의 비답이나 판부 등을 작성할 때 사용하였다. 승지가 재가받을 문서를 가지고 입시할 때에는 임금의 비답이나 판부 등을 받아 적기 위해서 반드시 초지축을 가지고 입시하였다.

12-15

○ "禁推下教, 則毋論罪之有無, 末端, 以'推考爲只爲, 下義禁府爲良如敎'捧傳旨事, 依古例爲之。"事, 下敎。【庚子十一月三十日。】

● "의금부에 내려 추고(推考)하라고 하교하면 죄가 있건 없건 간에 옛 규례대로 전지(傳旨)의 말단에 '추고하기 위해서 의금부에 내리라고 하심.'이라고 써서 전지를 들인다."라는 내용으로 하교하였다. 【경자년(1780, 정조 4) 11월 30일.[52]】

■본문 해설

의금부에 내려 추고(推考)하는 제도는 『효종실록』에 맨 처음 보인다. 『효종실록』의 문맥과 다른 사료를 참고해 보면 그 이전인 선조 때부터도 의금부에 내려 추고한 제도가 있었던 것으로 보이나, 실제 제도로 정착한 것은 효종 때부터 시작된 듯하다. 의금부에 내려 추고할 경우에는 당사자를 의금부에 구속한 상태에서 추고를 진행하는 것이 원칙이었으나, 옥당(玉堂)이나 각신(閣臣)처럼 예우를 받는 관원들은 의금부에서 신문만 받고 대명소(待命所)에 가서 기다리도록 하였다.

52. 『승정원일기』와 『일성록』에는 동일한 날짜에 기록되어 있고, 『정조실록』에는 기록되어 있지 않다.

추고할 관원에 대해서는 승정원에서 추고 전지(推考傳旨)를 작성하여 임금에게 올렸는데, 이때 추고 전지에는 해당 관원을 추고할 아문(衙門)의 이름은 기록하지 않고 '下'자만을 써서 올리면, 임금이 재가할 때 '하'자 아래에 처리할 아문의 이름을 써서 내려 주었다. 그중 의금부에 내려 추고할 관원의 경우에는 '下義禁府'라고 써서 내려 주었다.

◑ 참고자료 ◐

『전율통보』「형전(刑典)」 추단(推斷).
『육전조례』「이전(吏典)」 승정원(承政院) 전지(傳旨).
『송자대전(宋子大全)』「수차(隨箚)」 권2.
『효종실록』 2년 6월 3일(무신).
『정조실록』 5년 2월 13일(병진).
『승정원일기』 정조 5년 10월 3일 비망기.

12-16

○ "自內閣下諭之有旨祗受狀啓, 則以下內閣判付, 各房知悉擧行。"事, 備忘記。【辛丑三月二十八日。】

＊ 內: 『승정원일기』와 『일성록』 같은 날 기사 및 『은대편고』「예방고」 내각(內閣)에는 '本'으로 되어 있다.
＊ 事: 저본에는 없는데, 『정원고사』의 다수 용례에 따라 보충하였다.

● "내각에서 보낸 하유(下諭)가 실린 유지(有旨)를 잘 수령하였다고 보고하는 장계는 '내각에 내리라.'라고 판부할 것이니, 각 방(房)의 승지는 그리 알고 거행한다."라는 내용으로 비망기를 내렸다.【신축년(1781, 정조 5) 3월 28일.[53]】

■본문 해설

위의 규정은 정조가 규장각에도 승정원과 유사한 업무와 권한을 부여하기 위해서 정한 것으로 보인다. 유지(有旨)는 원래 승정원에서만 작성하던 문서인데, 이를 규장각에서도 작성하게 하고 규장각이 작성해서 보낸 유지를 잘 수령하였다고 보고한 장계도 규장각에 내려 주어 처리하도록 한 것은 규장각의 위상 강화와 관련이 있다고 하겠다. 문서에 대한 판부를 작성하는 것은 원래 승지의 담당 업무였으므로 승정원에 이러한 명을 내린 것이다.

---

53. 『승정원일기』와 『일성록』에는 동일한 날짜에 기록되어 있고, 『정조실록』에는 기록되어 있지 않으며, 『은대편고』「예방고」 내각(內閣)에 동일한 날짜의 일로 기록되어 있다.

◑ **참고자료** ◐

『은대편고』「예방고」 내각(內閣).

『승정원일기』 정조 5년 3월 28일 비망기(備忘記).

■**어휘 해설**

1. 하유(下諭): 임금이 신하에게 글이나 말을 내리는 것 또는 그 글이나 말을 가리킨다. 조선 후기에는 새로 제수된 관원, 말미를 받은 관원, 왕명을 수행 중인 관원, 행사에 참석해야 할 관원 등 지방에 있는 자에게 올라오라고 지시할 경우, 감사(監司)·수령(守令) 및 원접사(遠接使)에게 지시할 일이 있을 경우에 하유한 사례가 많았다. 하유할 내용은 승정원이나 규장각에서 유지(有旨)를 작성하여 당사자가 거주하는 지역의 감사와 수령에게 보내 대신 전달하게 하였다.
2. 유지(有旨): 승정원이나 규장각에서 임금의 명령을 지방에 전달할 때 사용하던 문서를 가리킨다. 유지에는 임금의 하유(下諭), 전교(傳敎), 윤음(綸音), 비답(批答) 등의 내용을 그대로 옮겨 적어 보내거나 위의 문서를 보낸다는 사실만 기록하여 임금의 문서와 함께 보냈다.

12–17

○ "'朝臣以親病上疏者, 未承批間, 移職或罷職、遞職, 而原疏過多日還下, 則休紙施行, 勿以未承批之意微稟。'事, 載之『故事』。"事, 下敎。【甲辰閏三月初十日。】

● "'부모의 병 때문에 상소한 조정의 신하가 아직 비답을 받지 못한 사이에 다른 관직으로 옮겨지거나 파직되거나 체직되었는데 며칠이 지난 뒤에 원래의 상소를 정원에 도로 내려 주면 휴지(休紙)로 시행하고, 비답을 받지 못했다고 넌지시 여쭙지 않는다.'라고 『정원고사』에 기재한다."라는 내용으로 하교하였다. 【갑진년(1784, 정조 8) 윤3월 10일.[54]】

■**본문 해설**

신하의 상소에 대해서는 임금이 3일 안에 비답을 내려 주는 것이 일반적이었고, 3일 안에 비답을 내려 주지 않으면 승정원에서 이 사실을 보고하였다. 그러나 비답을 받지 못한 사이에 위와 같은 일을 당한 경우에는 비답을 내려 주지 않았다고 보고하지 말고 상소를 무효로 처리

54. 『승정원일기』와 『일성록』 및 『정조실록』 모두 동일한 날짜에 기록되어 있지 않으나, 『은대편고』「이방고」 소비(疏批)에 동일한 날짜의 일로 기록되어 있다.

하도록 하였다. 위의 규정은 『은대편고』와 『육전조례』에도 수록되어 있다.

◑ 참고자료 ◐

『은대편고』「이방고」 소비(疏批).
『육전조례』「이전」 승정원 계품(啓稟).

■어휘 해설

1. 휴지(休紙) : 폐기한 문서나 쓸모없는 문서를 가리킨다. 사료에서는 신하나 각 관사가 올린 문서를 '휴지로 만들다.' 또는 '휴지로 시행하다.'라는 내용이 자주 보이는데, 이는 해당 문서를 폐기하거나 쓸모없는 문서로 만들어 무효화한다는 의미를 갖는다.

12-18

○ "銓郎謂有情勢, 飭教之下, 雖不行公, 政院毋得以請推之啓猥屑陳聞。"事, 下教。【乙巳十二月十一日。】

● "전조(銓曹)의 낭청이 신칙하는 하교를 받고도 나아갈 수 없는 사정이 있다고 하면서 공무를 행하지 않더라도, 정원은 외람되게 추고(推考)하기를 청하는 계사(啓辭)를 올릴 수 없다."라는 내용으로 하교하였다. 【을사년(1785, 정조 9) 12월 11일.[55]】

■본문 해설

위의 하교는 이조 좌랑 신기(申耆)의 일로 인하여 내린 것이다. 즉 승정원에서 "이조 좌랑 신기가 신칙하는 특별 하교를 받고도 나아갈 수 없는 사정이 있다고 하면서 끝내 들어와 숙배(肅拜)하지 않았으니, 일의 체모로 헤아려 볼 때 매우 놀랍습니다. 신기를 무거운 쪽으로 처벌해야겠으나 본원에서는 추고하기를 청하는 것 이외에는 달리 시행할 만한 벌이 없으니 어떻게 해야겠습니까? 감히 여쭙니다."라고 보고하자, 정조가 승정원이 전조(銓曹) 낭청의 처벌에 관한 일인데도 전조 당상의 처벌에 관한 계사(啓辭)를 올릴 때처럼 "본원에서는 추고하기를 청하는 것 이외에는 달리 시행할 만한 벌이 없으니 어떻게 해야겠습니까?"라고 물은 데 대해 질책하고, 앞으로는 그렇게 하지 못하도록 한 것이다. 이 일로 인해 담당 승지인 김익휴(金翊休)를 무거운 쪽으로 추고하고, 신기는 파직하였다.

---

55. 『승정원일기』와 『일성록』에는 동일한 날짜에는 기록되어 있고, 『정조실록』에는 기록되어 있지 않다.

◑ 참고자료 ◐

『승정원일기』 정조 9년 11월 29일 김익휴(金翊休)의 계사, 12월 11일 인견 기사.

12-19

○ "諸凡疏章, 入啓後過三日未承批, 則自本院微稟。"事, 下教。【丁未四月十五日。】

● "모든 소장은 재가를 받기 위해 들인 뒤에 3일이 지나도록 비답을 받지 못하면 본원에서 넌지시 묻는다."라는 내용으로 하교하였다.【정미년(1787, 정조 11) 4월 15일.[56]】

■ **본문 해설**

위의 하교는 정조가 상소에 대한 비답을 깜빡 잊고 내리지 못하였을 때를 대비하여 내린 것이라고 하겠다. 『승정원일기』 정조 8년 11월 3일 기사에 의하면, 승정원이 소장을 들인 뒤 3일이 지나도록 비답을 받지 못하면 넌지시 여쭈고, 넌지시 여쭈었는데 아무런 응답을 받지 못하였으면 3일이 지난 뒤에 또다시 넌지시 여쭈도록 하였다. 위의 규정은 『은대편고』에도 수록되어 있다.

◑ 참고자료 ◐

『은대편고』「이방고」 소비(疏批).

『승정원일기』 정조 8년 11월 3일 입시 기사.

12-20

○ "承旨望, 無論前望與政事望, 入啓後未下, 而若值承旨備員時及或坐直苟艱時, 則勿爲政官牌招啓辭, 承旨望未下之意, 措語啓辭。"事, 定式。【戊申五月十一日。】

● "전에 올렸던 망단자(望單子)나 새로 정사를 열어 마련한 망단자를 막론하고 낙점을 받기 위해 승지의 망단자를 들인 뒤에 아직 내려 주지 않았는데, 승지 전원을 갖추어

56. 『승정원일기』와 『일성록』 및 『정조실록』 모두 동일한 날짜에 기록되어 있지 않으나, 『은대편고』「이방고」 소비(疏批)에 동일한 날짜의 일로 기록되어 있다.

야 할 때나 숙직할 승지가 없을 때에는 정관(政官)을 궐 안으로 불러들이기를 청하는 계사는 올리지 말고, '승지의 망단자를 아직 내려 주지 않았습니다.'라고 말을 만들어서 계사를 올린다."라는 내용으로 정식을 삼았다.【무신년(1788, 정조 12) 5월 11일[57]】

■본문 해설

위의 규정은 승지의 망단자를 올린 뒤 임금의 낙점을 받지 못한 상황일 경우에는 정관(政官)을 궐 안으로 불러들여 다시 정사(政事)를 여는 절차를 생략하기 위한 취지에서 나온 것이라고 하겠다. 전좌(殿座)할 때, 임금이 직접 제향(祭享)을 지낼 때, 사신(使臣)이 가지고 갈 예물(禮物)을 점검하고 포장할 때 등에는 6명의 승지 전원을 갖추어야 하였으며, 6명이 갖추어지지 않았을 때에는 승정원이 계사를 올려 상황을 보고하고 어떻게 할 것인지를 물었다. 그리고 승정원에서는 매일 승지 2명씩 한 조(組)가 되어 숙직하였는데 함께 숙직할 승지가 없을 경우에도 승정원이 계사를 올려 상황을 보고하고 어떻게 할 것인지를 물었다. 위의 규정은 『은대편고』와 『은대조례』에도 수록되어 있다.

◑ 참고자료 ◐

『은대편고』「이방고」 승지(承旨),「예방고」 사신(使臣)·친제(親祭),「통고」 승지(承旨).
『은대조례』「부록(附錄)」 제품(提稟).
『승정원일기』 15년 4월 1일 홍명호(洪明浩)의 계사.

12-21

○ "因特教院吏罰直或囚禁, 則第三日, 卽爲微稟。"事, 下教。【戊申十二月十一日。】

● "특별 하교로 인하여 승정원의 서리(書吏)가 입직(入直)하는 벌을 받았거나 구속되었을 경우에는 3일째 되는 날에 즉시 넌지시 여쭌다."라는 내용으로 하교하였다.【무신년(1788, 정조 12) 12월 11일[58]】

57. 『승정원일기』와 『일성록』 및 『정조실록』 모두 동일한 날짜에 기록되어 있지 않으나, 『은대편고』「이방고」 승지(承旨)에 동일한 날짜의 일로 기록되어 있다.

58. 『승정원일기』와 『일성록』 및 『정조실록』 모두 동일한 날짜에 기록되어 있지 않으나, 『은대편고』「통고」 원중사적(院中事跡)에 동일한 날짜의 일로 기록되어 있다.

■본문 해설

위의 하교는 임금이 승정원의 서리를 처벌하도록 지시한 뒤 잊어버릴 경우에 대비하여 내린 것이다. 승정원의 서리는 고려시대의 관제(官制)에서 유래하여 별가(別駕)라고도 불렀으며 그들이 근무하는 곳을 별가헌(別駕軒)이라고도 불렀다. 위의 규정은 『은대편고』와 『은대조례』에도 수록되어 있다.

◑ 참고자료 ◐

『은대편고』 「통고」 원중사적(院中事跡).
『은대조례』 「고사(故事)」.
『고려사(高麗史)』 권76 「밀직사(密直司)」.
『지봉유설(芝峯類說)』 권4 「관직부(官職部)」 관제(官制).
『일성록』 정조 16년 10월 22일 춘당대(春塘臺) 활쏘기 기사.

12-22

○ "還宮前, 凡有祭享, 守宮承旨傳香, 仍爲奉審摘奸後, 形止狀聞。若此則勢將空院, 假承旨一員, 加啓下事, 定式。"事, 傳教。【己酉二月初十日。】

● "궁으로 돌아오기 전에 제향(祭享)이 있을 경우에는 궁을 지키는 승지가 향(香)과 축문(祝文)을 전하고, 이어서 봉심(奉審)하고 적간(摘奸)한 뒤에 상황을 장계로 보고한다. 이와 같이 하면 정원이 비게 될 상황이니 가승지(假承旨) 1명을 더 재가받는 것으로 정식을 삼는다."라는 내용으로 전교하였다. 【기유년(1789, 정조 13) 2월 10일.[59]】

■본문 해설

위의 전교는 임금이 도성(都城) 밖으로 행차하였다가 궁으로 돌아오기 전에 제향이 있을 경우에 가승지 2명을 차출하여, 1명은 임금 대신 향과 축문을 전하고 1명은 승정원을 지키게 하기 위해서 내린 것이다. 임금이 행차할 때에는 승정원의 승지들이 모두 수행하기 때문에 가승지를 차출하여 승정원을 지키도록 하였는데, 임금이 도성 안으로 행차할 경우나 도성 밖으로 행차하더라도 그날 안으로 돌아올 경우에는 가승지를 1명만 차출하되, 봉심할 일이나 제향이 있을 경우에는 2명을 차출하였다. 위의 규정은 『은대편고』와 『은대조례』 및 『육전조

59. 『승정원일기』와 『일성록』 및 『정조실록』 모두 동일한 날짜에 기록되어 있다.

례』에도 수록되어 있다.

◑ 참고자료 ◐

『은대편고』「이방고」 분승지(分承旨)·행행(幸行), 「통고」 승지(承旨).
『은대조례』「이고」 승지(承旨).
『육전조례』「이전」 승정원 거둥(擧動).
『승정원일기』 정조 13년 2월 10일 입시 기사.

■어휘 해설

1. 봉심(奉審): 특정 장소나 물품에 탈이 있는지 살피는 것을 가리킨다. 능(陵)·원(園)·묘(墓)의 사초(莎草)와 석물(石物), 종묘(宗廟)의 신실(神室), 사직단(社稷壇)의 제단(祭壇), 진전(眞殿)의 영정(影幀) 등에 탈이 있는지 살피는 것을 봉심이라고 하였다. 봉심할 때에는 대부분 서울의 관원을 파견하였으나, 지방의 경우에는 관찰사나 수령이 대신 행하기도 하고, 임금의 행차가 있을 경우에는 임금이 직접 행하기도 하였다.
2. 적간(摘奸): 관원을 보내 다른 관원의 근무 상태 및 일의 진행 상황 등을 살펴보아 불성실한 사람을 적발하는 것을 가리킨다. 입직(入直)하는 관원, 재계(齋戒)하는 헌관(獻官), 제언(堤堰)에서의 불법 경작, 조운선(漕運船)의 치패(致敗), 세곡(稅穀)의 흠축(欠縮) 등을 적간하여 불성실한 관원이나 불법을 저지르는 사람이 있을 경우에는 이를 보고하여 처벌하였다. 비변사에서는 호조·선혜청·형조·한성부를 매일 적간하고, 병조·공조·의금부·사복시를 5일마다 적간하였으며, 병조와 도총부는 매일 밤에 입직하는 장교(將校)와 군사(軍士)를 적간하였다. 그 외에도 임금이 내시(內侍)·사관(史官)·선전관(宣傳官) 등을 수시로 파견하여 입직하는 관원이나 재계하는 헌관 등을 적간하도록 하였다.
3. 가승지(假承旨): 임시적으로 승지의 업무나 역할을 수행하도록 하기 위해서 차출한 승지를 가리킨다. 승정원에 실승지(實承旨)가 1명도 없는 상황일 때에는 위장(衛將)이나 각신(閣臣)을 가승지로 차출하였다. 그 외에 임금이 제향(祭享)을 지내기 위해 거둥하거나 칙사(勅使)를 영접·전송하기 위해 거둥할 때, 칙사에게 문안할 때, 감사가 순찰을 정지하여 대신 봉심할 때에도 가승지를 차출하였다. 이처럼 가승지는 승정원에 실승지가 1명도 없는 상황일 때, 실승지만으로는 인원이 부족할 때, 실승지 대신 승지의 역할을 수행할 필요가 있을 때 등에 차출하였고, 그러한 상황이 해소되거나 역할을 수행한 뒤에는 가승지를 해임하였다.

12-23

○ "動駕時, 進圭受圭, 因故重臣鄭經世爲都承旨時'禮當由右。'之言, 施行。"事, 承旨擧條蒙允。【辛亥四月二十二日。】

● "동가(動駕)할 때 옥규(玉圭)를 올리고 받는 절차는 고(故) 중신 정경세(鄭經世)가 도승지로 있을 때에 '예법으로 볼 때 오른쪽으로 올리고 받는 것이 합당합니다.'라고 아뢴 말에 따라 시행한다."라는 내용으로 승지가 거행 조건을 내어 윤허를 받았다.【신해년(1791, 정조 15) 4월 22일.[60]】

■본문 해설

승지는 도승지 홍명호(洪明浩)를 가리킨다. 임금이 제향을 지낼 때나 과거에 급제(及第)한 사람에게 홍패(紅牌)를 수여할 때 등에는 '옥으로 만든 홀[玉圭]'을 손에 쥐고서 의식을 행하였는데, 의식을 행하기에 앞서 신하가 홀을 가지고 있다가 임금에게 올리거나 의식을 마치고 난 뒤 임금이 내려 주는 홀을 받을 때의 절차에 대해 일정한 규정이 없었다. 홍명호가 이러한 문제를 지적하고 정경세의 의견을 제시하자, 정조가 그에 따라 옥규를 오른쪽에서 올리고 오른쪽에서 받도록 정한 것이다. 정경세는 인조 2년(1624)과 3년에 도승지에 제수된 기사가 보이는데, 홍명호가 거론한 내용은 사료에서 확인하지 못하였다. 위의 규정은 『은대편고』에도 수록되어 있다.

◑ 참고자료 ◐

『은대편고』「예방고」 친제(親祭)·친림문무과방방(親臨文武科放榜).
『은대조례』「고사(故事)」.
『승정원일기』 인조 3년 2월 4일 이비 정사(吏批政事), 정조 15년 4월 22일 입시 기사.
『인조실록』 2년 7월 22일(갑술).

■어휘 해설

1. 동가(動駕): 임금이 거둥하는 것을 가리킨다. 자세한 것은 「예고」 동가(動駕)의 해설 참조.
2. 옥규(玉圭): 옥으로 만든 옛날 구슬을 가리킨다. 길쭉한 사각형으로 위쪽 끝은 뾰족하게 생겼다.

12-24

○ "時、原任大臣中, 如有重病, 承旨隨卽提稟。"事, 下教。【壬子八月初五日。】

● "현임 대신과 전임 대신 중에 만일 위중한 병을 앓는 이가 있으면 승지가 즉시 보고

60. 『승정원일기』와 『일성록』 및 『정조실록』 모두 동일한 날짜에 기록되어 있다.

한다.”라는 내용으로 하교하였다.【임자년(1792, 정조 16) 8월 5일.[61]】

■본문 해설

위의 하교는 대신의 병세가 위중할 때 의원(醫員)을 보내 간병하도록 조처하기 위해서 내린 것이다. 고종 6년(1869)에는 대신 이외에 국구(國舅), 종친(宗親), 의빈(儀賓)의 병세가 위중할 때에도 승정원이 임금에게 보고하도록 정식을 삼았다. 위의 규정은 『은대편고』와 『은대조례』에도 수록되어 있다.

◑ 참고자료 ◐

『은대편고』「이방고」 대신(大臣),「예방고」 거애(擧哀).
『은대조례』「부록」 제품(提稟).
『승정원일기』 정조 16년 8월 7일 입시 기사, 고종 6년 5월 25일 구전하교(口傳下敎).

12-25

○ “三品官之無端過三日請牌, 有關國體。此後, 衆所共知情病外, 必於三日內申飭肅謝事, 定式。”事, 下敎。【癸丑十月初六日。】

● “3품의 관원이 정당한 이유 없이 제수된 지 3일이 지나도록 숙배(肅拜)하지 않아 궐 안으로 불러들이기를 청하는 것은 국가의 체모와 관계가 있다. 앞으로는 대중이 다 아는 정세가 있거나 질병에 걸린 경우 외에 반드시 3일 안에 신칙하여 사은숙배(謝恩肅拜)하는 것으로 정식을 삼는다.”라는 내용으로 하교하였다.【계축년(1793, 정조 17) 10월 6일.[62]】

■본문 해설

위의 하교는 이조 참의에 제수된 정대용(鄭大容)이 3일이 지나도록 사은숙배를 하지 않자 내린 것이다. 『경국대전』에서는 “동반(東班) 9품 이상과 서반(西班) 4품 이상의 관직을 받은 자는 제수된 다음 날 대전, 왕비전, 왕세자궁에 사은숙배를 행한다.”라고 하였다. 따라서 새로 관직에 제수된 대부분의 관원은 제수된 다음 날 사은숙배하는 것이 원칙이라고 할 수 있었다.

---

61. 『승정원일기』에는 같은 해 8월 7일에 기록되어 있고, 『일성록』과 『정조실록』에는 기록되어 있지 않으나, 『은대편고』「이방고」 대신(大臣)과 「예방고」 거애(擧哀)에 모두 동일한 날짜의 일로 기록되어 있다.
62. 『승정원일기』와 『일성록』에는 동일한 날짜에 기록되어 있고, 『정조실록』에는 기록되어 있지 않다.

『은대편고』「이방고」과삼일(過三日)에서는 "의정부의 서벽(西壁), 돈녕부 · 육조 · 한성부 · 의금부의 당상, 대사성이 제수된 지 3일이 지나도록 숙배하지 않으면 궐 안으로 불러들이기를 청한다."라고 하였다. 그러나 전에 올린 망단자에 낙점을 받아 제수된 자와 구전 정사(口傳政事)를 열어 제수된 자는 3일이 지나더라도 궐 안으로 불러들이지 않는다고 하였다. 3일은 제수된 날로부터 3일째 되는 날을 가리킨다. 위의 규정은 『은대편고』에도 수록되어 있다.

◑ 참고자료 ◐

『경국대전』「예전」조의(朝儀).
『은대편고』「이방고」과삼일(過三日).
『승정원일기』 정조 17년 10월 6일 송전(宋銓)의 계사.

12-26

○ "假注書初登筵席, 進退坐次出入之際, 顚錯失措, 則當該實官, 自本院隨卽請罪。"事, 下敎。【甲寅九月十五日。】

● "가주서(假注書)가 처음으로 연석(筵席)에 나와 어전에 나아오고 물러가며 자신의 자리에 출입하는 과정에서 차례를 뒤바꾸는 실수를 저지르면 해당 실주서(實注書)를 본원에서 즉시 처벌하기를 청한다."라는 내용으로 하교하였다. 【갑인년(1794, 정조 18) 9월 15일.[63]】

■본문 해설

위의 하교는 차대(次對)를 행할 때 입시한 가주서 한영건(韓永建)이 실수를 저지르자 내린 것이다. 이 일로 인해 한영건은 태거(汰去)되고, 새로 신성모(申星模)가 가주서에 제수되었다. 차대를 행할 때에는 입시할 동반(東班)과 서반(西班)의 좌목(座目)을 주서가 써서 들이고 도화서 화원(畫員)이 반차도(班次圖)를 그려서 들였다. 반차도에 의하면 연석의 대화를 기록하기 위해 입시한 주서는 어전의 동쪽 자리에 앉고 나머지 주서들은 남쪽 '기둥 밖[楹外]'의 자리에 앉았다.

◑ 참고자료 ◐

『은대편고』「예방고」상참(常參).

63. 『승정원일기』에는 동일한 날짜에 기록되어 있고, 『일성록』과 『정조실록』에는 기록되어 있지 않다.

『인정(人政)』「강관론(講官論)」 권4 강규(講規).
『승정원일기』 정조 18년 9월 15일 가주서 제수 기사 및 입진(入診) 기사.

■어휘 해설

1. 가주서(假注書): 승정원의 실주서가 사정이 있을 때에 임시적으로 주서의 역할을 대행하던 벼슬을 가리킨다. 실주서의 자리를 비워 두거나 실주서가 근무할 수 없을 경우 등에 가주서를 차출하였다. 주서의 정원인 2명만으로는 인원이 부족한 경우에는 정원에 구애받지 않고 가주서를 더 차출하였다. 가주서는 정규직이 아닌 임시직에 불과하지만 실주서와 똑같은 직무를 수행하였다. 가주서는 실주서가 차출하였다.
2. 실주서(實注書): 승정원의 정7품 실직(實職)을 가리키며, 당후(堂后)나 당후관(堂后官)으로도 불렸다. 실주서는 정원이 2명으로, 입시 기사의 작성, 『승정원일기』의 작성, 대간 계사(臺諫啓辭)의 정본 작성, 임금 명령의 봉행 등을 담당하였다.

12-27

○ "承旨兼帶副提調, 而亦爲推考房, 則日次問安時, 預爲微稟。"事, 下敎。【乙卯十月初五日。】

● "승지가 약원(藥院)의 부제조(副提調)를 겸임하고 있는데, 추고방(推考房)도 담당하게 되었으면 정기적으로 문안할 때에 미리 넌지시 여쭌다."라는 내용으로 하교하였다. 【을묘년(1795, 정조 19) 10월 5일.[64]】

■본문 해설

위의 하교는 내의원 부제조를 겸임하고 있던 도승지 조상진(趙尙鎭)이 추고방 승지까지 담당하고 있어서 약방의 제조들이 정조를 진찰하기 위해 입시할 때 내의원 부제조로 입시하지 못했기 때문에 내린 것이다. 내의원 부제조는 승지 중 한 사람이 겸임하였는데, 내의원 부제조를 겸임한 승지는 의금부의 관직을 겸임하지 못하고 추고방 승지도 맡지 못하도록 하였다. 만약 그러한 상황이 되었을 경우에는 승정원이 임금에게 물어 담당하는 승지방(承旨房)을 교체하였다. 약방이 정기적으로 문안하는 날짜는 5일, 10일, 15일, 20일, 25일, 30일로, 매달 6차례씩이었다. 위의 규정은 『은대편고』와 『은대조례』 및 『육전조례』에도 수록되어 있다.

---

64. 『승정원일기』와 『일성록』에는 동일한 날짜에 기록되어 있고, 『정조실록』에는 기록되어 있지 않다.

◑ **참고자료** ◐
『경국대전』「이전」 경관직(京官職) 내의원(內醫院).
『은대편고』「예방고」 약방(藥房), 「통고」 승지(承旨).
『은대조례』「예고」 약방(藥房), 「부록」 제품(提稟).
『육전조례』「이전」 승정원 계품(啓稟), 「예전」 내의원 문안(問安).
『승정원일기』 정조 19년 10월 5일 입진 기사.

12-28

○ "持公事入侍命下之後, 六房如無公事, 則以'無公事不得入侍。'之意, 措辭入啓。"事。【乙卯十二月十六日。】

* 無公事: 저본에는 없는데, 『승정원일기』와 『일성록』 및 『은대편고』「통고」 승지(承旨)에 근거하여 보충하였다.

● "재가받을 문서를 가지고 입시하라는 명이 내린 뒤에 여섯 승지방(承旨房) 모두 재가받을 문서가 없으면 '재가받을 문서가 없어 입시할 수 없습니다.'라고 말을 만들어 들인다."라는 내용이었다. 【을묘년(1795, 정조 19) 12월 16일.[65]】

■**본문 해설**

위의 규정은 좌부승지 신기(申耆)가 승정원의 전례를 찾아 보고하여 정조의 허락을 받아 정한 것이다. 이처럼 정하기 전에는 재가받을 문서를 가지고 입시하라고 명하면 재가받을 문서가 없더라도 승지들이 합문(閤門) 밖까지 나아가곤 하였다. 승지가 하루에 여러 차례 재가받을 문서를 가지고 입시할 경우에는 첫 번째 입시는 '승지들이 재가받을 문서를 가지고 입시하였다.[諸承旨持公事入侍]'라고 기록하고, 두 번째 이후 입시는 모두 '정원에 있는 승지가 입시하였다.[在院承旨入侍]'라고 기록하였다. 위의 규정은 『은대편고』와 『육전조례』에도 수록되어 있다.

◑ **참고자료** ◐
『은대편고』「통고」 승지(承旨).
『육전조례』「이전」 승정원 계품(啓稟).
『승정원일기』 정조 19년 12월 16일 입시 기사.

---

65. 『승정원일기』와 『일성록』에는 동일한 날짜에 기록되어 있고, 『정조실록』에는 기록되어 있지 않다.

12-29

○ "近來政院書吏, 多不擇差。此後, 則院吏子支可合者, 雖白徒, 勿拘。"事, 下教。【丙辰二月二十五日。】

● "근래에 승정원의 서리(書吏)를 가려 뽑지 않는 경우가 많다. 앞으로는 승정원 서리의 자손 중에서 적합한 자가 있을 경우 백도(白徒)일지라도 구애받지 말고 뽑는다." 라는 내용으로 하교하였다.【병진년(1796, 정조 20) 2월 25일.[66]】

■**본문 해설**

위의 하교는 서리가 승정원의 문서 출납을 실질적으로 담당하기 때문에 적임자를 차출하기 위해서 내린 것이다. 정조는 승정원의 6방(房)마다 1명씩 신수(身手)·문한(文翰)·문지(門地)가 좋은 사람을 가려서 서리로 차출하도록 하였다. 『육전조례』에서는 "승정원의 서리가 25명이며, 서로 돌아가면서 6방의 일을 나누어 맡는다."라고 하였다. 위의 규정은 『은대편고』에도 수록되어 있다.

◑ **참고자료** ◐

『은대편고』「예방고」 내각(內閣),「통고」 원중사적(院中事跡).
『육전조례』「이전」 승정원.
『승정원일기』 정조 5년 3월 20일 입시 기사.

■**어휘 해설**

1. 백도(白徒): 벼슬한 적이 없는 사람을 가리킨다. 양반(兩班), 중인(中人), 서얼(庶孼), 상인(常人), 천인(賤人) 등의 신분을 막론하고 벼슬을 가져본 적이 없는 사람을 일컫는 말이다.

12-30

○ "榻教之不於榻前書出, 事未前聞。雖曰同是一人, 而以有司堂上召之, 則誤書以戶判。此後, 雖一字半畫, 更或襲謬, 當該承旨繩以重律事, 載之『故事』。" 事*, 下教。【丙辰六月二十六日。】

* 事: 저본에는 없는데, 『정원고사』의 다수 용례에 따라 보충하였다.

---

66. 『승정원일기』와 『일성록』 및 『정조실록』 모두 동일한 날짜에 기록되어 있지 않으나, 『은대편고』「통고(通攷)」 원중사적(院中事跡)에 동일한 날짜의 일로 기록되어 있다.

● "탑전 하교(榻前下教)를 어전에서 써서 내지 않은 것은 전에 듣지 못했던 일이다. 동일 인물이라고는 하지만 유사당상(有司堂上)으로 불렀는데 호조 판서로 잘못 썼다. 앞으로는 한 글자나 반 획이라도 다시 잘못된 전례를 답습하면 해당 승지를 무거운 형률로 다스린다. 이러한 내용을 『정원고사』에 싣는다."라는 내용으로 하교하였다. 【병진년(1796, 정조 20) 6월 26일.[67]】

■ **본문 해설**

유사당상과 호조 판서는 모두 이시수(李時秀)를 가리킨다. 위의 하교는 정조가 호조 판서 이시수를 비변사 유사당상의 자격으로 불렀는데, 좌부승지 이조원(李肇源)이 탑전 하교를 쓰면서 '호조 판서는 입시하라.'라고 써서 내주자 내린 것이다. 호조 판서는 비변사 제조를 당연직으로 겸하였고, 비변사 제조 중 4명은 유사당상이라고 불렀다. 탑전 하교는 영조 12년에도 반드시 어전에서 작성하여 내주고 밖에서는 절대 작성하지 말도록 정식을 삼은 적이 있는데, 이 정식이 잘 지켜지지 않자 이때 와서 다시 정식을 삼은 것이다. 위의 규정은 『은대편고』에도 수록되어 있다.

◑ **참고자료** ◐

『속대전』「이전」 경관직 비변사.
『은대편고』「통고」 통행사례(通行事例).
『승정원일기』 영조 12년 12월 7일 인견 기사, 정조 20년 6월 25일 입시 기사 · 26일 입시 기사.

■ **어휘 해설**

1. 탑전 하교(榻前下教): 어탑(御榻) 앞에서 받아 적은 임금의 하교를 가리킨다. 즉 군신이 만난 자리에서 임금이 어떤 사안을 결정하여 지시한 하교를 가리킨다. 반면에 어탑 앞에서 신하의 건의에 따라 임금이 재가한 것은 탑전 정탈(榻前定奪)이라고 하였다. 탑전 하교는 승지가 어전(御前)에서 받아 쓰기도 하고 입시한 자리가 파한 뒤에 승정원으로 나와서 쓰기도 하였는데, 영조 12년 12월 7일과 정조 20년 6월 26일에 각각 반드시 입시한 자리에서 쓰도록 하는 것을 정식으로 삼았다.

12-31

○ "朝臣入侍時, 典設司排設遮日, 自是舊例, 而近來, 則成班於門閾之內, 便成

67. 『승정원일기』와 『일성록』에는 동일한 날짜에 기록되어 있고, 『정조실록』에는 기록되어 있지 않다.

謬規。自今復舊例擧行。"事, 承旨筵稟蒙允。【丙辰七月十九日。】

* 蒙允: 저본에는 없는데, 『정원고사』의 다수 용례에 근거하여 보충하였다.

● "조정 신하들이 입시할 때에는 전설사(典設司)에서 차일(遮日)을 설치하는 것이 본래 옛 규례이다. 그런데 근래에는 합문 안에서 반열을 이루는 것이 잘못된 규례로 굳어졌다. 지금부터는 옛 규례를 회복하여 거행한다."라는 내용으로 승지가 연석에서 여쭈어 윤허를 받았다. 【병진년(1796, 정조 20) 7월 19일.[68]】

■ **본문 해설**

승지는 도승지 이면응(李冕應)을 가리킨다. 위의 규정은 정조가 참석한 가운데 도목 정사(都目政事)를 거행하는 자리에서 도승지 이면응이 아뢰어 정조의 허락을 받아 정한 것이다. 『승정원일기』와 『일성록』의 같은 날 기사에, "조정 신하들을 입시하게 하라는 명이 내린 뒤에 신하들이 합문 밖에 나아오면, 전설사에서 차일을 배설하는 것이 본래 옛 규례이다.[凡朝臣入侍命下之後, 進詣閤外, 則自典設司排設遮日, 自是舊例。]"라고 한 것으로 볼 때, 신하들이 입시할 때에는 합문 밖에 차일을 설치하는 것이 관례였던 것으로 보인다. 전설사는 장막(帳幕)의 공급을 관장하던 관사이다.

◑ **참고자료** ◐

『경국대전』「이전」 경관직 전설사(典設司).
『육전조례』「호전」 선혜청 무가감각공(無加減各貢), 전설사 소관공물(所管貢物).
『승정원일기』 정조 20년 7월 19일 도목 정사 기사.
『일성록』 정조 20년 7월 19일 승지 이면응의 계사.

12-32

○ "此後復循舊習而一事紛呈者, 勿問所言之當否, 當該人, 抵以重辟。此意大書臺廳及院壁。"事, 下教【丁巳十月初五日。】

* 事: 저본에는 '辭'로 되어 있는데, 『승정원일기』 정조 21년 10월 5일의 기사에 근거하여 수정하였다.

● "앞으로 또다시 예전 버릇을 답습하여 동일한 사안으로 어지럽게 상소를 올리는 자는 언급한 내용의 타당성 여부를 따지지 않고 상소한 당사자를 중벌로 다스릴 것이

---

68. 『승정원일기』와 『일성록』에는 동일한 날짜에 기록되어 있고, 『정조실록』에는 기록되어 있지 않다.

다. 이런 내용을 대청(臺廳)과 승정원의 벽에 크게 써 두도록 한다."라는 내용으로 하교하였다.【정사년(1797, 정조 21) 10월 5일.[69]】

■ **본문 해설**

위의 하교는 대간과 옥당이 김이영(金履永)을 철저히 조사하여 엄하게 처벌할 것을 번갈아 가면서 청하자 내린 것이다. 김이영의 일은 다음과 같다. 정조 21년(1797)에 병조가 군사방(軍士房)의 서리(書吏)와 사령(使令) 등에게 곤(棍)을 치는 과정에서, 정조 원년(1777) 홍상간(洪相簡) 등의 역모 사건이 발생했을 때 이에 연루되었던 정원의 하례(下隷) 주득성(朱得惺)이 다시 정원의 하례로 들어온 사실이 발각되었다. 이 일로 주득성은 병조에서 곤 5대를 맞고 경기 감영으로 넘겨졌고, 이를 살피지 못한 담당 주서 김이영은 원지(遠地)에 정배(定配)하였다.

정조는 이 사건을 새로 주서로 들어온 김이영이 무지해서 생긴 일이라고 하여 원지에 정배하는 것으로 마무리하려고 하였으나, 대사간 성정진(成鼎鎭)을 비롯한 대간과 옥당이 철저히 조사한 뒤에 엄하게 처벌할 것을 번갈아 가며 계속해서 주장하였다. 그러자 정조가 도리어 김이영을 특별히 석방하도록 하고 대사간을 제외한 지평 정노영(鄭魯榮), 장령 홍수호(洪受浩), 교리 박길원(朴吉源)은 체차한 뒤 의금부에서 잡아다가 가두도록 하면서 위의 하교를 내렸다.

◑ **참고자료** ◐

『승정원일기』 정조 21년 9월 28일 병조의 초기(草記) 및 인견 기사, 10월 4일 인견 기사・5일 전교.
『정조실록』 1년 8월 11일(갑진).

■ **어휘 해설**

1. 대청(臺廳): 사헌부와 사간원의 대간(臺諫)들이 궐 안에서 공무를 행할 수 있도록 본래의 관사와는 별도로 마련된 건물을 가리킨다. 양사(兩司)의 대간들은 매일 이곳에 나아와서 각각 대간 계사(臺諫啓辭)를 작성하여 올리는 것이 의무였다.

12-33

○ "入侍時承旨若不知吏讀, 則該房房長書吏, 令攸司科治。"事, 下敎。【戊午七月二十九日。】

---

69. 『승정원일기』와 『일성록』에는 동일한 날짜에 기록되어 있고, 『정조실록』에는 기록되어 있지 않다.

● “입시하였을 때의 승지가 만약 이두(吏讀)를 모르면 해당 승지방(承旨房)의 방장서리(房長書吏)를 담당 관사에서 죄를 다스리게 한다.”라는 내용으로 하교하였다. 【무오년(1798, 정조 22) 7월 29일.[70]】

■본문 해설

위의 하교는 승지가 문서의 출납을 담당하고 어전에서 문서를 읽어 아뢰기 때문에 이두를 익히게 하려는 의도에서 나온 것이다. 승정원을 통해 임금에게 올리는 문서 중 계본(啓本), 계목(啓目), 장계(狀啓), 서계(書啓), 별단(別單) 등은 이두를 사용하였으므로 승지들도 서리의 도움을 받아 이두를 익혔던 것으로 보인다.

◑ 참고자료 ◐

『전율통보』「별편(別編)」 본조문자식(本朝文字式).

『승정원일기』 영조 16년 9월 14일 소대(召對) 기사, 정조 2년 10월 30일 계복(啓覆) 기사, 7년 9월 17일 입시 기사, 19년 10월 12일 조상진(趙尙鎭)의 서계(書啓).

■어휘 해설

1. 방장 서리(房長書吏): 승정원 각 승지방(承旨房)의 우두머리 서리를 가리킨다. 『육전조례』에서는 “승정원의 서리가 25명이며, 서로 돌아가면서 6곳 승지방의 일을 나누어 맡는다.”라고 하였고, 영조대 『승정원일기』에 승정원 도서리(都書吏)가 출현하는 것으로 볼 때, 승정원의 6곳 승지방마다 4명씩의 서리를 배정하고 그중 1명을 방장 서리로 임명하여 서로 돌아가면서 사무를 보도록 하고, 이들 모든 서리의 우두머리로 도서리를 두었던 것으로 보인다.

12-34

○ “政院之當朔『日記』, 每以來朔二十日內修納, 曾有定式。而九月以後『日記』, 以書役之浩繁, 如是稽緩, 當該注書重推, 此後無端拖至兩朔, 則直捧禁推傳旨。”事, 承旨擧條蒙允。【戊午十一月二十七日。】

● “정원의 그달 『승정원일기』는 매번 다음 달 20일 안에 작성하여 바치는 것으로 정식을 삼았다. 그런데 9월 이후 『승정원일기』는 마침 글씨를 쓰는 일이 많았다는 이유로 이처럼 지체하였으니 담당 주서(注書)를 무거운 쪽으로 추고(推考)하고, 앞으로

70. 『승정원일기』와 『일성록』 및 『정조실록』 모두 동일한 날짜에 기록되어 있지 않다.

정당한 이유 없이 두 달을 끌면 의금부에 내려 추고하라는 전지(傳旨)를 곧바로 들인다."라는 내용으로 승지가 거행 조건을 내어 윤허를 받았다. 【무오년(1798, 정조 22) 11월 27일.[71]】

■**본문 해설**

승지는 우승지 이조원(李肇源)을 가리킨다. 이보다 앞서 정조 20년(1796)에 우승지 이면긍(李勉兢)의 건의에 따라, 주서는 그달의 『승정원일기』를 다음 달 20일까지 작성해서 책으로 만들어 바치고 담당 승지는 말일까지 교열하도록 정식을 삼았다. 이때 와서 전에 정한 규정을 지키지 않은 주서에 대해 처벌하는 규정을 새로 정한 것이다. 위의 규정은 『은대편고』와 『육전조례』에도 수록되어 있다.

◑ **참고자료** ◐

『은대편고』 「예방고」 일기(日記).
『육전조례』 「이전」 승정원 총례(總例).
『승정원일기』 정조 20년 12월 18일 입시 기사, 22년 11월 27일 입시 기사.

12-35

○ "近來院吏等, 承旨頻數除汰, 故新入者多有昧例。此後, 院吏有闕, 必以前仕差代, 而如無前仕, 則他人差出。"事, 下敎。【己未五月二十七日。】

● "근래에 승정원의 서리(書吏) 등을 승지가 빈번하게 태거(汰去)하기 때문에 새로 들어온 자들이 규례를 모르는 경우가 많다. 앞으로는 승정원의 서리 자리가 비면 반드시 전에 근무했던 사람을 그 후임으로 차출하되, 만약 전에 근무했던 사람이 없을 경우에는 다른 사람으로 차출한다."라는 내용으로 하교하였다. 【기미년(1799, 정조 23) 5월 27일.[72]】

■**본문 해설**

위의 하교는 경력이 있는 서리를 차출하여 승정원의 사무를 차질 없이 처리하기 위해서 내린 것이다. 이보다 앞서 정조 11년(1787)에도 승정원의 서리를 승지가 사사로이 차출하지 말고

---

71. 『승정원일기』와 『일성록』에는 동일한 날짜에 기록되어 있고, 『정조실록』에는 기록되어 있지 않다.
72. 『승정원일기』와 『일성록』 및 『정조실록』 모두 동일한 날짜에 기록되어 있지 않다.

전에 근무했던 서리나 다른 관사의 담당 서리를 차출하도록 정하고, 이를 어긴 승지에 대해서는 '왕명을 위반했을 때 적용하는 형률[制書有違律]'을 적용하도록 하였다.

◑ 참고자료 ◐

『승정원일기』 정조 11년 6월 10일 형조의 계목(啓目).

12-36

○ "傳教與判付, 若有誤字, 承旨隨卽提稟。"事, 下教。【己未六月十七日。】

● "전교(傳教)와 판부(判付)에 잘못 쓴 글자가 있으면 승지가 그때마다 즉시 보고한다."라는 내용으로 하교하였다.【기미년(1799, 정조 23) 6월 17일.[73]】

■ 본문 해설

위의 하교는 전교와 판부의 잘못 쓴 글자는 승정원에서 마음대로 수정할 수 없기 때문에 임금의 의사를 확인한 뒤에 수정하게 하기 위해서 내린 것이다. 전교와 판부 이외에도 상소나 차자에 대한 비답과 비망기(備忘記)를 잘못 써서 내려 준 경우에도 승정원에서 즉시 보고하였다. 영조는 승전색(承傳色)이 비망기를 잘못 써서 내려 주면, 1자를 잘못 쓴 경우에는 그에 대한 벌로 한 달을 입직시키고 2자나 3자를 잘못 쓴 경우에는 두 달을 입직시키도록 하였다. 위의 규정은 『은대편고』와 『은대조례』 및 『육전조례』에도 수록되어 있다.

◑ 참고자료 ◐

『은대편고』 「이방고」 소비(疏批), 「통고」 통행사례(通行事例).

『육전조례』 「이전」 승정원 계품(啓稟).

『은대조례』 「부록」 제품(提稟).

『승정원일기』 영조 28년 10월 28일 인견 기사, 46년 6월 16일 비망기.

12-37

○ "各司聽傳教時, 承旨廳坐, 郞廳親書姓名, 不得以下吏替行。"事, 下教。【年條未詳。】

73. 『승정원일기』와 『일성록』 및 『정조실록』 모두 동일한 날짜에 기록되어 있지 않다. 『은대편고』 「통고」 통행사례(通行事例)에는 이 기사가 기록되어 있으나, 날짜는 기록되어 있지 않다.

● "각 관사가 전교를 들을 때에는 승지가 청좌(廳坐)하며, 각 관사의 낭청이 직접 성명을 쓰도록 하고 하리(下吏)에게 대신 행할 수 없도록 한다."라는 내용으로 하교하였다. 【연도는 상세하지 않다.[74]】

■ 본문 해설

위의 하교는 경종 4년(1724)에 우의정 이광좌(李光佐)의 건의에 따라 내린 것이다. 따라서 『정원고사』를 편찬하면서 정조 때의 고사(故事)가 아닌 경종 때의 고사가 잘못 실린 것으로 보인다. 경종의 하교 이후에도 전교를 듣기 위해 승정원에 나아오는 낭청이 직접 성명을 쓰지 않아 문제가 되는 사례가 종종 보인다. 각 관사의 관원이 전교를 듣기 위해 승정원에 나아와서 승지에게 배례(拜禮)를 행하면 승지는 답배(答拜)를 하지 않고 종2품에게만 자리에서 약간 비켜 손을 들어 답하였다. 위의 규정은 『은대편고』와 『은대조례』에도 수록되어 있다.

◑ 참고자료 ◐

『은대편고』 「통고」 원중사적(院中事跡) · 원규(院規).
『은대조례』 「고사(故事)」.
『승정원일기』 경종 4년 3월 27일 입진 기사, 영조 26년 7월 5일 홍익삼(洪益三)의 달사(達辭), 정조 5년 7월 19일 입시 기사.

■ 어휘 해설

1. 청좌(廳坐): 각 관청의 청사(廳舍)에서 좌기(坐起)를 여는 것을 가리킨다. 청좌할 때에는 관원의 직명(職名)과 품계(品階)에 따라 각각 앉는 자리가 정해져 있었다. 승정원의 경우에는 이른 아침에 계판(啓版)이 봉안된 청사에서 청좌하였는데, 이때 도승지는 북쪽의 주벽(主壁), 좌승지와 우승지는 동쪽의 동벽(東壁), 좌부승지 · 우부승지 · 동부승지는 서쪽의 서벽(西壁)에 앉았다.

12-38

○ "各道歲首應資及歲饌老人, 若或見漏, 則道、守臣難免其責, 令該曹嚴飭。而歲饌公事來到後, 與應資別單, 該房詳準啓稟, 亦令該曹更考, 若或不察, 則論理草記。"事, 下敎。【庚申正月二十日。】

---

74. 『승정원일기』와 『일성록』 및 『정조실록』 모두 동일한 날짜에 기록되어 있지 않으나, 『은대편고』에 갑진년 3월 27일의 일로 기록되어 있다. 다만 이때의 갑진년은 『승정원일기』의 기사를 참고해 보면 정조 때의 갑진년이 아니라 경종 때의 갑진년(1724, 경종 4)을 가리킨다.

● "각 도의 매년 연초에 가자(加資)해야 할 노인 및 세찬(歲饌)을 하사해야 할 노인 중에서 혹시라도 누락된 자가 있으면 도신(道臣)과 수신(守臣)은 그 책임을 면하기 어려울 것이니, 이조에서 엄히 신칙하게 한다. 그리고 세찬에 관한 문서가 도착한 뒤에는 가자해야 할 노인에 대한 별단(別單)과 함께 이방 승지(吏房承旨)가 자세히 대조한 뒤에 아뢰고, 또한 이조에서 다시 상고해서 만약 살피지 못한 것이 있으면 이치를 따져 초기(草記)하게 한다."라는 내용으로 하교하였다. 【경신년(1800, 정조 24) 1월 20일.[75]】

■본문 해설

위의 하교는 우승지 이익운(李益運)이 100세인 노인과 가자해 주어야 할 노인 중 누락된 자가 있다고 보고하자 내린 것이다. 노인에게 가자해 주도록 한 규정은 『경국대전』에 처음 나타난다. 즉 "80세 이상인 사람에게는 양인(良人)이나 천인(賤人)을 막론하고 한 품계를 제수하되, 원래 품계가 있던 자에게는 또 한 품계를 더해 준다."라고 하여 신분에 관계없이 80세 이상인 사람에게 한 품계를 주도록 하였다. 『속대전』에서는 종친(宗親) 중 부수(副守) 이상으로 80세인 자, 봉군(封君)·시종신(侍從臣)·곤수(閫帥)의 아버지로 70세인 자, 동반(東班)과 서반(西班)의 실직(實職) 4품 이상을 지낸 자로 80세인 자, 사부(士夫)와 서인(庶人)으로서 100세인 자에게는 가자(加資)하도록 하고, 사족(士族)의 부녀(婦女)로서 90세인 자에게는 봉작(封爵)하도록 하였다. 『대전통편』에서는 '동반과 서반의 실직 4품 이상을 지낸 자'가 '사부는 한 번 이상 제수를 받은 자, 중인(中人)과 서얼(庶孼)은 동반이나 서반의 정직(正職)을 지낸 자, 중관(中官)은 입사하여 녹을 받은 자'로 세분화하였고, '사부와 서인으로서 100세인 자'는 연령이 '90세'로 낮추어졌다.

◑ 참고자료 ◐

『경국대전』「이전」 노인직(老人職).
『속대전』「이전」 노인직.
『대전통편』「이전」 노인직.
『은대편고』「이방고」 응자노인(應資老人), 「통고(通攷)」 원중사적(院中事跡).
『은대조례』「고사(故事)」.
『승정원일기』 정조 24년 1월 20일 입시 기사.

---

75. 『승정원일기』와 『일성록』에는 동일한 날짜에 기록되어 있고, 『정조실록』에는 기록되어 있지 않다.

■어휘 해설

1. 세찬(歲饌): 연초마다 나라나 관사에서 관원·노인·원역(員役) 등에게 내려 주는 물품을 가리킨다. 『육전조례』「호전」 호조 별례방(別例房) 제급(題給)에서는 실직(實職)을 역임한 사람으로서 당상은 70세 이상, 당하는 80세 이상인 사람 및 그 처에게 세찬을 지급한다고 하였다. 이때 세찬은 70세 이상인 사람에게는 쌀 4말, 대구어(大口魚) 2마리, 소금 2말을 지급하고, 80세 이상인 사람에게는 쌀 5말, 대구어 3마리, 소금 3말을 지급하였다. 5명의 아들이 급제한 사람의 내외에게도 쌀 5말, 대구어 3마리, 소금 3말을 지급하였다.

호고(戶攷)

01. 세선(稅船)

세선(稅船)은 내포하는 의미에 따라 두 가지로 나눌 수가 있다. 첫째는 전세(田稅)와 대동(大同)을 운송하는 모든 선박을 가리킨다. 전세와 대동은 운송하는 방식에 따라 육운(陸運), 해운(海運), 수운(水運)으로 나눌 수가 있는데, 그중 해운은 조선(漕船)과 임선(賃船)을 이용하였고, 수운은 참선(站船)을 이용하였다. 첫 번째 의미의 세선은 조선, 임선, 참선을 모두 가리킨다. 둘째는 전세와 대동을 운반하는 선박 중 국가에서 관리하는 조선과 참선을 제외한 임선만을 가리킨다. 임선은 조창(漕倉)에 소속되지 않은 각 고을에서 전세와 대동을 상납할 때 세를 주고서 빌려 쓰는 선박으로, 주교선(舟橋船)과 지토선(地土船)이 대표적이다. 주교선은 경강선(京江船)을 주교사(舟橋司)에 소속시키면서 지어진 이름이고, 지토선은 각 지방 개인 소유의 선박이다. 여기서의 세선은 첫 번째의 의미를 가리킨다고 할 수 있다.

◑ 참고자료 ◐
『대전통편』「호전(戶典)」 조전(漕轉).
『전율통보』「호전」 조전.
『만기요람』「재용편」2 조전, 「재용편」3 대동각공(大同各貢).

01–01

○ "毋論漕、稅船, 如非全船之致敗於大洋而或掛草嶼與巖石者, 以本色上納, 裝載官、地方官以下論罪置之。如或多數沈沒已致腐傷者, 依敗船拯、劣米例, 具格施行。"事, 定式。【因稅船臭載狀啓, 自戶曹草記定式。己酉七月

二十三日。】

● "조선(漕船)과 세선(稅船)을 막론하고 배 전체가 바다 한가운데에서 침몰한 것이 아니라 풀등이나 암석에 걸린 경우에는 본래 실었던 곡물로 상납하고, 곡물을 선적했던 관원과 지방관 이하의 죄에 대해서는 묻지 않는다. 만일 많은 곡물이 침몰되어 썩고 손상된 경우에는 침몰된 배의 증미(拯米)와 열미(劣米)에 관한 규례에 따라 격식을 갖추어 시행한다."라는 내용으로 정식을 삼았다.【세선이 침몰되어 곡물이 썩은 일에 관한 장계로 인하여 호조에서 초기를 올려 정식으로 삼았다. 기유년(1789, 정조 13) 7월 23일.[1]】

■본문 해설

장계는 충청 감사 권엄(權欕)이 올린 장계를 가리킨다. 위의 규정은 권엄의 장계에 대해 호조에서 초기(草記)를 올리자 정조가 그에 따라 정한 것이다. 즉 전라도 보성군(寶城郡)의 세곡(稅穀)을 실은 선박 1척이 서천군(舒川郡)에 도착하여 좌초되었는데, 이러한 경우에 선박 전체가 침몰한 경우와는 다르므로 어떻게 처리할지를 정해서 보고하라는 정조의 명에 따라 호조가 위의 내용으로 초기하자, 정조가 그대로 허락하여 정한 것이다. 위의 규정은 『대전회통』에도 수록되어 있다. 선박을 고의로 침몰시킨 것이 명백한 자에게는 침몰된 곡물 전량을 징수하고, 명백하지는 않지만 고의로 침몰시킨 혐의가 있는 자에게는 3분의 2를 징수하며, 자연적인 침몰일 경우에는 징수하지 않았다.

◑ 참고자료 ◐

『대전회통』「호전」 조전(漕轉).
『승정원일기』 정조 13년 7월 23일 호조의 초기(草記).

■어휘 해설

1. 조선(漕船): 전세와 대동을 운송하는 선박 중 조창(漕倉)에 소속된 선박을 가리킨다. 『전율통보』를 기준으로 각 조창에 소속된 조선의 수를 살펴보면, 충청도 아산(牙山)의 공진창(貢津倉)에 15척, 전라도 함열(咸悅)의 성당창(聖堂倉)에 14척, 영광(靈光)의 법성창(法聖倉)에 29척, 옥구(沃溝)의 군산창(羣山倉)에 23척, 경상도 창원(昌原)의 마산창(馬山倉)에 20척, 진주(晉州)의 가산창(駕山倉)에 20척, 밀양(密陽)의 삼랑창(三浪倉)에 15척이 있었다.
2. 세선(稅船): 여기에서는 전세와 대동을 운송하는 선박 중 임선(賃船)만을 가리킨다. 자세한 것은

1. 『승정원일기』와 『일성록』 및 『정조실록』 모두 동일한 날짜에 기록되어 있다.

제목 '세선' 해설 참조.

3. 증미(拯米): 조운(漕運) 도중 배가 침몰된 뒤에 물에서 건져 낸 쌀을 가리키며, 증출미(拯出米)라고도 하였다. 증미는 물에서 건져 낸 쌀 중에서도 말린 뒤에 줄어든 양을 제외한 나머지의 쌀을 가리키기도 하였다. 15말인 1섬이 물에 빠졌을 경우에는 9말 1되 2홉을 증미로 인정하였다. 증미는 선박이 침몰된 지역에 따라 납부할 책임자가 달라졌다. 즉 곡물을 납부한 고을로부터 하루의 거리 이내에서 침몰되었으면 원래 곡물을 납부한 고을에서 다시 마련하여 납부하였고, 이틀의 거리 이상에서 침몰되었으면 침몰된 지역의 고을에서 다시 마련하여 납부하였다.
4. 열미(劣米): 조운 도중 배가 침몰된 뒤에 물에서 건져 낸 쌀을 말렸을 경우에 원래 분량보다 줄어든 분량의 쌀을 가리키며, 건열미(乾劣米)라고도 하였다. 15말인 1섬이 물에 빠졌을 경우에는 5말 8되 8홉을 열미로 인정하였다. 열미는 선박이 침몰된 지역과 상관없이 원래 곡물을 납부한 고을에서 다시 마련하여 납부하였다.

02. 궁방절수(宮房折受)

궁방절수(宮房折受)는 각 궁방(宮房)이 절수(折受)한 것을 가리킨다. 절수란 나라에서 궁방・아문(衙門)・공신(功臣) 등에게 특정 토지나 물품 등을 떼어 주는 것을 말한다. 절수한 전답의 경우에는 유토면세전(有土免稅田)과 무토면세전(無土免稅田)이 있었는데, 전자는 소유권(所有權)과 면세권(免稅權)을 인정해 주는 것이고, 후자는 소유권은 인정하지 않고 수조권(收租權)만 인정해 주는 것이다. 『만기요람』에 의하면, 조선 초기에는 토지를 절수더라도 소유권만 인정하고 면세권은 인정하지 않았는데, 임진왜란 이후에는 소유권과 면세권을 모두 인정해 주었다. 절수의 대상에는 전답뿐만 아니라 해양(海洋), 산림(山林), 염분(鹽盆), 어살(魚箭) 등도 포함되었다.

◑ 참고자료 ◐

『대전통편』「호전」 궁방전(宮房田).
『만기요람』「재용편」2 면세(免稅).

02-01

○ "各宮房納稅穀, 京貿上納, 則當該守令徒配禁錮, 年數草記稟旨。而此後, 以京貿一款現發, 則自納邑地方官、漕運邑都差員, 皆用此律。"事, 傳敎。【因

戶曹判書擧條批答，載該房『故事』、禁府・刑曹受教。癸丑八月三十日。】

● "각 궁방에 바칠 세곡을 서울에서 사서 상납하면 해당 수령은 도배(徒配)하고 금고(禁錮)하되 금고할 햇수에 대해서는 초기를 올려 물어서 정한다. 그리고 앞으로는 서울에서 세곡을 사서 바치는 일로 적발되면 자납읍(自納邑)의 지방관(地方官)과 조운읍(漕運邑)의 도차사원(都差使員)에게는 모두 이 형률을 적용한다."라는 내용으로 전교하였다. 【호조 판서가 낸 거행 조건(擧行條件)에 대한 비답으로 인하여 호방(戶房)의 『정원고사』 및 의금부와 형조의 수교(受教)에 실었다. 계축년(1793, 정조 17) 8월 30일.[2]】

■본문 해설

호조 판서는 심이지(沈頤之)를 가리킨다. 위의 전교는 해남현(海南縣)에서 명례궁(明禮宮)에 바치는 세곡(稅穀)을 현물로 보내지 않고 돈을 보내 서울에서 사서 상납하였다가 발각된 일로 인하여 내린 것이다. 이 일로 인하여 해당 해남 현감 이운춘(李運春)은 연원역(連原驛)에 도배(徒配)되고 금고(禁錮) 3년에 처해졌다. 각 궁방이 절수한 토지에서 거두는 세곡은 유토면세전의 경우에는 각 궁방이 도장(導掌)을 파견하여 직접 거두고, 무토면세전의 경우에는 각 고을에서 거두어 호조에 바치면 호조에서 각 궁방에 떼어 주었다. 그러다가 정조가 즉위하면서 도장을 파견하지 못하도록 금지하고 모두 각 고을에서 호조에 바치면 호조에서 각 궁방에 나누어 주도록 하였다. 이에 따라 조창에 소속된 고을에서 거둔 것은 조선(漕船)에 함께 실어서 도차사원이 수송하고, 조창에 소속되지 않은 고을에서 거둔 것은 각 고을 수령이 임선(賃船)에 실어서 수송하였다.

◑ 참고자료 ◐

『탁지지(度支志)』「판적사(版籍司)」 전제부(田制部) 궁결(宮結).
『만기요람』「재용편」 2권 면세(免稅).
『승정원일기』 정조 17년 8월 30일 인견 기사.
『정조실록』 17년 8월 30일(경인).

■어휘 해설

1. 도배(徒配): 도형(徒刑)으로 판결하여 정배(定配)하는 것 또는 도형으로 판결받은 죄인을 정배하

---

2. 『승정원일기』와 『일성록』 및 『정조실록』 모두 동일한 날짜에 기록되어 있다.

는 것을 가리킨다. 도형은 오형(五刑)의 하나로, 죄인을 역참(驛站)과 같은 일정한 곳에 구속해 두고서 강제로 노역을 시키는 형벌이다. 도형은 노역하는 기간에 따라 1년, 1년 반, 2년, 2년 반, 3년의 5등급이 있으며, 도 1년은 장(杖) 60, 도 1년 반은 장 70, 도 2년은 장 80, 도 2년 반은 장 90, 도 3년은 장 100을 함께 부과하였다.

2. 금고(禁錮): 관원이 되는 것을 금지하는 것을 가리킨다. 즉 관직에 제수될 수 있는 자격을 무기한이나 일정 기간 동안 박탈하는 것이다. 기한을 정해서 금고하는 것을 '한년금고(限年禁錮)'라 하고, 기한을 정하지 않고 무기한으로 금고하는 것을 '물한년금고(勿限年禁錮)'라고 하였다. 금고의 처벌을 내릴 때에는 금고의 형벌만을 부과하기도 하고, 정배(定配)하는 형벌과 함께 부과하기도 하였다. 정배하는 형벌과 함께 금고의 형벌이 부과된 경우에는 정배가 끝나는 시점부터 정해진 금고 연한이 시작되었다. 금고의 기한이 만료된 자에 대해서는 관안(官案)의 이름 아래에 주(註)를 달아서 보고하였다.
3. 자납읍(自納邑): 조창(漕倉)에 소속되지 않아 전세와 대동을 직접 서울로 실어다가 납부하는 고을을 가리킨다. 자납읍은 납부하는 물품에 따라서는 전세나 대동으로 거두어들인 쌀이나 콩을 그대로 납부하는 고을과 목(木)·포(布)·전(錢) 등으로 바꾸어 납부하는 고을로 나누어지며, 운송하는 방법에 따라서는 해운(海運)과 육운(陸運)으로 나누어진다.
4. 조운읍(漕運邑): 조창에 소속된 고을을 가리킨다. 조운읍의 수령이 전세와 대동을 조창에 실어다가 바치면, 조창에 소속된 고을의 수령(守令)이나 변장(邊將) 중에서 1명을 영운차사원(領運差使員)으로 정하여 조창에서 서울의 창고까지 실어다가 납부하도록 하였다.
5. 도차사원(都差使員): 조창에 소속된 고을의 수령이 전세와 대동을 실어다가 조창에 납부할 때 거두어들이는 것을 감독하는 자를 가리킨다.

03. 급복(給復)

급복(給復)은 국가를 위해 잡역(雜役)에 종사하는 사람이나 권장할 만한 행실을 보인 사람 등에게 복호결(復戶結)을 지급하는 것을 가리킨다. 복호결이란 능지기(陵直)·묘지기(墓直), 조군(漕軍)·봉군(烽軍), 영리(營吏)·읍리(邑吏)·역리(驛吏), 충신(忠臣)·의사(義士)·효자(孝子)·열녀(烈女) 등에게 떼어 주는 전답을 말한다.

『경국대전』「병전」 복호(復戶)에서는 원래 거주하는 곳에 한정하여 급복하도록 하였다. 『속대전』「호전」 요부(徭賦)에서는 급복할 경우에는 반드시 호조와 선혜청에 통지하도록 하였고, 급복한 전답에 대해서는 전세(田稅)만 거두어들이고 대동(大同)은 거두어들이지 못하도록 하였다. 『속대전』「호전」 조전(漕轉)에서는 조군 1명당 전답 2결(結)

씩 주고 해마다 1결당 15말의 쌀과 신포(身布)를 거두어 해당 조창(漕倉)에 납부하여 사공(沙工)·격군(格軍)의 요미(料米)와 조선(漕船)의 비용으로 사용하도록 하였다. 이는 국가에서 조군에게 전답을 주어 경작하도록 하는 대신 일정한 세금과 신포를 거두어들여 비용에 충당하였음을 보여 주는 것이라고 하겠다. 『대전통편』「호전」 요부에서는 능군(陵軍)에게 주는 복호결은 거주하는 고을의 전답으로 지급하도록 하였고, 『대전회통』「호전」 요부에서는 내시(內寺)에게 주는 복호는 1명당 2결씩 7개 도(道)에 분배하도록 하였다. 이는 국가에서 경작할 전답을 주는 것 이외에도 수조권(收租權)을 부여하는 형태의 급복도 존재하였음을 보여 주는 것이라고 하겠다.

◑ 참고자료 ◐

『경국대전』「예전」 장권(奬勸), 「병전」 복호(復戶).
『속대전』「호전」 조전·요부(徭賦).
『대전통편』「호전」 조전·요부, 「예전」 장권.
『대전회통』「호전」 조전·요부.

03-01

○ "孝烈、忠義, 旌閭、贈職、給復等事, 謄布朝紙。"事, 傳教。【己亥十二月十六日。】

● "효행(孝行)이 뛰어난 자손(子孫)과 열행(烈行)이 뛰어난 부녀(婦女) 및 충신(忠臣)과 의사(義士)에게 정려(旌閭)·증직(贈職)·급복(給復) 등을 시행하는 일은 베껴서 조보(朝報)에 반포한다."라는 내용으로 전교하였다. 【기해년(1779, 정조 3) 12월 16일.[3]】

■본문 해설

위의 전교는 좌참찬(左參贊) 황경원(黃景源)이 차자를 올려 효자와 열녀에 대한 정려가 해가 저무는데도 시행되지 않고 있다고 하자, 정조가 '정려하거나 급복한 사람이 많은데, 조보에 반포하지 않아서 모르는 것인가?'라고 반문하는 비답을 내린 뒤에 내린 것이다. 정조의 말에 의하면, 정려, 증직, 급복 등을 조보에 반포하지 않는 것은 잘못된 전례를 답습해서 그런 것이

---

3. 『승정원일기』와 『일성록』 및 『정조실록』 모두 동일한 날짜에 기록되어 있다.

라고 하였다. 위의 규정은 『대전통편』과 『전율통보』 및 『은대편고』에도 수록되어 있다. 이 조항은 「예고」 효열(孝烈)에도 중복해서 보인다. 「예고」 효열(孝烈)의 30-01 참조.

◑ 참고자료 ◐

『대전통편』 「예전」 장권(奬勸).
『전율통보』 「예전」 장권.
『은대편고』 「통고」 통행사례(通行事例).
『승정원일기』 정조 3년 12월 16일 황경원의 차자 및 입시 기사.
『정조실록』 3년 12월 16일(병인).

■어휘 해설

1. 정려(旌閭): 효행(孝行)이 뛰어난 자손(子孫)과 열행(烈行)이 뛰어난 부녀(婦女) 및 충신(忠臣)과 의사(義士) 등을 표창하기 위해 마을에 정문(旌門)을 세워 주는 것을 가리킨다.
2. 증직(贈職): 나라에서 죽은 사람에게 관직을 내려 주는 것, 또는 그 관직을 가리킨다. 『경국대전』을 비롯한 법전에는 「추증(追贈)」 조항을 두어 추증의 범위와 제한에 대해 자세히 규정해 두었는데, 그에 따르면 원칙적으로 종친 및 문관·무관으로서 실직(實職) 2품 이상에 대해서는 3대를 추증하고, 친공신(親功臣)은 관직이 낮더라도 죽은 뒤에 정2품을 추증하도록 하였다. 증직할 때에는 예조가 계목(啓目)을 올려 왕의 재가를 받은 뒤 승정원에서 이 사실을 조보(朝報)에 반포하였으며, 당사자에게는 교지(敎旨)를 발급하였다.
3. 조보(朝報): 승정원에서 매일 전날 출납한 문서와 군신의 대화 내용을 뽑아 기록해서 공개하던 관보(官報)이다. 조지(朝紙), 저지(邸紙), 저장(邸狀), 저보(邸報), 난보(爛報), 경보(京報), 경기(京奇), 기별(奇別) 등으로 불리기도 하였다. 조보에 실을 기사는 일기축(日記軸)과 단초책(單抄册)을 보고서 승지와 주서가 취사선택하였고, 양사(兩司)를 비롯한 각 관사의 기별서리(奇別書吏)나 조보서리(朝報書吏)가 이를 베껴 조보를 작성하였다.

04. 상전(賞典)

상전(賞典)은 시상에 관한 규정이나 시상 자체를 가리킨다. 실적이 좋은 관원, 공로를 세운 사람, 시험 성적이 우수한 사람 등에게 시상하는 것 또는 그들에게 시상하기 위한 규정을 상전이라고 하였다. 대표적인 상전으로는 가자(加資), 준직(準職) 제수, 새서(璽書)와 표리(表裏)의 하사, 마첩(馬帖)의 발급 등이 있다.

◑ 참고자료 ◐
『은대편고』「호방고(戶房攷)」 새서(璽書).
『육전조례』「호전」 호조 별례방(別例房) 상전(賞典).

04-01

○ "賑邑守令論賞時, 若有璽書、表裏賞典, 則諭書以其實績措辭撰出, 啓下後安寶, 無璽書之表裏、馬帖之成給, 以有旨成送。"事, 傳敎。【癸卯五月二十二日。】

● "진휼(賑恤)을 시행한 고을의 수령에 대해 논상할 때 새서(璽書)와 표리(表裏)를 내려 주는 상전이 있을 경우에는 그 유서(諭書)에 당사자의 실제 행적을 바탕으로 문장을 잘 지어 재가를 받은 후에 어보(御寶)를 찍고, 새서가 없는 표리를 주거나 마첩(馬帖)을 작성해 주는 경우에는 유지(有旨)로 작성하여 보낸다."라는 내용으로 전교하였다.【계묘년(1783, 정조 7) 5월 22일.[4]】

■본문 해설

위의 전교는 승지들이 입시한 자리에서 정조가 진휼을 행한 고을의 수령을 일곱 등급으로 나누어 시상하는 일에 대해 거론할 때 내린 것이다. 그 일곱 등급이란 가자(加資)하는 것, 새서(璽書)와 표리(表裏)를 내리는 것, 표리를 내리는 것, 준직(準職)에 제수하는 것, 숙마첩(熟馬帖)을 작성해 주는 것, 승진시켜 임용하는 것, 아마첩(兒馬帖)을 작성해 주는 것을 가리킨다.

◑ 참고자료 ◐
『은대편고』「호방고」 새서(璽書).
『승정원일기』 정조 7년 5월 22일 입시 기사.

■어휘 해설

1. 진휼(賑恤): 흉년이나 돌림병 등으로 생활이 어려운 백성을 구제하는 것을 가리킨다. 진휼은 국가의 곡물을 이용하여 구제하는 공진(公賑)과 수령이 스스로 마련하거나 부유한 백성이 헌납한 곡물 등을 이용하여 구제하는 사진(私賑)이 있었다.

---

4. 『승정원일기』와 『일성록』 및 『정조실록』 모두 동일한 날짜에 기록되어 있다.

2. 새서(璽書): 어보(御寶)가 찍힌 문서라는 뜻으로, 고을을 잘 다스린 수령 등에게 공적을 치하하는 내용으로 문장을 지어서 상으로 발급하는 국왕 문서다. 이러한 문서에는 유서지보(諭書之寶)를 찍기 때문에 새서를 유서(諭書)나 유지(諭旨)라고도 불렀으며, 문장은 임금을 대신하여 승지가 지었다.
3. 표리(表裏): 옷의 겉감과 안감을 말하는 것으로, 신하에게 상으로 주기도 하고 왕대비 등에게 선물로 바치기도 하였다. 신하에게 상으로 주는 표리는 공적을 치하하는 내용의 새서(璽書)와 함께 주기도 하고, 새서 없이 주기도 하였다. 조선 후기에는 표리로 백면주(白綿紬) 2필을 주었던 것으로 보인다.
4. 유서(諭書): 임금이 신하에게 밀부(密符)를 내리거나 훈유(訓諭)하는 등의 일로 유서지보(諭書之寶)를 찍어서 발급하는 문서를 가리킨다. 유서는 그 내용에 따라 밀부 유서(密符諭書), 포상 유서(褒賞諭書), 훈유 유서(訓諭諭書), 하유 유서(下諭諭書)로 나눌 수 있다.
5. 마첩(馬帖): 관원이나 군병 등에게 상으로 발급하는 첩문(帖文)을 가리킨다. 마첩에는 숙마첩(熟馬帖), 반숙마첩(半熟馬帖), 아마첩(兒馬帖)이 있었다. 마첩을 받은 사람에게는 실제로 말을 지급하기도 하고, 말 대신 목(木)과 포(布)를 지급하기도 하였다.

05. 환곡(還穀)

환곡(還穀)은 국가가 춘궁기에 백성에게 빌려주었다가 추수한 뒤에 거두어들이기 위해 창고에 비축한 곡물을 가리키며, 환자[還上]라고도 하였다. 환곡의 제도는 고구려 고국천왕(故國川王)이 국가의 곡물을 백성에게 빌려주었다가 거두어들였던 일로부터 시작되었고, 조선 시대에는 의창(義倉)을 설치한 데서 시작되었다. 환곡은 절반을 백성에게 빌려주고 절반은 창고에 보관하는 반분반류(半分半留)가 원칙이었으나, 전량을 빌려주는 전분(全分), 전량을 창고에 보관하는 전류(全留), 3분의 1을 보관하고 3분의 2를 빌려주는 일류이분(一留二分), 3분의 2를 보관하고 3분의 1을 빌려주는 이류일분(二留一分) 등 다양하게 운용되었다. 환곡을 거두어들일 때에는 빌려준 원곡의 10분의 1을 이자로 함께 거둬들였다.

◑ 참고자료 ◐

『대전통편』 「호전」 창고(倉庫).
『만기요람』 「재용편(財用編)」 3권 조적(糶糴).

05-01

○ "凡還穀事傳教及擧條, 勿出朝報。"事, 下教。【乙卯九月二十日。】

● "환곡에 대한 전교와 거행 조건(擧行條件)은 조보(朝報)에 내지 않는다."라는 내용으로 하교하였다. 【을묘년(1795, 정조 19) 9월 20일.[5]】

■**본문 해설**

전교와 거행조건을 조보에 내는 것은 승정원의 책임이었는데, 그중에는 조보에 내야 할 사안과 내지 말아야 할 사안이 있었다. 조보에 내야 할 사안으로는 하지(夏至) 이후부터 입추(立秋) 이전까지의 농사 상황과 비가 내린 상황, 처음 서리가 내린 상황, 패문(牌文)이 나온 날짜와 칙사(勅使)의 유숙 장소 등이 있었고, 조보에 내지 말아야 할 사안으로는 비밀에 부쳐야 할 변방의 정세, 청나라와 관련된 전교나 보고, 황단(皇壇)이나 선무사(宣武祠)와 관련된 문서, 환곡과 관련한 전교나 거행 조건, 군무(軍務)와 관련된 사안이나 병조 판서・군문(軍門)의 장신(將臣)・포도 대장의 입시 등이었다. 위의 규정은 『은대편고』와 『은대조례』에도 수록되어 있다.

◑ **참고자료** ◐

『은대편고』「이방고」 출조보(出朝報), 「예방고」 칙사(勅使), 「통고」 통행사례(通行事例)・장계(狀啓).
『육전조례』「이전」 승정원 영칙(迎勅)・총례(總例).
『은대조례』「부록」 통례(通例).
『승정원일기』 정조 2년 10월 10일 인견 기사.

06. 회계(回啓)

회계(回啓)는 임금이 지시하거나 문의한 사항 또는 임금이 내려 준 다른 관사나 신하의 문서에 대한 의견, 대책, 처리 방향 등을 마련하여 아뢰는 것을 가리키며, 복계(覆啓)라고도 하였다. 서울의 관사는 3일 이내, 지방의 경우에는 30일 이내에 회계하는 것이 원

5. 『승정원일기』와 『일성록』 및 『정조실록』 모두 동일한 날짜에 기록되어 있지 않으나, 『은대편고』「이방고」 출조보(出朝報)와 「통고」 통행사례(通行事例)에 모두 동일한 날짜의 일로 기록되어 있다.

칙이었고, 이를 위반하면 승정원에서 추고(推考)하기를 청하였다. 상언(上言)에 대해서는 『경국대전』에서 재가한 지 5일 안에 회계하도록 하였으나 정조 때에 와서는 이것도 3일 이내에 회계하는 것으로 바뀌었다. 세자(世子)가 대리청정(代理聽政)할 때에는 회계를 회달(回達)로 바꾸어 불렀다.

◑ 참고자료 ◐

『경국대전』「형전」 소원(訴冤).
『속대전』「이전」 고과(考課).
『은대편고』「이방고」 회계(回啓)·대청(代聽), 「형방고」 추조(秋曹), 「통고」 통행사례(通行事例).

06-01

○ 破船罪人移送原籍官事, 回啓, "各衙門稟處者, 戶曹先爲回啓。"事, 定式。【戊戌三月二十二日。】

● 선박을 파손한 죄인을 본래 살던 고을로 이송하는 일에 대한 회계로 인하여 "호조에 소속된 각 아문이 임금에게 물어 처리할 사항은 호조에서 먼저 회계한다."라는 내용으로 정식을 삼았다. 【무술년(1778, 정조 2) 3월 22일.[6]】

■본문 해설

위의 규정은 선박을 파손시킨 죄인을 본래 살던 고을로 이송시키겠다고 보고한 충청도의 계본(啓本)에 대해 선혜청이 호조보다 먼저 회계(回啓)하자, 정조가 전교를 내려 호조가 먼저 회계하도록 정한 것이다. 세선(稅船)이나 조선(漕船)이 침몰되었을 경우에는 해당 선박의 감관(監官), 색리(色吏), 사공(沙工), 격군(格軍) 등에게 엄중하게 10차례 형장(刑杖)을 치고 3년이 지난 뒤에야 본래 살던 고을로 이송하고, 물에서 건지지 못한 곡물이 있으면 이들에게서 징수하였다. 이들을 본래 살던 고을로 이송할 때에는 이들을 구속하고 있던 도(道)의 감사가 장계로 보고하면 호조에서 회계하여 임금의 재가를 받은 뒤에 이송하였다. 이들이 곡물을 납부하지 못하면 죽은 뒤에야 면제해 주었고, 곡물을 징수할 수 없는 형편인 자는 종신토록 절도(絶島)에 종으로 삼았으며, 곡물을 전혀 징수하지 못한 고을 수령은 해유(解由)를 발급받는 데 구애를 받았다.

6. 『승정원일기』와 『일성록』에는 동일한 날짜에 기록되어 있고, 『정조실록』에는 기록되어 있지 않다.

◑ **참고자료** ◐
『속대전』「호전」 해유(解由) · 조전(漕轉).
『육전조례』「호전」 호조 판적사(版籍司) 조전.
『승정원일기』 경종 3년 5월 13일 선혜청의 초기, 영조 11년 10월 19일 인견 기사, 정조 2년 3월 22일 전교.

07. 영선(營繕)

영선(營繕)은 궐 안과 궐 밖의 각 처를 수리하는 일 또는 그러한 일을 담당하던 관사를 가리킨다. 궁궐 안팎의 영선할 곳을 9곳으로 나누어 구영선(九營繕)이라고 부르고 각각 담당자를 두었으며, 자문감(紫門監)과 함께 궐 안과 궐 밖 각 처의 수리를 담당하였다. 『대전회통』과 『육전조례』에서는 구영선이 오영선(五營繕)으로 축소되고 각각 담당할 곳도 조정되었다.

◑ **참고자료** ◐
『대전통편』「공전(工典)」 영선(營繕).
『대전회통』「공전」 영선.
『육전조례』「호전」 호조 별례방(別例房) 봉심수개(奉審修改), 「공전」 영선.
『신증동국여지승람(新增東國輿地勝覽)』 제2권 「비고편(備考篇)」 경도(京都), 제3권 「비고편(備考篇)」 한성부(漢城府).
『승정원일기』 영조 4년 7월 29일 입시 기사.

07-01

○ "時御所各處墻壁垣宇, 前季朔修改, 執頉於後季朔, 則監董戶曹郎廳、紫門監官拿處。"事, 定式。【戶曹修改草記批答。庚子九月十九日。】

● "시어소(時御所) 각 처의 담장과 처마를 앞 계절의 끝 달에 개수하였는데 뒤 계절의 끝 달에 탈이 잡히면 공사를 감독한 호조의 낭청과 자문감(紫門監)의 관원을 잡아다 처리한다."라는 내용으로 정식을 삼았다. 【호조가 올린 개수에 관한 초기에 대해 비답을 내렸다. 경자년(1780, 정조 4) 9월 19일.[7]】

■본문 해설

위의 규정은 호조가 낭청을 보내 병조의 당상·낭청 및 위장(衛將)들과 시어소 각 처의 담장과 건물에 탈이 있는지를 살펴보고서 탈이 있다고 보고한 데 대해 정조가 전교를 내려 정한 것이다. 시어소와 궐내각사는 사계절의 각 끝 달마다 호조의 낭청이 병조의 입직(入直)하는 당상·낭청 및 사소(四所)의 위장과 함께 탈이 있는지를 살핀 뒤에 탈이 있는 곳에 대해서는 별단(別單)을 작성하여 보고하고, 사계절의 각 첫 달에 자문감의 감역(監役)과 함께 개수하였다. 이외에도 시어소의 궁궐 담장은 3월과 9월에 호조의 당상·낭청이 탈이 있는지를 살핀 뒤에 그 결과를 초기(草記)로 보고하였다. 따라서 위의 규정은 탈이 있어 수리한 지 3개월이 되지 않았는데 재차 탈이 나면 공사를 감독한 관원을 처벌함으로써 수리를 책임지고 완전하게 하도록 유도하기 위해 마련된 것이라고 하겠다.

◑ 참고자료 ◐

『대전통편』「공전」 영선.
『육전조례』「호전」 호조 별례방(別例房) 봉심수개(奉審修改).
『승정원일기』 정조 4년 9월 19일 호조의 초기.

■어휘 해설

1. 시어소(時御所): 임금이 현재 거주하는 곳을 말한다.

08. 수리(修理)

수리(修理)는 건물과 담장의 파손된 곳이나 비가 새는 곳 등을 고쳐서 복구하는 것을 가리킨다. 수리와 관련된 일은 선공감, 구영선(九營繕), 자문감 등이 담당하였다.

◑ 참고자료 ◐

『대전통편』「이전」 경관직(京官職) 선공감(繕工監), 「공전」 영선(營繕).
『육전조례』「호전」 호조 별례방(別例房) 봉심수개(奉審修改), 「공전」 영선.
『신증동국여지승람(新增東國輿地勝覽)』 제2권 「비고편(備考篇)」 경도(京都), 제3권 「비고편(備考篇)」 한성부(漢城府).

7. 『승정원일기』와 『일성록』 및 『정조실록』 모두 동일한 날짜에 기록되어 있다.

08-01

○ "南別宮修理後, 使禮賓官員入直, 而內大門常時封鎖, 禁雜人出入, 或有冒入冒處者, 則該官隨現嚴處。"事, 定式。【戶判擧條定式。丙申十一月初五日。】

● "남별궁(南別宮)을 수리한 후에 예빈시의 관원으로 입직하게 하되, 안쪽의 대문은 항상 자물쇠를 채워 잡인의 출입을 막고, 만약 함부로 들어오거나 거처하는 사람이 있으면 해당 관원을 적발하는 대로 엄하게 처리한다."라는 내용으로 정식을 삼았다. 【호조 판서가 거행 조건을 내어 정식으로 삼았다. 병신년(1776, 정조 즉위) 11월 5일.[8]】

■본문 해설

호조 판서는 정홍순(鄭弘淳)을 가리킨다. 위의 규정은 호조 판서 정홍순이 남별궁을 수리한 뒤 예빈시 관원을 입직하게 할 것을 청함에 따라 정조가 좌의정 김상철(金尙喆)의 의견을 들은 뒤에 정한 것이다. 남별궁은 중국 사신의 숙소로 사용하는 곳이기 때문에 사신의 접대 업무를 맡은 예빈시 관원에게 입직하도록 한 것이다.

◑ 참고자료 ◐

『신증동국여지승람』 제3권 「비고편」 한성부(漢城府).
『연려실기술(燃藜室記述)』 「별집(別集)」 사대전고(事大典故).
『승정원일기』 정조 즉위년 11월 5일 주강(晝講) 기사.

■어휘 해설

1. 남별궁(南別宮): 의안대군(義安大君)의 신궁(新宮)인 소공주궁(小公主宮)을 고친 이름으로, 임진왜란이 일어나던 때에 왜적(倭賊)이 이곳에 머물렀기 때문에 화재를 면할 수 있었다. 이후 명나라 장수 이여송(李如松)이 이곳에 머물렀고, 이로 인해 중국의 사신이 머무르는 곳으로 사용되었다. 남별궁은 남부(南部) 회현방(會賢坊)에 있었으며, 정조 2년(1778)에 예빈시를 이곳으로 옮겨 설치하였다.

8. 『승정원일기』와 『일성록』과 『정조실록』 모두 동일한 날짜에 기록되어 있다.

08-02

○ "宮墻蓋瓦脫落、椽木滲漏腐傷, 趁不修改, 則兵判及該將臣, 小則越俸, 大則罷職。"事, 傳敎。【載兵・戶曹謄錄、『政院故事』。丁巳三月三十日。】

* 宮墻蓋瓦脫落椽木滲漏腐傷趁不修改: 『승정원일기』와 『일성록』 같은 날 기사에는 '宮墻蓋瓦脫落及滲漏處若不趁卽修改或有椽木腐折破傷之事'로 되어 있어 의미상 차이가 있으나 교감할 수가 없어 그대로 두었다.

● "궁궐 담장의 기와가 벗겨지거나 서까래에 물이 스며들어 손상된 곳을 즉시 개수하지 않은 경우, 병조 판서와 해당 장신(將臣)은 손상된 곳이 작으면 월봉(越俸)하고, 손상된 곳이 크면 파직(罷職)한다."라는 내용으로 전교하였다.【병조의 등록(謄錄)과 호조의 등록과 『정원고사』에 실었다. 정사년(1797, 정조 21) 3월 30일.[9]】

■본문 해설

위의 전교는 새로 신축한 명례궁(明禮宮) 서쪽 담장의 서까래와 기와가 손상된 일로 인해 병조가 옛 규례를 고찰하여 보고하자 내린 것이다. 이때 병조의 초기(草記)에 의하면, 정조 14년(1790) 5월 27일 차대(次對)하는 자리에서 당시 병조 판서 이갑(李坤)이 '앞으로는 새로 쌓은 궁궐 담장의 기와가 벗겨진 곳과 비가 새는 곳을 즉시 개수하지 않아 서까래가 썩어서 부러지거나 파손되는 일이 있으면 병조 판서가 책임진다.'라는 내용의 하교를 받았다고 하였다.

훈련도감(訓鍊都監)・금위영(禁衛營)・어영청(御營廳) 등 세 군문은 도성(都城)과 궁성(宮城)을 일정 구간씩 나누어 맡아 파수(把守)와 순라(巡邏)를 행하였다. 그러므로 궁궐 담장에 탈이 생기면 해당 군문의 대장(大將)도 병조 판서와 함께 월봉이나 파직의 처벌을 받도록 한 것이다. 사소(四所)의 입직하는 위장(衛將)은 매일 담당 구역의 궁궐 담장을 순찰하고 5일마다 무사한지의 여부를 승정원에 보고하되, 보름 이전에는 동소(東所)의 위장이, 보름 이후에는 남소(南所)의 위장이 보고하였다. 위장의 보고를 받은 승정원에서는 임금에게 보고하였으며, 대내(大內) 가까운 곳의 궁궐 담장이 무너진 곳을 위배(圍排, 울타리로 에워쌈)할 경우에는 병방 승지(兵房承旨)가 임금에게 보고하고서 병조의 당상과 함께 살펴보았다. 궁궐 담장이 무너진 경우에는 위장이 병조에도 보고하였으며, 병조에서는 초기한 뒤에 파수・위배・순라 등의 절차를 규례대로 거행하고 개수는 군문과 호조에서 거행하였다.

---

9. 『승정원일기』와 『일성록』에는 동일한 날짜에 기록되어 있고, 『정조실록』에는 기록되어 있지 않다.

◑ **참고자료** ◐

『은대편고』「병방고」궁성(宮城).

『육전조례』「병전」 병조 무비사(武備司) 적간(擲奸), 훈련도감 자내(字內), 금위영 자내, 어영청 자내

『승정원일기』 정조 21년 3월 30일 병조의 초기.

■ **어휘 해설**

1. 월봉(越俸): 잘못을 저지른 관원에 대한 처벌의 일종으로, 정기적인 녹봉(祿俸)의 지급을 일정 기간 건너뛰고 지급하지 않는 것을 가리킨다. 월봉의 처벌은 등(等)을 기준으로 정하였는데, 가장 가벼운 처벌인 월봉 1등은 1개월의 녹봉을 지급하지 않는 것이다. 월봉은 원칙적으로 아무리 무거워도 7등을 넘지 못하도록 하였다.

09. 휼전(恤典)

휼전(恤典)은 재해를 입거나 처지가 불쌍한 사람에게 나라에서 베푸는 은전(恩典)을 가리킨다. 전염병이 돌 때 가족 모두가 사망하여 시신을 매장할 수 없는 자, 불에 타 죽은 자, 물에 빠져 죽은 자, 호랑이에 물려 죽은 자, 집이 물에 떠내려가거나 무너진 자, 버려진 아이를 양육하는 자 등에게 휼전을 시행하였다.

『육전조례』「호전」 진휼청(賑恤廳)에서는 별하휼전(別下恤典)과 외휼전(外恤典)으로 나누어 휼전에 대한 규정을 상세히 실어 놓았다. 그에 따르면 집이 전부 불에 탄 경우에 대호(大戶)는 9말, 중호(中戶)는 8말, 소호(小戶)는 7말, 잔호(殘戶)는 6말, 독호(獨戶)는 5말의 쌀을 지급하였다. 만약 일시에 한곳에서 물에 떠내려가거나 무너지거나 불에 탄 집이 10호 이상일 경우 또는 물에 빠져 죽거나 깔려서 죽거나 불에 타 죽은 사람이 5명 이상일 경우에는 원래 지급하던 휼전 이외에 별도의 휼전을 더 지급하였다.

◑ **참고자료** ◐

『속대전』「예전」 혜휼(惠恤).

『전율통보』「예전」 혜휼.

『은대편고』「호방고」 촬요(撮要), 「통고」 장계.

『육전조례』「이전」 의정부 혜휼, 「호전」 진휼청(賑恤廳) 별하휼전(別下恤典)·외휼전(外恤典).

09-01

○ "諸道囕死、渰死、燒死民人等恤典, 勿拘一邑三人之數, 通同擧行, 自政院下諭諸道, 自本道枚擧人名, 以'令該曹稟處。'事, 狀聞。覆奏時, 如無判書, 則亞、三堂回啓, 勿越三日事, 定式。"事, 傳教。【戊戌十月二十三日。】

＊ 事: 저본에는 없는데, 『정원고사』의 다수 용례에 따라 보충하였다.

● "여러 도에서 호랑이에게 물려 죽은 사람, 물에 빠져 죽은 사람, 불에 타 죽은 사람들에 대한 휼전은 한 고을에 3명이라는 숫자에 구애받지 말고 전부 거행하라고 정원에서 여러 도에 하유(下諭)하고, 본도에서는 재해를 당한 사람의 이름을 낱낱이 들어 '호조에서 상에게 여쭈어 처리하게 해 주소서.'라고 장계로 보고한다. 호조에서 회계(回啓)할 때 판서가 없으면 참판이나 참의가 회계하되 3일을 넘기지 않는다. 이로써 정식을 삼는다."라는 내용으로 전교하였다. 【무술년(1778, 정조 2) 10월 23일.[10]】

■**본문 해설**

위의 전교는 정조가 각 도(道)마다 각각 다르게 시행하고 있는 휼전을 통일시키고 각 관사에서 회계(回啓)를 지체하는 폐단을 막기 위하여 내린 것이다. 이전에는 한 고을에서 호랑이에게 물려 죽거나 물에 빠져 죽거나 불에 타 죽은 사람이 3명 이상이라야 휼전을 거행하였는데, 이해 9월 23일에 도승지 홍국영(洪國榮)의 건의에 따라 3명에 구애받지 않도록 정식을 삼았다. 그리고 전라 감사 정원시(鄭元始) 등의 장계를 호조에 내려 주면서, 각 관사에 판서가 없어서 회계가 지체되는 폐단을 막기 위하여 판서가 없으면 참판이나 참의가 대신 회계할 수 있도록 정식을 삼았다. 원래 서울의 관사는 3일 이내에 회계하고 지방의 관사에서는 30일 이내에 회계하되, 기한 안에 회계하지 않으면 승정원에서 추고(推考)하기를 청하도록 정해져 있었다.

◑ 참고자료 ◐

『속대전』「이전」 고과(考課), 「예전」 혜휼(惠恤).
『전율통보』「예전」 혜휼.
『은대편고』「호방고」 촬요(撮要).
『육전조례』「호전」 진휼청(賑恤廳) 별하휼전(別下恤典) · 외휼전(外恤典).
『승정원일기』 영조 4년 12월 25일 입시 기사, 28년 7월 20일 입대(入對) 기사, 34년 8월 5일 입대 기사, 정조 2년 9월 24일 인견 기사 · 10월 23일 주강(晝講) 기사.

---

10. 『승정원일기』와 『일성록』 및 『정조실록』 모두 동일한 날짜에 기록되어 있다.

09-02

○ "濟州燒死、渰死人恤典，不待該曹覆啓，先擧行後狀聞。"事，定式。【庚子四月初三日。】

● "제주의 불에 타 죽은 사람이나 물에 빠져 죽은 사람에 대한 휼전은 호조에서 회계(回啓)하기를 기다리지 말고 먼저 거행한 후에 장계로 보고한다."라는 내용으로 정식을 삼았다. 【경자년(1780, 정조 4) 4월 3일.[11]】

■본문 해설

위의 규정은 동래 부사(東萊府使)가 바다에 표류하던 제주 사람들 중 1명은 죽고 나머지는 살아서 돌아온 사실을 보고하자, 정조가 제주 목사(濟州牧使)에게 사망한 1명에 대해 휼전을 거행하라고 지시하면서 정한 것이다. 제주는 육지에서 멀리 떨어져 있는 데다가 회계할 때까지 기다렸다가 휼전을 거행하게 되면 시간이 지체될 우려가 있기 때문에 이처럼 정한 것이다.

◑ 참고자료 ◐

『승정원일기』 정조 4년 4월 3일 전교.
『일성록』 정조 4년 4월 3일 전교.

09-03

○ "諸道民家失火狀本十戶以上，該房付黃籤，書以'某邑幾戶。'，燒死、噉死、渰死數爻若過五六名，亦依右例付黃籤入啓，定式。"事，傳敎。【壬寅六月初八日。】

● "여러 도가 올린 장계 중에서 화재를 당한 민가가 10호 이상일 경우에는 호방 승지(戶房承旨)가 장계에 황색 찌지를 붙이고 '아무 읍 몇 호'라고 쓰며, 불에 타 죽은 사람, 호랑이에게 물려 죽은 사람, 물에 빠져 죽은 사람의 수가 5, 6명이 넘을 경우에도 위의 예에 따라 황색 찌지를 붙여서 들인다. 이로써 정식을 삼는다."라는 내용으로 전교하였다. 【임인년(1782, 정조 6) 6월 8일.[12]】

---

11. 『승정원일기』와 『일성록』에는 동일한 날짜에 기록되어 있고, 『정조실록』에는 기록되어 있지 않다.
12. 『승정원일기』와 『일성록』 및 『정조실록』 모두 동일한 날짜에 기록되어 있다.

■**본문 해설**

위의 전교는 불이 난 민가에 대해 보고한 장계를 의례적으로 재가하다 보면 재해를 입은 백성이나 호수(戶數)가 많은 경우에도 휼전을 즉시 시행하지 못할 우려가 있기 때문에 내린 것이다. 그에 따라 10호 이상 불이 난 경우와 일시에 한곳에서 5, 6명 이상이 불에 타 죽거나 호랑이에 물려 죽거나 물에 빠져 죽은 경우에는 승정원에서 장계를 들여보낼 때 장계에 황색 찌지를 붙여 표시하도록 한 것이다. 위의 규정은 『은대편고』와 『육전조례』에도 수록되어 있다. 『육전조례』에 의하면, 민가가 무너지거나 바위 또는 흙더미 등에 눌린 사실을 별단(別單)으로 보고한 경우에는 별단을 들여보낼 때 승정원에서 휼전을 시행하라는 전교를 미리 별단에 써서 들여보내도록 하였다.

◑ **참고자료** ◐

『은대편고』「통고」 장계(狀啓).
『육전조례』「이전」 의정부 혜휼(惠恤), 승정원 출납(出納).
『승정원일기』 정조 6년 6월 8일 입시 기사.

10. 진배(進排)

진배(進排)는 공인(貢人)이 각 관사(官司)에 공물(貢物)을 공급하는 것 또는 각 관사가 각 전(殿)·궁(宮)이나 다른 각 관사 등에 필요한 물품을 공급하는 것을 가리킨다. 임금을 비롯한 왕실 구성원의 일상생활에 필요한 물품, 각 관사가 공적으로 사용하는 물품, 제향(祭享)이나 과시(科試) 등 각종 행사와 의식에 필요한 물품 등은 이를 공급하는 관사가 정해져 있었고, 해당 관사에서는 공인을 통해 이들 물품을 공급받았다.

『만기요람』「재용편」 1권 공상(供上)에는 대전(大殿)·중궁전(中宮殿)·왕대비전(王大妃殿)·혜경궁(惠慶宮, 정조의 생모)·가순궁(嘉順宮, 순조의 생모)에게 정기적으로 공급할 물품을 하루, 한 달, 한 계절, 1년 단위로 나누어 정리해 놓았으며, 「재용편」 1권 각공(各貢)에서는 공인으로부터 공급받을 물품의 목록과 수량을 정리해 놓았다.

◑ **참고자료** ◐

『속대전』「호전」 지공(支供), 「예전」 봉심(奉審).
『대전통편』「예전」 반빙(頒氷), 「공전」 잡령(雜令).

『은대편고』「호방고」 촬요(撮要).
『만기요람』「재용편」 1권 공상(供上)·각공(各貢).
『육전조례』「호전」 선혜청 공물(貢物)·무가감각공(無加減各貢), 진휼청 공물(貢物).

10-01

○ "各殿司鑰一年應下, 限年改備, 移御時上下條中, 一年應下, 大妃殿則甲小次五分二減爲六分一, 惠慶宮則甲小次五分二減爲七分一, 中宮殿則甲小次五分二減爲九分一; 而限年改備, 大妃殿則三年一改, 改以四年一改, 惠慶宮則五年一改, 中宮殿則四年一改, 改以六年一改; 移御時各殿排設木, 大妃殿則減十分三, 惠慶宮則減十分五, 中宮殿則減十分七, 其他排設, 準此例各殿參酌差等。"事, 定式。【丙申三月二十一日。】

* 下: 저본에는 '行'으로 되어 있는데, 『승정원일기』와 『일성록』 같은 날 기사에 근거하여 수정하였다.
* 一改: 저본에는 없는데, 『승정원일기』와 『일성록』 같은 날 기사에 근거하여 보충하였다.

● "각 전(殿)의 사약(司鑰)에게 1년간 지급해야 하는 것과 연한을 정해 다시 마련해야 하는 것과 거처를 옮길 때 지급해야 하는 것은 다음과 같이 개정한다. 1년간 지급해야 하는 것은, 대비전은 겹소차(甲小次) 5분의 2를 6분의 1로 줄이고, 혜경궁(惠慶宮)은 겹소차 5분의 2를 7분의 1로 줄이며, 중궁전은 겹소차 5분의 2를 9분의 1로 줄인다. 연한을 정해 다시 마련해야 하는 것은, 대비전은 3년에 한 번 바꾸던 것을 4년에 한 번 바꾸는 것으로 개정하고, 혜경궁은 5년에 한 번 바꾸는 것으로 정하며, 중궁전은 4년에 한 번 바꾸던 것을 6년에 한 번 바꾸는 것으로 개정한다. 거처를 옮길 때에 각 전에 배설하는 무명은, 대비전은 10분의 3을 줄이고, 혜경궁은 10분의 5를 줄이며, 중궁전은 10분의 7을 줄이고, 기타 배설하는 것도 이 예를 기준으로 각 전마다 참작하여 차등을 둔다."라는 내용으로 정식을 삼았다. 【병신년(1776, 정조 즉위) 3월 21일.[13]】

■본문 해설

위의 규정은 정조가 즉위하고 나서 겹소차를 마련하는 데 들어가는 비용과 연례적으로 지급하는 규정 등을 알아본 뒤에 긴요하지 않은 비용을 줄이기 위한 목적에서 전교를 내려 정한

13. 『승정원일기』와 『일성록』 및 『정조실록』 모두 동일한 날짜에 기록되어 있다.

것이다. 연수를 한정하여 다시 마련하는 것 중 혜경궁의 경우에는 이러한 규정을 처음 적용하기 때문에 이때에 연수를 새로 정한 것이다. 이때 정해진 규정은 『만기요람』에도 수록되어 있다.

◑ 참고자료 ◐

『만기요람』「재용편(財用編)」 4권 배설(排設).
『승정원일기』 정조 즉위년 3월 21일 입시 기사.

■어휘 해설

1. 겹소차(甲小次): 막차(幕次)의 일종으로, 겹으로 이루어진 소차를 가리킨다. 『만기요람』「재용편(財用編)」 4 배설(排設)에 의하면, 왕대비전의 겹소차를 설치하는 데 들어가는 물품과 비용은 백목(白木) 37필 17자, 청목(靑木) 1필 7자 8치, 백포(白布) 5필, 청포(靑布) 17자 5치, 별문석(別紋席) 6장 반, 유둔지(油芚紙) 5장, 중속줄(中束乼) 3간의(艮衣), 세겹바(三甲所) 6간의 2파(把) 반, 숙마(熟麻) 2냥 5전, 마사(麻絲) 7냥 6전 7푼, 생우피(生牛皮) 67치, 법유(法油) 2홉 5사, 황밀(黃蜜) 2전 5푼, 생저(生苧) 3전 5푼으로, 이를 모두 돈으로 환산할 경우에는 144냥 8전 9푼이 된다.

10-02

○ "王大妃殿、惠慶宮誕日進獻單子, 承旨親書入啓安寶, 物種進獻時, 承旨率戶·兵曹、宣惠廳、司䆃寺郎廳, 請承傳色以入。"事, 定式。【承旨擧條。辛亥六月十六日。】

* 傳: 저본과 『일성록』 같은 날 기사에는 '傳'으로 되어 있고 『승정원일기』 같은 날 기사에는 '言'으로 되어 있다.

● "왕대비전과 혜경궁의 탄일에 올리는 진헌 단자(進獻單子)는 승지가 직접 써서 재가를 받은 뒤에 어보(御寶)를 찍으며, 물품을 바칠 때에는 승지가 호조·병조·선혜청·사도시의 낭청을 거느리고서 승전색을 청하여 들이도록 한다."라는 내용으로 정식을 삼았다. 【승지가 거행 조건을 내었다. 신해년(1791, 정조 15) 6월 16일.[14]】

■본문 해설

승지는 좌부승지 유문양(柳文養)을 가리킨다. 위의 규정은 유문양이 진헌 단자를 승정원의

14. 『승정원일기』와 『일성록』에는 동일한 날짜에 기록되어 있고, 『정조실록』에는 기록되어 있지 않다.

서리(書吏)에게 대신 작성하도록 하는 것은 옳지 않으므로 승지가 직접 쓰도록 바꾸어야 한다는 건의에 따라 정한 것이다. 원문 중 '承傳色'은 『승정원일기』와 『일성록』의 같은 날 기사에 모두 '承言色'으로 되어 있는데, 이는 유문양이 처음 건의할 때 혜경궁만 거론했기 때문이었다. 그러나 그다음 날 기사를 보면 정조가 왕대비전도 똑같이 거행하도록 하였는데, 유문양이 거행 조건을 낼 때 빠뜨렸다고 한 내용이 보인다. 왕대비전에는 승전색을 두고 혜경궁에는 승언색을 두었으므로 '왕대비전의 승전색이나 혜경궁의 승언색[承傳色及承言色]'이라고 표현하는 것이 가장 정확한 표현이다. 다만 혜경궁의 승언색이 순조 12년(1812) 이후에는 '승전색'으로 기록된 것으로 보아 정순 왕후(貞純王后)가 승하하고 일정한 시간이 지난 뒤에는 혜경궁의 승언색을 승전색으로 승격시킨 것으로 보인다. 따라서 원문을 교감하지 않고 그대로 두었다.

◑ 참고자료 ◐

『은대조례』「호고」 진헌단자.

『승정원일기』 정조 15년 6월 16일 입시 기사 · 17일 입시 기사, 순조 11년 1월 23일 이조의 초기(草記), 12년 7월 24일 종부시의 초기, 10월 8일 전교.

■어휘 해설

1. 진헌 단자(進獻單子) : 자전(慈殿)이나 자궁(慈宮)에게 바칠 물품의 이름과 수량을 적은 문서를 가리킨다. 『은대조례』「호고」 진헌단자에 의하면, 진헌단자는 호방 승지(戶房承旨)가 작성하고 시명지보(施命之寶)를 찍었다.

11. 도로(道路)

도로(道路)는 도성(都城) 안의 길과 지방의 역로(驛路) 등을 가리킨다. 도성 안의 길은 대로(大路) · 중로(中路) · 소로(小路)로 나누었는데, 대로는 너비 56자, 중로는 너비 16자, 소로는 너비 11자로 만들고 도로 양쪽에 각각 2자씩의 도랑을 만들었다. 도성 안의 도로는 한성부와 오부(五部)가 관리하였는데, 도로를 무단 점유하거나 도로에 오물을 둔 자는 처벌하였다. 지방의 도로에는 10리마다 소후(小堠)를 세우고, 30리마다 대후(大堠)를 세우고 역(驛)을 두었다. 역로도 대로 · 중로 · 소로로 나누었다.

◑ 참고자료 ◐
『경국대전』 「이전」 경관직(京官職) 한성부(漢城府)・오부(五部).
『속대전』 「병전」 역로(驛路), 「공전」 교로(橋路).
『전율통보』 「병전」 역로, 「공전」 교로.
『은대편고』 「호방고」 구임각사(久任各司).

11-01

○ "社稷親享道路, 以夜晝介磨鍊。"事, 定式。【丁酉五月初八日。】

● "사직(社稷)에서 임금이 직접 제사 지낼 때 경유하는 도로는 야주개(夜晝介)로 마련한다."라는 내용으로 정식을 삼았다. 【정유년(1771, 정조 1) 5월 8일.[15]】

■본문 해설

위의 규정은 임금이 사직에서 직접 제사를 지낼 때 경유하는 경복궁(景福宮) 동구(洞口)의 길이 매우 좁아서 야주개만 못하다는 정조의 생각에 따라 전교를 내려 정한 것이다. 정조의 말에 의하면, 임금이 사직에서 직접 제사를 지낼 때 야주개를 경유하지 못하록 한 것은 영조의 수교(受敎)에 따른 것으로, 지름길을 통해 거둥한다는 혐의가 있기 때문이라고 하였다.

◑ 참고자료 ◐
『승정원일기』 정조 1년 5월 8일 입시 기사.

■어휘 해설

1. 야주개(夜晝介): 서울시 종로구 신문로 18번지와 20번지 사이 당주동과 신문로1가에 걸쳐 있던 낮은 고개로서, 야주현・야조현・당주동고개라고도 하였다. 야주개란 야광주와 같은 둥근 뫼가 있었으므로 한자명으로 야주현(夜珠峴)이라고 하였다.

15. 『승정원일기』에는 동일한 날짜에 기록되어 있고, 『일성록』과 『정조실록』에는 기록되어 있지 않다.

12. 액속(掖屬)

액속(掖屬)은 액정(掖庭)에 소속된 하속(下屬) 또는 하례(下隷)로, 액례(掖隷)라고도 하였다. 중국 한(漢)나라에서는 궁중의 비빈(妃嬪)들이 거주하는 건물을 액정이라 하였고, 후궁 등의 일을 관장하는 관사도 액정이라고 불렀다. 이는 궁궐 정문의 양쪽 옆문을 '액(掖)'이나 '액문(掖門)'이라고 부른 데서 연유한 것이다. 우리나라에서는 차비문(差備門)을 포함하여 대내(大內)를 액정이라고 불렀고, 액정에서 근무하는 사람들을 액속 또는 액례라고 불렀다. 액례에 대해서는 「병고」 액례(掖隷) 참조.

◑ 참고자료 ◐

『후한서(後漢書)』 권36 「백관지(百官志)」, 권70 「반고열전(班固列傳)」.
『대전통편』 「이전」 잡직(雜職) 액정서(掖庭署), 「호전」 창고(倉庫), 「병전」 시취(試取)·행순(行巡), 「형전」 궐내각차비(闕內各差備), 잡령(雜令).
『은대편고』 「이방고」 정사(政事)·회계(回啓), 「예방고」 상참(常參)·경연(經筵)·칙사(勅使), 「병방고」 금화(禁火), 「통고」 승지(承旨).
『만기요람』 「군정편」2 요록(料祿), 「군정편」2 병조 이군색(二軍色), 훈련도감 군총(軍摠).
『육전조례』 「이전」 액정서, 「병전」 순청(巡廳) 총례(總例), 「형전」 형조 고율사(考律司) 율령(律令).

12-01

○ "孝徽宮入廟後, 守直中官, 以藏譜閣守直中官仍用; 守僕, 依此爲之。凡干進排, 不必各設, 令戶、兵曹知悉, 他宮廟應有者, 皆令減除, 仍爲定式。" 【庚子七月初一日。】

● "효휘궁(孝徽宮)의 신주(神主)를 사당(祠堂)에 들인 뒤에 수직(守職)할 중관(中官)은 장보각(藏譜閣)의 수직하는 중관을 그대로 쓰고, 수복(守僕)도 이와 마찬가지로 행한다. 모든 진배(進排)에 관련된 물품들은 각각 배설할 필요가 없으니, 호조와 병조가 잘 알아서 다른 궁묘(宮廟, 후궁·세자 등의 사당)에서는 당연히 배설해야 하는 것도 모두 줄이도록 한다. 그리고 이대로 정식을 삼는다."라고 하였다. 【경자년(1780, 정조 4) 7월 1일.[16]】

---

16. 『승정원일기』와 『일성록』 및 『정조실록』 모두 동일한 날짜에 기록되어 있다.

■본문 해설

위의 규정은 원빈(元嬪) 홍씨(洪氏)의 신주를 혼궁(魂宮)에서 사당으로 옮겨 봉안하는 과정에서 정조가 전교를 내려 정한 것이다. 원빈의 사당은 정조의 형인 의소세손(懿昭世孫)의 신주를 봉안한 창의궁(彰義宮)으로 정하되, 감실(龕室)만 따로 만들고 진배하는 물품은 중복할 필요 없이 줄이도록 한 것이다. 창의궁은 영조가 즉위하기 전에 거주하던 사저(私邸)이다.

◑ 참고자료 ◐

『육전조례』「호전」 호조 별례방(別例房) 봉심수개(奉審修改).

『승정원일기』 정조 4년 5월 11일 조강(朝講) 기사, 7월 1일 입시 기사 · 2일 호조의 초기와 병조의 초기.

■어휘 해설

1. 효휘궁(孝徽宮): 정조의 후궁인 원빈(元嬪) 홍씨(洪氏)의 혼궁(魂宮)이다. 원빈은 홍국영(洪國榮)의 누이로, 정조 3년(1779) 5월 7일에 세상을 떠났다.
2. 장보각(藏譜閣): 영조가 즉위하기 전에 거주하던 창의궁(彰義宮) 안에 있던 건물로, 영조의 어진(御眞)과 숙종이 직접 써서 하사한 유서(諭書)를 봉안하였다.

13. 회부(會簿)

회부(會簿)는 회계 장부나 회계 문서를 가리킨다. 회계 장부는 돈과 곡물의 출납을 기록한 장부로, 회계안(會計案)이라고 하였다. 돈과 곡물을 관장하던 대표적인 관사인 호조와 선혜청은 해마다 1 · 4 · 7 · 10월의 10일마다 임금이 보관하고 있는 회계안을 내어 달라고 청하여 수정한 뒤에 그달 15일까지 반납하였다. 조선 후기에는 각 군문(軍門)에서도 해마다 1월 15일에 회계안을 수정하여 임금에게 바쳤다. 각 도에서는 분기별로 회계 장부를 마감하여 보고하였고, 새해에는 별도로 전년의 회계안을 작성해서 호조에 보고하면 호조에서 해마다 2월 25일에 임금이 보관하고 있는 회계안을 내어 달라고 청하여 수정한 뒤 2월 30일에 반납하였다.

◑ 참고자료 ◐

『은대편고』「호방고」 촬요(撮要), 「통고」 월령(月令).

『만기요람』「군정편(軍政編)」 3권 어영청(御營廳).
『육전조례』「이전」 승정원 월령, 「호전」 호조 회계사(會計司) 경외저적세계(京外儲積歲計).

13-01

○ "錢穀會計文書修報時, 京畿則定以翌等孟朔, 外道則定以翌等仲朔, 必令限內修報, 而京司磨準, 亦於季朔內釐正下送, 過限則京司郎官、各道都會官, 直爲草記拿問。"事, 定式。【戶判擧條定式。丁酉正月二十五日。】

● "돈과 곡물에 대한 회계 문서를 작성하여 보고할 시기를 경기는 다음 분기의 첫 달로 정하고, 지방의 도(道)는 다음 분기의 가운데 달로 정하여 반드시 기한 내에 작성하여 보고하게 한다. 그리고 경사(京司, 중앙 관사)에서 대조하여 마감하는 것도 분기의 끝 달 안으로 바로잡아 내려 보내되, 기한을 넘길 경우에는 경사의 낭관과 각 도의 도회관(都會官)을 호조가 곧바로 초기(草記)하여 의금부로 잡아다 신문하도록 한다."라는 내용으로 정식을 삼았다.【호조 판서가 거행 조건을 내어 정식을 삼았다. 정유년(1777, 정조 1) 1월 25일.[17]】

■본문 해설

호조 판서는 정홍순(鄭弘淳)을 가리킨다. 지방의 돈과 곡물에 관한 문서는 원래 4분기로 나누어 수정하여 중앙 관사에 보고하였는데, 이 규정이 잘 지켜지지 않자 구체적으로 마감 시기를 정한 것이다. 이에 따라 경기는 1·4·7·10월, 그 외의 지방은 2·5·8·11월에 회계 문서를 수정하여 중앙 관사에 보고하였고, 호조에서는 3·6·9·12월에 대조하여 마감한 뒤 내려 보냈다. 위의 규정은 『육전조례』에도 수록되어 있는데, 충청도는 겨울 한 분기, 함경도는 2분기로 나누어 시행한다고 하여 예외를 두고 있다.

◑ 참고자료 ◐

『육전조례』「호전」 호조 회계사(會計司) 경외저적세계(京外儲積歲計).
『승정원일기』 정조 1년 1월 25일 인견 기사.

17. 『승정원일기』와 『일성록』에는 동일한 날짜에 기록되어 있고, 『정조실록』에는 기록되어 있지 않다.

■어휘 해설

1. 도회관(都會官): 도내(道內)의 고을 중 중심이 되는 고을이나 그 고을의 수령을 가리킨다. 양잠(養蠶), 과시(科試), 수납(收納) 등을 행할 때 특정 고을을 도회관으로 정하고 해당 고을과 부근의 고을들을 그 도회관에 소속시켰다.

14. 호구(戶口)

호구(戶口)는 호적 대장에 올라 있는 가호(家戶)와 인구(人口)를 가리킨다. 서울과 지방의 호구와 호적 대장은 호조와 한성부에서 관장하였는데, 3년마다 전국의 호구를 조사하여 호적 대장을 정리한 뒤 서울의 호조와 한성부, 지방의 각 도와 각 고을에 각각 보관하였다. 『대전통편』에서는 호조가 호적 대장을 보관하는 것은 폐지하였다.

3년마다 호구 조사를 할 때에는 각 호마다 가족과 노비의 이름과 숫자 등을 호구 단자(戶口單子)로 작성하여 한성부나 각 고을에 제출하였고, 한성부와 각 고을에서는 호구 단자를 검토하여 이상이 없으면 호적 대장을 수정한 뒤에 그에 대한 증명서로 준호구 단자(準戶口單子)를 발급하였다. 그리고 한성부에서는 연말마다 서울과 지방의 총 호구 숫자를 별단(別單)으로 작성하여 보고하였다.

◑ 참고자료 ◐

『경국대전』「이전」 호조 · 한성부, 「예전」 용문자식(用文字式) 호구식(戶口式) · 준호구식(準戶口式).
『대전통편』「호전」 호적(戶籍).
『전율통보』「별편(別編)」 본조문자식(本朝文字式) 호구단자식(戶口單子式) · 준호구식(準戶口式).

14-01

○ "各年民戶、式年民戶數爻, 作爲冊子, 一件入啓, 一件藏於京史庫。每歲末, 府官詣政院請出, 該房承旨句管出納, 修正入啓。京史庫件, 自本府取來, 添錄以送事, 定式。"事, 傳敎。【壬寅七月二十日。】

* 各: 『승정원일기』와 『일성록』 및 『정조실록』 같은 날 기사에는 이 앞에 '兵燹以後見存文書中' 9자가 더 있다.

● "각 연도의 민호(民戶)와 3년마다 조사한 민호의 수효를 책자로 만들어 1부는 임금에게 들이고 1부는 경사고(京史庫)에 보관한다. 그리고 연말마다 한성부의 관원이 정원에 나아와서 책자를 내어 달라고 청하면 호방 승지(戶房承旨)가 담당하여 출납하고 한성부가 수정하여 들인다. 경사고에 보관한 것은 한성부에서 가져와 추가로 기록한 다음 다시 경사고로 보낸다. 이로써 정식으로 삼는다."라는 내용으로 전교하였다. 【임인년(1782, 정조 6) 7월 20일.[18]】

■본문 해설

위의 전교는 연말에 한 차례 호구(戶口)에 관한 별단(別單)을 올려 재가받고 난 뒤 폐기해 버리기 때문에 참고할 자료가 없게 되는 문제점을 개선하기 위해서 내린 것이다. 각 연도의 민호는 한성부가 연말마다 별단으로 보고하는 서울과 지방의 호구를 가리키고, 3년마다 조사한 민호의 수효는 『경국대전』에서 식년(式年)마다 호구를 조사하여 호적을 수정하도록 한 것을 가리킨다. 『속대전』에서는 식년을 자(子)·오(午)·묘(卯)·유(酉)가 들어가는 해라고 하였다.

◑ 참고자료 ◐

『경국대전』「호전」 호적(戶籍).
『속대전』「호전」 호적.
『승정원일기』 정조 6년 7월 20일 전교.

■어휘 해설

1. 경사고(京史庫): 서울의 춘추관(春秋館)에 있던 사고(史庫)를 가리킨다. 사고는 『조선왕조실록』을 보관하던 곳으로, 서울에 있는 내사고(內史庫)와 지방에 있는 외사고(外史庫)로 나누어졌다. 그중 서울에 있는 내사고를 경사고라고도 불렀다. 외사고는 강화(江華)의 정족산(鼎足山), 봉화(奉化)의 태백산(太白山), 강릉(江陵)의 오대산(五臺山), 무주(茂朱)의 적상산(赤裳山)에 있었다.

14-02

○ "呈憲書、獻民數時, 領事及判尹請承旨親呈事, 定式。"事, 傳敎。【癸丑十一月十七日。】

18. 『승정원일기』와 『일성록』 및 『정조실록』 모두 동일한 날짜에 기록되어 있다.

● "책력(冊曆, 시헌력(時憲曆))을 바칠 때에는 관상감의 영사가, 민호(民戶)의 수효를 보고하는 별단(別單)을 바칠 때에는 한성부의 판윤이 승지를 청하여 직접 바치는 것으로 정식을 삼는다."라는 내용으로 전교하였다. 【계축년(1793, 정조 17) 11월 17일.[19]】

■**본문 해설**

위의 전교는 정조가 관상감에서 책력을 바칠 때나 한성부에서 민호의 수효를 보고할 때 낭관에게만 맡겨 두는 폐단을 바로잡기 위해서 내린 것이다. 이에 따라 관상감에서 책력(冊曆)을 바칠 때에는 영사가 동지(冬至)를 맞아 문안하는 반열에 나오면 승전색(承傳色)을 청하여 들여보내고, 영사가 없을 때에는 관상감 제조가 빈청(賓廳)에서 승지를 청하여 바치도록 하였다. 한성부에서는 해마다 12월이면 전국의 민호 수효를 파악하여 별단(別單)으로 임금에게 보고하였는데, 이때에는 한성부 판관이 빈청에 나아와서 승지를 청하여 별단을 바치도록 하였다. 『일성록』에는 매년 12월 말일 기사에 한성부가 보고한 전국의 민호 수효가 각 도별로, 남녀별로 수록되어 있다. 위의 규정은 『은대편고』에도 수록되어 있다. 이 조항은 「예고」 반력(頒曆)에도 중복해서 보인다. 「예고」 반력의 32-01 참조.

◑ **참고자료** ◐

『은대편고』 「호방고」 촬요(撮要), 「예방고」 관상감(觀象監).
『승정원일기』 정조 17년 11월 17일 입시 기사.
『일성록』 정조 11년 12월 30일 한성부의 별단.

15. 오부(五部)

오부(五部)는 한성부의 관할 지역을 나눈 5개의 부(部)로, 중부(中部)·동부(東部)·남부(南部)·서부(西部)·북부(北部)를 가리킨다. 오부의 장(長)은 『경국대전』에서는 종6품 주부(主簿)가, 『속대전』에서는 종6품 도사(都事)가, 정조 15년(1791) 이후에는 종5품 영(令)이 맡았다. 오부는 관할 지역에 거주하는 사람들의 불법적인 일 및 교량과

19. 『승정원일기』와 『일성록』 및 『정조실록』 모두 동일한 날짜에 기록되어 있다.

도로를 수리하는 일 등을 관장하였다. 부의 아래는 각각 방(坊)으로 나누고 방(坊)의 아래는 각각 다시 계(契)로 나누었는데, 오부의 방과 계에 대해서는 『전율통보』와 『육전조례』에 자세히 보인다.

◑ 참고자료 ◐

『경국대전』「이전」 경관직(京官職) 오부(五部).
『속대전』「이전」 경관직 오부.
『대전회통』「이전」 경관직 오부.
『전율통보』「병전」 성보(城堡).
『육전조례』「이전」 오부.

15-01

○ "嚴禁成均館、左・右捕廳、巡廳之侵漁部屬。內閣、政院、政府、備邊司、刑曹、漢城府外, 勿爲推治, 各軍門無得用棍, 言送京兆科治。"事, 定式。【壬寅七月二十日。】

● "성균관・좌변포도청・우변포도청・순청이 오부의 하례(下隷)들을 침해하는 것을 엄중히 금한다. 내각・정원・의정부・비변사・형조・한성부 외에는 오부의 하례들을 신문하지 말고 각 군문은 곤(棍)을 쓰지 말며 한성부에 구두로 전하여 한성부가 죄를 다스리게 한다."라는 내용으로 정식을 삼았다. 【임인년(1782, 정조 6) 7월 20일.[20]】

■본문 해설

위의 규정은 각 관사 중 성균관・포도청・순청이 오부의 하례들을 가장 심하게 침탈하므로 이를 금지하고 몇몇 관사 이외에는 오부의 하례들을 신문하지 못하게 할 것을 청한 한성 판윤 구익(具㢞)의 건의에 따라 정한 것이다. 오부의 하례는 이서(吏胥)와 도례(徒隷)를 가리킨다. 이서로는 오부마다 서원(書員) 4명, 장무(掌務) 1명, 대청지기(大廳直) 1명을 두었고, 도례는 사령(使令)을 가리키는 것으로, 북부는 6명을 두었고 나머지는 각각 8명씩 두었다.

---

20. 『승정원일기』와 『일성록』 및 『정조실록』 모두 동일한 날짜에 기록되어 있지 않고, 정조 15년 4월 4일에 관련 기사가 기록되어 있다.

◑ **참고자료** ◐

『육전조례』「이전」 오부(五部).

『승정원일기』 정조 15년 4월 4일 입시 기사.

예고(禮攷)

01. 제향(祭享)

제향(祭享)은 조선 시대에 국가 또는 임금이 지내는 제사를 가리킨다. 조선 시대에 국가 또는 임금이 지내는 제사는 대사(大祀)·중사(中祀)·소사(小祀)로 분류하였다. 대사로는 사직(社稷)·종묘(宗廟)·영녕전(永寧殿)·황단(皇壇)의 제향 등이 있고, 중사로는 남단(南壇)·선농단(先農壇)·선잠단(先蠶壇)·우사단(雩祀壇)·문묘(文廟)의 제향 등이 있으며, 소사로는 둑소제(纛所祭)·칠사(七祀)·기청제(祈晴祭)·기양제(祈禳祭), 각 궁(宮)과 묘(廟)의 제향, 각 능(陵)·원(園)·묘(墓)에 지내는 제향, 포제(酺祭)와 여제(厲祭), 대사를 지내는 곳의 삭제(朔祭)와 망제(望祭) 및 기고제(祈告祭), 중사를 지내는 곳의 기고제 등이 있었다. 경모궁에 지내는 제향은 대사와 거의 동등하게 지내되 산재(散齋)와 치재(致齋)는 중사의 규정을 적용하였다.

임금이 직접 제향을 지낼 때에는 제향의 규모에 따라 대사는 산재 4일과 치재 3일을 하고, 중사는 산재 3일과 치재 2일을 하며, 소사는 산재 2일과 치재 1일을 하였다. 제물(祭物)도 제향의 규모에 따라 달랐는데, 대사에는 태뢰(太牢, 소와 양과 돼지)를 썼고, 중사에는 중뢰(中牢, 소와 양)를 썼으며, 소사에는 소뢰(小牢, 돼지)를 썼다.

◑ 참고자료 ◐

『대전통편』「예전(禮典)」 제례(祭禮).
『전율통보』「예전」 제례.
『은대편고』「예방고(禮房攷)」 제향(祭享)·재계(齋戒).
『육전조례』「봉상시(奉常寺)」 사전(祀典).

01-01

○ "凡諸祔壽進宮祭位, 廟則春秋, 墓則寒食爲之, 其外之祭, 幷罷去。而所謂大君阿只氏及淑媛張氏、淑儀羅氏、明嬪金氏、贈慶嬪李氏五位, 只存墓祭, 廟主埋置於本墓。"事, 傳敎。【丙申四月十六日。】

* 媛: 저본에는 '嬪'으로 되어 있는데, 『승정원일기』와 『일성록』 및 『정조실록』 같은 날 기사에 근거하여 수정하였다.

● 수진궁(壽進宮)에 함께 봉안한 모든 신위(神位)에 대해 사당에는 봄과 가을에, 묘소에는 한식에 제향을 지내고, 그 밖의 제향은 모두 없앤다. 그리고 이른바 대군 아기씨(大君阿只氏), 숙원(淑媛) 장씨(張氏, 인조의 후궁), 숙의(淑儀) 나씨(羅氏, 중종의 후궁), 명빈(明嬪) 김씨(金氏, 성종의 후궁), 증(贈) 경빈(慶嬪) 이씨(李氏, 명종의 후궁) 등 다섯 신위는 묘소에서 지내는 제사만 남겨 놓고 사당에 봉안한 신주는 본 묘소에 묻어 둔다."라는 내용으로 전교하였다. 【병신년(1776, 정조 즉위) 4월 16일.[1]】

■본문 해설

위의 전교는 수진궁에 지내는 제향이 너무 빈번하므로 예법에 의거하여 바로잡도록 하면서 내린 것이다. 수진궁에는 20위(位)의 신주가 봉안되어 있었는데, 정조가 그중 15위의 신위만 남겨 두어 해마다 2월과 8월에 제향을 지내도록 하고, 나머지 5위의 신위는 묘소에 묻고 묘소에는 해마다 한식(寒食) 한 차례만 제향을 지내도록 하였다. 수진궁에 계속 신위를 봉안하도록 한 15위의 묘소에도 한식에 제향을 지냈다.

◑ 참고자료 ◐

『신증동국여지승람』 제2권 「비고편(備考篇)」 경도(京都).
『은대편고』 「통고」 월령(月令).
『승정원일기』 정조 즉위년 4월 16일 입시 기사.
『정조실록』 22년 9월 7일(정묘).

■어휘 해설

1. 수진궁(壽進宮): 원래 예종의 둘째 아들인 제안 대군(齊安大君)의 집이었는데, 봉작(封爵)하기 전에 죽거나 출가하기 전에 죽은 대군 · 왕자 · 공주 · 옹주 및 후궁의 신주(神主)를 봉안하고서 제

---

1. 『승정원일기』와 『일성록』 및 『정조실록』 모두 동일한 날짜에 기록되어 있다.

사를 지내는 사당이 되었다. 수진궁에는 평원 대군(平原大君), 강녕부 부인(江寧府夫人), 제안 대군(齊安大君), 상산부 부인(商山府夫人), 영창 대군(永昌大君), 용성 대군(龍城大君), 의창군(義昌君), 양천군 부인(陽川郡夫人), 평선군(平善君), 동원군 부인(東原郡夫人), 숙신 공주(淑愼公主), 명선 공주(明善公主), 명혜 공주(明惠公主), 귀인(貴人) 김씨(金氏), 소의(昭儀) 유씨(劉氏), 대군 아기씨(大君阿只氏), 숙의(淑儀) 나씨(羅氏), 숙원(淑媛) 장씨(張氏), 명빈(明嬪) 김씨(金氏), 증(贈) 경빈(慶嬪) 이씨(李氏) 등 20위(位)의 신주가 봉안되어 있었는데, 정조가 그중 15위의 신위만 남겨 두고 대군 아기씨, 숙의 나씨, 숙원 장씨, 명빈 김씨, 증 경빈 이씨는 묘소에 묻도록 하였다. 대군 아기씨의 묘소는 광주(廣州), 숙의 나씨의 묘소는 서산(西山), 숙원 장씨의 묘소는 연서(延曙), 명빈 김씨의 묘소는 아차산(峩嵯山), 증 경빈 이씨의 묘소는 풍양(豊壤)에 있다.

01-02

○ "正朝、春享相値二品祭官苟艱時, 或以武臣摠管以上通瀜差擬。"事, 吏曹堂上擧條, 以"節祭中寒食, 則依例通瀜塡差; 此外四節享, 則臨時草記。"事, 批答。【丙申十二月二十九日。】

● "정조제(正朝祭)와 춘향 대제(春享大祭)가 겹쳐서 제관(祭官)으로 차출할 2품의 관원이 부족할 때에는 무신 중에 총관(摠管) 이상으로 통틀어 의망(擬望)하기도 한다."라는 내용으로 이조 당상이 거행 조건을 낸 데 대해, "절제(節祭) 중 한식제(寒食祭)의 제관은 규례대로 통틀어서 차출하고 그 밖에 4차례 절제의 제관은 그때 가서 초기(草記)한다."라는 내용으로 비답을 내렸다.【병신년(1776, 정조 즉위) 12월 29일.[2]】

■본문 해설

이조 당상은 이조 참판 심이지(沈履之)를 가리킨다. 위의 규정은 '정조제와 춘향 대제가 서로 겹쳐서 2품의 제관이 부족할 때에는 무신 중 총관 이상으로 변통해서 차출한 전례가 있었다.'라는 심이지의 말에 따라, 정조가 좌의정 김상철(金尙喆)과 우의정 정존겸(鄭存謙)에게 의견을 물은 뒤에 정한 것이다. 김상철은 종2품이 부족하면 당상 정3품까지 통틀어 차출하고 절제처럼 제관이 많이 필요한 경우에는 방어사(防禦使) 이상을 지낸 사람으로 차출하는 것이 좋

2. 『승정원일기』에는 같은 달 26일에 기록되어 있고, 『일성록』과 『정조실록』에는 기록되어 있지 않으며, 『은대편고』 「예방고」 제관(祭官)에는 같은 달 26일의 일로 기록되어 있다.

겠다고 하였고, 정존겸은 제관이 부족하여 형관(刑官)으로 차출할 때에는 초기하는 규정이 있으므로 무신을 제관으로 차출할 때에도 이러한 규정을 적용하는 것이 타당하다고 하였다. 위의 규정은 『은대편고』에도 수록되어 있다.

◑ 참고자료 ◐

『은대편고』「예방고」 제관(祭官).
『승정원일기』 정조 즉위년 12월 26일 인견 기사, 16년 7월 5일 인견 기사.

■어휘 해설

1. 절제(節祭): 정조제(正朝祭), 한식제(寒食祭), 단오제(端午祭), 추석제(秋夕祭), 동지제(冬至祭)를 가리킨다.

01-03

○ "釋奠祭諸執事, 以文官塡差, 而朔祭相値, 實無推移之路, 依例以生、進蔭官通融塡差。"事, 吏曹草記蒙允。【丁酉正月二十七日。】

* 朔: 저본에는 '節'로 되어 있는데, 『승정원일기』 같은 날 기사에 근거하여 수정하였다.

● "석전제(釋奠祭)의 집사(執事)들은 문관으로 차출하는데 삭제와 겹쳐서 실로 변통할 방법이 없으니, 전례대로 음관 중의 생원과 진사를 통틀어 차출한다."라는 내용으로 이조가 초기하여 윤허를 받았다. 【정유년(1777, 정조 1) 1월 27일.[3]】

■본문 해설

위의 규정은 석전제와 삭제가 겹쳐서 제관을 규정대로 차출할 수가 없기 때문에 정한 것이다. 석전제를 지낼 때 집사로 차출할 문관이 부족하면 음관 중에서 생원이나 진사를 집사로 차출한 일은 인조 때부터 꾸준히 보인다. 위의 규정은 『은대편고』에도 수록되어 있다.

◑ 참고자료 ◐

『은대편고』「예방고」 제관(祭官).
『승정원일기』 인조 14년 1월 24일 이조의 초기, 효종 4년 2월 8일 이조의 초기, 현종 12년 8월 6일 이조의 초기, 숙종 15년 2월 7일 이조의 초기, 영조 12년 1월 29일 이조의 초기, 정조 원년 1월 27일 이조의 초기.

3. 『승정원일기』에는 동일한 날짜에 기록되어 있고, 『일성록』과 『정조실록』에는 기록되어 있지 않다.

■어휘 해설

1. 석전제(釋奠祭): 문묘(文廟)에서 공자에게 지내는 제사를 가리킨다. 석전제는 음력 2월과 8월의 첫 번째 정(丁)자가 들어가는 날에 지냈으며, 이때 배향(配享)한 중국과 한국의 성현(聖賢)들에게도 함께 제사를 지냈다.

01-04

○ "大、中、小祀親享, 散齋以後, 卽是齋日, 而廟、社有誓戒處外, 雖有散齋, 各司莫知之。此後, 親享及酌獻, 有誓戒處, 則以誓文書之; 無誓戒處, 則以誓令書之, 永久遵行。"事, 傳敎。【戊戌七月二十三日。】

＊ 社: 『일성록』과 『정조실록』 같은 날 기사에는 '祀'로 되어 있다.

● "대사・중사・소사를 임금이 직접 지낼 때에는 산재(散齋)하기 시작한 이후가 바로 재계에 들어가는 날인데, 종묘와 사직처럼 서계(誓戒)가 있는 곳 외에는 산재가 있더라도 각 관사에서 재계에 들어가는 날인 줄을 모른다. 앞으로는 임금이 직접 제향을 지내거나 작헌례(酌獻禮)를 행할 때 서계가 있는 곳에는 서문(誓文)으로 쓰고, 서계가 없는 곳에는 서령(誓令)으로 써서 영구히 준행토록 한다."라는 내용으로 전교하였다. 【무술년(1778, 정조 2) 7월 23일.[4]】

■본문 해설

위의 전교는 내의원 도제조 등이 입시한 자리에서 내린 것이다. 대사(大祀)의 경우에는 서계(誓戒)가 있고 그 이외에는 서계가 없었다. 제사를 지내기 7일 전인 산재 첫날의 자정(子正) 초각(初刻)에 서계를 행하였는데, 이때부터 재계가 시작되었다. 이처럼 서계가 있는 대사의 경우에는 서계를 받는 의식이 있기 때문에 재계하는 기간 동안 주의할 일을 기억하지만 그렇지 않은 경우에는 서계를 생각하지 않기 때문에 위의 규정을 정한 것이다. 임금이 직접 서계의 의식에 참석할 때에는 판위(板位)를 전(殿)의 섬돌 위에 설치하고 백관이 서열대로 서서 서계를 받았는데, 이때 서문은 이조 판서가 읽었다. 위의 규정은 『육전조례』에도 수록되어 있다.

4. 『승정원일기』와 『일성록』 및 『정조실록』 모두 동일한 날짜에 기록되어 있다.

◑ 참고자료 ◐

『속대전』「예전」 제례(祭禮).
『전율통보』「예전」 제례.
『은대편고』「예방고」 제향(祭享)·친제(親祭).
『육전조례』「이전」 승정원 제향(祭享).
『승정원일기』 정조 2년 7월 23일 입시 기사.

■어휘 해설

1. 산재(散齋): 제사가 있기 전에 임금을 비롯한 제관(祭官) 등이 행하는 재계의 하나로, 대사는 4일, 중사는 3일, 소사는 2일이다. 산재 기간에는 임금이 조문(弔文)을 하지 않고 문병(問病)을 하지 않으며, 음악을 듣지 않고 형살(刑殺)과 관련된 문서를 보고받지 않았다. 이어서 행하는 치재 기간에는 전적으로 제사에 관한 일에만 마음을 썼다.
2. 서계(誓戒): 대제(大祭)를 행하기 7일 전 자정(子正)에 모든 관원이 재계하는 기간 동안 지켜야 할 사항에 대해 서약하는 것을 가리킨다. 재계하는 기간 동안에는 술을 마시지 않고, 매운 음식을 먹지 않으며, 조문을 하지 않고, 문병을 하지 않으며, 음악을 듣지 않고, 형벌을 행하지 않으며, 형살과 관련된 문서에 서명하지 않고, 더러운 일에 참여하지 않으면서 직무를 잘 수행하도록 노력하였다. 이를 어기면 처벌을 받았다.
3. 작헌례(酌獻禮): 임금의 영정(影幀)을 모셔 둔 곳이나 문묘(文廟) 등에 임금이나 세자가 술잔을 올리는 의식으로, 제례(祭禮)의 일종이라고 할 수 있다. 영희전(永禧殿)에는 3년마다 작헌례를 지냈고, 문묘에는 알성시(謁聖試)를 행할 때는 임금이 작헌례를 행하고 입학례(入學禮)를 행할 때는 왕세자가 작헌례를 행하였다.

01-05

○ "近代陵寢獻官, 從二品、正三品, 通融塡差。"事, 傳敎。【庚子十二月二十二日。】

● 대수(代數)가 가까운 능침(陵寢)의 헌관(獻官)은 종2품과 정3품을 통틀어 차출한다."라는 내용으로 전교하였다.【경자년(1780, 정조 4) 12월 22일.[5]】

■본문 해설

위의 전교는 대수가 가까운 능침의 헌관을 애초에는 반드시 종2품만으로 차출하다가 종2품이

5. 『승정원일기』와 『일성록』 및 『정조실록』 모두 정조 같은 해 11월 22일에 기록되어 있다.

부족하여 곤란을 겪었으므로 정3품까지 통틀어 차출하도록 하였는데, 오히려 종2품은 차출하지 않고 정3품만을 헌관으로 차출하자 내린 것이다. 따라서 위의 규정은 이때 새로 만든 것이 아니라 재차 천명한 것이라고 하겠다. 위의 규정은 『은대편고』에도 수록되어 있다.

◑ 참고자료 ◐

『은대편고』「이방고」 제관(祭官), 「예방고」 전향(傳香)」.
『승정원일기』 정조 4년 11월 22일 전교.

01-06

○ "廟、殿、宮雨漏有頉處, 此後, 則一邊報該曹, 一邊入直官來告該房轉稟。" 事, 傳教。【辛丑五月二十七日。】

● "묘(廟)・전(殿)・궁(宮)에 비가 새어 탈이 난 곳이 있으면, 앞으로는 한편으로 예조에 보고하고 한편으로 입직하는 관원이 예방 승지(禮房承旨)에게 와서 보고하여 예방 승지를 통해 묻도록 한다."라는 내용으로 전교하였다. 【신축년(1781, 정조 5) 5월 27일.[6]】

■본문 해설

위의 전교는 예조가 종묘(宗廟)의 섬돌이 무너진 사실을 허술하게 보고하자 내린 것이다. 묘(廟)는 종묘, 전(殿)은 영녕전(永寧殿)・영희전(永禧殿)・선원전(璿源殿), 궁(宮)은 경모궁(景慕宮)을 가리킨다. 위의 규정은 『은대편고』에도 수록되어 있다.

◑ 참고자료 ◐

『은대편고』「예방고」 사묘전궁(社廟殿宮)・봉심(奉審).
『승정원일기』 정조 5년 5월 27일 입시 기사.

01-07

○ "此後, 別殿齋宿, 近侍院中淸齋, 一依先朝受教爲之。"事, 傳教。【甲辰三月初八日。】

---

6. 『승정원일기』와 『일성록』에는 동일한 날짜에 기록되어 있고, 『정조실록』에는 기록되어 있지 않다.

● "앞으로는 임금이 별전(別殿)에서 재계하며 묵으면 근시(近侍)가 하나같이 선왕(先王, 영조)의 수교대로 승정원에서 청재(淸齋)를 행한다."라는 내용으로 전교하였다. 【갑진년(1784, 정조 8) 3월 8일.[7]】

■본문 해설

위의 전교는 정조가 황단(皇壇)의 망위례(望位禮)를 행하기 위해 이문원(摛文院)에서 재계하기로 정하면서 내린 것이다. 여기에서 선왕의 수교는 영조 23년 3월 2일의 전교를 가리킨 것으로 보인다. 영조는 황단의 제향을 행하기 위해 희생(犧牲)과 제기(祭器)를 살필 때에는 임금은 청재 2일, 제향에 참여하는 자는 청재 1일을 하도록 정식을 삼았다. 별전(別殿)은 제사를 지내는 곳의 정침(正寢)이 아닌 별도의 건물을 가리킨다. 정조의 경우에는 재계하는 별전으로 이문원(摛文院)을 자주 활용하였다.

◑ 참고자료 ◐

『승정원일기』 영조 23년 3월 2일 입시 기사, 정조 8년 3월 8일 예조의 계목 및 입시 기사.

■어휘 해설

1. 청재(淸齋): 재계의 일종으로, 몸을 깨끗이 하고 부정한 일을 멀리하는 것을 가리킨다. 제관(祭官)이나 집사(執事)들처럼 제사를 직접 주관하는 자들은 산재(散齋)와 치재(致齋)를 행하였고, 제사에 단순히 참여하기만 하는 자와 제사 지내는 곳을 지키는 군졸 등은 청재를 하였다.

01-08

○ "親祭時獻官以下諸執事, 依古例載錄, 旣有定式。後復若此, 不飭之承宣、漏書之注書重勘。此傳敎, 載之『故事』申飭, 載錄於『日記』。"事, 下敎。【丁未四月初七日。】

* 載錄於日記: 『승정원일기』와 『일성록』 같은 날 기사에는 없다.

● "임금이 직접 제사를 지낼 때의 헌관(獻官) 이하 집사(執事)들은 옛 규례에 따라 『승정원일기』에 기록해 둔다는 정식이 있다. 이후로 다시 이렇게 누락할 경우에는 신칙하지 않은 승지와 누락한 주서는 엄중하게 처벌한다. 이 전교를 『정원고사』에 기록하

7. 『승정원일기』에는 동일한 날짜에 기록되어 있고, 『일성록』에는 대보단 재숙을 어떻게 할지 예조가 결정해서 초기하라는 내용만 실려 있으며, 『정조실록』에는 기록되어 있지 않다.

여 주서를 신칙하고, 헌관 이하 집사들의 명단을 『승정원일기』에 기록한다."라는 내용으로 하교하였다. 【정미년(1787, 정조 11) 4월 7일.[8]】

■본문 해설

위의 하교는 임금이 직접 제사를 지낼 때의 헌관과 집사들 명단을 주서가 『승정원일기』에 기록하지 않은 일로 인해 내린 것이다. 이때 정조는 '주서가 헌관과 집사들 명단을 기록하지 않은 것은 정원의 하례(下隷)들이 일깨워 주지 않았기 때문이다.'라고 하며 하례들을 무거운 쪽으로 처벌하게 하였다.

◑ 참고자료 ◐

『승정원일기』 정조 11년 4월 7일 전교.

01-09

○ "宗廟、永寧殿大祭行日，禮房承旨廳坐後，直爲下直，進詣享所，祭器洗滌入櫃，廟庭修掃後，勿拘時限，入來微稟，定式。"事，下敎。【戊申正月初三日。】

* 寧: 저본에는 '禧'로 되어 있는데, 『승정원일기』 같은 날 기사에 근거하여 수정하였다.

● "종묘(宗廟)와 영녕전(永寧殿)의 대제를 행한 날에는 예방 승지(禮房承旨)가 청좌(廳坐)를 마친 뒤에 곧바로 하직 인사를 하고 대제를 지낸 곳으로 나아간다. 그리고 제기(祭器)를 깨끗이 닦아 제기 상자에 넣고 종묘와 영녕전의 뜰을 청소한 뒤 시간 제한에 구애받지 말고 들어와서 넌지시 여쭌다. 이로써 정식을 삼는다."라는 내용으로 하교하였다. 【무신년(1788, 정조 12) 1월 3일.[9]】

■본문 해설

위의 하교는 도승지 심풍지(沈豐之)가 종묘의 제기를 깨끗이 갈무리하지 못한 종묘서(宗廟署)의 관원들에 대해 처벌할 것을 청하자 내린 것이다. 종묘의 대제는 승지가 감독하고 영녕전의 대제는 사관이 감독하였다. 그리고 대제가 끝난 뒤에는 "제사를 잘 지냈으며, 제기를 깨끗이 씻어 제기 상자에 넣고 뜰을 청소하여 정결하게 하고서 왔습니다."라고 사알(司謁)을

8. 『승정원일기』와 『일성록』에는 동일한 날짜에 기록되어 있고, 『정조실록』에는 기록되어 있지 않다.
9. 『승정원일기』와 『정조실록』에는 같은 달 4일에 기록되어 있고, 『일성록』에는 기록되어 있지 않다.

통해 구전(口傳)으로 보고하였다. 위의 규정은 『은대편고』와 『육전조례』에도 수록되어 있다.

◑ **참고자료** ◐

『은대편고』 「통고(通攷)」 월령(月令).
『육전조례』 「이전」 승정원 월령(月令).
『승정원일기』 정조 12년 1월 4일 입시 기사.

01-10

○ "此後四賢祠傳香, 禮房承旨勿爲齋宿。"事, 下敎。【辛亥二月。】

● "앞으로 사현사(四賢司)의 제향에 쓸 향(香)과 축문(祝文)을 전할 때에는 예방 승지가 재계하며 묵지 않는다."라는 내용으로 하교하였다.【신해년(1791, 정조 15) 2월.[10]】

■본문 해설

위의 하교는 사료에서 확인하지 못하였다. 위의 규정이 정해지기 이전에는 사현사의 제향에 쓸 향과 축문을 전할 때 예방 승지가 재계하며 묵던 규정을 이때부터 바꾼 것으로 보인다. 사현사의 절제(節祭)는 해마다 봄(2월)과 가을(8월), 두 차례 지냈다. 위의 규정은 『은대편고』에도 수록되어 있다.

◑ **참고자료** ◐

『은대편고』 「예방고」 전향(傳香), 「통고」 월령(月令).
『육전조례』 「이전」 승정원 월령.

■어휘 해설

1. 사현사(四賢祠): 중국 진(晉)나라의 태학생(太學生) 동양(董養), 당나라의 태학생 하번(何蕃), 송나라의 태학생 진동(陳東)·구양철(歐陽澈) 등을 제사 지내기 위해 세운 사당을 가리킨다. 사현사는 문묘(文廟)의 동쪽에 설치하였는데, 처음에는 숭절사(崇節祠)라고 부르다가 영조가 '사현사'라는 현판(懸板)을 내려 준 뒤로 사현사라고 불렀다.

10. 『승정원일기』와 『일성록』 및 『정조실록』 모두 동일한 달에 기록되어 있지 않으나, 『은대편고』 「예방고」 전향(傳香)에 동일한 달의 일로 기록되어 있다.

01-11

○ "陵、園、墓祝板袱子新備後, 改備皆有定例, 而香陪吏不能致愼, 不無限內傷汚之慮。自今如有汚損, 諸吏重繩, 獻官草記請推。"事, 承旨擧條蒙允。【壬子七月初六日。】

* 後: 저본에는 없는데, 『승정원일기』와 『일성록』 같은 날 기사에 근거하여 보충하였다.

● "능(陵)·원(園)·묘(墓)의 축판(祝板)을 싸는 보자기를 새로 마련한 뒤에 다시 마련하는 데에는 모두 정해진 규례가 있는데, 향배 서리(香陪書吏)가 신중히 사용하지 못해 바꿀 기한이 되기 전에 훼손하거나 더럽힐 우려가 없지 않다. 지금부터는 더럽히거나 훼손하는 일이 있으면 서리들을 엄중히 다스리고, 헌관에 대해서는 초기하여 추고하기를 청한다."라는 내용으로 승지가 거행 조건을 내어 윤허를 받았다.【임자년(1792, 정조 16) 7월 6일.[11]】

■본문 해설

승지는 좌부승지 서영보(徐榮輔)를 가리킨다. 위의 규정은 서영보가 향실(香室)의 절목(節目)을 살펴보고서 이처럼 정식으로 삼을 것을 청하자, 정조가 허락하여 정한 것이다. 향실에 관한 일은 예방 승지가 관장하였으며, 예방 승지는 각 계절의 첫 달마다 10일 전에 향실에 나아가서 향과 축문을 보관하는 상자 및 축판을 싸는 보자기를 살핀 뒤에 탈이 있는지의 여부를 보고하였다.

◑ 참고자료 ◐

『은대편고』「예방고」전향(傳香).
『육전조례』「이전」승정원 제향(祭享).
『승정원일기』 정조 16년 7월 6일 입시 기사.

■어휘 해설

1. 축판(祝板): 사료에서는 다음 3가지의 의미로 쓰였다. ① 축문(祝文)을 얹어 놓는 판을 가리킨다. 나무로 만들어 옻칠을 하거나 놋쇠로 만들었던 것으로 보인다. ② 축문을 가리킨다. 이때의 축판은 불에 태우거나 땅에 묻었다. ③ 축문의 작성 서식(書式)을 기록한 판을 가리킨다.

---

11. 『승정원일기』와 『일성록』에는 동일한 날짜에 기록되어 있고, 『정조실록』에는 기록되어 있지 않다.

01-12

○ "禮房承旨代押時準祝事, 申明擧行。若有襲謬不爲準祝, 施以制書有違之律。"事, 下教。【壬子十月二十日。】

● "예방 승지가 축문(祝文)에 대신 서명할 때 축문을 초본과 대조하여 검토하는 일을 거듭 밝혀 거행한다. 만일 잘못된 전례를 답습해서 축문을 대조하여 검토하지 않는 일이 있으면 제서유위율(制書有違律)을 시행한다."라는 내용으로 하교하였다.【임자년(1792, 정조 16) 10월 20일.[12]】

■본문 해설

『승정원일기』와『일성록』정조 16년 10월 15일과 16일 기사에는 종묘의 망제(望祭) 때 막중한 축문을 제대로 살피지 못한 해당 헌관 신광리(申光履) 및 입직한 향관(香官), 향실의 서사충의위(書寫忠義衛)와 수복(守僕) 등을『대명률(大明律)』에 따라 엄히 처벌하도록 한 내용이 보인다. 이때의 일로 인하여 위의 하교를 내린 것으로 보인다.『은대편고』에 의하면, 신하가 임금 대신 향과 축문에 서명할 경우에는 예방 승지가 축문을 대조하고 서명하되, 예방 승지가 손이 떨리거나 눈이 침침한 증세가 있으면 다른 승지가 대행하도록 하였다. 중사(中祀) 이하의 제향에 쓸 향과 축문을 전할 때에는 하루 전에 향실에서 임금에게 신하가 대신 서명하도록 할 것인지를 물은 뒤 향과 축문을 궐 안의 뜰로 받들고 나오면, 예방 승지가 축문을 대조한 뒤에 대신 서명하였다.

◑ 참고자료 ◐

『은대편고』「예방고」전향(傳香).
『육전조례』「이전」승정원 제향(祭享).
『승정원일기』정조 16년 10월 15일 입시 기사, 16일 의금부의 초기.
『일성록』정조 16년 10월 15일 승지 김효건(金孝建)의 계사, 16일 의금부의 초기.

■어휘 해설

1. 제서유위율(制書有違律) : 황제 또는 임금의 명을 어기거나 잘못 시행하거나 지체한 경우에 적용하는 형률(刑律)을 가리킨다. 이 형률은 원래『대명률』「이율(吏律)」제서유위(制書有違)에 실려 있던 것인데, 조선이 건국되고『대명률』을 받아들이면서 조선 시대 내내 통용되었다. 제서(制書)는 황제의 말을 기록한 것으로,『대명률』에서는 제서유위율을 적용하는 사안에 대해 제서를 위반

12. 『승정원일기』와『일성록』및『정조실록』모두 동일한 날짜에 기록되어 있지 않다.

한 경우, 제서의 취지를 잘못 시행한 경우, 제서를 지체한 경우 등 크게 3가지로 나누어 규정하고 있다. 『전율통보』에서는 비변사 당상이나 대간(臺諫)이 수령이나 변장에게 분부하여 부임하지 못하게 한 경우, 사송(詞訟)을 담당한 관원이 위법적으로 판결한 경우 등에 제서유위율을 적용하도록 하였다.

01–13

○ 毓祥宮、延祜宮四享，每在同日，故延祜宮享事，用齋無磨鍊矣。兩宮四享，若各日，則延祜宮享日，一體用齋。"事，承旨擧條蒙允。【癸丑十一月十六日。】

● "육상궁(毓祥宮)과 연호궁(延祜宮)의 4차례 제향을 매번 같은 날에 행하기 때문에 연호궁의 제향을 행할 때에는 재계하는 날의 규정을 적용하도록 마련할 수가 없었다. 만약 두 궁의 4차례 제향을 각각 다른 날에 행할 경우에는 연호궁의 제향을 행하는 날에도 똑같이 재계하는 날의 규정을 적용한다."라는 내용으로 승지가 거행 조건을 내어 윤허를 받았다.【계축년(1793, 정조 17) 11월 16일.[13]】

■본문 해설

승지는 도승지 심환지(沈煥之)를 가리킨다. 위의 규정은 도승지로서 내의원 부제조를 겸하고 있던 심환지가 연호궁에 사계절 제향을 지낼 때에도 재계하는 규정을 적용하도록 건의하자, 정조가 허락하여 정한 것이다. 『은대편고』에 의하면 육상궁과 연호궁에는 사계절마다 각각 2・5・8・11월에 중삭제(仲朔祭)를 지낸다고 하였고, 『육전조례』에 의하면 연호궁에는 춘분과 추분에만 중삭제를 지낸다고 하였다. 재계하는 날의 규정을 적용한다는 것은 재계하는 날에는 내외 관사의 개좌(開坐), 외임의 하직(下直), 공사(公事)의 출납(出納) 등의 사무를 하지 않는데, 이 규례를 적용하는 것을 말한다.

◑ 참고자료 ◐

『은대편고』「예방고」 시사탈품(視事頉稟)・궁묘(宮廟)・재계(齋戒), 「통고」 통행사례(通行事例)・월령(月令).
『육전조례』「이전」 승정원 제향(祭享)・월령, 「예전」 예조 전향사(典享司) 제사(祭祀).
『승정원일기』 정조 17년 11월 16일 입시 기사.

13. 『승정원일기』와 『일성록』 및 『정조실록』 모두 동일한 날짜에 기록되어 있다.

■어휘 해설

1. 육상궁(毓祥宮): 숙종의 후궁이자 영조의 생모인 숙빈(淑嬪) 최씨(崔氏)의 사당을 가리킨다. 육상궁에는 봄(2월)·여름(5월)·가을(8월)·겨울(11월) 4차례 중삭제(仲朔祭)를 지냈다.
2. 연호궁(延祜宮): 영조의 후궁이자 효장세자(孝章世子)의 생모인 정빈(靖嬪) 이씨(李氏)의 사당을 가리킨다. 정조(正祖)가 효장세자의 아들로 입양되어 즉위하면서 효장세자를 진종(眞宗)으로 추존하였다. 연호궁에는 봄(2월)·여름(5월)·가을(8월)·겨울(11월) 4차례 중삭제를 지냈다.

01-14

○ "行幸時, 若値祭享, 還宮在於奉審日子之後, 則守宮承旨馳詣廟、宮, 奉審摘奸後, 仍爲狀聞。"事, 下敎。【甲寅二月十四日。】

* 則: 저본에는 '則出宮前以明再明'으로 되어 있는데, 『은대편고』「예방고」 봉심(奉審)에 근거하여 '出宮前以明再明'을 연문으로 보아 삭제하였다.

● "도성(都城) 밖으로 행차할 때가 제향을 행하는 시기와 겹치고 봉심(奉審)하는 날보다 뒤에 궁으로 돌아올 경우에는 궁을 지키는 승지가 묘(廟)나 궁(宮)에 달려 나아가서 봉심(奉審)하고 적간(摘奸)한 뒤에 이어 장계로 보고한다."라는 내용으로 하교하였다.【갑인년(1794, 정조 18) 2월 14일.[14]】

■본문 해설

정조가 13년(1789)에도 임금이 도성 밖으로 행차하였다가 궁으로 돌아오기 전에 제향을 지낼 일이 있으면 궁을 지키는 승지가 향과 축문을 전하고 이어서 봉심과 적간을 행한 뒤 장계로 보고하도록 하였고, 그렇게 되면 승정원이 비게 되므로 가승지(假承旨)를 2명 차출하도록 한 일이 있었다. 따라서 위의 하교는 전에 내린 조치를 재차 밝힌 것이라고 하겠다. 위의 규정은 『은대편고』에도 수록되어 있다.

◑ 참고자료 ◐

『은대편고』「이방고」 행행(幸行), 「예방고」 봉심(奉審), 「통고」 승지(承旨).
『정원고사』「이고」 통행잡식(通行雜式) 12-22.

14. 『승정원일기』와 『일성록』 및 『정조실록』 모두 동일한 날짜에 기록되어 있지 않으나, 『은대편고』「예방고」 봉심(奉審)에 동일한 날짜의 일로 기록되어 있다.

01-15

○ 宗廟祭享承旨奉審摘奸時, 捧擧案也, 如有年老大祝, 必問眼昏與否, 分付該曹, 卽爲差代後來稟事, 定式。”事。【因宗廟署草記, 有此批答定式。甲寅二月十四日。】

● “종묘의 제향을 맞아 승지가 봉심하고 적간할 때, 거안(擧案)을 받으면서 연로한 대축(大祝)이 있으면 반드시 눈이 침침한지의 여부를 묻고, 그런 사람이 있을 경우에는 이조에 분부하여 즉시 후임을 차출하게 한 뒤 돌아와서 보고하는 것으로 정식을 삼는다.”라는 내용이었다. 【종묘서의 초기로 인하여 이렇게 비답을 내려 정식을 삼았다. 갑인년(1794, 정조 18) 2월 14일.[15]】

■본문 해설

위의 규정은 종묘(宗廟) 망제(望祭)의 대축으로 차출된 이우제(李遇濟)와 어석령(魚錫齡) 두 사람이 모두 시력이 나빠 축문을 읽을 수 없다는 종묘서의 초기(草記)에 따라 정조가 비답을 내려 정한 것이다. 임금이 직접 제향을 지낼 때에는 신시(申時)에 예방 승지가 합문(閤門) 밖에 나아가서 집사(執事)들의 거안을 받았다.

◑ 참고자료 ◐

『은대편고』「예방고」 친제(親祭).

『승정원일기』 정조 18년 2월 14일 종묘서의 초기.

■어휘 해설

1. 거안(擧案): 공적인 모임에 참여하는 벼슬아치가 임금이나 상관에게 자신의 명함을 올리던 일 또는 그 명함을 가리킨다. 공적인 행사나 모임에 참석하는 사람의 명단을 가리키기도 하는데, 이 명단에는 직명과 성명 이외에도 행사나 모임에 참석하는지의 여부와 불참 사유 등이 기록되었다.

01-16

○ 親祭或親押相値時, 香室守僕有故, 則以政院禮房行首書吏, 假守僕差下擧行, 永爲定式。”事, 下敎。【甲寅四月初二日。】

* 以: 저본에는 없는데, 『승정원일기』와 『일성록』 같은 달 2일 기사에 근거하여 보충하였다.

15. 『승정원일기』와 『일성록』에는 동일한 날짜에 기록되어 있고, 『정조실록』에는 기록되어 있지 않다.

● "임금이 직접 제향을 행하거나 임금이 직접 축문에 서명할 때 마침 향실의 수복에게 사정이 있어 인원이 부족하면, 승정원 예방(禮房)의 행수 서리(行首書吏)를 가수복(假守僕)으로 차하하여 거행하도록 영구히 정식을 삼는다."라는 내용으로 하교하였다. 【갑인년(1794, 정조 18) 4월 2일.[16]】

■본문 해설

『승정원일기』 정조 18년 4월 3일 기사에서는 정조가 친압할 때 좌승지 서영보(徐榮輔)에게 향실 수복의 인원이 몇 명인지를 물었는데 서영보가 3명뿐이라고 답하자, "앞으로는 향실의 수복이 여러 곳에 왕명을 수행하러 나갈 때면 승정원 예방의 행수 서리를 가수복에 차정하여 거행하라.[此後, 則凡於數處出使時, 以政院禮房首書吏, 假守僕差定擧行。]"라고 한 내용이 보인다. 이를 참고하면 임금이 직접 제향을 지낼 때나 임금이 직접 축문에 서명할 때가 향실의 수복이 왕명을 수행하러 나갈 때와 겹칠 경우에는 위와 같이 행한 것으로 보인다.

◑ 참고자료 ◐

『승정원일기』 정조 18년 4월 3일 입시 기사.

01-17

○ "國忌正日、齋日, 無得辭朝, 規例卽然, 曬史之行, 何可齋日發程乎! 該翰林推考, 凡下直肅單, 無或捧納。"事, 傳敎。【乙卯五月二十四日。】

● "국기(國忌) 당일과 국기를 맞아 재계하는 날에는 하직 인사를 할 수 없으니, 이는 규례가 그러한 것이다. 그런데 실록(實錄)을 포쇄(曝曬)하러 가는 행차가 어찌 재계하는 날에 길을 떠날 수 있단 말인가. 해당 한림을 추고하고, 모든 하직 숙배 단자는 받아들이지 않도록 한다."라는 내용으로 전교하였다. 【을묘년(1795, 정조 19) 5월 24일.[17]】

■본문 해설

해당 한림은 검열(檢閱) 오태증(吳泰曾)을 가리킨다. 위의 전교는 이날이 태조의 기신일(忌

16. 『승정원일기』와 『일성록』에는 같은 달 3일에 기록되어 있고, 『정조실록』에는 기록되어 있지 않다.
17. 『승정원일기』와 『일성록』에는 동일한 날짜에 기록되어 있고, 『정조실록』에는 기록되어 있지 않다.

辰日)에 앞서 재계하는 날인데도 오태증이 사고(史庫)에 나아가서 실록을 포쇄하기 위해 하직 숙배 단자(下直肅拜單子)를 올리자 내린 것이다. 원래 각 능(陵)·원(園)·묘(墓)의 기신제(忌辰祭)를 거행할 때가 되면, 제향을 지내는 날과 그 전날 재계하는 날은 시사(視事)를 행하지 않았다. 위의 규정은 효종 원년(1650)에 비변사의 요청과 예조의 보고에 따라 정해진 것이다. 따라서 이때에는 관원이 하직 인사를 할 수가 없었다. 춘추관의 사고에 보관된 실록은 3년마다 춘추관 당상관이 살펴보고 포쇄하였으며, 지방의 사고에는 사관을 보내 거행하도록 하였다. 위의 규정은 『은대편고』에도 수록되어 있다.

◑ 참고자료 ◐

『경국대전』「예전」 봉심(奉審).
『속대전』「예전」 잡령(雜令).
『전율통보』「예전」 잡령(雜令),「별편(別編)」 국조기년(國朝紀年).
『은대편고』「예방고」 숙배(肅拜)·시사탈품(視事頉稟)·재계(齋戒).
『승정원일기』 효종 원년 5월 26일 예조의 초기, 정조 19년 5월 24일 입시 기사.

01-18

○ "景慕宮提調之代, 口傳差出。此後, 有展拜與親享之命, 而有闕未差, 草記口傳差出, 或該房啓辭, 該曹草記事, 定式。郎官差出, 依廟官例爲之。"事。【因藥院啓辭, 有此批答定式。乙卯十月三十日。】

● "경모궁 제조의 후임은 구전 정사(口傳政事)로 차출하라. 앞으로는 전배(展拜)하거나 직접 제향을 지내겠다는 명이 있었는데도 경모궁 제조의 자리가 빈 채 아직 차출되지 않았으면 경모궁 도제조가 초기(草記)하여 구전 정사로 차출하거나 예방 승지가 계사(啓辭)를 올리고 이조가 초기하는 것으로 정식을 삼는다. 낭관(郎官)의 차출은 종묘서 관원의 예에 따라 거행한다."라는 내용이었다.【약원의 계사로 인하여 이렇게 비답을 내려 정식을 삼았다. 을묘년(1795, 정조 19) 10월 30일.[18]】

■본문 해설

위의 규정은 약방의 문안 계사(問安啓辭)에 대해 정조가 비답을 내려 정한 것이다. 당시 내의원 도제조인 홍낙성(洪樂性)이 경모궁 도제조(景慕宮都提調)를 겸하고 있었기 때문에 약

18. 『승정원일기』와 『일성록』에는 동일한 날짜에 기록되어 있고, 『정조실록』에는 기록되어 있지 않다.

방의 계사에 대한 비답을 통해 이러한 내용을 언급한 것이다. 이때 경모궁 제조의 자리가 비어 있었는데, 이 지시에 따라 이날 구전 정사를 통해 경모궁 제조에 윤시동(尹蓍東)을 차출하였다. 『대전통편』에 의하면, 경모궁의 낭관은 정7품 직장(直長) 1원, 종8품 봉사(奉事) 1원이 있었다.

◑ 참고자료 ◐

『대전통편』「이전」 경관직 경모궁.
『승정원일기』 정조 19년 10월 30일 약방의 계사 및 이조의 정사(政事) 기사.

■어휘 해설

1. 구전 정사(口傳政事): 전조(銓曹)의 관원이 정청(政廳)에 나아와서 행하는 정사가 아니라 전조 안에서 행하는 정사를 가리킨다. 원래 정사는 이조나 병조의 당상들이 궐 안의 정청에 나아와서 승지와 함께 여는 것이 원칙이지만, 시급히 관원을 차출해야 할 경우에는 이러한 절차를 줄여 전조에서 차출하기도 하였는데, 이를 구전 정사라고 하였다. 따라서 구전 정사는 정식으로 정해진 절차에 따라 행하는 정사가 아니라 약식으로 행하는 정사를 가리킨다.

01-19

○ "三月初三日、十一月十二日、七月二十五日·六日齋戒, 雖不出朝報, 次對不得循例來會, 持公事入侍命下, 則微稟。臺諫雖不出姑停望, 不得循例詣臺、循例請牌, 只觀外處茶時, 若無行公臺諫, 則監察茶時啓辭爲之。"事, 下教。【丁巳七月二十五日。】

● "3월 3일, 11월 12일, 7월 25일과 26일의 재계는 조보(朝報)에 내지는 않더라도 차대(次對)에 의례적으로 와서 모일 수 없으며, 공사를 가지고 입시하라는 명을 내리면 넌지시 여쭈도록 한다. 대간이 전계(傳啓)를 일시 중지한다고 통보하지는 않더라도 대간이 의례적으로 대청(臺廳)에 나아갈 수가 없으며 정원이 의례적으로 궐 안으로 불러들이기를 청할 수도 없다. 다만 궐 밖의 장소에서 다시(茶時)를 행하는지 살펴보되, 공무를 행할 대간이 없으면 정원이 감찰에게 다시를 행하도록 하겠다는 계사를 올린다."라는 내용으로 하교하였다. 【정사년(1797, 정조 21) 7월 25일.[19]】

---

19. 『승정원일기』와 『일성록』 및 『정조실록』 모두 동일한 날짜에 일부 기록되어 있다.

■본문 해설

위의 하교는 비변사에서 시급히 논의할 사안이 없으므로 차대에 참석하지 않겠다고 보고하자 내린 것이다. 정조의 말에 의하면, 원릉(元陵)과 영릉(永陵)의 기신제(忌辰祭)를 맞아 재계하는 날이면 제사 지내는 날과 그 전날 등 총 2일만 재계하는 것이지만 자신은 3일을 재계하기 때문에 원래 재계하지 않는 날인 3월 3일과 11월 12일에도 국무를 보지 않았다고 하였다.

원릉은 영조와 정순왕후(貞純王后) 김씨(金氏)의 능으로, 영조의 기신일(忌辰日)이 3월 5일이다. 영릉은 진종(眞宗, 효장세자(孝章世子) 추존)과 효순왕후(孝純王后) 조씨(趙氏)의 능으로, 진종의 기신일은 11월 16일이고 효순왕후의 기신일은 11월 14일이다. 사도세자(思悼世子)의 어머니이자 정조의 친할머니인 영빈(暎嬪) 이씨(李氏)의 기신일은 이러한 국기(國忌)와 달리 사기(私忌)이지만, 국기의 규례를 적용하여 재계하는 날인 7월 25일과 제사를 지내는 날인 26일 이틀 동안은 정조가 국무를 보지 않았다 한다. 그러나 3월 3일과 11월 12일은 원래 재계하는 날이 아니라서, 11월 25일과 26일은 국기가 아닌 시기라서 재계하는 사실을 조보에 내지 않았던 것이다. 이처럼 예외적으로 재계하는 날에도 원래 재계하던 때와 마찬가지로 임금이 국무를 보지 않았으므로 관원들도 임금과 관련된 공무를 행하지 않았던 것이다.

대간들은 매일 궐 안의 대청(臺廳)에 나아와서 양사(兩司)가 각각 임금에게 올리는 계사(啓辭)를 작성해 바쳐야 했다. 이를 전계(傳啓)라고 하는데, 재계하는 날 등에는 일시적으로 전계를 중지하고 이를 승정원에 통보하였다. 그러나 위에서처럼 정조가 예외적으로 재계하는 날에는 대간이 일시적으로 전계를 중지한다는 사실을 승정원에 통보하지는 않지만, 대간이 정상적으로 공무를 행하는 날처럼 대청에 나아올 수 없고 승정원에서도 대간을 불러들일 수 없도록 한 것이다. 다만 승정원에서는 국기를 맞아 재계할 때와 마찬가지로 궐 안의 대청이 아닌 궐 밖의 관사나 조방(朝房) 등에서 다시(茶時)를 행하는지를 살피되, 공무를 행할 대간이 없으면 '감찰에게 다시를 대행하도록 하겠다.'라는 계사를 올렸다.

◑ 참고자료 ◐

『은대편고』「예방고」 궁묘(宮廟)·능원묘(陵園墓)·제향(祭享), 「형방고(刑房攷)」 대간(臺諫)·다시(茶時), 「통고」 월령(月令).

『은대조례』「형고(刑攷)」 대간.

『육전조례』「이전」 승정원 월령, 사헌부 예대(詣臺).

『영조실록』 40년 7월 26일(병자).

『승정원일기』 정조 21년 7월 25일 이조원(李肇源)의 계사 및 입시 기사.

■어휘 해설

1. 차대(次對): 「병고」 '빈대(賓對)·조참(朝參)' 해설 참조.
2. 전계(傳啓): 양사(兩司)의 대간이 매일 계사(啓辭)를 작성하여 임금에게 전달하거나 어전에 입시하여 계사를 읽어 아뢰는 것을 가리킨다. 전자를 예대 전계(詣臺傳啓)나 대청 전계(臺廳傳啓)라 하고, 후자를 입시 전계(入侍傳啓)나 탑전 전계(榻前傳啓)라고 하였다.
3. 다시(茶時): 매일 아침에 사헌부의 대간들이 대청에 모여 차를 마시며 회의를 여는 것을 가리킨다. 재계하는 날에는 궐 안의 대청이 아닌 궐 밖의 건물에서 다시를 행하였다. 만약 사헌부의 대간들이 모일 수 없는 상황이면 감찰이 승정원에 보고하여 허락을 받은 뒤에 다시를 대행하였다.

01-20

○ "朔望與各祭享傳香, 與厲祭傳香相値, 則各祭享傳香, 禮房承旨爲之; 厲祭傳香, 坐直他承旨爲之。"事, 下敎。【戊午七月十四日。】

● "삭제(朔祭)·망제(望祭)나 각종 제향에 쓸 향과 축문을 전하는 시기가 여제(厲祭)에 쓸 향과 축문을 전하는 시기와 서로 겹치면, 각종 제향에 쓸 향과 축문을 전하는 것은 예방 승지가 행하고, 여제에 쓸 향과 축문을 전하는 것은 주야로 근무하는 다른 승지가 행한다."라는 내용으로 하교하였다.【무오년(1798, 정조 22) 7월 14일.[20]】

■본문 해설

위의 하교는 승지들이 재가받을 문서를 가지고 입시하였을 때 좌승지 홍의영(洪義榮)에게 내린 것이다. 다만 『승정원일기』의 원래 기사에는 여제(厲祭)가 성황제(城隍祭)로 표기되어 있다. 이는 여제를 지내는 제단(祭壇)이 북교(北郊)에 성황제를 지내는 제단과 함께 설치되어 있고, 제향도 같은 날 지냈기 때문에 이처럼 다르게 표기한 것으로 보인다. 여제는 다른 제사와 달리 '제사를 받지 못하는 귀신[無祀鬼神]'에게 지내는 제사이다 보니 다른 제사와 구별하여 향과 축문을 전한 것으로 보인다. 향과 축문을 전해야 할 때 승정원에 형방 승지(刑房承旨)만 있을 경우에는 임금에게 물어 승지방을 다른 방으로 바꾼 뒤에 전할 수 있었으나, 여제에 쓸 향과 축문은 형방 승지도 전할 수가 있었다. 위의 규정은 『은대편고』와 『은대조례』에도 수록되어 있다.

20. 『승정원일기』에는 동일한 날짜에 기록되어 있고, 『일성록』과 『정조실록』에는 기록되어 있지 않다.

◑ 참고자료 ◐

『경국대전주해(經國大典註解)』「후집(後集)」 하(下) 예전(禮典).
『은대편고』「예방고」 교단(郊壇) · 전향(傳香) · 기고제(祈告祭).
『은대조례』「예고」 전향.
『승정원일기』 정조 22년 7월 14일 입시 기사.

■어휘 해설

1. 삭제(朔祭): 매달 1일 종묘(宗廟) 등에 지내는 제사를 가리킨다.
2. 망제(望祭): 매달 15일 종묘 등에 지내는 제사를 가리킨다.
3. 여제(厲祭): '제사를 받지 못하는 귀신[無祀鬼神]'에게 지내는 제사를 가리킨다. 여제의 제단(祭壇)은 북교(北郊)에 성황(城隍)을 제사 지내는 제단과 함께 있었다. 봄에는 청명(淸明), 가을에는 7월 17일, 겨울에는 10월 1일에 여제를 지냈으며, 헌관은 한성부 아윤(漢城府亞尹)이 맡았다. 돌림병이 극성을 부릴 때에는 별여제(別厲祭)를 지내기도 하였다.

01-21

○ "此後祈雨祭時, 獻官、諸執事, 只設一軍幕, 其中年老與氣力不足者, 輪回休息, 定式。"事, 下敎。【己未五月。】

● "앞으로 기우제를 지낼 때에는 헌관과 여러 집사를 위하여 군막(軍幕) 하나만 설치하고, 그들 가운데 연로하거나 기력이 부족한 자가 돌아가면서 휴식하는 것으로 정식을 삼는다."라는 내용으로 하교하였다. 【기미년(1799, 정조 23) 5월.[21]】

■본문 해설

이러한 하교를 내린 배경과 시기는 확인하지 못하였다. 다만 임금이 직접 제향을 지낼 경우 이외에는 군막을 설치하지 않는 것이 규례였으나, 정조 23년(1799) 5월에 삼각산(三角山) · 목멱산(木覓山) · 한강(漢江)에 기우제를 지낼 때에는 각각 군막을 설치하도록 허락한 기사가 보인다.

◑ 참고자료 ◐

『승정원일기』 정조 18년 9월 15일 입진(入診) 기사, 23년 5월 20일 입시 기사.

21. 『승정원일기』와 『일성록』 및 『정조실록』 모두 동일한 달에 기록되어 있지 않다.

01-22

○ "凡城門外壇享, 獻官受香後, 仍詣太常, 陪奉神位版進去, 而還奉時, 亦爲陪進, 定式。"事, 下教。【己未五月十六日。】

● "모든 성문 밖에 있는 제단(祭壇)에 제향을 지낼 때에는 헌관이 향과 축문을 받은 뒤에 봉상시에 나아가 신위판(神位版)을 모시고서 나아가고, 제향이 끝난 뒤 도로 안치할 때에도 신위판을 모시고서 나아오는 것으로 정식을 삼는다."라는 내용으로 하교하였다. 【기미년(1799, 정조 23) 5월 16일.[22]】

■본문 해설

위의 하교는 헌관이 제단의 신위판을 모시고 나아갔다가 제향을 마친 뒤 신위판을 모시고 들어와서 봉안하는 절차에 대해 내린 것이다. 교외(郊外)의 제단에 제향을 지낼 때 제단에 안치하는 신위판은 봉상시의 서쪽에 위치한 신실(神室)에 34위를 봉안하였다가, 제향을 지낼 때면 모시고 나아가서 제향을 지내고 제향이 끝난 뒤에 모시고 들어와서 신실에 도로 봉안하였다. 임금이 직접 남단(南壇)·우사단(雩祀壇)·한강단(漢江壇)·용산강(龍山江)에서 제향을 지내고 신위판을 도로 봉안할 경우에는 숭례문(崇禮門)을 통해 들어오고, 선농단(先農壇)과 선잠단(先蠶壇)에서 제향을 지내고 신위판을 도로 봉안할 경우에는 흥인지문(興仁之門)을 통해 들어왔다. 위의 규정은 『은대편고』와 『은대조례』에도 수록되어 있다.

◑ 참고자료 ◐

『은대편고』「예방고」 교단(郊壇)·전향(傳香), 「병방고」 성문(城門)」.
『은대조례』「예고」 제향(祭享).
『승정원일기』 정조 10년 8월 8일 입시 기사, 20년 1월 27일 전교, 22년 5월 22일 인견 기사, 23년 2월 10일 입진(入診) 기사.

01-23

○ "壇享親傳香時, 則初獻官受香, 亞獻官進詣太常, 陪奉位版。若非親傳香, 則初獻官依前進詣太常, 陪奉位版, 亞獻官受香。至於受香獻官與陪奉神輿獻官, 互相往復候待, 俾無先後參差之地。<u>南壇</u>、<u>先農壇</u>、<u>先蠶壇</u>、<u>雩祀壇</u>

22. 『승정원일기』와 『일성록』 및 『정조실록』 모두 동일한 날짜에 기록되어 있지 않으나, 『은대편고』「예방고」 전향(傳香)에는 기미년(1799, 정조 23) 7월 20일의 일로 기록되어 있다.

祭享, 一體擧行事, 定式。"事, 下敎。【己未七月三十日。】

＊ 事: 저본에는 없는데, 『정원고사』의 다수 용례에 따라 보충하였다.

● "교외 제단의 제향에 쓸 향과 축문을 임금이 직접 전할 때에는 초헌관(初獻官)이 향과 축문을 받고, 아헌관(亞獻官)이 봉상시에 나아가 신위판을 모시고서 나아간다. 임금이 직접 향과 축문을 전하는 경우가 아니면 초헌관이 전례대로 봉상시에 나아가서 신위판을 모시고서 나아가고, 아헌관이 향과 축문을 받는다. 향과 축문을 받은 헌관과 신위판을 실은 수레를 모시는 헌관의 경우에는 서로 의논하고 기다려서 순서가 서로 어긋나지 않도록 한다. 남단(南壇)·선농단(先農壇)·선잠단(先蠶壇)·우사단(雩祀壇) 제향의 경우에도 이와 똑같이 거행한다. 이로써 정식을 삼는다."라는 내용으로 하교하였다.【기미년(1799, 정조 23) 7월 30일.[23]】

■본문 해설

위의 하교는 승지들이 재가받을 문서를 가지고 입시한 자리에서 내린 것이다. 이 당시 제향에 쓸 향과 축문을 임금이 직접 전하지 않을 경우에는 아헌관이 향과 축문을 받고 초헌관이 신위판을 모시고 나아가는 것이 정식이었는데, 이때가 되어서는 임금이 직접 향과 축문을 전할 경우의 절차를 새로 정한 것이다. 그러나 『은대편고』에 의하면 이후에 승지의 건의에 따라 임금이 향과 축문을 전하는지의 여부에 관계없이 초헌관이 향과 축문을 받고 아헌관이 신위판을 모시는 것으로 통일하였다고 한다.

도승지 이면응(李冕應)이 남단의 제향을 지내기 위해 향과 축문을 모시고 나아갈 때에는 새로 길을 낸 청파(靑坡)로 다니게 할 것을 청하면서, 헌관들과 승지가 서로 상의하고 기다려서 선후의 차례가 바뀌지 않도록 할 것을 함께 청하였다. 남단·선농단·선잠단·우사단의 제향에 쓸 향과 축문은 대사(大祀)를 거행하거나 문묘(文廟)에 제향을 지낼 때와 마찬가지로 임금이 직접 향과 축문을 전하고, 나머지는 승지가 전하도록 법전에 정해져 있기 때문에 별도로 언급한 것이다. 위의 규정은 『은대편고』에도 수록되어 있다.

◑ 참고자료 ◐

『전율통보』「예전」 제례(祭禮).
『은대편고』「예방고」 전향(傳香).

---

23. 『승정원일기』와 『일성록』에는 동일한 날짜에 기록되어 있고, 『정조실록』에는 기록되어 있지 않으며, 『은대편고』「예방고」 전향(傳香)에는 기미년(1799, 정조 23) 7월 20일의 일로 기록되어 있다.

『승정원일기』 영조 21년 7월 22일 인견 기사, 정조 23년 2월 10일 심상규(沈象奎)의 계사 · 7월 30일 입시 기사 · 8월 3일 입시 기사.

■어휘 해설

1. 남단(南壇): 남쪽 교외에 있던 풍운뇌우산천성황단(風雲雷雨山川城隍壇)을 가리킨다. 바람 · 구름 · 우레 · 비의 신좌(神座)는 가운데에, 산천의 신좌는 왼쪽에, 성황의 신좌는 오른쪽에 있었다. 매년 봄(2월)과 가을(8월)에 제향을 지냈다.
2. 선농단(先農壇): 신농씨(神農氏)와 후직씨(后稷氏)를 제사하는 제단을 가리킨다. 동쪽 교외에 있었으며, 매년 경칩(驚蟄) 이후의 '해(亥)'자가 들어가는 날에 제향을 지냈다.
3. 선잠단(先蠶壇): 처음으로 양잠을 가르친 서릉씨(西陵氏)를 제사하는 제단을 가리킨다. 동쪽 교외에 있었으며, 매년 3월의 '사(巳)'자가 들어가는 날에 제향을 지냈다.
4. 우사단(雩祀壇): 구망씨(句芒氏) · 축융씨(祝融氏) · 후토씨(后土氏) · 욕수씨(蓐收氏) · 현명씨(玄冥氏) · 후직씨(后稷氏)를 제사 지내는 제단을 가리킨다. 동쪽 교외에 있었으며, 매년 4월에 제향을 지냈다.

01-24

○ "此後, 各陵、園、墓祭享後餕餘, 以熟手之爲京書員者奉來, 而京書員或有故, 則陵軍中奉來。而自明年正朝爲始, 無論忌辰與各祭享, 各品入盛樻子齎來, 而樻子, 則自戶曹造送各陵、園、墓。"事, 下敎。【己未十一月二十八日。】

● "앞으로는 각 능(陵) · 원(園) · 묘(墓)의 제향이 끝난 다음의 준여(餕餘)를 숙수(熟手)로서 경서원(京書員)이 된 자가 받들고 오게 하되, 경서원에게 사정이 있으면 능군(陵軍) 중에서 받들고 오게 한다. 그리고 내년 정조제(正朝祭)부터는 기신제(忌辰祭)나 각종 제향을 막론하고 각종 준여를 상자에 담아서 가져 오되, 상자는 호조에서 만들어 각 능 · 원 · 묘에 보내 준다."라는 내용으로 하교하였다. 【기미년(1799, 정조 23) 11월 28일.[24]】

24. 『승정원일기』와 『일성록』 및 『정조실록』 모두 동일한 날짜에 기록되어 있지 않으나, 『창릉지(昌陵誌)』 「부록(附錄)」에 동일한 날짜의 구전 하교(口傳下敎)로 기록되어 있다.

■본문 해설

위의 하교는 준여를 신중히 받들고 오게 하려는 취지에서 내린 것으로 보인다. 각 능・원・묘에서 바친 준여는 각 전(殿)에 올리고 헌관(獻官)에게도 나누어 주었는데, 제물이 정갈하지 않거나 잘못 만든 경우에는 해당 관원 등을 처벌하였고 반대로 제물을 정갈하게 잘 만든 경우에는 시상하였다.

◑ 참고자료 ◐

『창릉지(昌陵誌)』「수호군(守護軍)」, 「부록(附錄)」.
『육전조례』「예전」 종묘서 총례(總例).
『승정원일기』 숙종 7년 10월 28일 주강(書講) 기사, 46년 1월 10일 전교, 정조 20년 8월 15일 전교・26일 봉상시의 초기(草記).

■어휘 해설

1. 준여(餕餘): 제사를 지내고 난 뒤 제상(祭床)에서 물린 음식을 가리킨다. 제퇴선(祭退膳)이라고도 하였다.
2. 숙수(熟手): 잔치나 제사가 있을 때에 음식을 만드는 사람을 가리킨다. 각 궁방(宮房), 각 영문(營門), 호조(戶曹)・선혜청(宣惠廳)・사복시(司僕寺)・봉상시(奉常寺) 등의 아문(衙門)에 숙수를 두었다.
3. 경서원(京書員): 각 능(陵)・원(園)・묘(墓)의 서원으로서 서울에 파견되어 근무하는 서원을 가리킨다. 『창릉지(昌陵誌)』에 의하면, 이들을 봉상시의 숙수로 차출하였고, 서울과 해당 능・원・묘 사이의 문서 및 명령 전달 등의 일을 맡겼다.
4. 능군(陵軍): 각 능(陵)을 수호하기 위해 배정된 군병을 가리키며, 수릉군(守陵軍)이라고도 하였다. 『경국대전』에 의하면, 선왕(先王)과 선후(先后)의 능에는 70명의 능군을 배정하고, 친진(親盡)하여 신주를 옮긴 경우에는 5명을 배정한다고 하였다. 그리고 능군에게는 1명당 2결(結)의 전답을 나누어 주어 경작하도록 하고 세금을 거두지 않았다. 『대전통편』에 의하면, 능군의 자리가 비면 그 후임을 능군의 자손으로 차출하였고, 능의 수목을 잘 관리하지 못한 경우에는 처벌하였다.

01-25

○ "永禧殿奉審時, 望燎位, 一體奉審, 祝文紙, 若有滲濕之弊, 微稟。"事, 下教。【庚申二月十三日。】

● "영희전(永禧殿)을 봉심할 때 망료위(望燎位)도 함께 봉심하고, 축문지(祝文紙)가 물이나 습기에 젖는 폐단이 있으면 넌지시 묻는다."라는 내용으로 하교하였다. 【경

신년(1800, 정조 24) 2월 13일.[25]】

■본문 해설

위의 하교는 정조가 영희전에 거둥하여 작헌례(酌獻禮)를 거행할 때 내린 것으로 보인다. 이날 정조가 영희전의 작헌례를 지낸 뒤 망료위에서 축문을 불사르는 의식을 행하였다.

◑ 참고자료 ◐

『승정원일기』 정조 24년 2월 13일 입시 기사.

■어휘 해설

1. 영희전(永禧殿): 『정원고사』 「예고」 '영희전' 해설 참조.
2. 망료위(望燎位): 헌관(獻官)이 제사를 지낸 뒤에 축문(祝文)을 태우던 곳을 가리킨다. 헌관이 지켜보는 가운데 대축(大祝)과 축사(祝史)가 망료위의 석함(石函) 안에 있는 놋 쟁반 위에 축문을 놓고서 태웠다.

01-26

○ "各處壇享奉神位版時, 初獻官以下諸執事, 受香祝, 齊進太常, 兼爲陪往, 而還奉時, 亦依此爲之。"事, 承旨擧條蒙允。【庚申二月十四日。】

● "각 처의 제단에 제향을 지내기 위해 신위판(神位版)을 모시고서 나아갈 때에는 초헌관 이하 여러 집사가 향과 축문을 받은 뒤 일제히 봉상시에 나아가 신위판을 같이 모시고서 가고, 도로 모셔 둘 때에도 이대로 거행한다."라는 내용으로 승지가 거행 조건을 내어 윤허를 받았다. 【경신년(1800, 정조 24) 2월 14일.[26]】

■본문 해설

승지는 좌승지 서유문(徐有聞)을 가리킨다. 위의 규정이 만들어지기 전에는 제단의 신위판을 받들고 나아가는 관원이 일정하지 않아 초헌관이나 아헌관(亞獻官)이 나아가기도 하고 전사관(典祀官)이나 대축(大祝)이 나아가기도 하는 등 일정하지 않았는데, 그 이유는 향과 축문을 받는 일과 신위판을 받는 일을 둘로 나누어서 진행하였기 때문으로 보인다. 앞에서 01-23

25. 『승정원일기』와 『일성록』 및 『정조실록』 모두 동일한 날짜에 기록되어 있지 않다.
26. 『승정원일기』와 『일성록』에는 동일한 날짜에 기록되어 있고, 『정조실록』에는 기록되어 있지 않다.

의 사례를 통해서도 그러한 과정을 알 수가 있다. 그러나 이때부터는 이를 둘로 나누지 않고 초헌관 이하가 향과 축문을 받은 뒤 신위판도 같이 받아서 나아가도록 일원화하였다.

◑ 참고자료 ◐

『승정원일기』 정조 24년 2월 14일 입시 기사.
『정원고사』「예고」 제항 01-22 및 01-23.

01-27

○ "東、南、北郊諸壇, 春孟朔, 則遣史官; 秋季朔, 則遣宣傳官摘奸, 而當朔初十日, 先期入稟。"事, 下教。【年條未詳。】

● "동쪽 · 남쪽 · 북쪽 교외에 있는 여러 제단에 1월에는 사관(史官)을 보내고, 9월에는 선전관(宣傳官)을 보내어 적간(摘奸)하도록 하되, 그달 10일에 미리 누구를 보내 적간할지를 묻는다."라는 내용으로 하교하였다.【연도는 상세하지 않다.[27]】

■본문 해설

『승정원일기』에는 정조 13년(1789)부터 각 계절의 첫 달에 예조 낭청을 보내 제단을 살펴보고 탈이 있는지의 여부를 보고하도록 한 기사가 보이기 시작한다. 『은대편고』와 『육전조례』에는 매년 정월 10일에 승정원이 임금에게 동쪽 · 남쪽 · 북쪽 교외에 있는 여러 제단을 적간하러 어느 사관을 나아가게 할 것인지를 묻도록 하였고, 『육전조례』에는 매년 9월 10일에 선전관 2명이 동쪽 · 남쪽 · 북쪽 교외에 있는 여러 제단에 나뉘어 나아가서 봉심한 뒤 보고하도록 하였다. 동쪽 교외에는 선농단(先農壇), 선잠단(先蠶壇), 우사단(雩祀壇), 사한단(司寒壇), 마조단(馬祖壇)이 있었고, 남쪽 교외에는 남단(南壇)이 있었으며, 북쪽 교외에는 여단(厲壇)과 백악단(白岳壇)이 있었다.

◑ 참고자료 ◐

『은대편고』「예방고」 교단(郊壇), 「통고」 월령(月令).
『육전조례』「이전」 승정원 월령, 「병전(兵典)」 선전관청(宣傳官廳) 총례(總例).
『승정원일기』 정조 13년 7월 8일 예조의 초기, 14년 1월 17일 예조의 초기.

27. 『승정원일기』와 『일성록』 및 『정조실록』 모두 기록되어 있지 않다.

01-28

○ "景慕宮親享時, 有親押之命, 則香祝, 預爲奉安於尊所之傍, 而省器時, 當親押, 處所, 勿爲取稟。"事, 下敎。【年條未詳。】

● "경모궁(景慕宮)에 임금이 직접 제향을 행할 때에 향과 축문에 직접 서명하겠다고 명하면 향과 축문을 미리 준소(尊所)의 곁에 봉안한다. 그러면 제기(祭器)를 살필 때에 직접 서명할 것이니, 서명할 장소를 어디로 정할지는 묻지 않는다."라는 내용으로 하교하였다. 【연도는 상세하지 않다.[28]】

■본문 해설

향과 축문에 임금이 직접 서명하겠다는 명이 있으면 장소를 어디로 정할지를 묻는 것이 원칙이었다. 그러나 경모궁의 경우에는 정조가 이처럼 장소를 정해 주고 장소를 어디로 정할지에 대해서는 묻지 말도록 하교한 것이다.

◑ 참고자료 ◐

『은대편고』「예방고」 전향(傳香).

어휘 해설

1. 준소(尊所): 제사 지낼 때 준(罇), 준뢰(樽罍), 준상(樽床)을 놓아두는 곳으로 준소(樽所)라고도 하였다.

02. 황단(皇壇)

황단(皇壇)의 정식 명칭은 대보단(大報壇)이다. 대보단은 원래 임진왜란 때 조선을 도와 준 명(明)나라의 신종(神宗)을 제사 지내기 위해서 숙종이 창덕궁 후원(後苑)에 설치한 제단(祭壇)으로, 제단의 이름을 지을 때 금단(禁壇), 황단, 태단(泰壇) 등이 후보로 거론되었으나, 예조 참판 송상기(宋相琦)의 건의에 따라 대보단으로 정해졌다. 처음 대보

28. 『승정원일기』와 『일성록』 및 『정조실록』 모두 기록되어 있지 않다.

단이 설치되었을 때에는 명나라 신종에게만 제사를 지내다가, 영조 때에 이를 증축하고 제례 의식을 마련한 뒤에 명나라를 세운 태조(太祖)와 마지막 황제인 의종(毅宗)까지 함께 제사를 지내도록 하였다. 해마다 명나라가 멸망한 달인 3월의 상순에 대제(大祭)를 지냈으며, 세 황제의 승하한 날에는 각각 기신 망배례(忌辰望拜禮)를 행하였다.

◑ **참고자료** ◐

『은대편고』「예방고」 황단(皇壇).

『은대조례』「예고」 황단.

『승정원일기』 숙종 30년 11월 21일 초복(初覆) 기사 · 25일 예조 참판 송상기(宋相琦)의 상소, 영조 25년 3월 2일 인견(引見) 기사 · 7일 입시 기사 · 14일 입시 기사 · 18일 입시 기사 · 23일 인견 기사 · 24일 대보단 재전(齋殿) 기사.

02-01

○ "闕字牌只有一面, 行用於政府望闕禮之時, 以此牌互用於望拜禮, 有所未安。別造一牌, 奉藏於皇壇, 奉安及祗迎之節, 亦爲添入。"事, 承旨擧條蒙允。【壬寅五月初十日。】

● "궐자패(闕字牌)가 1개만 있어 의정부에서 망궐례(望闕禮)를 행할 때 사용하는데, 이 패를 망배례(望拜禮)를 행할 때에도 함께 사용하는 것은 온당하지 못하다. 별도로 궐자패 하나를 만들어 황단에 받들어 갈무리하고, 봉안하는 절차와 공경히 영접하는 절차도 의주(儀注)에 추가한다."라는 내용으로 승지가 거행 조건을 내어 윤허를 받았다.【임진년(1782, 정조 6) 5월 10일.[29]】

■본문 해설

승지는 우부승지 정지검(鄭志儉)을 가리킨다. 위의 규정은 황단의 망배례를 행하는 자리에서, 정지검이 황단의 망배례를 행할 때에 궐자패를 영접하던 옛 규례를 회복할 것을 요청하자, 정조가 허락하여 정한 것이다. 이에 따라 한 달 후에 황단의 망배례에만 사용하는 궐자패를 별도로 만들고 이를 봉안하고 영접하는 절차도 마련하였다.

29. 『승정원일기』에는 동일한 날짜에 기록되어 있고, 『일성록』과 『정조실록』에는 기록되어 있지 않다.

◑ 참고자료 ◐

『승정원일기』 정조 6년 5월 10일 황단 망배례 기사, 6월 5일 인견 기사.

■ 어휘 해설

1. 궐자패(闕字牌) : '闕'자가 새겨진 패를 말하는 것으로, 궐패(闕牌)라고도 하였다. 이는 중국의 황제를 상징하는 것으로, 중국의 칙사(勅使)나 칙서(勅書)를 맞이할 때, 중국의 황제 등이 서거하였을 때에 전각 안에 이를 설치하고서 사배례(四拜禮)를 행하였다.
2. 망궐례(望闕禮) : 정월 초하루와 동지(冬至) 등에 임금이 신하들을 거느리고 의정부에 나아가서 궐자패를 모셔 놓고서 절을 하는 의식을 말한다.
3. 망배례(望拜禮) : 조선 국왕이 명나라 황제의 제삿날을 맞아 궐자패를 모셔 놓고서 절을 하는 의식을 가리킨다. 명나라 태조(太祖) · 신종(神宗) · 의종(毅宗)의 제삿날에 대보단(大報壇)의 봉실(奉室)이나 창덕궁(昌德宮)의 춘당대(春塘臺) 중에서 망배례를 거행하였다.

02-02

○ "香爐、香盒, 以皇朝舊件還用。"事, 戶曹判書擧條蒙允。【壬寅五月二十七日。】

● "향로(香爐)와 향합(香盒)은 명나라의 옛것을 도로 사용한다."라는 내용으로 호조 판서가 거행 조건을 내어 윤허를 받았다. 【임인년(1782, 정조 6) 5월 27일.[30]】

■ 본문 해설

위의 규정은 사료에서 확인하지 못하였으나, 이 당시 호조 판서는 김화진(金華鎭)이었다. 황단의 제향에 사용하는 향로와 향합은 영조 27년(1751)에 동지사(冬至使)로 나갔다가 돌아온 해춘군(海春君) 이영(李栐)이 구해 온 것으로, 향로에 '內壇郊社' 4자가 새겨져 있었다고 한다. 정조 6년(1782) 기사에는 이와 달리 향로에는 '魚變成龍' 4자가, 향합에는 '內壇外郊' 4자가 새겨져 있다고 하였다.

◑ 참고자료 ◐

『승정원일기』 영조 27년 5월 20일 입진(入診) 기사, 35년 4월 12일 주강(書講) 기사, 정조 6년 5월 26일 상참(常參) 기사 · 29일 주강(書講) 기사, 7월 21일 황단 망배례 기사.
『영조실록』 27년 7월 21일(을유).

30. 『승정원일기』와 『일성록』 및 『정조실록』 모두 동일한 날짜에 기록되어 있지 않다.

02-03

○ "先朝庚寅閏五月, 行望拜禮, 命'此後, 値閏五月, 望拜禮, 必以閏月擧行, 定爲式。' 蓋以高皇帝諱辰在於閏五月故也。自今一依先朝傳敎取稟。"事, 傳敎。【甲辰三月初九日。】

● "선조(先朝)께서 경인년(1770, 영조 46) 윤5월에 망배례를 행하고, '앞으로는 윤5월이 든 해면 망배례를 반드시 윤달에 거행하는 것으로 정식을 삼는다.'라고 명하셨다. 이는 고황제(高皇帝, 명나라 태조(太祖))가 돌아가신 날이 윤5월이기 때문이었다. 지금부터는 하나같이 선조의 전교에 따라 망배례를 어떻게 할지 묻는다."라는 내용으로 전교하였다.【갑진년(1784, 정조 8) 3월 9일.[31]】

■**본문 해설**

위의 전교는 좌승지가 입시한 자리에서 내린 것이다. 정조는 5년(1781)에 윤5월이 들어 있었는데도 예조에서 황단의 망배례를 윤5월에 행할지의 여부를 묻지 않아 5월에 망배례를 행하였다고 하면서 이와 같이 전교를 내렸다. 명나라 태조의 기일(忌日)이 윤5월 10일이기 때문에 이처럼 정한 것이다. 정조가 말한 영조의 전교는 영조가 46년(1770) 3월 25일에 전설사(典設司)에 거둥하였다가 돌아오면서 내린 전교를 가리킨 것으로 보이며, 망배례를 지낸 윤5월 10일에는 이러한 전교가 보이지 않는다. 위의 규정은 『은대편고』에도 수록되어 있다.

◑ **참고자료** ◐

『은대편고』「예방고」 황단(皇壇).

『승정원일기』 영조 46년 3월 25일 입시 기사 · 윤5월 10일 황단 망배례 기사, 정조 8년 3월 9일 입시 기사.

02-04

○ "此後望拜禮時, 依九卿進參例, 兩司長官一體進參。"事, 下敎。【己酉閏五月初九日。】

● "앞으로 망배례를 행할 때에는 구경(九卿)이 참석하는 규례에 따라 양사의 장관도

31. 『승정원일기』와 『일성록』에는 동일한 날짜에 기록되어 있고, 『정조실록』에는 기록되어 있지 않다.

함께 참석한다."라는 내용으로 하교하였다.【기유년(1789, 정조 13) 윤5월 9일.[32]】

■본문 해설

『승정원일기』의 같은 날 기사에는 황단의 망배례를 정조가 직접 행할 것인지의 여부를 묻는 기사와 양사(兩司)의 시신(侍臣)을 차출할 것을 청하는 기사 등이 보인다. 따라서 그러한 과정에서 이러한 하교가 나온 것으로 보인다. 위의 규정은 『전율통보』와 『은대편고』에도 수록되어 있다.

◑ 참고자료 ◐

『전율통보』「예전」 제례(祭禮).
『은대편고』「예방고」 황단(皇壇).
『승정원일기』 정조 13년 윤5월 9일 김광묵(金光默)의 계사・홍인호(洪仁浩)의 계사.

■어휘 해설

1. 구경(九卿): 의정부의 좌참찬(左參贊)과 우참찬(右參贊), 육조(六曹)의 판서(判書), 한성 판윤(漢城判尹) 등 아홉 신하를 통틀어 이르던 말이다.

02-05

○ "皇朝人子孫中, 時無職名人, 權著帽帶; 時帶朝官, 則著天翼。"事, 下教。【己酉閏五月初九日。】

● "명나라 사람의 자손 가운데 현재 직명이 없는 사람은 임시로 모자와 띠를 착용하고, 현재 관직을 맡고 있으면 철릭(天翼)을 착용한다."라는 내용으로 하교하였다.【기유년(1789, 정조 13) 윤5월 9일.[33]】

■본문 해설

위의 하교는 명나라 사람의 자손이 황단의 망배례에 참석할 때의 복장에 대해 내린 것이다. 명나라 사람의 자손을 황단의 제향에 참석시키도록 한 것은 정조 2년(1778)의 일인데, 이들

32. 『승정원일기』와 『일성록』 및 『정조실록』 모두 동일한 날짜에 기록되어 있지 않으나, 『은대편고』「예방고」 황단(皇壇)에 동일한 날짜의 일로 기록되어 있다.
33. 『승정원일기』와 『일성록』 및 『정조실록』 모두 동일한 날짜에 기록되어 있지 않다.

이 처음에는 황단의 남쪽 바깥 정문인 공북문(拱北門) 안에서 제향에 참석하다가 정조 12년(1788)부터는 황단의 남쪽 인쪽 정문인 열천문(洌泉門) 인에서 참석하였다.

◑ 참고자료 ◐

『은대편고』「예방고」 황단(皇壇).
『승정원일기』 정조 12년 3월 2일 입시 기사.

02-06

○ "此後三皇忌辰日, 望拜禮罷後, 勿爲用齋。"事, 下教。【庚戌三月。】

● "앞으로 명나라 세 황제의 기신일(忌辰日)에는 망배례(望拜禮)를 마친 뒤에는 재계하는 날의 규정을 적용하지 않는다."라는 내용으로 하교하였다.【경술년(1790, 정조 14) 3월.[34]】

■본문 해설

위의 하교는 사료에서 확인하지 못하였다. 망배례를 마친 뒤에는 재계하는 날의 규정을 적용하지 않는다는 것은 문서의 출납 등 공무를 정상적으로 행한다는 의미가 된다. 명나라 세 황제의 기신일은 태조는 5월 10일(원래는 윤5월 10일), 신종(神宗)은 7월 21일, 의종(毅宗)은 3월 29일이다. 위의 규정은 『은대편고』에도 수록되어 있다.

◑ 참고자료 ◐

『은대편고』「예방고」 황단(皇壇).
『승정원일기』 정조 18년 3월 17일 예조의 초기.

02-07

○ "闕字牌奉來時, 永肅門, 除標信, 直爲開門。"事, 定式。【庚戌五月初十日。】

● "궐자패를 받들고 올 때에는 영숙문(永肅門)을 표신(標信) 없이 곧바로 연다."라는

34. 『승정원일기』와 『일성록』 및 『정조실록』 모두 동일한 달에 기록되어 있지 않다. 『은대편고』「예방고」 황단에는 임자년(1792, 정조 16)의 일로 기록되어 있으나, 날짜는 기록되어 있지 않다.

내용으로 정식을 삼았다.【경술년(1790, 정조 14) 5월 10일.[35]】

■본문 해설

위의 규정이 만들어지기 이전부터도 영숙문을 통해 궐자패를 받들고 온 사례는 빈번히 보인다. 궐자패를 받들고 올 때에는 향로(香爐)와 향합(香盒)도 함께 받들고 왔다. 여기서는 표신 없이 영숙문을 연다고 하였으나 정조 20년(1796)에는 선전관이 표신을 가지고 가서 열도록 하였다. 그리고 영숙문이 아닌 집성문(集成門)으로 궐자패를 받들고 올 경우에도 표신을 가지고 가서 문을 열었다. 위의 규정은 『은대편고』에도 수록되어 있다.

◑ 참고자료 ◐

『은대편고』「예방고」 황단(皇壇)·전향(傳香).
『정원고사』「예고」 황단 02-09.
『승정원일기』 정조 6년 7월 20일 조시위(趙時偉)의 계사, 7년 3월 18일 박석철(朴錫喆)의 계사, 8년 7월 20일 서용보(徐龍輔)의 계사, 20년 5월 10일 황단 망배례 기사.

■어휘 해설

1. 표신(標信) : 「병고」 04. 표신의 해설 참조.

02-08

○ "板位, 祭享時, 洌泉門外; 望拜禮時, 奉室前庭爲之。"事, 定奪。【辛亥三月二十一日。】

● "판위(板位)는 제향을 행할 경우 열천문(洌泉門) 밖에 설치하고, 망배례를 행할 경우에는 봉실(奉室) 앞의 뜰에 설치한다."라는 내용으로 결정하였다.【신해년(1791, 정조 15) 3월 21일.[36]】

■본문 해설

위의 규정은 황단에서 제향을 행할 때와 망배례를 행할 때에 따라 판위를 각각 다른 곳에

35. 『승정원일기』와 『일성록』 및 『정조실록』 모두 동일한 날짜에 기록되어 있지 않으나, 『은대편고』「예방고」 황단(皇壇)에 동일한 날짜의 일로 기록되어 있다.
36. 『승정원일기』와 『일성록』 및 『정조실록』 모두 동일한 날짜에 기록되어 있지 않다.

설치하도록 정한 것이다. 즉 황단의 대제를 지낼 때에는 판위를 황단의 정문인 열천문 밖에 설치하고, 망배례를 행할 때에는 판위를 열천문 안쪽에 있던 봉실 앞의 뜰에 설치하도록 한 것이다.

◑ 참고자료 ◐

『은대편고』「예방고」 황단(皇壇).

『승정원일기』 정조 13년 3월 6일 황단의 망위례 기사, 15년 7월 21일 봉실 망배례 기사, 18년 3월 9일 황단 기사.

■어휘 해설

1. 봉실(奉室): 명나라 세 황제의 신탑(神榻)을 모신 곳으로, 황단의 동쪽에 위치하였다. 대보단(大報壇)을 처음 설치하였을 때에는 신실(神室)로 부르다가 영조 때에 봉실로 변경하고 건물도 새로 지었다.

02-09

○ "闕字牌奉來時, 宣傳官奉標信, 臨時開永肅門, 守直官與禮郎, 趁時陪詣, 定式。"事, 承旨舉條蒙允。【丙辰五月初九日。】

* 來: 저본에는 '安'으로 되어 있는데, 『승정원일기』와 『일성록』 및 『정조실록』 같은 달 10일 기사에 근거하여 수정하였다.

● "궐자패를 받들고 올 때에는 선전관이 표신(標信)을 받들고 나아가 때가 되면 영숙문(永肅門)을 열고, 수직관(守直官)과 예조 낭청이 때에 맞춰 모시고서 나아오는 것으로 정식을 삼는다."라는 내용으로 승지가 거행 조건을 내어 윤허를 받았다.【병진년(1796, 정조 20) 5월 9일.[37]】

■본문 해설

승지는 우부승지 정상우(鄭尙愚)를 가리킨다. 위의 규정을 정하기 전에는 궐자패를 받들고 오는 절차에 대한 규정이 없어 시각이 일정하지 않은 폐단이 있었다. 02-07에서 표신 없이 영숙문을 열도록 했던 규정이 이때에 와서 바뀐 것이라고 할 수 있다.

---

37. 『승정원일기』와 『일성록』 및 『정조실록』 모두 같은 달 10일에 기록되어 있다.

◑ **참고자료** ◐

『은대편고』「예방고」 황단(皇壇) · 전향(傳香).

『승정원일기』 정조 20년 5월 10일 황단의 망배례 기사.

02-10

○ "奉室行禮時, 奉出神榻而行禮, 則當用冕服; 不奉神榻而行禮, 則以出宮時服色袞袍行禮。"事, 筵教。【庚申三月初四日。】

● "봉실에서 예를 행할 때에 신탑(神榻)을 받들고 나와서 예를 행하면 면복(冕服)을 착용해야 하지만, 신탑을 받들고 나오지 않고 예를 행하면 궁을 나갈 때의 복색인 곤룡포(袞龍袍) 차림으로 예를 행한다."라는 내용으로 연석에서 하교하였다. 【경신년(1800, 정조 24) 3월 4일.[38]】

■**본문 해설**

위의 하교는 봉실 앞의 뜰에서 망배례를 행할 때와 열천문 밖에서 망위례(望位禮)를 행할 때에 따라 복장을 다르게 착용하도록 한 것이다. 망위례는 황단의 대제를 지내기 전날에 행하던 의식으로, 대제를 임금이 직접 지낼 경우에는 황단의 남쪽 유문(壝門) 밖에서 행하고, 직접 제사를 지내지 않고 망위례만 행할 경우에는 유문 안쪽에서 행하였다. 명나라 세 황제의 기신일을 맞아 봉실 앞의 뜰에서 망배례를 행할 때에는 봉실 안에 봉안해 둔 신탑을 받들고 나오지 않고, 망위례를 행할 때에는 신탑을 받들고 나와서 예를 행하기 때문에 복장을 각각 달리한 것이다. 위의 규정은 『은대편고』에도 수록되어 있다.

◑ **참고자료** ◐

『은대편고』「예방고」 황단(皇壇).

『승정원일기』 정조 24년 3월 4일 입시 기사, 5일 입진(入診) 기사.

02-11

○ "拱北門開閉時, 洌泉三門及西墻門、朝宗門, 使漢旅把守。"事, 下教。【庚申三月初六日。】

38. 『승정원일기』와 『일성록』에는 같은 달 4일과 5일에 기록되어 있고, 『정조실록』에는 4일에 기록되어 있다.

● "공북문(拱北門)을 열고 닫을 때에는 열천문(洌泉門)의 세 개 문 및 서쪽 담장의 문, 조종문(朝宗門)을 한려(漢旅)가 파수하게 한다."라는 내용으로 하교하였다. 【경신년(1800, 정조 24) 3월 6일.[39]】

■ 본문 해설

황단은 제단 사면을 얕은 담장으로 두르고 사방에 각각 유문(壝門)을 설치하였는데, 남쪽 유문의 정면에 설치한 3칸의 안쪽 정문이 열천문이고, 열천문의 남쪽에 설치한 바깥 정문이 공북문이며, 열천문과 공북문 사이의 동쪽에 설치하여 창덕궁에서 곧바로 황단으로 나아갈 때 경유하는 문이 조종문이다. 대보단을 지키는 한려는 모두 명나라 사람의 후손으로, 총 30명을 배속하였다. 이들 한려는 훈련도감이 임금의 재가를 받아 차출하였으며, 대보단의 수직관(守直官)은 병조가 이들 한려 중에서 후보 3명을 뽑아 올려 낙점을 받았다.

◑ 참고자료 ◐

『동궐도』.
『육전조례』「병전」 병조 정색(政色) 제수(除授), 대보단(大報壇).

■ 어휘 해설

1. 한려(漢旅): 효종이 봉림대군(鳳林大君)이었던 시절에 심양(瀋陽)에서 환국할 때 따라온 여덟 성(姓)의 한인(漢人)으로 조직된 군대를 가리킨다. 처음에는 훈련도감에 소속시켜 '한인아병(漢人牙兵)'이라 하였다가 정조 14년(1790)에 '한려'로 명칭을 고치고 황단에 제향을 지낼 때 신탑을 받들고 나오는 일 등을 담당하게 하였다.

03. 영희전(永禧殿)

영희전(永禧殿)은 조선 태조(太祖)·세조(世祖)·원종(元宗)·숙종(肅宗)·영조(英祖)·순조(純祖)의 영정(影幀)을 모셔둔 전각(殿閣)을 가리킨다. 영희전에는 해마다 납일(臘日)에 대제(大祭)를 지내고, 3년마다 한 차례씩 작헌례(酌獻禮)를 지냈으며, 작헌례를 지내지 않는 해에는 예조가 연초에 종묘(宗廟)에 전알(展謁)할 시기를 여쭐 때 함

39. 『승정원일기』와 『일성록』 및 『정조실록』 모두 동일한 날짜에 기록되어 있지 않다.

께 여쭈어 전알을 행하였다. 영희전은 5일마다 한 차례씩 봉심(奉審)하였으며, 작헌례를 행할 때에는 산재(散齋) 2일과 치재(致齋) 1일을 하였다.

◑ 참고자료 ◐

『대전통편』「예전」 제례(祭禮)·봉심(奉審).
『은대편고』「예방고」 동가(動駕)·사묘전궁(祀廟殿宮)·작헌례(酌獻禮)·재계(齋戒),「통고」 월령(月令).
『육전조례』「이전」 승정원 월령,「예전」 영희전(永禧殿).

03-01

○ "本殿假官差出時, 禮曹草記, 吏曹口傳啓下, 定式。"事, 傳敎。【辛丑十二月初二日。】

● "영희전의 가관(假官)을 차출할 때에는 예조에서 초기를 올린 뒤 이조에서 구전 정사(口傳政事)를 열어 재가받는 것으로 정식을 삼는다."라는 내용으로 전교하였다.【신축년(1781, 정조 5) 12월 2일.[40]】

■본문 해설

위의 전교는 정조가 영희전의 수복(守僕) 박상표(朴尙杓)의 말을 듣고서 내린 것이다. 즉 영희전을 봉심할 때 참봉이 모두 사정이 있을 경우에는 적장충의(嫡長忠義)로 가관을 차출한다는 박상표의 말을 들은 정조가 성균관 관원으로 차출하도록 하면서 전교를 내린 것이다. 이에 따라 가관을 차출해야 하는 상황이 되면 예조에서 초기하여 임금의 허락을 받은 뒤에 이조가 구전 정사로 가관을 차출하였다.

◑ 참고자료 ◐

『대전통편』「예전」 봉심(奉審).
『육전조례』「예전」 영희전(永禧殿).
『승정원일기』 정조 5년 12월 2일 입시 기사.

■어휘 해설

1. 가관(假官): 실직(實職)이 아닌 임시 관직 또는 그러한 관직을 맡은 관원을 가리키며, 가함(假銜)

40. 『승정원일기』와 『일성록』 및 『정조실록』 모두 동일한 날짜에 기록되어 있다.

이라고도 하였다. 가관은 실직 또는 실관(實官)이 사정이 생겨 근무할 수 없거나 실직만으로는 인원이 부족할 경우에 차출하였다. 관직명 앞에 '假'자를 붙여 실직과 구분하였다.

03-02

○ "本殿守僕一窠姑減, 差出殿監, 帽帶供職, 而守僕取才, 備三望入啓時, 根派、子枝懸錄, 定式。"事, 傳教。【辛丑十二月初二日。】

● "영희전의 수복(守僕) 한 자리를 우선 줄이고 대신 전감(殿監)을 차출하여 복장을 갖추고서 직무를 수행하게 한다. 수복을 취재(取才)한 뒤 후보 3명을 갖추어 낙점을 받기 위해 들여보낼 때에는 그들의 조상과 자손에 대해 주를 달아 들인다. 이를 정식으로 삼는다."라는 내용으로 전교하였다.【신축년(1781, 정조 5) 12월 2일.[41]】

■본문 해설

위의 전교는 정조가 영희전의 수복 박상표(朴尙杓)를 불러서 보는 자리에서 내린 것이다. 정조는 만녕전(萬寧殿)의 수복도 별감(別監)이라는 칭호를 겸하고 있는데 영희전 수복만 그러한 칭호가 없는 것은 영희전의 체모를 중시하는 뜻이 아니라고 하면서 위의 규정을 마련하였다. 『육전조례』에 의하면 영희전에는 전감 1명과 수복 6명을 둔다고 하였다.

◑ 참고자료 ◐

『육전조례』「예전」영희전.
『승정원일기』정조 5년 12월 2일 입시 기사.

■어휘 해설

1. 취재(取才): 관원이나 군병(軍兵) 등을 대상으로 자격·능력 등을 시험하여 성적이 우수한 자는 승진·등용하거나 급료를 지급하는 등의 혜택을 주고 일정한 기준을 통과하지 못하면 불이익을 주기도 하는 것 또는 그러한 시험 제도를 가리킨다. 『경국대전』을 비롯한 법전에는 '취재(取才)' 조항을 별도로 두어 수령(守令) 등을 취재로 선발하는 규정이 실려 있다.

41. 『승정원일기』와 『일성록』 및 『정조실록』 모두 동일한 날짜에 기록되어 있다.

03-03

○ "守僕取才時，擇其可合者，隷習其當講者，待闕率來政院，取才備望，而儀注，則本殿志中親享、攝行兩條背講；『五禮儀』，則祭享條抽栍臨讀事，著爲式。"事，承旨擧條蒙允。【辛丑十二月初二日。】

＊ 栍: 저본에는 '牲'으로 되어 있는데, 『승정원일기』와 『일성록』 같은 날 기사에 근거하여 수정하였다.

● "정원에서 수복을 취재할 때에는 다음과 같이 행한다. 영희전 수복이 수복으로 적합한 사람을 미리 고른 뒤에 취재할 때 강독해야 할 것을 익히게 하였다가 수복에 빈자리가 생기거든 정원으로 데리고 온다. 그러면 정원에서 취재하여 후보 3명을 갖추어 올리되, 취재할 때 의주(儀注)는 『영희전지(永禧殿志)』 가운데 '친향(親享)'과 '섭행(攝行)' 두 조항을 돌아앉아서 외우도록 하고, 『국조오례의(國朝五禮儀)』는 '제향(祭享)' 조항에서 무작위로 추출하여 책을 펴놓고 읽도록 한다. 이를 정식으로 삼게 한다."라는 내용으로 승지가 거행 조건을 내어 윤허를 받았다. 【신축년(1781, 정조 5) 12월 2일.[42]】

■본문 해설

승지는 좌승지 서유방(徐有防)을 가리킨다. 위의 규정은 영희전의 수복을 정원에서 취재하여 후보 3명을 뽑아 올리도록 정식을 삼고 난 뒤에 서유방이 건의하여 정한 것이다. 이에 앞서 정식을 삼을 때에 정조가 『영희전지』와 『국조오례의』에 능통한 사람으로 영희전 수복의 후보를 뽑으라고 하였으므로, 서유방이 수복을 선발하는 구체적인 방식을 이처럼 건의한 것이다.

◑ 참고자료 ◐

『승정원일기』 정조 5년 12월 2일 입시 기사.

04. 문안(問安)

문안(問安)은 신하가 임금을 비롯한 왕실 구성원에게 안부를 묻는 것을 가리킨다. 그 외

42. 『승정원일기』와 『일성록』 및 『정조실록』 모두 동일한 날짜에 기록되어 있다.

에 임금이 왕대비에게 안부를 묻거나 세자가 임금에게 안부를 묻는 경우도 있었다. 문안은 문안하는 시기에 따라 정기적인 문안과 비정기적인 문안으로 나눌 수가 있는데, 정기적인 문안은 약방(藥房)에서 매달 6차례 행하는 문안과 정월 초하루, 동지, 섣달그믐, 각 전의 탄신일에 행하는 문안을 가리키고, 비정기적인 문안은 임금이 거둥하거나 하례를 받는 등 행사가 있을 때 수시로 행하는 문안을 가리킨다. 문안하는 방식에 따라서는 구전 문안(口傳問安), 계사 문안(啓辭問安), 단자 문안(單子問安) 등이 있었다.

◑ 참고자료 ◐

『은대편고』「예방고」 문안(問安)·약방(藥房).
『은대조례』「예고」 약방·문안.
『육전조례』「이전」 의정부 전례(典禮), 「예전」 내의원 문안.

04-01

○ "擧動經宿時, 天明後開門, 卽爲經宿問安, 自是古例。而若値將事後仍爲還宮時, 則勢難經宿問安, 故近多闕焉。此後如此之時, 若未及問安, 則闕門開後, 經宿問安。"事, 下敎。【癸卯十一月。】

● "거둥하여 경숙(經宿, 하룻밤 이상을 묵는 것)하였을 때에는 날이 밝은 뒤에 궐문이 열리면 바로 경숙 문안을 하는 것이 본래 옛 규례다. 그러나 만약 제사를 지낸 뒤에 그대로 궁으로 돌아왔을 때에는 경숙 문안을 하기가 어려운 상황이기 때문에 요즘에는 이를 빠먹는 경우가 많았다. 앞으로 이와 같은 상황일 경우에는 경숙 문안을 하지 못했다면 궐문이 열린 뒤에 경숙 문안을 한다."라는 내용으로 하교하였다. 【계묘년(1783, 정조 7) 11월.[43]】

■본문 해설

위의 하교는 정조가 약원 부제조 심풍지(沈豐之)·정창순(鄭昌順) 등과 문안에 대해 이야기를 나누는 과정에서 내린 것으로 보인다. 원래 임금이 거둥하여 하룻밤 이상을 지낼 경우에는 경숙 문안을 하고, 궁으로 돌아온 뒤에는 익일 문안(翌日問安)을 하였다. 정조는 임금이 직접 제사를 지내고 날이 밝기를 기다렸다가 궁으로 돌아오면 경숙 문안을 하는데, 날이 밝기를

43. 『승정원일기』에는 같은 달 4일과 5일에, 『일성록』에는 같은 달 4일에 이와 관련된 기사가 기록되어 있고, 『정조실록』에는 기록되어 있지 않다.

기다리지 않고 즉시 궁으로 돌아오면 경숙 문안을 하지 않는 것은 옳지 않다고 하였다. 이에 따라 약원 부제조 정창순 등에게 이에 대한 규정을 정하도록 지시하였는데, 이때 정해진 것으로 보인다. 위의 규정은 『은대편고』에도 수록되어 있다.

◑ 참고자료 ◐

『은대편고』「예방고」 문안(問安).
『승정원일기』 정조 7년 8월 3일 입진(入診) 기사, 11월 4일 입시 기사 · 5일 인견 기사.

04-02

○ "動駕經宿, 無論城內、外, 還宮後, 本院翌日問安。"事, 自政院定式。【癸卯十一月。】

● "동가하여 하룻밤 이상을 묵는 경우에는 도성의 안에서 묵거나 밖에서 묵거나 막론하고 궁으로 돌아온 뒤에 정원이 익일 문안(翌日問安)을 한다."라는 내용을 정원에서 정식으로 삼았다. 【계묘년(1783, 정조 7) 11월.[44]】

■본문 해설

위의 규정은 04-01과 마찬가지로 정조가 약원 부제조 심풍지(沈豐之) · 정창순(鄭昌順) 등과 문안에 대해 이야기를 나누고 난 뒤에 정원에서 정한 것으로 보인다. 익일 문안이란 모종의 행사를 치른 다음 날에 문안하는 것을 가리킨다. 위의 규정은 『은대편고』와 『육전조례』에도 수록되어 있다.

◑ 참고자료 ◐

『은대편고』「예방고」 문안(問安).
『육전조례』「이전」 승정원 총례(總例).
『승정원일기』 정조 7년 8월 3일 입진(入診) 기사, 11월 4일 입시 기사 · 5일 인견 기사.

04-03

○ 上候未寧朝夕問安時, 朝問安, 有勿爲問安之命, 則竝與其日夕問安而勿爲

---

44. 『승정원일기』에는 정조 같은 달 4일과 5일에, 『일성록』에는 4일에 이와 관련된 기사가 기록되어 있고, 『정조실록』에는 기록되어 있지 않다.

之, 其翌日朝問安亦勿爲之, 第三日朝問安始爲之; 而間日問安, 又有勿爲問安之命, 則仍爲停止; 夕問安, 若有勿爲問安之命, 則只每日夕問安停止, 而其每日朝問安依例爲之; 夕問安停止, 則有間日問安, 間日問安, 若知道, 又間日問安。【戊申十一月初七日。】

● 임금의 건강이 좋지 않아서 아침저녁으로 문안할 때, 아침 문안을 하지 말라고 명하면 당일의 저녁 문안까지 하지 않고 그다음 날 아침 문안도 하지 않다가 3일째가 되어서야 아침 문안을 행하며, 하루씩 걸러서 문안하는 것마저 또 하지 말라고 명하면 그대로 중지한다. 그리고 만약 저녁 문안을 하지 말라고 명하면 매일 저녁 문안만을 정지하고 매일 아침 문안은 규례대로 행하며, 저녁 문안을 중지하였으면 하루씩 걸러서 저녁 문안을 하되 하루씩 걸러서 저녁 문안을 행하는 것에 대해 '알았다[知道]'라고 비답을 내리면 또 계속 하루씩 걸러서 저녁 문안을 행한다.【무신년(1788, 정조 12) 11월 7일.[45]】

■본문 해설

위의 규정은 임금이 신하들의 번거로움을 줄여 주기 위해서 문안하지 말라고 명하였을 때의 거행 절차를 정한 것이다.『승정원일기』정조 12년 11월 6일과 7일 기사를 살펴보면, 정조가 육상궁(毓祥宮)·연호궁(延祜宮)·의열궁(義烈宮)에 전배(展拜)하고 돌아온 다음 날에 약방 등에서 문안한 기사가 보인다. 약방 등에서 문안하면 임금은 의례적으로 '알았다.[知道]'라는 비답을 내렸다. 위의 규정은『은대편고』와『은대조례』에도 수록되어 있다.

◑ 참고자료 ◐

『은대편고』「예방고」문안(問安)·약방(藥房).
『은대조례』「예고」문안.
『승정원일기』정조 12년 11월 6일 육상궁(毓祥宮) 거둥 기사, 7일 문안 기사.

04-04

○ "誕辰時, 朝廷問安, 只於當殿爲之, 政院以下, 皆爲於各殿、宮者, 古例卽

45. 『승정원일기』와『일성록』및『정조실록』모두 동일한 날짜에 기록되어 있지 않다.『은대편고』「예방고」문안(問安)에는 이러한 항목이 기록되어 있으나, 날짜는 기록되어 있지 않다.

然, 而朝廷與政院以下, 豈可異其例乎! 此後誕辰問安, 朝廷亦於各殿、宮爲之, 定式。”事, 傳教。【乙卯六月初九日。】

● 탄신일에 조정은 해당 전(殿)에만 문안하고 정원 이하는 각 전과 각 궁에 모두 문안하는 것은 옛 규례가 그렇기 때문이기는 하지만, 조정과 정원 이하가 어찌 그 규례를 다르게 적용할 수 있겠는가. 앞으로 탄신일에 문안할 때에는 조정도 각 전과 각 궁에 문안하는 것으로 정식을 삼는다.”라는 내용으로 전교하였다.【을묘년(1795, 정조 19) 6월 9일.[46]】

■본문 해설

위의 전교는 정조가 각 전(殿)이나 각 궁(宮)의 탄신일에 내각·정원·옥당은 각 전과 각 궁에 모두 문안하는데, 조정에서 해당 전에만 문안하는 것은 옳지 않다고 지적하면서 내린 것이다. 조정이 문안할 때에는 의정부에서 명령을 내리면 조정의 2품 이상과 육조(六曹)의 참의가 참석하는데, 각 전과 각 궁의 탄신일·설날·섣달그믐에는 모든 관원이 참석하였다. 조정이 문안할 때 대신이 참석하면 상위 승지가 나아가서 절을 하고, 대신이 참석하지 않으면 하위 승지가 나아가고 절은 하지 않았다. 위의 규정은 『은대편고』에도 수록되어 있다.

◑ 참고자료 ◐

『은대편고』「예방고」 문안(問安),「통고」 원규(院規).
『육전조례』「이전」 의정부 전례(典禮).
『승정원일기』 정조 19년 6월 9일 입시 기사, 18일 문안 기사.

05. 숙배(肅拜)

숙배(肅拜)는 신하가 사은(謝恩)하거나 하직(下直)할 때 임금을 비롯한 왕실 구성원에게 배례(拜禮)를 행하는 것을 가리킨다. 동반(東班) 9품 이상과 서반(西班) 4품 이상의 관직에 제수된 자는 제수된 다음 날 대전(大殿)·왕비전(王妃殿)·왕세자궁(王世子宮)

46. 『승정원일기』와 『일성록』 및 『정조실록』 모두 동일한 날짜에 기록되어 있다.

에 사은숙배(謝恩肅拜)를 하였고, 지방의 관직에 제수되어 내려갈 때에는 하직숙배(下直肅拜)를 하였다. 관직에 제수된 지 3일이 지나도록 사은숙배를 하지 않으면 추고(推考)하였다.

숙배는 관직에 제수되어 사은숙배와 하직숙배를 하는 경우 이외에 왕명을 수행하기 위해 도성(都城) 밖으로 나갈 경우, 휴가를 받아서 나가고 들어올 경우, 과거에 급제한 사람이 사은할 경우, 명일(名日)이나 경사를 맞아 하례할 경우에도 행하였다. 왕에게 숙배할 때는 사배(四拜)를 하고, 세자에게 숙배할 때는 재배(再拜)를 하였다.

◑ 참고자료 ◐

『대전통편』「예전」 조의(朝儀).
『은대편고』「예방고」 숙배.
『은대조례』「예고」 숙배.
『육전조례』「이전」 이조 총례(總例), 승정원 계품(啓稟).

05-01

○ "凡敦諭及傳諭出去外方時, 實注書及兼春秋, 方帶實職, 故下直肅拜, 而假注書, 則非實職, 不爲下直。"事, 筵教。【癸卯八月初三日。】

● "돈유(敦諭)하거나 전유(傳諭)하기 위해 지방으로 나갈 때에 실주서(實注書)와 겸춘추(兼春秋)는 현재 실직을 맡고 있으므로 하직숙배를 하지만, 가주서는 실직이 아니므로 하직숙배를 하지 않는다."라는 내용으로 연석에서 하교하였다.【계묘년(1783, 정조 7) 8월 3일.[47]】

■본문 해설

위의 규정은 하직숙배할 때에도 실관(實官)과 가관(假官)에 따라 구별하였음을 보여 주는 것이라고 하겠다. 실관은 지방에 나갈 때뿐만 아니라 돌아왔을 때에도 숙배를 하였다. 위의 규정은 『은대편고』와 『육전조례』에도 수록되어 있다.

---

47. 『승정원일기』와 『일성록』 및 『정조실록』 모두 동일한 날짜에 기록되어 있지 않으나, 『은대편고』「이방고」 돈유(敦諭)와 숙배(肅拜)에 모두 동일한 날짜의 일로 기록되어 있다.

◑ **참고자료** ◐
『은대편고』「이방고」 돈유(敦諭)·숙배(肅拜).
『육전조례』「이전」 승정원 계품(啓稟).
『승정원일기』 정조 6년 1월 21일 김우진(金宇鎭)의 계사, 17년 5월 27일 입시 기사.

■**어휘 해설**
1. 돈유(敦諭): 『정원고사』「이고」 대신(大臣) 03-01 어휘 해설 참조.
2. 전유(傳諭): 『정원고사』「이고」 정사(呈辭) 06-04 어휘 해설 참조.

05-02

○ "二品以上翌日肅拜時, 無臚唱, 則政院卽爲察推, 若不請推, 則該吏從重科治。"事, 下教。【壬子正月初五日。】

● "2품 이상이 제수된 다음 날 숙배할 때에 여창(臚唱)하는 절차 없이 숙배하면 정원에서 곧바로 해당 관원을 추고(推考)하고, 만약 추고하기를 청하지 않으면 해당 서리를 무거운 쪽으로 죄를 다스린다."라는 내용으로 하교하였다.【임자년(1792, 정조 16) 1월 5일.[48]】

■**본문 해설**
위의 하교는 형조가 통례원(通禮院)의 관원을 잡아다가 2품 이상으로서 여창하는 절차 없이 숙배한 사람을 조사하여 보고할 때 내린 것으로 보인다. 2품 이상의 관원이 제수된 다음 날 숙배할 때 인의(引儀)가 의식에 따라 여창을 하면 선사배(先四拜)를 하고, 이조 낭청이 관교(官敎)를 직접 전해 주면 후사배(後四拜)를 하였다. 정조는 이들이 선사배를 회피하려는 의도에서 관교에 아직 어보(御寶)를 찍지도 않았을 때 여창하는 절차도 없이 서둘러 숙배한다고 질책하였다. 이때 이러한 규정이 정해진 것으로 보인다. 정조는 관교에 아직 어보를 찍지 않았을 때에는 승정원에서 숙배 단자(肅拜單子)를 받아들이지 못하게 함으로써 여창하는 절차 없이 숙배할 수 없도록 한 것이다. 사은숙배할 때 관교(官敎)나 홍패(紅牌) 등을 받기 전에 행하는 사배를 선사배라 하고, 관교나 홍패 등을 받고 난 뒤에 행하는 사배를 후사배라고 하였다.

---

48. 『승정원일기』와 『일성록』에는 동일한 날짜에 이와 관련된 기사가 기록되어 있고, 『정조실록』에는 기록되어 있지 않다.

◑ 참고자료 ◐

『은대편고』「예방고」숙배(肅拜).

『승정원일기』 정조 16년 1월 5일 형조의 초기.

■ 어휘 해설

1. 여창(臚唱) : 통례원의 인의(引儀)가 의식의 순서에 따라 적은 것을 차례대로 소리 높게 읽는 것을 가리킨다.

05-03

○ "朝臣肅拜, 除非下直與入來, 則無論兼帶與新資, 以黑團領謝恩, 古例卽然。而近或有時服肅拜之謬規, 此後, 申明舊制。"事, 承旨擧條蒙允。【戊午十一月初四日。】

● "숙배하는 조정 신하들이 하직하는 경우나 지방에 나갔다가 들어온 경우가 아니면 겸대하게 된 사람이든 새로 가자(加資)된 사람이든 모두 흑단령(黑團領) 차림으로 사은숙배를 하는 것은 옛 규례가 그렇기 때문이다. 그런데 근래에는 간혹 시복(時服) 차림으로 숙배하는 잘못된 규례가 있으니, 앞으로는 옛 규례를 거듭 밝힌다."라는 내용으로 승지가 거행 조건을 내어 윤허를 받았다. 【무오년(1798, 정조 22) 11월 4일.[49]】

■ 본문 해설

승지는 좌승지 이익운(李益運)을 가리킨다. 위의 규정은 새로 가자된 사람이 시복 차림으로 숙배한 것에 대해 정조가 문제를 제기하자, 이익운이 이와 같이 건의하여 정한 것이다. 『은대편고』에 의하면, 가자된 사람과 겸직을 맡게 된 사람은 흑단령 차림으로 숙배하고, 왕명을 봉행하기 위해 하직하는 자와 말미를 받아 하직하는 자는 나갈 때와 들어올 때 모두 시복 차림으로 숙배한다고 하였다. 그리고 이들은 모두 대전(大殿)에만 숙배하였다.

◑ 참고자료 ◐

『은대편고』「예방고」숙배(肅拜).

『은대조례』「예고」숙배.

---

49. 『승정원일기』와 『일성록』에는 동일한 날짜에 기록되어 있고, 『정조실록』에는 기록되어 있지 않다.

『승정원일기』 정조 22년 11월 3일 입시 기사, 4일 입시 기사.

■어휘 해설

1. 시복(時服) : 관원이 입시할 때나 공무를 볼 때 입던 복장의 한 가지로, 홍단령(紅團領)에 흉배(胸背)가 없는 형태다.

06. 경연(經筵)

경연(經筵)은 임금이 신하들과 함께 유교(儒敎) 경전(經傳)을 읽고 토론하는 행사를 가리킨다. 승정원에서는 매일 다음 날 경연을 행할지의 여부에 대해 임금에게 물었다. 경연은 법강(法講)이라고도 하였으며, 하루에 조강(朝講)·주강(晝講)·석강(夕講) 3차례로 나뉘어 매일 열렸는데, 각각 시각과 참석 인원이 달랐다.

『은대편고』를 기준으로 경연 시각과 참석 인원을 살펴보면 다음과 같다. 조강은 날이 밝을 때 열었으며, 영경연사(領經筵事) 1명, 지경연사(知經筵事) 1명, 동지경연사(同知經筵事) 1명, 특진관(特進官) 2명, 승지 1명, 상번(上番) 옥당과 하번(下番) 옥당 각 1명, 양사(兩司)의 대간 각 1명, 주서 1명, 상번 한림과 하번 한림 각 1명이 참석하였다. 주강은 오시(午時) 정각에 열었으며, 지경연사나 동지경연사 중 1명, 특진관 1명, 승지 1명, 상번 옥당과 하번 옥당 각 1명, 주서 1명, 상번 한림과 하번 한림 각 1명, 무신(武臣) 1명, 종신(宗臣) 1명이 참석하였다. 석강(夕講)은 미시(未時) 정각에 열었으며, 참석하는 인원은 무신과 종신을 제외하고 주강에 참석하는 인원과 같았다.

◑ 참고자료 ◐

『홍문관지(弘文館志)』「진강(進講)」 시사취품(視事取稟)·조강(朝講).
『은대편고』「예방고」 경연(經筵).
『은대조례』「예고」 경연.
『육전조례』「예전」 홍문관 강연(講筵).

06-01

○ "經筵, 雖減膳、避殿時, 依例取稟。"事, 定式。【丁酉五月初四日。】

● "경연(經筵)은 감선(減膳)하거나 피전(避殿)할 때라도 규례대로 어떻게 할지 묻는다."라는 내용으로 정식을 삼았다.【정유년(1777, 정조 1) 5월 4일.[50]】

■본문 해설

위의 규정은 정조가 가뭄이 들어 감선할 때에 하교를 내려 정한 것이다. 정조 1년(1777)에 가뭄이 심하자, 정조가 그해 5월 3일에는 비망기를 내려 그날부터 3일 동안 감선(減膳)하겠다는 명을 내리고, 또 다음 날 승지들이 입시한 자리에서 율곡(栗谷) 이이(李珥)가 피전할 때에도 경연을 중지해서는 안 된다고 했던 말을 거론하며 이처럼 정식을 정한 것이다. 위의 규정은 『은대편고』와 『육전조례』에도 수록되어 있다.

◑ 참고자료 ◐

『은대편고』「예방고」 취품(取稟).
『육전조례』「이전」 승정원 계품(啓稟).
『승정원일기』 1년 5월 3일 비망기, 4일 입시 기사.

■어휘 해설

1. 감선(減膳): 국가에 가뭄이나 일식 등 재이(災異)가 발생하였을 때 임금이 일시적으로 수라상의 음식 가짓수를 줄여 근신하는 것을 가리킨다.
2. 피전(避殿): 국가에 가뭄이나 일식 등 재이가 발생하였을 때 임금이 일시적으로 본래 거처하던 곳에서 다른 곳으로 옮겨 거처하여 근신하는 것을 가리킨다.

06-02

○ "此後夜對時, 案冊請出及習講等節, 勿爲之。"事, 下教。【己亥二月初五日。】

● "앞으로 야대(夜對)를 행할 때에는 안책(案冊)을 내어 달라고 청하는 일과 습강(習講) 등의 절차는 하지 않는다."라는 내용으로 하교하였다.【기해년(1779, 정조 3) 2월 5일.[51]】

50. 『승정원일기』와 『정조실록』에는 동일한 날짜에 기록되어 있고, 『일성록』에는 기록되어 있지 않다.
51. 『승정원일기』와 『일성록』 및 『정조실록』 모두 동일한 날짜에 기록되어 있지 않다.

■본문 해설

홍문관이 안책을 내어 달라고 청하는 것은 안책에 강독할 대목을 표시해서 바치기 위해서이다. 그런데 소대와 야대에서는 숙종 때부터 한 편을 모두 강독하는 것이 관례가 되었으므로 안책에 표시할 필요가 없었던 것으로 보인다. 그리고 소대와 야대를 행할 때에도 옥당이 습강하는 것이 관례였으나, 소대와 야대는 수시로 옥당을 불러 행하는 것이기 때문에 사실상 습강의 필요성이 없었던 것으로 보인다. 따라서 위의 규정들은 형식적인 절차를 없애기 위해서 마련된 것이라고 하겠다. 소대와 야대에 습강을 행하지 말도록 정한 것은 『홍문관지(弘文館志)』에도 수록되어 있다.

◑ 참고자료 ◐

『홍문관지』 「진강(進講)」 소대(召對).
『은대편고』 「예방고」 경연(經筵).
『승정원일기』 영조 2년 4월 9일 주강 기사, 40년 5월 14일 주강 기사, 정조 원년 7월 19일 입시 기사.

■어휘 해설

1. 야대(夜對): 왕이나 왕세자가 궐문이 닫힌 뒤에 여는 소대(召對)를 가리킨다. 왕이나 왕세자가 경연이나 서연(書筵) 이외에 강독할 책을 별도로 정해서 강독하고 토론하는 것을 소대라고 하였는데, 소대를 하루에 재차 열었을 때는 뒤의 소대를 별강(別講)이라 하고 궐문이 닫힌 뒤에 열었을 때에는 야대라고 하였다. 야대에서 강독하는 책은 주로 사서(史書)였지만 경전(經典)이나 문집(文集) 등도 다양하게 강독하였다.
2. 안책(案冊): 경연이나 소대에서 책상에 펼쳐 놓고 보는 책자를 가리킨다. 특히 임금이 보는 책자를 가리키는 경우가 많았다. 임금이 보는 안책은 홍문관이 경연을 열기 하루 전에 내어 달라고 청하여 다음 날 강독할 대목을 표시한 뒤에 도로 바쳤다.
3. 습강(習講): 경연을 행하기에 앞서 옥당이 강독할 대목을 미리 연습하는 것을 가리킨다. 경연에 입시할 상번(上番) 옥당과 하번(下番) 옥당은 경연이 시작되기 전에 미리 영경연사나 지경연사 앞에 나아가서 강독할 부분을 예습하였다.

06-03

○ "院中規例, '先入視事稟然後, 他公事始乃捧入, 而至於經筵牌, 初無出揭之事。'云, 自今申明舊制。"事, 下教。【甲寅六月初八日。】

● "정원의 규례에 '먼저 시사(視事)를 행할지 물은 뒤에야 다른 문서를 들이고, 경연패

(經筵牌)는 처음부터 밖에 내다 거는 일이 없었다.'라고 하니, 앞으로 옛 제도를 거듭 밝힌다."라는 내용으로 하교하였다. 【갑인년(1794, 정조 18) 6월 8일.[52]】

■본문 해설

위의 하교는 승정원의 관례를 복구하기 위해 내린 것으로 보인다. 승정원에서는 매일 다음날의 상참(常參)과 경연(經筵)을 행할지의 여부에 대해 물었는데, 정조가 승정원에서 매일 이 일을 우선적으로 처리하도록 한 것이다. 『내각일력(內閣日曆)』에는 "정원이 분부하거나 거행할 일이 아니면 정원의 하인(下人)이라도 출입할 수 없다는 내용을 중문(中門)에 게판(揭板)하되, 정원이 경연패를 거는 것처럼 하라."라는 정조의 구전 하교(口傳下敎)가 실려 있는 것으로 보아, 경연에 참석하는 관원에게 보냈던 명패(命牌)를 반납받아서 정원의 중문에 내다 걸던 관행을 금지한 것으로 보인다.

◑ 참고자료 ◐

『홍문관지』「진강(進講)」 시사취품(視事取稟).
『내각일력』 정조 5년 3월 21일 구전 하교(口傳下敎).

■어휘 해설

1. 시사(視事) : 매일 행하는 상참(常參)과 경연(經筵)을 아울러 가리키기도 하고 상참만을 가리키기도 하였다. 넓게는 차대(次對), 윤대(輪對), 조참(朝參) 등을 포함한 모든 국사(國事)를 가리키기도 하였다.
2. 경연패(經筵牌) : 경연에 참석하는 관원을 부를 때 보내는 명패(命牌)를 가리킨다. 처음에는 은으로 만들어 사용하다가 납으로 바꾸었으며, 한쪽에는 '經筵'과 어압(御押)을 새기고 다른 한쪽에는 다른 명패와 마찬가지로 '命'자와 직함(職銜)을 새긴 것으로 보인다. 경연에 참석하는 관원이 행차할 때에는 인배(引陪)가 이 경연패를 앞세우고서 인도하였다.

06-04

○ "此後, 每日經筵稟啓下之後, 書之粉板, 先示承旨, 出揭望門楹外, 以此書揭院壁。"事, 下敎。【己未四月十八日。】

● "앞으로는 매일 경연을 행할지의 여부를 물어 재가를 받은 뒤에 분판(粉板)에 써서

52. 『승정원일기』와 『일성록』 및 『정조실록』 모두 동일한 날짜에 기록되어 있지 않다.

승지에게 먼저 보이고 나서 정원 망문(望門, 승정원의 중문(中門))의 기둥 밖에 내다 걸고, 이러한 내용을 정원의 벽에 써서 걸어 놓는다."라는 내용으로 하교하였다. 【기미년(1799, 정조 23) 4월 18일.[53]】

■본문 해설

위의 하교는 승정원에서 다음 날 경연을 행할지의 여부에 대해 매일 물어야 하는데도 며칠 동안 묻지 않자, 내린 것이다. 그러나 정조가 이러한 하교를 내리기 전에도 위의 규정은 존재했는데, 이때에 다시 환기시킨 것으로 보인다. 정조 8년(1784)에 편찬된 『홍문관지』에 의하면, 승정원이 다음 날 경연을 행할지를 물은 데 대해 임금이 사알을 시켜 구전으로 '모시에 모강을 열게 하라.[令開某時講]'라고 통지하면, 승정원에서는 분판(粉板)에 '오는 모일에 모강을 연다.[來某日某講]'라고 써서 승정원의 대문 밖에 게시하였다. 임금이 경연을 열지 못하게 하였더라도 사알이 정원에 '내일은 일이 없다.[來日無事]'라고 통지하면, 승정원에서는 분판에 '오는 모일에는 일이 없다.[來某日無事]'라고 써서 게시하였다. '일이 없다.'라는 것은 '경연을 행하지 않는다.'라는 의미다.

◑ 참고자료 ◐

『홍문관지』 「진강(進講)」 시사취품(視事取稟) · 조강(朝講).
『승정원일기』 정조 23년 4월 18일 도승지 민태혁(閔台赫)의 상소에 대한 비답 및 입시 기사.

07. 상참(常參)

상참(常參)은 소수의 신하들이 매일 임금을 배알하는 의식을 가리킨다. 승정원에서는 매일 다음 날 상참을 행할지의 여부를 임금에게 물었다. 상참에는 매일 종친부 · 의정부 · 충훈부 · 중추부 · 의빈부 · 돈녕부 · 육조 · 한성부의 당상관 각 1명, 양사(兩司)의 대간 각 1명, 경연청의 당상관과 당하관 각 2명이 참석하였다. 사배례를 행한 뒤 임금에게 아뢸 일이 있는 관원은 전(殿)으로 올라가서 아뢰고 나머지 관원은 물러 나갔다. 상참에 참석한 관원들은 동쪽과 서쪽으로 나뉘어 참석하였다가 상참이 끝나고 나면 주서와 한림의

53. 『승정원일기』와 『일성록』에는 동일한 날짜에 기록되어 있고, 『정조실록』에는 기록되어 있지 않다.

인도로 물러났다. 조참(朝參)은 한 달에 4차례 정전(正殿)에서 백관이 모두 임금에게 사배례(四拜禮)를 행하던 정식 조회라고 한다면, 상참은 매일 편전(便殿)에서 소수의 관원만이 사배례를 행하던 약식 조회라고 할 수 있다.

◑ 참고자료 ◐

『경국대전』「예전」조의(朝儀).
『홍문관지』「진강(進講)」시사취품(視事取稟).
『은대편고』「예방고」상참(常參).
『은대조례』「이고」상참.

07-01

○ "常參, 每朔朔望, 復舊例爲之。"事, 承宣擧條, 以"依先朝戊申受教及癸巳下教擧行。"事, 批答。【庚子五月十九日。】

● "상참은 매달 초하루와 보름에 옛 규례를 회복하여 시행한다."라는 내용으로 승지가 거행 조건을 낸 데 대해, "선조 무신년(1728, 영조 4)의 하교와 계사년(1773, 영조 49)의 하교대로 거행한다."라는 내용으로 비답을 내렸다.【경자년(1780, 정조 4) 5월 19일.[54]】

■본문 해설

위의 비답은 사료에서 확인하지 못하였다. 무신년의 수교란 영조 4년(1728)에 상참을 매달 초하루와 보름에 정기적으로 행하되 국기(國忌)를 위해 재계(齋戒)하는 날 및 사정이 있는 날과 서로 겹치면 정원에서 행할 수 없다고 보고하도록 한 영조의 하교를 가리킨다. 계사년의 하교란 영조 49년(1773)에 상참을 매달 초하루와 보름에 정기적으로 행하도록 정식을 삼았던 옛 규례대로 실행하라고 재차 천명한 영조의 하교를 가리킨다. 정조 4년(1780)에도 영조가 정식을 삼은 대로 상참을 행하는 문제에 대해 논의한 기사가 보인다.

◑ 참고자료 ◐

『승정원일기』영조 4년 1월 19일 주강(晝講) 기사, 49년 4월 16일 조강(朝講) 기사, 정조 4년 11월 20일

54. 『승정원일기』와 『일성록』 및 『정조실록』 모두 동일한 날짜에 기록되어 있지 않다.

인견 기사.

07-02

○ "每朔朔望日次常參, 與逐日常參、經筵取稟無異, 若値隆冬、盛暑視事頉稟之月, 則朔望常參, 自在視事頉稟中, 勿爲頉啓辭。"事, 定奪。【庚子十二月十一日。】

● "매달 초하루와 보름에 정기적으로 행하는 상참은 날마다 행하는 상참·경연과 취품(取稟)하는 것에 있어서는 차이가 없다. 만약 혹한과 무더위로 시사(視事)를 탈품(頉稟)하는 달이 되면 초하루와 보름에 정기적으로 행하는 상참도 자연히 시사를 탈품한 데에 포함되므로 상참을 행할 수 없다고 보고하는 계사를 따로 올리지 않는다." 라는 내용으로 결정하였다.【경자년(1780, 정조 4) 12월 11일.[55]】

■본문 해설

영조는 35년(1759)과 41년(1765)에 혹한과 무더위에도 상참과 경연을 탈품하지 못하도록 정식을 삼고 『정원고사』에 싣도록 하였다. 정조 4년(1780) 11월 20일에, 매일 행하는 상참 및 초하루와 보름에 행하는 상참에 대해 정원에서 보고하는 절차가 다른 것을 통일시키는 문제에 대해 논의한 기사가 보이나 결론을 내리지 못하였는데, 이때 와서 이처럼 정한 것으로 보인다. 영조와 정조의 이러한 시각 차이는 법전에도 그대로 수록되어 있다. 즉 『속대전』에서는 혹한과 무더위에도 상참과 경연을 중지하지 못하도록 하였는데, 『대전통편』과 『전율통보』에는 혹한과 무더위에는 상참과 경연을 중지하도록 하였다. 혹한은 소한(小寒) 이후부터 대한(大寒)까지를 가리키고, 무더위는 중복(中伏) 이후부터 말복(末伏)까지를 가리킨다.

◑ 참고자료 ◐

『속대전』「예전」 잡령(雜令).
『대전통편』「예전」 잡령.
『전율통보』「예전」 조의(朝儀).
『은대편고』「형방고」 금오(金吾).
『육전조례』「예전」 홍문관 강연(講筵).

55. 『승정원일기』와 『일성록』 및 『정조실록』 모두 동일한 날짜에 기록되어 있지 않다.

『승정원일기』 영조 35년 윤6월 6일 입시 기사, 41년 2월 25일 조참 기사, 정조 4년 11월 20일 인견 기사.

■어휘 해설

1. 취품(取稟): 『정원고사』「예고」 17-취품(取稟) 해설 참조.
2. 탈품(頉稟): 『정원고사』「예고」 18-탈품(頉稟) 해설 참조.

08. 윤대(輪對)

윤대(輪對)는 매월 1일, 11일, 21일 등 총 3차례씩 각 관사의 당하관이 차례로 돌아가면서 입시하여 자신이 관장하는 업무 등에 대해 임금에게 보고하는 행사를 가리킨다. 승정원에서는 윤대가 열리기 5일 전에 미리 윤대를 행할지의 여부를 임금에게 물었다. 윤대에는 총 다섯 관사에서 각 관사마다 1명씩 참석하였으며, 그다음 차례에는 또 다른 다섯 관사에서 참석하였다. 윤대에 참석한 관원은 직명(職名)·성명(姓名)·이력(履歷)·직장(職掌)·유재(遺在)·소회(所懷)를 차례로 아뢰었다. 윤대에 참석하는 당하관은 각 관사의 낭청(郎廳)으로, 정랑(正郎), 좌랑(佐郎), 도사(都事), 감찰(監察), 주부(主簿), 전적(典籍), 봉사(奉事) 등 각 관사에서 실제 업무를 관장하고 있는 하위 관원들이었다. 따라서 윤대는 조선 시대 하위 관료의 업무 보고 회의로, 일종의 실무자 회의라고 할 수 있다.

◑ 참고자료 ◐

『경국대전』「예전」 조의(朝儀).
『은대편고』「예방고」 윤대(輪對).
『은대조례』「예고」 윤대.

08-01

○ "雖隆冬、盛暑視事頉稟之時, 輪對°取稟, 依例爲之。"事, 下教。【戊戌六月二十七日。】

* 對: 저본에는 '對' 뒤에 '官'자가 있는데, 『은대편고』「예방고」 윤대(輪對)에 근거하여 연문으로 보아 삭제하였다.

● "혹한과 무더위로 시사(視事)를 탈품(頉稟)하는 때라도 윤대를 행할지를 묻는 것은 규례대로 시행한다."라는 내용으로 하교하였다. 【무술년(1778, 정조 2) 6월 27일.[56]】

■본문 해설

영조는 윤대를 행할지의 여부를 묻는 것은 경연을 행할 때에 묻는 것이 규례이며 경연을 열지 않으면서 윤대만 여는 일은 없었다고 하면서, 경연을 중지하는 기간에는 똑같이 중지하였다가 경연이 다시 시작할 때부터 윤대도 행할지의 여부를 묻되, 한 달에 한 차례씩만 행할지의 여부를 묻게 하였다. 그러나 정조 때에 와서는 상참과 경연을 중지한 기간이더라도 그와 상관없이 윤대에 대해서는 행할지의 여부를 묻도록 한 것이다. 위의 규정은 『은대편고』에도 수록되어 있다.

◑ 참고자료 ◐

『은대편고』「예방고」 윤대.
『승정원일기』 영조 2년 6월 19일 소대(召對) 기사, 16년 11월 29일 전교, 17년 2월 21일 홍봉조(洪鳳祚)의 계사 및 전교.

08-02

○ "正朝異於他日，雖輪對日次，以正朝相値頉稟。"事，承旨擧條蒙允。【庚子十二月二十八日。】

● "정월 초하루는 다른 날과 다르므로 윤대를 행하는 날이라고 하더라도 정월 초하루와 서로 겹치므로 행할 수 없다고 보고한다."라는 내용으로 승지가 거행 조건을 내어 윤허를 받았다. 【경자년(1780, 정조 4) 12월 28일.[57]】

■본문 해설

위의 규정은 사료에서 확인하지 못하였다. 『승정원일기』 정조 10년(1786) 이후부터는 12월 27일을 전후하여 정월 초하루의 윤대를 행할 수 없다고 보고하는 기사가 정기적으로 보이고

56. 『승정원일기』와 『일성록』 및 『정조실록』 모두 동일한 날짜에 기록되어 있지 않으나, 『은대편고』「예방고」 윤대(輪對)에 동일한 날짜의 일로 기록되어 있다.
57. 『승정원일기』와 『일성록』 및 『정조실록』 모두 동일한 날짜에 기록되어 있지 않으나, 『은대편고』「예방고」 윤대(輪對)에 경자년(1780, 정조 4) 11월 28일의 일로 기록되어 있다.

있다. 위의 규정은 『은대편고』에도 수록되어 있다.

◑ **참고자료** ◐

『은대편고』「예방고」 윤대.

『승정원일기』 정조 10년 12월 27일 박천행(朴天行)의 계사, 11년 12월 27일 심풍지(沈豐之)의 계사.

08-03

○ "此後, 輪對官, 若有武郎, 則笏記職、姓名下, 書履歷二字。"事, 筵教。【辛亥六月二十一日。】

* 二: 저본에는 '三'으로 되어 있는데, 『은대편고』「예방고」 윤대(輪對)에 근거하여 수정하였다.

● "앞으로는 윤대관(輪對官) 중에 만약 무관인 낭청(郎廳)이 있으면 홀기(笏記)의 직명(職名)과 성명(姓名) 아래에 '履歷' 두 글자를 써 넣는다."라는 내용으로 연석에서 하교하였다.【신해년(1791, 정조 15) 6월 21일.[58]】

■**본문 해설**

『승정원일기』 정조 15년 6월 21일 윤대 기사에 의하면, 윤대관이 이력을 아뢸 때에는 급제(及第)한 과거명(科擧名)과 처음 맡은 관직부터 현재 맡고 있는 관직까지 빠짐없이 아뢰어야 하는데, 이날 윤대관으로 입시한 중추부 경력(中樞府經歷) 유하철(柳河喆)이 "분수문장(分守門將)으로서 6품으로 올랐습니다."라고만 아뢰자, 정조가 질책하는 내용이 보인다. 이 일로 인하여 위의 규정이 만들어진 것으로 보인다. 육조 중 이조·예조·병조의 낭청은 모두 문관으로 임명하였으나, 호조·형조·공조의 낭청은 문관·무관·음관으로 임명하였다. 무관인 낭청이란 이들을 포함하여 무관으로 임명된 낭청들을 가리킨다고 할 수 있겠다. 위의 규정은 『은대편고』에도 수록되어 있다.

◑ **참고자료** ◐

『전율통보』「이전」 경관직 비변사·육조.

『은대편고』「예방고」 윤대(輪對).

『육전조례』「이전」 이조 문선사(文選司) 차정(差定).

---

58. 『승정원일기』와 『일성록』 및 『정조실록』 모두 동일한 날짜에 기록되어 있지 않으나, 『은대편고』「예방고」 윤대(輪對)에 동일한 날짜의 일로 기록되어 있다.

『승정원일기』 정조 15년 6월 21일 윤대 기사.

09. 문신제강(文臣製講)

문신제강(文臣製講)은 문신 제술(文臣製述)과 전경 문신 전강(專經文臣殿講)을 아울러 가리킨다. 문신 제술은 50세 이하 당하 문신을 대상으로 제술 시험을 보인 뒤 성적에 따라 상벌을 시행하던 과시로, 영조 17년(1741)에 정례화하였다. 처음에는 2월 10일과 8월 10일에 언제 시행할지를 임금에게 묻다가 정조 1년(1777)에 와서는 묻는 날짜가 2월 1일과 8월 1일로 바뀌었다. 전경 문신 전강은 37세 이하의 당하 문신을 전경 문신으로 선발하여 40세까지 시행하는 시험이며, 젊은 문신에게 경서(經書)의 강습을 권장하려는 의도에서 시행되었다. 계절이 시작되는 첫 달의 11일마다 오경(五經) 중에서 하나를 스스로 선택하여 강독하였다.

◑ 참고자료 ◐

『속대전』 「예전」 장권(奬勸).
『은대편고』 「예방고(禮房攷)」 전경 문신 전강(專經文臣殿講) · 문신 제술(文臣製述).
『은대조례』 「예고(禮攷)」 문신 제술 · 전경 문신 전강.
『승정원일기』 효종 5년 4월 24일 주강 기사, 영조 17년 4월 23일 입시 기사 · 5월 1일 전교.

09-01

○ "文、武臣製講,『續典』有稟旨擧行之規, 而近來此規解弛, 至於廢却古例。此後, 則每於當朔【當朔, 卽二月、八月。】啓稟, 而自今月爲始之意, 分付。"事, 下敎。【丁酉二月十七日。】

● "문신 · 무신의 제술(製述)과 전강(殿講)에 대해서는 『속대전(續大典)』에 '임금의 뜻을 물어 거행한다.'라고 한 규정이 있는데, 근래에는 이 규정이 해이해져서 옛 규례를 폐지하는 지경에까지 이르렀다. 앞으로는 거행하는 달이 될 때마다【거행하는 달은 2월과 8월이다.】 언제 거행할지를 묻되, 이번 달부터 시작하라고 분부한다."라는 내용으로 하교하였다.【정유년(1777, 정조 1) 2월 17일.[59]】

■본문 해설

위의 하교는 정조가 전경 무신 전강(專經武臣殿講)을 시행하도록 지시하면서 내린 것이다. '문신 · 무신의 제술과 전강'이란 문신 제술, 전경 문신 전강, 전경 무신 전강 등을 아울러 가리키는 것이다. 그러나 '당삭(當朔)'에 대한 주(註)에 '2월과 8월'이라고 한 것을 보면 실제로는 문신 제술만을 가리킨다고 할 수 있다. 『속대전』「예전」 장권(獎勸)에서는 매년 봄과 가을 중삭(仲朔)에 문신 제술을 임금이 직접 참석하여 주관하거나 신하에게 위임하여 대신 주관하도록 한다고 하였고, 임금에게 묻는 규정은 보이지 않는다. 다만 『은대편고』「예방고」 문신 제술에서는 2월 1일과 8월 1일에 언제 시행할지를 묻도록 하였는데, 그러한 규정이 정해진 시기를 위의 규정이 만들어진 날인 정유년(1777, 정조 1) 2월 17일의 일이라고 하였다.

◑ 참고자료 ◐

『속대전』「예전」 장권(獎勸).
『은대편고』「예방고」 문신제술.
『승정원일기』 정조 1년 2월 17일 입시 기사.

09-02

○ "文臣製述, 依殿講例出榜, 以此定式。"事, 下敎。【丁酉二月二十六日。】

● "문신 제술(文臣製述)은 전강(殿講)의 예에 따라 합격자를 발표하고, 이것으로 정식을 삼는다."라는 내용으로 하교하였다.【정유년(1777, 정조 1) 2월 26일.[60]】

■본문 해설

위의 하교는 정조가 직접 참석한 가운데 문신 제술을 시행할 때 내린 것이다. 『은대편고』「예방고」 이문 제술(吏文製述)에서는 "합격자를 발표할 때 거행하는 절차는 문신 제술 조항에 보인다.[出榜時擧行, 已見文臣製述條。]"라고 하였는데, 『은대편고』「예방고」 문신 제술을 보면 "문신 제술의 정서한 방목과 초본 방목은 하위의 시관이 작성해서 상자에 담아 사알을 통해 들인다.[製述正書榜及草榜, 試官下位書之盛函, 以司謁入之。]"라고 하였다. 반면에 『은대편고』「예방고」 전경 문신 전강에서는 "초본 방목은 하위 참고관이 작성하고 임금이 볼 방목은 주서가 작성하여 들인다.[草榜, 下參考官修正; 御覽榜, 注書修正入啓。]"라고 하였다. 이처럼

59. 『승정원일기』와 『일성록』 및 『정조실록』 모두 동일한 날짜에 기록되어 있다.
60. 『승정원일기』와 『일성록』 및 『정조실록』 모두 동일한 날짜에 기록되어 있다.

절차가 약간 다르기는 하지만 '전강의 예'란 방목을 작성하여 임금에게 들이는 절차를 가리킨 것으로 보인다.

◑ **참고자료** ◐

『은대편고』「예방고」 문신제술 · 전경문신전강 · 이문제술(吏文製述).
『승정원일기』 정조 1년 2월 26일 문신 제술 기사.

09-03

○ "專經文、武臣殿講居首人, 兒馬傳旨捧入, 以此爲例。"事, 下敎。【庚子正月二十日。】

● "전경 문신 전강(專經文臣殿講)이나 전경 무신 전강(專經武臣殿講)에서 수석을 차지한 사람에 대해서는 아마(兒馬, 망아지)를 하사하라는 전지(傳旨)를 들이고, 이것을 규례로 삼는다."라는 내용으로 하교하였다.【경자년(1780, 정조 4) 1월 20일.[61]】

■**본문 해설**

위의 하교는 사료에서 확인하지 못하였다. 다만 위의 규정이 정해지기 전인 정조 4년 이전에도 전경 문신 전강에서 수석을 차지한 사람에게 반숙마(半熟馬, 숙련이 덜 된 말)나 아마를 하사한 사례가 보이는 점으로 보아, 이때에 와서 정식을 삼은 것으로 보인다. 위의 규정은 『대전통편』과 『은대편고』에도 수록되어 있다. 이 조항은 「병고」 문무신강사(文武臣講射) 10-07에도 중복해서 보인다.

◑ **참고자료** ◐

『대전통편』「병전」 시취(試取) 전경전강(專經殿講).
『은대편고』「예방고」 전경문신전강, 「병방고」 전경무신전강.
『승정원일기』 영조 36년 11월 23일 전경 문신 전강 기사, 43년 3월 27일 전경 문신 전강 기사.

---

61. 『승정원일기』와 『일성록』 및 『정조실록』 모두 동일한 날짜에 기록되어 있지 않으나, 『은대편고』「예방고」 전경문신전강에 경자년(1780, 정조 4) 1월 28일의 일로 기록되어 있다.

■어휘 해설

1. 전경 무신 전강(專經武臣殿講): 『정원고사』「병고」 문무신강사(文武臣講射) 해설 참조.

09-04

○ "殿講、製述、朔試射時, 文監察, 毋得懸頉。"事, 傳敎。【辛丑四月十八日。】

● "전강(殿講), 제술(製述), 삭시사(朔試射)를 행할 때에는 문관 감찰이 불참 사유를 명기하고서 불참하지 못한다."라는 내용으로 전교하였다. 【신축년(1781, 정조 5) 4월 18일.[62]】

■본문 해설

위의 전교는 정조가 규장각 직제학(直提學) 정민시(鄭民始)와 초계 문신(抄啓文臣) 강경(講經)・제술(製述)의 시관(試官)이 탈이 있다고 기록하고서 불참하는 문제를 논의하다가 내린 것이다. 『은대편고』「병방고」 전경 무신 전강에서 "전강이나 삭시사를 행할 때에는 무관 감찰도 응시한다.[殿講、朔試射時, 武監察亦赴。]"라고 하고, 이러한 규정이 정해진 시기를 위의 규정이 정해진 시기와 동일한 정조 5년(1781) 4월 18일의 일이라고 하였다. 이러한 점으로 볼 때, 위에서 말한 전강과 제술은 초계 문신의 전강과 제술, 전경 문신의 전강, 문신 제술을, 삭시사는 당하 문신 삭시사(堂下文臣朔試射)를 가리킨다고 하겠다.

당하 문신 삭시사는 매월 20일에 50세 이하의 당하 문신을 대상으로 시행했던 활쏘기 시험이다. 『속대전』「병전」 시취(試取) 문신 당하(文臣堂下)에서는 대간이나 감찰 등을 제외하고는 현탈하지 못하도록 하였는데, 이때 와서 감찰도 현탈하지 못하도록 정한 것으로 보인다. 감찰은 사헌부의 정6품 관직으로 총 13명이 있었는데, 그중 문관이 3명, 무관이 5명, 음관이 5명이었다. 이러한 규정은 「병고」 문무신강사(文武臣講射) 10-11에도 중복해서 보인다.

◑ 참고자료 ◐

『속대전』「이전」 경관직(京官職) 사헌부, 「병전」 시취(試取) 문신 당하(文臣堂下).
『은대편고』「병방고」 전경무신전강・문신당하삭시사.
『정원고사』「병고」 문무신강사(文武臣講射).
『승정원일기』 정조 5년 4월 18일 입시 기사.

62. 『승정원일기』와 『일성록』에는 동일한 날짜에 기록되어 있고, 『정조실록』에는 기록되어 있지 않다.

■어휘 해설

1. 삭시사(朔試射): 매달 무관과 문관 등에게 보이던 활쏘기 시험을 가리킨다. 대표적으로 당하 문신 삭시사(堂下文臣朔試射), 당상 무신 삭시사(堂上武臣朔試射), 당하 무신 삭시사(堂下武臣朔試射) 등이 있었다.

10. 일차 유생 전강(日次儒生殿講)

일차 유생 전강(日次儒生殿講)은 성균관과 사학의 도기 유생(到記儒生)을 대상으로 시행하던 경전 강독 시험을 가리킨다. 원래 해마다 2·4·6·8·10·12월 15일에 시행하다가 영조 때부터 16일로 변경하였다. 응시할 유생은 성균관에서 서울 유생이나 지방 유생을 막론하고 당시 성균관과 사학에 거주하는 유생을 숫자 제한 없이 써서 들여 임금의 낙점을 받아 정하였으며, 성균관에서 낙점을 받은 유생만을 다시 써서 들였다. 강독할 경전은 삼경(三經) 중에서 낙점을 받아 정하였다. 수석을 차지한 유생에게는 임금의 명이 있을 경우에 회시(會試)나 전시(殿試)에 곧바로 응시할 자격을 주었다. 경전 강독 대신에 제술(製述) 시험으로 시행하기도 하였다.

◑ 참고자료 ◐

『속대전』「예전」 제과(諸科).
『은대편고』「예방고」 일차유생전강(日次儒生殿講), 「통고」 월령(月令).
『육전조례』「이전」 승정원 월령.
『승정원일기』 영조 12년 9월 6일 일차 유생 전강 기사.

10-01

○ "節製, 大提學雖承牌, 兩館提學, 自政院牌招參考, 一依古事爲之。親臨科試時, 臺諫及曾經文任、承旨, 竝擬試望, 亦有前例, 竝復舊之。"意, 大臣擧條蒙允。【戊戌七月二十四日。】

● "절일제(節日製)를 거행할 때에 대제학이 부름에 응했더라도 양관(兩館, 홍문관과 예문관)의 제학을 정원에서 궐 안으로 불러들여 채점에 참여하게 하는 것은 하나같이

고사(故事)에 따라 시행한다. 임금이 직접 참석하여 과시(科試)를 시행할 때 대간 및 일찍이 문임(文任)이나 승지를 거친 사람까지 아울러 시관(試官)의 후보로 뽑아 올린 것도 전례가 있으니, 아울러 복구한다."라는 내용으로 대신이 거행 조건을 내어 윤허를 받았다.【무술년(1778, 정조 2) 7월 24일.[63]】

■본문 해설

대신은 좌의정 서명선(徐命善)을 가리킨다. 대제학이 부름에 응했더라도 양관의 제학까지 불러들여 채점에 참여하도록 한 관례가 언제부터 시작된 것인지는 알 수 없으나, 숙종 12년(1686)에도 그렇게 한 사례가 보인다. 이런 관례가 전부터 있었는데도 승정원에서 시행하지 않자 서명선이 복구할 것을 청한 것이다. 임금이 절일제에 직접 참석할 경우에는 시관 7명을 선발하였다.

◑ 참고자료 ◐

『은대편고』「예방고」 절일제.

『승정원일기』 숙종 12년 1월 4일 이언강(李彦綱)의 계사, 정조 2년 7월 24일 입시 기사.

■어휘 해설

1. 절일제(節日製): 해마다 1월 7일, 3월 3일, 7월 7일, 9월 9일에 성균관의 원점 유생(圓點儒生)을 대상으로 시행하던 시험을 가리킨다. 1월 7일에 시행하는 시험을 인일제(人日製), 3월 3일에 시행하는 시험을 삼일제(三日製), 7월 7일에 시행하는 시험을 칠일제(七日製) 또는 칠석제(七夕製), 9월 9일에 시행하는 시험을 구일제(九日製)라고 불렀다.
2. 문임(文任): 홍문관의 제학(提學)과 예문관의 제학을 아울러 부르는 이름이다.

10-02

○ "此後節製時對讀官, 入直兩儒臣及直閣、待教中一員啓下, 備三員入侍。" 事, 下教。【己亥十二月初九日。】

● "앞으로 절일제를 거행할 때의 대독관(對讀官)은 입직하는 유신(儒臣) 2명, 직각과 대교 중 1명으로 재가를 받아서 3명을 갖추어 입시하도록 한다."라는 내용으로 하교하였다.【기해년(1779, 정조 3) 12월 9일.[64]】

---

63. 『승정원일기』와 『일성록』 및 『정조실록』 모두 동일한 날짜에 기록되어 있다.

■본문 해설

위의 하교는 황감제(黃柑製)의 답안지를 채점할 때 정조가 겸춘추(兼春秋)와 규장각 직각(直閣)을 불러들여 대독관으로 삼도록 하면서 내린 것이다. 『승정원일기』에는 "대독관의 망단자에 옥당 2명과 규장각 관원 1명으로 써서 들인다."라고 되어 있는데, 여기에서는 구체적으로 옥당은 입직하는 옥당 2명으로 차출하고 규장각 관원은 직각과 대교 중 1명으로 차출하도록 명확히 하였다. 입직하는 옥당과 각신이 없을 경우에는 입직하는 춘방(春坊)이나 병조의 낭청으로 대독관을 삼았다. 위의 규정은 『은대편고』에도 수록되어 있다.

◑ 참고자료 ◐

『은대편고』「예방고」 절일제.
『승정원일기』 정조 3년 12월 9일 입시 기사.

■어휘 해설

1. 대독관(對讀官): 임금이 직접 참석한 가운데 시행하는 과시(科試)의 시관(試官) 중 하나를 가리킨다. 대독관은 독권관(讀券官)과 함께 시제(試題)를 쓰거나 전달하는 일, 시험 답안지를 읽는 일 등을 담당하였다.

10-03

○ "內閣提學, 因大臣獻議, 掌試與兩館通同, 定式。文衡或弘文提學持試題詣泮宮後, 他館提學牌招時, 本閣提學, 一體牌招。"事, 備忘記。【辛丑三月初三日。】

● "대신의 건의에 따라 규장각 제학도 양관의 제학과 함께 과시(科試)를 관장하는 것으로 정식을 삼았다. 그러므로 대제학이나 홍문관 제학이 시제(試題)를 가지고 반궁(泮宮, 성균관)에 나아간 뒤에 다른 관(館)의 제학을 궐 안으로 불러들일 때 규장각의 제학도 함께 불러들인다."라는 내용으로 비망기를 내렸다. 【신축년(1781, 정조 5) 3월 3일.[65]】

---

64. 『승정원일기』에는 동일한 날짜에 기록되어 있고, 『일성록』과 『정조실록』에는 기록되어 있지 않다.
65. 『승정원일기』와 『일성록』 및 『정조실록』 모두 동일한 날짜에 기록되어 있다.

■본문 해설

위의 비망기는 정조가 삼일제(三日製)를 행하는 날에 지난해 정식으로 삼았던 것을 상기하면서 내린 것이다. 이에 따라 그날 규장각 제학 유언호(兪彦鎬)를 궐 안으로 불러들여 삼일제의 답안지를 채점하도록 하였다. 지난해 정식으로 삼았을 때의 기사를 찾지 못하여 대신이 누구인지는 알 수가 없다. 『은대편고』「예방고」 절일제에는 절일제를 행할 때 대제학이 차출되지 않았으면 홍문관 제학이 대행하고, 홍문관 제학이 차출되지 않거나 지방에 있으면 예문관 제학이 대행한다고 하였다. 그리고 홍문관 대제학이 차출되지 않아서 홍문관 제학을 불렀는데 홍문관 제학이 명에 응하면 규장각 제학과 예문관 제학을 함께 궐 안으로 불러들인다고 하였다. 이런 점으로 볼 때 다른 관의 제학은 예문관 제학을 가리킨 것으로 보인다. 위의 규정은 『은대편고』에도 수록되어 있다.

◑ 참고자료 ◐

『은대편고』「예방고」 절일제.
『승정원일기』 정조 5년 3월 3일 비망기와 서유방(徐有防)의 계사 및 삼일제 입시 기사.

10-04

○ "此後, 日次殿講儒生書啓單子中, 各其居住懸錄入啓。"事, 下敎。【辛丑十月十六日。】

● "앞으로는 일차 유생 전강에 응시할 유생을 써서 보고하는 단자(單子) 안에 각각 거주지를 기록하여 들인다."라는 내용으로 하교하였다.【신축년(1781, 정조 5) 10월 16일.[66]】

■본문 해설

위의 하교는 일차 유생 전강을 행하는 자리에서 내린 것이다. 『승정원일기』에는 "전강에 응시한 유생의 거안(擧案) 안에 각각 서울 유생인지 지방 유생인지를 기록하여 들이라."라고 하였다. 일차 유생 전강은 절일제와 달리 도기 유생(到記儒生)을 대상으로 행하였기 때문에 대상자의 명단을 성균관이 작성하여 올려서 낙점을 받아 응시하게 하였는데, 서울 유생이나 지방 유생이나 간에 모두 성균관이나 사학에 거주하는 유생만을 대상으로 하였다. 임금의 낙점을 받은 뒤에 성균관에서는 낙점을 받은 유생은 물론 성균관과 사학의 재임(齋任)까지 포

66. 『승정원일기』와 『일성록』에는 동일한 날짜에 기록되어 있고, 『정조실록』에는 기록되어 있지 않다.

함한 명단을 재차 작성하여 올렸다. 위의 규정은 『은대편고』에도 수록되어 있다.

◑ **참고자료** ◐

『속대전』「예전」 제과(諸科).

『은대편고』「예방고」 일차유생전강.

『승정원일기』 영조 12년 9월 6일 일차 유생 전강 기사, 정조 5년 10월 16일 입시 기사.

10-05

○ 以上齋生書啓, "自取稟日至殿講前一日朝食堂, 捧擧案, 方外生、進皆令應試。"事. 定式。【壬子十二月十四日。】

● 상재생(上齋生)의 명단을 작성하여 보고한 데 대해 "일차 유생 전강을 행할지의 여부를 물은 날부터 전강을 행하기 하루 전날까지의 조식당(朝食堂)에 들어온 유생에 대해서만 거안(擧案)을 받아들이되, 지방의 생원과 진사도 모두 응시하게 한다."라는 내용으로 정식을 삼았다.【임자년(1792, 정조 16) 12월 14일.[67]】

■ **본문 해설**

위의 규정은 성균관에서 일차 유생 전강에 응시할 명단을 작성하여 올리자, 정조가 전교를 내려 정한 것이다. 일차 유생 전강은 도기 유생을 대상으로 시행하기 때문에 도기 유생을 선발할 기준을 이처럼 정한 것으로 보인다. 일차 유생 전강은 해마다 짝수 달의 11일에 행할지의 여부를 물어 16일에 시행하였으므로 짝수 달의 11일부터 15일 사이의 조식당에 참여한 유생은 일차 유생 전강에 응시할 자격이 되는 것이다. 일차 유생 전강에 응시할 유생을 정하기 위해서 식당도기(食堂到記)를 거두어들일 경우에는 식당에 참석한 유생들이 거안을 직접 작성해서 바쳤던 것으로 보인다. 거안을 직접 작성해서 바치도록 한 것은 본인이 식당에 참석하였음을 확인하는 절차인 셈이다.

◑ **참고자료** ◐

『은대편고』「예방고」 일차유생전강.

『승정원일기』 숙종 35년 2월 14일 성균관의 초기, 영조 12년 9월 6일 유생 전강 기사, 정조 15년 10월 19일 성균관의 초기, 16년 12월 14일 전교.

---

67. 『승정원일기』와 『일성록』 및 『정조실록』 모두 동일한 날짜에 기록되어 있다.

■어휘 해설

1. 상재생(上齋生): 성균관의 상재(上齋)에 거주하는 생원(生員)과 진사(進士)를 가리킨다. 생원과(生員科)나 진사과(進士科)에 합격한 생원과 진사가 성균관에 입학하면 명륜당(明倫堂)의 마당 양쪽에 있는 동재(東齋)와 서재(西齋)에 거주하였는데, 이들을 상재생 또는 거재생(居齋生)이라고 불렀다. 상재생의 정원이 부족할 경우에는 이를 채우기 위해 서울과 지방의 유학(幼學) 중에서 선발하여 동재와 서재에 거주하도록 하였는데, 이들을 하재생(下齋生) 또는 기재생(寄齋生)이라고 불렀다. 후일에는 상재생의 정원과 상관없이 하재생의 정원을 20명으로 유지한 것으로 보인다. 상재생의 정원은 시기에 따라 차이가 있었는데, 『속대전(續大典)』을 기준으로 하면 장의(掌議)와 색장(色掌)을 포함하여 106명이었다.
2. 조식당(朝食堂): 성균관에서는 아침과 저녁 두 차례 식당(食堂)을 열었는데 그중 아침에 여는 식당을 가리킨다. 유생들이 식당에서 식사를 하면 일종의 출석부라고 할 수 있는 도기(到記)에 둥근 점을 표시하였다. 아침과 저녁 중 한 차례만 식당에 참석하였으면 반점(半點)으로 처리하고, 아침과 저녁 두 차례 모두 식당에 참석하였으면 1개의 원점(圓點)으로 인정하였다. 원점이 일정한 숫자에 도달한 경우를 준점(準點)이라고 하였는데, 절일제(節日製)에는 30점, 도기과(到記科)에는 50점, 관시(館試)에는 300점을 채운 유생이 응시할 수 있었다. 이처럼 일정한 기준을 채운 유생을 원점생(圓點生)이라고 불렀다. 원점의 수와 상관없이 성균관이나 사학(四學)에 거주하는 유생으로서 지정하는 날에 식당에서 식사를 한 유생을 도기생(到記生)이라고 불렀다.

10-06

○ "太學進箋時, 非上舍生, 無敢混忝於太學進箋之列。"事, 傳敎。【乙卯閏二月二十五日。】

＊ 忝: 『일성록』 같은 달 24일 기사에는 '參'으로 되어 있다.

● "태학(太學, 성균관)에서 전문(箋文)을 올릴 때에는 상재생이 아니면 태학에서 전문을 올리는 명단 안에 감히 뒤섞어 넣지 못한다."라는 내용으로 전교하였다. 【을묘년(1795, 정조 19) 윤2월 25일.[68]】

■본문 해설

위의 전교는 영흥 본궁(永興本宮)에 환조(桓祖)를 배향(配享)한 일로 인하여 유생들이 전문을 올리자 내린 것이다. 유생들이 전문을 올릴 때 '성균관과 사학의 유생이 전문을 올림[館學進箋]'이라고 써서 올리자, 정조가 생원(生員)·진사(進士)가 아닌 사학의 유생까지 포함시

68. 『일성록』에는 같은 달 24일에 기록되어 있고, 『승정원일기』와 『정조실록』에는 기록되어 있지 않다.

킨 것은 옛 규례를 위반한 것이라고 하면서 '성균관 유생이 전문을 올림[太學生進箋]'이라고만 쓰도록 하고 생원과 진사가 아닌 유학(幼學)은 참여하지 못하도록 하였다.

◑ **참고자료** ◐

『일성록』 정조 윤2월 24일 참조.

■**어휘 해설**

1. 전문(箋文): 나라에 경사(慶事)나 애사(哀事)가 있을 때 신하가 임금이나 왕비, 세자 등에게 올리던 글을 가리킨다. 전문은 임금이 왕대비에게, 세자가 임금에게 지어 올리기도 하였으며, 대부분 사륙변려체(四六騈儷體)로 지었다.

10-07

○ "上齋生, 無論年之老少, 有一書講工者, 當朔受點書啓, 以應講懸註, 定式。" 事, 傳敎。【丙辰七月二十五日。】

● "나이가 많거나 적거나 간에 한 가지 경서(經書)라도 강습한 상재생에 대해서는 해당 달에 낙점을 받기 위해 명단을 작성하여 보고할 때 전강에 응시하는 것으로 주(註)를 단다. 이를 정식으로 삼는다."라는 내용으로 전교하였다. 【병진년(1796, 정조 20) 7월 25일.[69]】

■**본문 해설**

위의 전교는 일차 유생 전강을 하는 자리에서 내린 것이다. 이날 정조가 유생들의 강경 실력이 뛰어난 것을 칭찬하고 경서 공부를 권장하는 취지에서 이처럼 전교한 것이다. 그 당시에는 재임(齋任)들만 일차 유생 전강에 응시하게 하였는데, 정조가 상재생의 실력이 출중한 것을 보고 성균관에서 응시 대상의 낙점을 받기 위해 명단을 작성하여 보고할 때 한 가지 경서라도 강독한 자의 이름 밑에는 '전강에 응시한다.'라고 주를 달아서 낙점할 때 응시 대상에 포함시키도록 하였다.

◑ **참고자료** ◐

『승정원일기』 정조 20년 7월 25일 입진 기사.

---

69. 『승정원일기』와 『일성록』에는 동일한 날짜에 기록되어 있고, 『정조실록』에는 기록되어 있지 않다.

11. 한학전강(漢學殿講)

한학전강(漢學殿講)은 한학 문신 전강(漢學文臣殿講)을 가리키는 것으로, 승문원(承文院)에서 선발한 49세 미만의 당하 문신을 대상으로 시행하던 중국어 시험이었다. 시험 과목은 중국어 교재인 『노걸대(老乞大)』를 읽고서 풀이하는 강독 시험 1과목이었다. 한학 문신 전강은 해마다 사계절의 각 첫 달인 1·4·7·10월 11일에 행할지를 여쭈어 16일에 시행하였으며, 성적에 따라 상벌을 시행하였다. 승문원이 29세 이하의 당하 문신을 한학 문신으로 선발하여 48세까지 전강(殿講)에 응시하도록 하였으며, 49세가 되면 한학 문신에서 제외하였다.

◑ 참고자료 ◐
『은대편고』「예방고」 한학문신전강(漢學文臣殿講).
『은대조례』「예고」 한학문신전강.
『육전조례』「예전」 승문원 총례(總例).

11-01

○ "漢學殿講, 則依專經殿講例, 每年四孟朔; 吏文製述, 則依文臣製述例, 每年春秋仲朔, 竝令政院稟旨擧行, 定式。"事, 承旨擧條矣, 以"漢學殿講, 孟朔十六日, 定式。"事, 批答。【乙卯七月初二日。】

● "한학 문신 전강(漢學文臣殿講)은 전경 문신 전강(專經文臣殿講)의 예에 따라 해마다 각 계절의 첫 달에, 이문 제술(吏文製述)은 문신 제술(文臣製述)의 예에 따라 매년 봄과 가을의 가운데 달에 모두 정원에서 임금의 뜻을 물어 거행하는 것으로 정식을 삼는다."라는 내용으로 승지가 거행 조건을 낸데 대해, "한학 문신 전강은 각 계절의 첫 달 16일에 시행하는 것으로 정식을 삼는다."라는 내용으로 비답을 내렸다.【을묘년(1795, 정조 19) 7월 2일.[70]】

70. 『승정원일기』와 『일성록』에는 동일한 날짜에 기록되어 있고, 『정조실록』에는 기록되어 있지 않다.

■본문 해설

승지는 우부승지 이면긍(李勉兢)을 가리킨다. 위의 규정은 그동안 폐지되었던 한학 문신 전강을 다시 시작하면서 정조의 허락을 받아 정한 것이다. 이 기사에서는 이면긍이 이처럼 새로 거행 조건을 낸 것처럼 기록되어 있으나, 『승정원일기』 등의 사료에 의하면, 그전에 암행어사 이희갑(李羲甲)의 서계(書啓)에 대한 비답과 승문원의 초기(草記)에 대한 비답을 통해 이문 제술과 한학 문신 전강을 그전대로 행하도록 정식을 삼았다. 그에 따라 이면긍은 이문 제술에 대해서는 2월 1일과 8월 1일에 행할지의 여부를 물어 시행할 것을 청하고, 한학 문신 전강의 경우에는 정해진 날짜가 없다고 보고하자, 정조가 이처럼 답변한 것이다. 그 결과 각 계절의 첫 달 11일에 한학 문신 전강을 행할지의 여부를 물어 16일에 행하게 되었다.

◑ 참고자료 ◐

『은대편고』「예방고」 한학문신전강.

『승정원일기』 정조 19년 4월 29일 전라도 암행어사 이희갑(李羲甲)의 서계(書啓)에 대한 비답, 5월 2일 승문원의 초기, 6월 1일 세초(歲抄) 입시 기사, 7월 2일 입시 기사.

■어휘 해설

1. 이문 제술(吏文製述): 승문원(承文院)이 선발한 30세 이상 48세 이하의 당하 문신을 대상으로 시행하던 시험으로, 시험 과목은 외교 문서를 작성해서 제출하는 작문 시험 1과목이었다. 이문 제술은 해마다 봄(2월)과 가을(8월) 두 차례 시행하였으며 성적에 따라 상벌을 시행하였다.

12. 명과학(命課學)

명과학(命課學)은 운명(運命)·길흉(吉凶)·화복(禍福) 등을 연구하는 학문 또는 그러한 학문을 전공한 사람들이 맡는 관직을 가리킨다. 조선 시대에는 명과학을 전공한 사람을 선발하기 위해 잡과(雜科) 안에 음양과(陰陽科)를 두었다. 잡과를 통해 선발된 명과학을 전공한 사람들은 관상감(觀象監)에 소속되었는데, 관상감 안에는 명과학과 관련된 관직으로 교수(敎授)와 훈도(訓導)가 있었고, 그 아래에 명과학을 익히는 생도(生徒)가 있었다.

◑ **참고자료** ◐

『대전통편』「이전」 경관직 관상감, 「예전」 제과(諸科) 음양과초시(陰陽科初試)·음양과복시(陰陽科覆試).
『전율통보』「이전」 경관직 관상감, 「예전」 제과 음양과(陰陽科).
『육전조례』「예전」 예조 계제사(稽制司).

12-01

○ "凡吉日推擇後, 以推擇日官姓名書啓, 一錯則越布, 再錯則越布、越料, 三錯則拔之兼教授取才, 至於屢錯而不可勝任者, 草記刊汰。"事, 觀象監提調舉條蒙允。【辛亥十月十一日。】

● "길일을 잡은 뒤에 길일을 잡은 일관(日官)의 성명을 써서 보고하였다가 한 번 길일을 잘못 잡았으면 번포(番布)를 지급하지 않고 건너뛰었으며, 두 번 길일을 잘못 잡았으면 번포와 요미(料米)·요태(料太)를 지급하지 않고 건너뛰었으며, 세 번 길일을 잘못 잡았으면 겸교수(兼教授)의 취재(取才) 대상에서 제외하며, 여러 차례 길일을 잘못 잡아 임무를 감당할 수 없는 자에 대해서는 초기하여 태거(汰去)한다."라는 내용으로 관상감 제조가 거행 조건을 내어 윤허를 받았다. 【신해년(1791, 정조 15) 10월 11일.[71]】

■**본문 해설**

관상감 제조는 서호수(徐浩修)를 가리킨다. 위의 규정은 길일을 제대로 잡지 못한 일관에게 벌을 시행하여 자신의 업무에 집중하도록 하려는 취지에서 정한 것이라고 하겠다. 천문학(天文學)·지리학(地理學)·명과학이 서로 돌아가면서 천문학 겸교수(天文學兼教授)로 천전(遷轉)하는 자리가 하나 있었는데, 서호수가 이를 명과학에 전속시켜 줄 것을 청하여 허락을 받았다. 그런데 길일을 3차례나 잘못 잡은 일관에게는 천문학 겸교수에 제수하기 위해 시행하는 취재에 아예 응시할 수 없도록 응시 자격을 박탈하였다. 이때 서호수의 말에 의하면, 명과학의 경우에는 원래 급료를 주던 6자리는 번포(番布) 5필을 지급하고 그 외에도 취재하여 급료를 지급하는 2자리가 있다고 한 것으로 보아, 요는 요미(料米)나 요태(料太)를 가리

---

71. 『승정원일기』와 『일성록』에는 동일한 날짜에 기록되어 있고, 『정조실록』에는 같은 달 27일에 관상감에서 삼학(三學)에 대한 절목(節目)을 개정해서 올린 기사가 기록되어 있다.

키고 포는 번포를 가리킨 것으로 보인다.

◑ **참고자료** ◐

『대전회통』「이전」 경관직 관상감.
『승정원일기』 정조 15년 10월 11일 윤대관 입시 기사.
『정조실록』 15년 10월 27일(무진).

12-02

○ "諸凡推擇，皆書日官姓名定式已久，而惟戶曹文書，依舊不書。政院知悉，不書日官，則勿捧。"事，下教。【乙卯七月二十四日。】

● "모든 길일을 잡을 때에는 모두 일관(日官)의 성명을 기입하는 것으로 정식을 삼은 지가 오래되었는데, 호조의 문서에만 여전히 일관의 성명을 쓰지 않고 있다. 정원에서는 이를 숙지하여 일관의 성명을 쓰지 않은 문서는 받아들이지 말라."라는 내용으로 하교하였다.【을묘년(1795, 정조 19) 7월 24일.[72]】

■본문 해설

위의 하교는 호조가 시어소(時御所) 안에 있는 각 관사의 비가 새는 곳을 개수할 길일을 잡아서 보고하자 내린 것이다. 정식은 앞의 12-01에서 정한 규정을 가리킨다. 위의 규정은 『은대편고』에도 수록되어 있다.

◑ **참고자료** ◐

『은대편고』「통고」 통행사례(通行事例).
『승정원일기』 정조 19년 7월 24일 호조의 초기.

72. 『승정원일기』와 『일성록』에는 동일한 날짜에 기록되어 있고, 『정조실록』에는 기록되어 있지 않다.

13. 향실 충의(香室忠義)

향실 충의(香室忠義)는 향실(香室)에서 축문(祝文)을 쓰는 일을 담당하던 서사 충의(書寫忠義)를 가리킨다. 향실은 향(香)과 축문(祝文)을 관리하는 일을 맡았던 곳으로, 정전(正殿)의 서쪽에 있었다. 향실은 승정원의 예방 승지(禮房承旨)가 담당하였으며, 각 계절의 첫 달마다 향실을 봉심(奉審)하였다. 충의(忠義)는 공신의 적장(嫡長) 자손이나 승중(承重) 첩자손(妾子孫)으로서 충의청(忠義廳)에 속한 사람을 가리킨다. 충의는 체아직(遞兒職)을 받고 각 관사나 혼전(魂殿) 등에 파견되어 근무하였는데, 그중 향실에 파견되어 축문 쓰는 일을 담당하는 충의를 향실 서사 충의라고 하였다. 향실에는 3명의 서사 충의가 있었다.

◑ 참고자료 ◐

『대전통편』「이전」 경관직 외각(外閣), 「예전」 제례(祭禮).
『전율통보』「예전」 상례(喪禮), 「병전」 속위(屬衛).
『은대편고』「예방고」 전향(傳香), 「통고」 월령(月令).

13-01

○ "賓參、守奉各一窠, 屬之忠義, 卽疏鬱之大政, 而今聞不然云。自今書寫忠義與入番諸忠義, 通瀜差擬實職, 而令該府論理草記。此後, 該府首堂與該承旨, 眼同取才。傳寫時, 必盥手; 對準時, 具公服, 無敢違越。香室隸於校書館, 而近又爲內、外閣, 則入直官勤怠, 內閣其可不致察! 以此香室、內閣、勳府揭板。"事, 傳敎。【甲寅六月二十七日。】

* 必盥手: 저본에는 없는데, 『승정원일기』 같은 날 기사에 근거하여 보충하였다.

● "예빈시 참봉(禮賓寺參奉)과 수봉관(守奉官) 각 한 자리를 충의(忠義)로 뽑도록 한 것은 충의의 적체를 해소해 주려는 큰 정사였는데, 지금 들으니 그렇게 하지 않았다고 한다. 지금부터는 서사 충의(書寫忠義)를 입번(入番)하는 충의들과 함께 통틀어 실직에 후보로 뽑아 올리되, 충훈부에서 이치를 따져 초기하게 하라. 앞으로는 충훈부의 우두머리 당상이 예방 승지와 함께 만나 충의를 취재(取才)한다. 그리고 서사 충의가 축문을 옮겨 쓸 때 반드시 손을 씻고 대조할 때 공복(公服)을 갖추어 입는 것은 감히

어기지 못하게 한다. 향실은 교서관에 예속되어 있는데 근래에 또 내각(內閣)과 외각(外閣)으로 나뉘었으니, 입직하는 관원들의 근무 실태를 내각에서 어찌 주의를 기울여 살피지 않을 수 있겠는가. 이러한 내용을 향실·내각·충훈부에 게시하라."라는 내용으로 전교하였다. 【갑인년(1794, 정조 18) 6월 27일.[73]】

■ **본문 해설**

위의 전교는 향실의 서사 충의가 해서(楷書)와 초서(草書)를 섞어서 축문(祝文)을 작성하는 일이 발생하자, 정조가 이는 충의가 고역에 시달리기 때문이라며 그들의 사기 진작을 위해서 내린 것이다. 예빈시는 빈객(賓客)에게 연향(宴享)을 베푸는 일과 종재(宗宰)에게 예물을 공급하는 일 등을 관장하는 관사이고, 예빈시 참봉은 종9품의 벼슬로 2명이 있었다. 수봉관은 원(園)을 지키는 종9품 벼슬로 영조 29년(1753)에 처음 두었다. 『대전통편』을 기준으로 보면, 수봉관은 영우원(永祐園)·순강원(順康園)·소녕원(昭寧園)에 각 2명씩 두었으며, 30살의 유학(幼學)으로 차출하도록 하였다. 이후 영우원은 현륭원(顯隆園)으로 바뀌게 되어 수봉관 대신 종5품 영(令) 1명과 종9품 참봉 1명을 두는 것으로 변경되었다. 영조 24년(1748)에는 예빈시 참봉이나 전옥서 참봉 한 자리를 적장 충의(嫡長忠義)로 차출하도록 정식을 삼았고, 정조 12년(1788)에는 예빈시 참봉과 순강원 수봉관 각 한 자리를 충의로 차출하도록 정식을 삼았다. 정조가 말한 '충의의 적체를 해소하기 위한 큰 정사'는 이를 가리킨다. 『대전통편』에 예빈시 참봉 한 자리는 충훈부에서 공신적장 충의로 후보 3명을 정해서 이조로 보내오면 이조에서 차출한다고 하였고, 『대전회통』에서는 순강원 수봉관 한 자리도 그처럼 차출한다고 하였다.

향실에는 축문서사 충의 3명을 두었는데, 예방 승지가 이들을 선발하여 보고하였다. 이들이 서로 돌아가며 향실에서 입직하였고, 900일의 근무 일수를 채우면 다른 관직으로 옮겨 갔다. 정조가 규장각을 설치하고 교서관을 규장각에 통합하면서 기존 규장각은 내각(內閣)이라 부르고 교서관은 외각(外閣)이라고 불렀다.

◑ **참고자료** ◐

『대전통편』「이전」 경관직 외각(外閣)·예빈시(禮賓寺)·원(園)·각원(各園)·각묘(各墓), 제수(除授).
『대전회통』「이전」 제수.
『정원고사』「병고」 동가(動駕).
『승정원일기』 영조 24년 11월 4일 입시 기사, 정조 12년 5월 12일 입시 기사.

73. 『승정원일기』와 『일성록』에는 동일한 날짜에 기록되어 있고, 『정조실록』에는 같은 달 28일에 기록되어 있다.

14. 동가(動駕)

동가(動駕)는 임금이 거둥하는 것을 가리킨다. 『은대편고』에는 「예방고(禮房攷)」에 '동가(動駕)' 조항을 두고 「병전」에 '동가'와 '능행(陵幸)' 조항을 두었으며, 『은대조례』에는 「예전」에 '동가' 조항을 두고 「병전」에 '행행(幸行)' 조항을 두었는데, 『정원고사』에는 「예고」와 「병고」에 각각 '동가' 조항을 두었다. 이처럼 동가와 행행은 서로 나누어서 설명하기도 하고 행행을 동가에 합쳐서 하나로 설명하기도 하였다. 동가는 행행을 포함하여 거둥하는 장소와 상관없이 임금이 행차하는 것을 일반적으로 가리키는 말이라고 하면, 행행은 능행(陵行)·원행(園行)·온행(溫行)처럼 도성 밖으로 멀리 거둥하는 것을 이르는 말이라고 하겠다.

임금이 동가할 때에는 그 규모에 따라 어가(御駕)를 대가(大駕)·법가(法駕)·소가(小駕)로 나누어 달리 마련하였고, 출발하는 시각과 중간에 휴식할 곳 등도 마련하였다. 도성 밖으로 동가할 경우에는 유도 대장(留都大將)과 수궁 대장(守宮大將)을 차출하여 도성에 남겨 두고, 동가하는 길목에는 척후병(斥堠兵)·복병(伏兵)·전어군(傳語軍)을 배치하였다.

◑ **참고자료** ◐

『대전통편』「병전」 입직(入直).
『은대편고』「예방고」 동가(動駕), 「병방고」 동가·능행(陵幸)·노부의위(鹵簿儀衛).
『은대조례』「예고」 동가, 「병고」 행행(幸行).

14-01

○ "凡動駕時侍臣, 兩司中雖一司一員, 若有進參之人, 則不必煩稟, 而兩司無一人, 則稟請變通, 啓辭未下, 則只玉堂進參; 玉堂又無一員, 則稟請變通, 而啓辭未下, 則宗簿正、判校進參之意, 臨時入稟。以此定式。"事, 承旨擧條蒙允。【壬寅二月初三日。】

● "동가할 때 수행할 시종(侍從)은 양사의 관원 중에 한 관사에서 1명의 관원이라도 참석할 사람이 있으면 번거롭게 물을 필요가 없지만, 양사의 관원 중에 한 사람도 참석할 사람이 없으면 임금에게 변통할 것을 청하되, 변통할 것을 청한 계사에 대한

비답을 내려 주지 않으면 옥당만 참석한다. 옥당 중에 또 1명의 관원도 참석할 사람이 없으면 임금에게 변통할 것을 청하되, 변통할 것을 청한 계사에 대한 비답을 내려 주지 않으면 종부시 정(宗簿寺正, 정3품)이나 승문원 판교(承文院判校, 정3품)로 참석하게 하겠다는 내용으로 때가 되면 보고한다. 이로써 정식을 삼는다."라는 내용으로 승지가 거행 조건을 내어 윤허를 받았다. 【임인년(1782, 정조 6) 2월 3일.[74]】

■**본문 해설**

『승정원일기』 정조 6년(1782) 2월 3일의 기사에 의하면, 좌부승지 정지검(鄭志儉)이 다음 날 영희전(永禧殿)에 동가할 때 시종이 참석해야 하는데, 양사의 대간이 모두 지방에 있어서 참석할 수 없다고 보고하자, 정조가 모두 체차하고 새로 차출하도록 한 기사가 보인다. 위의 규정은 이와 같은 상황에서 나온 것으로 보인다. 『은대편고』 「예방고」 시신(侍臣)에는 위의 규정이 좀 더 상세히 실려 있는데, 그 주(註)에 의하면 양사의 관원에 대해서는 재차 궐 안으로 불러들이는 규정이 없고 옥당에 대해서는 궐 안으로 불러들이기를 청하는 규정이 원래 없으나, 종부시 정과 승문원 판교는 겸춘추(兼春秋)를 맡고 있기 때문에 으레 참석한다고 하였다.

◑ **참고자료** ◐

『은대편고』 「예방고」 시신(侍臣).

『승정원일기』 정조 6년 2월 3일 정지검(鄭志儉)의 계사, 4일 영희전(永禧殿) 거둥 기사.

14-02

○ "廟、社、殿、宮動駕日, 出宮時, 前後鼓吹, 陳而不作; 還宮時, 始爲振作矣。若一日內, 動駕諸處, 而所重處, 先已行禮, 則禮成之後, 如例樂作。此後, 依聖教磨鍊。而社稷大祭後, 仍詣宗廟, 則樂作; 宗廟展謁後, 仍詣永禧殿, 則陳而不作, 亦爲定式。"事, 禮曹判書擧條蒙允。【丙辰七月十九日。】

● "종묘(宗廟)·사직(社稷)·전(殿)·궁(宮)에 동가하는 날은, 궁을 나갈 때에는 전부(前部)와 후부(後部)의 고취(鼓吹)를 벌여만 놓고 연주는 하지 않다가 궁으로 돌

74. 『승정원일기』와 『일성록』 및 『정조실록』 모두 동일한 날짜에 기록되어 있지 않으나, 『은대편고』 「예방고」 시신(侍臣)에 동일한 날짜의 일로 기록되어 있다.

아올 때에야 음악을 연주한다. 그러나 하루 안에 여러 곳에 동가하되 중요한 곳에서 먼저 예를 행하였으면 예를 마친 뒤에는 규례대로 음악을 연주한다. 앞으로는 성상의 하교에 따라 이렇게 마련한다. 그리고 사직(社稷)의 대제(大祭)를 행한 뒤에 이어서 종묘에 나아갈 경우에는 음악을 연주하고, 종묘에 전알(展謁)한 뒤에 이어서 영희전(永禧殿)에 나아갈 경우에는 고취를 벌여 놓기만 하고 연주는 하지 않는다. 이것도 정식으로 삼는다."라는 내용으로 예조 판서가 거행 조건을 내어 윤허를 받았다. 【병진년(1796, 정조 20) 7월 19일.[75]】

■본문 해설

예조 판서는 민종현(閔鍾顯)을 가리킨다. '성상의 하교'란 궁을 나갈 때와 궁으로 돌아올 때 음악을 연주할지에 대한 영조의 하교를 가리킨다. 『승정원일기』 영조대의 기사를 참고하면, 궁을 나갈 때에는 음악을 연주하지 않다가 궁으로 돌아올 때에는 음악을 연주하도록 의주(儀註)를 마련한 기사가 종종 보인다. 전(殿)은 영녕전(永寧殿)·영희전(永禧殿)·선원전(璿源殿)을 가리키고, 궁(宮)은 경모궁(景慕宮)을 가리킨다.

◑ 참고자료 ◐

『은대편고』「예방고」 묘사전궁(廟社殿宮).
『승정원일기』 영조 3년 7월 14일 정석삼(鄭錫三)의 계사, 39년 12월 21일 석강(夕講) 기사, 44년 12월 18일 인견 기사, 정조 20년 7월 19일 도정(都政) 기사.

■어휘 해설

1. 고취(鼓吹): 궐 안에서의 의식이나 임금의 행차 등이 있을 때 음악을 연주하던 악대로, 전정고취(殿庭鼓吹)·전부고취(前部鼓吹)·후부고취(後部鼓吹) 등이 있었다. 임금이 행차할 때의 의장(儀仗)을 대가(大駕)·법가(法駕)·소가(小駕)로 분류하였으므로, 의장의 규모에 따라 고취의 규모도 달라졌다.

75. 『승정원일기』와 『일성록』 및 『정조실록』 모두 동일한 날짜에 기록되어 있다.

15. 주어문자(奏御文字)

주어문자(奏御文字)는 신하나 각 관사(官司)가 임금에게 올리는 글이나 문서를 가리킨다. 『승정원일기』를 중심으로 신하나 각 관사가 임금에게 올리는 문서를 살펴보면, 초기(草記)·계사(啓辭)·계본(啓本)·계목(啓目)·장계(狀啓)·서계(書啓)·단자(單子)·상소(上疏)·차자(箚子) 등이 있다. 『일성록』에는 그 외에도 별단(別單)과 상언(上言) 등이 보인다. 이러한 문서들은 임금에게 올리는 것이기 때문에 정중하고 우아한 어휘를 구사하고 오자(誤字) 없이 해서(楷書)로 깨끗하게 써서 올려야 했다. 이를 어길 경우에는 당사자뿐만 아니라 문서의 출납을 담당하는 승정원의 승지까지 처벌을 받았다. 숙종은 주어 문자를 작게 쓰면 읽기가 불편하다 하여 다소 크게 쓰도록 하였다.

◑ 참고자료 ◐

『은대편고』「예방고」 황단(皇壇), 「통고」 통행사례(通行事例).
『승정원일기』 숙종 42년 12월 1일 입진(入診) 기사, 영조 20년 11월 28일 사간 이윤신(李潤身)의 계사, 정조 16년 7월 18일 신헌조(申獻朝)의 계사.

15-01

○ "奏御文字, 事體至重, 不善楷書, 則當該假注書, 汰去啓辭, 直爲捧入, 不善擇差之實注書, 直捧拿處傳旨。"事, 定式。【壬子七月十八日。】

● "임금에게 상주하는 글은 그 일의 체모가 매우 중대하니, 해서(楷書)를 잘 쓰지 못했으면 해당 가주서(假注書)에 대해서는 태거(汰去)하기를 청하는 계사를 곧바로 들이고, 가주서를 잘 가려 뽑지 못한 실주서(實注書)에 대해서는 의금부로 잡아다 처리하라는 전지를 곧바로 들인다."라는 내용으로 정식을 삼았다.【임자년(1792, 정조 16) 7월 18일.[76]】

■본문 해설

위의 규정은 주서가 시관(試官)의 망단자(望單子)를 정밀하게 쓰지 않은 일로 인하여 정한 것이다. 동부승지 신헌조(申獻朝)가 시관의 망단자를 정밀하게 쓰지 않은 책임을 물어 가주

76. 『승정원일기』와 『일성록』에는 동일한 날짜에 기록되어 있고, 『정조실록』에는 기록되어 있지 않다.

서 정상우(鄭尙愚)와 이운항(李運恒)은 태거하고 이들을 잘못 선발한 실주서 이해청(李海淸)은 의금부에 내려 추고(推考)할 것을 청하자, 정조가 이를 받아들였다. 이때 신헌조가 '정식에 따라'라고 한 말을 보면, 그 이전에도 이러한 규정이 있었던 것으로 보인다. 이처럼 정식을 정한 날, 의금부에 수감되었던 이해청은 풀어 주고 정상우는 용서하였으나, 이운항은 정조가 명한 대로 태거하고 후임에 신귀조(申龜朝)를 임명하였다.

◑ **참고자료** ◐

『승정원일기』 정조 16년 7월 18일 신헌조의 계사 및 전교.

16. 각릉봉심(各陵奉審)

각릉봉심(各陵奉審)은 왕이나 왕비의 무덤인 각 능(陵)을 봉심(奉審)하는 것을 가리킨다. 『경국대전』을 비롯한 법전에는 각 능을 담당하는 관직과 인원을 규정해 놓았는데, 각 능마다 종5품 영(令)부터 종9품 참봉(參奉)까지 1명이나 2명을 두었다. 『은대편고』에는 각 능이 소재한 지역과 기신일(忌辰日) 등이 정리되어 있다. 봉심은 특정 장소나 물품에 탈이 있는지 살피는 것을 가리킨다. 능(陵)·원(園)·묘(墓)의 사초(莎草)와 석물(石物), 종묘(宗廟)의 신실(神室), 사직단(社稷壇)의 제단(祭壇), 진전(眞殿)의 영정(影幀) 등에 탈이 있는지를 살피는 것 등을 봉심이라고 하였다. 봉심할 때에는 대부분 서울의 관원을 파견하였으나, 지방의 경우에는 관찰사나 수령이 대신 행하기도 하고, 임금의 행차가 있을 경우에는 임금이 직접 행하기도 하였다.

◑ **참고자료** ◐

『대전통편』 「이전」 경관직 각릉(各陵).
『전율통보』 「이전」 경관직 각릉, 「별편(別編)」 국조기년(國朝紀年).
『은대편고』 「예방고」 능원묘(陵園墓)·봉심(奉審), 「통고」 월령(月令).
『은대조례』 「예고」 봉심.
『육전조례』 「이전」 승정원 월령.

16-01

○ “自今專意播植, 每年三月、十月, 以其數爻報來, 自該曹別單草記, 則以受香獻官、奉審承旨或史官・宣傳官抽栍考察, 以爲懲慢賞勤, 而亦當間數年拔例致察。以此書揭齋壁。西五陵局內, 則旣有蜂峴摘奸之行, 自當一體奉審。以此定式。”事, 因東西陵、園奉審承旨擧條, 批答。【戊午七月初九日。】

● “각 능관(陵官)이 지금부터 상수리를 파종하고 소나무를 심는 데에 전념하여 매년 3월과 10월에 그 수효를 보고한 뒤에 예조에서 별단(別單)을 갖추어 초기하면, 향(香)과 축문(祝文)을 받들고 가는 헌관(獻官)이나 봉심(奉審)하러 가는 승지 또는 사관(史官)이나 선전관(宣傳官)을 시켜 무작위로 추출해서 살피게 하여, 태만한 자는 징계하고 성실한 자는 상을 주도록 하며, 또한 몇 년 간격으로 특례로 살펴야 한다. 이런 내용을 재실(齋室) 벽에 써서 게시한다. 서오릉(西五陵)의 구역 안은 이미 봉현(蜂峴)을 적간(摘奸)하러 가는 일이 있으니, 자연히 함께 봉심해야 한다. 이것으로 정식을 삼는다.”라는 내용으로, 동쪽과 서쪽의 능(陵)・원(園)을 봉심한 승지가 낸 거행 조건으로 인하여 비답을 내렸다.【무오년(1798, 정조 22) 7월 9일.[77]】

■본문 해설

승지는 우승지 채홍원(蔡弘遠)을 가리킨다. 채홍원이 동쪽과 서쪽에 있는 능(陵)・원(園)을 봉심하고 돌아와서 능과 원에 나무가 드문드문한 것은 능관(陵官)이 직무를 소홀히 탓이라고 하면서 나무를 심고 키우는 일의 성과를 가지고서 전최(殿最)할 것을 청하였다. 그에 대해 정조는 성과를 가지고서 전최하는 것은 수용하지 않고 위와 같이 비답을 내렸다. 봄에는 능과 원에 소나무를 심기에 적합하고 가을에는 상수리를 파종하기 적합하기 때문에 각각 3월과 10월에 그 수효를 보고하도록 한 것이다. 영조 때에도 봉현에 나무를 심어 사람들이 통행하지 못하도록 한 기사가 보이며, 정조 12년(1788)에는 사람들의 통행을 잘 막았는지를 가지고서 능관을 전최하고, 매년 1월과 7월에는 각 한 차례씩 사관이나 선전관을 보내 적간하도록 정식을 삼았다. 정조 12년의 정식과 위의 규정은 『은대편고』에도 수록되어 있다.

77. 『승정원일기』와 『일성록』 및 『정조실록』 모두 동일한 날짜에 기록되어 있다.

◑ **참고자료** ◐

『은대편고』「예방고」 봉심(奉審), 「통고」 월령(月令).

『승정원일기』 영조 2년 6월 7일 비망기 및 신무일(愼無逸)의 계사, 정조 12년 6월 9일 입시 기사, 22년 7월 9일 입시 기사.

■**어휘 해설**

1. 서오릉(西五陵): 세조의 세자이자 성종의 아버지인 덕종(德宗)의 능인 경릉(敬陵), 덕종의 아우 예종과 계비(繼妃) 안순왕후(安順王后) 한씨(韓氏)의 능인 창릉(昌陵), 숙종의 비 인경왕후(仁敬王后) 김씨(金氏)의 능인 익릉(翼陵), 숙종과 계비 인현왕후(仁顯王后) 민씨(閔氏) 및 인원왕후(仁元王后) 김씨(金氏)의 능인 명릉(明陵), 영조의 비 정성왕후(貞聖王后) 서씨(徐氏)의 능인 홍릉(弘陵)을 가리킨다. 그 이외에 명종의 첫째 아들인 순회세자(順懷世子)의 순창원(順昌園)과 숙종의 후궁인 희빈(禧嬪) 장씨(張氏)의 묘도 이곳에 있다.
2. 봉현(蜂峴): 서오릉으로 넘어갈 때 경유하는 고개인데, 풍수지리상 경릉(敬陵)의 청룡(青龍)에 해당된다고 하여 사람들의 통행을 금지하였다. 봉현에는 해마다 봄(1월)과 가을(7월)에 사관(史官)이나 선전관(宣傳官)을 보내 통행금지가 잘 지켜지고 있는지를 살피도록 하였다.

17. 취품(取稟)

취품(取稟)은 신하나 각 관사가 임금에게 묻는 것을 가리킨다. 정기적인 행사나 의식을 거행할지의 여부, 행사나 의식을 거행할 구체적인 일시와 장소, 임금이 직접 시행할지 신하가 대신 시행할지의 여부 등에 대해서 묻는 것을 취품이라고 하였다. 문서의 출납을 담당하던 승정원에서 주로 취품하였으나, 그 외에도 관장하는 사안에 따라 해당 관사에서도 승정원을 경유하여 취품하였다. 승정원이 정기적으로 취품해야 할 사안에 대해서는 『은대편고』「통고」 월령(月令)과 『육전조례』「이전」 승정원 월령에 월별로 자세히 정리되어 있다.

◑ **참고자료** ◐

『대전통편』「예전」 봉심(奉審), 「병전」 시취(試取) 전경전강(專經殿講).

『은대편고』「예방고」 취품(取稟), 「통고」 월령(月令).

『육전조례』「이전」 승정원 계품(啓稟)·월령.

17–01

○ 常參、經筵, 則每日取稟, 翌日行。【當日若不下, 則廳坐初提稟。】輪對, 每朔初七日取稟, 十一日行; 十七日取稟, 二十一日行; 二十七日取稟, 初一日行。專經文臣殿講, 四孟朔初七日取稟, 十一日行。儒生殿講, 二月、四月、六月、八月、十月、十二月十一日取稟, 十六日行。文臣製述, 二月、八月初一日, 以何以爲之之意, 啓稟。閏朔, 只常參、經筵、輪對, 依例取稟。皇朝三皇忌辰親行望拜禮, 前期一日, 啓稟。吏文製述, 二月、八月初一日, 以何日爲之, 啓稟。漢學殿講, 四孟朔十一日, 以來十六日爲之, 啓稟。

● 상참(常參)과 경연(經筵)은 매일 취품하여 다음 날 행한다.【당일에 비답을 내리지 않으면, 다음 날 청좌(廳坐)하여 맨 처음 취품한다.】윤대(輪對)는 매달 7일에 취품하여 11일에 행하고, 17일에 취품하여 21일에 행하며, 27일에 취품하여 다음 달 1일에 행한다. 전경 문신 전강(專經文臣殿講)은 각 계절의 첫 달 7일에 취품하여 11일에 행한다. 일차 유생 전강(日次儒生殿講)은 2・4・6・8・10・12월의 11일에 취품하여 16일에 행한다. 문신 제술(文臣製述)은 2월과 8월의 1일에 어떻게 해야 할지를 취품한다. 윤달에는 상참・경연・윤대만 규례대로 취품한다. 명(明)나라 세 황제의 기신일(忌辰日)에 임금이 직접 행하는 망배례(望拜禮)는 망배례를 행하기 하루 전에 취품한다. 이문 제술(吏文製述)은 2월과 8월의 1일에 언제 시행할지를 취품한다. 한학 문신 전강(漢學文臣殿講)은 각 계절의 첫 달 11일에, 오는 16일에 시행할지를 취품한다.

■**본문 해설**

위의 규정은 당시 승정원에서 정기적으로 취품하던 행사나 의식을 정리한 것이다.『은대편고』「예방고」 취품(取稟)에도 이와 유사하게 정리되어 있다. 경연은 '06. 경연(經筵)', 상참은 '07. 상참(常參)', 윤대는 '08. 윤대(輪對)', 문신 제술과 전경 문신 전강은 '09. 문신제강(文臣製講)', 일차 유생 전강은 '10. 일차 유생 전강(日次儒生殿講)', 한학 문신 전강과 이문 제술은 '11. 한학전강(漢學殿講)', 명나라 세 황제 기신일의 망배례는 '02. 황단(皇壇)' 참조.

◑ **참고자료** ◐

『은대편고』「예방고」 취품(取稟).

18. 탈품(頉稟)

탈품(頉稟)은 예정되었던 행사나 의식을 사정이 있어서 행할 수 없다고 보고하는 것 또는 예정되었던 행사나 의식에 대해 취품(取稟)하지 않는 것을 가리킨다. 탈품은 시사(視事)를 탈품할 때 주로 쓰이기 때문에 '시사 탈품(視事頉稟)'이라고 연용된다. 시사는 좁게는 상참(常參)과 경연(經筵)만을 가리키고, 넓게는 차대(次對)·윤대(輪對)·조참(朝參) 등을 포함한 모든 국사(國事)를 가리킨다. 시사 탈품에 대해서는 『은대편고』「예방고」 시사 탈품, 『은대조례』「예고」 시사탈품, 『육전조례』「이전」 승정원 계품(啓稟)에 자세히 정리되어 있다.

◑ 참고자료 ◐

『대전통편』「예전」 잡령(雜令).
『은대편고』「예방고」 시사탈품(視事頉稟), 「통고」 월령(月令).
『은대조례』「예고」 시사탈품.
『육전조례』「이전」 의정부 좌기(坐起), 승정원 계품(啓稟)·월령.

18-01

○ 宗廟五享大祭前一日及正日、奉審日, 各陵陵上改莎草時, 移安、還安間及失火時, 社稷大祭前一日及正日, 停朝市日, 親祭散齋及致齋日, 日、月食日, 親臨擧動日, 大殿誕日、前後各一日, 迎勅、拜表、望闕禮習儀、陳賀、殿試、庭試、殿講、放榜、罪人行刑日, 自初伏至處暑, 自初寒至日暖【觀日候, 臨時取稟。】, 宗廟修改日, 三皇忌辰若親行望拜禮, 則前一日及正日, 自五月十三日至二十一日, 孝徽宮仲朔祭齋戒【癸卯四月二十九日。】, 上前開拆【癸卯六月十四日。】, 社稷大祭傳香日用齋【戊申正月日。】, 文禧廟忌辰依懿昭廟齋戒例【己酉五月初九日。】, 王大妃殿誕日【己酉五月二十九日。】, 宗廟春奉審相値【戊申二月日。】, 抄啓文臣親試, 啓覆。

* 前後各一日: 저본에는 없는데, 『은대편고』「예방고」 시사탈품(視事頉稟)에 근거하여 보충하였다.
* 廟: 저본에는 '墓'로 되어 있는데, 『승정원일기』 같은 날 기사에 근거하여 수정하였다.

● 종묘의 다섯 차례 대제(大祭)의 하루 전날과 당일 및 봉심(奉審)하는 날, 각 능의

능상(陵上)의 사초(莎草)를 개수(改修)하는 때, 신주(神主)를 옮겨 봉안했다가 도로 제 곳에 봉안하는 동안과 불이 났을 때, 사직 대제(社稷大祭)의 하루 전날과 당일, 조회(朝會)와 시장(市場)을 열지 않고 정지하는 날, 임금이 직접 제향을 지낼 때의 산재(散齋)하는 날과 치재(致齋)하는 날, 일식(日蝕)이 있는 날과 월식(月蝕)이 있는 날, 임금이 행사나 의식에 직접 참석하기 위해 거둥하는 날, 대전(大殿)이 탄생한 날과 전후 각 1일, 칙서(勅書)를 영접하는 날, 표문(表文)을 올리기 위해 절을 하는 날, 망궐례(望闕禮)의 예행연습을 행하는 날, 하례(賀禮)를 행하는 날, 전시(殿試)를 행하는 날, 정시(庭試)를 행하는 날, 전강(殿講)을 행하는 날, 방방(放榜)을 행하는 날, 죄인을 처형하는 날, 초복(初伏)부터 처서(處暑)까지, 첫추위부터 날이 따뜻해질 때까지,【날씨를 살폈다가 따뜻할 때가 되어서야 취품한다.】종묘를 개수하는 날, 명나라 세 황제의 기신일(忌辰日)에 임금이 직접 망배례(望拜禮)를 행할 경우에는 하루 전과 당일, 5월 13일부터 21일까지, 효휘궁(孝徽宮)의 중삭제(仲朔祭)를 앞두고 재계하는 날,【계묘년(1783, 정조 7) 4월 29일.[78]】임금 앞에서 포폄계본(褒貶啓本)을 개봉하는 날,【계묘년(1783, 정조 7) 6월 14일.[79]】사직 대제(社稷大祭)에 쓸 향(香)과 축문(祝文)을 전하는 날에 재계하는 날의 규례를 적용할 때,【무신년(1788, 정조 12) 1월.[80]】문희묘(文禧廟)의 기신일에 의소묘(懿昭廟)의 기신일에 재계하는 규례대로 행할 때,【기유년(1789, 정조 13) 5월 9일.[81]】왕대비전(王大妃殿)이 탄생한 날,【기유년(1789, 정조 13) 5월 29일.[82]】종묘의 봄철 봉심과 서로 겹치는 날,【무신년(1788, 정조 12) 2월.[83]】초계 문신(抄啓文臣)의 친시(親試)를 행하는 날, 계복(啓覆)을 행하는 날에는 탈품한다.

■본문 해설

위의 규정은 당시 승정원에서 정기적으로 탈품하던 날을 정리한 것이다. 『은대편고』「예방고」

---

78. 『승정원일기』와 『일성록』 및 『정조실록』 모두 동일한 날짜에 기록되어 있지 않다. 다만 『승정원일기』 정조 7년 8월 7일에 효휘궁의 중삭제를 맞아 9일의 시사를 탈품한 기사가 기록되어 있다.
79. 『승정원일기』에는 동일한 날짜에 포폄 계본을 개봉하는 날과 겹쳐서 다음 날의 시사를 탈품한 기사가 기록되어 있고, 『일성록』과 『정조실록』에는 기록되어 있지 않다.
80. 『승정원일기』와 『일성록』 및 『정조실록』 모두 동일한 달에 기록되어 있지 않다.
81. 『승정원일기』와 『일성록』에는 동일한 날짜에 기록되어 있고, 『정조실록』에는 기록되어 있지 않다.
82. 『승정원일기』와 『일성록』 및 『정조실록』 모두 동일한 날짜에 기록되어 있지 않다.
83. 『승정원일기』에는 정조 12년 2월 7일에 종묘의 봄철 봉심하는 날과 겹쳐서 다음 날의 시사를 탈품한 기사가 기록되어 있고, 『일성록』과 『정조실록』에는 기록되어 있지 않다.

시사탈품(視事頉稟)에도 이와 유사하게 정리되어 있다.

종묘에는 춘하추동 각 계절의 첫 달과 납월(臘月, 12월) 등 1년에 총 5차례의 대제(大祭)를 지냈다. 사직(社稷)에는 정월 및 봄과 가을 각 계절의 둘째 달 및 납월 등 1년에 총 4차례의 대제를 지냈다. 명나라 세 황제의 기신일은 고조(高祖)가 5월 10일, 신종(神宗)이 7월 21일, 의종(毅宗)이 3월 19일이다. 5월 13일부터 21일까지는 정조의 생부인 사도세자(思悼世子)가 뒤주에 갇힌 날부터 서거한 날까지의 기간이다.

임금 앞에서 포폄 계본(褒貶啓本)을 개봉하는 날에 시사를 탈품한 사례는 영조 13년(1737)에 처음 보이고, 정조 7년(1783) 6월 14일에도 탈품한 사례가 보인다. 사직 대제를 신하에게 대행하도록 할 경우에는 향(香)과 축문(祝文)을 전하는 날에 재계하였다. 문희묘(文禧廟)는 정조의 아들인 문효세자(文孝世子)의 사당이고, 의소묘(懿昭廟)는 사도세자의 아들이자 정조의 친형인 의소세손(懿昭世孫)의 사당이다. 정조 13년 5월 9일에 문효세자의 기신일에도 의소세손의 예에 따라 재계하도록 하였고, 그에 따라 이날 시사를 탈품하게 된 것으로 보인다. 『경국대전』에는 대전(大殿)의 탄일과 탄일 전후 각 1일은 형벌을 집행하지 못하도록 금지하였다. 『승정원일기』에는 위의 규정과 달리 왕대비전의 탄일에도 시사를 탈품한 사례가 보이는 것으로 볼 때 관례적으로 탈품해 오다가 정조 13년에 정식을 삼아 탈품한 것으로 보인다. 종묘는 봄과 가을에 대봉심(大奉審)을 행하였으며, 정조 12년 2월 7일 대봉심을 행할 때에 시사를 탈품하였다. 초계 문신은 매달 강경(講經)과 제술(製述)로 나누어 각각 두 차례씩 시험을 치렀다.

◑ 참고자료 ◐

『대전통편』「예전」 잡령(雜令).
『은대편고』「예방고」 시사탈품(視事頉稟), 「통고」 월령(月令).
『은대조례』「예고」 시사탈품.
『육전조례』「이전」 의정부 좌기(坐起), 승정원 계품(啓稟) · 월령.

■어휘 해설

1. 전시(殿試): 과거(科擧)의 응시자에게 급제(及第)의 자격을 주던 최종 시험으로, 임금 앞에서 치르는 것이 원칙이었다. 응시자들은 초시(初試)와 복시(覆試)를 거쳐 전시에 응시하기도 하고, 초시만 면제 받아 복시를 거쳐 응시하기도 하며, 초시와 복시를 모두 면제받아 곧바로 응시하기도 하였다. 과거 중에는 별시(別試)와 정시(庭試)처럼 초시와 전시 두 단계로만 나누어진 경우도 있고, 알성 문과(謁聖文科)처럼 전시 한 단계만 있는 경우도 있었다.
2. 정시(庭試): 「예고」 19. 정시역서(庭試易書)의 해설 참조.
3. 방방(放榜): 과거(科擧)에 합격한 사람을 호명하여 합격증서와 사화(賜花) 등을 수여하던 의식을

가리키며, 창방(唱榜)이라고도 하였다. 이때 생원진사과(生員進士科)나 잡과(雜科)에 합격한 사람에게는 백패(白牌)를 수여하고, 문과(文科)나 무과(武科)에 합격한 사람에게는 홍패(紅牌)를 수여하였다.

4. 효휘궁(孝徽宮): 정조의 후궁인 원빈(元嬪) 홍씨(洪氏)의 사당을 가리킨다. 원빈은 홍국영(洪國榮)의 누이로서, 정조의 후궁이 되었으나 1779년(정조 3) 5월 7일에 세상을 떠났다.
5. 중삭제(仲朔祭): 각 계절의 가운데 달, 즉 2·5·8·11월에 지내는 제사를 가리킨다. 저경궁(儲慶宮)에는 해마다 봄(2월)과 가을(8월) 두 차례 중삭제를 지냈고, 육상궁(毓祥宮)·연호궁(延祜宮)·경우궁(景祐宮)·의소묘(懿昭廟)·문희묘(文禧廟)에는 봄(2월)·여름(5월)·가을(8월)·겨울(11월) 4차례 중삭제를 지냈다.
6. 문희묘(文禧廟): 정조의 장남인 문효세자(文孝世子)의 사당을 가리킨다. 문효세자는 정조 6년(1782)에 태어나서 정조 10년(1786)에 사망하였다.
7. 의소묘(懿昭廟): 사도세자(思悼世子)의 장남이자 정조의 친형인 의소세손(懿昭世孫)의 사당을 가리킨다. 의소세손은 영조 26년(1750)에 태어나서 28년(1752)에 사망하였다.
8. 초계 문신(抄啓文臣): 승문원에 분관(分館)된 37세 이하의 참상관(參上官)이나 참하관(參下官) 중에서 선발되어 규장각에서 교육받던 문신(文臣)을 가리킨다. 이들의 교육과 시험은 강경(講經)과 제술(製述)로 나누어 시행되었는데, 강경은 친강(親講)과 과강(課講)으로, 제술은 친시(親試)와 과시(課試, 과제(課製)라고도 함)로 나누어 시행되었다. 친강은 매달 20일에 규장각에서 임금에게 여쭈어 날짜를 잡아 행하였고, 과강은 매달 10일 이전과 20일 이후로 나누어 두 차례씩 행하였다. 친시는 매달 20일에 규장각에서 임금에게 여쭈어 날짜를 잡아 행하였고, 과시는 20일 이후에 한 차례 행하였다.
9. 친시(親試): 초계 문신을 대상으로 시행하던 제술 시험의 일종을 가리킨다. 친시는 매달 20일에 규장각에서 임금에게 여쭈어 날짜를 잡아 행하였다.
10. 계복(啓覆): 「형고」 08. 복계(覆啓)의 해설 참조.

19. 정시역서(庭試易書)

정시역서(庭試易書)는 정시(庭試)를 시행할 때 응시자가 제출한 제술 답안지를 역서(易書)하는 것을 가리킨다. 정시(庭試)는 국가에 경사가 있을 때 시행하던 경과(慶科)의 일종으로, 문과(文科)와 무과(武科)만 시행하였다. 그 외에 중시(重試)나 관무재(觀武才)의 대거시(對擧試)로 정시를 시행하기도 하였다. 정시는 처음 응시생을 모두 모아 서울에서 한 차례만 시행하였는데, 점차 초시와 복시로 나누어 시행하다가 1844년(헌종

10)에는 초시와 복시로 나누고 그중 초시는 서울과 지방으로 나누어 시행하도록 절목(節目)이 작성되었다. 이때 복시는 전시를 겸한 복시였다.

역서는 응시자가 제출한 제술 답안지를 서리(書吏)가 다른 종이에 베껴 적는 것을 가리킨다. 시관(試官)은 서리가 베껴 적은 답안지를 가지고서 채점을 하였다. 역서한 시권에 의문점이 있어 원래 시권과 대조해야 할 필요가 있을 경우에는 대간(臺諫)의 앞에서 대조하였으며, 특히 정시(庭試) 전시(殿試)의 역서한 시권에 의문점이 있어 대조할 경우에는 사동관(査同官)과 지동관(枝同官)을 시켜 다시 대조하게 하였다. 이는 시관이 응시자의 필체를 알아보는 것을 막아 공정하게 채점하기 위해서 마련된 제도다. 그러나 실효성이 없다는 문제 제기가 잇따르자 헌종 1년(1835)에 영구히 폐지하였다.

◑ 참고자료 ◐

『대전회통』「예전」 제과(諸科) 정시문과초시(庭試文科初試) · 정시문과전시(庭試文科殿試) · 문과정시(文科庭試), 「병전」 시취(試取) 정시.
『전율통보』「예전」 제과 정시 · 문과정시, 「병전」 제과 정시.
『은대편고』「예방고」 문과전시(文科殿試) · 정시, 「병방고」 별시(別試).
『일성록』 헌종 1년 7월 25일 예조의 초기, 10년 12월 11일 정시의 절목(節目).

19-01

○ "殿試易書書吏, 不過戶、兵、禮數三衙門, 事甚苟簡。此後, 竝與五上司捧甘, 定式。"事, 承旨擧條蒙允。【乙巳十月二十六日。】

● 전시(殿試)를 행할 때 역서(易書)할 서리를 대령시키는 곳이 호조(戶曹) · 병조(兵曹) · 예조(禮曹) 세 아문에 불과하니 일이 매우 곤란하다. 앞으로는 오상사(五上司)까지 아울러 감결(甘結)을 보내는 것으로 정식을 삼는다."라는 내용으로 승지가 거행 조건을 내어 윤허를 받았다. 【을사년(1785, 정조 9) 10월 26일.[84]】

■본문 해설

승지는 도승지 김상집(金尚集)을 가리킨다. 위의 규정은 과시(科試)를 시행할 때마다 역서할 서리가 부족하자 오상사의 서리까지도 참여하도록 정식을 삼은 것이다. 이때의 전시(殿試)는

84. 『승정원일기』와 『일성록』에는 동일한 날짜에 기록되어 있고, 『정조실록』에는 기록되어 있지 않다.

역적 김하재(金夏材)의 사건을 처리하고 나서 시행한 토역 경과(討逆慶科) 정시의 전시를 가리킨다. 김하재의 사건이란 김하재가 영희전(永禧殿) 고유제(告由祭)의 헌관(獻官)으로서 향(香)을 받으려고 향실(香室)로 들어가는 길에 소매 속에서 임금에 대한 욕설을 적은 종이 쪽지를 꺼내어 예방 승지(禮房承旨) 이재학(李在學)에게 넘겨주었다가 처형된 사건을 가리킨다.

◑ **참고자료** ◐

『승정원일기』 정조 9년 10월 26일 입시 기사.
『정조실록』 8년 7월 28일(신사).

■ **어휘 해설**

1. 오상사(五上司) : 조선 시대의 관사(官司) 중 가장 상급 관사로 인정하는 다섯 관사를 가리킨다. 오상사에 대해서는 시대에 따라 관료에 따라 서로 다르게 꼽았다. 일반적으로 동반(東班) 정1품 아문인 종친부(宗親府)·의정부(議政府)·충훈부(忠勳府)·의빈부(儀賓府)·돈녕부(敦寧府)를 오상사로 꼽았고, 그중 한 관사를 빼고 대신 서반(西班)의 정1품 아문인 중추부(中樞府)를 포함시키기도 하였다.

20. 배표악작(拜表樂作)

배표악작(拜表樂作)은 배표(拜表)할 때 음악을 연주하는 것을 가리킨다. 배표(拜表)란 조선 국왕이 중국 황제에게 표문(表文)을 올릴 때 절을 하고 사신에게 주어 보내는 의식을 말한다. 배표할 때에는 예방 승지(禮房承旨)와 병방 승지(兵房承旨)가 흑단령(黑團領) 차림으로 정전(正殿)에 나아가서 예를 행하였다. 배표할 길일(吉日)은 3개월 전에 미리 잡았다. 배표할 때에는 헌가악(軒架樂)을 연주하였는데, 국휼(國恤) 기간 및 재계하는 날이나 감선(減膳)하는 기간에는 헌가악을 벌여만 놓고 연주는 하지 않다가 점차 이에 구애받지 않는 것으로 규정이 바뀌었다.

◑ **참고자료** ◐

『은대편고』 「예방고」 사신(使臣), 「통고」 월령(月令).
『은대조례』 「예고」 사대(事大).

『승정원일기』 정조 6년 10월 22일 입시 기사.
『일성록』 순조 16년 10월 1일 예조 판서 조덕윤(趙德潤)의 계사.
『영조실록』 33년 4월 12일(계유).

20-01

○ "此後拜表行禮時, 雖値國忌齋戒與大祭齋戒, 相値勿拘, 依例用樂。"事, 傳教。【壬寅十月二十二日。】

● "앞으로 배표(拜表)의 예를 행할 때에는 국기(國忌)를 맞아 재계하는 날이나 대제(大祭)를 맞아 재계하는 날과 서로 겹치더라도 서로 겹치는 것에 구애받지 말고 규례대로 음악을 연주한다."라는 내용으로 전교하였다.【임인년(1782, 정조 6) 10월 22일.[85]】

■본문 해설

위의 전교는 좌승지 서유방(徐有防)이 입시한 자리에서 내린 것이다. 이날이 조회(朝會)와 시장(市場)을 열지 않고 정지한 날이어서 배표를 행할 때 음악을 연주하지 않았는데, 정조가 재작년에 재계하는 날과 서로 겹치더라도 보고하고서 음악을 연주하도록 한 사실을 상기시키며 책망하였다. 정조뿐만 아니라 영조도 국휼(國恤) 기간이라도 배표할 경우에는 음악을 연주하도록 하였다. 그러나 정조의 말과 달리 지난해에 동지사(冬至使)를 파견할 때의 배표를 행하는 날이 경모궁(景慕宮) 동향 대제(冬享大祭)를 앞두고 재계하는 날과 겹쳤을 때에는 악기를 벌여 놓기만 하고 연주를 하지는 않았다. 위의 규정은 『은대편고』와 『은대조례』에도 수록되어 있다.

◑ 참고자료 ◐

『은대편고』「예방고」 사신(使臣).
『은대조례』「예고」 사대(事大).
『승정원일기』 정조 5년 11월 1일 예조의 초기, 6년 10월 22일 입시 기사.
『일성록』 순조 16년 10월 1일 예조 판서 조덕윤(趙德潤)의 계사.
『영조실록』 33년 4월 12일(계유).
『정조실록』 6년 10월 22일(을유).

85. 『승정원일기』와 『일성록』 및 『정조실록』 모두 동일한 날짜에 이와 관련된 기사가 기록되어 있다.

21. 방물간품(方物看品)

방물간품(方物看品)은 중국으로 사신을 파견할 때 보내는 예물의 품질을 점검하는 것을 가리킨다. 사신이 가지고 갈 예물을 포장하는 날짜는 3개월 전에 미리 잡았고, 포장하기 3일 전에 품질을 점검하였다. 예물이 마련되면 예조에서 예물 목록을 단자(單子)로 작성하여 임금의 낙점을 받았고, 낙점을 받은 예물에 대해서는 임금이 직접 참석하여 품질을 점검하였다. 이때에는 승지 · 사관 · 각신(閣臣)이 참석하였고, 예물을 준비한 호조 · 장흥고(長興庫) · 제용감(濟用監)의 관원은 전부 대령하였다. 예물의 품질 점검이 끝나면 3일 후에 예물을 포장하였다.

◑ 참고자료 ◐

『은대편고』「예방고」 사신(使臣), 「통고」 월령(月令).

『은대조례』「예고」 사대(事大).

21-01

○ "此後, 方物單子落點啓下, 則雖無親臨下教, 以親臨擧行。"事, 下教。【辛丑十月二十六日。】

● "앞으로는 방물(方物)에 관한 단자(單子)를 낙점하여 내려 주면 임금이 직접 참석하겠다는 하교가 없더라도 직접 참석하는 것으로 거행한다."라는 내용으로 하교하였다.【신축년(1781, 정조 5) 10월 26일.[86]】

■본문 해설

『승정원일기』 정조 5년 10월 26일 기사에 의하면, 정조가 방물과 관련한 단자를 시행하지 말도록 지시하고 사신이 가지고 갈 예물을 포장할 때 임금이 참석하는 절차에 대해 고찰하도록 한 내용이 보인다. 이때 정조의 말로는 예물을 포장할 때 임금이 직접 참석하는 것에 대해서는 이미 정식으로 삼도록 하였다고 하였으므로, 이날 재차 천명한 것으로 보인다. 위의 규정은 『은대편고』와 『은대조례』에도 수록되어 있다.

86. 『승정원일기』와 『일성록』에는 동일한 날짜에 이와 관련된 기사가 기록되어 있고, 『정조실록』에는 기록되어 있지 않다.

◑ **참고자료** ◐

『은대편고』 「예방고」 사신(使臣), 「통고」 월령(月令).

『은대조례』 「예고」 사대(事大).

『승정원일기』 정조 5년 10월 26일 이재학(李在學)의 계사 및 입시 기사.

22. 사행절목(使行節目)

사행절목(使行節目)은 사신 일행이 임무를 수행하는 동안 지켜야 할 사안과 절차 및 금지하는 행위와 그에 대한 처벌 등을 항목별로 정리한 것을 가리킨다. 이를 사행 재거 절목(使行齎去節目)이나 사행 재거 사목(使行齎去事目)이라고도 하였으며, 사신 일행이 이를 휴대하였다. 절목과 사목은 법령(法令)과는 별도로 작성된 세부 규정이나 시행 세칙이라고 할 수 있다. 임금의 지시나 관사의 건의에 따라 절목과 사목을 문서로 작성하여 해당 관사에 비치하였으며, 추후에 지속적으로 내용을 수정하거나 보완하는 일이 가능하였다.

◑ **참고자료** ◐

『일성록』 정조 10년 1월 22일 사행 재거 사목(使行齎去事目), 11년 10월 25일 전교, 21년 4월 1일 좌의정 채제공(蔡濟恭)의 계사.

『비변사등록 사목 · 절목류 해제』, 한국정신문화연구원, 2002.

22-01

○ "使行禁物事目, 每年臣曹例爲啓下。而昨年自備局釐正啓下後, 因傳教印本齎去事, 定式, 則自今不必啓下。"事, 禮曹堂上擧條蒙允。【戊申九月二十九日。】

* 年: 저본에는 없는데, 『승정원일기』와 『일성록』 같은 날 기사에 근거하여 보충하였다.

● "사신 일행이 가지고 갈 수입 금지 물품에 관한 사목(事目)을 해마다 예조에서 으레 재가를 받았다. 그러나 작년에 비변사에서 이에 대해 바로잡아 재가를 받은 뒤로는 전교에 따라 인쇄본을 가져가는 것으로 정식을 삼았으니, 지금부터는 재가를 받을 필요가 없다."라는 내용으로 예조 당상이 거행 조건을 내어 윤허를 받았다. 【무신년(1788, 정조 12) 9월 29일.[87]】

■본문 해설

예조 당상은 예조 판서 이재간(李在簡)을 가리킨다. 위의 규정이 정해지기 1년 전에, 정조가 병인년(1746, 영조 22)의 수교(受教)에 따라 무늬 있는 비단의 수입을 금지하는 내용을 사신 일행이 가지고 가는 사목에 포함시키고, 사신이 파견될 때마다 이 사목을 인쇄해 주어 가지고 가도록 하였다. 이때 만들어진 사목이 『정조실록』에 실려 있다. 병인년의 수교란 영조가 기교한 무늬가 있는 비단의 사용과 수입을 금지한 것을 가리킨다.

◑ 참고자료 ◐

『승정원일기』 정조 11년 9월 29일 입시 기사, 10월 10일 인견(引見) 기사 · 25일 입시 기사, 12년 9월 29일 인견 기사.
『영조실록』 22년 4월 16일(신사), 11월 6일(정유).
『정조실록』 11년 10월 10일(갑진).

23. 주자문(奏咨文)

주자문(奏咨文)은 주문(奏文)과 자문(咨文)을 가리킨다. 주문은 조선 국왕이 중국 황제에게 올리던 문서로, 주본(奏本)이라고도 하였다. 해마다 한 차례 중국에 예물을 바칠 때 올리던 연공 주본(年貢奏本), 국상(國喪)을 당한 사실을 중국 황제에게 고할 때 올리던 고부 주본(告訃奏本), 중국 황제에게 보고하거나 요청할 일이 있을 때 올리던 주청 주본(奏請奏本), 중국 황제에게 예물을 바칠 때 올리던 방물 주본(方物奏本) 등이 있었다. 자문은 조선 국왕과 중국의 관부 사이에 주고받던 외교 문서를 가리킨다. 조선 국왕이 중국 황제에게 표문(表文) · 주문(奏文) · 전문(箋文) · 장문(狀文)을 올릴 때에는 반드시 예부(禮部) 등에 자문을 함께 보냈다. 중국의 육부(六部)도 조선 국왕에게 통지할 일이나 회답할 일이 있으면 자문을 보냈다. 중국에 보낼 문서는 사신이 출발하기 7, 8일 전에 임금의 재가를 받았고, 정서(正書)한 뒤에 3차례 원본과 대조하여 검토하였다. 사신이 북경(北京)에 도착하면 이튿날에 공복(公服)을 갖추어 입고서 중국 황제에게 바치는 문서와 예부에 바치는 자문 등을 올렸다.

87. 『승정원일기』와 『일성록』에는 동일한 날짜에 기록되어 있고, 『정조실록』에는 기록되어 있지 않다.

◑ 참고자료 ◐
『전율통보』「별편(別編)」 사대문자식(事大文字式) 연공주본(年貢奏本) · 고부주본(告訃奏本) · 주청주본(奏請奏本) · 방물주본(方物奏本) · 자문(咨文) · 방물자문(方物咨文).
『통문관지(通文館志)』「사대(事大)」 하(下) 주자문정납(奏咨文呈納).
『은대편고』「예방고」 황력(皇曆) · 사신(使臣).
『은대조례』「예고」 사대(事大).

23-01

○ "御諱、御押、御寶奏 · 咨文內入時, 諸承旨廳坐請承傳色入啓, 迎送等節, 一依致詞、箋文例, 定式。"事, 備忘記。【庚子五月二十四日。】

● "어휘(御諱) · 어압(御押) · 어보(御寶)가 들어 있는 주문(奏文)과 자문(咨文)을 대내(大內)로 들일 때에는 승지들이 청좌(廳坐)하여 승전색(承傳色)을 청해서 들이고, 주문과 자문을 맞이하고 보내는 등의 절차는 하나같이 치사(致詞)와 전문(箋文)을 맞이하고 보낼 때의 규례대로 행할 것으로 정식을 삼는다."라는 내용으로 비망기를 내렸다. 【경자년(1780, 정조 4) 5월 24일.[88]】

■본문 해설

위의 비망기는 정조가 청나라에 보내는 문서라고 하더라도 어휘 · 어압 · 어보가 들어 있는 주문과 자문을 함부로 취급해서는 안 된다고 하면서 내린 것이다. 이에 따라 주문과 자문을 대내로 들여보낼 때에는 승지들이 전체 회의를 열어 들여보내고, 출납할 때의 절차도 치사와 전문을 출납할 때의 절차에 따라 정중히 취급하도록 하였다.

치사와 전문을 출납할 때의 절차는 네 단계로 나누어진다. 첫 번째 단계는 대제학이 치사와 전문을 지어서 임금의 재가를 받는 단계로, 이때에는 치사와 전문을 붉은 상자[紅函]에 담고 붉은 보자기[紅袱]에 싸서 승전색을 청하여 들여보낸다. 두 번째 단계는 재가받은 치사와 전문을 승문원에서 정서(正書)한 뒤에 재차 재가를 받는 단계로, 이때에는 치사와 전문을 용정(龍亭)에 담고 세장(細仗)과 고취(鼓吹)를 배설하여 들여보내면, 승지들이 영접하여 치사와 전문을 검토하고 나서 승전색을 청하여 들여보낸다. 세 번째 단계는 최종적으로 재가받아 어보가 찍힌 치사와 전문을 승정원의 대청에 안치하는 단계로, 대청 안에 탁자를 설치하여

88. 『승정원일기』와 『일성록』 및 『정조실록』 모두 동일한 날짜에 기록되어 있다.

행사가 열리는 날까지 안치한다. 네 번째 단계는 행사가 열리는 날에 승문원 관원이 치사와 전문을 받들고 가서 정전(正殿)의 탁자 위에 안치하는 것이다.

◑ 참고자료 ◐

『은대편고』「예방고」 진하(陳賀).
『승정원일기』 정조 4년 5월 24일 비망기.

■어휘 해설

1. 치사(致詞): 국가나 왕실에 경하할 일이 있을 때 임금이나 왕실 구성원 등에게 올리던 글로, 하례(賀禮)를 받는 사람의 덕을 기리고 경사를 축하하는 내용이 담겨 있었다. 치사는 신하가 임금과 왕실 구성원에게 올리는 경우 이외에도 경사에 따라 왕세자가 임금에게 올리거나 임금이 왕대비에게 올리는 경우도 있었다.

23-02

○ "御諱回咨上送時, 裹袱盛櫝, 勿復襲謬事, 分付該道、該府, 定式施行。"事, 承旨擧條蒙允。【庚子六月十八日。】

● "어휘(御諱)가 들어 있는 회답 자문을 올려 보낼 때에는 자문을 보자기로 싸서 상자에 담고, 다시는 잘못된 전례를 따르지 말라고 평안도와 의주부(義州府)에 분부한다. 이로써 정식을 삼아 시행한다."라는 내용으로 승지가 거행 조건을 내어 윤허를 받았다.【경자년(1780, 정조 4) 6월 18일.[89]】

■본문 해설

승지는 동부승지 심염조(沈念祖)를 가리킨다. 위의 규정은 의주 부윤(義州府尹) 이재학(李在學)이 어휘가 들어 있는 청나라의 회답 자문을 신중히 올려 보내지 않자, 심염조가 추고할 것을 청하면서 건의하여 정한 것이다. 어휘가 들어 있는 청나라의 자문을 임금에게 들여보낼 때에는 승전색을 청하여 들여보내고, 재가받은 뒤에 받들고 나갈 때에는 용정(龍亭)에 담고 고취(鼓吹)가 앞에서 인도하며, 승지들이 영접하였다. 반면에 어휘가 들어 있지 않은 자문을 임금에게 들여보낼 때에는 사알을 청하여 들여보냈다.

---

89. 『승정원일기』와 『일성록』에는 동일한 날짜에 기록되어 있고, 『정조실록』에는 기록되어 있지 않다.

◑ 참고자료 ◐
『은대편고』「예방고」 황력(皇曆).
『승정원일기』 정조 4년 6월 18일 입시 기사.

24. 경모궁식목(景慕宮植木)

경모궁식목(景慕宮植木)은 경모궁(景慕宮)에 나무를 심는 것을 가리킨다. 경모궁은 정조의 생부인 사도세자(思悼世子)의 사당으로, 처음에 수은묘(垂恩廟)로 불리던 것을 정조가 즉위하던 해에 창덕궁(昌德宮) 앞으로 옮겨 짓고 경모궁으로 바꾸었다. 정조는 경모궁에 나무를 심어 조성하는 일에 관심을 두었으며, 나무를 심는 데 공을 세운 경모궁의 식목패장(植木牌將)은 군문(軍門)에서 보고해 오면 관원으로 등용하도록 하였다. 『경모궁의궤(景慕宮儀軌)』 권4 「식목설(植木說)」에는 경모궁에 나무를 심은 과정과 경모궁 안팎에 심은 나무의 그루 수를 자세히 정리해 놓았다.

◑ 참고자료 ◐
『대전통편』「병전」 경관직.
『경모궁의궤(景慕宮儀軌)』 권1 「도설(圖說)」 본궁전도설(本宮全圖說), 권4 「금제(今制)」 식목설(植木說).
『승정원일기』 정조 원년 1월 8일 입시 기사, 6년 4월 10일 훈련도감과 금위영의 초기, 11월 4일 경모궁 전배(展拜) 기사.

24-01

○ "本宮植木案, 依會計案例, 四孟朔, 宮司請出植木舊案, 植木之生枯數爻, 修整入啓。"事, 下教。【壬寅十一月初九日。】

● "경모궁의 식목안(植木案)은 회계안(會計案)의 규례에 따라 각 계절의 첫 달에 경모궁의 유사(有司)가 옛 식목안을 내어 달라고 청하여 심었던 나무 중에서 살아 있거나 말라죽은 나무의 수효를 정리하여 들인다."라는 내용으로 하교하였다. 【임인년(1782, 정조 6) 11월 9일.[90]】

■본문 해설

위의 하교는 경모궁의 제조들이 경모궁에 심은 나무의 수효를 정리하여 첩자(帖子)로 만들어서 들이자 내린 것이다. 경모궁의 제조들이 첩자를 만들어서 들인 것은 정조가 경모궁에 전배(展拜)하고 나서 지시한데 따른 것이었다. 정조는 정원을 통해 첩자를 도로 내려 주면서 식목안을 만들어 누가 몇 그루를 심었는지를 기록하고 계절마다 수정하도록 하였다. 호조와 선혜청은 1・4・7・10월의 10일마다 임금이 보관 중인 회계안을 내어 달라고 청하여 수정한 뒤 15일까지 반납하였다.

◑ 참고자료 ◐

『경모궁의궤(景慕宮儀軌)』 권4 「금제(今制)」 식목설(植木說).
『은대편고』 「통고(通攷)」 월령(月令).
『승정원일기』 정조 6년 11월 4일 경모궁 전배 기사.

25. 내각제학장시(內閣提學掌試)

내각제학장시(內閣提學掌試)는 규장각 제학이 과시(科試)를 관장하는 것을 가리킨다. 규장각 제학은 종2품에서 종1품까지로 임명하였으며, 홍문관과 예문관의 대제학이나 제학의 후보에 뽑혔던 사람으로 선발하였다. 홍문관과 예문관의 제학이 모두 없을 경우에는 규장각 제학이 그들의 역할을 대행하였는데, 그중의 한 가지가 과시를 관장하는 일이었다. 여기에서 '과시'란 시종(侍從) 등이 춘첩자(春帖子)・연상시(延祥詩)・단오첩(端午帖)을 지어서 올릴 때 시(詩)의 운자(韻字)를 내고 채점하는 것, 유생(儒生)을 대상으로 시행하던 절일제(節日製)의 시제(試題)를 가지고 성균관에 가서 시험을 보이던 것 등을 가리킨다. 이러한 일은 원래 홍문관 대제학이 관장하는 것이지만, 대제학이 사정이 있으면 홍문관 제학이 대행하고 홍문관 제학이 사정이 있으면 예문관 제학이 대행하였는데, 예문관 제학마저 사정이 있으면 규장각 제학이 대행하도록 하였다.

90. 『승정원일기』와 『일성록』 및 『정조실록』 모두 동일한 날짜에 기록되어 있지 않으나, 『경모궁의궤』 권4 「금제(今制)」 식목설(植木說)에 임인년(1782, 정조 6) 11월 12일의 일로 기록되어 있다.

◑ 참고자료 ◐

『대전통편』「이전」 경관직 규장각.
『규장각지(奎章閣志)』「직관(職官)」 예겸(例兼).
『은대편고』「예방고」 내각(內閣) · 절일첩(節日帖).
『정원고사』「예고」 일차 유생 전강(日次儒生殿講) 10-3.
『승정원일기』 4년 6월 12일 입시 기사.

25-01

○ "文衡及文任有故時, 出韻、考試等事, 內閣提學擧行事, 已有定式, 應製文字, 亦準此事, 定式。"事, 傳敎。【庚子六月十二日。】

● "대제학과 문임(文任)이 모두 사정이 있을 때에는 운자(韻字)를 내고 채점하는 등의 일을 규장각 제학이 거행하는 것으로 정식을 삼았으니, 왕명에 따라 지어서 올려야 하는 글도 이것에 준해 행하는 것으로 정식을 삼는다."라는 내용으로 전교하였다. 【경자년(1780, 정조 4) 6월 12일.[91]】

■본문 해설

위의 전교는 정조가 규장각 제학 정민시(鄭民始) 등과 대화하는 자리에서 내린 것이다. 문임(文任)은 홍문관 제학과 예문관 제학을 가리킨다. '왕명에 따라 지어서 올려야 하는 글'이란 교서(敎書)와 불윤비답(不允批答)처럼 임금을 대신해서 짓는 글들을 가리킨다. 양관의 대제학과 제학이 모두 사정이 있으면 규장각 제학이 절일첩(節日帖)의 운자를 내고 시를 채점하는 일을 대행할 뿐만 아니라 왕명에 따라 지어서 올려야 하는 글도 대신 짓도록 한 것이다. 위의 규정은 『규장각지』와 『은대편고』에도 수록되어 있다.

◑ 참고자료 ◐

『규장각지』「직관(職官)」 예겸(例兼).
『은대편고』「예방고」 내각(內閣) · 절일첩(節日帖).
『승정원일기』 정조 4년 6월 12일 입시 기사.

91. 『승정원일기』와 『일성록』에는 동일한 날짜에 기록되어 있고, 『정조실록』에는 기록되어 있지 않다.

26. 전정품표(殿庭品表)

전정품표(殿庭品表)는 정전(正殿)의 뜰에 품계석(品階石)을 세워서 표시한 각 품계별 표지(標識)를 가리킨다. 정전은 임금의 즉위, 왕비나 세자의 책봉, 칙사(勅使)의 영접 등 비교적 큰 규모의 의식을 거행하던 곳으로, 한 궁궐의 중심 건물이다. 경복궁(景福宮)의 근정전(勤政殿), 창덕궁(昌德宮)의 인정전(仁政殿), 창경궁(昌慶宮)의 명정전(明政殿), 경희궁(慶熙宮)의 숭정전(崇政殿) 등이 이에 해당한다. 이러한 정전 앞에 품계석을 세우기 시작한 것은 정조의 명에 따른 것이다.

◑ 참고자료 ◐
『전율통보』「별편(別編)」 성궐(城闕).
『육전조례』「공전(工典)」 공조(工曹) 영조사(營造司) 궁실(宮室).
『승정원일기』 정조 1년 9월 6일 입시 기사.

26–01

○ "仁政殿庭, 依中原例, 立石以表各品。"事, 筵教。【丁酉九月初六日。】

● "인정전(仁政殿)의 뜰에 중국의 예를 따라 품계석(品階石)을 세워서 각 품을 표시하라."라는 내용으로 연석에서 하교하였다.【정유년(1777, 정조 1) 9월 6일.[92]】

■본문 해설

위의 하교는 정조가 대신과 수령 등이 입시한 자리에서 내린 것이다. 정조가 인정전의 뜰에 신하들이 입시할 때 반열(班列)이 문란한 것은 감찰(監察)의 책임이라고 지적하고 품계석을 세워서 표시하도록 하였다. 당시 역적 김하재(金夏材)를 처형하고 토역 교문(討逆教文)의 반포를 앞두고 있었는데, 정조가 교문을 반포하기 전까지 품계석을 세우라고 지시하였다.

◑ 참고자료 ◐
『승정원일기』 정조 원년 9월 6일 입시 기사.

92. 『승정원일기』와 『일성록』 및 『정조실록』 모두 동일한 날짜에 기록되어 있다.

27. 겸춘추(兼春秋)

겸춘추(兼春秋)는 겸직 사관(兼職史官)을 가리킨다. 조선 시대의 사관(史官)은 전임 사관(專任史官)과 겸직 사관으로 나눌 수가 있는데, 그중 겸직 사관을 겸춘추라고 하였다. 전임 사관은 예문관의 한림을 가리킨다. 겸직 사관은 춘추관의 겸직인 정3품 수찬관(修撰官), 정3품에서 종4품까지의 편수관(編修官), 정5품과 종5품의 기주관(記注官), 정6품에서 정9품까지의 기사관(記事官)을 가리킨다.

승정원의 승지와 주서, 홍문관의 부제학 이하, 규장각의 직제학 이하, 의정부의 사인(舍人)과 검상(檢詳), 예문관의 봉교 이하 한림, 시강원의 당하관 2명, 사헌부의 집의 이하, 사간원·승문원·종부시·육조의 당하관 각 1명이 품계에 따라 겸직 사관을 맡았다. 다만 전임 사관인 한림은 기사관을 겸하지만 겸춘추라고 부르지는 않았다. 그 외에 삼남의 좌도(左道) 및 관서(關西)와 청남(淸南)에서는 문관 수령을 겸춘추로 차출하여 일기(日記)를 작성해서 춘추관으로 올려 보내게 하였다.

◑ 참고자료 ◐

『대전통편』「이전」 경관직 예문관·춘추관.
『전율통보』「이전」 경관직 예문관·춘추관, 「예전」 잡령(雜令).
『은대편고』「예방고」 예문관.
『한원고사(翰苑故事)』.
『승정원일기』 헌종 13년 11월 25일 암행어사 입시 기사.

27-01

○ "此後, 預備兼春秋, 每日開門時待令, 趁門限出去, 而或違越, 則直捧禁推傳旨。"事, 榻敎。【癸卯二月十九日。】

● "앞으로는 예비 겸춘추(預備兼春秋)가 매일 궐문이 열릴 때 승정원에 대령했다가 궐문이 닫힐 때 나가되, 만약 이를 어길 경우에는 의금부에 내려 추고(推考)하라는 전지(傳旨)를 곧바로 들인다."라는 내용으로 어전(御前)에서 하교하였다.【계묘년(1783, 정조 7) 2월 19일.[93]】

---

93. 『승정원일기』와 『일성록』에는 동일한 날짜에 기록되어 있고, 『정조실록』에는 기록되어 있지 않다.

■**본문 해설**

위의 하교는 겸춘추 임봉호(林鳳頀)가 입시한 자리에서 내린 것이다. 이 하교가 내리고 난 뒤에 임봉호가 종부시의 초기(草記)를 재촉해서 들이게 하라는 정조의 명을 전달하기 위해서 나갔는데, 이때 예비 겸춘추가 승정원에 대령하지 않았던 것으로 보인다. 위의 규정은 『은대편고』에도 수록되어 있다.

◑ **참고자료** ◐

『은대편고』「예방고」 예문관.
『승정원일기』 정조 7년 2월 19일 입시 기사.

■**어휘 해설**

1. 예비 겸춘추(預備兼春秋): 상번(上番) 겸춘추와 하번(下番) 겸춘추 바로 상위의 겸춘추 1명을 가리킨다. 한림이 사정이 있거나 부족하여 겸춘추가 대행할 때에는 한림과 마찬가지로 상번과 하번이 입직하고, 상번과 하번이 모두 입시할 경우에는 예비 겸춘추가 승정원에 대령하였다. 예비 겸춘추는 주로 육조의 낭청(郎廳) 및 승문원의 판교(判校)와 종부시의 정(正)이 맡았던 것으로 보인다.

28. 예비 한림(預備翰林)

예비 한림(預備翰林)은 상번(上番) 한림과 하번(下番) 한림 바로 상위의 한림 1명을 가리킨다. 한림(翰林)은 예문관의 정7품 봉교(奉敎) 2명, 정8품 대교(待敎) 2명, 정9품 검열(檢閱) 4명을 가리키는 것으로, 통상 '8명의 한림[八翰林]'이라고 불렀다. 한림 중 하위 2명이 입직(入直)하되 그중 상번 한림은 춘추관에서 입직하고 하번 한림은 승정원에서 입직하였는데, 이들이 모두 입시할 경우에는 예비한림이 승정원에 와서 대령하였다. 한림은 임금의 일거수일투족을 빠짐없이 기록하고, 대간(臺諫)이 매일 계사(啓辭)를 올릴 때에도 승지와 함께 대청(臺廳)에 나아가서 맞이해야 하기 때문에 항상 승정원에 대령하였다. 이처럼 승정원에 대령하던 한림이 입시하면 그 대신 대령하기 위해 정해 둔 한림이 예비 한림이다.

◑ **참고자료** ◐

『대전통편』「이전」 경관직 예문관·춘추관.

『전율통보』「이전」 경관직 예문관·춘추관, 「예전」 잡령(雜令).
『은대편고』「예방고」 예문관, 「통고」 주서(注書).
『한원고사(翰苑故事)』.
『승정원일기』 영조 19년 7월 23일 이중협(李重協)의 계사, 헌종 13년 11월 25일 암행어사 입시 기사.

28-01

○ "預備翰林, 待開門入來, 趁門限出去, 而或違越, 則察推, 仕進與否, 承旨仕記一體書入。"事, 筵教。【庚戌十二月初七日。】

● "예비 한림(預備翰林)은 궐문이 열리기를 기다렸다가 들어오고 궐문을 닫을 때가 되어서야 나가되 이를 어길 경우에는 추고하고, 출근 여부를 승지의 근무 기록에 함께 써서 들인다."라는 내용으로 연석에서 하교하였다.【경술년(1790, 정조 14) 12월 7일.[94]】

■ 본문 해설

위의 하교는 예비 한림인 검열(檢閱) 이중련(李重蓮)이 출근하지 않은 일로 인하여 내린 것이다. 이 일로 이중련을 삭직(削職)하고 의금부에 잡아다 처리하게 했으며, 춘추관의 규례를 잘 익힌 뒤에야 풀어 주도록 하였다.

◑ 참고자료 ◐

『한원고사(翰苑故事)』.
『은대편고』「예방고」 예문관, 「통고」 주서(注書).
『승정원일기』 정조 14년 12월 7일 입시 기사.

94. 『승정원일기』와 『일성록』 동일한 날짜에 관련된 기사가 기록되어 있고, 『정조실록』에는 기록되어 있지 않다.

29. 삭서(朔書)

삭서(朔書)는 승문원이 선발한 40세 이하의 당하 문신이 매달 임금에게 써서 올리던 글씨를 가리킨다. 『은대편고』에 의하면 삭서를 올릴 문신으로 선발된 사람은 매달 해서(楷書)의 경우 100자, 초서(草書)의 경우 20자, 전서(篆書)의 경우 40자를 써서 올렸다고 한다. 삭서를 올려야 할 문신이 올리지 않을 경우 현종 때에는 한 차례 바치지 않으면 가동(家僮) 1명을 구속하고, 두 차례 바치지 않으면 가동 2명을 구속하였으며, 3차례 바치지 않으면 당사자를 추고(推考)하였다. 그러다가 영조 때에는 당사자를 의금부에 내려 추고하였고, 이는 『속대전』에도 수록되어 있다.

삭서를 채점할 시관(試官)은 승정원에서 차출하였으며, 이들은 매달 초하루에 삭서를 채점하였다. 삭서를 제출할 대상으로 선발된 관원이 만 40세가 넘으면 승문원에서 연초에 임금에게 보고하고 대상에서 제외하였다.

◑ 참고자료 ◐

『대전통편』「예전」 장권(奬勸).
『전율통보』「예전」 장권.
『은대편고』「예방고」 삭서(朔書).
『은대조례』「예고」 삭서.
『승정원일기』 현종 4년 4월 10일 정원의 계사, 영조 16년 8월 1일 상참(常參) 기사.

29-01

○ "文臣朔書, 毋論工拙自寫事, 令政院申飭。"事, 纂輯郎廳擧條蒙允。【丁酉正月初三日。】

● "문신이 올리는 삭서(朔書)는 잘 쓰건 못쓰건 간에 직접 쓰라고 정원에서 신칙하게 한다."라는 내용으로 찬집 낭청(纂輯郎廳)이 거행 조건을 내어 윤허를 받았다.【정유년(1777, 정조 1) 1월 3일.[95]】

---

95. 『승정원일기』와 『일성록』에는 동일한 날짜에 기록되어 있고, 『정조실록』에는 기록되어 있지 않다.

■본문 해설

찬집 낭청은 교리 이재학(李在學)을 가리킨다. 이 당시 『명의록(明義錄)』을 편찬하기 위해서 찬집청(纂輯廳)을 설치하였는데 이재학이 그곳의 낭청을 맡고 있었다. 그 무렵에는 문신이 삭서를 제출할 때 직접 쓰지 않고 화원(畫員)에게 대신 쓰게 해 제출하는 폐단이 많았다. 이는 젊은 문신에게 글씨를 익히게 하려고 도입한 삭서의 취지와 어긋나기 때문에 위의 규정을 정한 것이다.

◑ 참고자료 ◐

『승정원일기』 정조 1년 1월 3일 입시 기사, 2월 11일 입시 기사.

29-02

○ "文臣朔書, 當月晦日收捧, 翌日申前科次入啓, 定式。"事, 傳敎。【庚子十一月初一日。】

● "문신이 올리는 삭서는 그달 그믐날에 거두어들이고 다음 날 신시(申時) 전에 채점하고 등급을 매겨서 들이는 것으로 정식을 삼는다."라는 내용으로 전교하였다.【경자년(1780, 정조 4) 11월 1일.[96]】

■본문 해설

위의 전교는 정조가 좌승지 박우원(朴祐源)에게 내린 것이다. 삭서의 시관(試官)은 정원에서 2품 이상으로 선발하였으며, 삼하(三下) 이상의 점수를 얻어 3등 이내에 들어야 합격으로 처리하였다. 전서(篆書) 중에서는 대전(大篆)·소전(小篆)·상방대전(上方大篆)만 쓸 수 있었고, 그 이외에는 금지하였다. 위의 규정은 『은대편고』에도 수록되어 있다.

◑ 참고자료 ◐

『대전통편』「예전」 장권(奬勸).
『은대편고』「예방고」 삭서.
『승정원일기』 정조 4년 11월 1일 전교.

96. 『승정원일기』와 『일성록』에는 동일한 날짜에 기록되어 있고, 『정조실록』에는 기록되어 있지 않다.

29-03

○ "此後朔書科次單子, 各於名下, 書所呈千字及等第, 賞格, 待啓下捧傳旨以入事, 定式。"事, 傳敎。【辛丑四月初二日。】

● "앞으로 삭서의 등급을 매겨서 올리는 단자(單子)에는 각각 이름 아래에 제출한 사람의 번호 및 등급을 써서 올리고, 시상에 대해서는 재가하기를 기다려 전지(傳旨)를 들이는 것으로 정식을 삼는다."라는 내용으로 전교하였다. 【신축년(1781, 정조 5) 4월 2일.[97]】

■본문 해설

위의 전교는 시관이 삭서를 채점한 뒤 임금에게 올리는 단자를 작성하는 규정에 대해 정한 것이다. 삭서를 바친 문신 중 수석에게는 종이 5권(卷), 붓 4지(枝), 먹 3홀(笏), 2등에게는 종이 3권, 3등에게는 종이 2권을 상으로 내려 주었다.

◑ 참고자료 ◐

『대전통편』「예전」 장권(奬勸).
『은대편고』「예방고」 삭서.
『승정원일기』 정조 5년 4월 1일 전교.

30. 효열(孝烈)

효열(孝烈)은 효행(孝行)과 열행(烈行)을 가리키거나 그러한 행적이 뛰어난 사람을 가리킨다. 효행이나 열행 등이 뛰어난 사람에 대해서는 그 자손이나 마을 사람이 서울은 한성부에, 지방은 고을과 감영에 보고하면, 한성부와 감영이 실제 행적을 탐문한 뒤에 해마다 정월 안으로 예조에 보고하였다. 그러면 예조의 세 당상이 모두 모여서 상세히 논의하여 의정부로 보내 서경(署經)을 거친 뒤에 임금에게 보고하였다. 그들에 대해서는 행적에 따라 관직이나 물품을 내려 주기도 하고 정려(旌閭)·증직(贈職)·급복(給復)을 시행하여 표창하기도 하였다. 가난하여 빌어먹는 충신(忠臣)·효자(孝子)·순손(順孫)·

97. 『승정원일기』와 『일성록』에는 같은 달 1일에 기록되어 있고, 『정조실록』에는 기록되어 있지 않다.

열녀(烈女)에게는 해마다 쌀 5섬씩을, 계절마다 옷 1벌씩을 지급하였다.

◑ **참고자료** ◐
『대전통편』「예전」 장권(獎勸).
『전율통보』「예전」 장권.
『은대편고』「통고」 통행사례(通行事例).

30-01

○ "孝烈忠義旌閭、贈職、給復等事, 自各該房捧承傳傳旨後, 謄布朝紙, 載之『故事』, 著意擧行。"事, 傳敎。【己亥十二月十六日。】

● "효행(孝行)이 뛰어난 자손(子孫)과 열행(烈行)이 뛰어난 부녀(婦女) 및 충신(忠臣)과 의사(義士)에게 정려(旌閭)·증직(贈職)·급복(給復) 등을 시행하는 일은 각 해당 승지방(承旨房)에서 전교에 따른 전지(傳旨)를 들인 뒤에 베껴서 조보(朝報)에 반포하고 『정원고사』에 기재하여 유념해서 거행한다."라는 내용으로 전교하였다.【기해년(1779, 정조 3) 12월 16일.[98]】

■**본문 해설**
위의 전교는 「호고」 급복(給復)에도 나왔던 것으로, 예방(禮房)의 업무와도 관련이 있기 때문에 중복해서 기록한 것으로 보인다. 자세한 해설은 「호고」 급복 03-01 참조.

30-02

○ "京外孝烈別單, 每式年正月初旬前抄啓, 若値堂上不備, 自本曹具由草記, 又或備員, 而無端踰限, 政院察推。"事, 傳敎。【癸卯正月二十三日。】

● "서울과 지방의 효행이 뛰어난 자손과 열행이 뛰어난 부녀에 대한 별단(別單)을 올릴 때에는 3년마다 정월 초순 이전에 대상을 선발해서 보고하되, 만약 예조의 당상이 갖추어지지 않으면 예조에서 사유를 갖추어 초기(草記)하고, 또 인원이 갖추어지

98. 『승정원일기』와 『일성록』 및 『정조실록』 모두 동일한 날짜에 기록되어 있다.

기는 하였으나 정당한 이유 없이 기한을 넘기면 정원이 추고(推考)한다."라는 내용으로 전교하였다.【계묘년(1783, 정조 7) 1월 23일.[99]】

■**본문 해설**

위의 전교는 서울과 지방의 효행이 뛰어난 자손과 열행이 뛰어난 부녀를 선발해서 3년마다 연초에 보고하도록 정식을 삼았으나 지켜지지 않자 내린 것이다. 정조의 말에 의하면, 서울과 지방의 효행이 뛰어난 자손과 열행이 뛰어난 부녀에 대해서는 연말까지 각각 보고하면 그중에서 예조가 등급을 나누어 선발하여 의정부의 서경을 거친 뒤에 보고하도록 하였다고 한다. 그런데 이 정식이 지켜지지 않았으므로 날짜를 정해 주어 기한 안에 보고하도록 하기 위해 이 전교를 내린 것이다. 위의 규정은 『대전통편』과 『전율통보』에도 수록되어 있는데, 『전율통보』에서는 '3년마다'를 '매년'으로 규정하고 있다.

◑ **참고자료** ◐

『대전통편』「예전」 장권(奬勸).
『전율통보』「예전」 장권.
『승정원일기』 정조 7년 1월 22일 입시 기사.

31. 측우기(測雨器)

측우기(測雨器)는 세종대에 강우량을 측량하기 위해 발명한 기구이다. 세종 23년(1441)에 호조의 건의에 따라 처음으로 서운관(書雲觀)에 설치하도록 하였으며, 다음 해에 호조가 미진한 사항을 보완하여 다시 건의함에 따라 서울과 지방에 모두 설치하도록 하였다. 이때 호조가 건의한 내용에 따르면, 서울에는 높이 1자 5치, 지름 7치의 크기로 만들되, 쇠로 주조하여 만든 뒤 서운관에 대(臺)를 만들고 그 대 위에 설치하도록 하였다. 지방에는 서울에서 만든 측우기와 측량에 사용할 자를 각각 1개씩 내려 보내 자기(磁器)나 와기(瓦器)로 만든 뒤 객사(客舍)의 뜰 가운데에 대를 만들고 그 대 위에 설치하도록 하였다. 그리고 비가 내리면 서운관과 각 지방에서는 측우기에 고인 물의 깊이를 재어서 보고하도록 하였다.

99. 『승정원일기』와 『일성록』에는 같은 달 22일에 기록되어 있고, 『정조실록』에는 21일에 기록되어 있다.

영조는 세종 때의 제도를 본받아 창덕궁(昌德宮)과 경희궁(慶熙宮)에 각각 측우기를 설치하고, 팔도(八道)와 양도(兩都)에도 모두 설치한 뒤 각각 강우량을 보고하도록 하였다. 영조의 조치는 『대전통편』에도 수록되어 있다.

◑ 참고자료 ◐

『대전통편』「예전」 잡령(雜令).
『은대편고』「예방고」 관상감(觀象監).
『세종실록』 23년 8월 18일(임오), 24년 5월 8일(정묘).
『영조실록』 46년 5월 1일(정축).

31–01

○ "觀象監測雨水深單子, 以開門後一呈, 申時二呈, 閉門時三呈, 以此永爲遵行。" 事, 筵教。【戊戌閏六月二十六日。】

● "관상감의 강우량에 대한 단자는 궐문을 연 뒤에 첫 번째 올리고, 신시(申時)에 두 번째 올리고, 궐문을 닫을 때 세 번째 올린다. 이것을 영원히 준행한다."라는 내용으로 연석에서 하교하였다. 【무술년(1778, 정조 2) 윤6월 26일.[100]】

■본문 해설

위의 하교는 예조 참판 서호수(徐浩修)가 다른 단자(單子)는 하루에 한 차례씩만 올리지만 강우량을 측정해서 보고하는 단자는 하루에 3번씩 올리게 할 것을 청하여서 내린 것이다. 서호수는 영조가 창덕궁과 경희궁 및 팔도와 양도에 측우기를 설치하라고 명할 때 실무를 보았던 사람으로서, 당시에는 관상감에서 올리는 단자에 대한 규정을 마련하지 않았으므로 관상감의 담당자들도 난처해한다고 하였다. 그에 따라 이처럼 정식을 정한 것이다.

◑ 참고자료 ◐

『승정원일기』 영조 46년 5월 1일 입시 기사 · 3일 주강(晝講) 기사 · 6일 향(香) 지영(祗迎) 기사 · 16일 거둥 기사, 정조 2년 윤6월 8일 입시 기사 · 20일 인견(引見) 기사.

---

100. 『승정원일기』와 『일성록』에는 같은 달 20일에 기록되어 있고, 『정조실록』에는 기록되어 있지 않다.

32. 반력(頒曆)

반력(頒曆)은 황력(皇曆)을 나누어 주는 것을 가리킨다. 황력이란 중국에서 만든 책력(冊曆)을 말하는 것으로, 청나라에서는 10월 1일에 황력을 나누어 주었다. 조선에서는 8월에 황력 재자관(皇曆齎咨官)을 청나라에 파견하여 100권의 황력을 받아 오게 해서 12월에 신하 등에게 나누어 주었다. 중국에서 황력을 받아 오기 시작한 것은 청나라가 들어선 이후의 일이라고 한다. 책력에는 1년 동안의 월일, 해와 달의 운행, 월식(月蝕)과 일식(日蝕), 절기(節期), 특별한 기상 변동 따위를 날의 순서에 따라 기록하였다.

◑ 참고자료 ◐

『은대편고』「예방고」 황력(皇曆).
『은대조례』「예고」 황력.
『육전조례』「이전」 이조 총례(總例), 승정원 계품(啓稟).
『승정원일기』 영조 32년 4월 30일 입시 기사.

32-01

○ 此後憲書與民數, 領事、判尹請承旨親呈事, 定式。"事, 傳敎。【癸丑十一月十七日。】

● "앞으로 책력(冊曆)을 바칠 때에는 관상감의 영사가, 민호(民戶)의 수효를 보고하는 별단(別單)을 바칠 때에는 한성부의 판윤이 승지를 청하여 직접 바치는 것으로 정식을 삼는다."라는 내용으로 전교하였다.【계축년(1793, 정조 17) 11월 17일.[101]】

■본문 해설

이 조항은 「호고」 호구(戶口) 14-02에 나왔던 조항으로, 예방(禮房)의 업무와도 관련이 있기 때문에 중복해서 기록한 것으로 보인다. 본문 및 어휘의 해설에 대해서는 「호고」 호구(戶口) 14-02 참조.

101. 『승정원일기』와 『일성록』 및 『정조실록』 모두 동일한 날짜에 기록되어 있다.

32-02

○ "此後皇曆受點人, 勿爲列書受點, 時原任大臣・閣臣、儀賓、政府西壁、六曹判書、時任將臣、三司長官、時任承旨、實注書、翰林書入, 啓下後頒給事, 定式。"事, 傳敎。【丙辰十二月二十五日。】

● "앞으로 황력(皇曆)을 나누어 줄 대상으로 낙점 받을 사람은 열서해서 낙점 받지 말고, 현임 대신과 전임 대신, 현임 각신과 전임 각신, 의빈(儀賓), 의정부의 서벽(西壁), 육조(六曹)의 판서(判書), 현임 장신(將臣), 삼사(三司)의 장관(長官), 현임 승지, 실주서, 한림을 써서 들여서 재가를 받은 뒤에 나누어 주는 것으로 정식을 삼는다."라는 내용으로 전교하였다. 【병진년(1796, 정조 20) 12월 25일.[102]】

■**본문 해설**

위의 전교는 정조가 우승지 신기(申耆)에게 내린 것이다. 위의 규정이 정해지기 전에는 황력을 나누어 줄 사람에 대한 명단을 올려 낙점을 받아 정하다가, 이때부터는 나누어 줄 대상을 정해 두고 나누어 줄 때 임금의 재가만 받아서 나누어 주는 것으로 바뀌었다. 의정부의 서벽은 좌참찬과 우참찬을 가리킨다. 이들 외에 팔도의 각 감영(監營)과 유수영(留守營)에도 해마다 1~4권씩 나누어 주었다. 위의 규정은 『은대편고』에도 수록되어 있다.

◑ **참고자료** ◐

『은대편고』 「예방고」 황력(皇曆).

『승정원일기』 3년 12월 26일 김문순(金文淳)의 계사, 20년 12월 25일 전교.

33. 인신(印信)

인신(印信)은 서울과 지방의 각 관사와 관원이 사용하던 도장(圖章)을 가리킨다. 인신은 새로 만드는 경우와 옛것을 대신하여 다시 만드는 경우로 나눌 수가 있다. 도감(都監)을 비롯하여 새로운 관사가 설치되거나 전에 없던 관직이 신설될 경우 등에는 인신을 새로

102. 『승정원일기』와 『일성록』 및 『정조실록』 모두 동일한 날짜에 기록되어 있다.

만들었고, 예전에 사용하던 인신이 마모되거나 잃어버렸을 경우 등에는 다시 만들었다.

인신에 관한 업무는 예조가 관장하였으므로 인신을 만들 필요가 있는 관사나 관원은 예조에 공문을 보내 요청하였고, 예조에서는 인신을 만들어 임금의 재가를 거친 뒤에 해당 관사나 관원에게 보내 주었으며, 예전에 사용하던 인신은 폐기하였다. 인신 이외에 임금이 사용하는 어보(御寶)와 군신 사이에 신표(信標)로 사용하는 부신(符信) 등에 관한 업무도 예조에서 관장하였다.

◑ 참고자료 ◐

『인신등록(印信謄錄)』.

『보인부신총수(寶印符信總數)』.

33-01

○ "此後凡印信新造, 大書深刻, 無更襲謬, 造出後, 禮房承旨先爲取見, 或違令式, 該官員論勘, 定式。"事, 承旨擧條蒙允。【乙卯八月二十日。】

● "앞으로 인신을 새로 만들 때에는 글씨를 크게 쓰고 깊게 새겨서 더 이상 잘못된 전례를 답습하지 않도록 하고, 인신을 만든 뒤에는 예방 승지(禮房承旨)가 먼저 가져다 살펴보아 정식을 위반했으면 해당 관원에 대해 죄를 따져서 처벌하는 것으로 정식을 삼는다."라는 내용으로 승지가 거행 조건을 내어 윤허를 받았다.【을묘년(1795, 정조 19) 8월 20일.[103]】

■본문 해설

승지는 좌승지 이조승(李祖承)을 가리킨다. 이 기사가 기록된 날에 좌승지 이조승(李祖承)과 동부승지 이조원(李肇源)이 다른 승지들과 함께 재가받을 문서를 가지고 입시하였는데, 『승정원일기』에는 이 거행 조건을 낸 승지가 이조승(李祖承)으로 기록되어 있고, 『일성록』에는 이조원(李祖源)으로 기록되어 있다. 이조원(李肇源)은 18일에 형방 승지(刑房承旨)로 배정이 되어 형방의 업무를 맡고 있었고, 이조승(李祖承)은 당일 기사를 참고하면 예방 승지(禮房承旨)를 맡고 있었다. 인신은 예방의 업무에 속하므로 『일성록』에 기록된 '이조원(李祖源)'의 '원(源)'은 '승(承)'의 오자라고 하겠다. 위의 규정은 광주 유수(廣州留守)의 인신을 새

103. 『승정원일기』와 『일성록』에는 동일한 날짜에 기록되어 있고, 『정조실록』에는 기록되어 있지 않다.

로 만든 일로 인하여 정한 것이다. 모든 인신은 인신의 크기와 새기는 깊이에 대해 정해진 제도가 있었는데, 당시에 새로 만든 서울과 지방의 인신은 글자의 모양이 졸렬하고 얕게 새겨서 사용한 지 얼마 지나지 않아 대부분 마멸되기 때문에 당시 새로 만들고 있던 광주 유수의 인신부터 이러한 규정을 적용하게 한 것이다.

◑ 참고자료 ◐

『승정원일기』 정조 19년 8월 18일 좌목(座目) 및 전교, 20일 좌목 및 입시 기사.
『일성록』 정조 19년 8월 20일 이조원(李祖源)의 계사.

34. 과장시권(科場試券)

과장시권(科場試券)은 과시(科試)가 치러지는 곳에서 응시자가 제출한 답안지를 가리킨다. 과장(科場)은 과거(科擧) 또는 과시를 시행하는 장소로 시장(試場)이라고도 하였으며, 인원이 많을 경우에는 2곳 이상으로 나누어 마련하였다. 이처럼 과장을 나누어 시행한 것은 응시 인원이 많은 것 말고도 시험관과 응시자가 친인척 관계일 경우에 서로 피해서 응시할 수 있게 하려는 목적도 있었다. 과장에서는 응시자가 책을 가지고 들어가거나 남을 시켜 대신 답안지를 작성하는 행위, 시험관이 하인을 데리고 들어가는 행위, 과장에서 농간을 부리는 행위 등이 금지되었으며, 이를 어길 경우에는 수군(水軍)이나 변경 지역에 충정(充定)하기도 하였다. 과장은 과시의 규모에 따라 대·중·소로 나누어 준비하되 각 관사를 8곳으로 나누어 서로 돌아가면서 담당하도록 하였으며, 과장에 필요한 시설 등은 선공감에서 맡아 설치하였다.

시권(試券)은 과시를 치를 때 응시자가 작성한 답안지를 가리킨다. 답안지로 쓸 종이를 시지(試紙) 또는 명지(名紙)라고 하였는데, 응시자는 이 시지에 본인의 직역(職役)·성명·나이·본관·거주지와 사조(四祖, 부·조·증조·외조)의 직역·성명·본관을 기록하고 과시의 실무를 집행하는 사관소(四館所)로부터 도장을 받았다. 응시자가 시권을 작성할 때에는 당파(黨派)에 관한 어휘나 기괴한 어휘 등을 사용할 수 없었다. 응시자가 시권을 제출하면, 시관이 채점한 뒤 시권에 붉은 글씨로 점수를 기록하였다.

◑ 참고자료 ◐

『대전통편』「예전」 제과(諸科)·새보(璽寶), 「병전」 무과(武科), 「형전」 금제(禁制).
『전율통보』「예전」 제과(諸科), 「병전」 제과.
『은대편고』「예방고」 식년생진초시(式年生進初試)·문과전시(文科殿試).
『육전조례』「호전」 호조 전례방(前例房) 과장(科場), 「공전」 선공감 과장.

34-01

○ "科場入啓試券, 皆於第一間書下, 以正字書等, 而如有草書與第二間書等之事, 則政院察飭, 使其試官改書入啓, 而亦爲請罪。"事, 下敎。【庚子三月二十四日。】

● "과장(科場)에서 임금의 재가를 받기 위해 들여보내는 시험 답안지는 모두 첫 번째 칸에 써 내려가되, 해서(楷書)로 등수를 쓴다. 만일 초서(草書)로 쓰거나 두 번째 칸에 등수를 적는 일이 있으면, 정원에서 살펴서 신칙하여 해당 시관(試官)에게 고쳐 써서 들여보내도록 하고, 또한 죄주기를 청한다."라는 내용으로 하교하였다. 【경자년(1780, 정조 4) 3월 24일.[104]】

■본문 해설

『승정원일기』 같은 날 기사 중 과시와 관련된 기사로는 이날 잡과(雜科)의 복시(覆試)를 시행해야 하는데, 시관인 사역원 제조 서호수(徐浩修)가 나오지 않아서 체차하고 새로 차출한 내용이 보일 뿐이다. 제술 시험에 대한 채점은 일반적으로 상지상(上之上)·상지중(上之中)·상지하(上之下)·이상(二上)·이중(二中)·이하(二下)·삼상(三上)·삼중(三中)·삼하(三下)·차상(次上)·차중(次中)·차하(次下) 등 12등급으로 나누어졌다. 그중 상지상(上之上)·상지중(上之中)·상지하(上之下)는 일지상(一之上)·일지중(一之中)·일지하(一之下)로 적기도 하였다. 12등급 이외에도 차하(次下)의 아래에 갱등(更等)이 있었고, 등급에 끼지 못한 경우는 외등(外等)이라고 하였다.

◑ 참고자료 ◐

『명종실록』 8년 3월 28일(갑진).

---

104. 『승정원일기』와 『일성록』 및 『정조실록』 모두 동일한 날짜에 기록되어 있지 않다.

『승정원일기』 영조 17년 5월 2일 전좌(殿座) 기사, 정조 4년 3월 24일 서유방(徐有防)의 계사.

35. 승전색접대(承傳色接待)

승전색접대(承傳色接待)는 승전색이 임금의 명령이나 문서를 전달하고 신하나 각 관사의 문서를 받아 가기 위해서 승정원에 나아왔을 때 접대하는 것을 가리킨다. 승전색은 내시부(內侍府) 소속의 중관(中官)이 맡았으며, 왕명과 문서의 출납 이외에도 어보(御寶)의 출납과 계자(啓字)의 관리도 담당하였다. 임금과 승정원 사이에서 왕명이나 문서의 출납을 담당하는 사람으로는 승전색 이외에도 사알(司謁)이 있었는데, 특정한 문서의 경우에는 반드시 사알이 아닌 승전색을 통해서 올리도록 규정하였다. 예를 들면 정청(庭請)·빈청(賓廳)·대간(臺諫)의 계사(啓辭), 복상(卜相)·문형회권(文衡會圈)의 단자(單子), 황력(皇曆) 및 어휘(御諱)가 들어 있는 자문(咨文), 치사(致詞)·전문(箋文)·방목(榜目) 등은 반드시 승전색을 통해 들이도록 하였다. 승전색이 승정원에 나아가면 6명의 승지 모두와 주서(注書)·사관(史官)이 맞이하였다.

◑ 참고자료 ◐

『대전통편』「이전」 경관직 내시부.
『은대편고』「이방고」 정사(政事)·백관정청(百官庭請)·빈청계사(賓廳啓辭)·복상(卜相)·문형회권(文衡會圈), 「예방고」 황력(皇曆)·사신(使臣)·책례(册禮)·가례(嘉禮)·상존호(上尊號)·진하(陳賀)·알성(謁聖), 「병방고」 식년무과전시(式年武科殿試), 「형방고」 대간(臺諫).
『승정원일기』 숙종 18년 2월 14일 정원의 계사, 30년 10월 5일 김치룡(金致龍)의 계사, 영조 13년 6월 5일 유엄(柳儼)의 계사, 정조 5년 3월 21일 규장각의 초기.

35-01

○ "此後承傳色接待時, 諸承旨一齊出接, 依古例。而若一員非公故不參, 則該承宣及中官重罪。"事, 下敎。【庚子五月二十四日。】

● "앞으로 승전색을 접대할 때에는 승지들이 모두 나와서 접대하되 옛 규례대로 행한다. 만약 1명이라도 공적인 일이 아닌데 참석하지 않으면 해당 승지와 중관을 엄중

히 처벌한다."라는 내용으로 하교하였다.【경자년(1780, 정조 4) 5월 24일.[105]】

■**본문 해설**

위의 하교를 내렸다고 한 날 『승정원일기』의 기사에 의하면, 정조가 어휘(御諱)·어압(御押)·어보(御寶)가 들어 있는 주문(奏文)과 자문(咨文)을 들일 때에는 승지들이 청좌(廳坐)하여 승전색을 청해서 들이도록 한 비망기(備忘記)가 기록되어 있다. 이때에 위의 하교도 함께 내린 것으로 보인다. 위의 규정은 『은대편고』에도 수록되어 있다. 청좌(廳坐)에 대해서는 「이고」 통행잡식(通行雜式) 12-37 어휘 해설 참조.

◑ 참고자료 ◐

『은대편고』「예방고」 진하(陳賀), 「통고」 승지.
『승정원일기』 정조 4년 5월 24일 비망기.
『정원고사』「예고」 주자문(奏咨文) 23-01.

105. 『승정원일기』와 『일성록』 및 『정조실록』 모두 동일한 날짜에 기록되어 있지 않다. 『은대편고』「통고」 승지(承旨)에는 갑자년(甲子年) 5월 24일의 일로 기록되어 있으나, 정조 재위 기간에는 갑자년이 없으므로 경자년(1780, 정조 4)의 오기로 보인다.

병고(兵攷)

01. 동가(動駕)

동가(動駕)는 임금이 거둥하는 것을 가리킨다. 『은대편고』에는 「예방고(禮房攷)」에 '동가(動駕)' 조항을 두고 「병전」에 '동가'와 '능행(陵幸)' 조항을 두었으며, 『은대조례』에는 「예전」에 '동가' 조항을 두고 「병전」에 '행행(幸行)' 조항을 두었는데, 『정원고사』에는 「예고」와 「병고」에 각각 '동가' 조항을 두었다. 동가에 대한 자세한 해설은 「예고」 동가 참조.

◑ 참고자료 ◐

『대전통편』 「병전」 입직(入直).
『은대편고』 「예방고」 동가(動駕), 「병방고」 동가 · 능행(陵幸) · 노부의위(鹵簿儀衛).
『은대조례』 「예고」 동가, 「병고」 행행(幸行).

01-01

○ "文兼進參侍衛班, 而立於宣傳官之前, 定式。"事, 傳敎。【丙申八月初八日。】

● "문신 겸 선전관(文臣兼宣傳官)이 시위의 반열에 나아가 참석할 때 선전관의 앞에 서는 것으로 정식을 삼는다."라는 내용으로 전교하였다.【병신년(1776, 정조 즉위) 8월 8일.[1]】

1. 『승정원일기』와 『일성록』 및 『정조실록』 모두 동일한 날짜에 기록되어 있지 않다.

■본문 해설

위의 전교는 사료에서 확인하지 못하였다. 문신 겸 선전관은 문신으로 선전관을 겸하도록 한 선전관청(宣傳官廳) 소속의 종6품 벼슬이다. 『속대전』에서는 총 5명의 문신 겸 선전관을 두도록 하였으나 『대전통편』에서는 2명으로 줄었으며, 『대전회통』에서는 옥당(玉堂) 및 한림(翰林)이나 주서(注書)로서 6품으로 오른 사람을 임명하도록 하였다. 문신 겸 선전관이 시위하는 반열에 의무적으로 참석하도록 한 규정은 『속대전』에 보이는데, 이때부터 그 위치를 일반 선전관의 앞으로 정한 것으로 보인다.

◑ 참고자료 ◐

『대전통편』「병전(兵典)」 선전관청(宣傳官廳), 시위(侍衛).

01-02

○ "乘輦處所, 以仁政門定式, 而自熙政堂動駕, 以協陽門爲乘輦處所。"事, 傳教。【丁酉八月初五日。】

● "연(輦)을 타는 장소는 인정문으로 정식을 삼되, 희정당에서 동가할 때는 협양문을 연을 타는 장소로 삼는다."라는 내용으로 전교하였다.【정유년(1777, 정조 1) 8월 5일.[2]】

■본문 해설

정조가 이 전교를 내릴 당시에는 경희궁(慶熙宮)에 머무르고 있었으나, 7월 28일 존현각(尊賢閣)에 괴한이 침입한 일로 인해 이 전교를 내린 다음 날인 8월 6일에 창덕궁(昌德宮)으로 옮기게 된다. 인정문은 창덕궁의 정전(正殿)인 인정전(仁政殿)의 정문이고, 협양문은 선정전(宣政殿)과 함께 편전(便殿)으로 사용되었던 희정당으로 들어갈 때 통과해야 하는 남쪽 문이었다. 정조의 말을 참고하면, 이러한 규정은 그 이전부터 정식으로 정하지는 않고 관례적으로 행해 오던 것을 이때부터 정식을 삼은 것으로 보인다.

◑ 참고자료 ◐

『은대편고』「병방고」 동가(動駕).

『승정원일기』 정조 원년 7월 28일 입시 기사, 8월 5일 입시 기사 · 6일 입시 기사.

2. 『승정원일기』와 『일성록』에는 동일한 날짜에 기록되어 있고, 『정조실록』에는 기록되어 있지 않다.

『정조실록』 1년 8월 11일(갑진).

01-03

○ "闕外動駕, 紅馬木內攔後, 依闕內擧動例擧行。慶熙宮紅馬木內, 與時御所及經宿時有異, 不必爲之。此後, 如有經宿之處所, 毋論陵、墓洞口及闕內, 一體攔後, 定式。"事, 傳敎。【戊戌正月初二日。】

● "궐 밖으로 동가할 때는 궐 안에서 거둥할 때의 규례대로 홍마목 안쪽에서 난후(攔後)한다. 경희궁의 홍마목(紅馬木) 안쪽은 시어소(時御所)나 하룻밤 이상 묵을 때와 차이가 있으니 그리 할 필요가 없다. 앞으로는 하룻밤 이상 묵는 곳이 있으면 능(陵) · 묘(墓)의 동구든 궐내든 막론하고 모두 난후하는 것으로 정식을 삼는다."라는 내용으로 전교하였다. 【무술년(1778, 정조 2) 1월 2일.[3]】

■본문 해설

위의 전교는 정조가 연초에 경모궁(景慕宮) 등에 전배(展拜)하러 가기 하루 전에 내린 것이다. 이 전교를 내린 다음 날 정조는 경모궁에 전배하고 창덕궁으로 돌아왔다가 경희궁으로 나아가 영조의 혼전(魂殿)인 태령전(泰寧殿), 창경궁의 효순왕후(孝純王后)의 혼전인 연복전(延福殿), 숙종의 후궁 숙빈(淑嬪) 최씨(崔氏)의 사당인 육상궁(毓祥宮), 영조의 후궁 영빈(暎嬪) 이씨(李氏)의 사당인 의열궁(義烈宮)에 차례로 전배하였다. 경희궁의 난후에 예외를 둔 이유는 확실하지 않다.

◑ 참고자료 ◐

『은대편고』「예방고(禮房攷)」 궁묘(宮廟).
『승정원일기』 정조 2년 1월 2일 호궤(犒饋) 기사 · 3일 동가 기사.

■어휘 해설

1. 난후(攔後) : 임금이 동가할 때 행렬의 앞쪽과 뒤쪽에서 시위(侍衛)하며 경비하는 것을 가리킨다. 정조 이전에도 금군(禁軍) 등이 난후를 담당한 사례가 보이기는 하나, 정조 3년(1779)에 훈련도감(訓鍊都監)에 난후별대(攔後別隊)를 창설하여 절반은 어가의 앞쪽에서 절반은 어가의 뒤쪽에서 난후를 전담하도록 하였다.

---

3. 『승정원일기』와 『일성록』 및 『정조실록』 모두 동일한 날짜에 기록되어 있다.

2. 홍마목(紅馬木): 궁궐의 정문 밖 좌우에 설치된 네 발이 달린 나무 받침틀을 가리킨다. 이곳에 가마나 상여 등을 올려놓을 때 사용하였으며, 관원이 궁궐을 출입할 때 말에서 내려야 하는 지점을 표시하는 하마비(下馬碑)의 역할도 하였다.
3. 시어소(時御所): 임금이 당시 거처하고 있는 곳을 가리킨다. 따라서 평상시 거처하는 곳은 물론이고 임시로 거처하는 곳도 시어소라고 하였다.

01-04

○ "動駕還宮時, 若至夜深, 門外軍兵呵凍於路上, 該房承旨, 城門啓請, 定式。" 事, 傳教。【戊戌正月初八日。】

● "동가하였다가 궁으로 돌아왔을 때 밤이 깊으면 성문 밖에 집이 있는 군병들은 성문 안의 길가에서 추위에 떨 것이니, 병방 승지는 성문을 여는 일에 대해 임금에게 아뢰어 문을 열어 달라고 청하는 것으로 정식을 삼는다."라는 내용으로 전교하였다.【무술년(1778, 정조 2) 1월 8일.[4]】

■본문 해설

위의 전교는 이해 1월 3일에 정조가 거둥하였다가 밤중에 돌아왔을 때 성문이 닫혀 성문 밖에 사는 군병들이 돌아가지 못하고 밤새 길거리에서 추위에 떨었다는 도승지 홍국영(洪國榮)의 보고를 듣고서 내린 것이다. 위의 01-03 본문 해설 참조.

◑ 참고자료 ◐

『승정원일기』 정조 2년 1월 3일 동가 기사 · 8일 입시 기사.

01-05

○ "殿內、外鹵簿大仗及侍衛軍兵陳列諸事, 兵判爲鹵簿使, 參判爲預差, 吏曹單望啓下, 使之檢飭, 郎廳二人, 亦爲分掌, 朝儀失措, 鹵簿使、該掌郎廳, 政院論罪, 監察糾督, 定式。"事, 傳教。【戊戌四月十二日。】

* 使之檢飭: 저본에는 없는데, 『승정원일기』 같은 날 기사에 근거하여 보충하였다.

4. 『승정원일기』와 『일성록』 및 『정조실록』 모두 동일한 날짜에 기록되어 있다.

● "전내(殿內)와 전외(殿外)에 노부 대장(鹵簿大仗)과 시위하는 군병을 진열하는 등의 일은 이조에서 병조 판서를 노부사(鹵簿使), 병조 참판을 예차(預差)의 단독 후보로 올려 재가를 받아 총괄하여 단속하게 하고, 병조 낭청 2명도 나누어 맡게 하라. 조정의 의식에 실수가 있으면 노부사와 해당 낭청에 대해 승정원에서 논죄하고, 감찰이 감독한다. 이로써 정식을 삼는다."라는 내용으로 전교하였다. 【무술년(1778, 정조 2) 4월 12일.[5]】

■본문 해설

위의 전교는 정조가 예조 판서로 예의사(禮儀使)를 삼고 병조 판서로 노부사를 삼는 것이 옛 규례인데도 예의사만 있고 노부사가 없는 것은 문제가 있다고 판단하여 내린 것이다. 이는 임금이 제사나 의식을 행할 때 의장(儀仗)을 준비하고 군병을 배치하는 일 등에 대해 총괄할 사람을 두고 실수가 있을 경우에는 책임을 지도록 규정을 마련한 것이다. 이러한 규정은 『전율통보』, 『은대편고』, 『육전조례』에도 수록되어 있다.

◑ 참고자료 ◐

『전율통보』 「병전(兵典)」 시위(侍衛).
『은대편고』 「예방고」 노부의위(鹵簿儀衛).
『육전조례』 「이전(吏典)」 이조(吏曹) 문선사(文選司) 차정(差定).
『승정원일기』 정조 2년 4월 12일 입시 기사.

■어휘 해설

1. 노부 대장(鹵簿大仗): 대가 노부(大駕鹵簿) 또는 대가 의장(大駕儀仗)을 가리킨다. 노부(鹵簿)는 임금・왕비・세자 등이 제사나 의식을 행할 때 갖추는 의장대(儀仗隊)를 가리키는 것으로, 그 규모에 따라 대가 노부(大駕鹵簿), 법가 노부(法駕鹵簿), 소가 노부(小駕鹵簿)로 나누어졌다. 대가(大駕)는 말 16필, 법가(法駕)는 말 12필, 소가(小駕)는 말 6필로 마련하였고, 그에 따라 의장대의 규모도 각각 달랐다. 그중 대가 노부는 중국 황제의 조서(詔書)나 칙서(勅書)를 맞이할 때, 종묘(宗廟)나 사직(社稷)에 제사를 지낼 때 등에 사용하였다.
2. 예차(預差): 실차(實差)가 사정이 생길 경우를 대비해 차출한 관원을 가리킨다. 헌관(獻官)이나 시관(試官)처럼 한시적으로 임무를 수행하는 자리에는 실차와 예차를 함께 차출하였다가, 실차에게 임무를 수행할 수 없는 사정이 생길 경우에는 예차에게 대행하도록 하였다.

5. 『승정원일기』와 『일성록』 및 『정조실록』 모두 동일한 날짜에 기록되어 있다.

01-06

○ "鹵簿之用半仗時、用小駕時、用法駕時, 隨時依禮文陳列, 而把門甲士, 只於正殿正門朝賀時用之, 五衛將之全數侍衛、別侍衛之排立、大輦之陳列, 但於朝賀用之。"事, 傳教。【戊戌四月十二日。】

● "노부(鹵簿)로서 반장(半仗)을 쓸 때와 소가(小駕)를 쓸 때와 법가(法駕)를 쓸 때에는 때에 맞게 예문대로 진열하되, 문을 파수하는 군사는 정전의 정문에서 조하(朝賀)를 행할 때에만 쓰고, 오위장 전원이 시위하는 일과 별시위를 배열하여 세우는 일과 대련(大輦)을 진열하는 일은 조하를 행할 때에만 적용하도록 한다."라는 내용으로 전교하였다.【무술년(1778, 정조 2) 4월 12일.[6]】

■본문 해설

위의 전교는 정조가 병조 판서로 노부사를 삼도록 지시하면서 내린 것이다. 이는 제사나 의식의 규모에 따라 노부를 마련하게 하되, 일부 긴요하지 않은 절차는 생략한 것이다. 위의 01-05 본문 해설 참조.

◑ 참고자료 ◐

『송사(宋史)』 권143 「의위지(儀衛志)」 의위(儀衛).

『승정원일기』 정조 2년 4월 12일 입시 기사.

■어휘 해설

1. 반장(半仗): 법가 노부(法駕鹵簿)를 가리키거나, 원래 정해진 의장(儀仗)에 비해 절반 규모로 마련하는 의장을 가리킨다. 여기에서는 법가 노부를 별도로 언급한 점으로 보아 원래 정해진 의장에 비해 절반 규모로 마련하는 의장을 가리킨 것으로 보인다. 중국에서는 노부(鹵簿)와 의장(儀仗)을 분리하여, 노부는 황제가 제사를 지내거나 순행할 때의 의장대(儀仗隊)로 대가(大駕), 법가(法駕), 소가(小駕), 황휘장(黃麾仗) 등 4등급으로 나누었고, 의장은 대궐 뜰에서 의식을 진행할 때 배열하는 의장대로 대장(大仗), 반장(半仗), 각장(角仗), 세장(細仗) 등 4등급으로 나누었다. 우리나라에서는 이 두 가지를 나누어서 사용하기도 하고 하나로 뒤섞어서 사용하기도 하였는데, 노부 중의 황휘장과 의장 중의 각장을 사용한 기록은 보이지 않는다. 『세종실록』 「오례의(五禮儀)」의 노부(鹵簿)에서는 배표(拜表), 전향(傳香), 조하(朝賀), 조참(朝參), 납채(納采), 납징(納徵), 책봉(冊封), 교서 반강(敎書頒降), 문과 전시(文科殿試), 방방(放榜) 등의 의식을 행

6. 『승정원일기』와 『일성록』 및 『정조실록』 모두 동일한 날짜에 기록되어 있다.

할 때에 반장을 사용한다고 하였다.

2. 소가(小駕): 소가 노부(小駕鹵簿) 또는 소가 의장(小駕儀仗)을 가리킨다. 소가 노부는 임금이 능(陵)에 참배할 때, 활쏘기를 구경할 때, 도성(都城) 문밖으로 행차할 때 사용하였다.
3. 법가(法駕): 법가 노부(法駕鹵簿) 또는 법가 의장(法駕儀仗)을 가리킨다. 법가 노부는 임금이 선농단(先農壇)에서 친히 제사를 지낼 때, 성균관(成均館)에 행차하여 유생(儒生)들이 학습하는 것을 살필 때, 사단(射壇)에서 활을 쏘거나 활쏘기를 구경할 때, 무과 전시를 행할 때에 사용하였다.
4. 조하(朝賀): 동지(冬至)나 임금의 탄일 등에 신하들이 임금에게 하례하는 것을 가리킨다. 조하는 대조하(大朝賀)와 소조하(小朝賀)로 나뉘었는데, 대조하는 설날, 동지, 임금의 탄일 등 삼명일(三名日)에 하례하는 것을 가리키고, 소조하는 매달 초하루와 보름, 인일(人日), 입춘(立春) 등에 하례하는 것을 가리킨다. 이처럼 정기적인 조하 이외에 임금의 즉위, 왕비나 세자의 책봉, 종묘(宗廟)의 대제(大祭)나 문묘(文廟)의 작헌례(酌獻禮)를 임금이 직접 지낸 뒤처럼 비정기적인 행사가 있을 때에도 조하를 행하였다. 신하가 임금에게 조하하는 경우 이외에, 임금이 상왕(上王)이나 왕대비(王大妃)에게, 세자가 임금에게, 신하들이나 내명부(內命婦)가 왕비에게 조하를 행하는 경우도 있었다.

01-07

○ "朝賀時, 臺下月刀、忠壯、忠翊衛等陳列, 除減。"事, 傳教。【戊戌四月十二日。】

● "조하를 행할 때 월대(月臺) 아래에 배치하는 월도차비(月刀差備)와 충장위와 충익위는 없애도록 한다."라는 내용으로 전교하였다.【무술년(1778, 정조 2) 4월 12일.[7]】

■본문 해설

위의 전교도 정조가 위 01-05와 01-06의 전교를 내릴 때 함께 내린 것이다. 정조가 조하를 행할 때 배치하는 월도차비, 충장위, 충익위 등은 그다지 긴요하지 않다고 판단하여 배치하지 말도록 한 것이다.

◑ 참고자료 ◐

『승정원일기』 영조 26년 1월 28일 인견 기사, 정조 2년 4월 12일 입시 기사, 4년 4월 6일 입시 기사.

---

7. 『승정원일기』와 『일성록』 및 『정조실록』 모두 동일한 날짜에 기록되어 있다.

01–08

○ "親祭景慕宮時留陣, 以日瞻門外館峴前路及本宮洞口廣闊處結陣, 定式。" 事, 傳敎。【戊戌五月十四日。】

● "경모궁에 직접 제향을 지낼 때의 유진(留陣)은 일첨문(日瞻門) 밖의 관현(館峴) 앞길 및 경모궁 동구 밖의 넓은 곳에 진(陣)을 치는 것으로 정식을 삼는다."라는 내용으로 전교하였다. 【무술년(1778, 정조 2) 5월 14일.[8]】

■본문 해설

위의 전교는 경모궁의 제향을 하루 앞두고서 병조가 훈련도감(訓鍊都監)과 어영청(御營廳)의 유진을 마련하여 보고하자, 정조가 유진하는 장소가 경모궁과 너무 떨어져 있다고 하면서 내린 것이다.

◑ 참고자료 ◐

『승정원일기』 정조 2년 5월 14일 병조의 초기(草記).

■어휘 해설

1. 유진(留陣): 유도결진(留都結陣)의 준말로, 임금이 동가할 때 어가(御駕)를 수행하지 않는 영문(營門)이 도성(都城)에 남아서 진(陣)을 치는 것을 가리킨다.

01–09

○ "京外擧動, 何營隨駕, 何營留陣, 自兵曹草記稟旨。"事, 傳敎。【戊戌八月初四日。】

● "서울이나 지방으로 거둥할 때에 어느 영문(營門)이 어가(御駕)를 수행하고 어느 영문이 유진할지에 대해서는 병조에서 초기를 올려 임금에게 묻도록 한다."라는 내용으로 전교하였다. 【무술년(1778, 정조 2) 8月 4일.[9]】

8. 『승정원일기』와 『일성록』에는 동일한 날짜에 기록되어 있고, 『정조실록』에는 기록되어 있지 않다.
9. 『승정원일기』와 『일성록』 및 『정조실록』 모두 같은 달 6일에 기록되어 있다.

■본문 해설

위의 전교는 정조가 명릉(明陵)과 소령원(昭寧園)으로의 동가를 앞두고 어가를 수행할 영문과 도성(都城)에 남아 진(陣)을 칠 영문에 대해 신하들과 논의하는 자리에서 내린 것이다. 정조는 임금이 거둥할 때 어느 영문이 어가를 수행하고 어느 영문이 도성에 남아 진을 칠 것인지는 중대한 일이므로 아래에서 신하들이 결정해서는 안 된다고 하면서 이처럼 정하였다.

◑ 참고자료 ◐

『승정원일기』 정조 2년 8월 6일 인견 기사.

01-10

○ "景慕宮展拜, 由月覲門爲之時, 春塘臺乘轎, 定式。"事, 下敎。【己亥十月二十一日。】

● "경모궁에 전배하기 위해 월근문으로 나갈 때에는 춘당대에서 교(轎)를 타는 것으로 정식을 삼는다."라는 내용으로 하교하였다.【기해년(1779, 정조 3) 10월 21일.[10]】

■본문 해설

위의 하교는 정조가 다음 날 경모궁에 전배할 때 월근문으로 나가겠다고 명하면서 내린 것이다. 임금이 경모궁에 전배할 때 창덕궁(昌德宮)의 정문인 돈화문(敦化門)이나 창경궁(昌慶宮)의 정문인 홍화문(弘化門)으로 나가지 않고 월근문으로 나갈 때에는 월근문과 가까운 춘당대에서 교(轎)를 타는 것으로 정식을 삼은 것이다.

◑ 참고자료 ◐

『승정원일기』 정조 3년 10월 21일 입시 기사.

01-11

○ "陵幸時, 守、摠兩營軍兵解嚴, 過該地方後, 該營將校微稟, 卽時解嚴, 定式。"事, 傳敎。【庚子二月初四日。】

10. 『승정원일기』와 『일성록』에는 동일한 날짜에 기록되어 있고, 『정조실록』에는 기록되어 있지 않다.

● "능행할 때 수어청(守禦廳)과 총융청(摠戎廳) 두 영문 군병들의 계엄을 해제하는 것은 어가(御駕)가 해당 지방을 지나간 뒤에 해당 영문의 장교가 임금에게 넌지시 물은 뒤에 즉시 계엄을 해제하는 것으로 정식을 삼는다."라는 내용으로 전교하였다. 【경자년(1780, 정조 4) 2월 4일.[11]】

■ **본문 해설**

위의 전교는 정조가 능행할 때 군병들이 당하는 폐해를 줄여 주기 위해서 내린 것이다. 이러한 규정이 정해지기 전에는 임금이 도성(都城) 밖으로 동가하였다가 궁으로 돌아온 뒤에야 임금의 허락을 받고 신전(信箭)을 받아서 계엄을 해제하였으므로 군병들이 오랫동안 기다려야 했다. 『은대편고』에서는 어가가 해당 지방을 지나간 뒤에 병방 승지(兵房承旨)가 미리 받은 신전(信箭)으로 척후병(斥堠兵)과 복병(伏兵) 등의 계엄을 차례차례 해제하겠다고 보고한 뒤 선전관을 시켜 해당 지방관에게 신전을 전해 주어 해제하도록 한다고 하였다.

◑ **참고자료** ◐

『은대편고』 「병방고」 동가(動駕) · 능행(陵幸).

『승정원일기』 정조 4년 2월 4일 입시 기사.

01-12

○ "陵幸時, 軍器寺砲具, 勿爲待令, 定式。"事, 傳敎。【庚子八月二十六日。】

● "능행할 때 군기시의 포구는 대령하지 않는 것으로 정식을 삼는다."라는 내용으로 전교하였다. 【경자년(1780, 정조 4) 8월 26일.[12]】

■ **본문 해설**

위의 전교는 정조가 파주(坡州)에 있는 영릉(永陵)으로의 행차를 앞두고서 내린 것이다. 정조는 훈련도감의 포구가 있으므로 군기시의 포구는 필요하지 않다고 하였다.

◑ **참고자료** ◐

『승정원일기』 정조 4년 8월 26일 입시 기사.

11. 『승정원일기』와 『일성록』에는 동일한 날짜에 기록되어 있고, 『정조실록』에는 기록되어 있지 않다.
12. 『승정원일기』와 『일성록』에는 동일한 날짜에 기록되어 있고, 『정조실록』에는 기록되어 있지 않다.

01-13

○ "社壇親享時, 侍衛及侍臣、承・史, 以鍾沈橋乘馬復舊例擧行。"事, 傳敎。【辛丑正月初六日。】

* 鍾沈橋: '종침교'가 『대동방여전도(大東方輿全圖)』와 『해동악부(海東樂府)』에는 '琮琛橋'로 되어 있고, 『승정원일기』와 『일성록』에는 '鍾沈橋', '宗沈橋', '琮沈橋', '琮琛橋' 등으로 뒤섞여 있어 교감할 수가 없으므로 그대로 두었다.

● "사단에 임금이 직접 제향을 지낼 때에는 시위 및 시종(侍從), 승지와 사관(史官)이 종침교에서 말을 타는 것으로 옛 규례를 회복하여 거행한다."라는 내용으로 전교하였다.【신축년(1781, 정조 5) 1월 6일.[13]】

■본문 해설

위의 전교는 정조가 고사(古事)의 기록에 따라 규정을 정하기 위해서 내린 것이다. 정조의 말에 의하면, 임금이 사직(社稷)에 제향을 지내고 궁으로 돌아올 때 신하들이 말을 타는 위치를 이처럼 정해야 혼잡한 폐단이 없다고 하였다. 이에 따라 신하들이 사직에 나아갈 때에는 종침교에 도착하면 말에서 내리고 돌아갈 때에도 모두 종침교에서부터 말에 탔다. 종침교는 현재의 5호선 광화문역 근처에 있었다.

◑ 참고자료 ◐

『정조실록』 5년 1월 7일(경진).
『승정원일기』 정조 5년 12월 2일 종묘 거둥 기사.

01-14

○ "法殿親臨時, 軍兵解渴草記, 使從事官親呈, 定式。"事, 承旨擧條蒙允。【辛丑六月二十五日。】

● "법전(法殿, 정전(正殿))에 임금이 직접 나왔을 때에는 군병의 해갈에 대한 초기를 종사관을 시켜 직접 올리게 하는 것으로 정식을 삼는다."라는 내용으로 승지가 거행조건(擧行條件)을 내어 윤허를 받았다.【신축년(1781, 정조 5) 6월 25일.[14]】

13. 『승정원일기』와 『일성록』 및 『정조실록』 모두 동일한 날짜에 기록되어 있지 않다.
14. 『승정원일기』, 『일성록』에는 동일한 날짜에 기록되어 있고, 『정조실록』에는 기록되어 있지 않다.

■ 본문 해설

승지는 우부승지 조시위(趙時偉)를 가리킨다. 위의 규정은 장전(帳殿)이 아닌 정전(正殿)에서도 교련관(教鍊官)이 해갈에 관한 초기를 직접 바치는 것은 온당치 못하다는 조시위의 지적에 따라 정한 것이다. 그에 따라 교련관 대신 종사관이 해갈에 관한 초기를 바치도록 정하였다. '해갈에 대한 초기'란 각 영문(營門)에서 군병들의 갈증 해소를 위해 지급한 물품에 대해서 보고하는 초기를 말한다. 『승정원일기』의 기록에 의하면, 각 영문에서 군병들에게 꿀물[蜜水]을 나누어 주어 갈증을 해소하도록 하였던 것으로 보인다.

◑ 참고자료 ◐

『승정원일기』 정조 즉위년 6월 27일 훈련도감의 초기, 5년 4월 9일 금위영과 어영청의 초기, 6월 25일 친림 도정(親臨都政) 기사.

01-15

○ "景慕宮擧動時, 依闕內擧動例, 還宮時刻, 不爲磨鍊。"事, 下教。【辛丑八月十一日。】

● "경모궁에 거둥할 때에는 궐 안에서 거둥할 때의 예대로 시행하여 궁으로 돌아올 시각은 마련하지 말도록 한다."라는 내용으로 하교하였다. 【신축년(1781, 정조 5) 8월 11일.[15]】

■ 본문 해설

위의 하교는 사료에서 확인하지 못하였다. 다만 경모궁이 창경궁과 가까운 거리에 있었기 때문에 이러한 규정이 만들어진 것으로 보인다. 정조는 사도세자(思悼世子)의 사당인 경모궁에 편리하게 배알하기 위해서 창경궁의 정문인 홍화문(弘化門) 옆에 별도로 월근문(月覲門)을 세우고 수시로 이 문을 통해 창경궁 앞에 위치한 경모궁에 배알하였다. 이때에는 창덕궁의 정문인 돈화문(敦化門)이나 창경궁의 정문인 홍화문으로 동가할 때와는 달리 군병의 호위, 백관의 영접, 궁을 나가는 시각과 궁으로 돌아오는 시각 등을 간소하게 마련하거나 생략하였다. 이러한 형식은 임금이 궐 안에서 동가할 때의 형식과 같은 것으로, 이를 '월근문으로 동가할 때의 규례[月覲門例]'라고 표현하기도 하였다.

---

15. 『승정원일기』와 『일성록』 및 『정조실록』 모두 동일한 날짜에 기록되어 있지 않다.

◑ 참고자료 ◐

『은대편고』「예방고」 동가. 「통고(通攷)」 복제식(服制式).
『육전조례』「예전(禮典)」 규장각(奎章閣) 총례(總例).

01-16

○ "陵、園所經宿時開閉門, 以擂鼓三通、大喝三聲約束, 定式。"事, 傳敎。【癸卯四月初三日。】

* 擂: 저본(底本)에는 '雷'로 되어 있는데, 『승정원일기』와 『일성록』 및 『정조실록』 같은 날 기사에 근거하여 수정하였다.

● "능소(陵所)나 원소(園所)에서 묵는 날에 문을 열고 닫을 때에는 뇌고(擂鼓)를 세 번 치고 큰 함성을 세 번 지르도록 약속하는 것으로 정식을 삼는다."라는 내용으로 전교하였다. 【계묘년(1783, 정조 7) 4월 3일.[16]】

■ 본문 해설

위의 전교는 정조가 사도세자(思悼世子)의 무덤인 영우원(永祐園)에 전배(展拜)하러 갔을 때 내린 것이다. 임금이 행차하여 머무르는 곳에서 문을 열고 닫을 때에는 포(砲)를 세 번 쏘는 절차, 큰 함성을 세 번 지르는 절차, 뇌고를 세 번 치는 절차, 징이나 바라(哱囉)를 울리는 절차, 관악기와 타악기를 연주하는 절차 등이 있었다. 그런데 능(陵)이나 원(園) 가까이에서 시끄럽게 할 수 없기 때문에 이처럼 간소화한 것이다.

◑ 참고자료 ◐

『은대편고』「병방고」 능행(陵幸).
『승정원일기』 영조 16년 8월 29일 승정원의 계사(啓辭), 정조 3년 8월 5일 여주 행궁(驪州行宮) 거둥 기사 · 10일 남한 행궁(南漢行宮) 거둥 기사, 7년 4월 4일 영우원(永祐園) 거둥 기사.

■ 어휘 해설

1. 뇌고(擂鼓): 아악(雅樂)에 사용되는 북의 하나로, 섬돌 아래에 설치하는 헌가(軒架)에 편성되는 악기이다. 진고(晉鼓)와 함께 음악을 시작하거나 끝맺을 때 등에 쳤다.

16. 『승정원일기』와 『일성록』 및 『정조실록』 모두 같은 달 4일에 기록되어 있다.

01-17

○ "動駕回鑾時, 若或侵夜, 則隨駕承旨以某門先開之意, 臨時經稟後, 言送守宮承旨, 以爲開門, 定式。"事, 承旨擧條蒙允。【癸卯八月初一日。】

● "동가하였다가 궁으로 돌아올 때 밤이 되었으면 어가(御駕)를 수행하는 승지가 그때 가서 아무 궐문을 먼저 열겠다고 임금에게 보고한 뒤에 수궁 승지에게 말을 전해 궐문을 여는 것으로 정식을 삼는다."라는 내용으로 승지가 거행 조건을 내어 윤허를 받았다. 【계묘년(1783, 정조 7) 8월 1일.[17]】

■본문 해설

승지는 좌부승지 이재학(李在學)을 가리킨다. 이러한 규정은 임금이 동가하였다가 궁으로 돌아올 때에는 신전(信箭) 없이도 궐문을 여는 것이 원칙인데, 신전을 보내 달라고 요청하는 경우도 있으므로 통일된 원칙을 정해야 한다는 이재학의 건의에 따라 정한 것이다. 이에 따라 어가를 수행하는 승지가 임금의 허락을 받아 어느 궐문을 열 것인지 정한 뒤에 궁을 지키고 있는 승지에게 그러한 뜻을 전달하여 안에서 문을 열도록 하였다.

◑ 참고자료 ◐

『승정원일기』 정조 7년 8월 1일 경모궁(景慕宮) 거둥 기사.

01-18

○ "留陣處所, 前一日, 在闕門外信地, 只於出、還宮時, 進陣迎送。自敦化門幸行時, 守、摠兩營留陣, 依此例定式。"事, 傳敎。【乙巳二月初八日。】

● "유진하는 장소는 동가하기 하루 전날에 궐문 밖의 신지(信地)로 정하여 주둔하고, 궁을 나갈 때와 궁으로 돌아올 때만 전진 배치하여 어가(御駕)를 맞이하고 전송하도록 한다. 그리고 돈화문에서 행행할 때에는 수어청과 총융청 두 영문이 유진하는 것도 이 규례에 따라 행하는 것으로 정식을 삼는다."라는 내용으로 전교하였다. 【을사년(1785, 정조 9) 2월 8일.[18]】

---

17. 『승정원일기』와 『정조실록』에는 동일한 날짜에 이 기사가 기록되어 있고, 『일성록』에는 기록되어 있지 않다.

■본문 해설

위의 전교는 정조가 병조가 올린 유진에 관한 절목(節目)을 보고서 내린 것이다. 영조 무오년(1738, 영조 14)의 수교(受敎)는 확인하지 못하였으나, 정조의 말에 의하면 영조가 "총융청이 종묘의 앞길에 진(陣)을 쳐서 조두(刁斗) 소리가 종묘 가까이까지 들리므로, 동가하기 하루 전날에 홍화문(弘化門) 밖에 진을 치고 있다가 다음 날 궁을 나갈 때만 종묘 동구 앞길에 전진 배치하여 어가를 맞이하게 하라."라고 하교하였다고 한다. 정조의 이러한 말을 참고하면, 이 규정의 앞부분은 창경궁의 정문인 홍화문에서 행행을 시작할 때의 규정이라고 할 수 있다. 즉 홍화문에서 행행을 시작할 때에는 유진하는 영문(營門)이 하루 전날에 홍화문 밖에 진을 치고 있다가, 다음 날 궁을 나갈 때에 종묘 동구 앞길에 전진 배치하여 어가를 영접하고 전송하라는 것이다.

◑ 참고자료 ◐

『승정원일기』 정조 9년 2월 6일 전교.

■어휘 해설

1. 신지(信地): 영문(營門)이 주둔하는 지역이나 관할하는 지역을 가리킨다. 특히 일시적으로 진(陣)을 치고서 주둔하는 지역을 가리키는 경우가 많다.

01-19

○ "皇壇望拜禮時, 以金虎門、弘化門入直軍各四十名爲挾輦軍, 出番勿爲出用。"事, 節目定式。【丁未三月十八日。】

● "황단에 망배례를 행할 때에는 금호문과 홍화문의 입직하는 군병 각각 40명으로 협련군을 삼고 출번한 군병은 차출하지 말도록 한다."라는 내용으로 절목을 만들어 정식을 삼았다.【정미년(1787, 정조 11) 3월 18일.[19]】

■본문 해설

위의 규정은 병조가 황단에서 망배례를 행할 때의 시위(侍衛)에 관한 절목(節目)을 올리자, 정조가 그에 대한 판부(判付)를 내려서 정한 것이다. 금호문은 창덕궁의 서쪽 문이고, 홍화문

18. 『승정원일기』와 『정조실록』에는 같은 달 6일에 기록되어 있고, 『일성록』에는 기록되어 있지 않다.
19. 『승정원일기』에는 동일한 날짜에 기록되어 있고, 『일성록』과 『정조실록』에는 기록되어 있지 않다.

은 창경궁의 남쪽 정문이다. 황단과 망배례에 대해서는 「예고(禮攷)」 02. 황단 참조.

◑ 참고자료 ◐

『승정원일기』 정조 11년 3월 18일 병조의 절목(節目)에 대한 판부(判付).

01-20

○ "若値經宿陵幸時, 則'諸道道臣, 境上待候。'事, 備郎來告該房承旨, 則該房以'何以爲之?'微稟。"事, 下教。【丁未八月初五日。】

● "하룻밤 이상을 묵으며 능행할 때에는 비변사 낭청이 '여러 도의 도신을 경계 지점에 대령하게 하겠습니다.'라고 병방 승지(兵房承旨)에게 와서 보고하면, 병방 승지가 '어떻게 해야겠습니까?'라고 임금에게 넌지시 묻도록 한다."라는 내용으로 하교하였다. 【정미년(1787, 정조 11) 8월 5일.[20]】

■본문 해설

위의 하교는 사료에서 확인하지 못하였다. 다만 이러한 규정이 정해지기 3일 전에 정조가 "근래 하룻밤을 묵으며 능행할 때에는 여러 도의 방백들이 경계 지점에 나와서 대령하는 것을 모두 하지 말라고 명하였다.[近來經宿陵幸, 諸道方伯境上待候, 皆命置之。]"라고 한 말을 보면, 정조는 법전의 규정과 달리 융통성 있는 조치를 취하여 감사가 획일적으로 대령하는 폐해를 줄여 주기 위한 의도에서 이러한 규정을 만든 것으로 보인다. 『대전통편』 「병전」 잡령(雜令)에는 "하룻밤 이상을 묵으며 능행・인산・천릉을 행할 때에는 여러 도의 도신들이 경계 지점에 나와서 대령한다.[經宿陵幸、因山、遷陵時, 諸道道臣境上待候。]"라고 하였다.

◑ 참고자료 ◐

『대전통편』 「병전」 잡령(雜令).
『은대편고』 「병방고」 능행(陵幸).
『승정원일기』 정조 5년 8월 2일 주강(晝講) 기사.

---

20. 『승정원일기』와 『일성록』 및 『정조실록』 모두 동일한 날짜에 기록되어 있지 않다.

01-21

○ "懸燈、落燈、起刁斗、止刁斗, 一邊微稟, 一邊擧行。"事, 承旨筵稟定式。【庚戌五月十一日。】

● "등불을 밝히는 일, 등불을 끄는 일, 조두(刁斗)를 울리는 일, 조두를 종료하는 일에 대해서는 한편으로는 넌지시 여쭙고 한편으로는 거행한다."라는 내용으로 승지가 연석에서 여쭈어 정식을 삼았다. 【경술년(1790, 정조 14) 5월 11일.[21]】

■본문 해설

위의 규정은 사료에서 확인하지 못하였다. 다만 정조 2년(1778)에도 이러한 정식이 있었음을 보여 주는 기사가 보인다. 임금이 동가할 때에는 날이 저물 때 등을 걸어 불을 밝혔다가 날이 밝아 올 때 등을 내려 불을 껐고, 인정(人定) 이후에 조두를 울리기 시작하였다가 날이 밝아 올 때 중지하였다. 조두(刁斗)는 놋쇠로 만든 한 말들이 그릇으로, 낮에는 밥 짓는 쟁개비로 사용하고 밤에는 진중(陣中)의 경계(警戒)를 위해 두드리는 징으로 사용하였다.

◑ 참고자료 ◐

『육전조례』「이전」 승정원 거둥(擧動).
『승정원일기』 정조 2년 4월 29일 병조의 초기.

01-22

○ "衛將替直, 若値動駕時, 則衛將來告本院, 該房微稟定式。"事, 下敎。【庚戌五月十一日。】

● "위장의 입직(入直) 교체가 만약 동가할 때와 겹칠 경우에는 위장이 승정원에 와서 보고하면 병방 승지(兵房承旨)가 넌지시 여쭙는 것으로 정식을 삼는다."라는 내용으로 하교하였다. 【경술년(1790, 정조 14) 5월 11일.[22]】

---

21. 『승정원일기』와 『일성록』 및 『정조실록』 모두 동일한 날짜에 기록되어 있지 않다.
22. 『승정원일기』와 『일성록』에는 동일한 날짜에 기록되어 있고, 『정조실록』에는 기록되어 있지 않다.

■본문 해설

위의 하교는 사료에서 확인하지 못하였다. 다만『승정원일기』이날 기사에 사소(四所)의 위장들이 입직을 교체할 때 순경패(巡更牌)의 출납에 대해 보고하지 않은 일로 행수선전관(行首宣傳官)과 승전선전관(承傳宣傳官)을 태거(汰去)한 기록이 보인다. 위장(衛將)은 오위장(五衛將)을 가리킨다. 궐내에 동소(東所), 서소(西所), 남소(南所), 북소(北所) 등 4곳의 위장소(衛將所)를 두고, 각 위장소마다 위장 1명과 부장(部將) 1명이 입직하였다. 이들 입직하는 위장과 부장은 순경패를 받아 저녁 시간 동안 궐내를 순찰하였고, 입직을 교대할 때에는 순경패를 반납하였다.

◑ 참고자료 ◐

『대전통편』「병전」 입직(入直).
『은대편고』「병방고」 내순(內巡).
『육전조례』「병전」 병조(兵曹) 결속색(結束色) 궐내행순(闕內行巡), 오위장(五衛將).
『승정원일기』 정조 14년 5월 11일 승정원의 계사(啓辭).

01-23

○ "陵幸時, 文承旨爲軍士房, 則依前著戎服。"事, 下敎。【甲寅九月二十五日。】

* 戎: 저본에는 '戒'로 되어 있는데, 전후 문맥에 근거하여 수정하였다.

● "능행할 때에 문관 승지가 군사방 승지(軍士房承旨)이면 전례에 따라 융복을 입는다."라는 내용으로 하교하였다.【갑인년(1794, 정조 18) 9월 25일.[23]】

■본문 해설

위의 하교는 사료에서 확인하지 못하였다. 임금이 능에 행차할 때에는 군신이 모두 융복을 착용하였다. 특히 승지들은 그 전날 신시(申時) 이후부터 모두 융복을 착용하고 재숙(齋宿)하였다.

◑ 참고자료 ◐

『은대편고』「병방고」 능행(陵幸).

---

23. 『승정원일기』와『일성록』및『정조실록』모두 동일한 날짜에 기록되어 있지 않다.

■어휘 해설

1. 융복(戎服): 임금 이하 문무의 관원들이 착용하던 복장의 한 가지로, 조선 후기에는 임금이 도성 밖으로 행차할 때에 주로 착용하였다. 융복은 철릭(天翼)과 초립(草笠)을 착용하고 초립에 호수(虎鬚)를 달고 작우(雀羽)를 꽂는 것이 기본적인 차림으로, 군복(軍服)에 비해 번거로웠다. 정조 17년(1793)에는 군복과 융복 두 가지 중 융복을 없애고 군복 한 가지만 착용하는 문제에 대해 여러 차례 논의를 가졌으나 최종적으로는 그대로 두었다. 『대전통편』「예전」 의장(儀章)에 의하면, 당상관은 남색(藍色)의 철릭(帖裏)에 자립(紫笠)을 쓰고, 당하관은 청현색(靑玄色) 철릭에 흑립(黑笠)을 쓰도록 하였다. 당하관은 교외에 동가할 때에는 청현색 철릭 대신에 홍색(紅色) 철릭을 입었다.

01-24

○ "陵幸時作路之正門, 守宮承旨稟請仍留, 而還宮間, 自留陣營加送把卒, 另定將官一人, 眼同管領。"事, 傳敎。【丙辰正月二十六日。】

● "능행할 때 경유하기로 정한 길에 위치한 도성(都城)의 정문은 수궁 승지가 청하여 잉류(仍留)한다. 그리고 궁으로 돌아올 동안 유진하는 영문(營門)에서 이곳 성문에 파수(把守)할 군졸을 더 보내고, 장관 한 사람을 별도로 정하여 함께 관장하고 통솔하게 한다."라는 내용으로 전교하였다. 【병진년(1796, 정조 20) 1월 26일.[24]】

■본문 해설

위의 전교는 정조가 현륭원(顯隆園)에 행차하였을 때 절차를 위반하여 성문(城門)을 연 일로 인하여 내린 것이다. 임금이 동가하는 기간에 성문을 열 일이 있을 경우에는 선전관이 신전(信箭)을 가지고 가서 수궁 승지(守宮承旨)에게 전하면, 수궁 승지가 자전(慈殿)에게 자지(慈旨)와 부험(符驗)을 내어 달라고 청하여 이를 가지고 가서 성문을 열었다. 그런데 이때 선전관이 성문의 문틈으로 들여보낸 신전을 수문 호군(守門護軍)이 받아서 대신 수궁 승지에게 전하였다가 수궁 당상(守宮堂上)인 병조 참의 이우진(李羽晉)은 정배(定配)를 당하고, 수궁 승지인 이익운(李益運)은 삭직(削職)을 당하였다.

◑ 참고자료 ◐

『승정원일기』 정조 20년 1월 25일 임제원(林濟遠)의 계사.

---

24. 『승정원일기』와 『일성록』에는 동일한 날짜에 기록되어 있고, 『정조실록』에는 기록되어 있지 않다.

■어휘 해설

1. 잉류(仍留): 궐문이나 성문을 닫는 시각 이후에 출입할 사람이 있어서 닫을 시각이 되어도 닫지 않고 그대로 두는 것을 가리킨다. 궐문이나 성문을 닫고 난 뒤에 출입할 사람이 있어서 다시 문을 열어 두는 것은 유문(留門)이라고 하였다.

01-25

○ "幸行回鑾後, 隨駕注書, 筵說啓下送內閣, 閣臣與注書眼同修入『日省錄』。"事, 下教。【戊午正月十三日。】

● "행행하였다가 궁궐로 돌아온 뒤에 어가(御駕)를 수행한 주서가 행행하는 동안 연석에서 대화한 내용을 재가받아 규장각에 보내면, 각신이 주서와 함께 『일성록』에 기록한다."라는 내용으로 하교하였다. 【무오년(1798, 정조 22) 1월 13일.[25]】

■본문 해설

위의 하교는 사료에서 확인하지 못하였다. 『승정원일기』와 마찬가지로 『일성록』에 기록되는 내용은 크게 군신의 문서와 군신의 대화 내용이라고 할 수 있다. 그중 군신의 문서는 『일성록』에 수록해야 할 문서만 뽑아서 '日省錄'이라고 새긴 인장을 찍어서 구별한 뒤에 기록하였고, 군신의 대화 내용은 연석에 입시한 주서가 작성해서 규장각으로 보내 주면 각신(閣臣)이 기록하였다. 군신이 연석에서 나눈 대화 내용은 입시한 주서가 3일 안에 작성해서 바치는 것이 원칙이었고, 『일성록』에 기록할 연석의 대화 내용도 입시한 주서가 3일 안에 작성하여 규장각으로 보내 주었다. 이에 따라 임금이 행차할 때 연석에서 군신이 나눈 대화 내용도 주서가 작성해서 규장각으로 보내 주도록 한 것이다.

◑ 참고자료 ◐

『은대편고』「병방고」 차대(次對), 「통고」 주서(注書).
『육전조례』「이전」 승정원 당후(堂后), 「예전」 규장각 총례(總例).
『승정원일기』 정조 9년 11월 2일 경모궁(景慕宮) 동향대제(冬享大祭) 기사, 10년 2월 26일 입시 기사, 15년 5월 1일 규장각의 계사, 20년 3월 16일 규장각의 초기.
『내각일력』 정조 22년 1월 13일.

25. 『승정원일기』와 『일성록』 및 『정조실록』 모두 동일한 날짜에 기록되어 있지 않으나, 『내각일력』에는 동일한 날짜에 기록되어 있다.

01-26

○ "幸行時, 廣州斥堠調發, 畿伯處, 勿爲合符。"事, 傳敎。【戊午正月二十七日。】

● "행행할 때 광주부에서 척후병을 징발할 경우에는 경기 감사와는 병부(兵符)를 맞추어 보지 않는다."라는 내용으로 전교하였다. 【무오년(1798, 정조 22) 1월 27일.[26]】

■본문 해설

위의 전교는 좌승지 이익운(李益運)이 경기 감사와 광주 유수에게 전해 줄 신전(信箭)과 병부(兵符)를 내어 달라고 청한 데 대해 내린 것이다. 정조의 전교에 의하면, 광주 부윤(廣州府尹)이 유수로 승격되어 예전과는 다르므로 굳이 경기 감사에게까지 신전과 병부를 수령하게 할 필요가 없다는 것이다. 광주부가 유수부로 승격되기 전에는 광주부에서 척후병, 복병(伏兵), 전어군(傳語軍)을 징발할 때 임금이 내려 보낸 병부를 광주 부윤과 경기 감사가 각각 가지고 있는 병부와 맞추어 본 뒤에 거행하였다. 그러나 광주부가 유수부로 승격된 뒤로는 경기 감사가 광주 유수의 상관이 아니기 때문에 그럴 필요가 없어진 것이다. 이러한 규정은 『은대편고』와 『육전조례』에도 수록되어 있다.

◑ 참고자료 ◐

『은대편고』「병방고」 능행(陵幸).
『육전조례』「병전」 거동(擧動).
『승정원일기』 정조 22년 1월 27일 이익운(李益運)의 계사(啓辭).

01-27

○ "明政殿殿座時, 都監、御營將官率入直軍, 弘化門外排立作門, 而權停禮陳賀及唱榜, 比殿座時折半除出用之。"事, 兵判擧條蒙允。【戊午三月二十日。】

● "명정전에서 전좌할 때에는 훈련도감의 장관과 어영청의 장관이 입직하는 군사를 데려다가 홍화문 밖에 배치하여 작문(作門)을 만든다. 그러나 권정례(權停禮)로 하례를 올리거나 방방(放榜)할 경우에는 전좌할 때와 비교하여 절반의 군병만 덜어 내어 쓴다."라는 내용으로 병조 판서가 거행 조건을 내어 윤허를 받았다. 【무오년(1798,

26. 『승정원일기』와 『일성록』 및 『정조실록』 모두 동일한 날짜에 기록되어 있다.

정조 22) 3월 20일.[27]】

■본문 해설

병조 판서는 이시수(李時秀)를 가리킨다. 이러한 규정은 이시수가 명정전에서 전좌할 때에도 명정문(明政門)에서 전좌할 때처럼 두 영문(營門)의 입직하는 군병을 홍화문(弘化門) 밖에 배치하여 작문을 만들 것을 청한 데 대해, 정조가 허락하여 정한 것이다. 권정례로 전좌할 때에는 병조의 절목(節目)에 따라 표신(標信)을 청하여 군병을 덜어 내서 썼다. 문과(文科)와 무과(武科)의 방방은 임금이 직접 참석하여 행할 것인지 권정례로 행할 것인지를 물어서 정하였고, 생원진사과(生員進士科)의 방방은 권정례로 마련하되 임금이 직접 참석하겠다는 명이 있으면 전교를 써서 내주었다.

◑ 참고자료 ◐

『은대편고』「예방고」 친림문무과창방(親臨文武科唱榜) · 전좌(殿座).
『승정원일기』 정조 22년 3월 20일 경모궁(景慕宮) 전배(展拜) 기사.

■어휘 해설

1. 작문(作門): 임금이 동가하거나 전좌할 때에 군병을 주위에 배열하여 만드는 문을 가리킨다. 원래는 군문(軍門)에서 수레, 가시나무, 사람을 활용하여 만들어 임시로 문의 역할을 하던 것이었다. 조선 시대에 임금이 동가하거나 전좌할 때에는 임금이 위치한 곳의 주변을 군병으로 에워싸서 출입하는 사람을 통제하였는데, 사람이 출입할 때에는 군병이 양쪽으로 늘어서서 문의 역할을 하고 사람의 출입이 없을 때에는 군병이 입구를 막았다. 작문을 이중으로 설치할 경우에는 안쪽의 작문을 내작문(內作門)이라 하고 바깥쪽의 작문을 외작문(外作門)이라고 하였다.
2. 권정례(權停禮): 임금이 직접 참석해야 하는 의식을 임금이 참석하지 않은 채 거행할 때의 예식 또는 규례를 가리키며, 권정례(權停例)라고도 하였다. 과거(科擧) 합격자에게 홍패(紅牌)를 수여하는 의식, 국가에 경사가 있을 때 하례를 받는 의식, 백성에게 교문(敎文)을 반포하는 의식, 중국 황제에게 표문(表文)을 보내기 위해 절하는 의식 등을 상황에 따라 권정례로 행하기도 하였다.

01-28

○ "宮享, 以弘化門門路磨鍊, 而路由梨峴與館峴間, 該房先期微稟, 定式。" 事, 傳教。【戊午十月十八日。】

27. 『승정원일기』와 『일성록』에는 동일한 날짜에 기록되어 있고, 『정조실록』에는 기록되어 있지 않다.

● "경모궁(景慕宮)의 제향을 행할 때에는 홍화문을 거쳐서 궁을 나가는 것으로 마련하고, 이현을 경유하는 것으로 길을 마련하거나 관현을 경유하는 것으로 길을 마련하거나 간에 병방 승지(兵房承旨)가 기일에 앞서 넌지시 묻는 것으로 정식을 삼는다."라는 내용으로 전교하였다. 【무오년(1798, 정조 22) 10월 18일.[28]】

■본문 해설

위의 전교는 정조가 경모궁의 동향대제(冬享大祭)를 거행하기 위해 궁을 나갈 때 창경궁의 정문인 홍화문을 통해 나가겠다고 명하면서 내린 것이다. 이현(梨峴)은 종묘(宗廟)의 입구와 가깝고 관현(館峴)은 경모궁의 입구와 가까웠는데, 상황에 따라 관현을 경유하기도 하고 이현을 경유하기도 했던 것으로 보인다. 이러한 규정은 『은대편고』에도 수록되어 있다.

◑ 참고자료 ◐

『은대편고』「병방고」동가(動駕).

『승정원일기』 정조 18년 12월 18일 경모궁 전배(展拜) 기사, 19년 4월 11일 입시 기사, 21년 8월 1일 입시 기사, 22년 10월 28일 전교.

01-29

○ "<u>昌德宮</u>親臨誓戒時, 只開<u>敦化門</u>; <u>昌慶宮</u>親臨誓戒時, <u>弘化門</u>、<u>宣仁門</u>開門, 定式。"事, 下教。【戊午三月二十四日。】

● "창덕궁에서 임금이 직접 참석하여 서계를 받을 때에는 돈화문만을 열고, 창경궁에서 임금이 직접 참석하여 서계를 받을 때에는 홍화문과 선인문을 여는 것으로 정식을 삼는다."라는 내용으로 하교하였다. 【무오년(1798, 정조 22) 3월 24일.[29]】

■본문 해설

위의 하교는 창덕궁에서 서계(誓戒)할 때 돈화문과 금호문(金虎門)을 모두 열었다가 시끄러운 소리가 안에까지 들리자 내린 것이다. 금호문은 창덕궁의 서쪽에 있는 문이고, 선인문은 홍화문의 서쪽에 있는 문이다. 대사(大祀)의 경우에는 서계가 있고 그 이외에는 서계가 없었으며, 서계는 제사를 지내기 7일 전인 산재(散齋)가 시작되는 날에 정전(正殿)에서 행하였다.

---

28. 『승정원일기』와 『일성록』에는 같은 달 28일에 기록되어 있고, 『정조실록』에는 기록되어 있지 않다.
29. 『승정원일기』와 『일성록』에는 동일한 날짜에 기록되어 있고, 『정조실록』에는 기록되어 있지 않다.

임금이 직접 서계의 의식에 참석할 때에는 판위(板位)를 정전의 섬돌 위에 설치하고 백관을 서열대로 세우고서 서계를 받았는데, 이때 서문은 이조 판서가 읽었다. 창덕궁의 정전인 인정전(仁政殿)은 돈화문·금호문과 가까워서 시끄러운 소리가 들리기 쉽기 때문에 돈화문만을 열고, 창경궁의 정전인 명정전(明政殿)은 홍화문·선인문과 약간 떨어져 있어서 시끄러운 소리가 상대적으로 들리지 않기 때문에 두 문을 모두 열도록 하였던 것으로 보인다.

◑ **참고자료** ◐

『속대전』「예전」 제례(祭禮).
『은대편고』「예방고」 제향(祭享)·친제(親祭).
『육전조례』「이전」 승정원 제향(祭享).
『정원고사』「예고」 제향(祭享).
『승정원일기』 정조 22년 3월 24일 입시 기사.

01-30

○ "摛文院門外成班處, 若以食代空班, 則承旨及兵曹堂上, 施以違制之律。"事, 大臣擧條蒙允。【己未九月十二日。】

● "이문원 문밖의 반열을 이루는 곳에 만약 교대로 밥을 먹는 일 때문에 반열을 비우게 되면, 승지 및 병조 당상에게 제서유위율(制書有違律)을 시행한다."라는 내용으로 대신이 거행 조건을 내어 윤허를 받았다. 【기미년(1799 정조 23) 9월 12일.[30]】

■본문 해설

대신은 우의정 이시수(李時秀)를 가리킨다. 위의 규정은 정조가 이문원에서 재숙(齋宿)할 때 승지와 시위(侍衛)가 모두 반열을 비우자, 이시수가 도승지 이만수(李晩秀)와 병조 판서 이재학(李在學)을 파직하기를 청한 데 대해, 정조가 허락하여 정한 것이다. 임금이 이문원에서 재계할 때에는 관원들이 이문원의 문밖에서 반열을 이루고, 밥을 먹을 때에도 교대로 밥을 먹어 반열을 비우지 말아야 하는데, 승지와 시위가 반열을 비우고 여기저기 흩어져 있자 이러한 규정을 정한 것이다.

◑ **참고자료** ◐

『승정원일기』 정조 23년 9월 12일 이문원(摛文院) 재숙(齋宿) 기사.

---

30. 『승정원일기』와 『일성록』에는 동일한 날짜에 기록되어 있고, 『정조실록』에는 기록되어 있지 않다.

02. 빈대(賓對)·조참(朝參)

빈대(賓對)는 빈청차대(賓廳次對)의 줄임말로, 차대(次對)라고도 하였다. 빈대는 대신과 육조의 당상, 삼사의 관원 등이 참석하는 조선 시대의 고위 관료 회의로, 이 자리에서는 국정 전반에 대한 논의가 이루어졌다. 즉 오늘날의 대통령이 주재하는 국무회의라고 할 수 있겠다. 숙종 이전에는 차대를 매월 3차례씩 거행하였는데, 숙종 24년(1698)에 여섯 차례로 늘리고 그중 3차례에는 전임 대신도 참석하게 하였다. 매월 여섯 차례는 5·10·15·20·25·30일을 가리킨다. 『승정원일기』에는 신하들이 차대에 입시한 사실을 '차대에 입시하다[次對入侍]'라고 기록하기보다는 '대신과 비변사 당상을 인견하는 자리에 입시하다.[大臣備局堂上引見入侍]'라고 기록한 경우가 많다.

조참(朝參)은 문무백관들이 정전(正殿)의 정문에서 임금을 배알하고 시사(時事)에 대해 아뢰는 의식이다. 조참은 조선 초기부터 시행된 제도로, 처음에는 매월 6차례씩 행하다가 매월 4차례씩 행하는 것으로 바뀌었다. 매월 4차례는 5일, 11일, 21일, 25일이며, 거행하기 5일 전에 조참을 거행할지 여부에 대해 승정원에서 임금에게 물었다. 조참을 거행할 때에는 임금과 신하 모두 정식 복장을 갖추었고 신하는 임금에게 사배례(四拜禮)를 행하였다. 사배례를 행한 뒤에 임금에게 시사에 대해 아뢸 일이 있는 관원은 전(殿) 위로 올라가서 아뢰고, 그렇지 않은 관원은 물러 나왔다. 법전에는 조참을 매월 4차례씩 거행하는 것으로 규정하고 있으나, 현실적으로는 거의 시행되지 않았으며, 조선 후기에 와서는 연초에 1회만 거행하는 것으로 정례화되었다.

◑ 참고자료 ◐

『속대전』「예전(禮典)」 조의(朝儀).
『은대편고』「병방고(兵房攷)」 조참(朝參)·차대(次對).
『만기요람』「군정편(軍政編)」1 비변사(備邊司).
『태종실록』 12년 10월 17일(기사), 15년 8월 14일(무인).
『승정원일기』 영조 10년 9월 10일 인견(引見) 기사.

02-01

○ "次對日, 兵房入直, 而都承旨若帶兵房, 則勿爲申退。"事, 傳敎。【丙申五月二十五日。】

● "차대를 행하는 날에는 병방 승지(兵房承旨)가 입직하되, 도승지가 만약 병방을 맡고 있으면 신시(申時)에 퇴근하지 못한다."라는 내용으로 전교하였다.【병신년(1776, 정조 즉위) 5월 25일.[31]】

■본문 해설

위의 전교는 당시 병방 승지를 맡고 있던 도승지 서호수(徐浩修)가 차대를 행하는 날 신시에 퇴근하자, 내린 것이다. 차대를 행하는 날에는 병방 승지가 입직하는 것이 관례였는데, 이는 차대를 행하는 자리에서 나온 거행 조건(擧行條件)을 입직하는 시간에 주서가 정서하여 재가를 받을 수 있도록 관장하게 하려는 의도였다. 한편 도승지는 병방 승지를 맡지 않는 것이 관례였는데, 이 당시에는 도승지가 병방 승지를 맡고 있었다. 정조는 도승지가 병방을 맡더라도 신시에 퇴근하지 말고 병방 승지가 차대를 행하는 날에 입직하던 관례를 지키도록 한 것이다. 이러한 규정은 『은대편고』에도 수록되어 있다.

◑ 참고자료 ◐

『은대편고』「예방고(禮房攷)」 상참(常參), 「병방고」 차대(次對), 「통고(通攷)」 복제식(服制式).
『승정원일기』 정조 즉위년 5월 25일 입시 기사.

02-02

○ "朝參, 每於元朝取稟, 而國恤三年內, 勿爲取稟。"事, 承旨擧條蒙允。【丁酉正月初一日。】

● "조참에 대해서는 새해 첫날마다 행할지의 여부를 여쭙고, 국상을 치르는 3년 동안은 여쭙지 않는다."라는 내용으로 승지가 거행 조건을 내어 윤허를 받았다.【정유년(1777, 정조 1) 1월 1일.[32]】

■본문 해설

승지는 좌부승지 정민시(鄭民始)를 가리킨다. 위의 규정은 당시 영조의 삼년상이 끝나지 않은 상태에서 새해를 맞아 병조가 초기(草記)를 올려 조참을 어떻게 할 것인지를 물은 데 대해 정조가 전교를 내려 정한 것이다. 따라서 이 조항은 병조의 초기에 대한 정조의 답변 전교로

31. 『승정원일기』와 『일성록』에는 동일한 날짜에 기록되어 있고, 『정조실록』에는 기록되어 있지 않다.
32. 『승정원일기』에는 동일한 날짜에 기록되어 있고, 『일성록』과 『정조실록』에는 기록되어 있지 않다.

정해진 것이지, 정민시가 거행 조건을 낸 것은 아니다. 다만 정민시가 당시 병방 승지로서 병조의 초기를 재가받기 위해 들였을 뿐이다. 조참은 거행하기 5일 전에 승정원이 거행할지의 여부를 임금에게 물었으나, 새해의 첫 번째 조참인 1월 5일의 조참에 대해서만은 병조가 물었다. 3년간의 국상 기간 동안에는 병조가 새해 첫 번째 조참을 행할지의 여부에 대해 묻지 않았고, 졸곡(卒哭)까지는 승정원이 그 외의 조참을 행할지의 여부에 대해서도 묻지 않았다.

◑ **참고자료** ◐

『은대편고』「병방고」 조참(朝參).
『승정원일기』 정조 1년 1월 1일 병조의 초기(草記).

02-03

○ "次對筵說, 限三日修納, 而過限, 該房察推。"事, 承旨擧條蒙允。【辛丑七月十七日。】

● "차대를 행할 때 연석에서의 대화 내용은 3일 안에 수정하여 들이되, 기한을 넘기면 병방 승지(兵房承旨)가 추고(推考)한다."라는 내용으로 승지가 거행 조건을 내어 윤허를 받았다.【신축년(1781, 정조 5) 7월 17일.[33]】

■본문 해설

승지는 좌승지 서유방(徐有防)을 가리킨다. 위의 규정은 전날 차대에서의 대화 내용을 주서가 정리해서 올리지 않자, 정조가 서유방에게 거행 조건을 내어 정식을 삼도록 지시하여 정한 것이다. 연석에서의 대화 내용과 거행 조건은 영조 초기에도 주서가 3일 안에 작성해서 바치는 것이 관례였다. 따라서 이때 거행 조건은 이전의 규정을 천명하고 규정을 지키지 않을 때의 처벌 조항을 추가한 것이라고 할 수 있겠다. 이러한 규정은 『은대편고』와 『육전조례』에도 수록되어 있다.

◑ **참고자료** ◐

『은대편고』「병방고」 차대(次對), 「통고」 승지(承旨).
『육전조례』「이전(吏典)」 승정원 당후(堂后).
『승정원일기』 영조 즉위년 11월 5일 입시 기사, 2년 1월 20일 조영세(趙榮世)의 계사(啓辭), 정조 5년

---

33. 『승정원일기』와 『일성록』에는 동일한 날짜에 기록되어 있고, 『정조실록』에는 기록되어 있지 않다.

7월 17일 입시 기사.

02-04

○ “原任大臣亦是本司例兼提調, 次對入參。”事, 傳教。【癸卯二月二十八日。】

● “전임 대신도 비변사의 당연직 도제조(都提調)이니 차대에 참석하도록 한다.”라는 내용으로 전교하였다.【계묘년(1783, 정조 7) 2월 28일.[34]】

■본문 해설

위의 전교는 당시 좌의정 이복원(李福源)이 차자를 올리고 차대에 나아오지 않자, 정조가 내린 것이다. 전임 대신도 차대에 참석하도록 한 것은 숙종 때에 정해진 것이고, 이때에 새로 정한 것은 아니다. 다만 정조가 차대에 참석한 대신이 없어서 비변사 당상들하고만 차대를 행할 수가 없으므로 전임 대신이라도 참석하라는 의미로 지시한 것이다. 전임 대신들은 현임 대신과 마찬가지로 비변사 도제조를 당연직으로 겸하였으므로, 비변사 도제조와 제조들이 참석하는 차대에 참석할 자격이 있다고 본 것이다.

◑ 참고자료 ◐

『전율통보』「이전」 경관직(京官職) 비변사(備邊司).
『은대편고』「병방고」 차대.
『승정원일기』 숙종 24년 1월 21일 비망기(備忘記), 정조 7년 2월 28일 전교.

03. 품계(稟啓)

품계(稟啓)는 계품(啓稟)과 같은 말로, 신하가 임금에게 묻거나 보고하는 것을 가리킨다. 여기에는 승정원의 병방 승지(兵房承旨)가 임금에게 묻거나 보고할 사안들과 그 절차 등을 정리해 놓았다. 이는 「이고(吏攷)」의 ‘정품(政稟)’에 이방 승지(吏房承旨)가 임금에게 묻거나 보고할 사안을 정리해 놓은 것이나 「예고(禮攷)」의 ‘취품(取稟)’과 ‘탈품

34. 『승정원일기』와 『정조실록』에는 동일한 날짜에 기록되어 있고, 『일성록』에는 기록되어 있지 않다.

(頉稟)'에 예방 승지(禮房承旨)가 임금에게 묻거나 보고할 사안을 정리해 놓은 것과 같은 예라고 할 수 있겠다.

◑ **참고자료** ◐
『정원고사』「이고(吏攷)」 정품(政稟), 「예고(禮攷)」 취품(取稟)·탈품(頉稟).

03-01

○ "記過人, 兵房承旨稟旨擧行, 永爲定式。"事, 下敎。【丁酉二月十二日。】

● "기과(記過)한 사람에 대한 처분은 병방 승지가 임금에게 여쭈어 거행하는 것으로 영구히 정식을 삼는다."라는 내용으로 하교하였다.【정유년(1777, 정조 1) 2월 12일.[35]】

■본문 해설

위의 하교는 정조가 영릉(永陵)과 홍릉(弘陵)에 행차하는 과정에서 금군 별장 이경무(李敬懋)가 신전(信箭)을 확인하지도 않고 경솔하게 원문(轅門)을 여는 일이 있자, 이경무 등을 기과하도록 명하면서 내린 것이다. 임금이 기과하도록 한 사람에 대해서는 행사가 진행되는 동안은 처벌하지 않고 행사를 마무리할 때까지 업무를 보도록 하였다가 행사가 끝난 뒤에 구체적으로 처벌 여부를 정하였다. 이때 병방 승지가 기과한 사람에 대한 처벌 여부에 대해 묻는 말을 선전관에게 전달하면 선전관이 왕에게 전달하였다.

◑ **참고자료** ◐
『은대편고』「병방고(兵房攷)」 능행(陵幸)·기과(記過).
『승정원일기』 정조 1년 2월 12일 홍릉(弘陵) 동가 기사, 15년 9월 26일 서용보(徐龍輔)의 계사(啓辭).

■어휘 해설

1. 기과(記過): 기과의 의미는 크게 두 가지로 나누어 볼 수가 있다. 하나는 부과(附過)와 같은 의미로 사용되어 관원의 과실을 기록해 두었다가 일정한 기간마다 이를 통계하여 인사 고과에 반영하는 것을 가리킨다. 또 하나는 단순히 과실을 기록해 둔다는 의미뿐만 아니라, 군율(軍律)이나 군령(軍令)의 의미를 가리킨다. 즉 기과하라는 명이 내리면 해당 관리의 과실을 기록할 뿐만 아니라,

35. 『승정원일기』와 『일성록』에는 동일한 날짜에 기록되어 있고, 『정조실록』에는 기록되어 있지 않다.

임금이 내린 명령을 거부하지 못하고 따르도록 강제하는 의미까지 포함되었다. 영조 이후에는 두 번째의 의미로 사용되는 경우가 많았는데, 기과의 처벌은 주로 병조 판서, 무장(武將), 행사를 진행하는 과정에서 잘못을 저지른 무관에게 적용하는 사례가 많았으며, 대간(臺諫) 등 문관에게는 적용하지 않았다. 기과는 임금이 동가(動駕)하거나 전좌(殿座)할 때처럼 행사가 진행되는 과정에서 잘못을 저지른 관원에게 내리는 것으로, 행사 도중에 당사자를 처벌하기보다는 일단 행사를 진행한 뒤에 처벌하기 위해 활용되었다.

03-02

○ 開政時, 殿座相値, 則啓辭及望筒, 政廳承旨親持入稟, 定式。"事, 下教。【丁酉四月初九日。】

● "정사를 열 때가 전좌할 때와 서로 겹치면 계사와 망통은 정청에 나아간 승지가 직접 가지고 와서 보고하는 것으로 정식을 삼는다."라는 내용으로 하교하였다.【정유년(1777, 정조 1) 4월 9일.[36]】

■본문 해설

위의 하교는 「이고」 '정사(政事)'에 나왔던 것으로, 여기에 중복되어 나왔다. 자세한 해설은 「이고」 정사(政事) 01-01 본문 해설 참조.

03-03

○ "廟、宮奉審稟, 請承傳色入稟。"事, 下教。【辛丑五月十四日。】

● "종묘(宗廟)와 경모궁(景慕宮)을 봉심한 결과에 대해 보고하는 것은 승전색을 청하여 보고하게 한다."라는 내용으로 하교하였다.【신축년(1781, 정조 5) 5월 14일.[37]】

■본문 해설

위의 하교는 사료에서 확인하지 못하였다. 종묘와 경모궁은 매년 봄과 가을, 두 차례 정기적으로 해당 제조가 예조의 당상·낭청, 호조의 당상·낭청과 함께 봉심하였고, 그 외에 대제

---

36. 『승정원일기』와 『일성록』 및 『정조실록』 모두 동일한 날짜에 기록되어 있지 않다.
37. 『승정원일기』와 『일성록』 및 『정조실록』 모두 동일한 날짜에 기록되어 있지 않다.

(大祭)가 있거나 탈이 있을 때에도 봉심하였다. 이때 봉심한 결과를 문서로 보고할 때에는 승전색을 통해 보고하도록 한 것이다.

◑ **참고자료** ◐
『대전통편』「예전」 봉심(奉審).
『은대편고』「예방고(禮房攷)」 사묘전궁(祀廟殿宮) · 봉심(奉審), 「통고(通攷)」 월령(月令).

03-04

○ "凡取稟、頉稟、請出稟, 自本院直以立張啓辭入啓, 定式。"事, 傳教。【丙午七月初七日。】

● "모든 취품, 탈품, 청출품은 본원에서 직접 작성한 낱장의 계사로 들이는 것으로 정식을 삼는다."라는 내용으로 전교하였다. 【병오년(1786, 정조 10) 7월 7일.[38]】

■**본문 해설**

위의 전교는 승지가 구전(口傳)으로 보고하던 관행을 서면으로 보고하도록 바꾸면서 내린 것이다. 정조의 말에 의하면, 그전에는 승정원에서 임금에게 취품(取稟) · 탈품(頉稟) · 청출품(請出稟)을 들일 때 사알에게 구전으로 전해 주면 사알이 그 내용을 베껴서 보고하였다고 한다. 그런데 정조가 이때부터는 사알이 대신 베끼지 말고 승지가 직접 문서로 작성해서 보고하도록 한 것이다. 청출품이란 임금이 보관하고 있는 책자나 장부 등을 수정하기 위해서 내어 달라고 청하는 것을 가리킨다. 취품(取稟)과 탈품(頉稟)에 대해서는「예고(禮攷)」 취품(取稟) · 탈품(頉稟) 참조.

◑ **참고자료** ◐
『승정원일기』 정조 10년 7월 7일 입시 기사.

03-05

○ "摠郎、兵郎夜巡檢稟, 則口傳入稟。"事, 下教。【丙午七月初八日。】

---

38. 『승정원일기』와 『일성록』에는 동일한 날짜에 기록되어 있고, 『정조실록』에는 기록되어 있지 않다.

● “도총부 낭청과 병조 낭청이 야간 순찰에 대해 보고한 것은 구전으로 보고한다.”라는 내용으로 하교하였다. 【병오년(1786, 정조 10) 7월 8일.[39]】

■ **본문 해설**

위의 하교는 사료에서 확인하지 못하였다. 『속대전』에는 “도총부 낭관 2원과 궐 안에서 입직하는 병조의 낭관은 수시로 야간 순찰을 행하되 왕에게 보고한 뒤에야 행하고, 간간이 주간 순찰을 행한다.[都摠府郎官二員、本曹內入直郎官, 無時夜巡, 啓稟乃行, 間間晝巡檢。]” 하였다. 도총부 낭청과 병조 낭청이 야간 순찰을 행할 때에는 궐문이 닫힌 뒤에 병조 낭청이 승정원에 와서 통보하면 승정원에서 임금에게 보고한 뒤에 행하였다. 야간 순찰을 행한 뒤에는 다음 날 아침에 도총부 낭청이 승정원에 와서 야간 순찰을 행한 결과 특별한 일이 있었는지의 여부를 통보하면 승정원이 임금에게 보고하였다. 이러한 하교를 내렸다고 한 날의 『승정원일기』에도 병조가 야간 순찰을 행하겠다고 보고하는 기사와 도총부가 야간 순찰을 행한 결과 아무런 일이 없었다고 보고하는 기사가 기록되어 있다. 이처럼 도총부 낭청과 병조 낭청이 야간 순찰을 행하기 전과 행하고 난 뒤에 보고하면 승정원에서 임금에게 구전으로 보고하도록 한 것이다.

◑ **참고자료** ◐

『속대전』「병전」 행순(行巡).
『은대편고』「병방고」 내순(內巡).
『승정원일기』 정조 10년 7월 8일 이형원(李亨元)의 계사.

03-06

○ “齋戒時, 農形、雨澤等事關民事者, 以原狀啓入啓, 間慢公事, 以留院公事書入”事, 下敎。【辛亥五月十二日。】

● “재계할 때에는 농사 형편이나 비가 내린 상황 등 백성의 일과 관계된 사안일 경우에는 원본 장계를 들이고, 긴요하지 않은 문서일 경우에는 ‘승정원에 보류해 둔 문서[留院公事]’라고 써서 들인다.”라는 내용으로 하교하였다. 【신해년(1791, 정조 15) 5월 12일.[40]】

39. 『승정원일기』에는 동일한 날짜에 이와 관련된 기사가 기록되어 있고, 『일성록』과 『정조실록』에는 기록되어 있지 않다.

■본문 해설

위의 전교는 사료에서 확인하지 못하였다. 임금이 재계하는 날에는 국무를 보지 않으므로 승정원에 올라온 문서는 원칙적으로 계판(啓板) 위에 안치해 두고 '승정원에 보류해 둔 문서[留院公事]'라고 써서 들여보냈다. 그런데 각 도에서 농사 형편이나 비가 내린 상황에 대해 보고한 장계는 이에 구애받지 않고 원래 장계를 들여보냈다. 이는 농사가 국가의 경제와 백성의 생활에 미치는 영향이 막대하여 임금이 우선적으로 관심을 가져야 할 사안 중의 하나이기 때문이었다. 농사 형편이나 비가 내린 상황에 대해 보고한 장계는 하지(夏至) 이후부터 추분(秋分) 이전까지 조보(朝報)에도 반포하였다. 영조는 강수량을 측정하기 위해 서울과 지방에 측우기(測雨器)를 설치하고 각 도의 감사에게 측우기로 측정한 강수량을 보고하도록 하였다.

◑ 참고자료 ◐

『대전통편』「예전」 잡령.
『은대편고』「예방고(禮房攷)」 관상감, 「형방고(刑房攷)」 금오(金吾), 「공방고(工房攷)」 소장(疏章), 「통고(通攷)」 승지(承旨)·통행사례(通行事例)·장계(狀啓).
『승정원일기』 정조 20년 4월 22일 입시 기사.

03-07

○ "民事可以趁時稟處者, 雖値齋日, 廟堂皆以草記回啓, 定式。"事, 傳敎。【甲寅五月初四日。】

● "백성의 일 중에 제때 물어 처리해야 할 사안은 재계하는 날이더라도 묘당이 모두 초기로 회계하는 것으로 정식을 삼는다."라는 내용으로 전교하였다. 【갑인년(1794, 정조 18) 5월 4일.[41]】

■본문 해설

위의 전교는 정조가 백성의 일과 관계된 사안을 신속하게 처리하려는 의도에서 내린 것이다. 묘당(廟堂)의 경우에는 차대(次對)가 열리는 자리에서 임금에게 직접 보고하는 것이 관례였

40. 『승정원일기』와 『일성록』 및 『정조실록』 모두 동일한 날짜에 기록되어 있지 않으나, 『은대편고』「통고(通攷)」 승지(承旨)에 정조 22년 4월 22일에 정조가 내린 이와 유사한 내용의 전교가 기록되어 있다.
41. 『승정원일기』와 『일성록』에는 동일한 날짜에 기록되어 있고, 『정조실록』에는 기록되어 있지 않다.

는데, 차대는 5일 간격으로 열리기 때문에 그 안에라도 백성의 일과 관계된 사안을 신속히 처리하려는 의도로 이러한 규정을 만든 것으로 보인다. 각 관사의 회계(回啓)는 서울의 경우 3일 안에, 지방의 경우 30일 안에 행하도록 의무화하였다.

◑ 참고자료 ◐

『은대편고』「이방고」 회계(回啓), 「통고」 통행사례(通行事例).

『승정원일기』 정조 18년 5월 4일 전교.

03-08

○ "南壇及內・外南山禁松、植松, 史官、宣傳官考勤慢, 有犯科, 該將臣, 直捧拿問重勘傳旨, 史官則每年二月、十一月初一日, 宣傳官則四孟朔初一日, 入稟進去。"事, 禁營草記定式。【乙卯八月十八日。】

● "남단 및 내남산과 외남산에서 소나무를 베거나 심는 것에 대해서는 사관과 선전관이 성실히 근무하였는지의 여부를 살펴서 법을 범한 일이 있으면 해당 장신에 대해서는 의금부로 잡아다가 신문하여 엄중하게 처벌하라는 전지를 곧바로 들이되, 사관은 매년 2월과 11월 1일에, 선전관은 사계절이 시작되는 각 첫 달 1일에 임금에게 보고한 뒤 살피러 나아간다."라는 내용으로 금위영이 초기를 올려 정식을 삼았다. 【을묘년(1795, 정조 19) 8월 18일.[42]】

■본문 해설

위의 규정은 금위대장(禁衛大將) 김지묵(金持默)이 남단을 봉심(奉審)하고 올린 초기에 대해 정조가 전교를 내려 정한 것이다. 『은대편고』「통고」 월령(月令)에는 2월 1일과 11월 1일에 사관이나 선전관이 남산의 식목(植木)을 봉심하러 나가는 것에 대해 승정원이 취품하도록 하였는데, 이러한 규정이 반영된 것이라고 하겠다. 남단과 남산은 금위영이 관할하였으므로 해당 장신은 금위대장을 가리킨 것으로 보인다. 내남산은 도성(都城) 안쪽의 남산으로 숭례문(崇禮門), 잠두(蠶頭), 광희문(光熙門) 일대를 가리키고, 외남산은 도성 밖의 남산으로 남벌아(南伐兒), 왕십리(往十里), 수철현(水鐵峴) 일대를 가리킨다.

42. 『승정원일기』와 『일성록』에는 동일한 날짜에 기록되어 있고, 『정조실록』에는 기록되어 있지 않다.

◑ **참고자료** ◐

『은대편고』「통고」 월령(月令).

『승정원일기』 효종 10년 4월 8일 한성부의 초기, 정조 19년 8월 18일 금위영의 초기, 순조 11년 1월 7일 승전선전관(承傳宣傳官) 이영식(李英植)의 서계(書啓).

03-09

○ "民家失火時, 禁盜單子, 雖三更以後, 隨卽入之。"事, 下教。【己未五月十五日。】

● "민가에 불이 났을 때는 도적질을 단속한 상황에 대해 보고하는 단자를 삼경이 지난 밤중이더라도 즉시 들인다."라는 내용으로 하교하였다. 【기미년(1799, 정조 23) 5월 15일.[43]】

■**본문 해설**

위의 하교는 사료에서 확인하지 못하였다. 다만 정조 10년(1786)에 우변포도청이 민가에 불이 났을 때 도적질을 단속한 상황에 대해 보고하는 단자를 늦게 올린 일로 인하여 포도대장을 무거운 쪽으로 추고하고 포도청의 군관(軍官)에게 곤(棍)을 치도록 하며, 이후로는 즉시 보고하도록 한 일이 있었다. 그리고 정조 21년(1797)에도 단자를 늦게 올린 일로 우변포도대장 유효원(柳孝源)에게 서용(敍用)하지 않는 벌을 시행한 일이 있었다. 민가에 불이 나면 포도대장과 장신(將臣)이 군복(軍服)이나 융복(戎服) 차림으로 달려가서 불을 끄고 도적질을 단속하였으며, 그 결과를 단자로 보고하였다.

◑ **참고자료** ◐

『육전조례』「병전」 포도청(捕盜廳) 총례(總例).

『승정원일기』 정조 10년 4월 2일 병조의 초기, 21년 5월 3일 입시 기사.

43. 『승정원일기』와 『일성록』 및 『정조실록』 모두 동일한 날짜에 기록되어 있지 않다.

04. 표신(標信)

표신은 임금이나 왕실 구성원의 명이라는 것을 증명하기 위해 임금이 발급하는 증표의 일종이다. 표신은 궐문(闕門)·성문(城門)을 열고 닫을 때 사용하는 표신과 그 외의 표신으로 나눌 수가 있다. 궐문·성문을 열고 닫을 때 사용하는 표신은 다시 임금이 사용하는 것과 왕실 구성원이 사용하는 것으로 나눌 수가 있는데, 임금이 사용하는 것으로는 선전표신(宣傳標信), 개문표신(開門標信), 폐문표신(閉門標信)이 있고, 왕실 구성원이 사용하는 표신으로는 왕세자의 휘지표신(徽旨標信), 왕세손(王世孫)의 의지표신(懿旨標信), 대비의 자지표신(慈旨標信), 왕비의 내지표신(內旨標信), 세자빈궁의 내령표신(內令標信)이 있다. 그중 선전표신은 궐문·성문을 열고 닫는 일 이외에 군무(軍務)와 관계된 긴급한 일에도 사용하였다.

그 외의 표신으로는 통행표신(通行標信), 문안표신(問安標信), 적간표신(摘奸標信) 등이 있다. 이러한 표신에는 모두 어압(御押)이 새겨져 있어 임금이 발급하였음을 표시하고 있다. 그러므로 길에서 표신을 만난 사람은 모두 말에서 내려 경의를 표하였다.

◑ 참고자료 ◐

『경국대전』「이전(吏典)」고과(考課), 「병전(兵典)」행순(行巡)·첩종(疊鐘).
『대전통편』「병전」문개폐(門開閉)·시위(侍衛)·부신(符信)·교열(敎閱).
『은대편고』「병방고(兵房攷)」표신(標信).

04-01

○ "朝賀時, 軍兵放仗, 待標信解嚴。"事, 傳敎。【戊戌四月十九日。】

● "조하(朝賀)를 마치고 군병을 해산할 때에는 표신이 내리기를 기다려 계엄을 해제한다."라는 내용으로 전교하였다. 【무술년(1778, 정조 2) 4월 19일.[44]】

■본문 해설

위의 전교는 조하(朝賀)에 대한 의주(儀註)와 절목(節目)이 서로 다르게 기록되어 있는 것을 바로잡으면서 내린 것이다. 즉 조하를 행할 때 군병의 배치에 대한 조항이 의주에는 '하교를

44. 『승정원일기』와 『일성록』 및 『정조실록』에는 모두 동일한 날짜에 기록되어 있다.

받들어 군병을 해산한다.[承教放仗]'라고 하였고, 절목에는 '표신 없이 계엄을 해제한다.[除標信解嚴]'라고 하였는데, 정조가 옛 규례가 반영된 의주의 취지를 살려서 '표신이 내리기를 기다려 계엄을 해제한다.[待標信解嚴]'로 통일하도록 하였다. 임금이 동가(動駕)나 전좌(殿座)를 마치고 군병을 해산할 때에는 병조 판서가 '군병 해산[放仗]'을 청하면 병방 승지(兵房承旨)가 계엄을 해제하기 위해 표신을 내어 달라고 청하여 내주었다.

◑ 참고자료 ◐

『은대편고』「예방고」 전좌(殿座), 「병방고」 동가(動駕).
『승정원일기』 정조 2년 4월 19일 입시 기사.

04-02

○ "各營將臣, 令箭無敢指揮於闕內軍兵。"事, 傳教。【戊戌四月十九日。】

● "각 영문(營門)의 장신이 영전으로는 감히 궐 안의 군병들을 지휘하지 못한다."라는 내용으로 전교하였다. 【무술년(1778, 정조 2) 4월 19일.[45]】

■본문 해설

위의 전교는 병조 판서 이휘지(李徽之)가 용호영(龍虎營)의 영전(令箭)으로 궐 안의 군병을 지휘한 일로 인해 내린 것이다. 정조의 말에 의하면, 영전은 각 영문(營門)에서 군병을 지휘할 때만 사용하는 것이고 궐 안에서는 사용할 수 없는 것이라고 하였다. 다만 숙위소(宿衛所)의 경우에는 숙위하는 군병을 통괄하기 때문에 특별히 별도의 숙위 영전(宿衛令箭)을 만들어주고 이 숙위 영전으로 궐 안의 군병을 지휘하도록 하였다고 한다. 이러한 규정은 『대전회통』, 『은대편고』, 『은대조례』에도 수록되어 있다.

◑ 참고자료 ◐

『대전회통』「병전」 시위(侍衛).
『은대편고』「병방고」 동가(動駕).
『은대조례』「병고(兵攷)」 장신(將臣).
『승정원일기』 정조 2년 4월 19일 비망기(備忘記).

---

45. 『승정원일기』와 『일성록』에는 동일한 날짜에 기록되어 있고, 『정조실록』에는 기록되어 있지 않다.

■어휘 해설

1. 영전(令箭): 군령(軍令)이나 은밀한 명령을 전달할 때에 사용하던 화살을 가리킨다. 『만기요람』 「군정편(軍政編)」에 의하면, 영전은 화살촉이 넓으며 화살촉 한쪽에는 '某營大將'이라 쓰고 또 한쪽에는 '令'자를 쓴다고 하였다.

04-03

○ "陵幸時, 信箭及標信俱到然後, 請出慈殿符驗, 許開城門。"事, 大臣擧條定式。【戊戌九月初五日。】

● "능행할 때는 신전(信箭)과 표신이 모두 도착한 이후에 자전(慈殿, 대비전(大妃殿))에게 부험(符驗)을 내어 달라고 청하여 성문을 열도록 한다."라는 내용으로 대신이 거행 조건(擧行條件)을 내어 정식을 삼았다. 【무술년(1778, 정조 2) 9월 5일.[46]】

■본문 해설

대신은 영의정 김상철(金尙喆)을 가리킨다. 위의 규정은 김상철이 표신은 없이 신전만으로 성문을 여는 것의 문제점을 지적하고 정식을 정해야 한다고 건의하자, 정조가 금위대장 홍국영(洪國榮)의 의견을 듣고 난 뒤에 정한 것이다. 이에 따라 임금이 능행 등으로 도성(都城) 밖에 나가 있을 때 성문을 열 일이 있을 경우에는 선전관이 신전과 선전표신(宣傳標信)을 가지고 궐에 가서 전하면 수궁 승지(守宮承旨)가 자전에게 부험을 내어 달라고 청하여 성문을 열었다. 이러한 규정은 『대전통편』, 『은대편고』에도 수록되어 있다.

◑ 참고자료 ◐

『대전통편』「병전」 문개폐(門開閉).
『은대편고』「병방고」 능행(陵幸)·궐문(闕門).
『승정원일기』 정조 2년 9월 5일 인견(引見) 기사.

■어휘 해설

1. 신전(信箭): 임금이 군무(軍務)나 유진(留陣) 등과 관련된 일로 각 영문(營門)을 지휘할 때 사용하던 화살이다. 화살촉에는 '令'자를 새기고, 화살대에는 사용하는 영문에 따라 구별하여 각각 삼각형의 오색 비단 조각에 '信'이라고 써서 달았다. 병조와 훈련도감은 황색, 금위영은 청색, 어영청은

46. 『승정원일기』와 『일성록』 및 『정조실록』 모두 동일한 날짜에 기록되어 있다.

백색, 수어청은 홍색, 총융청은 흑색의 비단을 썼다. 정조 19년(1795)에 수어청이 출진(出鎭)한 뒤로는 각 영문 모두 황색만을 쓰도록 통일하였다. 임금이 동가할 때에는 신전선전관(信箭宣傳官) 2명이 각각 10개씩 받아 어가(御駕) 앞의 좌우에 배치되었다.

2. 부험(符驗): 야간에 성문(城門)을 열 때 사용하는 부신(符信)의 일종이다. 흥인문(興仁門), 혜화문(惠化門), 숭례문(崇禮門), 돈의문(敦義門)에 초경(初更)부터 오경(五更)까지 각각 시각이 새겨진 부험을 5개씩 나누어 주었다가, 성문을 열 일이 있을 때에는 궐에서 내준 것과 맞추어 본 뒤에 열도록 하였다. 부험은 추목(楸木)을 이용하여 약간 긴 원형으로 만들었으며, 앞면에는 전자로 '符驗'이라 새기고 뒷면에는 전자로 '崇禮門'처럼 해당 부험을 사용할 성문 이름을 새기고 양 옆에는 '甲三更'처럼 해당 부험의 번호와 사용 시각을 새겼다. 이렇게 만든 부험의 한가운데를 나누어 왼쪽은 궐 안에 보관하고 오른쪽은 각 성문의 수문호군(守門護軍)에게 나누어 주었다.

04-04

○ "城門仍留時, 雖於未閉前有仍留之命, 如無標信, 切勿擧行。還閉時, 宣傳官持標信仍留在, 待送出送之人與入當入之人然後, 與部將眼同還閉復命。如值祈晴祭時, 則亦待標信開閉, 定式。"事, 傳敎。【戊戌十月二十八日。】

● "성문을 잉류할 때에는 성문을 닫기 전에 잉류하라는 명이 있더라도 표신이 없으면 절대로 거행하지 않는다. 성문을 잉류했다가 도로 닫을 때에는 선전관이 표신을 가지고서 그대로 머물러 있다가 내보낼 사람은 내보내고 들여보낼 사람은 들여보낸 뒤에 부장과 함께 도로 성문을 닫고 돌아와서 결과를 보고한다. 기청제(祈晴祭)를 지낼 때에도 표신을 기다려 성문을 열고 닫는다. 이로써 정식을 삼는다."라는 내용으로 전교하였다. 【무술년(1778, 정조 2) 10월 28일.[47]】

■본문 해설

위의 전교는 정조가 전날 성문을 잉류(仍留)하여 사관(史官)을 내보내게 하였는데, 사관을 내보낸 뒤에 곧바로 성문을 닫지 않다가 밤이 깊은 뒤에 하례(下隷)의 말을 듣고서야 닫는 일이 발생하자, 내린 것이다. 이에 따라 성문을 잉류할 때에는 선전표신(宣傳標信)을 사용하고, 잉류했던 성문을 닫을 때에도 폐문표신(閉門標信)을 따로 사용하지 않고 선전표신을 가지고 나간 선전관이 그대로 남아서 기다렸다가 문을 닫은 뒤에 돌아오도록 하였다. 기청제는 도성(都城)의 사대문 위에서 성문을 닫고 지냈는데, 부득이하게 성문을 열고 닫을 일이 있을

47. 『승정원일기』와 『일성록』 및 『정조실록』 모두 동일한 날짜에 기록되어 있다.

경우에는 이때도 선전표신을 기다려 시행하도록 하였다. 이러한 규정은 『대전통편』, 『은대편고』, 『은대조례』에도 수록되어 있다.

◑ **참고자료** ◐

『대전통편』 「병전」 문개폐(門開閉).
『은대편고』 「병방고」 성문(城門).
『은대조례』 「병고」 궐문성문(闕門城門).
『승정원일기』 2년 10월 28일 주강(晝講) 기사.

■어휘 해설

1. 기청제(祈晴祭): 입추(立秋) 이후에도 날이 개지 않을 경우에 날이 개기를 기원하며 도성(都城)의 사대문(四大門) 위에서 지내는 제사로, 영제(禜祭)라고도 하였다. 기청제는 3일을 연이어 지냈으며, 기청제를 지내도 날이 개지 않으면 3차까지도 지냈다. 기청제를 지낼 때에는 성문을 닫고 지냈는데, 부득이하게 성문을 열고 닫을 일이 있으면 승정원에서 임금에게 물은 뒤에 열고 닫았다.

04-05

○ "大小城門仍留時, 用標信擧行。四大門, 則與閉而開之有異, 以宣傳標信擧行; 間門仍留, 亦用此例, 定式。"事, 傳敎。【戊戌十月二十八日。】

● "대소의 성문을 잉류할 때에는 표신을 사용하여 거행한다. 사대문을 잉류하는 것은 성문을 닫았다가 여는 것과는 차이가 있으니 선전표신(宣傳標信)으로 거행하고, 간문을 잉류할 경우에도 이 예를 적용한다. 이로써 정식을 삼는다."라는 내용으로 전교하였다. 【무술년(1778, 정조 2) 10월 28일.[48]】

■본문 해설

위의 전교도 04-04의 규정이 정해진 날 같이 내린 것이다. '닫았다가 여는 것'은 유문(留門)을 가리킨다. 유문은 궐문이나 성문을 닫고 난 뒤에 열어야 할 일이 있어서 다시 열어 두는 것을 가리킨다. 사대문을 유문할 때에는 선전표신 이외에도 부험(符驗)이 필요하기 때문에 '사대문을 잉류하는 것은 문을 닫았다가 여는 유문과는 다르다.'라고 한 것이다. 성문을 잉류하거나 유문할 때 필요한 부신(符信)을 정리하면 표 2와 같다.

---

48. 『승정원일기』와 『일성록』 및 『정조실록』 모두 동일한 날짜에 기록되어 있다.

표 2. 성문의 개폐와 표신

분류		대문	간문(間門)
開門(罷漏)		開門標信	開門標信
閉門(人定)		閉門標信	閉門標信
留門(人定後)	平常時	宣傳標信/符驗	開門標信
	動駕時	信箭/宣傳標信/符驗	開門標信
仍留(人定前)	平常時	宣傳標信	宣傳標信
	動駕時	信箭/宣傳標信	宣傳標信

◑ 참고자료 ◐

『대전통편』「병전」 문개폐(門開閉).
『은대편고』「병방고」 성문(城門).
『은대조례』「병고」 궐문성문(闕門城門).
『승정원일기』 2년 10월 28일 주강(晝講) 기사.

■어휘 해설

1. 선전표신(宣傳標信): 군무(軍務)와 관계되는 긴급한 일에 사용하는 부신(符信)의 일종이다. 상아(象牙)를 이용하여 원형으로 만들었으며, 앞면에는 '宣傳'이라 새기고 뒷면에는 어압(御押)을 새겼다.
2. 간문(間門): 도성의 정문(正門)인 사대문 사이에 있는 작은 문을 가리킨다. 원래는 창의문(彰義門), 소의문(昭義門), 혜화문(惠化門), 광희문(光熙門)을 가리키는데, 그중 혜화문은 흥인문과 함께 동쪽으로 출입하는 사람이 많고 반면에 북대문인 숙정문은 출입하는 사람이 드물었으므로 혜화문 대신에 숙정문을 간문으로 간주하였다.

04-06

○ "宣傳官自行在所持標信來到闕門外, 則兵曹、摠府守宮堂上從門隙祗受, 留院承旨啓請慈旨。如值陵幸時, 則守宮從事官一體從門隙祗受。"事, 承旨擧條定式。【己亥正月初八日。】

● "선전관이 행재소로부터 표신을 가지고서 궐문 밖에 도착하면 병조와 도총부의 수궁 당상이 문틈으로 표신을 수령하고, 승정원에 남아 있는 승지가 자전에게 자지(慈旨)를 내어 달라고 청한다. 능행할 때는 수궁 종사관도 함께 문틈으로 표신을 수령한다."라는 내용으로 승지가 거행 조건을 내어 정식을 삼았다. 【기해년(1779, 정조 3)

1월 8일.[49]】

■본문 해설

승지는 좌승지 정민시(鄭民始)를 가리킨다. 위의 규정은 임금이 하룻밤 이상을 묵으며 동가할 때 행재소에서 표신을 가지고 온 선전관이 수궁 선전관에게 표신을 전해 주어 병조와 도총부의 수궁 당상에게 대신 전해 주게 하는 것은 옛 규례가 아니라는 정민시의 건의를 받아들여 정한 것이다. 이에 따라 행재소에서 표신을 가지고 온 선전관이 문틈으로 병조와 도총부의 수궁 당상관에게 직접 표신을 전해 주면 이들이 승정원에 남아 있는 승지에게 통지하고, 통보를 받은 승지가 자지(慈旨)를 내어 달라고 청하여 궐문을 열도록 하였다. 이러한 규정은 『은대편고』에도 수록되어 있다.

◑ 참고자료 ◐

『은대편고』「병방고」 능행(陵幸).

『승정원일기』 정조 3년 1월 8일 입시 기사.

■어휘 해설

1. 자지(慈旨): 대비(大妃)가 사용하는 표신으로, 임금이 동가한 상황에서 궐문이나 성문을 열고 닫도록 대신 허락할 때 사용하였다. 자지는 직사각형에 윗부분이 뾰족하게 올라간 모양으로 4부를 만들었으며, 한쪽 면에는 '慈旨'라 새기고 뒷면에는 어압(御押)을 새겼다.

04-07

○ "月觀門鎖鑰, 依宗廟北門例, 政院藏置。"事, 傳敎。【己亥十月初十日。】

● "월근문의 자물쇠는 종묘 북문의 예에 따라 승정원에서 보관한다."라는 내용으로 전교하였다.【기해년(1779, 정조 3) 10월 10일.[50]】

■본문 해설

위의 전교는 정조가 경모궁(景慕宮)의 일첨문(日瞻門) 가까운 곳에 월근문(月覲門)을 세우도록 명하면서 내린 것이다. 종묘의 북문은 태종이 종묘로 가는 지름길을 내기 위해 종묘의

49. 『승정원일기』와 『일성록』에는 동일한 날짜에 기록되어 있고, 『정조실록』에는 기록되어 있지 않다.

50. 『승정원일기』와 『일성록』 및 『정조실록』 모두 동일한 날짜에 기록되어 있다.

북쪽 담장과 창경궁의 남쪽 담장이 맞닿는 곳에 낸 문을 가리킨다. 태종은 매달 초하루와 보름에 소여(小輿)로 간편하게 이 문을 통해 종묘에 나아가서 전배(展拜)하였다. 정조는 이 문을 영조 때 만든 것이라고 하였으나, 『홍재전서』와 『태종실록』의 기록에 의하면 태종 16년(1416)의 일로 보인다. 정조도 태종의 고사를 따라 경모궁으로 간편하게 동가하기 위해 월근문을 세운 것이다. 승정원에서는 궐문의 자물쇠와 열쇠를 보관하였으므로 월근문의 자물쇠도 함께 보관하도록 한 것이다.

◑ **참고자료** ◐

『태종실록』 16년 1월 16일(기유).
『홍재전서(弘齋全書)』 제30권 「교(教)」.
『경국대전』 「병전」 개폐문(開閉門).
『승정원일기』 정조 3년 10월 10일 입시 기사.

04-08

○ "月覲門開閉, 兵曹預定守門將與司鑰眼同爲之。"事, 筵教。【己亥十月初十日。】

● "월근문을 열고 닫는 것은 병조가 미리 정한 수문장이 사약과 함께 행하게 한다."라는 내용으로 연석에서 하교하였다. 【기해년(1779, 정조 3) 10월 10일.[51]】

■본문 해설

위의 전교는 정조가 승정원에서 상자를 만들어 월근문의 자물쇠를 보관하도록 한 뒤에 내린 것이다. 원래 궐문의 자물쇠를 열고 닫는 것은 해당 궐문의 수문장과 사약이 함께 만나서 거행하였다.

◑ **참고자료** ◐

『은대편고』 「병방고」 궐문(闕門).
『승정원일기』 정조 3년 10월 24일 야대(夜對) 기사.

51. 『승정원일기』와 『일성록』 같은 달 24일에 이와 관련된 기사가 기록되어 있고, 『정조실록』에는 기록되어 있지 않다.

04-09

○ "<u>月覲門</u>還閉後，依<u>集春門</u>鎖鑰例入啓，踏啓字樻封還下後，藏置政院。"事，傳教。【己亥十月二十四日。】

● "월근문을 도로 닫은 뒤에는 집춘문의 자물쇠를 보관하는 규례대로 재가를 받기 위해 자물쇠를 들여보내고, 자물쇠를 넣어 봉한 상자에 계자를 찍어 도로 내려 주면 승정원에 보관한다."라는 내용으로 전교하였다.【기해년(1779, 정조 3) 10월 24일.[52]】

■본문 해설

위의 전교는 04-08과 마찬가지로 정조가 승정원에서 상자를 만들어 월근문의 자물쇠를 보관하도록 한 뒤에 내린 것이다. 집춘문은 창경궁 북쪽에 있는 문으로, 성균관으로 가는 지름길에 위치하였다. 월근문은 집춘문의 남쪽, 홍화문의 북쪽에 있는 문으로, 경모궁으로 가는 지름길에 위치하였다. 이처럼 집춘문과 월근문은 궁궐의 정문을 통해 동가하지 않고 지름길을 통해 동가할 때 이용하던 문이라는 공통점이 있다. 그런 점에서 자물쇠의 보관 규정도 동일하게 적용하였던 것으로 보인다.

◑ 참고자료 ◐

『은대편고』「예방고」 알성(謁聖),「병방고」 궐문(闕門),「통고(通攷)」 복제식(服制式).
『육전조례』「공전(工典)」 영조사(營造司) 궁궐(宮闕).
『승정원일기』 정조 3년 10월 24일 야대(夜對) 기사.

04-10

○ "禁營下番軍賞試射於<u>南別營</u>時，內外入直將官、軍兵，請出標信擧行。"事，兵曹草記定式。【己亥十一月二十六日。】

● "남별영에서 금위영 하번 군병의 상시사(賞試射)를 시행할 적에 내외의 입직 중인 장관과 군병들을 데려다가 쓰는 것은 표신을 내어 달라고 청하여 거행한다."라는 내용으로 병조가 초기를 올려 정식을 삼았다.【기해년(1779, 정조 3) 11월 26일.[53]】

52. 『승정원일기』와 『일성록』에는 동일한 날짜에 기록되어 있고, 『정조실록』에는 기록되어 있지 않다.
53. 『승정원일기』에는 동일한 날짜에 기록되어 있고, 『일성록』과 『정조실록』에는 기록되어 있지 않다.

■본문 해설

위의 규정은 병조가 입직 중인 장관(將官)과 군병을 표신도 없이 마음대로 데려다가 쓰는 것은 문제가 있다는 지적에 따라 정한 것이다. 금위영의 상시사를 남별영에서 행할 때에는 입직 중인 장관과 군병들을 표신도 없이 데려다가 썼는데, 병조가 아래 군영에서 마음대로 군병을 데려다가 써서는 안 되므로 표신을 받아서 거행하도록 한 것이다. 이처럼 금위영의 입직하던 군병을 데려다가 쓸 때에는 창경궁의 홍화문(弘化門)에 입직하는 훈련도감의 군병이 대신 입직하였다. 이러한 규정은 『대전통편』, 『전율통보』, 『은대편고』에도 수록되어 있다.

◑ 참고자료 ◐

『대전통편』 「병전」 교열(教閱).
『전율통보』 「병전」 교열(教閱) · 시취(試取).
『은대편고』 「병방고」 습조(習操).
『만기요람』 「군정편(軍政篇)」3 금위영(禁衛營) 시예(試藝).
『승정원일기』 정조 3년 11월 26일 병조의 초기와 금위영의 초기.

■어휘 해설

1. 상시사(賞試射): 각 영문(營門)이 정기적으로 군병에게 각종 기예(技藝)를 시험 보인 뒤에 시상하던 시험으로, 금군청(禁軍廳)의 상시사 및 금위영(禁衛營)과 어영청(御營廳)의 상시사가 있었다. 금군청의 상시사는 해마다 봄과 가을에 병조 판서, 금군 별장(禁軍別將), 금군장(禁軍將), 병조의 해당 낭청이 금군(禁軍)과 표하군(標下軍)에게 각종 기예(技藝)를 시험 보인 뒤에 그 결과에 따라 차등을 두어 시상하던 시험이다. 이 시험에서 몰기(沒技)한 자에게는 전시(殿試)에 곧바로 응시할 자격을 주되, 출신(出身)일 경우에는 가자(加資)하였다. 금위영과 어영청의 상시사는 각 대장(大將)이 금위영과 어영청의 상번(上番)한 군병을 점고할 때 하번(下番)하는 군병과 별파진(別破陣) 등을 대상으로 각종 기예를 시험 보인 뒤에 그 결과에 따라 차등을 두어 시상하던 시험이다. 두 영문의 군병은 2개월 단위로 교대하였기 때문에 상시사도 두 달에 한 번씩 시행하였다. 사정이 있어서 상시사를 거행하지 못할 경우에는 하번 군병 3명당 목(木) 1필씩을 지급하였다. 금위영의 상시사는 숙종 8년(1682)부터 시작되었고, 어영청의 상시사는 인조 6년(1628)부터 시작되었는데, 이들 상시사는 상중일(賞中日)이나 상시재(賞試才)라고도 불렀다.

04-11

○ "大將牌、傳令牌, 與命召同佩, 雖暫刻, 毋得不佩, 定式。"事, 傳教。【庚子七月十三日。】

● "대장패(大將牌)와 전령패(傳令牌)는 명소(命召)와 함께 차고 잠시라도 풀어 놓지 못하는 것으로 정식을 삼는다."라는 내용으로 전교하였다. 【경자년(1780, 정조 4) 7월 13일.[54]】

■ 본문 해설

위의 전교는 정조가 포도대장이 대장패, 전령패, 명소를 각대(角帶)에 노출시켜 차거나 공적 모임에서도 차지 않는 것을 나무라며 내린 것이다. 이러한 규정은 포도대장이 3가지 부신(符信)을 항상 몸에 차고 다니도록 정한 것으로, 『은대편고』에도 수록되어 있다.

◑ 참고자료 ◐

『은대편고』「병방고」 포장(捕將).

『승정원일기』 정조 4년 7월 12일 입시 기사.

■ 어휘 해설

1. 대장패(大將牌): 포도대장의 신분을 증명하는 부신(符信)의 일종이다. 대장패는 산유자(山柚子)를 이용하여 원형으로 만들었으며, 좌변포도대장의 대장패는 전면 왼쪽에 '左邊捕盜大將'이라 새기고, 우변포도대장의 대장패는 전면 오른쪽에 '右邊捕盜大將'이라 새겼으며, 뒷면에는 모두 어압을 새겼다.
2. 전령패(傳令牌): 포도대장이 명령을 전달할 때 사용하던 부신의 일종이다. 전령패는 산유자를 이용하여 직사각형으로 만들었으며, 좌변포도대장의 전령패는 전면 왼쪽에 '左邊捕盜大將'이라 새기고, 우변포도대장의 전령패는 전면 오른쪽에 '右邊捕盜大將'이라 새겼으며, 뒷면에는 모두 '傳令'이라 새겼다.
3. 명소(命召): 임금이 국가의 중대한 일로 밤중에 의정(議政) 등을 부를 때 사용하던 부신의 일종이다. 명소는 산유자를 이용하여 원형으로 만들었으며, 앞면에는 '命召領議政'처럼 명소와 관직명을 새기고 뒷면에는 어압을 새겼다. 명소는 총 10부를 만들어 가운데를 둘로 나누되, 왼쪽 부분은 1부마다 각 2개씩 만들어 대내에 보관하고 오른쪽 부분은 각 1개씩 만들어 영의정, 좌의정, 우의정, 병조 판서, 겸 병조 판서, 훈련대장, 금위대장, 어영대장, 좌변포도대장, 우변포도대장에게 나누어 주었다.

04-12

○ "含春苑逌覲門、逌瞻門、左右掖門開金, 依月覲門開金例, 同置政院。"事, 戶判擧條蒙允。【庚子十月。】

---

54. 『승정원일기』와 『일성록』에는 같은 달 12일에 기록되어 있고, 『정조실록』에는 기록되어 있지 않다.

● "함춘원의 유근문, 유첨문, 좌우 액문의 열쇠는 월근문의 열쇠를 보관하는 예에 따라 승정원에 함께 보관해 둔다."라는 내용으로 호조 판서가 거행 조건을 내어 윤허를 받았다.【경자년(1780, 정조 4) 10월.[55]】

■본문 해설

위의 규정은 사료에서 확인하지 못하였다. 다만 정조 4년(1780) 10월 22일 병조의 초기(草記)를 참고하면 호조 판서 김화진(金華鎭)이 거행 조건을 내어 이러한 규정을 만든 것으로 보인다. 함춘원은 성종 때에 창경궁 앞에 조성되었는데, 정조가 사도세자의 사당을 이곳에 지었다. 따라서 위에서 열거한 문들은 사실상 경모궁의 문을 가리킨다. 월근문의 자물쇠를 승정원에 보관하는 것에 대해서는 병고」 표신 04-07, 04-08, 04-09 참조.

◑ 참고자료 ◐

『경모궁지(景慕宮志)』.

『승정원일기』 정조 4년 10월 22일 병조의 초기.

04-13

○ "仍留門時, 自本院請標信, 使宣傳官祗受, 立於當留之門限, 事畢還閉, 一如留門時定式。"事, 榻教。【辛丑六月二十六日。】

● "궐문을 잉류(仍留)할 때는 승정원에서 표신을 내어 달라고 청하여 선전관에게 받게 해서 잉류해야 하는 문을 닫을 때까지 서 있다가 일이 끝난 뒤에 도로 닫기를 하나같이 유문(留門)할 때처럼 행하는 것으로 정식을 삼는다."라는 내용으로 탑전(榻前)에서 하교하였다.【신축년(1781, 정조 5) 6월 26일.[56]】

■본문 해설

위의 하교는 사료에서 확인하지 못하였다. 다만『정조실록』5년 8월 21일 기사에 의하면 위의 내용과 같은 정식을 새로 정했다는 기사가 보인다. 이러한 규정은『은대편고』에도 수록되어 있다. 성문(城門)의 잉류에 대해서는「병고」 표신 04-04 참조.

55. 『승정원일기』와『일성록』 및『정조실록』 모두 동일한 달에 기록되어 있지 않다.

56. 『승정원일기』와『일성록』 및『정조실록』 모두 동일한 날짜에 기록되어 있지 않다.

◑ 참고자료 ◐

『정조실록』 5년 8월 21일(신묘), 8년 10월 23일(병오).

■어휘 해설

1. 유문(留門): 궐문(闕門)이나 성문(城門)을 닫을 시각이 되어 닫았다가 출입할 사람이 있어서 다시 열어 두는 것을 가리킨다. 궐문이나 성문을 닫는 시각이 되어도 출입할 사람이 있어서 그대로 열어 두는 것은 잉류(仍留)라고 하였다.

04-14

○ "建陽門往來雜人, 常時, 則可以禁斷, 而動駕及殿座時, 則有紛遝之弊。如此之時, 請出標信, 使宣傳官持標信立門, 區別其當入不入者出入, 一如留門時例。"事, 承旨擧條蒙允。【辛丑七月二十七日。】

● "건양문을 드나드는 잡인을 평상시에는 단속할 수 있지만 동가하거나 전좌할 때에는 혼잡한 폐단이 있다. 이러한 때에는 표신을 내어 달라고 청하여 선전관을 시켜 표신을 가지고 건양문에 서서 들어와야 할 자와 들어오지 않아야 할 자를 구별하여 출입시키기를 하나같이 유문할 때의 규례대로 행한다."라는 내용으로 승지가 거행 조건을 내어 윤허를 받았다.【신축년(1781, 정조 5) 7월 27일.[57]】

■본문 해설

승지는 좌부승지 조시위(趙時偉)를 가리킨다. 위의 규정은 좌부승지 조시위가 동가할 때나 전좌할 때 건양문의 출입을 통제해야 한다는 건의에 따라 정한 것이다. 건양문은 낙선재(樂善齋) 부근에 있던 창덕궁의 동쪽 문으로, 창덕궁과 창경궁을 이어주는 문이었다. 궐문을 유문하거나 잉류(仍留)할 때 출입을 허락한 사람에 대해서는 승정원에서 선전관을 불러서 알려주었고, 선전관은 이를 거행한 뒤에 해당 승지방(承旨房)에 보고하였다.

◑ 참고자료 ◐

『은대편고』 「병방고」 궐문(闕門).

『육전조례』 「공전」 영조사(營造司) 궁실(宮室).

『승정원일기』 정조 5년 7월 26일 입시 기사.

57. 『승정원일기』와 『일성록』에는 같은 달 26일에 기록되어 있고, 『정조실록』에는 기록되어 있지 않다.

04-15

○ "奉安曝曬行, 前後射隊、各項儀衛軍兵調發, 必待兵符、標信擧行。璿閣、史閣所在邑及沿路所管各該道監・兵使, 惕念遵行。"事, 承旨擧條蒙允。【壬寅三月二十六日。】

* 兵: 저본에는 '合'으로 되어 있는데, 『승정원일기』와 『일성록』 같은 날 기사에 근거하여 수정하였다.

● "선원보첩(璿源譜牒)과 실록(實錄)을 봉안하거나 포쇄(曝曬)하러 갈 때 필요한 앞뒤의 사대 군병(射隊軍兵)과 각종 의위 군병(儀衛軍兵)을 징발할 때에는 반드시 병부(兵符)와 표신을 기다렸다가 거행한다. 선원각(璿源閣)과 사고(史庫)가 있는 고을 및 연로(沿路)의 고을을 관할하는 각 해당 도의 감사와 병사는 이를 유념해서 준행한다."라는 내용으로 승지가 거행 조건을 내어 윤허를 받았다.【1782년(정조 6) 3월 26일.[58]】

■본문 해설

승지는 좌부승지 조시위(趙時偉)를 가리킨다. 위의 규정은 정조가 군사방 승지(軍士房承旨)인 조시위를 불러 거행 조건을 내게 하여 정한 것이다. 그 이전에 종부시가 선원보첩(璿源譜牒)을, 예문관이 실록(實錄)을 봉안하거나 포쇄하러 갈 때 필요한 사대 군병이나 의위 군병을 징발할 때에는 지방 고을에서 병부와 표신을 기다리지 않고 관문(關文)에만 의거하여 징발하였다. 이는 군병을 징발할 때 임금이 내려 보낸 병부와 맞추어 보고 징발하도록 한 규정을 위반한 것이므로 이러한 규정을 정한 것이다. 실록은 해당 임금의 국상(國喪)을 마친 뒤에 편찬하여 춘추관, 강화(江華)의 정족산성(鼎足山城), 강릉(江陵)의 오대산(五臺山), 무주(茂朱)의 적상산성(赤裳山城), 봉화(奉化)의 태백산(太白山) 등 5곳의 사고(史庫)에 봉안하고, 3년마다 한 차례씩 포쇄하였다. 『육전조례』에서는 2년마다 한 차례씩 실록을 포쇄한다고 하였다. 선원보첩은 3년마다 한 차례씩 작성하여 보각(譜閣), 북한산성(北漢山城)의 행궁(行宮), 5곳의 사고(史庫) 옆에 세운 선원각(璿源閣)에 봉안하고, 해마다 봄과 가을의 끝 달에 포쇄하였다. 이러한 규정은 『전율통보』와 『은대편고』에도 수록되어 있다.

◑ 참고자료 ◐

『경국대전』「예전」 봉심(奉審).
『전율통보』「예전」 잡령(雜令), 「병전」 부신(符信).

---

58. 『승정원일기』와 『일성록』 및 『정조실록』 모두 동일한 날짜에 기록되어 있다.

『은대편고』「병방고」 발병부(發兵符).
『만기요람』「군정편(軍政編)」1 병조각장사례(兵曹各掌事例), 「군정편」3 총융청(摠戎廳).
『육전조례』「이전」 종친부 보첩(譜牒), 「예전」 춘추관 시정기(時政記).
『승정원일기』 영조 15년 7월 7일 종부시의 초기(草記), 정조 6년 3월 26일 입시 기사.

■어휘 해설

1. 포쇄(曝曬): 서책이 벌레와 습기로 인해 손상되는 것을 막기 위해서 바람에 쏘이고 햇볕에 쪼이는 것을 가리킨다. 선원보첩은 해마다 봄과 가을의 끝 달에 한 차례씩, 실록은 3년마다 한 차례씩 포쇄하였다.
2. 사대 군병(射隊軍兵): 영정(影幀)이나 실록 등을 봉안하기 위해 지방으로 내려갈 때 총융청과 수어청 소속의 속오군(束伍軍)을 징발하여 편성한 군병을 가리킨다. 사대 군병을 징발할 때에는 선전관이 표신과 병부를 가지고 가서 경유하는 각 도의 감사와 병사에게 전해 주면 감사와 병사가 각자 보관하고 있던 병부와 대조한 뒤에 거행하였다.
3. 의위 군병(儀衛軍兵): 의식이나 행차를 장엄하게 꾸미기 위하여 대열에 참여하게 하는 호위병을 가리킨다. 선원보첩과 실록을 봉안하거나 포쇄할 때의 협련군(挾輦軍) 등을 가리키며, 이들을 징발할 때의 절차는 사대 군병을 징발할 때의 절차와 같다.
4. 병부(兵符): 군병을 동원할 때 임금의 명을 증명하기 위해 임금과 감사(監司)·유수(留守)·병사(兵使)·수사(水使)·판관(判官)·영장(營將)·수령(守令)·변장(邊將)이 나누어 가지던 부신을 가리키며, 발병부(發兵符)라고도 하였다. 병부는 추목(楸木)을 이용하여 원형으로 만들었으며, 앞면에는 '發兵'이라 새기고, 뒷면에는 감사, 유수, 병사, 수사, 영장이면 '兼江原道兵馬節度使'처럼 발병부를 받는 사람의 관직을 새기고, 수령, 판관, 첨사, 만호면 '楊州'처럼 해당 지역의 이름을 새겼다. 병부는 가운데를 나누어 임금과 신하가 나누어 보관하였는데, 왼쪽은 2개씩 만들어 임금이 보관하고 오른쪽은 1~3개를 만들어 당사자와 당사자를 관할하는 상급 관원에게 지급하였다.

04-16

○ "闕門仍留時, 自政院啓請標信, 而標信未下前, 自兵曹仍爲權閉而勿鎖。雖有下敎, 亦勿出入, 待標信下, 還爲開門。"事, 下敎。【壬寅五月初六日。】

● "궐문을 잉류할 때에는 승정원에서 표신을 내어 달라고 청하되, 표신을 내려 주기 전에는 병조에서 임시로 닫기만 하고 자물쇠를 채우지는 않는다. 이 경우 하교가 있었다고 해도 출입을 허락하지 말고, 표신을 내려 주기를 기다려서 도로 궐문을 연다."라는 내용으로 하교하였다.【임인년(1782, 정조 6) 5월 6일.[59]】

■본문 해설

위의 하교는 사료에서 확인하지 못하였다. 다만 이날 기사에 궐문을 잉류할 때 표신을 내어 달라고 청하지 않은 일로 인하여 입직한 승지를 모두 파직하고, 승지에게 귀띔하지 않은 승정원의 서리(書吏)를 병조에 넘겨 처벌하도록 한 기사가 보인다. 궐문을 잉류할 때의 절차에 대해서는 일정한 규정이 없다가, 영조 15년(1739)부터 잉류할 때에는 표신을 내려 보내도록 정식을 삼았다. 위의 규정은 『대전통편』, 『전율통보』, 『은대편고』에도 수록되어 있다.

◑ 참고자료 ◐

『대전통편』「병전」 문개폐(門開閉).
『전율통보』「병전」 문개폐(門開閉).
『은대편고』「병방고」 궐문(闕門).
『승정원일기』 영조 15년 9월 27일 친국(親鞫) 기사, 정조 6년 5월 6일 비망기 및 병조의 초기.

04-17

○ "經宿動駕時, 闕門留門標信來到, 則兵曹、摠府守宮堂上從門隙祗受。而近日則闕門下鑰後, 建陽門例不得往來, 今後則兵曹、摠府各於該掌處所祗受。"事, 兵判擧條蒙允。【乙巳十月初五日。】

● "하룻밤 이상을 묵으며 동가할 때에 궐문을 유문하라는 표신이 궐에 도착하면, 병조와 도총부의 수궁 당상이 문틈으로 표신을 받는다. 그런데 요즘은 궐문을 잠그고 난 뒤에는 건양문을 으레 드나들 수가 없으니, 앞으로는 병조와 도총부가 각각 해당 관장하는 장소에서 표신을 받는다."라는 내용으로 병조 판서가 거행 조건을 내어 윤허를 받았다. 【을사년(1785, 정조 9) 10월 5일.[60]】

■본문 해설

병조 판서는 서유린(徐有隣)을 가리킨다. 위의 규정은 병조와 도총부가 관장하는 지역이 각각 달라서 표신을 수령하기가 곤란하기 때문에 정한 것이다. 창덕궁의 동쪽 문인 건양문을 기준으로 서쪽은 병조가, 동쪽은 도총부가 궐문을 관장하였는데, 궐문을 잠그고 나면 도총부 당상은 건양문을 통해 창덕궁 쪽으로 갈 수가 없고, 병조 당상은 건양문을 통해 창경

---

59. 『승정원일기』와 『일성록』 및 『정조실록』 모두 동일한 날짜에 기록되어 있지 않다.
60. 『승정원일기』에는 동일한 날짜에 기록되어 있고, 『일성록』과 『정조실록』에는 기록되어 있지 않다.

궁 쪽으로 갈 수가 없었다. 따라서 표신이 도착해도 해당 관사가 관장하는 구역이 아니면 수령할 수가 없었기 때문에 각각 관장하는 지역에 도착한 표신을 수령하도록 정한 것이다. 이에 따라 건양문을 기준으로 동쪽에 도착한 표신은 도총부 당상이 수령하고 건양문을 기준으로 서쪽에 도착한 표신은 병조 당상이 수령하였다. 이러한 규정은 『은대편고』에도 수록되어 있다.

◑ 참고자료 ◐

『은대편고』「병방고」 궐문(闕門).
『육전조례』「병전」 병조 결속색(結束色), 「공전」 공조 영조사(營造司) 궁실(宮室).
『승정원일기』 정조 9년 10월 5일 종묘(宗廟) 동향대제(冬享大祭) 기사, 11년 8월 6일 입시 기사.

04-18

○ "闕門仍留及留門時, 許入許出之人, 招致宣傳官分付, 擧行後, 還告該房, 定式。"事, 下教。【丙午四月二十四日。】

● "궐문을 잉류하거나 유문할 때에는 선전관을 불러다가 출입을 허락한 사람들에 대해 알려 주고, 선전관이 거행한 뒤에는 도로 병방 승지(兵房承旨)에게 보고하는 것으로 정식을 삼는다."라는 내용으로 하교하였다. 【병오년(1786, 정조 10) 4월 24일.[61]】

■본문 해설

위의 하교는 궐문을 잉류하거나 유문할 때의 절차를 정하기 위해 내린 것이다. 궐문을 잉류하거나 유문하는 목적은 궐문을 닫는 시각 이후에도 사람을 출입시키기 위한 것이므로, 선전관에게 표신을 내려 주면서 출입할 사람이 누구인지도 함께 알려 주도록 한 것이다. 위의 규정은 『은대편고』에도 수록되어 있다.

◑ 참고자료 ◐

『은대편고』「병방고」 궐문(闕門).
『승정원일기』 정조 10년 4월 24일 전교.

61. 『승정원일기』와 『일성록』에는 동일한 날짜에 기록되어 있고, 『정조실록』에는 기록되어 있지 않다.

04-19

○ "標信宣傳官往來時, 若有遲滯之弊, 則當該宣傳官知名以稟。留門出入時, 切勿分付於吹螺赤, 定式。"事, 下敎。【丙午四月二十四日。】

● "표신을 지참한 선전관이 왕래할 때에 지체하는 폐단이 있으면 해당 선전관의 이름을 알아내서 보고한다. 궐문을 유문하여 출입시킬 때에는 절대 취라치에게 분부하지 못한다. 이로써 정식을 삼는다."라는 내용으로 하교하였다.【병오년(1786, 정조 10) 4월 24일[62]】

■본문 해설

위의 하교는 사료에서 확인하지 못하였다. 다만 앞의 04-18과 같은 날짜에 내린 하교인 점으로 보아, 궐문을 잉류하거나 유문할 때 출입할 사람에 대해서는 선전관청 소속의 취라치에게 분부하지 말고 선전관에게 직접 분부하도록 규정을 정한 것으로 보인다. 취라치는 조선 시대 나각(螺角), 즉 소라를 불던 군악수(軍樂手)인데, 그중 내취라치(內吹螺赤)는 선전관청(宣傳官廳)에 소속되었다. 선전관이 대내(大內)에서 입직할 때 내취라치도 함께 입직하였고, 선전관을 수행하기도 하였다.

◑ 참고자료 ◐

『대전통편』「병전」입직(入直).
『육전조례』「병전」병조 마색(馬色) 급마(給馬),「형전」형조 고율사(考律司) 청송(聽訟).
『승정원일기』숙종 15년 12월 13일 인견 기사, 영조 10년 5월 15일 상참(常參) 기사, 정조 8년 12월 16일 병조의 초기.

04-20

○ "壇享時, 皇朝人子孫、忠臣子孫來參者, 洌泉門內行禮, 外位整齊時, 請出標信, 開門參班, 退出後還閉, 定式。"事, 傳敎。【戊申三月初二日。】

● "황단(皇壇)에서 제향을 지낼 때에 명나라 사람의 자손과 충신의 자손으로서 반열에 참석하는 자는 열천문 안에서 예를 행하게 하되, 열천문 밖의 대기하는 자리가 정돈

62. 『승정원일기』와『일성록』및『정조실록』모두 동일한 날짜에 기록되어 있지 않다.

되었을 때 표신을 내어 달라고 청하여 열천문을 열어 반열에 참석하게 하고, 그들이 물러 나간 뒤에 도로 열천문을 닫는 것으로 정식을 삼는다."라는 내용으로 전교하였다. 【무신년(1788, 정조 12) 3월 2일.[63]】

■**본문 해설**

위의 전교는 황단에 망배례(望拜禮)를 행할 때 명나라 사람의 자손과 충신의 자손이 공북문(拱北門) 밖에서 참여하던 것을 바꾸면서 내린 것이다. 명나라 사람과 충신의 자손에게 공북문 밖에서 제향에 참여하도록 한 것은 정조 2년(1778)의 일이었다. 임금이 의식을 행할 때 의식에 참석하는 관원들은 초엄(初嚴)이 되면 행사장 문밖의 대기하는 자리에 모였다가 이엄(二嚴)이 되면 행사장의 각자 자리로 나아갔다. 열천문과 공북문에 대해서는 「예고」 황단(皇壇) 02-11 본문 해설 참조.

◑ **참고자료** ◐

『은대편고』 「예방고」 황단(皇壇), 「병방고」 전좌(殿座).
『승정원일기』 정조 12년 3월 2일 입시 기사.

04-21

○ "王大妃殿慶熙宮經宿動駕, 如有開門標信去來之事, 則請出內旨, 定式。"事, 傳敎。【戊申五月初三日。】

● "왕대비전이 경희궁에 동가하여 밤을 지낼 때에 개문 표신을 주고받을 일이 있으면 내지(內旨)를 내어 달라고 청하는 것으로 정식을 삼는다."라는 내용으로 전교하였다. 【무신년(1788, 정조 12) 5월 3일.[64]】

■**본문 해설**

위의 전교는 정조가 좌부승지 조윤대(曺允大)의 계사(啓辭)를 보고서 내린 것이다. 당시 문효 세자(文孝世子)의 대상(大祥)을 맞아 정조가 문희묘(文禧廟)로 동가하게 되었고, 왕대비인 정순 왕후(貞純王后)도 곡을 하기 위해 경희궁으로 동가하게 되었다. 임금이 하룻밤 이상을 묵으며 동가할 때 궐문을 열고 닫을 일이 있을 경우에는 왕대비에게 자지(慈旨)를 내어

63. 『승정원일기』와 『일성록』에는 동일한 날짜에 기록되어 있고, 『정조실록』에는 기록되어 있지 않다.
64. 『승정원일기』와 『일성록』에는 같은 달 6일에 기록되어 있고, 『정조실록』에는 기록되어 있지 않다.

달라고 청하였는데, 왕대비도 동가하기 때문에 대신 중궁전에게 내지(內旨)를 내어 달라고 청하도록 정한 것이다.

◑ 참고자료 ◐

『은대편고』「병방고」 동가(動駕)·능행(陵幸).
『승정원일기』 정조 12년 5월 3일 예조의 초기 및 입시 기사, 6일 조윤대(曺允大)의 계사.

■어휘 해설

1. 내지(內旨): 왕비가 사용하는 표신으로, 임금이 동가한 상황에서 궐문이나 성문을 열고 닫도록 대신 허락할 때 사용하였다. 내지는 상아를 이용하여 직사각형에 윗부분이 뾰족하게 올라간 모양으로 만들었으며, 앞면에는 '內旨'라 쓰고 뒷면에는 어압(御押)을 새겼다.

04-22

○ "水門開閉時, 一邊啓請, 一邊出給鑰匕, 以除標信開閉之意, 啓辭。"事, 下敎。【己酉閏五月初八日。】

* 酉: 저본에는 '亥'로 되어 있는데, 기해년(1779, 정조 3)에는 윤달이 없고 『승정원일기』 기유년(1789, 정조 13) 윤5월 8일에 이와 관련된 기사가 기록되어 있는 것에 근거하여 수정하였다.

● "수문을 여닫을 때에는 한편으로 임금에게 청하고 한편으로 열쇠를 내주되, 표신 없이 수문을 여닫겠다는 뜻으로 계사를 올린다."라는 내용으로 하교하였다. 【기유년(1779, 정조 13) 윤5월 8일.[65]】

■본문 해설

위의 하교는 사료에서 확인하지 못하였다. 수문을 여닫을 때 승정원에서 한편으로는 임금에게 넌지시 묻고 한편으로는 사알(司謁)과 선전관에게 수문의 열쇠를 내주되 표신 없이 거행하도록 한 것은 정조가 호조 판서 서유린(徐有隣)의 청을 받아들여 정한 것이다. 그리고 정조 13년 윤5월 8일 기사에 병조가 물이 불어나서 돈화문(敦化門)과 홍문관(弘文館)의 수문을 표신 없이 열겠다고 보고한 기사가 보인다. 이처럼 수문을 표신 없이 열도록 한 것은 절차를 밟아 수문을 열다가는 갑자기 물이 불어나서 수문이 파손될 우려가 있기 때문이었다. 승지가 수문의 열쇠를 관장하고 자물쇠를 잠그는 것도 감독하였으며, 돈화문 수문장이 창덕

65. 『승정원일기』와 『일성록』 및 『정조실록』 모두 동일한 날짜에 기록되어 있지 않다.

궁의 남수각(南水閣) 수문을, 요금문(曜金門) 수문장이 북수각(北水閣) 수문을 같이 관장하였다.

◑ **참고자료** ◐

『은대편고』「병방고」 궐문(闕門)・궐문약시(闕門鑰匙).
『육전조례』「이전」 승정원 총례(總例).
『승정원일기』 정조 13년 4월 18일 입시 기사, 윤5월 8일 김사목(金思穆)의 계사(啓辭).

04-23

○ "望拜禮闕字牌奉來時, 永肅門, 除標信直爲開門奉來, 定式。"事, 下敎。【庚戌五月初十日。】

● "망배례에 쓸 궐자패를 받들고 올 때에는 표신 없이 곧바로 영숙문을 열어서 받들고 오는 것으로 정식을 삼는다."라는 내용으로 하교하였다. 【경술년(1790, 정조 14) 5월 10일.[66]】

■본문 해설

위의 하교를 사료에서 확인하지 못하였다. 다만 이러한 규정이 만들어지기 이전부터도 영숙문을 통해 궐자패를 받들고 온 사례가 빈번히 보인다. 그리고 정조 20년(1796)부터는 위의 규정과 달리 선전관이 표신을 가지고 가서 임시로 영숙문을 연 뒤에 황단(皇壇)의 수직(守直)하는 관원과 예조 낭청이 같이 궐자패를 받들고 오는 것으로 정식을 삼았다. 궐자패에 대해서는「예고」 황단 02-07 참조.

◑ **참고자료** ◐

『승정원일기』 정조 20년 5월 10일 황단(皇壇) 망배례(望拜禮) 기사.

04-24

○ "拱北門開門時, 注書、宣傳官、摠郎中一員, 與司鑰一人、持標信宣傳官眼

---

66. 『승정원일기』에는 동일한 날짜에 이와 관련된 기사가 기록되어 있고, 『일성록』과 『정조실록』에는 기록되어 있지 않다.

同開門。”事, 下教。【辛亥七月二十一日。】

● “공북문을 열 때에는 주서・선전관・도총부 낭청 중 1명이 사약 1명 및 표신을 가지고 온 선전관과 함께 연다.”라는 내용으로 하교하였다. 【신해년(1791, 정조 15) 7월 21일.[67]】

■본문 해설

이 기사를 사료에서 확인하지 못하였다. 다만 이날 정조가 황단의 봉실(奉室)에서 망배례(望拜禮)를 행하였으므로, 이때 하교한 것으로 보인다. 공북문을 열 때 선전관이 표신을 가지고 가서 열도록 정식을 삼은 것은 영조 25년(1749)의 일이며, 공북문을 열 때에는 병조에 보고하였다.

◑ 참고자료 ◐

『육전조례』「병고」 대보단(大報壇) 총례(總例).

『승정원일기』 영조 25년 3월 18일 입시 기사, 정조 15년 7월 21일 봉실(奉室) 망배례 기사.

04-25

○ “無論命召、密符, 毋得從門隙出納。而相符、將符之不得遲滯者, 該房啓請留門後出納。御押之標牌及命召、密符, 各於其綬書之, 以爲憑信之資, 受牌時, 該房承旨書塡以傳。至於大臣在江外納符, 當依例還傳。在城外傳符時, 亦皆請鑰城門出納。”事, 定式。【乙卯七月初一日。】

● “명소나 밀부를 막론하고 문틈으로 출납하지 못한다. 상신(相臣)이 차는 부신(符信)과 장신(將臣)이 차는 부신처럼 출납을 지체할 수 없는 것은 병방 승지(兵房承旨)가 임금에게 유문할 것을 청한 뒤에 출납한다. 어압이 새겨진 표신과 패(牌) 및 명소와 밀부는 각각 그 인끈에 받을 사람의 직명(職名)을 써서 확인할 근거로 삼되, 패를 받을 때에 병방 승지가 써 넣어서 전하게 한다. 대신이 한강 건너편에서 부신을 반납한 경우에는 규례대로 도로 전해 주어야 한다. 도성 밖에 있는 대신에게 부신을 전해 줄 때에도 모두 성문을 열기를 청하여 출납한다.”라는 내용으로 정식을 삼았다. 【을묘

67. 『승정원일기』와 『일성록』 및 『정조실록』 모두 동일한 날짜에 기록되어 있지 않다.

년(1795, 정조 19) 7월 1일.[68]】

■**본문 해설**

위의 규정은 우의정 채제공(蔡濟恭)이 올린 초기에 대해 정조가 비답을 내려 정한 것이다. 당시 영의정 홍낙성(洪樂性), 좌의정 유언호(兪彦鎬), 우의정 채제공이 모두 명소를 반납하고 물러난 일이 있었는데, 승지가 좌의정과 우의정의 명소를 바꾸어서 전하였다. 그러자 채제공이 잘못 전달된 좌의정의 명소를 반납하면서 초기를 올려 그러한 사실을 보고하고 해당 승지의 삭직을 청하였다. 그에 대한 정조의 비답은 5가지로 요약할 수 있다. 첫째, 명소와 밀부는 문틈으로 주고받지 말고 반드시 궐문을 열어서 주고받으라는 것이다. 둘째, 지체 없이 반납해야 하는 상신(相臣)과 장신(將臣)의 부신은 해당 승지가 유문하기를 청하여 허락을 받은 뒤에 출납하라는 것이다. 셋째, 어압(御押)이 있는 부신을 당사자에게 전해 줄 때에는 서로 바뀌지 않도록 담당 승지가 인끈[綬]에 누구의 부신인지를 써서 전해 주라는 것이다. 넷째, 한강을 넘어간 대신이 명소를 반납할 경우에는 의례적으로 도로 전해 주라는 것이다. 다섯째, 도성 밖에 있는 대신에게 명소를 전해 줄 때에는 성문을 열어 주기를 청하여 허락을 받은 뒤에 출납하라는 것이다. 위의 규정은 『은대편고』에도 일부 수록되어 있다.

◑ 참고자료 ◐

『은대편고』「병방고」 밀부(密符).
『승정원일기』 정조 19년 6월 28일 입시 기사, 7월 1일 비변사의 초기.

04-26

○ "先農祭攝儀時, 禮房承旨與初獻官進詣太常, 神位版奉至祭所, 禮畢後, 還奉如初儀, 仍卽復命。位版還奉時, 興仁之門預送符驗、標信開門, 定式。" 事, 傳敎。【丙辰正月二十七日。】

● "선농제를 신하가 대신 지낼 때에는 예방 승지와 초헌관이 봉상시(奉常寺)에 나아가 신위판을 받들고서 제사를 지낼 곳으로 가고, 예가 끝난 뒤에도 처음 받들고서 갈 때의 의식처럼 신위판을 도로 봉안하며, 이어서 곧바로 거행 결과를 보고한다. 신위판을 도로 봉안할 때에는 흥인문에 부험과 표신을 미리 보냈다가 문을 연다. 이로써

68. 『승정원일기』와 『일성록』 및 『정조실록』 모두 동일한 날짜에 기록되어 있다.

정식을 삼는다."라는 내용으로 전교하였다. 【병신년(1796, 정조 20) 1월 27일.[69]】

■본문 해설

위의 전교는 정조가 선농제를 직접 지내지 못하고 신하에게 대행하도록 하면서 내린 것이다. 『승정원일기』와 『일성록』의 이날 기사에는 '예방 승지'가 '향과 축문을 전하는 승지[傳香承旨]'로 되어 있는데, 임금 대신 향과 축문을 전할 때에는 원래 예방 승지가 전하기 때문에 '향과 축문을 전하는 승지'가 바로 예방 승지인 셈이다. 교외(郊外)에 제단(祭壇)이 있는 제사의 신위판은 모두 봉상시에 봉안해 두었다가 제향을 지낼 때가 되면 헌관 등이 봉상시에 나아가서 받들고 제단으로 가서 제향을 지낸 뒤에 다시 봉상시에 봉안하였다. 선농제의 신위판도 이와 같았다. 신위판을 받들고서 나아가고 봉안하는 절차에 대해서는 「예고」 제향(祭享) 01-22, 01-23, 01-26 참조.

◑ 참고자료 ◐

『은대편고』 「예방고」 교단(郊壇).
『승정원일기』 정조 20년 1월 27일 전교.

04-27

○ "月覲門、集春門開門啓請時, 以宣傳標信請出, 而若直下開門標信, 則開門後還納, 更請宣傳標信, 許其出入。"事, 傳敎。【丁巳二月二十八日。】

● "월근문과 집춘문을 열어 줄 것을 임금에게 청할 때에 선전 표신을 내어 달라고 청하였는데 곧바로 개문 표신을 내려 주었으면, 문을 연 다음 도로 반납하고 다시 선전 표신을 내어 달라고 청하여 출입을 허락하도록 한다."라는 내용으로 전교하였다. 【정사년(1797, 정조 21) 2월 28일.[70]】

■본문 해설

위의 전교를 사료에서 확인하지 못하였다. 『은대편고』에서는 이날 춘당대(春塘臺)에서 춘도기(春到記)를 행할 때 하교를 내려 정한 것이라고 하였다. 이전에도 유생(儒生)을 궐 안으로 불러들여 시험을 보일 때에는 성균관과 가까운 월근문과 집춘문을 열어 입장시킨 사례가 있

69. 『승정원일기』와 『일성록』 및 『정조실록』 모두 동일한 날짜에 기록되어 있다.
70. 『승정원일기』와 『일성록』 및 『정조실록』 모두 동일한 날짜에 기록되어 있지 않다.

었던 것으로 보아, 이때에도 유생을 입장시킬 때의 절차에 대해 전교를 내려 정한 것으로 보인다.

◑ 참고자료 ◐

『은대편고』「병방고」 궐문(闕門).
『승정원일기』 21년 2월 28일 춘당대(春塘臺) 춘도기(春到記) 기사.

04-28

○ "朔、望日眞殿行禮後, 仍詣景慕宮展拜時, 軍兵除出標信, 前一日申後啓請, 標信下, 則預卽知委各軍門, 定式。"事, 下敎。【丁巳五月初一日。】

● "초하루와 보름에 진전(眞殿)에 예를 행하고 나서 그대로 경모궁에 나아가 전배할 때에는 군병을 차출하기 위한 표신을 하루 전날 신시 이후에 내어 달라고 청하며, 표신을 내려 주면 미리 즉시 각 군문에다 통지하는 것으로 정식을 삼는다."라는 내용으로 하교하였다.【정사년(1797, 정조 21) 5월 1일.[71]】

■본문 해설

위의 하교를 사료에서 확인하지 못하였다. 다만 이날 정조가 경모궁에 나아가 전배한 것으로 보아 이때 하교를 내려 정한 것으로 보인다. 진전(眞殿)은 임금의 영정(影幀)을 모셔 둔 전각을 가리키는 말로, 선원전(璿源殿), 영희전(永禧殿), 준원전(濬源殿) 등을 아울러 가리킨다. 다만 일반적으로 진전은 선원전만을 가리키는 경우가 많은데, 여기에서의 진전도 선원전을 가리킨 것으로 보인다. 선원전에는 매달 초하루와 보름에 분향(焚香)을 행하였다. 제향이나 의식을 거행하기 위해서 군병을 차출할 때에는 임금에게 표신을 내어 달라고 청하였다.

◑ 참고자료 ◐

『전율통보』「예전」 제례(祭禮), 「별편(別編)」 단묘(壇廟).
『은대편고』「예방고」 사묘전궁(祀廟殿宮), 「병방고」 동가(動駕) · 전좌(殿座).
『승정원일기』 21년 5월 1일 경모궁 전배(展拜) 기사.

71. 『승정원일기』와 『일성록』 및 『정조실록』 모두 동일한 날짜에 기록되어 있지 않다.

04-29

○ "拱北門留門時, 北營入直堂上將官率入直標下軍, 門外從便把守, 嚴禁雜人、馬。"事, 傳敎。【戊午三月初二日。】

● "공북문을 유문할 때에는 북영(北營)에 입직하는 당상 장관이 입직하는 표하군을 거느리고서 공북문 밖에서 편리한 대로 파수하며 잡인(雜人)과 말의 출입을 엄히 금한다."라는 내용으로 전교하였다.【무오년(1798, 정조 22) 3월 2일.[72]】

■본문 해설

위의 전교는 병조가 대보단(大報壇)에서 제향을 지낼 때 공북문을 여는 일로 단자(單子)를 올리자, 정조가 그에 대해 내린 판부(判付)이다. 북영(北營)은 훈련도감의 북영으로, 훈련도감의 각종 군병 40명을 별장(別將)이나 천총(千摠)이 거느리고서 입직(入直)하였다. 이 날짜에 훈련도감이 초기를 올려, 정조의 판부에 따라 천총 정충달(鄭忠達)이 입직하는 표하군 30명과 군향색군(軍餉色軍) 20명을 영솔하여 공북문 밖에서 작문(作門)을 만들어 파수하게 하겠다고 한 기사가 보인다.

◑ 참고자료 ◐

『은대편고』「병방고」숙위입직(宿衛入直).
『승정원일기』 정조 22년 3월 2일 병조의 단자(單子)에 대한 판부(判付)와 훈련도감의 초기.

04-30

○ "壇享時, 北營入直將官率入直標下軍, 拱北門外排立作門時, 軍兵除出, 待標信擧行。還入直時, 以除出標信, 幷與還入直, 而仍令預爲祗受。"事, 承旨擧條定式。【戊午三月二日。】

＊ 以: 저본에는 없는데, 『승정원일기』 정조 22년 3월 2일 기사에 근거하여 보충하였다.

● "황단(皇壇)에서 제향을 지낼 때에는 북영에 입직하는 장관이 입직하는 표하군을 거느리고서 공북문 밖에 배치하여 작문하는데, 이때 군병을 차출하는 일은 표신을 기다렸다가 거행한다. 제향을 마치고 나서 차출했던 군병을 도로 입직시킬 때에는 군

---

72. 『승정원일기』와 『일성록』에는 동일한 날짜에 기록되어 있고, 『정조실록』에는 기록되어 있지 않다.

병을 차출할 때 받았던 표신을 가지고 도로 입직시킬 때에도 아울러 쓰되, 미리 수령하게 한다."라는 내용으로 승지가 거행 조건을 내어 정식을 삼았다.【무오년(1798, 정조 22) 3월 2일.[73]】

■본문 해설

승지는 좌부승지 이조원(李肇源)을 가리킨다. 위의 규정은 04-29의 판부를 내리던 날에 정조가 병방 승지(兵房承旨)인 이조원의 건의를 받아들여 정한 것이다. 군병을 차출할 때에는 표신을 받아서 거행하고, 제향이나 의식이 끝난 뒤에 차출했던 군병을 도로 입직시킬 경우에도 다시 표신을 받아서 거행하였다. 그러나 이처럼 두 차례나 표신을 내어 달라고 청하는 것은 번거롭기 때문에 앞서 군병을 차출할 때 받았던 표신으로 두 가지를 겸하여 거행하도록 한 것이다.

◑ 참고자료 ◐

『은대편고』「병방고」 동가(動駕)·전좌(殿座).

『승정원일기』 정조 22년 3월 2일 입시 기사.

04-31

○ "明政門殿座時, 各營入直軍排立南、北路時, 前一日申後, 請出標信祗受。若值陳賀與朝參、誓戒時, 則甲士、騎士、禁軍, 係是出番軍, 與入直禁軍、挾輦軍、槍劍軍, 臨時更請標信出用。"事, 承旨擧條定式。【年條未詳。】

● "명정문에서 전좌할 때에는 각 영문(營門)의 입직하는 군병을 남로(南路)와 북로(北路)에 배치하여 세우는데, 이때는 하루 전날 신시 이후에 표신을 내어 달라고 청하여 수령한다. 만약 진하나 조참이나 서계를 거행할 때와 서로 겹치면, 갑사, 기사, 금군은 출번한 군병이므로 그때 가서 다시 표신을 내어 달라고 청하여 입직하는 금군, 협련군, 창검군과 함께 차출해서 쓴다."라는 내용으로 승지가 거행 조건을 내어 정식을 삼았다.【연도는 상세하지 않다.[74]】

---

73. 『승정원일기』와 『일성록』에는 같은 달 2일에 기록되어 있고, 『정조실록』에는 기록되어 있지 않다.
74. 『승정원일기』와 『일성록』에는 무오년(1798, 정조 22) 3월 11일에 기록되어 있고, 『정조실록』에는 기록되어 있지 않다.

■본문 해설

승지는 우부승지 이조원(李肇源)을 가리킨다. 위의 규정은 명정문에서 전좌할 때 군병을 차출하는 시기와 절차에 대해 정한 것이다. 창경궁(昌慶宮) 정전(正殿)의 정문인 명정문에서 전좌할 경우에는 홍화문(弘化門) 밖의 큰길과 가깝기 때문에 각 영문(營門)의 입직하는 군병을 차출하여 홍화문의 앞길에 배치하였는데, 전좌하는 당일에 군병을 차출할 경우에는 제약이 많았으므로 전날 미리 표신을 내어 달라고 청하여 차출하도록 하였다. 그리고 일반적으로 전좌할 때에는 표신을 받아서 입직하는 금군(禁軍), 호위군관(扈衛軍官), 협련군(挾輦軍), 창검군(創釼軍)을 당일에 차출하여 썼고, 조참(朝參)이나 서계(誓戒) 등을 행할 때에는 갑사(甲士)와 기사(騎士) 등을 차출하여 썼는데, 이들은 미리 차출할 수가 없기 때문에 당일에 표신을 받아서 차출하도록 하였다.

◑ 참고자료 ◐

『은대편고』「병방고」 동가(動駕)·전좌(殿座)·노부의위(鹵簿儀衛).
『승정원일기』 정조 22년 3월 11일 입시 기사.

05. 밀부(密符)

밀부(密符)는 군병을 동원하거나 군무(軍務)와 관련하여 비밀리에 거행할 일 등이 있을 때 임금의 명을 증명하기 위해 임금과 군권(軍權)을 가진 신하가 나누어 가지던 부신(符信)이다. 밀부는 산유자(山柚子)를 이용하여 원형으로 만들었으며, 한쪽 면에는 '第○符'라고 새기고 그 왼쪽에는 '左', 오른쪽에는 '右'자를 새겼으며, 또 다른 면에는 어압(御押)을 새겼다. 총 45부(部)를 만들되 1부마다 왼쪽은 2개, 오른쪽은 1개를 만들어 왼쪽은 대내(大內)에 보관하고, 오른쪽은 8도의 감사, 4도의 유수, 총융사, 진무사, 통제사, 병사, 수사, 방어사 등에게 나누어 주었다가, 군병을 동원할 일 등이 있을 때 사용하였다. 그리고 45부 이외에 46부에서 54부까지 9부를 더 만들어 두었다가 원래의 밀부가 부족할 때 사용하였다. 밀부를 받는 관원에게는 유서(諭書)를 같이 발급하였으며, 밀부를 받았던 관원이 교체될 때에는 직접 승정원에 와서 밀부를 반납하였다.

◑ 참고자료 ◐
『보인부신총수(寶印符信總數)』.
『전율통보』「병전」 부신(符信).
『은대편고』「병방고」 밀부(密符).
『은대조례』「병고(兵攷)」 밀부(密符).

05-01

○ "兵・水營、防禦諸邑, 或有密符替納之事, 該道臣別定親裨, 眼同來納。至於地方之距監營絶遠處及若値監司之巡到深僻邑, 使該地方褊裨替納, 所經邑別定將校, 眼同領納。"事, 承旨擧條定式。【辛丑二月十九日。】

● "병영, 수영, 방어영이 있는 고을에서 밀부를 대신 반납할 일이 있으면, 해당 도의 도신이 따로 정한 비장(裨將)과 대신 바치는 사람이 함께 와서 바친다. 지역이 감영에서 아주 멀거나 감사가 깊은 벽지에 순찰을 나갔을 때에는 해당 지역의 비장을 시켜 대신 반납하게 하되, 경유하는 고을에서 따로 정한 장교와 함께 가져와서 바친다."라는 내용으로 승지가 거행 조건을 내어 정식을 삼았다.【신축년(1781, 정조 5) 2월 19일.[75]】

■본문 해설

위의 규정은 사료에서 확인하지 못하였다. 밀부를 차고 있던 사람이 이를 반납할 때에는 승정원에 나아와서 직접 바치는 것이 원칙이었고, 이를 위반하면 처벌을 받았다. 그런데 위 규정은 사정상 다른 사람을 시켜 밀부를 대신 바치게 할 경우의 절차에 대해 규정한 것이다. 방어영이 있는 고을은 『은대편고』를 기준으로 하면, 파주(坡州), 영종(永宗), 철원(鐵原), 제주(濟州), 삼화(三和), 선천(宣川), 창성(昌城), 강계(江界), 길주(吉州) 등 8개 고을이다. 위의 규정은 『은대편고』에도 수록되어 있다.

◑ 참고자료 ◐
『전율통보』「병전」 부신(符信).
『은대편고』「병방고」 밀부(密符).

---

75. 『승정원일기』와 『일성록』 및 『정조실록』 모두 동일한 날짜에 기록되어 있지 않으나, 『은대편고』에 경자년(1780, 정조 4) 8월 17일의 일로 기록되어 있다.

『은대조례』「병고(兵攷)」 밀부(密符).

■어휘 해설

1. 비장(裨將): 감사, 유수, 병사, 수사, 방어사 등 군권을 가진 지방의 관원이 스스로 선발하여 데리고 가던 보좌관으로, 친비(親裨), 편비(褊裨), 막비(幕裨) 등으로도 불렸다. 비장은 정식 관직이 아니었으나, 감사, 유수, 병사, 수사, 방어사의 명에 따라 공적인 일과 사적인 일을 두루 수행하였다.

05-02

○ "藩閫及防禦使除朝辭赴任日, 密符, 使宣傳官齎去, 院吏只奉諭書隨往。"事, 承旨擧條定式。【辛丑三月初七日。】

● "번곤(藩閫)이나 방어사가 하직 인사를 생략하고 부임하는 날에 밀부는 선전관을 시켜 가지고 가도록 하고 승정원의 하리는 유서(諭書)만 받들고 따라간다."라는 내용으로 승지가 거행 조건을 내어 정식을 삼았다. 【신축년(1781, 정조 5) 3월 7일.[76]】

■본문 해설

승지는 좌부승지 조시위(趙時偉)를 가리킨다. 위의 규정이 정해지기 전에는 밀부를 차고 있던 관원이 새로운 관직에 제수되어 하직 인사를 생략하고 부임하면 새로운 밀부를 전해 주지 않고 전에 차고 있던 밀부를 그대로 차도록 하였고, 밀부를 차고 있지 않던 관원이 새로운 관직에 제수되어 하직 인사를 생략하고 부임하면 정원의 하리가 밀부와 유서를 받들고 가서 전해 주었다. 그러다가 이때부터는 밀부는 선전관이 가지고 가서 전해 주고 정원의 하리는 유서만 가지고 가서 전해 주도록 하였다. 그 뒤 정조 중기 이후에는 전임 관원이 차던 밀부를 받아서 차도록 하기도 하였다. 외직(外職)에 있던 관원이 다른 외직에 새로 제수된 경우에는 서울로 올라와서 하직 인사를 하고 다시 내려가면 번거롭기 때문에 하직 인사를 생략하고 부임하도록 하기도 하였는데, 이때 밀부와 유서를 새로 전해 줄 경우에는 위와 같은 절차에 따라 전해 주도록 한 것이다. 위의 규정은 『은대편고』에도 수록되어 있다.

76. 『승정원일기』와 『일성록』 및 『정조실록』 모두 동일한 날짜에 기록되어 있다.

◑ 참고자료 ◐
『은대편고』「병방고」 밀부(密符)·제조사부임(除朝辭赴任).
『승정원일기』 정조 5년 3월 7일 주강(晝講) 기사.

■어휘 해설

1. 번곤(藩閫): 번신(藩臣)과 곤수(閫帥)를 아울러 가리키는 말이다. 번신은 관찰사를 가리키고, 곤수는 절도사와 통제사(統制使) 등을 가리킨다.

05-03

○ "摠戎使鍊戎臺行, 仍佩往來, 定式。"事, 傳教。【壬寅正月二十六日。】

● "총융사가 연융대(鍊戎臺)에 갈 때에는 밀부를 그대로 차고 왕래하는 것으로 정식을 삼는다."라는 내용으로 전교하였다.【임인년(1782, 정조 6) 1월 26일.[77]】

■본문 해설

위의 전교는 좌승지 이재학(李在學)의 건의에 따라 내린 것이다. 이날 수어사(守禦使) 정민시(鄭民始)가, 수어사가 본진(本鎭)인 광주부(廣州府)에 왕래할 경우에는 밀부를 그대로 차고 다니도록 건의하여 정조의 허락을 받았는데, 이재학이 총융사가 본진인 연융대에 나아갈 때에도 동일하게 적용해야 한다고 건의하여 정조의 하락을 받았다. 명소나 밀부 등의 부신(符信)을 찬 관원이 도성 밖을 나갈 경우에는 부신을 반납하고 왕래하는 것이 원칙이었는데, 연융대는 총융청의 본진이기 때문에 총융사가 본진을 왕래할 때는 밀부를 그대로 차고서 왕래하도록 한 것이다. 위의 규정은 『전율통보』와 『은대편고』에도 수록되어 있다.

◑ 참고자료 ◐
『전율통보』「병전」 부신(符信).
『은대편고』「병방고」 장신(將臣).
『승정원일기』 정조 6년 1월 26일 무예별감(武藝別監) 시예(試藝) 기사.

05-04

○ "迎勅、拜表時, 各營將臣, 除稟仍佩往來事, 定式。"事, 傳教。【庚戌三月二

77. 『승정원일기』와 『정조실록』에는 동일한 날짜에 기록되어 있고, 『일성록』에는 기록되어 있지 않다.

十日。】

● "칙서(勅書)를 맞이하거나 표문(表文)을 보내기 위해 배례(拜禮)를 행할 때에는 각 영문(營門)의 장신이 임금에게 여쭈지 않고 부신(符信)을 그대로 차고서 왕래하는 것으로 정식을 삼는다."라는 내용으로 전교하였다. 【경술년(1790, 정조 14) 3월 20일.[78]】

■**본문 해설**

위의 전교를 사료에서 확인하지 못하였다. 위의 규정은 장신이 도성 밖으로 나갈 경우에는 명소나 밀부를 반납하는 것이 원칙이었으나, 그 예외적인 경우를 정한 것이다. 칙서(勅書)가 나올 때에는 임금을 비롯한 백관들이 도성 밖의 모화관(慕華館)으로 나가서 영접하였는데, 이때 장신들에게 밀부를 그대로 차고서 왕래하도록 한 것이다. 병조 판서도 명소를 찬 채 도성 밖을 나갈 수가 없었으나 표문을 보내기 위한 배례를 행하기 위해 나갈 경우에는 그대로 차고 왕래하도록 하였다. 이러한 점으로 볼 때 도성 밖에서 표문을 보내기 위해 배례를 행할 때 장신들도 수행하였던 것으로 보이며, 이때에는 밀부를 그대로 차고 왕래하도록 한 것이다. 장신 중 훈련대장, 금위대장, 어영대장 등 삼영문(三營門)의 대장은 명소를 받았고, 총융사와 수어사는 밀부를 받았다.

◑ **참고자료** ◐

『은대편고』「병방고」 병판(兵判) · 장신(將臣).

『승정원일기』 정조 23년 2월 30일 정상우(鄭尙愚)의 계사(啓辭), 순조 28년 4월 13일 홍학연(洪學淵)의 계사.

05-05

○ "捕將之部字內當日回還處, 則兼察置之, 定式。"事, 傳敎。【戊午九月十一日。】

● "포도대장이 오부(五部)의 구역 안에 나갔다가 당일로 돌아오는 경우에는 해당 대장의 직무를 다른 대장이 살피게 하지는 않는 것으로 정식을 삼는다."라는 내용으로

78. 『승정원일기』와 『일성록』 및 『정조실록』 모두 동일한 날짜에 기록되어 있지 않다.

전교하였다.【무오년(1798, 정조 22) 9월 11일.[79]】

■**본문 해설**

위의 전교는 우승지 신기(申耆)의 건의를 받아들여 내린 것이다. 포도대장이 공무 때문에 도성 밖으로 나갈 때에는 다른 포도대장이나 장신(將臣)에게 해당 대장의 직무까지 살피도록 하였는데, 정조가 당일로 돌아올 경우에는 다른 대장더러 살피게 할 필요가 없다고 하교하였다. 이에 따라 신기가 이를 정식으로 삼을 것을 청하자 정조가 받아들였다. 포도대장 이외에 다른 장신들이 영문의 일로 도성 밖에 나갔다가 당일로 돌아올 경우에는 명소의 반납 여부에 대해 임금에게 물어서 정하였다. 오부의 구역은 한성부의 구역으로, 도성 안 및 도성 밖 10리까지가 해당된다.

◑ **참고자료** ◐

『은대편고』「병방고」 장신(將臣).

『육전조례』「호전」 한성부 도로교량(道路橋梁).

『승정원일기』 정조 22년 9월 11일 구일제(九日製) 기사.

06. 습진(習陣)

습진(習陣)은 진법(陣法)을 훈련하는 것을 가리킨다. 그러나 습진은 진법을 훈련하는 것 이외에도 무기의 사용과 군병의 행진을 연습하고, 군병의 동원 및 사열(査閱) 등 전반적인 군사 훈련을 가리킨다. 실제 『경국대전』과 『속대전』의 「병전」 교열(敎閱)에서는 습진과 습조(習操)를 유사한 의미로 혼용하고 있으며, 『은대편고』「병방고」에서는 습진에 대한 규정을 '습조(習操)' 항목에 싣고 있다. 『경국대전』에서는 중앙군의 경우 매월 2일과 16일에, 지방군의 경우 매월 16일에 습진을 행하도록 하였다.

조선 후기에 들어서는 삼군문(三軍門)의 경우 각각 날짜를 달리하여, 훈련도감은 매달 9일 · 19일 · 29일, 금위영은 매달 10일 · 20일 · 30일, 어영청은 매달 1일 · 11일 · 21일 등 달마다 3차례씩 습진을 행하였고, 총융청과 수어청은 봄과 가을에 습조를 행하였다. 금군(禁軍)은 매달 18일에 노량(鷺梁)의 사장(沙場)에서 습진을 행하였다.

79. 『승정원일기』와 『일성록』에는 동일한 날짜에 기록되어 있고, 『정조실록』에는 기록되어 있지 않다.

◑ 참고자료 ◐
『경국대전』「병전」 교열(敎閱).
『속대전』「병전」 교열.
『대전통편』「병전」 교열.
『은대편고』「병방고」 습진(習陣).
『만기요람』「군정편(軍政編)」1 용호영(龍虎營).

06-01

○ "軍門習陣, 夏而六、七月, 冬而十一月、十二月, 自本營直爲頉稟。"事, 傳敎。【丁酉六月初十日。】

● "군문의 습진은 여름철 6, 7월과 겨울철 11, 12월에는 본 영문(營門)에서 곧바로 탈품한다."라는 내용으로 전교하였다. 【정유년(1777, 정조 1) 6월 10일.[80]】

■본문 해설

위의 전교는 군병들이 한여름과 한겨울에 훈련을 받는 고통을 면하게 해 주려는 의도에서 내린 것이다. 이러한 규정이 정해지기 전에도 한여름과 한겨울인 6월과 12월에는 임금의 허락을 받아 각 군문의 습진을 정지하였다. 그러다가 이때에는 그 정지하는 기간을 여름은 6월과 7월, 겨울은 11월과 12월로 확대한 것이다. 이러한 규정은 『대전통편』, 『전율통보』, 『은대편고』에도 수록되어 있다.

◑ 참고자료 ◐
『대전통편』「병전」 교열(敎閱).
『전율통보』「병전」 교열.
『은대편고』「병방고」 습조(習操).
『승정원일기』 영조 16년 7월 23일 인견(引見) 기사.
『정조실록』 1년 6월 10일(갑진).

80. 『정조실록』에는 동일한 날짜에 기록되어 있고, 『일성록』에는 기록되어 있지 않으며, 『승정원일기』는 6월 한 달의 기사가 누락되어 확인할 수가 없다.

06-02

○ "御將、兵判行操時, 駕前別抄、駕後禁軍之札駐、陪扈, 永革。"事, 下教。【戊戌八月初八日。】

● "어영대장이나 병조 판서가 군사 훈련을 행할 때에 가전별초나 가후금군이 주둔하거나 호위하는 것은 영구히 혁파한다."라는 내용으로 하교하였다. 【무술년(1778, 정조 2) 8월 8일.[81]】

■본문 해설

위의 하교는 임금의 시위 군병을 영문의 대장이나 병조 판서의 호위에 사용하는 것은 옳지 않다고 판단하여 내린 것이다. 가후금군(駕後禁軍)은 용호영(龍虎營)에 소속된 금군으로 정원이 50명이고, 가전별초(駕前別抄)는 어영청에 소속된 군병으로 정원이 50명이다. 이들은 임금이 동가(動駕)할 때 어가(御駕)의 앞과 뒤에서 수행하였다. 따라서 어영대장이나 병조 판서가 군사 훈련을 행할 때 임금의 시위 군병인 가전별초와 가후금군으로 좌우에 배치하거나 호위하도록 하는 것은 옳지 않다고 여겨 폐지시킨 것이다.

◑ 참고자료 ◐

『대전통편』「병전」 경관직(京官職)·군영아문(軍營衙門)·시위(侍衛)·부신(符信).
『승정원일기』 정조 2년 8월 8일 입시 기사.

06-03

○ "親臨閱武時, 火器等屬, 一竝除之, 信砲以鼓代之。"事, 大臣擧條蒙允。【戊戌八月二十日。】

● "임금이 직접 참석하여 열무(閱武)를 거행할 때에는 화기 등을 모두 빼고 신포(信砲)는 북으로 대신한다."라는 내용으로 대신이 거행 조건을 내어 윤허를 받았다. 【무술년(1778, 정조 2) 8월 20일.[82]】

---

81. 『승정원일기』와 『일성록』 및 『정조실록』 모두 동일한 날짜에 기록되어 있다.
82. 『승정원일기』와 『일성록』 및 『정조실록』 모두 동일한 날짜에 기록되어 있다.

■본문 해설

대신은 좌의정 서명선(徐命善)을 가리킨다. 위의 규정은 정조가 영조의 삼년상을 마치고 대열(大閱)을 거행하기 위해 준비하는 과정에서 정한 것이다. 임금이 직접 참석한 가운데 열무(閱武)를 거행할 때 화기(火器)와 화포(火砲) 등을 사용하는 것은 신중치 못하고 구경하는 백성이 다칠 우려도 있으므로 사용을 중지해야 한다고 서명선이 건의하자, 정조가 수용하였다. 임금이 직접 참석한 가운데 열무를 거행할 때에는 현임 대신과 전임 대신이 모두 참석하였고, 병조 판서가 중군(中軍)을 맡고 오군문(五軍門)의 대장(大將)이 영장(營將)을 맡았다. 열무의 장소는 노량(露梁), 사아리(沙阿里), 양철평(梁鐵坪) 3곳 중 한 곳으로 정하였다.

◑ 참고자료 ◐

『경국대전』「병전」 시위(侍衛)·부신(符信).
『속대전』「병전」 교열(教閱).
『전율통보』「병전」 교열.
『은대편고』「병방고」 대열(大閱).
『승정원일기』 정조 2년 8월 20일 거둥(擧動) 기사.
『세종실록』 14년 1월 24일(갑신), 9월 17일(임신).

■어휘 해설

1. 열무(閱武): 대열(大閱)과 강무(講武)를 아울러 가리킨다. 대열은 임금이 군병을 사열(查閱)하는 것으로, 군병들의 사기와 훈련 상태 등을 검열하는 것을 가리킨다. 대열은 임금이 즉위하여 삼년상을 마친 뒤나 도성 밖으로 행차하였다가 돌아오는 길에 시행하였다. 강무는 군사들이 무예를 익히기 위한 훈련으로, 조선 초기에는 사냥을 통해 시행하다가 후기에는 교장(教場)이나 산성(山城) 등에서 시행하였다. 조선 후기에는 대열을 행할 때 강무를 함께 행했기 때문에 둘을 합쳐서 열무라고 표현하기도 하고, 대열만으로 강무의 의미까지를 포함하여 사용하기도 하였다.
2. 신포(信砲): 신호용으로 쓰던 화포(火砲)를 가리킨다. 검은색 화약을 써서 밤에는 불빛, 낮에는 검은 연기, 궂은 날에는 폭발 소리로 신호를 보냈다.

06-04

○ "各軍門將臣出往郊外, 當日回還, 則前一日言送本院啓稟, 待發落出去。如習陣、祿試射時, 自有前一日單子, 不必言送。"事, 承旨擧條定式。【壬寅六月十三日。】

● "각 군문의 장신이 교외로 나갔다가 당일로 돌아오는 경우에는 하루 전에 승정원에 말을 전해 승정원에서 임금에게 아뢰어 재가하기를 기다렸다가 나간다. 습진이나 녹시사를 거행할 때에는 본래 하루 전에 단자를 올리므로 말을 전할 필요가 없다."라는 내용으로 승지가 거행 조건을 내어 정식을 삼았다. 【임인년(1782, 정조 6) 6월 13일.[83]】

■본문 해설

승지는 좌승지 이형원(李亨元)을 가리킨다. 위의 규정이 정해지기 전에 정조가 각 영문(營門)의 장신이 해당 영문의 일로 도성 밖으로 나갔다가 그날로 돌아올 경우에는 명소(命召)나 밀부(密符) 등 부신(符信)을 반납하지 말고 승정원에 말을 전하면 승정원에서 임금에게 보고하도록 하였다. 그런데 이를 문서화하지 않았기 때문에 이때 와서 이형원이 문서화할 것을 청하여 허락을 받은 것이다. 위의 규정은 『대전통편』, 『전율통보』, 『은대편고』에도 수록되어 있다.

◑ 참고자료 ◐

『대전통편』「병전」 부신(符信).
『전율통보』「병전」 부신.
『은대편고』「병방고」 병판(兵判) · 장신(將臣).
『승정원일기』 정조 6년 6월 13일 입시 기사.

■어휘 해설

1. 녹시사(祿試射): 금군(禁軍)이나 무신(武臣)의 녹봉을 조정하기 위해 시행하던 활쏘기 시험을 가리킨다. 금군의 경우에는 해마다 봄과 가을, 두 차례 도시(都試)를 시행하다가 현종 12년(1671)에 처음으로 도시 대신 녹시사를 시행하였고, 이후 점차적으로 녹시사를 시행하는 것으로 정착하였다. 『만기요람』에는 6월과 12월에 금군의 녹시사를 시행한다고 하였고, 『대전회통』에는 5월과 11월에 시행한다고 하였다. 무신 당상의 경우에는 매달 17일에 삭시사(朔試射)를 시행하고 사계절의 각 마지막 달마다 3개월간의 점수를 합계하여 그 성적에 따라 녹봉을 주는 자리에 임용하였다.

06-05

○ "各軍門習陣時, 該營大將若兼捕將, 則前一日習陣單子來呈時, 自該營言送

83. 『승정원일기』와 『일성록』 및 『정조실록』 모두 동일한 날짜에 기록되어 있다.

政院微稟, 定式。"事, 下教。【癸卯二月二十一日。】

● "각 군문이 습진을 거행할 때에 해당 영문(營門)의 대장이 포도대장을 겸하고 있을 경우에는 하루 전에 습진 단자를 승정원에 와서 바칠 때 해당 영문에서 승정원에 말을 전하여 승정원에서 넌지시 여쭈는 것으로 정식을 삼는다."라는 내용으로 하교하였다.【계묘년(1783, 정조 7) 2월 21일.[84]】

■본문 해설

위의 하교는 우승지 이재학(李在學)의 보고에 따라 내린 것이다. 즉 이재학이 각 군문에서 습진을 거행할 때에 대장이 포도대장을 겸하고 있는 경우에는 명소 때문에 구애되는 일이 있다고 하자, 정조가 이처럼 정한 것이다. 다만 이 날짜의 『승정원일기』와 『일성록』에는 '습진 단자(習陣單子)'를 '습진 초기(習陣草記)'로 기록하고 있다. 군문의 대장이 습진(習陣)을 거행하기 위해서 도성 밖으로 나갈 경우에 겸임하고 있는 포도대장의 명소, 대장패(大將牌), 전령패(傳令牌) 등의 부신을 반납할 것인지 아니면 그대로 차고 왕래할 것인지를 정하는 절차에 대해 이처럼 정한 것이다. 이러한 규정은 『은대편고』에도 수록되어 있는데, 『은대편고』가 편찬될 당시에는 승정원에서 임금에게 넌지시 여쭙던 것이 계사(啓辭)를 올리는 것으로 바뀌었다고 하였다.

◑ 참고자료 ◐

『은대편고』「병방고」 포장(捕將).

『승정원일기』 정조 7년 2월 21일 선전관(宣傳官) 시강(試講) 기사.

07. 문금(門禁)

문금(門禁)은 궐문(闕門)과 성문(城門)의 출입 제한을 가리킨다. 궐문은 날이 밝아 올 때에 열었다가 날이 어두워지기 시작할 무렵에 닫았는데, 창덕궁의 돈화문(敦化門), 요금문(曜金門), 단봉문(丹鳳門)은 선전관(宣傳官)이, 금호문(金虎門)은 승정원의 주서

84. 『승정원일기』와 『일성록』에는 동일한 날짜에 기록되어 있고, 『정조실록』에는 기록되어 있지 않다.

(注書)가, 창경궁의 홍화문(弘化門), 선인문(宣仁門), 통화문(通化門)은 도총부의 낭청(郎廳)이 여닫는 일을 감독하되, 해당 궐문의 수문장(守門將) 및 액정서의 사약(司鑰)과 함께 여닫았다. 궐문의 자물쇠와 열쇠는 승정원에서 관리하였다.

성문은 파루(罷漏)에 열었다가 인정(人定)에 닫되, 수문호군(守門護軍)이 여닫는 것을 담당하였다. 성문의 자물쇠와 열쇠는 병조에서 관리하였다. 궐문과 성문을 출입할 때에는 관원, 관원의 수행원, 원역(員役)과 나인(內人), 일반 백성 등의 신분에 따라 그 신분을 증명할 수 있는 부신(符信)을 제시해야 출입할 수가 있었다.

◑ 참고자료 ◐

『경국대전』「병전」 문개폐(門開閉).
『전율통보』「병전」 문개폐.
『은대편고』「병방고」 궐문(闕門) · 문금(門禁).

07-01

○ "宮禁出入, 男以信符, 女以漢符, 用此憑驗。令兵曹新造, 門禁, 則自頒符日申嚴。"事, 下教。【丙申四月二十一日。】

● "궁궐을 출입할 때에 남자는 신부를, 여자는 한부를 가지고 신분을 증명한다. 병조에서 이를 새로 만들게 하고, 궐문의 출입 제한은 새로 만든 부신(符信)을 나누어 주는 날부터 엄히 준수한다."라는 내용으로 하교하였다. 【병신년(1776, 정조 즉위) 4월 21일.[85]】

■본문 해설

위의 하교는 정조가 즉위 초기에 궐문의 출입에 대한 단속이 엄중하지 못하다고 판단하여 옛 제도를 회복하기 위해 내린 것이다. 신부(信符)와 한부(漢符)는 고위 관료의 수행원, 각 관사의 원역(員役), 각 궁과 각 전의 나인(內人) 등이 궐문을 출입할 때 사용하던 증표였는데, 정조가 즉위할 즈음에는 이 제도가 잘 시행되지 않았던 것으로 보인다. 신부와 한부에 대해서는 다음에 나오는 '08. 신한부(信漢符)' 참조.

---

85. 『승정원일기』와 『일성록』 및 『정조실록』 모두 동일한 날짜에 기록되어 있다.

◑ 참고자료 ◐

『대전통편』「병전」 부신(符信).
『은대편고』「병방고」 문금(門禁).
『승정원일기』 정조 즉위년 4월 21일 입시 기사.

07-02

○ "將臣私兵之無標而以私事出入禁門者、闌入軍士, 以軍律論, 該將, 亦當重勘。"事, 傳教。【戊戌三月十五日。】

● "신분을 증명할 표지(標識)도 없이 사적인 일로 궁궐 문을 출입한 장신의 사병과 난입한 군사는 군율로 논하고 해당 장신도 엄중하게 처벌한다."라는 내용으로 전교하였다. 【무술년(1778, 정조 2) 3월 15일.[86]】

■ 본문 해설

위의 전교는 병조와 어영청의 기수(旗手) 등이 신분을 증명할 표지도 없이 궐 안을 돌아다니다가 적발되자 내린 것이다. 정조의 말에 의하면, 궐 안에서 근무하는 숙위소(宿衛所)의 표하군(標下軍)과 기수도 '통행을 금지하지 말라는 패[勿禁牌]'를 차고서야 궐 안을 다닐 수가 있는데, 병조와 각 영문의 기수가 아무런 증표도 없이 궐 안을 돌아다닌 것은 기강이 해이해서라고 하였다. 그리고 이들을 감독하지 못한 일로 병조 판서 이휘지(李徽之)와 어영대장 구선복(具善復)은 월봉(越俸) 1등에 처하고, 입직한 병조의 당상과 낭청은 모두 의금부로 잡아다 신문하여 처리하게 하였으며, 어영청의 담당 장교(將校)는 곤(棍)을 친 뒤에 태거(汰去)하도록 하였다. 궐문에 난입한 하인(下人)에게는 상급 아문(衙門)의 하인이거나 하급 아문의 하인이거나를 막론하고 병조에서 곤을 쳤다. 위의 규정은 『은대편고』에도 수록되어 있다.

◑ 참고자료 ◐

『전율통보』「병전」 잡령(雜令).
『은대편고』「병방고」 문금(門禁).
『승정원일기』 정조 2년 3월 15일 입시 기사.

86. 『승정원일기』와 『일성록』 및 『정조실록』 모두 동일한 날짜에 기록되어 있다.

07-03

○ "僧尼不得接足於城內, 申飭。"事, 傳敎。【戊戌九月三十日。】

● "승려는 도성 안에 발붙이지 못하도록 신칙한다."라는 내용으로 전교하였다.【무술년(1778, 정조 2) 9월 30일.[87]】

■본문 해설

위의 전교는 승려 덕임(德稔)이 내수사의 공물(貢物)을 바치면서 진상(進上)하는 물품이라는 핑계를 대고서 도성 안에 들어온 일로 인해 내린 것이다. 이 규정은 전에 있던 규정을 다시 천명한 것이다.『경국대전』에는 승려가 여염집에서 유숙할 경우에는 처벌하도록 하였고,『속대전』에는 승려가 도성에 함부로 출입할 경우에는 장(杖) 100을 치고 쇠잔한 고을의 노비로 삼되 공적인 일로 출입하는 것은 금하지 말도록 하였으며,『대전통편』에는 승려가 공적으로나 사적으로나 도성을 출입하는 것을 모두 금지하였다.

◑ 참고자료 ◐

『대전통편』「형전」 금제(禁制).
『일성록』 정조 2년 9월 30일 전교.

07-04

○ "闕中跟隨, 除權頭、書吏及前導外, 隨品跟隨。"事, 大臣擧條蒙允。【庚子十一月十七日。】

● "궐 안에서 수행하는 인원은 권두(權頭)와 서리(書吏) 및 전도(前導)를 제외하고 품계에 따라 정해진 인원만 수행한다."라는 내용으로 대신이 거행 조건을 내어 윤허를 받았다.【경자년(1780, 정조 4) 11월 17일[88]】

■본문 해설

대신은 영의정 김상철(金尙喆)을 가리킨다. 위의 규정은 영의정 김상철을 비롯한 비변사 당

87. 『승정원일기』와『일성록』에는 동일한 날짜에 기록되어 있고,『정조실록』에는 기록되어 있지 않다.
88. 『승정원일기』와『일성록』에는 동일한 날짜에 기록되어 있고,『정조실록』에는 기록되어 있지 않다.

상들이 궐 안을 출입할 때 수행할 수 있도록 규정된 숫자의 수행원 이외에 권두와 서리 등을 데리고 들어왔다가 정조의 지적을 받고서 정한 것이다. 『경국대전』에는 대군(大君)과 왕자(王子) 및 신하들의 수행할 인원을 궐 안과 궐 밖 및 품계에 따라 자세히 규정해 놓았고, 『은대편고』에는 궐 안에서 수행할 인원의 숫자를 대군은 4명, 왕자와 대신은 3명, 당상 이상은 2명, 당하는 1명이라고 하였다. 『경국대전』에는 대신에 대한 별도의 규정이 없고 종친이 당상과 함께 규정되어 있는 것을 제외하면, 나머지 규정은 『은대편고』와 동일하다. 김상철의 거행 조건은 이처럼 법적으로 품계에 따라 규정된 수행원 이외에는 궐 안에서 데리고 다니지 못하도록 정한 것이다.

◑ **참고자료** ◐

『경국대전』 「형전」 근수(跟隨).
『은대편고』 「병방고」 문금(門禁).
『승정원일기』 정조 4년 11월 17일 인견 기사.

■어휘 해설

1. 권두(權頭): 종친부, 의정부, 의빈부, 충훈부, 돈녕부, 중추부 등 정1품 아문에 소속되었던 도례(徒隷)의 일종을 가리킨다. 『승정원일기』에는 권두가 영조대부터 보이기 시작하며, 『육전조례』에는 종친부 5명, 의정부 15명, 충훈부 7명, 돈녕부 4명, 중추부 20명이고, 의빈부는 정원이 없는 것으로 기록되어 있다.
2. 전도(前導): 임금이나 관원의 앞에서 길을 인도하는 것, 또는 그 사람을 가리킨다.

07-05

○ "金虎門開閉時, 注書若値入侍, 則宣傳官代往。"事, 定式。【己酉二月二十八日。】

● "금호문을 열거나 닫을 때 주서가 입시한 상태이면 선전관이 대신 간다."라는 내용으로 정식을 삼았다. 【기유년(1789, 정조 13) 2월 28일.[89]】

■본문 해설

위의 전교는 신시(申時)에 승지 등이 입시한 자리에서 내린 것이다. 창덕궁의 금호문은 주서

89. 『승정원일기』에는 동일한 날짜에 기록되어 있고, 『일성록』과 『정조실록』에는 기록되어 있지 않다.

가 여닫는 일을 감독하였다. 따라서 주서가 입시하여 나갈 수 없는 상황에서 금호문을 여닫아야 할 시각이 되면 선전관에게 대행하도록 정한 것이다.

◑ 참고자료 ◐

『은대편고』「병방고」 궐문(闕門).

『승정원일기』 정조 13년 2월 28일 입시 기사.

08. 신한부(信漢符)

신한부(信漢符)는 신부(信符)와 한부(漢符)를 아울러 가리킨다. 신부와 한부는 관원을 제외한 나머지 사람들이 궁궐을 출입할 때 사용하던 증표로, 신부는 남자가 사용하였고 한부는 여자가 사용하였다.

그중 신부는 세종 4년(1422)에 처음 발급된 것으로, 궐문을 출입하는 군사(軍士), 나인(內人), 서리(書吏), 사령(使令), 노비(奴婢), 관원의 수행원 등 남녀를 구분하지 않고 함께 사용하되, 각각 신분에 따라 신부에 새기는 글자만 달리했다. 세종 5년(1423)에는 신부를 발급할 대상과 숫자를 구체적으로 정하였고, 세종 8년(1426)부터는 위조하거나 빌려주는 것을 방지하기 위해 해마다 신부의 모양을 바꾸어서 제작하도록 하였다. 그러나 조선 후기에 궐문을 출입하는 여자에게는 별도로 한부를 발급하면서부터 한부만 해마다 모양을 바꾸어서 제작하고 신부는 직사각형 한 가지 모양으로만 제작한 것으로 보인다. 『경국대전』에는 신부의 모양을 해마다 바꾸어서 제작한다고 하였으나, 『전율통보』에는 신부는 직사각형으로 만들고 한부는 4가지 모양 중 한 가지로 해마다 바꾸어 제작한다고 하였다. 『보인부신총수(寶印符信總數)』에 의하면, 신부는 송목(松木)을 이용하여 직사각형 모양으로 만들었으며, 앞면에는 왼쪽에 '信符', 오른쪽에 연호를 각각 낙인(烙印)하고, 뒷면에는 '兵曹' 및 관사 이름과 역명(役名)을 낙인하였다.

한부는 숙종대 『승정원일기』에 처음 보이는 것으로 보아 조선 후기에 남자와 구별하여 여자에게만 별도로 발급하기 시작한 것으로 보인다. 『보인부신총수』에 의하면, 한부는 송목을 이용하여 인(寅)·오(午)·술(戌)이 들어가는 해에는 정사각형, 해(亥)·묘(卯)·미(未)가 들어가는 해에는 원형, 신(申)·자(子)·진(辰)이 들어가는 해에는 타원형, 사(巳)·유(酉)·축(丑)이 들어가는 해에는 직사각형으로 만들었으며, 앞면에는 왼쪽에 '漢符', 오른쪽에 연호를 각각 낙인하고, 뒷면에는 '兵曹'를 낙인하고 관사 이름과 역명은 쓰지 않았다.

◑ 참고자료 ◐
『대전통편』「병전」 부신(符信).
『전율통보』「병전」 부신.
『은대편고』「병방고」 문금(門禁).
『보인부신총수(寶印符信總數)』.
『세종실록』 4년 10월 1일(을유)·12월 1일(갑신), 5년 2월 10일(신유), 8년 8월 5일(병인).
『승정원일기』 숙종 30년 11월 23일 병조의 초기(草記).

08-01

○ "信、漢符別單啓下後, 限三日納舊佩新。仍佩舊符及闖失者, 下隸勘治, 官員論罪, 若佩無刊誌之符, 則與佩舊符同罪。"事, 兵曹草記定式。【辛丑二月。】

● "신부와 한부에 대한 별단을 재가받고 난 뒤 3일 이내에 옛것을 반납하고 새것을 찬다. 옛것을 그대로 차고 다니는 자나 잃어버린 자에 대해서는 하례의 경우 죄목을 정해서 처벌하고 관원은 죄를 논하며, 관사명(官司名)과 역명(役名)이 새겨지지 않은 신부나 한부를 차고 다니면 옛것을 찬 것과 같은 죄로 처벌한다."라는 내용으로 병조가 초기하여 정식을 삼았다.【신축년(1781, 정조 5) 2월.[90]】

■본문 해설

위의 규정은 새로운 신부와 한부를 발급해도 전해에 사용하던 것을 반납하지 않고 그대로 차고 다니는 등의 폐단을 바로잡기 위해서 정한 것이다. 신부와 한부는 해가 바뀔 때마다 새로 만들어서 발급하였기 때문에 전해에 발급한 것을 회수해서 불에 태웠다. 그런데 전해에 발급한 것을 반납하지 않거나 잃어버렸다는 핑계를 대고서 그대로 차고 다니는 폐단이 생기자, 병조가 옛것을 반납하지 않으면 새것을 발급하지 말고, 3일 안에 새것으로 바꾸어 차지 않으면 궐문에 난입한 것과 똑같은 죄로 다스리도록 하였다. 그리고 신부와 한부에는 이를 사용하

90. 『승정원일기』에는 같은 달 2일에 기록되어 있고, 『일성록』과 『정조실록』에는 기록되어 있지 않다.

는 사람이 소속된 관사의 이름과 역명(役名)을 새기고 흑색으로 메워서 서로 바꾸어 차지 못하도록 하였다. 이러한 규정은 『대전통편』, 『전율통보』, 『은대편고』에도 수록되어 있다.

◑ **참고자료** ◐

『대전통편』「병전」 부신(符信).
『전율통보』「병전」 부신.
『은대편고』「병방고」 문금(門禁).
『승정원일기』 정조 5년 2월 2일 병조의 초기.

08-02

○ "信、漢符別單，歲前一日修入。"事，下教。【壬子十二月二十七日。】

● "신부와 한부에 대한 별단은 새해가 되기 하루 전에 작성하여 들인다."라는 내용으로 하교하였다.【임자년(1792, 정조 16) 12월 27일.[91]】

■본문 해설

위의 하교는 사료에서 확인하지 못하였다. 다만 이날 병조가 신부와 한부를 나누어 주고 보고한 별단이 보일 뿐이다. 신부와 한부는 해마다 연말에 새로 만들어서 설날 하루 전에 각 관사 등에 나누어 주었는데, 이때에는 신부와 한부를 나누어 줄 곳과 수량에 대해 별단을 작성하여 임금에게 올렸다.

◑ **참고자료** ◐

『승정원일기』 영조 6년 4월 28일 병조의 초기, 정조 6년 12월 30일 병조의 초기, 16년 12월 27일 병조의 초기.

09. 마정(馬政)

마정(馬政)은 말의 육성, 관리, 사용 등 말과 관련된 전반적인 업무나 행정을 가리킨다.

91. 『승정원일기』에는 동일한 날짜에 기록되어 있고, 『일성록』과 『정조실록』에는 기록되어 있지 않다.

조선 시대의 마정은 사복시(司僕寺)와 병조의 마색(馬色)에서 전담하였다. 사복시는 제주(濟州)를 비롯한 각 도의 목장(牧場)이 있는 곳에 파견하는 감목관(監牧官)을 선발하고 그들의 실적을 평가하였으며, 각 도의 목장에서 올려 보낸 말을 관리하고 임금이 이용할 말, 관원에게 상으로 지급할 말, 군병이 사용할 말 등을 공급하였다. 감목관은 시기에 따라 차이가 있기는 하지만 대략 20명 전후로 임명이 되었는데, 지역에 따라 수령(守令)이나 변장(邊將)이 감목관을 겸임하기도 하고 전임 감목관을 두기도 하였다.

병조의 마색에서는 각 도의 역참(驛站)을 관리하고 지방을 왕래하는 관원에게 말을 지급하는 업무 등을 담당하였다. 중국에 파견되는 사신, 왕명을 수행하기 위해 지방에 파견되는 관원, 휴가를 받아 왕래하는 관원 등에게는 직무와 품계에 따라 차등을 두어 말을 지급하였다.

◑ 참고자료 ◐

『대전통편』「이전」 경관직(京官職) 사복시(司僕寺), 「병전」 역마(驛馬)・구목(廏牧).
『전율통보』「이전」 포폄(褒貶), 「병전」 외관직(外官職)・외관격식(外官格式).
『만기요람』「군정편(軍政編)」2 병조 마색(馬色).
『육전조례』「병전」 병조 마색, 사복시.

09-01

○ "隨駕承、史, 只城外給馬, 定式。"事, 傳敎。【丙申八月二十日。】

● "어가(御駕)를 수행하는 승지(承旨)와 사관(史官)에게는 도성 밖으로 나갈 때만 말을 지급하는 것으로 정식을 삼는다."라는 내용으로 전교하였다. 【병신년(1776, 정조 즉위) 8월 20일.[92]】

■본문 해설

위의 전교는 정조가 측근을 우대하려는 의도에서 내린 것이다. 그 이전 능(陵)에 행차할 때에는 중관(中官)과 액례(掖隸)는 역마(驛馬)를 탔으나, 승지와 사관은 스스로 말을 준비하여 탔다. 이때부터 정조가 측근을 우대하려는 의도에서 승지와 사관도 역마를 탈 수 있는 규정을 만든 것이다.

92. 『승정원일기』와 『정조실록』에는 동일한 날짜에 기록되어 있고, 『일성록』에는 기록되어 있지 않다.

◑ 참고자료 ◐

『승정원일기』 정조 즉위년 8월 20일 입시 기사.

09-02

○ "濟州中山馬封進時雄馬, 依舊例每式年封進。"事, 傳敎。【丙申十一月二十四日。】

● "제주의 중산마(中山馬)를 진상(進上)할 때의 수말은 옛 규례대로 식년마다 진상한다."라는 내용으로 전교하였다.【병신년(1776, 정조 즉위) 11월 24일.[93]】

■본문 해설

위의 전교는 좌부승지 정민시(鄭民始)가 제주(濟州)에서 바치는 말 중 수말이 부족하여 어려움을 겪는다고 아뢴 말에 따라 내린 것이다. 제주에서는 연례마(年例馬) 8필, 세공마(歲貢馬) 200필, 삼명일 진상마(三名日進上馬) 60필, 흉구노태마(凶咎駑駘馬) 20필을 해마다 공마(貢馬)로 바쳤고, 식년(式年)마다 차비진상마(差備進上馬) 80필, 별어승마(別御乘馬) 20필, 병조의 별계청 산마(別啓請山馬) 200필을 바쳤다. 본문의 '중산마'는 이중 병조의 요청에 따라 식년마다 바치는 산마(山馬)를 가리킨 것으로 보인다. 『승정원일기』의 기사에 의하면, 산마란 제주의 한라산에 들여보내 방목하는 산둔마(山屯馬)를 가리키는 말로, 대정현(大靜縣)에서 길렀던 것으로 보인다.

◑ 참고자료 ◐

『전율통보』「병전」 구목(廏牧).

『승정원일기』 숙종 5년 11월 2일 주강(書講) 기사, 18년 4월 3일 인견(引見) 기사, 영조 18년 7월 26일 사복시의 초기, 정조 즉위년 11월 24일 입시 기사.

09-03

○ "奉命各行, 或稱以兵曹馬疲劣不堪騎, 直到雇馬廳, 責把番馬, 至於所騎兵曹馬, 雖到初站, 仍不替把, 故爲越站, 責出貰價, 故畿驛日就凋殘。此後, 若有責把番馬或越站徵貰之弊, 竝以濫騎律施行。"事, 畿伯擧條蒙允。【丁

93. 『승정원일기』와 『일성록』에는 동일한 날짜에 기록되어 있고, 『정조실록』에는 기록되어 있지 않다.

未三月初八日。】

● "왕명을 받고서 수행하러 가는 관원들이 간혹 병조의 말이 쇠약하여 탈 수 없다고 핑계를 대고서는 곧장 고마청(雇馬廳)으로 가서 번마(番馬)를 내어 달라고 요구하기도 하고, 심지어 병조의 말을 타고서 첫 번째 역참(驛站)에 도착하였는데도 말을 갈아타지 않고 그대로 탄 채 고의로 역참을 건너뛰고는 말을 빌린 값을 달라고 요구하기 때문에 경기의 역참이 나날이 피폐해지고 있다. 앞으로는 만약 번마를 내어 달라고 요구하거나 역참을 건너뛰고 나서 빌린 값을 징수하는 폐해가 있으면 모두 역마를 불법으로 탔을 때 적용하는 형률(刑律)로 시행한다."라는 내용으로 경기 감사가 거행 조건을 내어 윤허를 받았다. 【정미년(1787, 정조 11) 3월 8일.[94]】

■본문 해설

경기 감사는 서유방(徐有防)을 가리킨다. 위의 규정은 왕명을 수행하는 신하들이 경기의 역참(驛站)에 끼치는 폐해를 바로잡기 위해 정한 것이다. 병조의 말은 병조의 마색(馬色)이 관리하던 말로, 왕명을 봉행하는 신하들이 출발할 때 타고 갔던 것으로 보인다. 번마(番馬)는 고마청(雇馬廳)에 입번한 말로, 관마(官馬)가 아닌 개인의 말을 삯을 주고 세운 것이다. 왕명을 수행하는 관원은 병조의 말을 타고 출발하여 경기의 첫 번째 역참에 도착하면 말을 갈아타는 것이 원칙이었는데, 병조의 말 대신 고마청의 입번한 말을 요구하였을 뿐만 아니라 경기의 첫 번째 역참에서 말을 교체하지 않고 지나친 뒤 해당 역참에게 말을 빌린 비용을 요구하여 역참에 폐해를 끼쳤다. 역마를 함부로 탄 자에게 적용하는 형률은 장(杖) 100을 치고 유(流) 3,000리에 처하는 것이었다. 위의 규정은 『전율통보』에도 수록되어 있다.

◑ 참고자료 ◐

『전율통보』 「병전」 역마(驛馬), 「형전」 금제(禁制).
『승정원일기』 숙종 7년 4월 10일 소결(疏決) 기사, 정조 3년 10월 2일 병조의 초기, 4년 2월 22일 삼군문(三軍門)의 초기, 8년 4월 30일 인견 기사, 11년 3월 8일 입시 기사.

■어휘 해설

1. 고마청(雇馬廳): 역참(驛站)의 부족한 재정을 보충하기 위해 설치된 것으로, 각 도마다 설치 과정이나 운영 방식이 달랐던 것으로 보인다. 경기의 고마청은 이경억(李慶億)이 경기 감사로 있을

94. 『승정원일기』와 『일성록』 및 『정조실록』 모두 동일한 날짜에 기록되어 있다.

때 설치하였는데, 진휼청의 여유 자금을 받아 운용하여 이자를 받아 역참의 재정에도 보태고 칙사(勅使)를 접대하는 비용에도 보탰다. 그리고 경기의 고마청에는 경기 역참의 찰방(察訪)들이 돌아가며 입직(入直)하였고, 날마다 인부와 말을 입번(立番)하고 그 대가를 지급하였다.

10. 문무신강사(文武臣講射)

문무신강사(文武臣講射)는 문신(文臣)이나 무신(武臣)을 대상으로 시행하던 강서(講書) 시험과 활쏘기 시험 등을 총괄하여 가리킨 것이다. 문신을 대상으로 시행하는 시험으로는 전경 문신 전강(專經文臣殿講)과 문신 제술(文臣製述) 등이 있는데, 이들 시험에 대해서는 앞의 「예고」 문신제강(文臣製講)에서 서술하였다. 무신을 대상으로 시행하는 시험으로는 전경 무신 전강(專經武臣殿講), 빈청강(賓廳講), 무경강(武經講), 능마아강(能麽兒講), 선전관사강(宣傳官射講) 등이 있다.

이러한 시험들의 공통적인 특징은 문과(文科)나 무과(武科)에 급제(及第)하여 이미 관료 사회에 진출한 사람들에게 보이는 시험이라는 것이다. 이처럼 급제한 관료에게 다시 시험을 보이는 제도는 관료가 된 뒤에도 계속 학업과 무예를 연마하도록 장려하려는 취지라고 하겠다. 이들 각각의 시험에 대해서는 아래에서 항목별로 설명하였다.

◑ 참고자료 ◐

『대전통편』 「예전」 제과(諸科), 「병전」 시취(試取).
『전율통보』 「예전」 제과(諸科), 「병전」 시취(試取).
『은대편고』 「예방고」 문신제술(文臣製述)·전경문신전강(專經文臣殿講), 「병방고」 전경무신전강(專經武臣殿講)·빈청강(賓廳講)·무경강(武經講)·능마아강(能麽兒講)·선전관시강(宣傳官試講).

10-01

○ "文臣製述及殿講、武臣殿講及賓廳·能麽兒講等應參人員, 幷爲作帖, 盛槓子書入。此後新赴人員, 亦依官案例, 禮、兵曹官員詣政院, 請出修正。"事, 傳教。【丙申九月初二日。】

* 赴: 『승정원일기』와 『일성록』에는 모두 '付'로 되어 있다.

● "문신 제술(文臣製述), 전경 문신 전강(專經文臣殿講), 전경 무신 전강(專經武臣殿講), 빈청강(賓廳講), 능마아강(能麽兒講) 등에 응시해야 할 인원에 대해서는 모두 첩자(帖子)를 만들어 상자에 넣은 뒤에 써서 들인다. 앞으로는 새로 응시하는 인원에 대해서도 관안(官案)을 수정하는 예에 따라 예조와 병조의 관원이 정원에 나아가서 첩문을 내어 달라고 청하여 수정한다."라는 내용으로 전교하였다. 【병신년(1776, 정조 즉위) 9월 2일.[95]】

■본문 해설

위의 전교는 좌승지 이의익(李義翊)이 입시한 자리에서 정조가 문신 제술의 시험 장소를 지시하면서 내린 것이다. 위에서 열거한 시험들은 의무적으로 응시해야 할 연령에 해당되는 사람들을 미리 선발해 두었다가 그중에서 시험을 행할 때마다 응시할 대상을 다시 뽑았다. 따라서 의무적으로 응시해야 할 연령에 해당되는 사람들의 명단을 첩자(帖子)로 만들어 두었다가 새로 추가하거나 제외할 인원이 생기면 관안(官案)을 수정하는 것처럼 수정하도록 한 것이다. 관안은 이비(吏批)와 병비(兵批)에서 각각 작성하여 보관하던 현직과 전직 관원의 명부로, 임금에게도 각각 1부씩 올렸다가 정사가 끝난 다음 날에 '임금이 보관하는 관안[御覽官案]'을 내어 달라고 청하여 수정한 뒤에 반납하였다.

◑ 참고자료 ◐

『은대편고』「이방고」 정사(政事), 「예방고」 문신제술(文臣製述)·전경문신전강(專經文臣殿講), 「병방고」 전경무신전강(專經武臣殿講), 「통고」 월령(月令).
『육전조례』「이전」 승정원 월령(月令).
『승정원일기』 정조 즉위년 9월 2일 입시 기사.

■어휘 해설

1. 전경 무신 전강(專經武臣殿講): 40세 이하의 당하 무신을 전경 무신으로 선발한 뒤 그중에서 시험을 볼 때마다 20명을 다시 뽑아서 시행하던 강독 시험이다. 각 계절이 시작되는 첫 달의 13일마다 시행할지의 여부를 물어 18일에 시행하였으며, 시험 과목은 『오자(吳子)』를 제외한 무경육서(武經六書) 중에서 자원에 따라 선택하였다. 무경육서는 아래 10-03의 어휘 해설 참조.
2. 빈청강(賓廳講): 50세 이하의 당하 무신 중에서 10명을 선발하여 시행하던 강독 시험이다. 한 달씩 걸러서 21일마다 빈청(賓廳)에서 시행하였으며, 시험 과목은 『통감(通鑑)』이나 『장감(將鑑)』 중에서 자원에 따라 선택하였다.

95. 『승정원일기』와 『일성록』에는 동일한 날짜에 기록되어 있고, 『정조실록』에는 기록되어 있지 않다.

3. 능마아강(能麽兒講) : 50세 이하의 당하 무신을 대상으로 시행하던 강독 시험이다. 매월 6차례씩 능마아청(能麽兒廳)에서 시행하였으며, 시험 과목은 『병학지남(兵學指南)』이었다. 능마아청은 무신에게 병학(兵學)을 가르치고 고시(考試)하는 일을 맡았던 관아다.

10-02

○ "武臣殿講, 堂下別軍職一體應講。"事, 傳教。【丙申九月初六日。】

● "전경 무신 전강에 당하 별군직도 함께 응시하도록 한다."라는 내용으로 전교하였다. 【병신년(1776, 정조 즉위) 9월 6일.[96]】

■ **본문 해설**

위의 전교는 정조가 2일 후에 시행할 전경 무신 전강에 당하 별군직을 응시하도록 하면서 내린 것이다. 전경 무신 전강에는 응시 대상 중에서, 무신으로서 동반(東班)이나 서반(西班)의 정직(正職)을 맡고 있는 사람과 당시 군문(軍門)을 맡고 있는 사람으로 서울에 있는 사람의 명단을 작성해서 임금에게 올려 낙점 받은 20명이 응시하였다. 별군직은 정직이 아닌 산직(散職)이었기 때문에 전경 무신 전강의 응시 대상이 되지 않았으나, 정조가 특별히 응시하도록 한 것이다. 그러나 이러한 규정은 법전류에 보이지 않고, 이후 『승정원일기』 등의 사료에도 시행한 기사가 보이지 않는 점으로 볼 때 영구 규정으로 정한 것은 아니고 이때에만 적용한 임시 규정으로 보인다.

◑ 참고자료 ◐

『대전통편』「병전」 산직(散職) 별군직청(別軍職廳), 시취(試取) 전경전강(專經殿講).
『은대편고』「병방고」 별군직(別軍職)・전경무신전강(專經武臣殿講).
『승정원일기』 정조 즉위년 9월 6일 전교.

10-03

○ "殿試講書, 旣命除『吳子』, 武經六書中, 從自願一書。"事, 傳教。【丙申九月二十七日。】

---

96. 『승정원일기』에는 동일한 날짜에 기록되어 있고, 『일성록』과 『정조실록』에는 기록되어 있지 않다.

● "전시를 행할 때의 강서에 대해서는 『오자』를 제외하라고 명하였으니 무경육서(武經六書) 중에서 자신이 원하는 한 가지 책으로 정한다."라는 내용으로 전교하였다. 【병신년(1776, 정조 즉위) 9월 27일.[97]】

■ 본문 해설

위의 전교는 정조가 중시(重試) 무과(武科) 전시(殿試)의 시험 과목을 정하면서 내린 것이다. 정조는 이에 앞서 중시 무과 초시(初試)의 시험 과목을 정할 때에도 『오자』를 제외하였다. 무과의 강서 시험에서 『오자』를 제외한 기록은 현종 6년(1665)부터 보이기 시작하는데, 이를 정식으로 정한 것은 정조가 즉위한 이후다. 『오자』를 제외한 이유는 『오자』의 분량이 적어서 응시자들이 대부분 공부하기 쉬운 『오자』를 시험 과목으로 선택했기 때문이었다.

◑ 참고자료 ◐

『대전통편』 「병전」 시취(試取) 전경전강(專經殿講).
『은대편고』 「병방고」 전경무신전강(專經武臣殿講).
『승정원일기』 현종 3년 3월 6일 병조의 초기, 6년 2월 22일·23일 병조의 초기, 정조 즉위년 9월 6일 주강(晝講)·차대(次對) 기사, 9월 27일 주강 기사.

■ 어휘 해설

1. 무경육서(武經六書): 무경칠서(武經七書) 중에서 『오자(吳子)』를 제외한 6가지의 병서(兵書)를 가리킨다. 무경칠서는 손무(孫武)의 『손자(孫子)』, 오기(吳起)의 『오자(吳子)』, 사마양저(司馬穰苴)의 『사마법(司馬法)』, 울료(尉繚)의 『울료자(尉繚子)』, 이정(李靖)의 『황석공삼략(黃石公三略)』, 황석공(黃石公)의 『육도(六韜)』, 여망(呂望)의 『이위공문대(李衛公問對)』를 가리킨다.

10-04

○ "文、武臣製講, 『續典』有稟旨擧行之規, 此後, 則每於當朔啓稟。"事, 傳教。【丁酉二月十七日。】

● "문신과 무신의 제술(製述)과 전강(殿講)에 대해서는 『속대전』에 '임금에게 여쭈어 거행한다.'라는 규정이 있으니, 앞으로는 해당하는 달마다 임금에게 거행할지의 여부

97. 『승정원일기』와 『일성록』에는 동일한 날짜에 기록되어 있고, 『정조실록』에는 기록되어 있지 않다.

를 여쭌다."라는 내용으로 전교하였다.【정유년(1777, 정조 1) 2월 17일.[98]】

■본문 해설

위의 전교는 정조가 전경 무신 전강(專經武臣殿講)을 이틀 후인 19일에 시행하도록 지시하면서 내린 것이다. '문신과 무신의 제술과 전강'이란 문신 제술(文臣製述), 전경 문신 전강(專經文臣殿講), 전경 무신 전강 등을 아울러 가리킨다. 『속대전』에서는 전강(殿講)의 시행에 대해 그때그때 묻도록 하였고, 문신 제술은 매년 봄과 가을의 가운데 달에, 전경 문신 전강과 전경 무신 전강은 매년 사계절의 각 첫 달에 임금이 직접 참석하여 주관하거나 신하에게 위임하여 대신 주관하도록 하였다. 위의 전교는 『대전통편』과 『전율통보』, 『은대편고』에도 반영되었으며, 문신 제술은 2월 1일과 8월 1일에, 전경 문신 전강은 1·4·7·10월 7일에, 전경 무신 전강은 1·4·7·10월 13일에 시행할지의 여부를 임금에게 물었다.

◑ 참고자료 ◐

『속대전』「예전」 장권(奬勸).
『대전통편』「예전」 제과(諸科) 전강(殿講), 「병전」 시취(試取) 전경전강(專經殿講).
『은대편고』「예방고」 문신제술(文臣製述)·전경문신전강(專經文臣殿講), 「병방고」 전경무신전강(專經武臣殿講).
『승정원일기』 정조 1년 2월 17일 입시 기사.

10-05

○ "文、武臣專經殿講出榜時, 不通人, 幷書入。"事, 下教。【戊戌正月十八日。】

● "전경 문신 전강(專經文臣殿講)과 전경 무신 전강(專經武臣殿講)의 합격자를 발표할 때에 불통을 받은 사람도 모두 써서 들인다."라는 내용으로 하교하였다.【무술년(1778, 정조 2) 1월 18일.[99]】

■본문 해설

위의 하교는 사료에서 확인하지 못하였다. 다만 이날 전경 문신 전강과 전경 무신 전강을 행

98. 『승정원일기』와 『일성록』 및 『정조실록』 모두 동일한 날짜에 기록되어 있다.
99. 『승정원일기』와 『일성록』 및 『정조실록』 모두 동일한 날짜에 기록되어 있지 않다.

하는 자리에서 정조가 연이어 3차례 불통을 맞은 인원을 뽑아서 들이도록 지시한 기사가 보인다. 전경 문신 전강과 전경 무신 전강의 성적은 통(通), 약(略), 조(粗), 불(不)로 나누어 평가하였는데, 그중 불통을 맞은 관원은 의금부에 내려 추고(推考)하였다.

◑ 참고자료 ◐

『경국대전』「예전」 장권(奬勸).
『대전통편』「병전」 시취(試取) 전경전강(專經殿講).
『은대편고』「예방고」 전경문신전강(專經文臣殿講), 「병방고」 전경무신전강(專經武臣殿講).
『승정원일기』 정조 2년 1월 18일 전경문무신전강(專經文武臣殿講) 기사.

10-06

○ "能麽兒郎廳二窠, 以出身中副、末薦人差出, 而自兵曹爲遷轉窠, 朔數, 依前以四十五朔爲限。"事, 大臣擧條蒙允。【戊戌十二月二十六日。】

● "능마아청(能麽兒廳)의 낭청 두 자리는 출신(出身) 중에서 부천(部薦, 부장천(部將薦))과 말천(末薦, 수문장천(守門將薦))으로 차출하되, 병조에서 천전(遷轉)하는 자리를 만들고, 임기는 전례대로 45개월을 기한으로 삼는다."라는 내용으로 대신이 거행 조건을 내어 윤허를 받았다. 【무술년(1778, 정조 2) 12월 26일.[100]】

■본문 해설

위의 규정은 사료에서 확인하지 못하였다. 다만 『승정원일기』 정조 3년(1779) 1월 20일 기사를 참고하면, 대신의 건의에 따라 능마아청의 낭청 두 자리를 출신 중에서 부장천과 수문장천으로 차출하도록 하였음을 알 수 있다. 그리고 같은 날에 능마아청 낭청의 자리를 천전하는 자리로 만들고 근무 기간도 전처럼 45개월로 하도록 정하였다. 『속대전』에 의하면 능마아청의 낭청은 총 4명인데, 그중 2명은 훈련원 습독(訓鍊院習讀)이 당연직으로 겸하고, 참하 낭청의 경우에는 1,350일을 근무하면 강서 시험을 보여 6품으로 올려 주도록 하였다. 나머지 2자리에 대해서는 규정이 없으나 중인(中人)과 서얼(庶孼)로 차출했던 것으로 보인다. 그러다가 이때 와서 중인과 서얼로 차출하던 자리를 출신 중에서 부장천과 수문장천의 자리로 바꾼 것이다. 그러나 이는 얼마 지나지 않아 다시 중인과 서얼의 자리로 원상 복구되었다.

100. 『승정원일기』와 『일성록』 및 『정조실록』에는 모두 정조 3년 1월 20일에 기록되어 있다.

◑ 참고자료 ◐

『대전통편』「병전」 경관직(京官職) 훈련원(訓鍊院), 산직(散職) 능마아청(能麽兒廳).

『승정원일기』 정조 3년 1월 20일 주강 기사, 2월 22일 금위영과 어영청의 초기, 5년 4월 18일 입시 기사, 9년 2월 6일 입시 기사・17일 인견(引見) 기사.

■어휘 해설

1. 천전(遷轉): 관원이 다른 관직으로 옮겨 가는 것을 가리킨다. 수평으로 이동할 수도 있고 승진해 이동할 수도 있는데, 승진해 이동할 경우에는 승천(陞遷)이라고 하였다.

10-07

○ "專經文臣及武臣殿講居首人, 兒馬傳旨捧入。"事, 傳教。【庚子正月二十日。】

● "전경 문신 전강이나 전경 무신 전강에서 수석을 차지한 사람에 대해서는 아마(兒馬, 망아지)를 하사하라는 전지를 들인다."라는 내용으로 전교하였다. 【경자년(1780, 정조 4) 1월 20일.[101]】

■본문 해설

위의 전교는 「예고」 문신제강(文臣製講)에도 중복해서 보인다. 자세한 해설은 「예고」 문신제강(文臣製講) 09-02 본문 해설 참조.

10-08

○ "親臨指南講, 講、陣俱不赴者, 以不施行, 禁推, 講、陣間一不, 則從重推考捧傳旨。"事, 傳教。【庚子八月十八日。】

● "임금이 직접 참석한 가운데 『병학지남(兵學指南)』을 시험 보일 때, 강서(講書) 시험과 진법(陣法) 시험에 모두 응시하지 않은 자는 불(不)을 받은 것으로 시행하여 의금부에 내려 추고(推考)하고, 강서와 진법 중에 하나라도 불(不)을 받으면 무거운 쪽으로 추고하라는 전지를 들인다."라는 내용으로 전교하였다. 【경자년(1780, 정조

101. 『승정원일기』와 『일성록』 및 『정조실록』 모두 동일한 날짜에 기록되어 있지 않다.

4) 8월 18일.[102]】

■본문 해설

위의 전교는 공조 판서 구선복(具善復) 등이 입시한 자리에서 내린 것이다. 『대전통편』에 『병학지남』을 강서로 정한 과시(科試)로는 교련관(敎鍊官) 및 장용위(壯勇衛)의 취재(取才), 능마아강(能麽兒講), 각 영문(營門)의 사강(射講) 등이 있는데, 그중 임금이 직접 참석할 경우의 규정을 정해 놓은 과시로는 능마아강이 있다. 임금이 능마아강에 직접 참석할 경우에는 전경 무신 전강과 똑같은 절차로 시행하였고, 시관(試官)도 당상관 3명이 참석하였다. 능마아강에서는 『병학지남』을 강서로 정해 시험을 보인 뒤에 조(粗) 이상을 맞아야 합격으로 처리하고, 그 이하를 맞을 경우에는 처벌하였다. 아래 10-10의 사례에 의하면 그 외에 선전관의 시강(試講)을 행할 때에도 임금이 직접 참석한 것으로 보인다.

◑ 참고자료 ◐

『대전통편』 「병전」 시취(試取) 교련관(敎鍊官)·장용위(壯勇衛)·능마아강(能麽兒講)·사강(射講).
『은대편고』 「병방고」 능마아강(能麽兒講).
『승정원일기』 정조 4년 8월 18일 입시 기사.

■어휘 해설

1. 병학지남(兵學指南): 명나라 장수 척계광(戚繼光)이 지은 『기효전서(紀效新書)』를 요약하여 편찬한 병서(兵書)이다. 임진왜란 이후에 조직적이고 체계적인 군대 조련의 필요성이 높아지자 편찬한 책으로, 진법(陣法)과 조련(操鍊)에 대한 규정이 그림과 함께 설명되어 있다.

10-09

○ "臨講期, 以在外懸頉者, 親病受由外, 禁推捧傳旨; 以在外未肅拜懸頉之類, 計其程途遠近拿處。"事, 傳敎。【庚子十月十四日。】

● "전경 무신 전강(專經武臣殿講)을 행할 기일이 임박하였는데, 지방에 있다고 불참 사유를 명기한 자에 대해서는 어버이의 병 때문에 말미를 받은 경우 이외에는 의금부에 내려 추고(推考)하라는 전지를 들이고, 지방에 있어 아직 숙배하지 못했다고 불참 사유를 명기한 자에 대해서는 그 거리의 원근을 계산하여 의금부로 잡아다가

102. 『승정원일기』와 『일성록』에는 동일한 날짜에 기록되어 있고, 『정조실록』에는 기록되어 있지 않다.

처리한다."라는 내용으로 전교하였다. 【경자년(1780, 정조 4) 10월 14일.[103]】

■본문 해설

위의 전교는 정조가 이튿날 전경 무신 전강을 행할 계획이었는데, 전경 무신 중에 지방에 있는 자가 많다는 보고를 받고서 내린 것이다. 위의 전교를 내리기 이전에도 전경 무신 전강을 행할 때가 임박하여 시골로 내려간 전경 무신을 의금부에 내려 추고하도록 한 규정이 있었다. 전경 무신 전강에 응시할 인원은 병조가 하루 전에 전경 무신 중 서울에 있는 아무런 탈이 없는 사람의 명단을 적어 올려서 왕의 낙점을 받은 뒤에 낙점 받은 사람 20명만을 다시 열서하여 왕에게 바쳤다. 병조가 낙점을 받기 위해 왕에게 올리는 명단에는 탈이 있어 응시할 수 없는 사람에 대해서는 주를 달았는데, 이때 지방에 있어서 응시할 수 없다고 주를 단 사람이 많았기 때문에 이러한 전교를 내린 것이다. 거리의 원근을 계산하도록 한 것은 관직에 제수된 날로부터 전강을 행하는 날까지 서울로 올라와서 숙배할 수 있는 거리인지를 따져 보기 위해서라고 하겠다.

◑ 참고자료 ◐

『은대편고』「병방고」 전경무신전강.
『승정원일기』 정조 4년 10월 14일 전교 · 15일 전경 무신 전강 기사.

10–10

○ "宣傳官試『指南』講及圖陣、弓馬之技, 或間月一次, 或間數月一次, 當親臨, 或試講, 或試陣, 或試弓馬。親臨時試官二望, 以將臣、兵判, 自兵房列書望筒受點, 給冊、呼名、告栍官, 以訓鍊院官待令。講則不過所上講數板內抽栍試之, 射亦依內試射例爲之。但行率擧子肅拜節次, 其外進排等事, 切勿用殿座例。"事, 傳敎。【辛丑二月十八日。】

* 上: 저본과 『은대편고』「병방고」 선전관시강(宣傳官試講)에는 '上'으로 되어 있는데, 『승정원일기』 같은 날 기사에는 '與'로, 『일성록』과 『정조실록』 같은 날 기사에는 '已'로 되어 있다.

● "선전관에 대해서는 『병학지남(兵學指南)』의 강독 및 진형(陣形)을 그리는 것, 활을 쏘는 기예와 말을 타는 기예를 시험 보이는데, 그중 두 달에 한 차례나 몇 달에 한 차례는 임금이 직접 참석하여 강서를 시험하기도 하고 진형을 시험하기도 하고 활을

103. 『승정원일기』와 『일성록』에는 동일한 날짜에 기록되어 있고, 『정조실록』에는 기록되어 있지 않다.

쏘는 기예와 말을 타는 기예를 시험하기도 할 것이다. 임금이 직접 참석할 때의 시관 2명은 장신과 병조 판서를 병방에서 망통에 열서하여 낙점을 받아 정하고, 급책관(給冊官), 호명관(呼名官), 고생관(告栍官)은 훈련원 관원으로 대령시킨다. 시강(試講, 강독 시험)은 전에 강독했던 몇 개의 편 안에서 무작위로 추출하여 시험을 보이는 것에 불과하니, 시사(試射, 활쏘기 시험)도 내시사(內試射)의 예를 따라 거행한다. 그리고 응시자를 거느리고서 숙배하는 절차만 거행하고, 그 밖의 진배하는 등의 일에는 전좌(殿座)할 때의 예를 절대로 적용하지 못한다."라는 내용으로 전교하였다. 【신축년(1781, 정조 5) 2월 18일.[104]】

■본문 해설

위의 전교는 선전관의 시강(試講)과 시사(試射)에 임금이 직접 참석할 때의 절차 등에 대해 내린 것이다. 즉 임금이 직접 참석하는 횟수와 시험 과목, 시관과 차비관(差備官)의 차출, 시사의 거행 규정, 시강과 시사의 구체적인 거행 절차 등을 정한 것이다. 급책관(給冊官)은 응시자에게 책을 나누어 주는 차비관, 호명관(呼名官)은 응시자의 이름을 부르는 차비관, 고생관(告栍官)은 응시자의 점수를 보고하는 차비관이다. 내시사의 예를 따르도록 한 것은 절차를 간소화하여 부담을 줄여 주려는 의도에서 나온 것이라고 할 수 있다. 이러한 규정은 『은대편고』에도 수록되어 있다.

◑ 참고자료 ◐

『만기요람』 「군정편」2 용호영(龍虎營).
『은대편고』 「병방고」 서북별부료시사(西北別付料試射) · 내시사(內試射) · 선전관시강(宣傳官試講).
『승정원일기』 정조 5년 2월 18일 비망기(備忘記).

■어휘 해설

1. 내시사(內試射): 내시부(內侍府)가 전담하여 거행하는 활쏘기 시험으로, 다른 시험에 비해 절차가 간소하였다. 내시사는 주로 내승(內乘), 별군직(別軍職), 선전관(宣傳官), 가후금군(駕後禁軍), 가전별초(駕前別抄), 무예별감(武藝別監), 입직 군사(入直軍士), 장번내관(長番內官), 서북별부료군관(西北別付料軍官), 선천내금위(宣薦內禁衛) 등을 대상으로 시행하였다. 『만기요람』에서는 해마다 1월 1일과 7월 1일에 임금에게 물어 일번내금위(一番內禁衛)를 대상으로 시행하는 시사와 해마다 3월 1일에 임금에게 물어 서북별부료군관을 대상으로 시행하는 시사는 내시사로 행한다고 되어 있다.

104. 『승정원일기』와 『일성록』 및 『정조실록』 모두 동일한 날짜에 기록되어 있다.

10-11

○ "監察文、武無異, 而武赴講、射, 文獨懸頉。此後殿講、製述、朔試射時, 文監察毋敢懸頉。"事, 傳教。【辛丑四月十八日。】

● "감찰은 문관과 무관에 차이가 없으나 무관 감찰은 시강(試講)과 시사(試射)에 응시하는데도 문관 감찰만 불참 사유를 명기하고 응시하지 않는다. 앞으로 전강(殿講), 제술(製述), 삭시사(朔試射)를 거행할 때에는 문관 감찰이 감히 불참 사유를 명기하고 응시하지 않는 일이 없도록 한다."라는 내용으로 전교하였다.【신축년(1781, 정조 5) 4월 18일.[105]】

■본문 해설

위의 전교는「예고」문신제강(文臣製講)에도 중복해서 보인다. 자세한 해설은「예고」문신제강(文臣製講) 09-04 본문 해설 참조.

10-12

○ "在京人稱在外, 直捧禁推傳旨, 依定式擧行。"事, 下教。【癸卯十一月二十日。】

● "서울에 있는 사람이 지방에 있다고 핑계를 대면 정식에 따라 의금부에 내려 추고(推考)하라는 전지를 곧바로 들인다."라는 내용으로 하교하였다.【계묘년(1783, 정조 7) 11월 20일.[106]】

■본문 해설

위의 하교는 사료에서 확인하지 못하였다. 정조 원년(1777)에 전경 문신 전강을 행하려고 하였으나 지방에 있는 사람이 많자, 정조가 날짜를 연기하여 지방에 있는 문신이 올라온 뒤 시행하게 하되, 기한이 지나도록 올라오지 않는 문신은 의금부에 내려 추고(推考)하도록 하였다. 위의 하교에서 말한 '정식'은 이때의 정식을 가리킨 것으로 보인다. 위의 10-09에서도 정조가 지방에 있다고 불참 사유를 명기한 전경 문신을 의금부에 구속하도록 하였다.

105.『승정원일기』와『일성록』에는 동일한 날짜에 기록되어 있고,『정조실록』에는 기록되어 있지 않다.

106.『승정원일기』와『일성록』및『정조실록』모두 동일한 날짜에 기록되어 있지 않다.

◑ **참고자료** ◐
『승정원일기』 정조 원년 1월 10일 입시 기사.

10–13

○ "文射之易次入射者、不準巡數者, 試官草記論罪, 掩置之試官, 兵判摘發, 亦草記論罪。武射之未準巡者、臨期巧避者、騎・片稱頉者, 亦自試所草記論罪, 掩置試官, 亦依文射例爲之。文、武射畫紙與試冊, 藏置本曹, 以爲憑考之地。亦當間遣宣傳官摘奸。"事, 傳敎。【年條未詳。】

● "문신(文臣)의 시사(試射)를 행할 때 차례를 바꾸어서 들어와 활을 쏘는 자와 정해진 수의 순(巡)을 채우지 않은 자에 대해서는 시관이 초기하여 죄를 논하고, 죄를 지은 문신을 감싸 주는 시관에 대해서도 병조 판서가 적발해서 초기하여 죄를 논한다. 무신(武臣)의 시사를 행할 때 정해진 수의 순(巡)을 채우지 않은 자, 시사의 날짜가 다 되어 교묘하게 응시를 회피하는 자, 사정이 있다고 핑계를 대고서 기추(騎芻)와 편전(片箭)에 응시하지 않는 자에 대해서도 시소에서 초기하여 죄를 논하고, 죄를 지은 무신을 감싸 주는 시관에 대해서도 문신 시사의 예에 따라 시행한다. 문신과 무신의 시사를 행할 때의 획지(畫紙)와 시책(試冊)은 본조에서 보관하여 근거로 삼아 참고할 수 있도록 한다. 또한 간간이 선전관을 보내 적간하게 할 것이다."라는 내용으로 전교하였다. 【연도는 상세하지 않다.[107]】

■**본문 해설**

위의 전교는 정조가 좌부승지 이조승(李祖承)이 입시한 자리에서 과시(科試)의 기강이 해이해진 것을 탄식하면서 내린 것이다. 정조는 특히 문신과 무신을 대상으로 매달 시행하는 활쏘기 시험이 형식적으로 시행되는 것을 개탄하면서 이처럼 정하였다. 문신의 시사는 매달 50세 이하 당하 문신을 대상으로 시행하는 문신 당하 삭시사(文臣堂下朔試射)를 가리킨다. 무신의 시사는 매달 17일에 당상 무신을 대상으로 시행하는 무신 당상 삭시사(武臣堂上朔試射)와 매달 22일에 당하 무신을 대상으로 시행하는 무신 당하 삭시사(武臣堂下朔試射)를 가리킨다. 문신 당하 삭시사의 시험 과목은 관혁(貫革) 한 가지로, 120보의 거리에서 해가 길 때에는

107. 『승정원일기』와 『일성록』에는 을사년(1785, 정조 9) 6월 17일에 기록되어 있고, 『정조실록』에는 기록되어 있지 않다.

15순(巡)을 쏘고, 해가 짧을 때에는 12순을 쏘았다. 무신 당상 삭시사의 시험 과목은 유엽전(柳葉箭) 8순, 편전(片箭) 1순, 기추(騎芻) 1차였고, 무신 당하 삭시사의 시험 과목은 철전(鐵箭) 1순, 유엽전 7순, 편전 2순, 기추 1차였다. 응시자가 한 차례 입장할 때마다 쏘도록 정해진 화살의 수 또는 그 정해진 수의 화살을 쏘는 것을 1순이라고 하였는데, 1순에 보통 5발이나 3발을 쏘았다. 예를 들어 1순이 5발이라고 한다면 유엽전 8순은 총 40발을 쏘는 것이다.

◑ **참고자료** ◐

『대전통편』「병전」 시취(試取) 문신당하(文臣堂下)·무신당상(武臣堂上)·무신당하(武臣堂下).
『은대편고』「병방고」 문신당하삭시사(文臣堂下朔試射)·무신당상삭시사(武臣堂上朔試射)·무신당하삭시사(武臣堂下朔試射).
『승정원일기』 정조 9년 6월 17일 입시 기사.

■**어휘 해설**

1. 기추(騎芻): 말을 타고 달리면서 제한 시간 안에 5개의 늘어선 허수아비를 활로 쏘아 맞히는 기예(技藝)이다. 기추는 원래 말을 타고 달리면서 과녁을 맞히던 기사(騎射)가 변한 것으로, 허수아비 사이의 거리는 20보였다.
2. 편전(片箭): 화살의 일종이며, 이를 이용해서 보이는 시험 과목의 하나이기도 하다. 편전은 화살이 작아 애기살이라고 불렀으며, 이를 대롱에 넣어서 쏘았다.
3. 획지(畫紙): 활이나 조총(鳥銃)을 쏘아 맞힌 숫자를 종이에 선으로 그어 표시한 것이다. 응시자가 활이나 조총을 쏘아 과녁을 맞히면 과녁 근처에서 감독하던 감적관(監的官)이 북 소리나 징 소리에 따라 종이에 표시했던 것으로 보인다.
4. 시책(試冊): 무시소(武試所)의 시관(試官)과 참시관(參事官)이 작성한 응시자의 활쏘기 시험 성적에 관한 책자이다. 시책은 시관마다 따로 작성하였으며, 응시자의 직명과 성명, 과녁을 맞힌 화살 수, 입격 여부 등을 기록하였다.

10-14

○ "曾有先朝受教, 別軍職雖不應試, 見帶禁衛千摠者, 亦爲懸頉。別軍職之幷與兼帶而勿爲應射, 旣無受教, 此後, 申飭應射。"事, 傳教。【年條未詳。】

● "일찍이 선왕(先王, 영조)의 수교가 있었으니 수교에 따라 별군직은 시사(試射)에 응시하지 않는다고 하더라도, 현재 금위영의 천총을 겸임하고 있는 별군직까지지도 불참 사유를 명기하고 응시하지 않는다. 다른 직책을 겸임하고 있는 별군직까지지도 아울러

시사에 응시하지 말도록 한 수교는 없으니, 앞으로는 신칙하여 시사에 응시하도록 하라."라는 내용으로 전교하였다. 【연도는 상세하지 않다.[108]】

■**본문 해설**

위의 전교는 정조가 금위영 천총(千摠)을 겸임하고 있는 별군직이 무신 당상 삭시사(武臣堂上朔試射)에 응시하지 않는 것을 보고서 내린 것이다. 영조의 수교는 확인하지 못하였으나, 『승정원일기』에는 영조 28년(1752)까지도 당상 별군직이 무신 당상 삭시사에 응시한 기록이 보인다. 별군직은 효종이 세자 시절 심양(瀋陽)에 볼모로 잡혀 갔을 때 수행했던 8명의 장사(壯士)를 위해 설치한 관직으로, 이후에는 8명의 장사 후손과 무신 중 힘이 센 자 등을 선발하여 제수하였다. 별군직은 당상부터 9품까지 품계가 다양하였고 정원이 없었으며, 금위영의 천총은 당상 정3품으로 정원이 4명이었다. 위의 규정은 『대전통편』과 『은대편고』에도 수록되어 있다.

◑ **참고자료** ◐

『대전통편』 「병전」 군영아문(軍營衙門) 금위영(禁衛營), 산직(散職) 별군직청(別軍職廳), 시취(試取) 무신 당상(武臣堂上).

『은대편고』 「병방고」 무신당상삭시사(武臣堂上朔試射).

『승정원일기』 영조 2년 11월 18일 주강(晝講) 기사, 28년 5월 18일 무신 당상 삭시사 시관(試官)의 초기, 정조 원년 3월 17일 야대(夜對) 기사.

10-15

○ "宣傳官試講, 有時刻單子, 無內門路取稟, 待下教入侍, 而非特教, 則只該房及執冊承旨入侍。"事, 下教。【乙巳十月十三日。】

● "선전관의 시강을 행할 때에 시각 단자(時刻單子)는 있으나, 대내(大內)에서 나갈 때 어느 문을 경유할지에 대해서는 임금에게 묻지 않고 하교하기를 기다렸다가 입시하되, 특별 하교가 아니면 병방 승지(兵房承旨)와 집책 승지(執冊承旨)만 입시한다."라는 내용으로 하교하였다. 【을사년(1785, 정조 9) 10월 13일.[109]】

---

108. 『승정원일기』와 『일성록』에는 정유년(1777, 정조 1) 3월 17일에 기록되어 있고, 『정조실록』에는 기록되어 있지 않다.

109. 『승정원일기』와 『일성록』 및 『정조실록』 모두 동일한 날짜에 기록되어 있지 않다.

■본문 해설

위의 하교는 사료에서 확인하지 못하였다. 위의 규정은 선전관의 시강에 임금이 직접 참석할 때의 절차에 대해 정한 것이다. 선전관의 시강은 앞서 10-10에 나온 것처럼 병서(兵書)인 『병학지남(兵學指南)』을 강독하고 진도(陳圖)를 그리는 시험을 가리킨다. 임금이 동가(動駕)하거나 전좌(殿座)할 때에는 준비 단계부터 시작할 때까지 3차의 시각으로 나누어 마련하여 임금의 재가를 받았는데, 이를 시각 단자(時刻單子)라고 하였다. 임금이 거둥할 때에는 궐 밖으로 나가거나 궐 안으로 들어올 때 경유할 문을 정하였는데, 이를 문로(門路)라고 하였다. 문로는 내문로(內門路)와 외문로(外門路)로 나뉘는데, 그중 내문로는 궐문 중에서도 대내(大內)나 궐 안에서 경유할 문을 가리키고, 외문로는 궐문 중에서도 궐 밖으로 직접 통하는 바깥문 중 경유할 문을 가리킨다. 집책 승지(執冊承旨)는 임금이 직접 참석한 가운데 강서(講書) 시험을 행할 때 임금이 볼 강서를 담당하는 승지이다.

◑ 참고자료 ◐

『은대편고』「예방고」 동가(動駕)·가례(嘉禮)·황단(皇壇), 「병방고」 선전관시강(宣傳官試講).
『승정원일기』 순조 9년 2월 14일 전교.

10-16

○ "親臨專經武臣減巡試射時, 雖無分, 勿捧傳旨。"事, 下教。【乙巳八月二十一日。】

● "임금이 직접 참석한 가운데 순(巡)을 감해서 전경 무신의 시사를 시행할 때에는 점수를 얻지 못하였더라도 처벌하라는 전지를 들이지 않는다."라는 내용으로 하교하였다.【을사년(1785, 정조 9) 8월 21일.[110]】

■본문 해설

위의 하교는 사료에서 확인하지 못하였다. 다만 정조 11년(1787)에 전경 무신 전강(專經武臣殿講)을 시사(試射)로 대신 행하였을 때, 4발을 맞히지 못한 사람과 점수를 얻지 못한 사람에 대해 모두 전지를 들여보내지 말라고 이전에 하교하였다는 기사가 보인다. 임금의 특별 하교가 있을 경우에는 전경 무신 전강을 시사로 대신 행하기도 하였는데, 이때에는 문신 당하 삭시사(文臣堂下朔試射)의 규정을 적용하여 시행하였다. 전경 무신 시사의 시험 과목

110. 『승정원일기』와 『일성록』에는 정조 11년 4월 22일에 기록되어 있고, 『정조실록』에는 기록되어 있지 않다.

은 유엽전(柳葉箭) 4순(巡), 편전(片箭) 1순, 기추(騎芻) 1차였는데, 순(巡)을 감해서 시행한 경우에는 점수를 얻기가 더욱 어려웠으므로 처벌을 완화한 것으로 보인다.

◑ 참고자료 ◐

『은대편고』「병방고」 전경무신시사(專經武臣試射).
『은대조례』「병고」 전경무신전강(專經武臣殿講).
『승정원일기』 정조 10년 10월 18일 전교, 11년 4월 22일 전경 무신 삭시사 기사.

10-17

○ "西北別付料試射, 先朝庚辰受敎定式之後, 年年親臨。取見節目, 欲爲遵行, 自明年, 春季朔初一日, 使該廳兵房來告該房, 該房取稟日子。當朔如不爲之, 夏秋冬季朔, 更爲微稟事, 定式。"事, 傳敎。【丙午十月二十八日。】

● "서북 별부료 시사(西北別付料試射)에 대해서는 선왕 경진년(1760, 영조 36)에 수교로 정식을 삼은 뒤에 해마다 임금이 직접 참석하였다. 절목을 가져다 보고서 준행하려고 하니, 내년부터 3월 1일에 별부료청(別付料廳)의 병방(兵房)이 승정원에 와서 병방 승지에게 보고하게 하고, 병방 승지가 시행할 날짜를 임금에게 여쭌다. 해당하는 달에 시행하지 못했으면 여름, 가을, 겨울의 마지막 달에 다시 넌지시 여쭌다. 이로써 정식을 삼는다."라는 내용으로 전교하였다. 【병오년(1786, 정조 10) 10월 28일.[111]】

■본문 해설

위의 전교는 춘당대(春塘臺)에서 서북 별부료 시사를 행할 때 내린 것이다. 영조의 수교는 영조 36년(1760)에 서울에 있는 서북의 무사에게 시험을 보여 평안도와 함경도의 무사 각 40명씩을 선발하여 별부료청(別付料廳)에 소속시키도록 한 것을 가리킨다. 그중 평안도와 함경도 각 10명씩 총 20명에게는 급료를 지급하고, 도목 정사(都目政事)를 행할 때마다 장기 근무한 군관(軍官) 1명씩을 선발하도록 하였다. 용호영(龍虎營)에는 당상 군관 16명을 두고 그중 1명을 별부료 병방(別付料兵房)이라 하였다. 별부료청의 병방은 이를 가리킨다. 위의 전교는 『은대편고』에도 수록되어 있다.

111. 『승정원일기』와 『일성록』에는 동일한 날짜에 기록되어 있고, 『정조실록』에는 기록되어 있지 않다.

서북 별부료군관은 평안도와 함경도의 무사로서 용호영에 소속시키고 급료를 지급하던 군관을 가리킨다. 서북의 무사에게 특별히 급료를 지급한 사례는 숙종 때부터 보이기 시작하며, 숙종 33년(1707)을 전후해서는 별부료청을 설치하여 이들을 소속시키기도 하였다. 별부료청은 중간에 폐지되었다가 영조 36년(1760)에 다시 설치한 기록이 보인다. 『은대편고』와 『대전회통』에 의하면 용호영에 소속된 서북 별부료 군관의 총수는 120명으로, 그중 청북(淸北)이 40명, 청남(淸南)이 20명, 북관(北關)이 40명, 남관(南關)이 20명이다. 총 120명 중에서 시사를 통해 선발된 30명에게 급료를 지급하였는데, 청북 10명, 청남 5명, 북관 10명, 남관 5명을 선발하였다. 이를 정리하면 표 3과 같다.

표 3. 용호영 소속 서북별부료군관(『은대편고』 기준)

분류		정원	시사부료(試射付料)
關西	淸北	40	10
	淸南	20	5
關北	北關	40	10
	南關	20	5
총계		120	30

◑ 참고자료 ◐

『대전회통』「이전」 경관직, 「병전」 군영아문(軍營衙門) 용호영(龍虎營).
『은대편고』「병방고」 각군문(各軍門) · 서북별부료시사(西北別付料試射).
『만기요람』「군정편」2 용호영.
『승정원일기』 숙종 26년 8월 28일 승지 오도일(吳道一)의 계사, 33년 3월 3일 병조 판서 이인엽(李寅燁)의 계사, 영조 36년 5월 12일 인견 기사, 정조 10년 10월 28일 서북 별부료군관 시사.

10-18

○ "別付料試射, 依內試射例擧行, 而無侍衛, 兵判率領待令, 入侍承旨員數, 待下敎擧行。"事, 下敎。【丁未三月初一日。】

● "별부료 시사는 내시사의 예에 따라 거행하되, 시위는 없고 병조 판서가 응시자들만 거느리고서 대령하며, 입시할 승지의 인원 수는 하교하기를 기다려 거행한다."라는 내용으로 하교하였다. 【정미년(1787, 정조 11) 3월 1일.[112]】

■본문 해설

위의 하교는 사료에서 확인하지 못하였다. 다만 이 날짜에 좌승지 이재학(李在學)이 이해 서북 별부료 시사를 언제 시행할 것인지를 묻자, 정조가 3월 10일에 시행하라고 지시한 기사가 보인다. 앞의 10-17에서 해마다 3월 1일에 별부료 병방(別付料兵房)이 정원에 와서 보고하면 병방 승지가 임금에게 묻도록 정식을 삼은 데 따라, 이날 병방 승지 이재학이 정조에게 물은 것이다. 이때 정조가 위의 하교를 내린 것으로 보인다. 이러한 규정은 『은대편고』와 『육전조례』에도 수록되어 있다. 내시사에 대해서는 10-10의 어휘 해설 참조.

◑ 참고자료 ◐

『은대편고』「병방고」 내시사(內試射)·서북별부료시사(西北別付料試射).
『육전조례』「이전」 과시(科試).
『승정원일기』 정조 11년 3월 1일 이재학(李在學)의 계사(啓辭).

10-19

○ "賓廳講書, 非應頉之日, 毋得頉稟, 定式。"事, 傳敎。【辛亥七月十一日。】

● "빈청강(賓廳講)은 탈품(頉稟)해야 하는 날이 아니면 탈품하지 못하는 것으로 정식을 삼는다."라는 내용으로 전교하였다.【신해년(1791, 정조 15) 7월 11일.[113]】

■본문 해설

위의 전교는 병조가 초기를 올려 7월 21일로 예정된 빈청강(賓廳講)을 행할 수 없다고 보고하자 내린 것이다. 이에 앞서 같은 날에 병조가 빈청강과 무경강(武經講)의 강서(講書)에 대한 단자를 올려 재가를 받았는데, 이때 다시 21일이 정사를 여는 날이므로 빈청강과 무경강을 거행할 수 없다고 보고하였다. 그러자 정조가 정청(政廳)과 빈청(賓廳)은 서로 구애받을 일이 없다고 하면서 이러한 하교를 내렸다.

◑ 참고자료 ◐

『승정원일기』 정조 15년 7월 11일 병조의 초기.

---

112. 『승정원일기』와 『일성록』 및 『정조실록』 모두 동일한 날짜에 기록되어 있지 않다. 『은대편고』「병방고」 별시사(別試射)에는 이러한 조항이 기록되어 있으나, 날짜는 기록되어 있지 않다.
113. 『승정원일기』와 『일성록』에는 동일한 날짜에 기록되어 있고, 『정조실록』에는 기록되어 있지 않다.

■어휘 해설

1. 빈청강(賓廳講): 한 달씩 걸러 21일마다 50세 이하의 당하 무신 중에서 10명을 선발하여 시행하던 시험이다. 빈청강은 빈청(賓廳)에서 『통감(通鑑)』이나 『장감(將鑑)』 중 응시자가 자원하는 과목으로 시험을 보였다.

11. 과거(科擧)

과거(科擧)는 나라에서 인재를 선발하거나 관원과 군병 등을 교육시키기 위해서 시행하던 시험 제도를 가리킨다. 조선 시대의 과거는 크게 생원진사과(生員進士科), 문과(文科), 무과(武科), 잡과(雜科) 등 크게 4가지로 분류할 수 있다. 문과는 문신을 선발하기 위한 과거이고, 무과는 무신을 선발하기 위한 과거이며, 생원진사과는 문과에 응시할 자격을 부여하기 위한 과거로 생원과(生員科)와 진사과(進士科)로 나누어 시행하였고, 잡과는 기술직 또는 전문직의 관원을 선발하기 위한 과거로 그 기술 분야에 따라 역과(譯科), 율과(律科), 음양과(陰陽科), 의과(醫科)로 나누어 시행하였다. 이러한 분류는 응시자의 출신 성분이나 합격자의 진로를 중심으로 분류한 것이다.

과거의 시행 시기를 중심으로 분류하면, 식년시(式年試)처럼 정기적으로 시행하던 정기시와 경과(慶科)처럼 비정기적으로 시행하던 비정기시로 나눌 수가 있다.

그 외에도 과거의 성격에 따라 분류하면 자격시험, 선발시험, 평가시험 3가지로 나눌 수가 있다. 자격시험은 다시 응시자격시험과 직부자격시험으로 나눌 수가 있다. 선발시험은 관원을 선발하기 위해 시행하는 시험으로, 문과, 무과, 잡과는 모두 선발시험이라고 말할 수 있다. 평가시험은 관원을 대상으로 시행하는 시험으로, 관원을 평가하여 그 성적에 따라 상벌을 행하는 시험이라고 할 수 있다.

◑ 참고자료 ◐

『대전통편』「예전」 제과(諸科),「병전」 시취(試取)·무과(武科).
『전율통보』「예전」 제과(諸科),「병전」 제과(諸科)·시취(試取).
『은대편고』「예방고」 식년생진초시(式年生進初試) 등,「병방고」 식년생진초시(式年生進初試) 등.

11-01

○ "文學人之殿試外以下, 不許直赴, 以待後殿試, 連三次不得入格則削科, 自是金石之典。至於武科, 豈獨雜亂乎! 自來頭殿試爲始, 武科直赴之點下規矩諸技中, 雖一技, 不參一分、半分之畫者, 一從文科直赴例, 追付後殿試, 定式施行。"事, 傳敎。【丙申九月十六日。】

● "전시에 곧바로 응시할 자격을 받은 문과(文科) 응시자가 전시에서 외등(外等) 이하의 성적을 받으면 곧바로 응시할 자격을 인정해 주지 않고 다음번 전시를 기다렸다가 응시하게 하되, 3차례 연이어 합격하지 못하면 과시(科試)의 방목(榜目)에서 이름을 삭제하는 것은 본래 금석같이 변하지 않는 법이다. 무과의 경우는 어찌 유난히도 난잡스러운가. 이후의 전시부터 무과 전시에 곧바로 응시할 자격을 받은 자들 중에 낙점(落點)한 시험 과목의 여러 기(技) 가운데 한 가지에서라도 1분이나 반 분의 점수를 얻지 못한 자들은, 하나같이 문과 전시에 곧바로 응시할 자격을 받은 자에게 적용하는 규례에 따라 다음번 전시로 미루어 응시하게 한다. 이로써 정식을 삼아 시행한다."라는 내용으로 전교하였다. 【병신년(1776, 정조 즉위) 9월 16일.[114]】

■본문 해설

위의 전교는 병방 승지(兵房承旨) 정민시(鄭民始)가 입시한 자리에서 내린 것이다. 전시에 응시할 자격을 받은 사람들은 원칙적으로 급제(及第)가 보장되었으나, 이 조항은 그 예외를 규정한 것이라고 할 수 있다. 전시에 응시하는 사람은 원방인(原榜人)과 직부인(直赴人)으로 나눌 수가 있는데, 원방인은 초시(初試)와 복시(覆試)를 거치거나 복시만을 거쳐서 올라온 사람을 가리키고, 직부인은 초시와 복시를 면제받아 곧바로 전시에 응시한 사람을 가리킨다. 그중 직부인이 외등 이하의 성적을 거두었을 경우에는 재차 전시에 응시할 기회를 주되, 3차례를 연이어 외등을 맞으면 전시에 곧바로 응시할 자격을 취소하도록 한 것이다. 방목에서 이름을 삭제하는 것은 해당 시험에 합격한 것을 취소한다는 의미가 된다. 무과의 시험 과목은 목전(木箭), 철전(鐵箭), 편전(片箭), 기사(騎射), 관혁(貫革), 기창(騎槍), 격구(擊毬), 유엽전(柳葉箭), 조총(鳥銃), 편추(鞭芻), 강서(講書) 등 11기(技)가 기본 과목으로, 과시가 있을 때마다 시험 과목과 선발 기준 등은 이들 11기 중에서 임금의 낙점을 받아 정하였다. 이러한 규정은 『대전통편』, 『전율통보』, 『은대편고』에도 수록되어 있다.

114. 『승정원일기』와 『일성록』 및 『정조실록』 모두 동일한 날짜에 기록되어 있다.

◑ 참고자료 ◐

『대전통편』「예전」 제과(諸科), 「병전」 시취(試取)·무과(武科).
『전율통보』「병전」 제과(諸科)·시취(試取).
『은대편고』「병방고」 식년무과전시(式年武科殿試).
『승정원일기』 정조 즉위년 9월 16일 입시 기사.

■어휘 해설

1. 외등(外等): 과시(科試)의 시험 과목별 평가에서 가장 하위의 등급에도 끼지 못하는 것을 가리킨다.

11-02

○ "武科庭試殿試試官, 自政院差出。"事, 傳敎。【丙申九月二十八日。】

● "무과 정시 전시의 시관은 승정원에서 차출한다."라는 내용으로 전교하였다. 【병신년(1776, 정조 즉위) 9월 28일.[115]】

■본문 해설

위의 전교는 좌승지 정민시(鄭民始)가 입시한 자리에서 내린 것이다. 문과(文科)의 시관(試官) 후보는 초시의 경우 이조에서, 복시의 경우 예조에서, 전시의 경우 승정원에서 선발하였다. 무과의 시관 후보는 초시와 복시의 경우 병조에서, 전시의 경우 승정원에서 선발하였다. 『속대전』「예전」 제과(諸科)에는 "전시와 정시의 시관은 승정원에서 후보를 뽑아 올려 낙점을 받는다."라고 하여, 정시와 전시로 나누어서 설명하고 있다. 이때의 정시는 단일시(單一試)로 시행되는 정시를 가리킨다. 위의 전교에서의 정시 전시는 정조 즉위년(1776)에 영조 즉위 50주년을 기념하여 시행된 정시의 전시를 가리킨다.

◑ 참고자료 ◐

『속대전』「예전」 제과(諸科).
『대전통편』「병전」 제과(諸科) 식년무과(式年武科).
『은대편고』「병방고」 식년무과전시(式年武科殿試).
『정조실록』 즉위년 6월 11일(경술).
『승정원일기』 정조 즉위년 9월 28일 입시 기사.

115. 『승정원일기』에는 동일한 날짜에 기록되어 있고, 『일성록』과 『정조실록』에는 기록되어 있지 않다.

11-03

○ "帿布, 欲倣古制造置, 兩軍門分力造出。宋臣司馬光文集有九帿法, 而畫以井間, 隨其方位, 畫魚、雁、熊、虎之屬, 獲旌亦以五色分別方位, 射中某方, 則各其方色擧獲矣。帿制大略如是。"事, 筵教。【丁酉二月二十六日。】

● "옛 제도를 본떠서 구후(九帿)를 만들어 두려고 하니, 두 군문(軍門, 훈련도감과 어영청)에서 분담해서 만들도록 한다. 송나라의 신하인 사마광의 문집에는 구후법(九帿法)에 대한 내용이 있는데, 과녁에 우물정[井] 자를 그린 뒤 그 방위에 따라 물고기[魚], 기러기[雁], 곰[熊], 호랑이[虎] 따위를 그려 넣었다. 그리고 과녁을 맞힐 때마다 드는 깃발도 5가지 색깔로 방위를 분별하여, 활을 쏘아 어느 방위를 맞히면 각각 해당하는 방위 색깔의 깃발을 들어서 알려 주었다. 구후의 제도는 대략 이러하였다." 라는 내용으로 연석(筵席)에서 하교하였다.【정유년(1777, 정조 1) 2월 26일[116]】

■본문 해설

위의 하교는 정조가 훈련대장 장지항(張志恒), 어영대장 구선복(具善復)과 대화하는 자리에서 내린 것이다. 사마광의 문집에서는 '구후법(九帿法)'을 확인하지 못하였다. 『승정원일기』와 개인 문집에는 정조가 구후(九帿) 제도를 복구하도록 지시한 이후로 신하들과 함께 종종 구후를 설치하고 활쏘기를 행한 기록이 보인다. 그에 따르면 구후란 네모난 과녁에 우물정[井] 자를 그려 아홉 칸을 만들고 그 칸마다 각각 다른 9가지의 동물 그림을 그린 것이다. 9가지 동물은 곰[熊], 범[虎], 사슴[鹿], 토끼[兎], 꿩[雉], 기러기[雁], 물고기[魚], 독수리[雕], 원숭이[猿]이다. 활을 쏘아 과녁을 맞히면 9개의 깃발 중 맞힌 동물이 그려진 깃발을 들어서 맞힌 부위를 알려 주었는데, 곰을 맞히면 9개의 깃발을 모두 들었고 나머지는 1개의 해당하는 깃발만 들었다.

◑ 참고자료 ◐

『영재집(泠齋集)』 권12 구후송(九帿頌).
『연천집(淵泉集)』 권34 가장(家狀).
『주례주소(周禮注疏)』「춘관(春官)」 사상(司常).
『승정원일기』 정조 원년 2월 26일 입시 기사, 3년 9월 25일 연사례(燕射禮) 기사.

---

116. 『승정원일기』와 『일성록』 및 『정조실록』 모두 동일한 날짜에 기록되어 있다.

11-04

○ "內試射瑞蔥臺, 柳葉箭一巡三中四分內乘, 依古例直赴殿試。"事, 傳教。【丁酉三月十二日。】

● "서총대 내시사에서 유엽전 1순을 쏘아 3발을 맞혀 4분을 얻은 내승에게는 옛 규례에 따라 전시에 곧바로 응시할 자격을 준다."라는 내용으로 전교하였다.【정유년(1777, 정조 1) 3월 12일.[117]】

■ **본문 해설**

위의 전교는 오군문의 장신(將臣)들이 입시하여 장신(將臣) 시사(試射)를 행하는 자리에서 내린 것이다. 이때 내승 홍지호(洪志浩)가 유엽전(柳葉箭)에서 3발을 맞혀 4분을 얻었는데, 정조가 홍지호에게 가자(加資)하려다가 훈련대장 장지항(張志恒)의 말을 듣고서 전시(殿試)에 곧바로 응시할 자격을 주도록 하였다. 시사(試射)에서 좋은 성적을 거둔 남행(南行) 무신(武臣)에게 가자를 해 주더라도 벼슬이 병사(兵使)나 수사(水使)까지밖에 오르지 못하기 때문에 한량(閑良)인 홍지호에게 전시에 곧바로 응시할 자격을 주고, 이후 내승이 그러한 성적을 얻을 경우에도 똑같이 적용하도록 한 것이다. 여기에서 1순은 한 차례에 5발 쏘는 것을 가리킨다. '옛 규례'란 관무재(觀武才)의 유엽전에서 3발을 맞혀 4분을 얻을 경우에 급제(及第)의 자격을 주던 규례를 가리킨다.

◑ **참고자료** ◐

『은대편고』「병방고」 관무재(觀武才) · 내시사(內試射) · 서총대(瑞蔥臺).
『승정원일기』 정조 원년 3월 12일 장신(將臣) 시사(試射) 기사.

11-05

○ "北道殿試武擧子之以更赴殿試上來時及自初殿試才落下去時草料諸事, 一依文擧子例爲之。"事, 傳教。【丁酉四月二十日。】

* 赴: 저본에는 '付'로 되어 있는데, 『승정원일기』와 『일성록』 및 『정조실록』 같은 날 기사에 근거하여 수정하였다.

117. 『승정원일기』와 『일성록』에는 동일한 날짜에 기록되어 있고, 『정조실록』에는 기록되어 있지 않다.

● "함경도의 무과 전시 응시자가 다시 전시에 응시하기 위해 서울로 올라올 때나 애초에 전시에서 낙방하여 내려갈 때 초료를 발급하는 일 등은 하나같이 함경도의 문과 전시 응시자에게 적용하는 규례대로 시행한다."라는 내용으로 전교하였다. 【정유년(1777, 정조 1) 4월 20일.[118]】

■본문 해설

위의 전교는 무과 전시를 행하는 자리에서 형조 판서 장지항(張志恒)의 말을 듣고 내린 것이다. 즉 문과 전시에 응시하기 위해 왕래하는 함경도의 응시자에게는 말을 지급하는데, 무과 전시의 응시자에게는 지급하지 않는다는 장지항의 말을 들은 정조가 함경도의 무과 전시 응시자에게도 똑같이 적용하도록 한 것이다. '애당초 전시에서 낙방한 자'란 앞의 11-01에서 정한 것처럼 전시에서 외등(外等)을 맞은 자를 가리키고, '전시에 다시 응시하는 자란' 전시에서 외등을 맞아 다음 전시에 다시 응시하는 자를 가리킨다. 정조가 과시(科試)를 엄격히 시행하려는 의도에서 전시에 곧바로 응시할 자격을 받은 자라 하더라도 외등을 맞으면 재차 응시하도록 하였으나, 그로 인해 함경도처럼 먼 곳에서 다시 왕래해야 하는 무사들의 사정을 배려해 준 것이다.

◑ 참고자료 ◐

『대전통편』「병전」 초료(草料).
『전율통보』「병전」 역마(驛馬).
『승정원일기』 정조 원년 4월 20일 무과 전시 기사.

■어휘 해설

1. 초료(草料): 공무로 지방에 왕래하는 사람에게 수행원과 말 등을 지급하도록 병조에서 발급하던 증서를 가리킨다.

11-06

○ "殿試前期, 親臨與命官, 草記稟白後, 節目磨鍊, 定式。"事, 傳教。【丁酉十月初五日。】

● "전시를 거행할 기일에 앞서 임금이 직접 참석하여 주관하는 전시로 시행할지 왕명

118. 『승정원일기』와 『일성록』 및 『정조실록』 모두 동일한 날짜에 기록되어 있다.

을 받은 관원이 임금 대신 주관하는 전시로 시행할지의 여부를 초기하여 임금에게 물은 뒤에 절목을 마련하는 것으로 정식을 삼는다."라는 내용으로 전교하였다. 【정유년(1777, 정조 1) 10월 5일.[119]】

■본문 해설

위의 전교는 병조가 초기(草記)를 올려 식년 무과 전시를 어떻게 마련할지 물은 데 대해 내린 것이다. 병조의 초기에 의하면, 그전에는 임금의 특별 하교가 없으면 무과 전시는 왕명을 받은 관원이 임금 대신 주관하는 것으로 마련해 왔다고 하였다. 이에 대해 정조가 그것은 전시의 취지가 아니라고 하면서 이처럼 정한 것이다. 왕명을 받은 신하가 임금 대신 주관하는 전시로 행하라고 명할 경우에는 어느 대신(大臣)에게 주관하게 할 것인지에 대해 물었다.

◑ 참고자료 ◐

『은대편고』「병방고」 식년무과전시(式年武科殿試).
『승정원일기』 정조 원년 10월 5일 병조의 초기.

11-07

○ "觀武才殿試時, 訓鍊院堂、郎待令, 試院諸事, 眼同檢察, 定式施行。"事, 傳敎。【戊戌九月初十日。】

* 試: 저본에는 '該'로 되어 있는데, 『승정원일기』와 『일성록』 같은 날 기사에 근거하여 수정하였다.

● "관무재 전시를 시행할 때에는 훈련원의 당상과 낭청이 대령하여 시소(試所)의 여러 일을 차비관(差備官)과 함께 단속하고 살피는 것으로 정식을 삼아 시행한다."라는 내용으로 전교하였다. 【무술년(1778, 정조 2) 9월 10일.[120]】

■본문 해설

위의 전교는 이튿날 모화관(慕華館)에서 거행할 관무재 전시를 앞두고 내린 것이다. 이날 정조가 관무재 전시에 응시할 관원과 무사(武士)의 응시 순서를 정해 준 뒤에 비망기를 내려 무사의 시취(試取)를 관장하는 훈련원의 당상과 낭청이 차비관(差備官)과 함께 시험장 안의 일들을 단속하고 살피도록 한 것이다.

119. 『승정원일기』와 『일성록』 및 『정조실록』 모두 동일한 날짜에 기록되어 있다.
120. 『승정원일기』와 『일성록』에는 동일한 날짜에 기록되어 있고, 『정조실록』에는 기록되어 있지 않다.

◑ 참고자료 ◐

『대전통편』「병전」 경관직 훈련원, 시취(試取) 관무재초시(觀武才初試)·관무재복시(觀武才覆試).

『은대편고』「병방고」 관무재.

『승정원일기』 정조 2년 9월 10일 비망기(備忘記).

■어휘 해설

1. 관무재(觀武才): 임금이 대열(大閱)을 행한 뒤나 국가의 큰 경사를 만났을 때에 임금의 특명에 따라 시행했던 시험으로, 초시와 복시로 나누어 시행하였다. 관무재는 중종 때부터 시행된 사례가 보이기 시작하는데, 무과(武科)의 일종으로 자리를 잡아 정착한 것은 효종(孝宗) 때부터인 것으로 보인다. 관무재는 5년이나 10년에 한 차례 등 드물게 시행되었으며, 서울 이외에도 강화(江華), 개성(開城), 광주(廣州), 수원(水原) 등 지방에서도 시행되었다.

11-08

○ "訓局中旬, 無過數年。過此限, 自廟堂, 該將臣, 草記請推事, 定式。"事, 傳教。【戊申九月十二日。】

● "훈련도감 중순(中旬)의 시행을 몇 년씩 거르지 못한다. 이 기한을 넘기면 묘당에서 해당 장신에 대해 초기하여 추고하기를 청하는 것으로 정식을 삼는다."라는 내용으로 전교하였다.【무신년(1789, 정조 12) 9월 12일.[121]】

■본문 해설

위의 전교는 정조가 초계 문신(抄啓文臣)의 친시(親試)와 일차 유생 전강(日次儒生殿講)을 행하는 자리에서 내린 것이다. 옛날에는 해마다 4차례씩 중순(中旬)을 시행하였는데, 시간이 지날수록 드물게 시행하여 1년에 한두 차례 시행하기도 하고 2~3년에 한 차례나 5~6년에 한 차례 시행하기도 하였다. 이때 와서 정조가 훈련도감의 중순을 10년이나 6~7년에 한 차례밖에 시행하지 않는 것을 탄식하며, 이처럼 기한을 정하였다. 원문의 '數年'이 『정조실록』과 『일성록』에는 '四五年'으로 되어 있고, 『육전조례』에는 5년으로 되어 있다. 따라서 '기한'은 5년이라고 할 수 있다. 해당 장신은 훈련대장을 가리킨다. 위의 전교는 『은대편고』와 『만기요람』에도 수록되어 있다.

121. 『승정원일기』와 『일성록』 및 『정조실록』 모두 동일한 날짜에 기록되어 있다.

◑ 참고자료 ◐

『은대편고』「병방고」 중순(中旬).
『만기요람』「군정편」2 훈련도감 시예(試藝).
『육전조례』「병전」 훈련도감 시예(試藝).
『승정원일기』 정조 12년 9월 12일 초계 문신의 친시(親試) 기사.

■어휘 해설

1. 중순(中旬): 오군문(五軍門)의 대장이 중군(中軍) 이하의 장관(將官)과 장교(將校) 등을 대상으로 활쏘기 등을 시행하여 성적에 따라 상벌을 시행하던 시험이다. 『만기요람』에 의하면 중순은 척계광(戚繼光)이 월중(月中)에 기예를 시험하도록 한 제도에서 유래한 것으로, 처음에는 1년에 4차례씩 행하다가 숙종 계미년(1703, 숙종 29) 이후로는 1년에 한두 차례, 2~3년에 한 차례, 5~6년에 한 차례씩 행하게 되었다고 한다. 그러다가 정조 12년(1788)에 5년을 넘지 못하도록 시한을 정하였다.

11-09

○ "直赴殿試、會試之類, 自兵曹別作一冊入啓, 過殿試後, 請出釐正。不得不陳試者, 以草記及狀本回啓後, 案冊懸註。"事, 傳教。【甲寅三月十一日。】

＊ 直: 저본에는 없는데, 『승정원일기』와 『일성록』 같은 날 기사에 근거하여 보충하였다.

● "전시나 회시에 곧바로 응시할 자격을 받은 자들에 대해서는 병조에서 별도로 책자를 한 권 만들어 들여보냈다가 전시를 치르고 난 뒤에 내어 달라고 청하여 수정한다. 어쩔 수 없이 진시(陳試)해야 할 자에 대해서는 초기나 장계로 회계(回啓)한 뒤에 곧바로 응시할 자격을 받은 자들의 명부에 주(註)를 단다."라는 내용으로 전교하였다. 【갑인년(1794, 정조 18) 3월 11일.[122]】

■본문 해설

위의 전교는 도승지 홍명호(洪明浩)가 경과(慶科) 무과 전시에 곧바로 응시할 자격을 받은 사람 중 녹명 단자(錄名單子)를 바치지 않은 사람들에 대해 규례대로 진시(陳試)하겠다고 보고하자, 정조가 새로 정한 정식대로 하지 않았다는 이유로 홍명호를 무거운 쪽으로 추고(推考)하도록 하면서 내린 것이다. 새로 정한 정식이란 이해 2월 12일에 정조가 병조 판서 서유방(徐有防)의 건의를 받아들여 정한 것을 말한다. 즉 전시나 회시에 곧바로 응시할 자격을

122. 『승정원일기』와 『일성록』에는 동일한 날짜에 기록되어 있고, 『정조실록』에는 기록되어 있지 않다.

받은 사람들에 대해서는 전시를 행하기 전에 서울에서는 한성부와 각 영문(營門)이 초기(草記)로, 지방에서는 각 해당 도가 장계(狀啓)로, 응시할 사람과 탈이 있어 응시할 수 없는 사람을 구별해 보고하여 임금의 재가를 받은 뒤에 응시하도록 하거나 진시하도록 한 규정을 가리킨다. 다만 이때에는 정조가 이러한 규정을 이듬해의 식년시(式年試)부터 적용하도록 하였다.

◑ 참고자료 ◐

『승정원일기』 정조 18년 2월 12일 서북 별부료시사(西北別付料試射) 기사, 3월 11일 경과 무과 전시 기사.

■어휘 해설

1. 진시(陳試): 회시(會試)나 전시(殿試)에 응시해야 하는 자가 사정상 응시할 수 없는 경우에 해당 관사의 허락을 받아 다음 차례의 회시나 전시에 응시할 수 있도록 하는 것을 가리킨다. 초시(初試)에 합격한 자가 회시에, 회시에 합격한 자가 전시에, 회시나 전시에 곧바로 응시할 자격을 받은 자가 회시나 전시에 응시해야 하는데, 부모의 상을 당하였을 경우, 1년상을 당하여 아직 장례를 치르지 못하였을 경우, 아버지와 자식이 같이 응시하는 경우 등에는 예조나 병조의 허락을 받아 다음 차례의 회시나 전시에 응시하도록 미룰 수 있는 제도다.

11-10

○ "武科殿試擧子中京擧子, 則使兵曹管束; 軍門擧子及八道擧子, 分屬各軍門, 收聚單子, 整待人員於試場。訓鍊院只管試記, 而合力檢擧, 定式。"事, 承旨出擧條。【乙卯九月初六日。】

● "무과 전시의 응시자 중 서울의 응시자는 병조에서 관장하게 하고 군문의 응시자와 팔도의 응시자는 각 군문에 나누어 소속시켜서 관장하게 하여, 각각 명단을 모아서 응시할 인원들을 시험장에 정돈하여 대령시킨다. 그리고 훈련원은 시기(試記)만을 주관하여 이들 관사와 협력하여 단속하는 것으로 정식을 삼는다."라는 내용으로 승지가 거행 조건을 내었다. 【을묘년(1795, 정조 19) 9월 6일.[123]】

■본문 해설

승지는 우승지 이유경(李儒慶)을 가리킨다. 위의 규정은 혜경궁(惠慶宮)의 회갑 등 6가지의

123. 『승정원일기』와 『일성록』에는 동일한 날짜에 기록되어 있고, 『정조실록』에는 기록되어 있지 않다.

경사를 만나 경과(慶科)를 거행하는 자리에서 정조가 이유경의 건의를 받아들여 정한 것이다. 이유경의 말에 의하면, 이번 경과(慶科) 대정시(大庭試)의 전시(殿試)를 훈련원에서만 주관하게 하여 혼란이 많았는데, 그전에 정조의 특별 하교로 군문의 응시자와 팔도의 응시자는 각 영문에 소속시키고 소속시킬 곳이 없는 서울의 응시자는 병조에 소속시켜 방방(放榜)한 결과 혼란이 없었다고 하였다. 정조가 이유경의 말에 따라 방방할 때만이 아니라 전시를 시행할 때에도 각 관사와 군문이 응시자를 나누어 관장하여 혼잡을 없애도록 하였다. 본문에는 서울의 응시자를 병조가 관장한다고 하였으나, 실제로는 군문에서 관장하지 않는 서울의 응시자만 병조가 관장하였다.

◑ 참고자료 ◐

『승정원일기』 정조 19년 9월 6일 경과(慶科) 기사.

■어휘 해설

1. 시기(試記) : 과시(科試)의 시험 과목별로 응시자의 성명, 응시 순서, 시험 성적 등이 기록된 문서를 가리킨다. 시관(試官)과 도청(都廳) 등이 시기를 가지고서 응시자를 차례대로 응시하도록 하고 그 성적을 시기에 기록하였다. 이후 이를 시책(試冊)으로 정리한 것으로 보인다. 사료에서는 시기와 시책을 동일한 의미로 사용한 사례도 보인다.

11-11

○ "提督孫李熙章紅牌, 聞有年號云, 安寶之承宣, 何其固陋乎? 紅牌一張, 卽爲改書安寶給之。此後似此之人, 紅牌與敎旨, 依此例。"事, 傳敎。【庚申四月初十日。】

● "제독(提督, 이여송(李如松))의 후손인 이희장의 홍패에 청나라의 연호가 적혀 있다고 하니, 어보(御寶)를 찍은 승지는 어찌 그리도 융통성이 없단 말인가. 홍패 1장을 즉시 다시 쓴 뒤에 어보를 찍어 내려 주라. 앞으로 이와 같은 경우의 사람에 대해서는 홍패와 교지를 이 사례대로 처리해서 내려 주라."라는 내용으로 전교하였다. 【경신년(1800, 정조 24) 4월 10일.[124]】

---

124. 『승정원일기』와 『일성록』 및 『정조실록』 모두 동일한 날짜에 기록되어 있다.

■**본문 해설**

위의 전교는 정조가 명나라 장수 이여송(李如松)의 후손 이희장(李熙章)에게 발급한 홍패에 청나라의 연호가 적힌 사실을 듣고서 내린 것이다. 『홍재전서』에 의하면, 이여송이 임진왜란이 일어나 조선에 나왔을 때 사대부의 처자를 맞아 아들을 낳았는데, 이 사람이 이희장의 선조가 되었다고 한다. 이러한 규정은 명나라를 무너뜨리고 성립한 청나라의 연호를 명나라 사람 후손에게 발급하는 문서에 적지 못하도록 한 것으로, 홍패뿐만 아니라 황단(皇壇)이나 선무사(宣武祠)와 관련된 문서, 명나라 사람 후손에게 발급하는 관교(官敎) 등에도 청나라 연호를 적지 못하도록 하였다. 이러한 규정은 『은대편고』, 『은대조례』, 『육전조례』에도 수록되어 있다.

◑ **참고자료** ◐

『은대편고』「이방고」 촬요(撮要)・정사(政事), 「통고」 통행사례(通行事例).
『은대조례』「예고」 황단(皇壇), 「부록」 판부규식(判付規式).
『육전조례』「이전」 이조 고훈사(考勳司) 향관(享官), 승정원 총례(總例), 「병전」 병조 정색(政色) 총례(總例).
『홍재전서(弘齋全書)』 권36 「교(敎)」.
『승정원일기』 정조 24년 4월 10일 전교.

12. 관제(官制)

관제(官制)는 국가의 행정 조직 및 권한에 대한 규정을 가리킨다. 조선 시대의 관제는 초기의 정비 과정을 거쳐 성종대에 『경국대전』이 간행됨으로써 1차적으로 종합되었다. 이후 지속적인 보완과 수정을 거쳐 영조대의 『속대전』과 정조대의 『대전통편』, 고종대의 『대전회통』에 반영되었다. 이상의 법전에서는 조선 시대의 관제를 크게 동반(東班)과 서반(西班)으로 나누어 규정하고 있는데, 관사의 조직과 위계, 관원의 구성・품계・임명・고과(考課) 등에 대한 규정 등을 담고 있다.

이 편에는 그중 서반의 관제에 대한 규정만을 수록하고 있다. 특히 서울과 지방의 무관(武官)을 임명하고 그들의 실적을 평가하는 일, 군영아문(軍營衙門)의 장신(將臣)・장관(將官)・장교(將校)의 임명과 승진 등에 대한 규정이 주를 이루고 있다.

◑ 참고자료 ◐

『경국대전』「이전(吏典)」, 「병전(兵典)」.
『속대전』「이전」, 「병전」.
『대전통편』「이전」, 「병전」.
『대전회통』「이전」, 「병전」.

12-01

○ "南兵使, 以曾經兵使人擬望事, 定式", 傳教。【丙申十一月十三日。】

● "남병사(南兵使)에는 일찍이 병사(兵使)를 지낸 사람을 후보로 뽑아 올리는 것으로 정식을 삼는다."라는 내용으로 전교하였다. 【병신년(1776, 정조 즉위) 11월 13일.[125]】

■본문 해설

위의 전교는 정조가 약방(藥房)의 제조(提調)들이 입시한 자리에서 신하들의 의견을 들은 뒤에 내린 것이다. 남병사는 함경남도 병마절도사(兵馬節度使)를 가리키고, 병사는 각 도에 두었던 종2품의 병마절도사를 가리킨다. 함경도는 남도와 북도로 나누어 각각 병마절도사를 두었다. 함경도는 나라의 변방으로써 국방상 중요한 지역인데 병사의 경력이 없는 사람을 임명하는 것은 국가의 방어를 소홀히 하는 일이므로, 병사의 경력이 있는 사람을 임명하도록 한 것이다. 그 이전에는 함경도의 북병사와 평안 병사는 묘당에서 후보를 추천하고, 그 이외 각 도의 병사는 병비(兵批)가 수사(水使)를 역임한 사람으로 후보를 뽑아 올리는 것이 원칙이었다. 그에 따라 이날 병비(兵批)에서 수사를 역임한 구이겸(具以謙)을 남병사의 첫 번째 후보로 뽑아 올렸는데, 정조가 남병사도 북병사와 마찬가지로 국방상 중요한 자리라는 이유를 들어 이처럼 정식을 정하였고, 결국 안종규(安宗奎)를 남병사로 삼았다. 이러한 규정은 『대전통편』, 『전율통보』, 『양전편고(兩銓便攷)』에도 수록되어 있다.

◑ 참고자료 ◐

『대전통편』「이전」 천거(薦擧), 「병전」 외관직(外官職).
『전율통보』「병전」 외관직(外官職)・외관격식(外官格式).
『양전편고』「서전(西銓)」 외직(外職).

---

125. 『승정원일기』와 『일성록』 및 『정조실록』 모두 동일한 날짜에 기록되어 있다.

『승정원일기』 정조 즉위년 11월 13일 입시 기사.
『정조실록』 정조 즉위년 11월 13일(신사).

12-02

○ "有薦出身, 屬之禁、御兩營騎士, 如宣薦內禁衛例, 爲入仕階梯。"事, 禁將擧條批答。【戊戌四月二十日。】

● "유천출신(有薦出身)들을 금위영과 어영청 두 영문(營門)의 기사(騎士)에 소속시켜 선천 내금위(宣薦內禁衛)의 규례처럼 첫 벼슬길에 들어설 수 있는 통로로 삼는다." 라는 내용으로 금위대장이 낸 거행 조건에 대해 비답을 내렸다.【무술년(1778, 정조 2) 4월 20일.[126]】

■ **본문 해설**

금위대장은 홍국영(洪國榮)을 가리킨다. 위의 규정은 홍국영이 금위영과 어영청에 소속된 기사의 변통에 대해 건의하자, 정조가 이를 받아들여 정한 것이다. 금위영과 어영청에는 각각 150명씩의 기사를 두고 이를 다시 각각 3번(番)으로 나누었는데, 그중 각 1번을 부천(部薦)과 수천(守薦) 중 취재(取才)를 통해 선발된 사람으로 채우도록 한 것이다. 두 영문의 기사는 영조가 21년(1745)에 두 영문의 해서 별효위(海西別驍衛)를 혁파하고 해서 숙위기사(海西宿衛騎士)를 설치하면서 시작되었고, 26년(1750)에 해서 숙위기사를 혁파하고 향기사(鄕騎士)가 아닌 경기사(京騎士)로 선발하도록 바꾸었다. 이들이 두 영문의 기사로 6개월을 근무한 뒤에야 초사직(初仕職)의 후보에 오를 수가 있었다. 금군은 내금위(內禁衛) 3개 번, 우림위(羽林衛) 2개 번, 겸사복(兼司僕) 2개 번으로 조직되었는데, 정조 원년(1777)에 그중 1번과 2번 내금위를 선천으로 채우고, 이들이 6개월을 근무하면 초사직에 진출할 수 있도록 정하였다. '선천 내금위의 규례'란 이를 가리킨다. 이러한 규정은 『대전통편』과 『전율통보』에도 수록되어 있다.

◑ **참고자료** ◐

『대전통편』「병전」 경관직(京官職)·수문장청(守門將廳)·금위영(禁衛營)·어영청(御營廳)·금어양영기사(禁御兩營騎士).
『전율통보』「병전」 경관격식(京官格式).

---

126. 『승정원일기』와 『일성록』에는 동일한 날짜에 기록되어 있고, 『정조실록』에는 기록되어 있지 않다.

『승정원일기』 영조 21년 7월 9일 금위영과 어영청의 초기(草記), 11월 26일 금위영과 어영청의 초기, 26년 7월 23일 인견 기사, 정조 2년 4월 20일 입시 기사.

■어휘 해설

1. 유천출신(有薦出身): 무과(武科)에 급제(及第)한 자로서 천거를 받은 사람을 가리킨다. 무과에 급제한 자들 중에서 문벌과 능력에 따라 선전관(宣傳官)·부장(部將)·수문장(守門將)이 될 만한 사람을 각각 선발하였는데, 그 천거된 관직에 따라 선천(宣薦), 부천(部薦), 수천(守薦)이라고 불렀다. 유천출신은 이들을 가리킨다.

12-03

○ "都政日, 八道守令例兼兵馬僉節制使、同僉節制使、都尉於鎭管事, 隨出下批, 定式。"事, 下教。【戊戌閏六月十三日。】

● "도목 정사(都目政事)를 행하는 날에는, 팔도의 수령이 진관(鎭管)에서 병마첨절제사(兵馬僉節制使), 병마동첨절제사(兵馬同僉節制使), 병마절제도위(兵馬節制都尉)를 당연직으로 겸하는 사안에 대해 사안이 나오는 대로 하비하는 것으로 정식을 삼는다."라는 내용으로 하교하였다. 【무술년(1778, 정조 2) 윤6월 13일[127]】

■본문 해설

위의 하교는 사료에서 확인하지 못하였다. 병마첨절제사는 종3품, 병마동첨절제사는 종4품, 병마절제도위는 종6품으로, 수령이 당연직으로 겸하는 자리도 있고 수령과는 독립적으로 임명되는 자리도 있었다. 따라서 도목 정사가 열리는 날에 수령에 임명된 자가 이러한 자리를 당연직으로 겸임하게 된 경우에는 별도의 하비 정사(下批政事)를 열지 않고 그 자리에서 하비하도록 한 것으로 보인다.

◑ 참고자료 ◐

『전율통보』「병전」 외관직(外官職).

■어휘 해설

1. 진관(鎭管): 조선 시대 지방의 방위조직을 가리킨다. 각 도마다 한두 개의 주진(主鎭)을 두고, 그 밑의 군사상 주요한 거점 지역에 거진(巨鎭)을 두어 거진이 제진(諸鎭)을 통괄하게 하는 조직

127. 『승정원일기』와 『일성록』 및 『정조실록』 모두 동일한 날짜에 기록되어 있지 않다.

이다. 주진에는 절도사가, 거진에는 절제사나 첨절제사가, 제진에는 동첨절제사 · 절제도위 · 만호가 임명되었다.

12-04

○ "各軍門堂上、堂下將官及從事官, 各自該營備三望, 送于兵曹, 口傳入啓受點, 定式。"事, 大臣擧條蒙允。【戊戌閏六月十七日。】

● "각 군문의 당상 장관, 당하 장관, 종사관을 임명할 때에는 각 해당 영문(營門)에서 후보 3명을 갖추어 병조로 보내면 병조가 구전 정사(口傳政事)를 열어 망단자(望單子)를 들여보내 낙점을 받는 것으로 정식을 삼는다."라는 내용으로 대신이 거행 조건을 내어 윤허를 받았다. 【무술년(1778, 정조 2) 윤6월 17일.[128]】

■본문 해설

대신은 좌의정 서명선(徐命善)을 가리킨다. 위의 규정은 각 군문의 장관과 종사관을 임명할 때 병조를 거치지 않고 각 군문에서 직접 차출하던 것을 병조로 일원화하기 위해 정한 것이다. 그 이전에는 각 군문의 장관과 종사관을 차출할 때 해당 군문에서 단독 후보의 명단을 작성해 올려서 임금의 재가를 받았다. 그러나 각 군문의 도제조와 제조, 한시적으로 설치하는 도감(都監)의 당상과 낭청도 모두 이조에서 재가를 받았고, 포도청의 당상과 낭청도 포도청이 후보를 자체적으로 선발한 뒤에는 병조를 거쳐 재가를 받았으므로, 각 군문의 장관과 종사관도 각 군문에서 후보를 자체적으로 선발한 뒤에는 병조를 거쳐 임금의 재가를 받도록 하였다. 각 군문의 당상 장관으로는 종2품인 중군(中軍), 정3품인 별장(別將) · 천총(千摠) · 국별장(局別將) · 기사장(騎士將)이 있었고, 당하 장관으로는 종4품인 파총(把摠)과 종9품인 초관(哨官)이 있었다. 각 군문의 종사관은 종6품으로, 원래 낭청으로 불리다가 바뀐 것이다.

◑ 참고자료 ◐

『대전통편』「병전」 군영아문(軍營衙門).
『승정원일기』 정조 2년 윤6월 17일 입시 기사.

128. 『승정원일기』와 『일성록』 및 『정조실록』 모두 동일한 날짜에 기록되어 있다.

12-05

○ "堂上侍從受由過限不上來者, 直捧禁推, 修明舊制。"事, 承旨出擧條蒙允。【戊戌十一月二十八日。】

● "말미를 받고 내려갔다가 기한이 지났는데도 올라오지 않는 당상 시종에 대해서도 옛 제도를 밝혀 의금부에 내려 추고하라는 전지를 곧바로 들인다."라는 내용으로 승지가 거행 조건을 내어 윤허를 받았다. 【무술년(1778, 정조 2) 11월 28일.[129]】

■본문 해설

승지는 동부승지 신응현(申應顯)을 가리킨다. 위의 규정은 영조 때에 정했던 것을 다시 천명한 것이다. 영조 18년(1742) 10월 25일에 '전임이나 현임을 막론하고 당상 이하 시종이 말미 기한이 지나도록 올라오지 않은 경우에는 곧바로 의금부에 내려 추고하라는 전지를 들여보내라.'는 영조의 하교가 있었다. 이는 말미를 받아 시골에 내려간 옥당(玉堂)이 기한이 지나도 올라오지 않는 자가 많아서 내린 것으로, 당상이나 당하, 전임이나 현임을 구별하지 말고 모두 적용하도록 하였다. 이때 와서 정조가 말미를 받아 시골에 내려갔다가 기한이 지나도 올라오지 않는 시종의 처리에 대해 알아보는 과정에서 당상 시종에 대해서는 문제를 삼지 않는다는 보고를 받고서는, 기한이 지나도 올라오지 않은 시종과 무신들을 모두 적어 올리라고 명하였다. 그 뒤에 신응현이 『승정원일기』에서 영조 때의 고사를 찾아서 위의 거행 조건을 낸 것이다. 이러한 규정은 『은대편고』에도 수록되어 있다.

◑ 참고자료 ◐

『은대편고』「병방고」 대군함하향(帶軍啣下鄕).
『승정원일기』 영조 18년 10월 25일 입진(入診) 기사, 정조 2년 11월 28일 입시 기사.

12-06

○ "喬桐將士, 久勤一窠, 間三年許給事, 定式。"事, 大臣擧條蒙允。【己亥十一月二十四日。】

● "교동의 장사에게 구근과(久勤窠) 한 자리를 4년마다 주는 것으로 정식을 삼는다."

---

129. 『승정원일기』와 『일성록』에는 동일한 날짜에 기록되어 있고, 『정조실록』에는 기록되어 있지 않다.

라는 내용으로 대신이 거행 조건을 내어 윤허를 받았다.【기해년(1779, 정조 3) 11월 24일.[130]】

■본문 해설

대신은 좌의정 홍낙순(洪樂純)을 가리킨다. 위의 규정은 교동에 있던 통어영(統禦營)을 강화(江華)로 옮기면서 구근과를 잃게 된 교동의 장사들을 위로하기 위해 정한 것이다. 각 영문에서 만 45개월 동안 장기 근무한 장교(將校)는 변장(邊將)에 제수하도록 하였는데, 통어영이 교동에서 강화로 옮겨 간 이후에도 교동의 장사에게 계속 적용하도록 한 것이다. 위의 규정이 『대전통편』에는 교동의 장관(將官)을 4도목마다 한 사람씩 제수하는 것으로 수록되어 있고, 『양전편고』에는 매번 도목 정사가 있을 때마다 교동의 초관(哨官)과 기패관(旗牌官)을 통틀어 한 사람씩 제수하는 것으로 수록되어 있다.

◑ 참고자료 ◐

『대전통편』「병전」 경관직(京官職).
『전율통보』「병전」 경관격식(京官格式).
『양전편고』「서전(西銓)」 구근(久勤).
『승정원일기』 정조 3년 11월 24일 조강(朝講)·차대(次對) 기사.

■어휘 해설

1. 구근과(久勤窠): 동일한 관사나 관직에서 오랫동안 근무한 사람을 옮겨 주기 위해 마련된 자리를 가리킨다. 『양전편고』「서전(西銓)」 구근(久勤)에서는 구근과로 각 처의 첨사(僉使), 만호(萬戶), 별장(別將), 권관(權管)을 열거하고, 이들의 자리에 제수할 구근한 관원의 범위에 대해 규정하고 있다.

12-07

○ "外方文、蔭、武成冊, 六月、十二月褒貶啓本上送時, 同爲修報。身死, 則文·蔭而都正、武而防禦使以上狀聞, 其餘報該曹, 而不待歲末擧行事, 定式。" 吏、兵曹草記蒙允。【庚子六月二十五日。】

＊ 月: 저본에는 '日'로 되어 있는데, 『승정원일기』와 『일성록』 및 『정조실록』 같은 날 기사에 근거하여 수정하였다.

＊ 文蔭而都正: 『정조실록』 같은 날 기사에는 '文蔭而正都正'으로 되어 있고, 『승정원일기』 같은 날 기사에

130. 『승정원일기』와 『일성록』에는 동일한 날짜에 기록되어 있고, 『정조실록』에는 기록되어 있지 않다.

는 '文而都正蔭而正都正'으로 되어 있다.

● "지방에서 올리는 문관(文官), 음관(蔭官), 무관(武官)에 대해 기록한 책자는 6월과 12월에 포폄 계본을 올려 보낼 때 함께 작성하여 보고한다. 관원이 사망했을 경우에는, 문관이나 음관으로서 도정(都正) 이상과 무관으로서 방어사 이상인 자는 장계로 보고하고 그 나머지는 병조에 보고하되, 연말까지 기다리지 않고 거행하는 것으로 정식을 삼는다."라고 이조와 병조가 초기하여 윤허를 받았다. 【경자년(1780, 정조 4) 6월 25일.[131]】

■본문 해설

위의 규정은 정조의 명에 따라 이조의 당상과 병조의 당상이 만나서 정한 뒤에 정조의 허락을 받은 것이다. 그 내용은 3가지라고 할 수 있다. 첫째는 그동안 지방의 문관에 대해서만 거주(居住), 연세(年歲), 과거 급제 연도, 상중(喪中)인지의 여부 등을 보고하였는데, 무관과 음관까지도 함께 보고하도록 한 것이다. 둘째는 연말에 한 차례 보고하던 것을 6월과 12월에 포폄 계본을 올려 보낼 때 함께 올려 보내도록 하여 두 차례로 늘린 것이다. 셋째는 지방의 관원 중 사망한 자를 보고할 때는 장계로 임금에게 보고할 자와 첩정으로 이조와 병조에 보고할 자로 나누되, 수시로 거행하도록 정한 것이다. 이러한 규정을 정한 이유는 이를 바탕으로 이조와 병조의 관안(官案)을 정리하기 위한 것으로 보인다.

◑ 참고자료 ◐

『승정원일기』 정조 4년 6월 24일 비망기(備忘記) · 25일 이조의 초기.

12-08

○ "入直禁軍將, 勿參於龍虎營褒貶, 而依奉命與拿處例, 以入直懸頉於原啓目, 定式。"事, 傳敎。【庚子六月。】

* 將: 저본에는 없는데, 『승정원일기』와 『일성록』 같은 달 20일 기사에 근거하여 보충하였다.

● "입직하는 금군장(禁軍將)은 용호영의 포폄하는 자리에 참석시키지 말고, 왕명을 받고서 거행하기 위해 나간 관원이나 의금부로 잡아다 처리하라는 처분을 받은 관원의 예에 따라 원래의 계목에 불참 사유를 '입직'이라고 기록하는 것으로 정식을 삼는다."

131. 『승정원일기』와 『일성록』 및 『정조실록』 모두 동일한 날짜에 기록되어 있다.

라는 내용으로 전교하였다.【경자년(1780, 정조 4) 6월.[132]】

■ 본문 해설

위의 전교는 포폄을 행하는 날에 입직 중인 금군장을 어떻게 처리할 것인지 정식을 정하라는 정조의 명에 따라 병조가 초기를 올리자 내린 것이다. 각 관사가 소속 관원에 대해 포폄을 행하는 자리에는 소속 관원들이 참석해야 했으며, 참석하지 않은 경우에는 중등 실적으로 평가했다. 그런데 관원들이 하등 실적으로 평가되는 것을 피하기 위해 고의로 불참하는 경우가 있었으므로, 불참 사유를 사실대로 기록하도록 하였다. 이에 따라 입직 중인 금군장에 대해서도 삼영문(三營門)의 입직하는 장관(將官)들처럼 '군병을 거느리고서 입직함[領軍入直]'이라고 불참 사유를 명기하고 포폄하는 자리에 불참하도록 하였다. 왕명을 받고서 지방에 나간 관원은 '왕명을 받고 나가서 지방에 있음[奉命在外]', 의금부에서 조사를 받는 관원은 '의금부에 나아가서 신문을 받는 중임[就理]'이라고 불참 사유를 명기하였다.

◑ 참고자료 ◐

『대전통편』「이전」 포폄(褒貶).
『전율통보』「이전」 포폄.
『은대편고』「이방고」 포폄.
『양전편고』「동전(東銓)」 포폄.
『승정원일기』 정조 4년 6월 20일 병조의 초기.

■ 어휘 해설

1. 금군장(禁軍將): 금군을 통솔하는 용호영(龍虎營)의 정3품 벼슬을 가리킨다. 금군은 일반적으로 내금위(內禁衛) 3개 번, 우림위(羽林衛) 2개 번, 겸사복(兼司僕) 2개 번으로 조직되었는데, 내금위장, 우림위장, 겸사복장을 통틀어 금군장이라고 불렀다.

12-09

○ "軍門將官望筒, 雖齋日, 入啓。隨窠差出, 至三日不出代, 則該房察推。"事, 定式。【庚子七月初九日。】

* 啓: 저본에는 '侍'로 되어 있는데, 『승정원일기』와 『일성록』 같은 날 기사에 근거하여 수정하였다.

● "군문 장관의 망통은 재계하는 날이라도 임금의 재가를 받기 위해 들여보낸다. 군문

132. 『승정원일기』와 『일성록』에는 같은 달 20일에 기록되어 있고, 『정조실록』에는 기록되어 있지 않다.

의 장관은 빈자리가 생기는 대로 차출하되, 3일이 되도록 후임을 차출하지 않으면 병방 승지(兵房承旨)가 추고한다."라는 내용으로 정식을 삼았다. 【경자년(1780, 정조 4) 7월 9일.[133]】

■ **본문 해설**

위의 규정은 임금이 재계하는 날이라는 이유로 국별장(局別將)의 망통을 승정원에 보류한 일과 금위대장이 금위영의 초관(哨官)을 한 달이 지나도록 차출하지 않은 일로 인하여 정한 것이다. 앞의 12-04에서, 군문의 장관은 해당 군문에서 후보 3명을 선발한 뒤 병조를 통해 망통을 올리도록 하였는데, 여기에서는 그 망통을 재계하는 날에도 올릴 수 있도록 정하고, 군문 장관의 빈자리가 생겼는데도 3일이 되도록 후임 장관을 차출하지 않은 해당 군문의 장신(將臣)에 대해서는 병방승지가 추고하기를 청하도록 정한 것이다. 이러한 규정은 『은대편고』와 『양전편고』에도 수록되어 있다.

◑ **참고자료** ◐

『은대편고』 「병방고」 각군문(各軍門).

『양전편고』 「서전」 군영(軍營).

『승정원일기』 정조 4년 7월 8일과 9일 입시 기사.

12-10

○ "各營門、各衙門久勤報來時, 該大將及該堂上著署, 書行首、掌務之姓名著押, 而該所任親呈本曹, 本曹堂上親執考準, 定式。"事, 兵判出擧條蒙允。【辛丑二月十九日。】

● "각 영문이나 각 아문이 오랫동안 근무한 사람을 보고할 때에는 해당 영문의 대장이나 해당 아문의 당상이 서명하고 또 행수와 장무관의 성명을 쓰고 서명하여, 해당 업무 담당자가 직접 병조에 올리면 병조의 당상이 직접 맡아 대조하는 것으로 정식을 삼는다."라는 내용으로 병조 판서가 거행 조건을 내어 윤허를 받았다. 【신축년(1781, 정조 5) 2월 19일.[134]】

---

133. 『승정원일기』와 『일성록』에는 동일한 날짜에 기록되어 있고, 『정조실록』에는 기록되어 있지 않다.

134. 『승정원일기』와 『일성록』 및 『정조실록』 모두 동일한 날짜에 기록되어 있다.

■본문 해설

병조 판서는 홍낙성(洪樂性)을 가리킨다. 위의 규정은 도목 정사(都目政事)를 행할 때 장기 근무한 사람을 보고하는 문서에 농간을 부리지 못하게 하기 위해서 정한 것이다. 각 영문이나 각 아문에서 45개월 동안 장기 근무한 사람에 대해서는 해당 영문이나 아문에서 도목 정사가 열릴 때마다 보고하여 구근과(久勤窠)인 변장(邊將)에 차출되는 혜택을 주었다. 그런데 이 과정에서 농간을 부리는 폐단이 생기자 이를 막기 위해서 책임자의 이름과 서명을 문서에 명기하도록 한 것이다. 행수(行首)는 동일한 관직 안에서 우두머리 관원을 일컫는 말이고, 장무관은 해당 업무의 실무자 또는 담당자를 가리킨다. 구근과에 대해서는 12-06 어휘 해설 참조.

◑ 참고자료 ◐

『대전통편』「병전」 경관직(京官職).
『전율통보』「병전」 경관격식(京官格式).
『양전편고』「서전(西銓)」 구근(久勤).
『승정원일기』 정조 5년 2월 19일 주강(晝講)·차대(次對) 기사.

12-11

○ "都政時, 宣薦禁軍及部、守薦騎士遷轉窠窄, 則宣薦先爲遷轉, 部、守薦次第遷轉, 而未及遷轉者, 待散政隨窠遷轉, 定式。"事, 兵判出擧條蒙允。【辛丑四月十八日。】

● "도목 정사를 행할 때에 선천 금군(宣薦禁軍), 부천 기사(部薦騎士), 수천 기사(守薦騎士)를 옮겨 주는 자리가 모자라면, 선천 금군을 먼저 옮겨 주고 부천 기사와 수천 기사를 순서대로 옮겨 주되, 미처 옮겨 주지 못한 자는 산정(散政)을 기다렸다가 빈자리가 나는 대로 옮겨 주는 것으로 정식을 삼는다."라는 내용으로 병조 판서가 거행 조건을 내어 윤허를 받았다.【신축년(1781, 정조 5) 4월 18일.[135]】

■본문 해설

병조 판서는 홍낙성(洪樂性)을 가리킨다. 위의 규정은 금군의 적체를 해소하기 위해서 정한 것이다. 선천(宣薦)은 취재(取才)를 통과하면 금군의 일내금위(一內禁衛)와 이내금위(二內禁衛)에 소속되었고, 여기에서 6개월을 근무해야 초사직(初仕職)으로 진출할 수 있었다. 선

135. 『승정원일기』와 『일성록』 및 『정조실록』 모두 동일한 날짜에 기록되어 있다.

천 금군은 이들을 가리킨다. 수천(守薦)과 부천(部薦)도 취재를 통과하면 금위영과 어영청 두 영문의 기사(騎士)에 소속되었고, 여기에서 6개월을 근무해야 초사직으로 진출할 수 있었다. 부천 기사와 수천 기사는 이들을 가리킨다. 그러나 초사직으로 옮겨 주어야 할 사람은 많고 초사직은 부족했기 때문에 6개월을 근무해도 초사직으로 옮겨 가지 못하고 적체되었다. 이를 해결하기 위해서 초사직으로 옮겨 주는 차례를 위와 같이 정한 것이다.

◑ 참고자료 ◐

『대전통편』「병전」 경관직(京官職).
『전율통보』「병전」 경관격식(京官格式).
『승정원일기』 정조 5년 4월 18일 입시 기사.

12-12

○ "宣薦拔薦之規, 永爲革罷。不得不可削之人, 自該廳報于本兵及諸武將, 待僉議詢同, 又自兵曹草記或筵稟蒙允後施行, 定式。"事, 傳敎。【壬寅四月初十日。】

● "선천(宣薦)을 추천 명단에서 삭제하는 규정은 영구히 파기한다. 그러나 어쩔 수 없이 명단에서 삭제해야만 하는 인물에 대해서는 선전관청(宣傳官廳)에서 병조 판서와 무장(武將)들에게 보고하여 여러 사람의 의견이 일치하기를 기다렸다가 또 병조에서 초기하거나 연석에서 아뢰어 윤허를 받은 뒤에 시행한다. 이로써 정식을 삼는다."라는 내용으로 전교하였다. 【임인년(1782, 정조 6) 4월 10일.[136]】

■본문 해설

위의 전교는 정조가 강성윤(姜聖胤)의 상언(上言)에 대해 내린 것이다. 강성윤의 상언은 강창환(姜昌煥)이 선천의 명단에서 삭제된 것을 복구해 달라고 청하는 내용이다. 이 상언이 올라오기 전에 선전관청의 선생안(先生案, 전임자 명부)에 '拔'자를 쓰고 명단에서 삭제한 일이 발각되어 정조가 모두 복구하도록 한 일이 있었다. 선전관의 후보로 추천된 사람을 일정한 절차도 밟지 않고 명단에서 삭제하도록 두면 개인적인 이해관계에 따라 불이익을 받을 수가 있기 때문에 이를 영구히 폐지한 것이다. 그리고 어쩔 수 없이 명단에서 삭제할 경우에도 병

136. 『승정원일기』와 『일성록』에는 동일한 날짜에 기록되어 있고, 『정조실록』에는 기록되어 있지 않다.

조 판시와 장신(將臣)의 만장일치가 있고 임금의 재가를 받아야 삭제할 수 있도록 절차를 엄격히 정하였다.

◑ **참고자료** ◐

『승정원일기』 정조 6년 3월 24일과 28일 인견 기사, 4월 10일 전교.

12-13

○ "軍餉色郎廳一員, 以蔭官差出兼管。把摠, 自嘉善至防禦使履歷, 通融差出, 邊地履歷之有智略地望者, 特敎除拜, 仍用防禦使履歷, 直擬閫任。兵房有闕, 則將官來告政院, 兵房承旨承批後頒傳令。兵房無佩標, 虎符一、傳令牌一造給, 定式。"事, 傳敎。【辛亥五月二十二日。】

● "장용영(壯勇營)의 군향색 낭청 1명은 음관으로 차출하여 군색(軍色)과 향색(餉色)을 겸하여 관장하게 한다. 장용영의 파총은 가선대부(嘉善大夫)에서부터 방어사의 이력이 있는 자까지를 통틀어 차출하되, 변지 이력(邊地履歷)이 있는 자로서 지략이 있거나 문벌과 명망이 갖추어진 자는 특별 하교로 제수하고 이어서 방어사의 이력을 적용하여 곧바로 곤수(閫帥)의 후보로 뽑아 올린다. 장용영의 병방에 궐원이 생겼을 경우에는 장용영의 장관이 승정원에 와서 보고하면 병방 승지가 비답을 받은 뒤에 전령을 반포한다. 장용영의 병방은 몸에 차는 증표가 없으므로 호부 하나와 전령패 하나를 만들어 준다. 이로써 정식을 삼는다."라는 내용으로 전교하였다.【신해년(1791, 정조 15) 5월 22일.[137]】

■본문 해설

위의 전교는 장용영에 병방과 군향색 낭청을 두면서 정한 것이다. 이 조항은 네 단락으로 나눌 수가 있다. 첫 번째 단락은 장용영의 군향색 낭청을 음관으로 차출하도록 한 것이다. 삼군문의 경우에는 군색(軍色)과 향색(餉色)을 나누어 설치하였으나, 정조가 장용영은 둘을 나누지 않고 군향색 하나만 설치하여 낭청 1명이 겸하여 관장하도록 하였다. 그러나 이로부터 며칠 후에 장용영 제조 김이소(金履素)의 건의에 따라, 군색 낭청과 향색 낭청으로 나누어 차출하였다. 두 번째 단락은 장용영 파총의 자격을 정한 것으로, 원칙적으로 종2품 가선대부부터

137. 『승정원일기』와 『일성록』 및 『정조실록』 모두 동일한 날짜에 기록되어 있다.

같은 종2품인 방어사의 이력이 있는 사람까지로 파총을 차출하게 하였다. 임금의 특별 하교에 따라 예외적으로 차출할 경우에는 방어사의 이력은 없고 변지 이력만 있는 사람으로도 차출하되 그 사람에게는 방어사의 이력을 인정해 주도록 하였다. 변지 이력은 변지과(邊地窠)로 지정된 수령이나 변장의 자리를 역임한 이력을 가리킨다. 변지 이력이 있어야 방어사로 승진할 수가 있었다. 세 번째 단락은 장용영 병방을 차출하는 절차를 정한 것으로, 장용영의 장관이 승정원에 보고하면 병방 승지가 비답을 받은 뒤에 전령을 반포하도록 하였다. 이날 금위대장 김지묵(金持默)을 장용영 병방에 제수하였다. 네 번째 단락은 장용영 병방에게 발급하는 증표에 대한 것으로, 호부와 전령패를 각각 1개씩 만들어 주도록 하였다. 장용영 병방은 정조 17년부터 대장(大將)으로 바꾸어 부르게 되었다.

◑ 참고자료 ◐

『대전통편』「병전」 외관직.
『양전편고』「서전」 외직(外職).
『승정원일기』 정조 15년 5월 22일 전교・29일 입시 기사.
『정조실록』 15년 5월 22일(병신), 17년 1월 25일(기미).

■어휘 해설

1. 호부(虎符): 호부는 조선 전기에 사용하던 것과 조선 후기에 사용하던 것으로 나눌 수가 있었다. 조선 전기에 사용하던 호부는 각 도의 관찰사와 절제사에게 오른쪽 절반을 나누어 주었다가 군병을 동원할 때 대내에 보관하던 왼쪽 절반을 보내 왕명을 증명하던 부신(符信)이다. 태조 때에 사용하려다가 시행하지 못하고 태종 때부터 사용하기 시작하였다. 나무로 마패(馬牌)보다 약간 크게 만들었고, 가운데에는 호랑이를 새기고 왼쪽에는 '陰', 오른쪽에는 '陽'자를 새겼다. 호부의 가운데를 나누어 왼쪽 2개는 대내에 보관하고 오른쪽 1개는 관찰사와 절제사에게 나누어 주었다. 세조 때에 발병부(發兵符)를 사용하면서 호부는 사용되지 않았다. 조선 후기의 호부는 특정 영문(營門)의 대장(大將) 등에게 발급하던 발병부로, 정조 때에 장용영을 설치하면서 다시 보이기 시작한다. 처음에는 장용영 병방(兵房)에게 발급하였다가 병방이 대장으로 바뀌면서 장용대장에게 발급하였다. 고종 때에는 무위도통사(武衛都統使)에게 호부를 발급하였다. 무위도통사에게 발급하던 호부를 보면, 산유자(山柚子)를 이용하여 호랑이 모양으로 만들었으며, 등 가운데에는 '武衛都統使'라 새기고 그 왼쪽에는 '左', 오른쪽에는 '右'를 새겼다. 호부의 가운데를 나누어 왼쪽 절반 2개는 대내에 보관하고 오른쪽 절반 1개는 무위도통사에게 주었다.

12-14

○ "兵房例兼軍色提調, 而餉色提調, 若值在外或未差時, 權令兼察, 定式。"事,

壯營提調出擧條蒙允。【辛亥十月二十日。】

● "장용영 병방이 군색 제조를 당연직으로 겸하되, 향색 제조가 지방에 있거나 아직 차출되지 않았을 때에는 병방이 향색 제조를 임시로 겸하여 살피게 하는 것으로 정식을 삼는다."라는 내용으로 장용영 제조가 거행 조건을 내어 윤허를 받았다. 【신해년(1791, 정조 15) 10월 20일.[138]】

■본문 해설

장용영 제조는 김이소(金履素)를 가리킨다. 위의 규정은 장용영의 향색 제조를 겸하고 있던 김이소가 동지 겸 사은사(冬至兼謝恩使)로 국경을 나가게 되면서 정한 것이다. 당시에는 장용영의 군색 제조를 차출하지 않은 상황이었는데, 이날 위의 규정을 확정하면서 장용영 병방(兵房)인 김지묵에게 군색 제조를 겸하게 하였다. 그에 따라 김지묵이 장용영 병방으로서 군색 제조를 겸하였고, 김이소가 사신으로 파견된 기간 동안에는 향색 제조까지도 겸하게 되었다.

◑ 참고자료 ◐

『승정원일기』 정조 15년 10월 20일 인견 기사.

12-15

○ "朝官外閑散、出身犯夜, 則送于兵曹, 依更數嚴棍草記, 定式。"事, 巡廳草記批答。【乙卯十月二十八日。】

● "조정 관원 이외의 한산이나 출신이 야간의 통행금지를 어기면 병조로 보내 위반한 시각에 따라 엄하게 곤(棍)을 치고 초기하는 것으로 정식을 삼는다."라는 내용으로 순청의 초기에 대해 비답을 내렸다. 【을묘년(1795, 정조 19) 10월 28일.[139]】

■본문 해설

위의 비답은 이소순청(二所巡廳)이 야간 통행금지를 위반한 자들의 처리에 대해 초기를 올리자 내린 것이다. 이소순청이 전날 밤에 통행금지를 위반한 유학(幼學) 황인강(黃仁綱)과

138. 『승정원일기』와 『일성록』에는 동일한 날짜에 기록되어 있고, 『정조실록』에는 기록되어 있지 않다.
139. 『승정원일기』와 『일성록』에는 동일한 날짜에 기록되어 있고, 『정조실록』에는 기록되어 있지 않다.

출신(出身) 조한국(曺漢國)을 붙잡았는데, 그중 조한국은 출신이기 때문에 의금부로 보내고 황인강은 형조로 보냈다고 보고하였다. 그러자 정조가 의금부에서 좌기(坐起)를 열지 않아 처리가 지체되면 출신이 도리어 고통을 당할 수가 있으므로 병조로 보내도록 지시하고 정식을 삼도록 하였다. 조선 시대에는 하룻밤을 초경(初更), 이경(二更), 삼경(三更), 사경(四更), 오경(五更) 등 5개의 경(更)으로 나누고, 다시 각 경은 5개의 점(點)으로 나누었다. 야간에는 경(更)을 알리기 위해 그 수만큼 북을 쳤고, 점(點)을 알리기 위해 그 수만큼 징을 쳤는데, 이를 5차례 반복하였다. 예를 들어 1경 3점이면 북 1번에 징 3번을 5차례 반복해서 치는 것이다. 야간 통행금지를 위반한 경우에는 그 시각에 따라 처벌이 달랐는데, 1경에 위반하다가 붙잡히면 10대, 2경은 20대, 3경은 30대, 4경은 20대, 5경은 10대의 곤을 쳤다.

◑ 참고자료 ◐

『속대전』「병전」 행순(行巡).
『전율통보』「병전」 행순(行巡).
『은대편고』「예방고」 관상감.
『승정원일기』 정조 19년 10월 28일 이소순청의 초기.

12-16

○ "兩南宣召文、蔭催促, 隨來草記。而若不自下提奏以至自上提問之擧, 則判堂禁推, 下吏卽其宣召地方充定官隸。"事, 兵曹草記批答。【丙辰正月。】

● "영남과 호남의 불러들이도록 명한 문관과 음관에게 올라오기를 재촉하되 올라오는 대로 초기를 올린다. 그런데 아래에서 보고하지 않아 위에서 먼저 물어보는 일이 발생하면, 판서는 의금부에 내려 추고(推考)하고 하리들은 불러들이도록 명을 내렸던 지방에 고을의 하례(下隷)로 충원한다."라는 내용으로 병조의 초기에 대해 비답을 내렸다.【병진년(1796, 정조 20) 1월.[140]】

■본문 해설

위의 비답은 병조가 고(故) 충신 정운(鄭運)의 봉사손(奉祀孫) 정계주(鄭繼周)를 불러 만나 본 뒤 올린 초기에 대해 내린 것이다. 앞부분은 새로운 규정이 아니라, 당시에 정조가 양남의

140. 『승정원일기』에는 같은 해 2월 2일에 이 기사가 기록되어 있고, 『일성록』과 『정조실록』에는 기록되어 있지 않다.

문관과 음관을 만나보려고 불렀으나 아무런 응답이 없자, 이조와 병조를 시켜 재촉하고 올라오는 대로 즉시 초기하도록 지시한 것이다. 이해에 정조가 영남과 호남의 충신 자손들을 불러서 만나보고 그중 일부는 관직에 제수하였다.

◑ **참고자료** ◐

『승정원일기』 정조 20년 2월 2일 병조의 초기.

『정조실록』 20년 3월 6일(임자), 8월 14일(병술).

12-17

○ "捕將及各營將臣爲兵曹參判, 依例入直, 發巡日, 中軍、從事官代行。"事, 傳敎。【丙辰五月二十七日。】

● "포도대장이나 각 영문(營門)의 장신이 병조 참판이 되면 규례대로 입직하되, 순행하는 날에는 중군이나 종사관이 순행을 대행한다."라는 내용으로 전교하였다.【병신년(1796, 정조 20) 5월 27일.[141]】

■**본문 해설**

위의 전교는 포도대장을 겸하고 있던 총융사 서유대(徐有大)를 병조 참판에 제수한 일로 인하여 내린 것이다. 포도대장은 총관을 겸할 수가 없었기 때문에 포도대장이 총관에 제수되면, 승정원에서 어떻게 할 것인지를 물어서 정하였다. 서유대가 병조 참판에 제수되자 그러한 규정을 원용하여 병방 승지가 어떻게 할 것인지를 물었는데, 정조가 이처럼 지시하였다. 정조의 말에 의하면, 조선 초기에 총관에게 포도대장을 겸하지 못하도록 했던 것은 총관이 군병을 거느리기 때문이었으나, 조선 후기에 와서는 총관이 군병을 거느리지 않을 뿐 아니라 군병을 거느리는 다른 영문의 대장들도 포도대장을 겸하기 때문에 구애받을 필요가 없다고 하였다. 다만 법에 규정되어 있기 때문에 관례적으로 지킬 뿐이라는 것이다. 더구나 영문의 대장이 병조 참의를 겸한 사례는 전에도 있었으므로 포도대장이 병조 참의를 겸하는 것은 문제가 없다고 보고 위와 같이 정식을 정하였다. 중군(中軍)은 해당 영문의 중군을 가리키고, 종사관(從事官)은 해당 포도청의 종사관을 가리킨다. 이러한 규정은 『은대편고』에도 수록되어 있다.

---

141. 『승정원일기』와 『일성록』에는 동일한 날짜에 기록되어 있고, 『정조실록』에는 기록되어 있지 않다.

◑ 참고자료 ◐

『속대전』「병전」 포도청(捕盜廳).

『은대편고』「병방고」 장신(將臣)·포장(捕將).

『승정원일기』 정조 20년 5월 25일 낙점(落點) 기사·27일 입시 기사.

12-18

○ "結束色書吏身故及自上定配外, 請出吏案, 則該吏, 自政院直定配所。"事, 下教。【丙辰四月二十六日。】

● "결속색 서리가 죽거나 임금이 정배한 경우 외에 이안(吏案)을 내어 달라고 청하면, 해당 서리에 대해서는 승정원에서 직접 정배할 지역을 정한다."라는 내용으로 하교하였다. 【병신년(1796, 정조 20) 4월 26일.[142]】

■본문 해설

위의 하교는 사료에서 확인하지 못하였다. 결속색(結束色)은 병조의 부서 중 하나로, 궐 안에서나 동가할 때에 소란을 방지하는 일을 비롯하여 군령(軍令), 군제(軍制), 시위(侍衛), 노부(鹵簿), 신전(信箭), 표신(標信), 부험(符驗), 궐내의 순찰, 시각 통보, 신문고(申聞鼓), 시사(試射) 등을 맡았다. 이안(吏案)은 서리의 명부로, 서리가 사망하거나 정배되는 등 신분에 변동이 생기면 이를 수정하였다. 위의 하교는 어떤 사건으로 인해 서리의 명부인 이안을 함부로 수정하지 못하게 하려는 의도에서 내린 것으로 보이나, 정확한 배경은 알 수가 없다.

◑ 참고자료 ◐

『대전통편』「병전」 경관직 병조.

『만기요람』「군정편」2 병조각장사례(兵曹各掌事例) 결속색(結束色).

『육전조례』「병전」 병조 결속색.

『승정원일기』 정조 13년 4월 1일 박효삼(朴孝參) 상소.

12-19

○ "摠管本營中日進去時, 令府郎轉稟政院進去事, 定式。"事, 壯營草記批答。【丁巳三月二十三日。】

142. 『승정원일기』와 『일성록』 및 『정조실록』 모두 동일한 날짜에 기록되어 있지 않다.

● "총관이 장용영의 중일 시사(中日試射)에 나아갈 때에는 도총부의 낭청이 정원을 통해 여쭈게 하고 나아가는 것으로 정식을 삼는다."라는 내용으로 장용영의 초기에 대하여 비답을 내렸다. 【정사년(1797, 정조 21) 3월 23일.[143]】

■본문 해설

위의 비답은 장용영의 중일 시사를 행할 수 없다고 보고한 장용영의 초기에 대해 내린 것이다. 중일 시사는 해당 영문의 중군(中軍)이 나아가서 감독하였는데, 당시 장용영의 중군 이윤겸(李潤謙)이 총관으로서 도총부에 입직하고 있어 중일 시사에 나아갈 수가 없었기 때문에 장용영이 중일 시사를 행할 수 없다고 보고하였다. 이에 대해 정조는 이번의 중일 시사는 궐 밖에서 행하는 것이 아니기 때문에 궐 밖으로 낮 근무하러 나가겠다는 초기(草記)를 올려서도 안 되므로 위와 같은 절차를 밟아 중일 시사에 나아가도록 하였다. 정조의 말을 참고해 볼 때, 위에서 말한 중일 시사는 궐 안에서 행하는 내중일 시사(內中日試射)를 가리킨 것으로 보인다. 당시 도총부는 창경궁 안에 위치하였다. 도총부의 낭청은 도총부의 도사(都事)를 가리킨다.

◑ 참고자료 ◐

『만기요람』「군정편」3 금위영.
『승정원일기』 정조 21년 3월 23일 장용영의 초기.

■어휘 해설

1. 중일 시사(中日試射): 중일(中日)마다 시행하던 활쏘기 시험을 가리킨다. 중일이란 12지지(地支) 중 자(子), 오(午), 묘(卯), 유(酉)가 들어가는 날을 가리킨다. 궐내에서 행하는 것을 내중일시사(內中日試射), 궐외에서 행하는 것을 외중일시사(外中日試射)라고 하였다.

12-20

○ "遺漏應資老人, 令該曹口傳下批, 單付亦以口傳擧行。此後, 各道亦有遺漏狀啓, 則以此傳敎, 直爲書入。"事, 下敎。【庚申閏四月初九日。】

● "가자(加資)해야 할 노인이 대상에서 누락된 경우에는 이조가 구전 정사(口傳政事)를 열어 하비하게 하고, 그들을 단독 후보로 올려 관직에 제수하는 것도 구전 정사로

143. 『승정원일기』와 『일성록』에는 동일한 날짜에 기록되어 있고, 『정조실록』에는 기록되어 있지 않다.

거행한다. 앞으로 각 도에서 누락에 관한 장계를 올릴 경우에도 이 전교 내용을 곧바로 써서 들인다."라는 내용으로 하교하였다. 【경신년(1800, 정조 24) 윤4월 9일.[144]】

■본문 해설

위의 하교는 가자해야 할 노인 중 누락된 사람을 보고한 황해 감사 서영보(徐榮輔)의 계본(啓本)에 대해 내린 것이다. 연초에 가자해야 할 노인을 각 도에서 장계로 보고하면 정월 2일에 하비하였는데, 추후에 누락된 사람을 보고할 경우에는 이처럼 처리하도록 한 것이다. 그리고 동일한 내용의 장계에 대해서는 처분하는 내용도 동일하기 때문에 그 장계에 대한 판부(判付)를 승정원에서 직접 써서 들이도록 한 것으로 보인다. 실제로 위의 규정이 정해진 이후의 장계에 대해 위의 전교 내용으로 지시한 사례가 『승정원일기』에 실려 있다.

◑ 참고자료 ◐

『대전회통』「이전」노인직(老人職).
『은대편고』「이방고」응자노인(應資老人).
『승정원일기』정조 24년 윤4월 9일 황해 감사 서영보(徐榮輔)의 계본에 대한 전교 · 22일 경상 감사 신기(申耆)와 전라 감사 조종현(趙宗鉉)의 장계에 대한 전교, 5월 26일 함경 감사 구익(具廙)의 계본에 대한 전교.

13. 군장(軍裝)

군장(軍裝)은 군병(軍兵)의 복장과 장비를 가리킨다. 금군(禁軍)에게 지급했던 군장을 보면, 전립(戰笠), 통개(筒箇), 장전(長箭), 편전(片箭), 환도(環刀), 마편(馬鞭), 통아(桶兒), 요구금(要鉤金), 교자궁(校子弓), 갑주(甲冑), 편곤(鞭棍) 등이 있었다. 입직(入直) 중인 군병의 군장이 손상되었거나 탈이 잡힐 경우에는 처벌하였는데, 4가지가 탈이 잡히면 태(笞) 50을 쳤고 사안이 중대하면 장(杖) 80을 쳤다. 다음 편인 '군물(軍物)'에서 군병의 장비에 대해 따로 서술한 것으로 보아, 이편에서는 그중 군병의 복장만을 가리킨 것으로 보인다.

144. 『승정원일기』와 『일성록』에는 동일한 날짜에 기록되어 있고, 『정조실록』에는 기록되어 있지 않다.

◑ 참고자료 ◐
『속대전』「병전」 군기(軍器).
『은대편고』「병방고」 융기점고(戎器點考).
『만기요람』「군정편」2 용호영(龍虎營).

13-01

○ "自兵判至文武將臣, 必皆常著角指, 軍服之長, 去地一尺事, 申明舊制。"事, 傳教。【丁酉五月十六日。】

● "병조 판서부터 문무 장신에 이르기까지 반드시 모두 항상 깍지를 끼고, 군복의 길이는 땅에서 1자쯤 떨어지게 하는 것으로 옛 제도를 거듭 밝힌다."라는 내용으로 전교하였다.【정유년(1777, 정조 1) 5월 16일.[145]】

■본문 해설

위의 전교는 전날 주강(晝講)과 차대(次對)를 행하는 자리에서 정조가 병조 판서 채제공(蔡濟恭) 및 형조 판서 장지항(張志恒)과 깍지(角指)와 군복의 제도에 대해 대화한 것이 계기가 되어 내린 것이다. 당시의 대화 내용에 의하면, 병조 판서와 장신들은 항상 엄지손가락에 깍지를 끼었고 입시할 때에도 빼지 않았으며, 군복의 길이는 너무 길지 않도록 무릎 아래까지만 허용하였다고 한다. 그런데 당시에는 통개(筒箇)를 멜 때조차도 깍지를 끼지 않으며, 군복은 땅에 끌릴 정도로 길었으므로 옛 제도를 따르도록 한 것이다. 깍지(角指)는 활을 쏠 때에 시위를 잡아당기기 위해 엄지손가락의 아랫마디에 끼는 뿔로 된 기구로, 대롱을 엇비스듬하게 자른 모양으로 만들었다.

◑ 참고자료 ◐
『승정원일기』 정조 원년 5월 15일 주강(晝講)·차대(次對) 기사, 16일 입시 기사.

145. 『승정원일기』와 『일성록』 및 『정조실록』 모두 동일한 날짜에 기록되어 있다.

14. 군물(軍物)

군물(軍物)은 군영(軍營)에서 사용하는 물품과 군병(軍兵)의 장비를 가리킨다. 그중 군병의 장비는 군장(軍裝), 군기(軍器), 융기(戎器) 등으로 불렀다. 금군(禁軍)에게 지급하는 군물에 대해서는 사계절 첫 달마다 10일 이전에 병방 승지(兵房承旨)가 임금에게 여쭌 뒤에 정전(正殿)의 월대(月臺)에 나아가서 점검하고 보고하였다. 금군에게 지급한 군물의 종류와 입직 중인 군병이 군물에서 탈이 잡혔을 경우의 처벌에 대해서는 앞의 '군장(軍裝)' 해설 참조.

◑ 참고자료 ◐

『속대전』「병전」 군기(軍器).

『은대편고』「병방고」 융기점고(戎器點考), 「통고」 월령(月令).

『만기요람』「군정편」2 용호영(龍虎營).

14-01

○ "各營棍杖, 參酌折衷, 均一定制, 眞木之棍, 一一鳩集燒火。"事, 傳敎。【丁酉七月初一日。】

● "각 영문의 곤장(棍杖)은 참작하고 절충해서 균일하게 제도를 정하고, 참나무로 만든 곤장은 모두 모아서 불태운다."라는 내용으로 전교하였다. 【정유년(1777, 정조 1) 7월 1일.[146]】

■본문 해설

위의 전교는 각 영문(營門)에서 사용하는 곤(棍)의 크기 등이 통일되지 않은 것을 바로잡기 위해서 내린 것이다. 현종 때에는 곤의 너비를 2치로 제한하고 세 모서리가 나게 만드는 것을 금지하였으며, 참나무로 만든 것은 버드나무로 바꾸도록 하였다. 그러나 『승정원일기』 영조 때의 기사에 의하면, 각 군문마다 곤의 규격이 달랐고 곤을 사용하는 사람의 지위에 따라서도 달랐다. 곤의 재질도 참나무, 버드나무, 잡목(雜木) 등 다양하였는데, 영조 49년(1773)에는 군문에서 참나무로 만든 곤을 사용하는 것은 금지하고, 이를 위반할 경우에는 제서유위율(制

---

146. 『승정원일기』와 『일성록』에는 동일한 날짜에 기록되어 있고, 『정조실록』에는 기록되어 있지 않다.

書有違律)을 시행하도록 하였다. 정조가 이날 영조의 조치를 본받아 참나무로 만든 곤을 모두 모아 불에 태우도록 지시하자, 각 군문에서는 이를 시행하고 정조에게 보고하였다. 정조 2년(1778)에 『흠휼전칙(欽恤典則)』이 마련된 뒤에는 곤의 종류를 중곤(重棍), 대곤(大棍), 중곤(中棍), 소곤(小棍), 치도곤(治盜棍) 등 5가지로 나누고, 각각 이를 사용하는 사람과 규격을 정해 놓았다.

표 4. 곤(棍)의 종류와 규격 및 사용자

종류	길이	너비	두께	사용자	사용대상
重棍	5尺 8寸	5寸	8分	兵曹判書, 軍門大將, 留守, 監司, 統制使, 兵使, 水使.	死罪를 범한 죄인에게 사용.
大棍	5尺 6寸	4寸 4分	6分	三軍門都提調, 兵曹判書, 軍門大將, 禁軍別將, 捕盜廳, 軍門中軍, 留守, 監司, 統制使, 兵使, 水使, 討捕使, 軍務로 파견된 使臣으로서 정2품 이상.	일반 죄인에게 사용.
中棍	5尺 4寸	4寸 1分	5分	內兵曹, 都摠府, 軍門從事官, 軍門別將・千摠, 禁軍將, 左右巡廳, 營將, 兼營將, 虞候, 中軍, 邊地守令, 邊將, 四山參軍, 軍務로 파견된 使臣으로서 정3품 이하.	일반 죄인에게 사용.
小棍	5尺 1寸	4寸	4分	軍門把摠・哨官, 僉使, 別將, 萬戶, 權管.	일반 죄인에게 사용.
治盜棍	5尺 7寸	5尺 3寸	1寸	捕盜廳, 留守, 監司, 統制使, 兵使, 水使, 討捕使, 兼討捕使, 邊地守令, 邊將, 도적을 다스리는 자 및 松政이나 邊政에 관계된 죄인을 다스리는 자.	盜賊 및 松政이나 邊政에 관계된 죄인에게 사용.

◑ 참고자료 ◐

『대전통편』「병전」 용형(用刑).
『전율통보』「병전」 잡령(雜令).
『정조실록』 2년 1월 12일(계유).
『승정원일기』 현종 4년 6월 4일 병조의 계사, 영조 14년 10월 20일 인견(引見) 기사, 16년 1월 27일 친국(親鞫) 기사, 19년 5월 14일 인견 기사, 49년 6월 16일 입진(入診) 기사, 정조 원년 7월 1일 금위영과 훈련도감의 계사 및 입시 기사.

14-02

○ "壯勇衛軍物點考, 依禁軍例, 每年四季朔, 軍士房承旨稟旨進去, 點閱勞問。"事, 該營草記定式。【丁巳三月二十一日。】

● "장용위의 군물 점고는 금군의 예에 따라서 매년 사계절의 마지막 달에 군사방 승지가 임금에게 여쭌 뒤에 나아가서 점검하고 위문하도록 한다."라는 내용으로 장용영에서 초기를 올려 정식을 삼았다. 【정사년(1797, 정조 21) 3월 21일.[147]】

■**본문 해설**

위의 규정은 그동안 일정한 규정 없이 해 오던 장용영의 군물 점고를 정기적으로 행하도록 정한 것이다. 금군의 군물 점고는 매년 사계절의 첫 달마다 초순 안에 병방 승지가 임금에게 여쭌 뒤에 정전(正殿)의 월대(月臺)에 나아가서 행하고 결과를 보고하였다. 금군의 군물 점고에 대한 이러한 규정은 영조 30년(1754)에 정해진 것으로, 『은대편고』와 『만기요람』에도 수록되어 있다. 따라서 위에서 '금군의 예'라고 한 것은 군물을 점고하는 절차 등을 가리킨 것이고, 점고하는 시기는 금군의 경우 사계절의 각 첫 달, 장용영의 경우 사계절의 각 끝 달로 각각 달랐다.

◑ 참고자료 ◐

『은대편고』「병방고」 융기점고(戎器點考), 「통고」 월령(月令).
『만기요람』「군정편」2 용호영(龍虎營).
『승정원일기』 영조 30년 10월 23일 입시 기사, 정조 21년 3월 21일 장용영의 초기.

14-03

○ 壯勇衛戎點時, 有無頉成冊, 而油衫勿爲懸錄。軍物則鳥銃、環刀、甲胄等緊重之物破傷, 分付該營改備, 將臣請推。禁軍戎點, 亦準此, 定式。"事, 下教。【丁巳十月十六日。】

● "장용위의 군물을 점검할 때에는 탈이 있는지 없는지를 책자로 작성하되, 유삼(油衫)에 대해서는 탈이 있는지의 여부를 책자에 기록하지 않는다. 군물 중에서 조총, 환도

147. 『승정원일기』와 『일성록』에는 동일한 날짜에 기록되어 있고, 『정조실록』에는 기록되어 있지 않다.

(環刀), 갑주(甲胄) 등의 중요한 물건이 손상된 경우에는 장용영에 분부하여 다시 마련해 주게 하고, 장신(將臣, 장용대장)에 대해서는 추고(推考)하기를 청한다. 금군의 군물을 점검하는 것도 이에 준해서 거행한다. 이로써 정식을 삼는다."라는 내용으로 하교하였다.【정사년(1797, 정조 21) 10월 16일.[148]】

■ **본문 해설**

위의 하교는 사료에서 확인하지 못하였다. 다만『승정원일기』이날 기사에는 우승지 홍인호(洪仁浩)가 장용위의 군물을 점검하고 군병을 위문한 뒤 올린 계사에 장용위 이영식(李永植) 등의 유삼이 파손되었으므로 장용영에 분부해 다시 마련해 주도록 하겠다고 보고한 내용이 보인다. 그때 위의 하교가 있었던 것으로 보인다.『만기요람』에는 금군에게 정해진 기한이 되면 갑주, 환도, 교자궁(校子弓), 편곤(鞭棍), 유삼을 만들어 주되, 정해진 기한 안에 파손시키거나 잃어버린 경우에는 당사자에게 곤(棍)을 치고 스스로 마련하게 한다고 하였다.

◑ **참고자료** ◐

『만기요람』「군정편」2 용호영.
『승정원일기』정조 21년 10월 16일 홍인호(洪仁浩)의 계사.

■ **어휘 해설**

1. 유삼(油衫) : 비나 눈을 막기 위하여 옷 위에 껴입던 비옷으로, 기름에 결은 종이나 천으로 만들었다.

15. 주급(周給)

주급(周給)은 돈이나 물품을 주어 구제하는 것을 가리킨다. 이 편에서는 특히 한겨울 추위에 고생하는 군병에게 무명이나 솜을 주어 구제하는 것을 주급이라고 하였다.

◑ **참고자료** ◐

『만기요람』「군정편」2 병조각장사례(兵曹各掌事例) 결속색(結束色).

148.『승정원일기』와『일성록』및『정조실록』모두 동일한 날짜에 기록되어 있지 않다.

15-01

○ "極寒之時, 宿衛軍兵, 兵曹入直堂上躬審, 有絮不蔽體者, 申飭該軍門, 隨卽周給, 形止以聞, 定式。"事, 傳敎。【丁未十一月十三日。】

● "지극히 추운 때에는 병조의 입직하는 당상이 숙위하는 군병을 몸소 살펴 솜옷으로 몸을 가리지 못한 자가 있으면 해당 군문을 신칙하여 즉시 구제하고 상황을 보고하게 하는 것으로 정식을 삼는다."라는 내용으로 전교하였다. 【정미년(1787, 정조 11) 11월 13일.[149]】

■본문 해설

위의 전교는 정조가 관원을 보내 숙위(宿衛)하는 군병을 적간(摘奸)하게 하여 보고를 받은 뒤에 내린 것이다. 그때가 한겨울이었는데, 솜옷을 입지 못한 군병이 16명이나 된다는 보고를 받고 정조가 각 군영에 분부하여 솜[綿]과 포(布)를 지급하고 이를 정식으로 삼도록 하였다. 정조의 명에 따라 이튿날 병조가 입직(入直)하는 금군(禁軍) 5명에게 각각 정목(正木) 1필과 씨를 뺀 목화 2근씩을 지급하였다. 이러한 규정은 『만기요람』에도 수록되어 있다.

◑ 참고자료 ◐

『만기요람』 「군정편」2 병조각장사례(兵曹各掌事例) 결속색(結束色).

『승정원일기』 정조 11년 11월 13일 입시 기사 · 14일 병조의 초기.

15-02

○ "日寒時, 軍兵衣薄者, 有特敎, 則各木一疋、去核二斤, 或有加給之命, 只加去核一斤, 而各營、兵曹通同定式。"事, 下敎。【辛亥十月二十日。】

● "날씨가 추울 때 얇은 옷을 입고 있는 군병에 대해 특별 하교가 있을 경우에는 각각 무명 1필과 씨를 뺀 목화 2근을 지급하고, 그보다 더 지급하라는 명이 있으면 씨를 뺀 목화 1근만을 더 지급한다. 각 영문과 병조가 이를 똑같이 적용하는 것으로 정식을 삼는다."라는 내용으로 하교하였다. 【신해년(1791, 정조 15) 10월 20일.[150]】

---

149. 『승정원일기』와 『일성록』 및 『정조실록』 모두 동일한 날짜에 기록되어 있다.

150. 『승정원일기』와 『일성록』 및 『정조실록』 모두 동일한 날짜에 기록되어 있지 않다.

■본문 해설

위의 하교는 사료에서 확인하지 못하였다. 한겨울에 얇은 옷을 입고 있는 군병에게 무명과 씨를 뺀 목화를 지급하기 시작한 것은 15-01의 규정이 정해진 정조 11년(1787) 이후의 일로 보인다. 다만 그 양이 일정하지는 않았는데, 이때부터 일정하게 지급하도록 한 것이다. 평안도와 함경도의 군병에게도 해마다 가을에 유의(襦衣), 지의(紙衣), 씨를 뺀 목화를 내려 보내 지급하도록 하였다.

◑ 참고자료 ◐

『만기요람』「군정편」1 비변사.

『승정원일기』 정조 11년 11월 13일 입시 기사 · 14일 병조의 초기, 14년 10월 11일 병조의 초기.

16. 수개(修改)

수개(修改)는 건물과 담장의 파손된 곳이나 비가 새는 곳 등을 고쳐서 복구하는 것을 가리킨다. 수개와 관련된 일은 선공감, 구영선(九營繕), 자문감 등이 담당하였다. 「호고」의 '영선(營繕)'과 '수리(修理)' 참조.

◑ 참고자료 ◐

『대전통편』「이전」 경관직(京官職) 선공감(繕工監), 「공전」 영선(營繕).

『육전조례』「호전」 호조 별례방(別例房) 봉심수개(奉審修改), 「공전」 영선.

『신증동국여지승람(新增東國輿地勝覽)』 제2권 「비고편(備考篇)」 경도(京都), 제3권 「비고편(備考篇)」 한성부(漢城府).

16-01

○ "大內至近宮牆頹圮處圍排時, 該房承旨微稟進去, 兵曹入直堂上眼同看審。"事, 下敎。【戊戌六月初七日。】

● "대내와 아주 가까운 곳에 있는 궁성의 담장이 무너진 곳을 울타리로 에워쌀 때에는 병방 승지(兵房承旨)가 넌지시 여쭌 뒤에 나아가 병조의 입직하는 당상과 함께 살

핀다."라는 내용으로 하교하였다. 【무술년(1778, 정조 2) 6월 7일.[151]】

■**본문 해설**

위의 하교는 사료에서 확인하지 못하였다. 다만 정조 22년(1798) 6월 7일 우부승지 이당(李溏)의 계사에, 정조의 수교(受敎)에 따라 이러한 정식을 정한 적이 있다는 말이 보인다. 궁성(宮城)은 각 영문별로 담당 구역이 정해져 있었기 때문에 담당 구역 안의 담장이 무너질 경우에는 해당 영문에서 초기(草記)로 보고하였고, 파수(把守)와 위배(圍排) 등에 대해서는 병조가 초기로 보고하였으며, 개수하는 일은 해당 영문과 호조가 거행하였다.

◑ 참고자료 ◐

『은대편고』「병방고」 궁장(宮墻).
『육전조례』「병전」 병조 무비사(武備司) 적간(擲奸), 병조 결속색(結束色) 궐내각문분수(闕內各門分授), 도총부 총례(總例).
『승정원일기』 정조 12년 6월 28일 홍인호(洪仁浩)의 계사, 22년 6월 7일 이당(李溏)의 계사.

16-02

○ "每中日, 兵郎闕內四所周視修潔, 若有不勤, 則該所衛將、入直兵郎重勘, 定式。"事, 下敎。【庚子十月十五日。】

● "중일마다 병조의 낭청이 궐 안의 네 곳 위장소(衛將所)를 두루 살펴보아 궐 안을 깨끗이 청소하게 하되, 부지런히 청소하지 않은 곳이 있으면 해당 위장소의 위장과 당시 입직한 병조의 낭청을 엄중하게 처벌하는 것으로 정식을 삼는다."라는 내용으로 하교하였다. 【경자년(1780, 정조 4) 10월 15일.[152]】

■**본문 해설**

위의 하교는 사료에서 확인하지 못하였다. 다만 이날 정조가 경모궁(景慕宮)에 배알하기 위해 거둥하던 길에 청양문(靑陽門) 밖이 지저분한 것을 보고 해당 위장(衛將)을 추고(推考)하도록 한 일이 보인다. 궐 안에는 금호문(金虎門) 안쪽에 남소(南所), 요금문(曜金門) 안쪽에

---

151. 『승정원일기』와 『일성록』에는 정조 22년 6월 7일에 이와 관련된 기사가 기록되어 있고, 『정조실록』에는 기록되어 있지 않다.

152. 『승정원일기』와 『일성록』 및 『정조실록』 모두 동일한 날짜에 기록되어 있지 않다.

서소(西所), 선인문(宣仁門) 안쪽에 동소(東所), 경화문(景化門) 동쪽에 북소(北所) 등 네 곳의 위장소를 설치하였다. 그리고 위장(衛將) 4명이 각각 부장(部將) 1명씩을 거느리고서 각 위장소에 입직하였는데, 이들이 궐 안의 담당 구역을 청소하는 일도 함께 담당하였다. 병조의 입직하는 낭청은 자(子)·오(午)·묘(卯)·유(酉)가 들어가는 날인 중일(中日)마다 네 곳의 위장소를 순찰하면서 청소가 깨끗하게 되어 있는지를 살폈다. 이러한 규정은 『만기요람』에도 수록되어 있다.

◑ 참고자료 ◐

『속대전』「병전」 입직(入直).
『만기요람』「군정편」1 오위(五衛) 위장소(衛將所), 「군정편」2 병조각장사례(兵曹各掌事例) 결속색(結束色).
『승정원일기』 정조 4년 10월 15일 경모궁 거둥 기사, 5년 2월 2일 병조의 초기.

16-03

○ "宗廟、景慕宮牆垣頹圮處, 趁告兵曹草記, 依此定式。"事, 下敎。【丁未五月十七日。】

● "종묘나 경모궁의 담장이 무너진 곳에 대해서는 제때 병조에 보고하여 병조에서 초기하도록 하고, 이대로 정식을 삼는다."라는 내용으로 하교하였다.【정미년(1787, 정조 11) 5월 17일.[153]】

■본문 해설

위의 하교는 사료에서 확인하지 못하였다. 종묘나 경모궁의 담장이 무너지면 해당 관사인 종묘서(宗廟署)나 경모궁서(景慕宮署)에서 병조에 보고하였고, 병조 판서가 무너진 곳을 직접 살펴보고 초기로 보고한 뒤에 파수(把守)와 위배(圍排) 등을 거행하였다. 무너진 담장을 개수하는 일은 담당 영문과 호조가 거행하였다.

◑ 참고자료 ◐

『만기요람』「군정편」2 병조각장사례(兵曹各掌事例) 무비사(武備司).
『육전조례』「병전」 병조 무비사(武備司) 적간(擲奸).

153. 『승정원일기』와 『일성록』 및 『정조실록』 모두 동일한 날짜에 기록되어 있지 않다.

16-04

○ "城門、闕門鎖鑰之新造及修補時，兵曹親審，往復戶判修改。"事，定式。【戊申十月二十一日。】

● "성문과 궐문의 자물쇠를 새로 만들 때와 보수할 때에는 병조에서 직접 살펴보고 호조 판서와 상의해서 개수한다."라는 내용으로 정식을 삼았다. 【무신년(1788, 정조 12) 10월 21일.[154]】

■ **본문 해설**

위의 규정은 사료에서 확인하지 못하였다. 다만 정조 8년(1784)에 궐문과 성문의 자물쇠를 보수할 때에는 호조 낭청이 감독하고 호조 판서가 점검하도록 한 기사가 보인다. 『은대편고』에 의하면, 궐문의 자물쇠가 파손되어 보수해야 할 경우에는 해당 궐문의 수문장과 해당 위장소(衛將所)의 부장(部將)이 함께 담당 구역에 따라 병조나 도총부에 와서 보고하도록 하였고, 보고를 받은 병조나 도총부의 낭청이 직접 가서 살펴본 뒤에 승정원에 보고하고 즉시 수리하도록 하였다. 성문과 궐문을 열고 닫는 일 및 자물쇠의 관리에 대해서는 「병고」 '문금(門禁)'의 해설 참조.

◑ **참고자료** ◐

『은대편고』 「병방고」 궐문(闕門).

『승정원일기』 정조 8년 5월 22일 병조의 초기, 11년 7월 26일 인견 기사.

17. 액례(掖隷)

액례(掖隷)는 액정(掖庭)에 소속된 하례(下隷) 또는 하속(下屬)으로, 액속(掖屬)이라고도 하였다. 중국 한(漢)나라는 궁중의 비빈(妃嬪)들이 거주하는 건물을 액정이라 하였고, 후궁 등의 일을 관장하는 관사도 액정이라고 불렀다. 이는 궁궐 정문의 양쪽 옆문을 '액(掖)'이나 '액문(掖門)'이라고 부른 데서 연유한 것이다. 우리나라는 차비문(差備門)

154. 『승정원일기』와 『일성록』 및 『정조실록』 모두 동일한 날짜에 기록되어 있지 않다.

을 포함하여 대내(大內)를 액정이라고 불렀고, 액정에서 근무하는 하례 또는 하속들을 액례 또는 액속이라고 불렀다.

고려 시대에는 액정원(掖庭院) 또는 액정국(掖庭局) 등을 두어 왕명을 전달하는 일, 신하가 올린 사안을 왕에게 아뢰는 일, 궐문의 자물쇠를 잠그는 일 등을 관장하도록 하였다. 조선 시대에는 액정서(掖庭署)를 두어 왕명의 전달, 임금이 사용하는 붓과 벼루의 제공, 궐문의 자물쇠 관리, 궐 안의 장막이나 자리 설치 등의 일을 관장하였는데, 종9품 부사소(副司掃)에서 정6품 사알(司謁)까지의 관직은 모두 잡직(雜職)이며 체아직(遞兒職)이었다.

그러나 액정서에 소속된 사람을 모두 액례라고 부르지는 않았고, 액례라고 해서 모두 액정서의 소속도 아니었다. 액례는 액정서 소속의 별감(別監)과 중금(中禁)뿐 아니라 액정에 소속된 각 아문의 장교(將校)와 이례(吏隷) 등도 아울러 가리킨다. 조선 후기에는 액례 또는 액속이라고 하면 주로 액정서 소속의 별감과 훈련도감 소속의 무예별감(武藝別監)을 가리키게 되었다. 이들은 임금의 바로 곁에서 왕명을 전달하고 임금을 호위하는 일 등을 맡았으므로 지위는 낮았으나 위세를 부려 폐해를 끼치기도 하였다.

『경국대전』에는 문소전(文昭殿)에 4명, 대전에 46명, 왕비전에 16명, 세자궁에 18명의 별감을 둔다고 하였고, 『속대전』에는 문소전의 별감을 없애고 세손궁(世孫宮)에 10명을 둔다고 하였다. 『육전조례』에는 액정서에 대전 별감(大殿別監) 42명과 중금 10명을 둔다고 하였다.

무예별감은 무예청(武藝廳)이라고도 불렀다. 『만기요람』에 의하면 무예별감은 총 198명인데, 그중 대령무예청(待令武藝廳)이 46명, 가대령무예청(假待令武藝廳)이 40명, 문무예청(門武藝廳)이 87명, 남여무예청(藍輿武藝廳)이 19명, 구후무예청(九帿武藝廳)이 4명, 화병무예청(火兵武藝廳)이 2명이다. 정조는 『예진총방(隷陣總方)』을 지어서 무예별감들이 진법을 익히게 하였다.

◑ 참고자료 ◐

『후한서(後漢書)』 권36 「백관지(百官志)」 제26 〈백관(百官)〉, 권70 「반표열전(班彪列傳)」 제30 〈반고전(班固傳)〉.

『고려사(高麗史)』 권77 「지(志)」 백관(百官).

『대전통편』 「이전」 잡직(雜職) 액정서(掖庭署), 「호전」 창고(倉庫), 「병전」 시취(試取)·행순(行巡), 「형전」 궐내각차비(闕內各差備)·잡령(雜令).

『은대편고』 「이방고」 정사(政事)·회계(回啓), 「예방고」 상참(常參)·경연(經筵)·칙사(勅使), 「병방고」 금화(禁火), 「통고」 승지(承旨).
『만기요람』 「재용편(財用編)」2 요록(料祿), 「군정편(軍政編)」2 병조 이군색(二軍色), 훈련도감 군총(軍摠).
『육전조례』 「이전」 액정서, 「병전」 순청(巡廳) 총례(總例), 「형전」 형조 고율사(考律司) 율령(律令).
『목민심서(牧民心書)』 「부임(赴任)」 제배(除拜).
『연려실기술(燃藜室記述)』 「별집(別集)」 제10권 관직전고(官職典故) 액례(掖隷).
『홍재전서』 권54 「잡저(雜著)」 예진총방총서(隷陣總方總叙).
『태조실록』 1년 7월 28일(정미).
『세종실록』 12년 7월 14일(임자).
『승정원일기』 영조 17년 8월 16일 좌변포도청의 초기(草記), 41년 11월 21일. 엄린(嚴璘)의 계사, 정조 12년 1월 6일 우변포도청의 초기.

17-01

○ "武藝別監全昧戰陣之法, 都監習陣時, 依宣傳官例, 使之出觀, 仍自都監著實教鍊。"事, 訓將擧條蒙允。【丙申七月二十一日。】

● "무예별감이 전투할 때의 진법(陣法)을 전혀 모르니 훈련도감이 진법을 연습할 때 선전관의 예에 따라 나가서 보게 하고, 이어 훈련도감에서 착실하게 교련시킨다."라는 내용으로 훈련대장이 거행 조건을 내어 윤허를 받았다. 【병신년(1776, 정조 즉위) 7월 21일.[155]】

■본문 해설

훈련대장은 장지항(張志恒)을 가리킨다. 위의 규정은 정조가 장지항과 무예별감에 대해 논의하다가 정한 것이다. 훈련도감이 진법(陣法)을 연습할 때에는 선전관들도 나와서 구경하였는데, 정조가 무예별감도 똑같이 나와서 구경하도록 하였고 장지항의 건의에 따라 훈련도감에서 무예별감을 착실히 교련시키도록 하였다. 무예별감은 훈련도감 소속으로, 신수가 좋고 기예가 뛰어난 자들로 구성된 별기군(別技軍) 중에서 병조가 선발하였다.

155. 『승정원일기』에는 동일한 날짜에 기록되어 있고, 『일성록』과 『정조실록』에는 기록되어 있지 않다.

◑ **참고자료** ◐

『만기요람』「군정편」2 훈련도감 군총(軍摠).

『승정원일기』 정조 즉위년 7월 21일 입시 기사.

17-02

○ "掖隷諸般不緊改著之服, 一幷革罷, 但以紅衣一色著之。差備別監, 則城內外、闕內擧動及把門時, 竝以頭巾、紅色直領爲之, 只幸行、郊行戎服之時, 用天翼。武藝別監, 則無論殿座、動駕、陵幸、郊行, 以天翼、草笠具笠飾虎鬚用之, 但侍衛外把門時, 以頭巾、天翼擧行。永久遵行。"事, 傳敎。【戊戌四月初四日。】

● "긴요하지도 않은데 바꾸어 착용하는 액례들의 여러 가지 복장을 모두 혁파하고, 홍색(紅色)의 한 가지 복장만 착용하게 한다. 차비별감은 도성(都城) 안팎에 거둥할 때, 대궐 안에 거둥할 때, 문을 파수할 때 모두 두건(頭巾)과 홍색의 직령(直領)을 착용하되, 능(陵)에 행차하거나 교외(郊外)에 행차하여 융복(戎服)을 입을 때에만 철릭(天翼)을 착용한다. 무예별감은 전좌(殿座)할 때나 동가(動駕)할 때나 능에 행차할 때나 교외에 행차할 때나 간에 모두 철릭과 초립(草笠)을 착용하고 초립의 장식으로 호수(虎鬚)를 갖추되, 시위(侍衛)할 때를 제외하고 문을 파수할 때에는 두건(頭巾)과 철릭 차림으로 거행한다. 이를 영구히 준행한다."라는 내용으로 전교하였다.【무술년(1778, 정조 2) 4월 4일.[156]】

■**본문 해설**

위의 전교는 정조가 도승지 홍국영(洪國榮)과 별감의 복장에 대해 상의한 뒤에 내린 것이다. 당시에 별감의 복장이 홍색의 시복(時服)과 흑색의 단령(團領)으로 구분되어 있어 별감들이 이 두 가지를 마련해야 하는 부담이 있었는데, 이를 덜어 주기 위해 흑색의 단령을 혁파하고, 홍색으로 통일시키도록 한 것이다. 차비별감은 액정서 소속의 별감을 가리키고, 무예별감은 훈련도감 소속의 별감을 가리킨다. 『속대전』에는 별감의 복장을 평상시와 임금이 교외에 동가할 때로 나누어 놓았다. 즉 평상시에는 자주색 건[紫巾]에 홍색 직령[紅直領]을 착용하고, 교외에 동가할 때에는 황색 초립[黃草笠]에 홍색 철릭[紅天翼]을 착용한다고 하였다. 『만기

156. 『승정원일기』와 『일성록』 및 『정조실록』 모두 동일한 날짜에 기록되어 있다.

요람』에서는 대령무예별감과 가대령무예별감은 모두 홍색 군복을 착용하고, 문무예별감은 홍색 철릭에 황색 초립을 착용하고 호수를 꽂으며, 남녀무예별감, 구후무예별감, 화병무예별감은 흑색 군복을 착용한다고 하였다.

◑ **참고자료** ◐

『속대전』「예전」 의장(儀章).

『만기요람』「군정편」2 훈련도감 군총(軍摠).

『승정원일기』 정조 2년 4월 4일 입시 기사.

■어휘 해설

1. 철릭(天翼): 상의와 하의를 따로 구성하여 허리에 연결시킨 포(袍)를 가리킨다. 철릭의 기본적인 형태는 상의와 주름잡은 치마를 허리 부근에서 연결시켜 곧은 깃을 왼쪽에서 오른쪽으로 교차시켜서 여민 형태다.
2. 초립(草笠): 가는 풀[細草]이나 대오리[竹絲]를 엮어 만든 갓을 가리킨다. 조선 시대에 계층의 구분 없이 사용하였으나 신분에 따라 재료의 곱고 거침에 구분을 두었다. 『경국대전』에 의하면 양반들은 50죽(竹), 일반인은 30죽을 쓰도록 하였다.
3. 호수(虎鬚): 융복을 착용할 때에 초립의 네 귀에 꾸밈새로 꽂던 흰 빛깔의 털을 가리킨다. 영조 이전에는 보리이삭[麥穗]을 꽂다가 이후에 호수로 장식하였다고 한다.

17-03

○ "武藝別監左、右番, 從其久勤, 間一年各一人, 自訓局移差別武士, 又待其久勤, 仍差執事。如有特教承傳者, 勿論三軍門執事或別武士窠, 直爲陞差, 定式。"事, 傳教。【戊戌四月十二日。】

● "무예별감의 좌번과 우번을 오래 근무한 연한에 따라 한 해씩 걸러서 각 1명씩 훈련도감에서 별무사로 옮겨 차출하고, 또 오래 근무하기를 기다렸다가 그대로 집사로 차출한다. 만약 특별 하교로 승전(承傳)한 자가 있을 경우에는 삼군문의 집사나 별무사의 자리를 막론하고 곧바로 승진시켜서 차출한다. 이로써 정식을 삼는다."라는 내용으로 전교하였다. 【무술년(1778, 정조 2) 4월 12일.[157]】

157. 『승정원일기』와 『일성록』에는 동일한 날짜에 기록되어 있고, 『정조실록』에는 기록되어 있지 않다.

■본문 해설

위의 전교는 무예별감들을 격려하기 위해서 내린 것이다. 전날 밤중에 무예별감이 합문(閤門) 밖을 마구 돌아다니는데도 야간 순찰을 돈 부장(部將)이 붙잡지 않고 그냥 둔 일이 있었다. 정조는 무예별감의 기강이 해이해진 원인을 승진할 수 있는 길이 없기 때문으로 보고 위와 같이 승진할 수 있는 길을 만들어 주었다. 별무사(別武士)는 훈련도감에 68명, 금위영에 30명, 어영청에 30명이 있었다. 그중 훈련도감의 별무사 두 자리는 위의 규정에 따라 무예별감으로 차출하였다. 집사는 지구관(知彀官)과 기패관(旗牌官)을 가리키는 것으로 보인다.

◑ 참고자료 ◐

『대전통편』「병전」 군영아문 훈련도감 · 금위영 · 어영청.

『승정원일기』 영조 11년 10월 15일 상참(常參) 기사, 정조 2년 4월 12일 입시 기사, 순조 3년 12월 8일 인견 기사.

17-04

○ "武藝別監油衣, 以好色紙染紅爲之, 隨毁隨補, 自訓局爲之。"事, 傳敎。【戊戌閏四月初二日。】

* 閏四: 무술년(1788, 정조 2) 4월에는 윤달이 없고 6월에 윤달이 있는데, 사료에서 기사를 확인할 수가 없어 교감하지 않고 그대로 두었다.

● "무예별감의 유의(油衣)는 붉은색을 물들인 호지(好紙)로 만들고 해어지는 대로 바로 수선해 주되, 훈련도감에서 행한다."라는 내용으로 전교하였다. 【무술년(1778, 정조 2) 윤4월 2일.[158]】

■본문 해설

위의 전교는 사료에서 확인하지 못하였다. 무예별감이 훈련도감에 소속되어 있기 때문에 무예별감에게 지급할 물품을 훈련도감에서 마련해 주도록 한 것으로 보인다.

■어휘 해설

1. 유의(油衣): 비옷의 일종으로, 비를 막을 수 있도록 종이나 포목을 기름에 결여서 지었다.
2. 호지(好紙): 종이의 일종으로, 대호지(大好紙)와 소호지(小好紙)가 있었다. 대호지는 넓고 길며

158. 『승정원일기』와 『일성록』 및 『정조실록』 모두 동일한 날짜에 기록되어 있지 않다.

품질이 조금 낮았고, 소호지는 대호지보다도 품질이 더 낮고 크기가 작았다.

17-05

○ "武藝別監加定, 至於一百五十人之多, 訓局錢二千兩、禁·御兩營錢各八百兩、兵曹錢一千六百兩劃給, 以爲軍裝需用。"事, 傳教。【己亥十月十二日。】

● "무예별감을 추가로 정한 인원이 무려 150명이나 되니, 훈련도감에 비축해 둔 돈 2,000냥, 금위영과 어영청 두 영문에 비축해 둔 돈 각 800냥, 병조에 비축해 둔 돈 1,600냥을 떼어 주어 군장을 마련하는 데 필요한 비용으로 사용할 수 있게 한다."라는 내용으로 전교하였다.【기해년(1779, 정조 3) 10월 12일.[159]】

■**본문 해설**

위의 전교는 정조가 무예별감의 숫자를 150명으로 확대하면서 내린 것이다. 무예별감은 인조 8년(1630)에 30명으로 시작해서 15년(1637)에 10명을 늘렸고, 숙종 1년(1675)에 20명을 늘렸으며, 영조 24년(1748)에 40명을 늘렸고, 정조 3년(1779)에 50명을 늘려서 총 150명이 되었다. 정조가 무예별감을 늘린 배경에는 홍국영(洪國榮)을 축출하고 숙위소(宿衛所)를 혁파하면서 호위를 강화할 필요성이 있었기 때문이었다. 이후 정조 9년(1785)에 10명을 감하였다가 순조 2년(1802)에 58명을 늘려 총 198명이 되었다.

◑ **참고자료** ◐

『만기요람』「군정편」2 훈련도감 군총(軍摠).
『전율통보』「병전」 훈련도감.
『승정원일기』 정조 3년 10월 7일 인견 기사, 12일 병조와 어영청의 초기 및 전교.

159. 『승정원일기』와 『일성록』에는 동일한 날짜에 기록되어 있고, 『정조실록』에는 기록되어 있지 않다.

18. 원례(院例)

원례(院例)는 승정원의 업무 규정과 관행, 즉 승정원의 규례를 가리킨다. 정조 이전부터 승정원의 규례와 관련된 사례를 뽑아 주서(注書)가 육방(六房)별로 정리해 편람(便覽)을 편찬해 왔다. 정조 원년(1777)에는 이를 새롭게 정리하여 정조의 검토를 거쳤는데, 후일 이 편람이 『은대편고』를 편찬하는 기초 자료가 되었을 것으로 보인다. 『은대편고』는 승정원의 규례에 관해 가장 많은 정보를 담고 있는 책으로, 승정원의 규례를 육방으로 나누어 정리하고 육방으로 나눌 수 없는 규례는 「통고(通攷)」에 모아 정리하였다. 『은대편고』는 고종대에 『은대조례』로 간편하게 요약 정리되었다. 여기에서의 원례는 승정원의 규례 중에서도 병방(兵房)이 담당하는 업무와 관련된 규례만을 가리킨다.

◑ 참고자료 ◐

『은대편고』 「통고」 통행사례(通行事例).

『승정원일기』 숙종 45년 8월 24일 사간원의 달사(達辭), 경종 3년 10월 4일 동부승지 이하원(李夏源)의 상소, 영조 10년 9월 10일 좌부승지 정언섭(鄭彦燮)의 상소, 정조 1년 4월 15일 우승지 입시 기사 · 26일 도승지 입시 기사, 5월 10일 좌부승지 입시 기사.

18-01

○ "省記, 依古例申時入之。"事, 下敎。【丙申三月十二日。】

* 時: 저본에는 '後'로 되어 있는데, 『은대편고』 「이방고」 생기(省記)와 「병방고」 생기, 『은대조례』 「병고(兵攷)」 생기, 『승정원일기』 정조 즉위년 3월 14일과 『정조실록』 즉위년 3월 14일에 근거하여 수정하였다.

● "생기(省記)는 옛 규례에 따라 신시(申時)에 들인다."라는 내용으로 하교하였다. 【병신년(1776, 정조 즉위) 3월 12일.[160]】

■본문 해설

위의 하교는 정조가 즉위한 지 얼마 되지 않았을 때 총호사(摠護使)가 입시한 자리에서 내린 것이다. 생기는 사간원에서 관장하다가 태종 9년(1409)부터 이조와 병조가 나누어 관장하였

---

160. 『승정원일기』와 『정조실록』에는 같은 달 14일에 기록되어 있고, 『일성록』에는 기록되어 있지 않으나, 『은대편고』 「이방고」 생기(省記)에 같은 달 13일의 일로 기록되어 있다.

다. 『경국대전』에는 생기를 초혼(初昏)에 바친다고 하였다. 생기를 신시에 바치도록 한 규정이 언제부터 정해진 것인지는 확실하지 않으나, 인조 때에도 신시에 바치는 것이 관례였던 것으로 보인다. 이러한 규정은 『전율통보』, 『은대편고』, 『은대조례』, 『육전조례』에도 수록되어 있다.

◑ **참고자료** ◐

『전율통보』「병전」 입직(入直).
『은대편고』「이방고」 생기, 「병방고」 생기.
『은대조례』「병방고」 생기.
『육전조례』「병전」 병조 생기색(省記色) 생기.
『태종실록』 9년 5월 14일(을유).
『승정원일기』 인조 19년 12월 19일 승정원의 계사, 정조 즉위년 3월 14일 입시 기사.

■**어휘 해설**

1. 생기(省記): 이조와 병조가 각 관사에서 입직(入直)하는 사람, 숙위(宿衛)하는 사람, 각 문을 지키는 사람 등의 성명을 기록하여 보고하던 문서이다. 이조와 병조의 낭청이 각각 매일 신시에 생기를 승정원에 바치면 승정원에서 임금에게 올렸다. 임금이 교외로 동가(動駕)할 때에는 동궁(東宮)에게 생기를 바치되, 동궁이 어가를 수행하면 자전(慈殿)이나 왕비(王妃)에게 생기를 바쳤다. 생기를 바치고 난 뒤에 추가로 입직할 사람이 있을 경우 등에는 별생기(別省記)를 바쳤다.

18-02

○ "曾經臺侍、侍從別致賻單子, 若循例踏下, 則自政院直書別致賻判付, 定式。"事, 下教。【丁酉二月十九日。】

● "대시나 시종을 지낸 사람의 별치부 단자에 의례적으로 계자를 찍어서 내리면 승정원에서 '별치부하라.'라는 판부를 직접 쓰는 것으로 정식을 삼는다."라는 내용으로 하교하였다. 【정유년(1777, 정조 1) 2월 19일.[161]】

■**본문 해설**

위의 하교는 「이고」 통행잡식(通行雜式)에도 중복해서 보인다. 자세한 해설은 「이고」 통행

161. 『승정원일기』와 『일성록』 및 『정조실록』 모두 동일한 날짜에 기록되어 있지 않으나, 『은대편고』「이방고」 찰요(撮要)와 「병방고」 촬요에 모두 동일한 날짜의 일로 기록되어 있다.

잡식 12-05의 본문 해설과 어휘 해실 참조.

18-03

○ "五軍門大將及左・右捕將, 若以大將入侍, 則勿出朝報與小報, 定式。"事, 下敎。【丁酉四月初五日。】

● "오군문의 대장 및 좌변 포도대장과 우변 포도대장이 대장으로 입시한 경우에는 조보(朝報)와 소보(小報)에 내지 않는 것으로 정식을 삼는다."라는 내용으로 하교하였다.【정유년(1777, 정조 1) 4월 5일.[162]】

■본문 해설

위의 하교는 사료에서 확인하지 못하였다. 장신(將臣)이 입시한 사실을 조보에 내지 못하도록 한 규정은 『승정원일기』의 영조 30년(1754) 기사에도 나오는 것으로 보아 정조 이전부터 관례였던 것으로 보인다. 『은대편고』에는 조보에 낼 사안과 내지 말아야 할 사안을 구별해 놓았는데, 병조 판서, 각 군문의 장신(將臣), 포도대장이 입시한 기사는 조보에 내지 못할 사안으로 분류하였다. 『육전조례』에는 이들이 입시할 경우에는 "아무개 승지는 입시하라.[某承旨入侍]"라고 전교를 써서 내준다고 하였다. 그러나 이들이 겸하고 있는 다른 관직의 이름으로 입시한 경우에는 이에 구애받지 않았다.

◑ 참고자료 ◐

『은대편고』「이방고」 출조보(出朝報).
『육전조례』「이전」 승정원 총례(總例).
『승정원일기』 영조 30년 11월 18일 입진(入診) 기사, 철종 1년 5월 28일 인견 기사.

■어휘 해설

1. 소보(小報): 임금의 명령과 거행조건(擧行條件)이 있을 때마다 당일에 뽑아서 반포하는 것을 가리키며, 분발(分撥)이라고도 하였다. 그에 반해 매일 아침에 전날 출납한 문서 등을 뽑아서 정서하여 반포하는 것을 조보(朝報) 또는 기별(奇別)이라 하여 소보와 구별하였다.

162. 『승정원일기』와 『일성록』 및 『정조실록』 모두 동일한 날짜에 기록되어 있지 않다.

18-04

○ "京外褒貶等第書入，而吏房，則各道都事、守令、察訪無題目上及有題目上，幷書入；兵房，則各道僉、萬戶、虞候、權管、監營中軍、營將無題目上及有題目上，竝書入。"事，下教。【丁酉十二月十五日。】

● "서울과 지방 아문에서 올린 포폄 계본(褒貶啓本)의 등급을 써서 들이되, 이방 승지는(吏房承旨)는 각도의 도사, 수령, 찰방 중에 제목은 없이 상위 실적으로 평가된 사람과 제목이 있고 상위 실적으로 평가된 사람을 모두 써서 들이고, 병방 승지(兵房承旨)는 각 도의 첨사, 만호, 우후, 권관, 감영의 중군, 영장 중에 제목은 없이 상위 실적으로 평가된 사람과 제목이 있고 상위 실적으로 평가된 사람을 모두 써서 들인다."라는 내용으로 하교하였다. 【정유년(1777, 정조 1) 12월 15일.[163]】

■본문 해설

이 기사를 사료에서 확인하지 못하였다. 다만 이날 포폄계본(褒貶啓本)을 개봉하는 자리에서 정조가 도승지 홍국영(洪國榮)에게 경상 감사가 올린 포폄 계본에 제목을 모두 썼는지를 묻자, 경상 감사가 처음으로 포폄을 행하였기 때문에 모두 썼다고 대답한 기사가 보일 뿐이다. 위의 하교는 포폄계본에 상위 실적으로 평가된 관원들을 승정원의 이방 승지와 병방 승지가 분담하여 적어 올리도록 명한 것이다. 중고(中考, 중위 실적)와 하고(下考, 하위 실적)로 평가된 관원에 대해서는 승지가 아닌 주서가 써서 올렸다. 중앙 아문은 지방 아문과 달리 포폄계본에 제목 없이 등급만을 기록하였다. 그러다가 영조 24년(1748)에는 전곡(錢穀)이나 사송(詞訟)을 담당하는 아문은 상고, 중고, 하고를 따지지 않고 모두 제목을 쓰도록 하였으나, 그 외의 아문은 중고와 하고만 제목을 쓰고 상고는 제목 없이 등급만 쓰도록 하였다. 위의 하교 내용으로 볼 때 지방의 경우에도 중고와 하고만 제목을 쓰고, 상고는 제목을 쓰는 경우와 제목 없이 등급만 쓰는 경우가 있었던 것으로 보인다. 감영의 중군은 각 도별로 1명씩 두었으며, 모두 정3품 당상관이다. 포폄에 대해서는 「이고」 전최(殿最) 참조.

◑ 참고자료 ◐

『속대전』「이전」 포폄(褒貶).
『은대편고』「이방고」 전최(殿最).
『승정원일기』 숙종 37년 9월 25일 인견 기사, 영조 24년 6월 8일 입시 기사 · 14일 인견 기사, 정조

---

163. 『승정원일기』와 『일성록』 및 『정조실록』 모두 동일한 날짜에 기록되어 있지 않다.

원년 12월 15일 입시 기사, 5년 12월 15일 상참(常參)·차대(次對) 기사, 11년 12월 16일 남학문(南鶴聞)의 계사.

18-05

○ "入侍命下後, 承旨出望門或閤閤, 始知他承旨入侍司謁誤傳傳敎, 該承旨雖詣閤, 先來承旨不得徑歸, 留坐閤外, 請罪司謁, 而退去與否微稟後, 待下敎還本院。"事, 下敎。【己亥十一月初三日。】

● 입시하라는 명이 내린 뒤에 승지가 망문(望門)을 나오거나 합문(閤門) 밖에 나오면 다른 승지가 입시해야 하는데, 사알이 전교를 잘못 전한 사실을 알았다면 해당 승지가 합문 밖에 나왔더라도 먼저 나온 승지는 허락 없이 지레 돌아갈 수 없고 합문 밖에 남아 있다가 사알(司謁)에 대해 처벌할 것을 청한다. 그러고 나서 물러가도 되는지를 넌지시 여쭌 뒤에 하교를 기다렸다가 승정원으로 돌아간다."라는 내용으로 하교하였다.【기해년(1779, 정조 3) 11월 3일.[164]】

■본문 해설

위의 하교는 사료에서 확인하지 못하였다. 다만 이날 좌부승지 김문순(金文淳)이 합문 밖에 나아왔다가 사알이 전교를 잘못 전달한 사실을 알고 되돌아간 일이 있어 무거운 쪽으로 추고(推考)하라는 명을 받았다. 이때의 기사에 의하면 위의 규정은 그 이전에 정해졌던 것으로 보인다. 이러한 규정은 『은대편고』에도 수록되어 있다.

◑ 참고자료 ◐

『은대편고』「이방고」승지(承旨),「통고」승지.
『승정원일기』 정조 3년 11월 3일 입시 기사.

■어휘 해설

1. 망문(望門): 승정원의 중문(中門)을 가리킨다.

---

164. 『승정원일기』와 『일성록』 및 『정조실록』 모두 동일한 날짜에 기록되어 있지 않으나, 『은대편고』「이방고」승지(承旨)에는 동일한 날짜의 일로 기록되어 있고, 『은대편고』「통고」승지에는 같은 달 13일의 일로 기록되어 있다.

18-06

○ "監、兵使拿推之代, 初以三日內下直, 更定十五日或十日之限。三日太促, 十五日太緩, 自今以十日之限施行, 若過限察推。"事, 承旨擧條蒙允。【庚子八月二十三日。】

● "의금부로 잡아다 신문하도록 한 감사나 병사의 후임은 애당초 3일 안으로 하직하게 했다가 다시 15일이나 10일로 기한을 정하였다. 그런데 3일은 너무 촉박하고 15일은 너무 느슨하니, 지금부터는 10일로 기한을 정하여 시행하고 이 기한을 넘기면 추고한다."라는 내용으로 승지가 거행 조건을 내어 윤허를 받았다.【경자년(1780, 정조 4) 8월 23일.[165]】

■본문 해설

위의 규정은「이고」감사(監司)에도 중복해서 보인다. 자세한 것은「이고」감사 04-01의 본문 해설 참조.

18-07

○ "備忘記, 司謁傳于承旨, 則承旨傳書一通, 與司謁較準後, 原本還入, 以所謄本頒布, 定式遵行。"事, 傳敎。【庚子十二月十六日。】

● "비망기를 사알이 승지에게 전하면 승지가 한 통을 베껴 써서 사알과 함께 대조한 뒤에 원본(原本)은 도로 들여보내고 베껴 쓴 본을 반포하는 것으로 정식을 삼아 준행한다."라는 내용으로 전교하였다.【경자년(1780, 정조 4) 12월 16일.[166]】

■본문 해설

위의 전교는 비망기를 승정원의 서리(書吏)가 베끼는 폐단을 바로잡기 위해 내린 것이다. 정조의 말에 의하면, 승지가 입시했을 때의 전교와 사알을 통해 전달하는 구전하교(口傳下敎)는 모두 승지가 쓰는데 비망기만 승정원의 서리에게 쓰도록 하는 것은 옳지 않으므로 비망기

165.『승정원일기』와『일성록』에는 동일한 날짜에 기록되어 있고,『정조실록』에는 기록되어 있지 않다.

166.『승정원일기』와『일성록』및『정조실록』모두 동일한 날짜에 기록되어 있다.

도 승지에게 직접 쓰도록 한 것이다. 비망기는 승지가 입시하지 않았을 때 임금의 지시나 명령을 사알이 글로 작성하여 승정원에 전달하는 것으로, 전교의 일종이다. 이러한 규정은 『은대편고』에도 수록되어 있다.

◑ 참고자료 ◐

『은대편고』 「통고」 통행사례(通行事例).

『승정원일기』 정조 4년 12월 16일 비망기.

18-08

○ "最遠久例, 在夏冬歲抄時, 減等或敍用之人, 必皆落點, 而否則付黃籤踏啓字。此後歲抄, 如非落點或付籤, 切勿施行, 該房微稟。"事, 傳敎。【壬寅六月初一日。】

● 가장 오래된 규례에 의하면, 여름과 겨울에 세초(歲抄)할 때 감등(減等)할 사람이나 서용(敍用)할 사람에 대해서는 반드시 모두 낙점(落點)을 하였고, 그렇지 않으면 황색 찌지[黃籤]를 붙이고 계자(啓字)를 찍었다. 앞으로 세초할 때에는 낙점을 하거나 황첨을 붙인 것이 아니면 절대로 시행하지 말고 해방 승지가 넌지시 여쭌다."라는 내용으로 전교하였다.【임인년(1782, 정조 6) 6월 1일.[167]】

■본문 해설

위의 전교는 옛 규례를 회복하기 위해서 내린 것이다. 세초는 해마다 6월 1일과 12월 1일에 행하였다. 이날 이방 승지와 병방 승지가 각각 세초 단자(歲抄單子)를 가지고서 입시하였으며, 감등하거나 서용할 사람에 대해서는 세초 단자에 열거된 당사자의 이름 밑에 낙점을 하거나 황색 찌지를 붙이고 작은 계자(啓字)를 찍었다. '해방 승지'는 이조의 세초일 경우에는 이방 승지(吏房承旨)를 가리키고, 병조의 세초일 경우에는 병방 승지(兵房承旨)를 가리킨다. 이러한 규정은 『은대편고』에도 수록되어 있다. 세초에 대해서는 「이고」 세초 참조.

167. 『승정원일기』와 『일성록』 및 『정조실록』 모두 동일한 날짜에 기록되어 있다.

◑ 참고자료 ◐

『은대편고』「이방고」 세초(歲抄).

『승정원일기』 정조 6년 6월 1일 전교.

18-09

○ "凡牌招, 殿座及動駕時, 二品以上, 毋得在家不進, 而如或違越重繩, 不飭之該注書, 一體論勘。"事, 承旨擧條蒙允。【癸卯七月初一日。】

● "전좌할 때나 동가할 때 신하를 부르면, 2품 이상은 집에 있으면서 나아오지 않을 수 없다. 만약 어길 경우에는 중죄로 다스리고 신칙하지 못한 해당 주서도 함께 죄를 따져서 처벌한다."라는 내용으로 승지가 거행 조건을 내어 윤허를 받았다.【계묘년(1783, 정조 7) 7월 1일.[168]】

■ 본문 해설

승지는 도승지 심풍지(沈豐之)를 가리킨다. 위의 규정은 병조 판서 이명식(李命植)이 부르는 명을 어기자, 정조가 심풍지의 건의를 받아들여 정한 것이다. 신하가 왕의 부름을 받들지 못할 경우에는 2품 이상이라도 직접 궐 밖에까지 나아와서 패(牌)를 반납하는 것이 원칙이었다. '집에 있으면서 나아오지 않는다.'라는 것은 왕의 부름을 받들지 않는 것과 직접 궐 밖에까지 나아와서 패를 반납하지 않는 것을 아울러 가리킨다. 이명식은 이 일로 파직을 당하였다. 이러한 규정은 『은대편고』에도 수록되어 있다.

◑ 참고자료 ◐

『정조실록』 7년 7월 1일(경인).

『승정원일기』 7년 7월 1일 친전향(親傳香) 기사.

18-10

○ "承旨仕進仕記, 放鑰前, 若不書入, 坐直承旨右位當知之。以此定式。"事, 下教。【癸丑十一月二十五日。】

---

168. 『승정원일기』에는 동일한 날짜에 기록되어 있고, 『일성록』과 『정조실록』에는 기록되어 있지 않다.

● "궐문의 자물쇠를 풀기 전까지 승지의 출근 상황에 대한 사기(仕記)를 써서 들이지 않으면 숙직하던 승지 중 상위 승지가 이러한 상황을 알아야 한다. 이로써 정식을 삼는다."라는 내용으로 하교하였다. 【계축년(1793, 정조 17) 11월 25일.[169]】

■본문 해설

위의 하교는 사료에서 확인하지 못하였다. 빠진 글자가 있는 것으로 보이나 교감할 수가 없어 원문대로 번역하였다. 궐문은 날이 밝아올 때에 열었는데, 날이 밝아오는 시각을 어느 때로 기준해야 할지 모를 경우에는 관상감의 금루관(禁漏官)이 새벽에 처음으로 시각을 알려올 때를 기준으로 삼았다. 궐문을 열 때에는 사알이 승정원에 통보하면 승정원의 숙직하던 승지가 열었는데, 만약 숙직하던 승지가 시각보다 늦게 열면 대루원(待漏院)에 출근해 궐문이 열리기를 기다리던 상위 승지가 숙직하던 승지를 신칙하였다. 『은대편고』에는 정조 18년(1794)에 궐문을 열고 난 뒤에야 가주서(假注書) 조만원(趙萬元)이 출근해서 사기(仕記)를 늦게 올리게 되었다는 기록이 보인다. 이런 점으로 볼 때 승지의 사기는 궐문이 열리기 전에 승지와 주서가 대루원에 출근하면 주서가 작성해서 올렸으며, 궐문이 열리기 전까지 사기를 올리지 않으면 숙직하던 상위 승지가 사기의 작성을 담당하는 주서를 신칙했던 것으로 보인다.

◑ 참고자료 ◐

『은대편고』 「통고」 주서(注書).

『승정원일기』 정조 8년 10월 6일 안성빈(安聖彬)의 계사 · 23일 입시 계사.

19. 찬화(鑽火)

찬화(鑽火)는 찬수개화(鑽燧改火) 또는 찬목개화(鑽木改火)의 줄임말로, 나무를 문질러 새로 불씨를 만들어서 예전에 쓰던 불씨와 바꾸는 것을 가리킨다. 이는 『주례(周禮)』에서 유래한 제도로, 조선 시대에는 태종 6년(1406)에 예조의 건의에 따라 시행하기 시작하였다. 이때 예조의 말에 의하면 같은 불씨를 오래 쓰면 양기(陽氣)가 성해져서 돌림병이 생기기 때문에 불씨를 바꾸는 것이라고 하였다.

---

169. 『승정원일기』와 『일성록』 및 『정조실록』 모두 동일한 날짜에 기록되어 있지 않다.

1년에 5차례 불씨를 바꾸었으며, 5차례 불씨를 바꿀 때마다 사용하는 나무가 각각 달랐다. 즉 입춘(立春)에는 느릅나무와 버드나무, 입하(立夏)에는 대추나무와 살구나무, 여름 마지막 달의 토왕일(土旺日)에는 뽕나무와 산뽕나무, 입추(立秋)에는 자작나무와 졸참나무, 입동(立冬)에는 회나무와 박달나무를 사용하여 불씨를 일으켰다. 『전율통보』에는 다섯 차례 이외에도 춘분(春分), 하지(夏至), 추분(秋分), 동지(冬至)를 포함하여 총 9차례 불씨를 바꾼다고 하였다.

◑ 참고자료 ◐

『주례(周禮)』「하관(夏官)」.
『논어집주(論語集註)』「양화(陽貨)」.
『대전통편』「병전」 개화(改火).
『전율통보』「병전」 잡령(雜令).
『육전조례』「예전」 관상감 총례(總例).
『만기요람』「군정편(軍政編)」2 병조각장사례(兵曹各掌事例) 유청색(有廳色).
『오주연문장전산고(五洲衍文長箋散稿)』「천지편(天地篇)」 지리류(地理類) 화변증설(火辨證說).
『태종실록』 6년 3월 24일(갑인).

19-01

○ "立節之日, 鑽木生火, 勿委下吏, 郞廳必親執爲之, 定式。"事, 傳敎。【戊戌正月初七日。】

● "새로운 절기(節氣)가 시작되는 날에 나무를 문질러 새로운 불씨를 만드는 일은 하리(下吏)에게 맡기지 말고 반드시 낭청이 직접 거행하는 것으로 정식을 삼는다."라는 내용으로 전교하였다. 【무술년(1778, 정조 2) 1월 7일.[170]】

■본문 해설

위의 전교는 병조가 올린 개화 단자(改火單子)를 받고서 우부승지 이경양(李敬養)에게 내린 것이다. 정조는 불씨를 바꾸는 일은 깊은 취지가 있는 것이고 하늘을 받드는 일 중의 하나이기도 한데, 이를 하리에게 맡기는 것은 온당치 못하다고 생각한 것이다. 개화 단자는 관상감이 작성하여 병조에 보고하면 병조가 임금에게 올려 재가를 받았다. 그런 뒤에 각 전(殿)에

170. 『승정원일기』와 『일성록』 및 『정조실록』 모두 동일한 날짜에 기록되어 있다.

불씨를 올리고 조정의 신하들에게도 불씨를 나누어 주었다.

◑ 참고자료 ◐

『육전조례』「예전」 관상감 총례.

『만기요람』「군정편」2 병조각장사례(兵曹各掌事例) 유청색(有廳色).

『승정원일기』 정조 2년 1월 7일 전교.

형고(刑攷)

01. 친국(親鞫)

친국(親鞫)은 임금이 죄인을 직접 국문(鞫問)하는 것을 가리킨다. 친국을 거행할 때는 궁성(宮城)을 호위하고, 죄인을 궐 안으로 압송하여 차례로 국문하였다. 친국을 거행하는 장소로는 창덕궁(昌德宮)의 경우는 숙장문(肅章門)과 내병조(內兵曹)를, 창경궁(昌慶宮)의 경우는 내사복시(內司僕寺)를, 경희궁(慶熙宮)의 경우는 금상문(金商門) 등을 주로 이용하였다.

국문할 죄인이 많을 경우에는 하루 만에 국문을 마칠 수 없고 죄인을 한꺼번에 궐 안으로 압송(押送)하기도 어려워 몇 차례로 나누어 국문하였는데, 그때마다 승정원의 사변가주서(事變假注書)가 궐 안으로 압송할 죄인의 명단을 작성해서 임금에게 올렸다. 죄인을 궐 안으로 압송하거나 도로 데려갈 때에는 출입하는 문이 정해져 있었는데, 창덕궁은 단봉문(丹鳳門)을, 창경궁은 통화문(通化門)을, 경희궁은 흥원문(興元門)을 이용하였다.

국문은 임금이 직접 행하는 친국 이외에도 대신(大臣)과 의금부에 위임하여 행하는 정국(庭鞫), 추국(推鞫), 삼성추국(三省推鞫) 등이 있었고, 그에 따라 문사낭청(問事郎廳)을 차출하는 숫자도 각각 달랐다. 즉 친국을 거행할 때에는 8명, 정국을 거행할 때에는 6명, 추국을 거행할 때에는 4명, 삼성추국을 거행할 때에는 2명을 차출하였다.

◑ 참고자료 ◐

『은대편고』「형방고(刑房攷)」 친국(親鞫) · 정국(庭鞫) · 추국(推鞫) · 삼성추국(三省推鞫).
『은대조례』「형고(刑攷)」 친국 · 정국 · 추국.
『육전조례』「형전(刑典)」 의금부(義禁府) 국(鞫).

01-01

○ "親鞫、庭鞫時, 如遇雨或値甚熱, 則捧招訊推處, 設草芚造家事, 定式。"事, 傳敎。【己亥四月二十日。】

● "친국(親鞫)이나 정국(庭鞫)을 행할 때에 비가 내리거나 몹시 더우면, 진술을 받고 신문하는 곳에 초둔을 설치하여 임시건물을 짓는 것으로 정식을 삼는다."라는 내용으로 전교하였다. 【기해년(1779, 정조 3) 4월 20일.[1]】

■본문 해설

위의 전교는 정조가 이진후(李鎭厚)의 투서(投書) 사건을 조사하기 위해 친국을 행하겠다고 명한 뒤에 내린 것이다. 이진후의 투서 사건은 이진후가 이계통(李季通)의 집 앞을 지나가다가 엿들은 내용이라며 투서한 사건을 가리킨다. 그가 엿들은 내용이란 이계통이 역모 사건으로 처벌받은 홍술해(洪述海)를 역적이 아니라고 두둔하였다는 것이다. 정조는 죄인을 신문하여 처벌하는 것은 처벌하는 데에 목적이 있는 것이 아니라 그들을 교화하는 데에 목적이 있으므로 가혹하게 대해서는 안 된다고 하면서 위의 전교를 내렸다. 위의 규정은 『대전통편』, 『전율통보』, 『은대편고』, 『육전조례』에도 수록되어 있다.

◑ 참고자료 ◐

『대전통편』「형전」 휼수(恤囚).
『전율통편』「형전」 역옥(逆獄).
『은대편고』「형방고」 친국(親鞫).
『육전조례』「형전」 의금부 국(鞫).
『정조실록』 3년 4월 10일(갑자) · 23일(정축).
『승정원일기』 정조 3년 4월 18일 입시 기사, 19일 친국 기사.

■어휘 해설

1. 정국(庭鞫) : 임금의 위임을 받은 대신이 궐 안에서 죄인을 대신 국문하는 것을 가리킨다. 정국을 거행할 때의 절차는 대부분 친국을 거행할 때의 절차와 동일하였다. 다만 친국을 거행할 때에는 궁성을 호위하는 것이 원칙이었지만, 정국을 거행할 때에는 궁성을 호위하지 않는 것이 원칙이었다. 그러나 임금의 특별 지시에 따라 궁성을 호위하기도 하였다. 그리고 문사낭청(問事郎廳)은 6

---

1. 『승정원일기』와 『일성록』 및 『정조실록』 모두 같은 달 18일에 기록되어 있고, 『은대편고』「형방고」 친국(親鞫)에는 동일한 날짜의 일로 기록되어 있다.

명을 차출하였다.

02. 추국(推鞫)

추국(推鞫)은 임금의 위임을 받은 대신이 궐 밖에서 죄인을 대신 국문(鞫問)하는 것을 가리킨다. 추국은 정국(庭鞫)과 마찬가지로 의금부에서 주관하였고, 추국을 거행하는 장소도 주로 의금부가 이용되었다. 추국을 거행할 때에는 궁성(宮城)을 호위하지 않았고, 문사낭청(問事郎廳)은 4명을 차출하였다.

추국 중에는 삼성추국(三省推鞫)이 별도로 있었는데, 삼성추국은 삼성(三省)이 합동으로 임금의 위임을 받아 강상(綱常)과 관련된 범죄를 저지른 죄인을 대신 국문하는 것이다. 삼성은 형조(刑曹)·사헌부(司憲府)·사간원(司諫院), 또는 형관(刑官)·정승(政丞)·대간(臺諫)을 가리켰다. 삼성추국을 거행하는 강상과 관련된 범죄란 다음과 같은 경우를 말한다. 부모·조부모·시부모·백부·백모·숙부·숙모·형제자매를 죽인 경우, 노비가 주인을 죽인 경우, 관노(官奴)가 관장(官長)을 죽인 경우, 고공(雇工)이 가장(家長)을 죽인 경우, 계모(繼母)와 간통한 경우, 백모·숙모·고모·자매·며느리와 간통한 경우, 남자 종이 여자 상전과 간통한 경우, 서자가 적모(嫡母)를 판 경우, 부모를 구타하여 모욕한 경우, 아비의 시신을 불태운 경우다. 삼성추국을 거행할 때에도 궁성을 호위하지 않았고, 문사낭청은 2명을 차출하였다.

◑ 참고자료 ◐

『전율통보』「형전」강상(綱常).
『은대편고』「형방고(刑房攷)」친국(親鞫)·정국(庭鞫)·추국(推鞫)·삼성추국(三省推鞫).
『은대조례』「형고(刑攷)」친국·정국·추국.
『육전조례』「형전(刑典)」의금부(義禁府) 국(鞫).
『성종실록』11년 1월 7일(무자).
『연산군일기』4년 12월 6일(정유).

02-01

○ "凡議啓請刑之囚, 若下依啓之批, 則未得端緒而不可不準次者外, 不必準次

後修啓推案爲限, 委官量宜停刑, 捧招以聞事, 定式。”事, 傳教。【己亥四月二十一日。】

● “죄수에게 형장(刑杖)을 치며 신문하기를 청한 문서에 대해 만약 ‘아뢴 대로 하라.’라는 비답을 내리면, 아직 단서를 파악하지 못해서 정해진 횟수의 형장을 모두 쳐야 할 사람 이외에는 정해진 횟수의 형장을 모두 친 뒤에야 추안(推案)을 작성하여 아뢰는 것으로 한정할 필요는 없다. 이럴 경우에는 위관(委官)이 잘 헤아려서 형장을 정지하고 죄인의 진술을 받아서 아뢰는 것으로 정식을 삼는다.”라는 내용으로 전교하였다.【기해년(1779, 정조 3) 4월 21일.[2]】

■본문 해설

위의 전교는 이진후(李鎭厚) 등을 추국하는 과정에서 내린 것이다. 죄인에게 형장을 치며 신문할 때에는 하루에 한 차례로 한정해 30대를 넘지 못하였고, 3일 이내에는 재차 형장을 치며 신문할 수 없었다. 그런데 ‘한 차례에 30대’라는 규정에 얽매여서 형장을 치며 신문할 때마다 30대를 채우다 보니 도중에 죄인이 물고(物故)되는 폐단이 생겼다. 정조가 이러한 폐단을 없애기 위해 상황에 따라 형장을 치는 횟수를 융통성 있게 조정할 수 있도록 한 것이다. 정조는 이 전교를 내리기에 앞서 이진후 등에게 형장을 치며 신문하도록 명하면서도 일단 15대까지만 형장을 치며 신문하되 단서를 파악한 경우에는 30대까지 채울 필요는 없다고 하였다. 이후 정조 4년(1780)에는 정해진 횟수의 형장을 치기 전에 죄인이 사실대로 자백했거나 물고될 우려가 있으면, 위관(委官)이 보고하여 형장을 치며 신문하는 것을 정지할 수 있도록 하였다. 이진후의 투서 사건은 위의 02-01 본문 해설 참조.

◑ 참고자료 ◐

『대전통편』「형전」 추단(推斷).
『전율통보』「형전」 용형(用刑).
『승정원일기』 정조 3년 4월 21일 입시 기사.

■어휘 해설

1. 추안(推案): 죄인에게 신문한 내용과 답변을 기록한 문서이다. 넓은 의미의 추안에는 형조, 의금부, 포도청, 각 도의 감영 등에서 죄인을 신문한 기록이 모두 포함되나, 좁은 의미의 추안은 죄인을

---

2. 『승정원일기』와 『일성록』 및 『정조실록』 모두 동일한 날짜에 기록되어 있다.

국문(鞫問)한 내용이 기록된 문서, 즉 국안(鞫案)만을 가리킨다. 추안은 추안궤(推案櫃)에 담아 자물쇠를 잠근 뒤에 사관이 '신이 삼가 봉하였습니다.[臣謹封]'라고 쓰고 위관이 서명하였다.

2. 위관(委官): 국청(鞫廳)을 설치하여 죄인을 국문(鞫問)할 때 총괄책임을 맡은 관원으로, 대신 중에서 임명하였다. 위관은 체포할 죄인의 성명을 직접 써서 임금의 재가를 받아 시행하였고, 죄인을 국문하고 조사하는 일 등에 대해 임금에게 보고하였으며, 국문을 마치고 나서는 추안(推案)을 담아 봉한 상자에 서명하였다.

03. 휼수(恤囚)

휼수(恤囚)는 죄수를 가엾이 여겨 보살피는 것을 가리킨다. 『대전통편』「형전」에도 '휼수(恤囚)'라는 조항이 있어, 서울과 지방에서의 죄수에 대한 처리 및 보고, 살인 사건의 조사 및 보고, 병을 앓는 죄수의 구호 및 석방, 부모상을 당한 죄수의 임시 석방 등에 대해 규정하고 있다. 이러한 규정들은 관원들이 죄수를 함부로 다루는 것을 방지하고 죄수의 인권을 최소한이라도 보호하려는 마음에서 나온 조치라고 할 수 있겠다.

◑ **참고자료** ◐
『대전통편』「형전」 휼수.

03-01

○ "殺人而匿埋, 依例檢驗, 依肅祖、寧考受敎遵行, 而或有年數已久可以掘檢者, 亦勿輕自開檢, 啓聞後爲之事, 定式。"事, 傳敎。【丁酉五月初十日。】

● "사람을 죽여 몰래 매장한 경우에는 숙종(肅宗)과 영조(英祖)의 수교(受敎)를 준행하여 규례대로 시신을 검사한다. 매장한 햇수가 오래되었으나 시신을 파내어 검사해야 하는 경우에도 경솔하게 마음대로 파내어 검사하지 말고 임금에게 보고한 뒤에 시행한다. 이로써 정식을 삼는다."라는 내용으로 전교하였다.【정유년(1777, 정조 1) 5월 10일.[3]】

3. 『승정원일기』와 『일성록』 및 『정조실록』 모두 동일한 날짜에 기록되어 있다.

■본문 해설

위의 전교는 이미 매장한 시신을 파내어 검사할 때의 기준과 절차에 대해 내린 것이다. 이에 앞서 숙종은 살인 사건의 시체 검사를 담당 관원이 직접 『무원록(無冤錄)』에 따라 시행하도록 하였는데, 『무원록』에서는 사건의 진상을 밝히기 위해서는 이미 매장한 시신도 파내어 검사하도록 하였다. 그 뒤에 영조는 사람을 죽여 몰래 매장한 경우에는 시신을 파내어 검사한 뒤 관아에서 매장해 주고, 그 이외에 이미 매장한 시신은 검사하지 못하도록 금지하였다. 영조가 매장한 시신을 파내어 검사하지 못하도록 한 경우는 검사하지 않더라도 증거가 명백하거나 매장한 지 오래되어 이미 백골이 된 상태의 시신을 가리키는 것이었다. 그런데 정조는 영조의 수교를 잘못 이해하여 이미 매장한 시신은 모두 파내어 검사하지 못하도록 명을 내렸다. 이로 인해 살인 사건의 진상을 밝히지 못해 잘못 판결하거나 판결이 지연되는 사태가 발생하였다. 그러자 이미 매장한 시신이라 하더라도 필요한 경우에는 다시 파내어 검사해야 한다는 논란이 일었으므로 정조가 신하들의 의견을 두루 청취한 뒤에 위의 전교를 내렸다. 『무원록』은 원(元)나라의 왕여(王與)가 지은 법의학서(法醫學書)로, 시체의 검사에 관한 내용을 담고 있다. 우리나라에서는 세종 22년(1440)에 『무원록』에 음(音)과 훈(訓)을 붙이고 주석(註釋)을 더하여 『신주무원록(新註無冤錄)』이라는 이름으로 간행하였고, 그 뒤 영조와 정조 때에 내용을 보완하여 정조 16년(1792)에 『증수무원록(增修無冤錄)』이라는 이름으로 간행하였다. 위의 규정은 『대전통편』, 『전율통보』, 『육전조례』에도 수록되어 있다.

◑ 참고자료 ◐

『증수무원록(增修無冤錄)』「상편(上篇)」 검식(檢式).
『대전회통』「형전」 검험(檢驗).
『전율통보』「형전」 검험.
『육전조례』「형전」 형조 장금사(掌禁司) 검험(檢驗).
『승정원일기』 숙종 18년 12월 20일 전라 감사의 계본(啓本)에 대한 전교, 영조 41년 2월 2일 조강(朝講) 기사, 정조 1년 4월 25일 인견(引見) 기사, 5월 9일 입시 기사 · 10일 입시 기사.

03-02

○ "雖非待時之囚, 自刑曹讞報政府, 政府更加詳覆, 始許登聞。"事, 定式。【戊戌十一月日。】

● "처형 시기를 기다렸다가 처형하는 사형수가 아니더라도 형조에서 죄를 심의하여 의정부에 보고하면 의정부에서 다시 상복(詳覆)을 행한 뒤에야 임금에게 보고한다."라

는 내용으로 정식을 삼았다.【무술년(1778, 정조 2) 11월 일.[4]】

■본문 해설

위의 규정은 정조가 형조에 윤음(綸音)을 내려 정한 것이다. 사형수에 대해서는 의정부에서 상복(詳覆)을 행하고 3차례의 계복(啓覆)을 차례로 행하여 사형이 확정된 뒤에야 사형을 집행하였다. 그러나 이러한 절차는 처형 시기를 기다렸다가 처형하는 사형수에 대해서만 적용하고, 처형 시기를 기다리지 않고 바로 처형하는 사형수에 대해서는 적용하지 않았었다. 정조는 처형 시기를 기다리지 않고 바로 처형하는 죄수에 대해서도 똑같이 상복의 절차를 거치도록 한 것이다. 다만 이러한 죄수의 경우에는 3차례의 계복은 행하지 않고 상복을 행한 뒤에 바로 처형하였다.

◑ 참고자료 ◐

『대전통편』「형전」 추단(推斷)・살옥(殺獄).
『전율통보』「형전」 추단.
『육전조례』「형전」 형조 상복사(詳覆司) 상복대벽(詳覆大辟).
『승정원일기』 정조 2년 11월 2일 윤음.

■어휘 해설

1. 상복(詳覆): 사형으로 판결한 죄인의 죄상을 상세히 심리하는 것을 가리킨다. 상복의 제도는 세종이 형조 안에 상복사(詳覆司)를 설치하면서 확립되었는데, 시기에 따라 형조에서 상복을 행하기도 하고 의정부에서 행하기도 하였다. 조선 후기에 상복을 행하는 과정을 살펴보면 다음과 같다. 형조에서 사형으로 판결한 죄인으로부터 다짐을 받고 임금의 재가를 받은 뒤에 원래의 문안(文案)과 조율(照律)한 수본(手本)을 의정부로 보내면, 의정부에서 우의정이 회의를 열어 문안을 열람한 뒤에 입안(立案)을 작성하고 보장(報狀)에 "보고한 율문대로 뽑아서 임금께 아뢰라.[依所報律抄啓]"라고 써서 형조로 보낸다. 형조가 의정부로부터 이러한 통보를 받고 나면 날을 잡아 계복(啓覆)을 시행하였다.

03-03

○ "刑推一日二次, 必以擧行之意, 先草記, 待允下加刑。"事, 定式。【刑曹草記批答。庚戌五月初四日。】

4. 『승정원일기』와 『일성록』 및 『정조실록』 모두 같은 달 2일에 기록되어 있다.

● "하루에 두 차례 형장(刑杖)을 치며 신문해야 할 경우에는 반드시 거행하겠다는 뜻으로 먼저 초기를 올리고 윤허가 내리거든 형장을 친다."라는 내용으로 정식을 삼았다.【형조의 초기에 대해 비답을 내렸다. 경술년(1790, 정조 14) 5월 4일.[5]】

■본문 해설

위의 초기와 비답은 사료에서 확인하지 못하였다. 형장을 치며 죄인을 신문하는 것은 하루에 한 차례만 행하도록 제한하였고, 국청(鞫廳)의 죄인일지라도 하루에 두 차례를 넘지 못하였다. 이는 죄인에게 함부로 형장을 가하는 폐단을 방지하기 위한 조치인데, 하루에 두 차례 형장을 치며 신문해야 할 경우에는 반드시 초기하여 임금의 허락을 받은 뒤에 행하도록 규정화한 것이다.

◑ 참고자료 ◐

『속대전』「형전」 추단(推斷).

『전율통보』「형전」 용형(用刑).

03-04

○ "刑曹典獄時囚, 因日寒放送者, 過後還囚之弊, 嚴禁。"事, 定式。【刑曹草記批答。庚戌十一月二十三日。】

● "전옥서에 가두어 둔 형조의 죄수 중에 날이 추워서 풀어 주었던 자를 추위가 풀리고 나서 도로 가두는 폐단을 엄히 금한다."라는 내용으로 정식을 삼았다.【형조의 초기에 대해 비답을 내렸다. 경술년(1790, 정조 14) 11월 23일.[6]】

■본문 해설

위의 규정은 형조가 경미한 범죄를 저지른 죄수를 풀어 주었다고 보고한 데 대해 정조가 전교를 내려 정한 것이다. 날씨가 몹시 무더운 중복(中伏) 이후에서 말복(末伏) 이전까지와 날씨가 몹시 추운 소한(小寒) 이후에서 대한(大寒) 이전까지는 의금부와 전옥서에 갇혀 있는 죄수 중에서 경미한 범죄를 저지른 죄수를 풀어 주었다. 위의 규정은 이때 풀어 준 죄수를 추후

5. 『승정원일기』와 『일성록』 및 『정조실록』 모두 동일한 날짜에 기록되어 있지 않다.

6. 『승정원일기』와 『일성록』에는 동일한 날짜에 기록되어 있고, 『정조실록』에는 기록되어 있지 않다.

에 다시 수감하지 못하도록 정한 것으로, 『대전회통』과 『은대편고』에도 수록되어 있다.

◑ **참고자료** ◐

『대전회통』「형전」 휼수(恤囚).
『은대편고』「형방고」 금오(金吾)·추조(秋曹).
『승정원일기』 정조 14년 11월 23일 형조의 초기.

04. 소결(疏決)

소결(疏決)은 나라에 경사가 있을 때 및 날씨가 몹시 무덥거나 추울 때에 당시 갇혀 있는 죄수와 정배(定配)된 죄수에 대해 재차 심리하여 판결하는 것을 가리킨다. 임금의 특별 하교가 있거나 대신이 연석(筵席)에서 여쭌 뒤에 소결을 행하였다. 이때에는 현임 대신, 의금부와 형조의 당상, 삼사(三司)의 관원, 승정원의 모든 승지 등이 참석하였고, 임금의 특별 지시에 따라 전임 대신이 참석하기도 하였다.

소결을 행할 때에는 형조와 의금부가 각 도에서 보고한 죄수의 명단 등에 근거하여 각각 문서를 작성해서 올렸는데, 그 명단 중에서 범죄 여부가 확실하지 않아 살려 주어야 할 죄수는 참작하여 처리하고 가벼운 범죄로 정배된 죄수는 참작하여 풀어 주었다. 소결은 날씨가 몹시 무덥거나 추울 때에도 시행하고 미결수에 대해서도 시행한다는 점에서는 경수방석(輕囚放釋)과 유사한 면이 있고, 나라에 경사가 있을 때에도 시행하고 기결수에 대해서도 시행한다는 점에서는 사면령(赦免令)과 유사한 면이 있다.

◑ **참고자료** ◐

『은대편고』「형방고」 소결(疏決).
『은대조례』「형고」 소결(疏決).
『육전조례』「형전」 형조 상복사(詳覆司) 심리(審理).
『승정원일기』 영조 1년 3월 25일 소결 기사.

04-01

○ “疏決入侍，諸承旨進參事，定式。”事，傳敎。【丁酉五月初十日。】

● "소결을 행하기 위해 입시할 때에는 모든 승지가 참석하는 것으로 정식을 삼는다."라는 내용으로 전교하였다. 【정유년(1777, 정조 1) 5월 10일.[7]】

■본문 해설

위의 전교는 이튿날 거행할 소결을 앞두고서 내린 것이다. 정조 이전의 『승정원일기』에서 소결을 시행할 때 신하들이 입시한 기사를 참고하면, 임금이 여러 승지에게 입시하라고 명한 경우 이외에는 담당 승지인 형방 승지(刑房承旨) 1명만이 소결에 참석했던 것으로 보인다. 정조는 소결도 조회(朝會)의 일종이고 6명의 승지가 날마다 입시하는데도 소결에 입시하지 않는 것은 문제가 있다고 하면서 이처럼 정한 것이다. 이에 따라 다음 날 소결에는 지방에 있던 동부승지 민종현(閔鍾顯)을 제외하고 5명의 승지가 모두 입시하였다. 이러한 규정은 『은대편고』, 『은대조례』, 『육전조례』에도 수록되어 있다.

◑ 참고자료 ◐

『은대편고』 「형방고」 소결.
『은대조례』 「형고」 소결.
『육전조례』 「형전」 형조 상복사(詳覆司) 심리(審理).
『승정원일기』 숙종 1년 1월 16일 계사, 경종 3년 5월 13일 소결 기사, 영조 7년 5월 23일 소결 기사, 36년 6월 5일 전교, 정조 1년 5월 10일 입시 기사 · 11일 좌목 및 소결 기사.

04-02

○ "初、覆檢狀結語及限內行檢, 依外邑例爲之。本曹完決, 無延拖, 坐起時無端闕推, 則該判堂削職, 該房郎官汰去, 照法勘處。"事, 傳教。【甲辰三月十二日。】

● "1차 검시(檢屍)와 2차 검시에 대한 검시보고서의 최종 결론 및 기한 내에 검시하는 일은 지방 고을의 규례대로 시행한다. 형조가 최종적으로 판결하는 것도 지체하지 말되, 형조가 좌기(坐起)를 열었을 때에 정당한 이유 없이 사건에 대한 조사를 행하지 않으면, 해당 판서는 삭직(削職)하고 해당 방(房)의 낭관은 태거한 뒤에 의금부에서 법에 따라 처벌한다."라는 내용으로 전교하였다. 【갑진년(1784, 정조 8) 3월 12일.[8]】

---

7. 『승정원일기』와 『일성록』 및 『정조실록』 모두 동일한 날짜에 기록되어 있다.

■본문 해설

위의 전교는 정조가 서울에서 살인 사건을 조사하는 일과 검시보고서를 작성하는 것이 지방에서 거행하는 것만 못한 것을 책망하면서 내린 것이다. 이러한 규정은 『대전통편』에도 수록되어 있다. 『대전통편』에서는 "서울에서 일어난 살인 사건의 검시는 모두 지방 고을의 규례에 따라 비변사의 검험 사목(檢驗事目)을 기준으로 거행한다."라고 하였다. 비변사의 검험 사목은 정조 8년(1784)에 정해진 것으로, 1차 검시, 2차 검시, 3차 검시를 행하는 절차와 검시보고서를 작성하는 방식 등이 규정되어 있다. 그에 따르면 검시보고서에는 사망에 이르게 된 원인을 기록하고 말미에는 정범(正犯)과 종범(從犯)을 구별하여 기록하도록 하였다.

형조는 매일 좌기(坐起)를 열고 한 달에 5일 간격으로 좌기를 연 일수와 당상의 참석 여부를 보고하도록 하였고, 3일 연속 좌기를 열지 않았을 경우에는 해당 관원이 추고를 당하였다. 『육전조례』에 의하면, 형조에는 상복사(詳覆司), 고율사(考律司), 장금사(掌禁司), 장례사(掌隷司)를 두고 각각 그 아래에 2개씩의 방(房)을 나누어 설치하였으며, 형방(刑房)까지 아울러 총 9개의 방을 두었다. 검시와 관련된 사안은 장금사에서 관장하였고, 장금사의 일방(一房)은 형조 정랑 1명이, 이방(二房)은 형조 좌랑 1명이 각 관사와 각 도를 나누어 담당하였다. 따라서 위에서 말한 '해당 방의 낭관'은 장금사의 일방 낭청과 이방 낭청을 가리킨다고 하겠다.

◑ 참고자료 ◐

『대전통편』「이전」 고과(考課), 「형전」 검험(檢驗).
『전율통보』「이전」 고과.
『은대편고』「이방고」 좌부좌(坐不坐), 「형방고」 추조(秋曹).
『육전조례』「형전」 형조, 형조 형방(刑房) 총례(總例).
『정조실록』 8년 3월 27일(임자).
『승정원일기』 정조 8년 3월 12일 입시 기사.

05. 의처(議處)

의처(議處)는 죄인에 대한 신문 절차가 완료된 상태에서 의금부의 당상(堂上) 등이 죄상

8. 『승정원일기』와 『일성록』 및 『정조실록』 모두 동일한 날짜에 기록되어 있다.

을 심의하여 죄인의 처리 방향에 대해 정하는 것을 가리킨다. 의처는 죄인에게 구체적으로 적용할 법률 조문을 살펴서 정하는 조율(照律)에 앞서 죄인의 처리 방향을 정하는 절차라고 할 수 있다. 임금의 명에 따라 의처와 조율이 함께 이루어지기도 하였다. 죄인에게서 진술을 받아 더 이상 신문할 필요가 없을 경우에는 곧바로 의처하고, 죄인이 죄를 인정하지 않거나 사건이 복잡할 경우에는 죄인을 신문하여 진술을 받는 절차가 여러 차례 진행된 뒤에 의처하기도 하였다.

의금부가 죄인에 대한 신문, 의처, 조율을 행하기 위해서는 의금부의 당상 2명 이상이 참여하는 좌기(坐起)를 열어야 하는데, 의처나 조율을 행할 때에는 반드시 판의금부사(判義禁府事)가 참석해야 했다.

◑ 참고자료 ◐

『대전통편』「예전」 잡령(雜令).
『전율통보』「형전」 추단(推斷).
『은대편고』「형방고」 금오(金吾).
『육전조례』「형전」 의금부 개좌(開坐)·의율(議律).
『선조실록』 39년 4월 19일(정사).

05-01

○ "未結案而用逆律、身已死而追施孥籍者、結案於次律而請加極律者，一幷除之。"事，傳敎。【丙申九月初一日。】

● "아직 결안(結案)을 받지 않았는데 역적에게 적용하는 법률을 적용하는 규정, 당사자가 이미 죽었는데 그의 처자식을 노비로 삼고 그의 재산을 몰수하는 법률을 소급해서 시행하는 규정, 차율(次律)로 결안을 받았는데 극형에 처하기를 청하는 규정은 모두 없앤다."라는 내용으로 전교하였다.【병신년(1776, 정조 즉위) 9월 1일.[9]】

■본문 해설

위의 전교는 정조가 죄인에게 법률을 적용할 때 어떠한 경우에도 사적인 감정을 개입시키지 않고 공정하게 적용해야 한다는 취지에서 내린 것이다. 역적의 혐의를 받는 죄인에게는 범죄 사실을 인정하는 진술을 받고 결안을 받은 뒤에 처형하였으며, 그의 처자식은 노비로 삼고

9. 『승정원일기』와 『일성록』 및 『정조실록』 모두 동일한 날짜에 기록되어 있다.

재산은 몰수하였다. 위의 3가지 금지 조항 중 죽은 사람에게 역적에게 적용하는 법률을 소급해서 시행하지 못하도록 한 규정은 영조 35년(1759)에 정해져서 『속대전』에 반영된 것이고, 나머지 두 가지 조항은 이후 『대전통편』과 『전율통보』에 반영되었다. '차율로 결안을 받았다'라고 한 것은 사형으로 판결하여 결안까지 받았다가 최종적으로 차율을 적용하여 사형을 감하여 준 경우를 가리킨 것으로 보인다.

◑ 참고자료 ◐

『대전통편』「형전」 추단(推斷).
『전율통보』「형전」 역옥(逆獄).
『육전조례』「형전」 의금부 국(鞫).
『성종실록』 6년 10월 17일(계사).
『명종실록』 1년 9월 13일(정묘).
『승정원일기』 정조 즉위년 9월 1일 주강(晝講) 기사.

■어휘 해설

1. 결안(結案): 사형죄를 지은 죄인이 범행을 자백한 뒤에 최종적으로 자신의 신원과 범행 과정을 진술하고 자신의 범죄 사실을 재차 확인하는 것 또는 그러한 진술을 바탕으로 작성된 문서를 가리킨다. 결안의 내용은 크게 두 부분으로 나누어진다. 앞부분에는 죄인의 신원에 대해 진술한 내용으로, 죄인 자신은 물론 부모·조부모·외조부모의 신분·성명·생존 여부 등과 죄인의 성장 과정이 담겨 있다. 뒷부분에는 범행의 동기와 과정 등을 진술하고 그러한 범죄를 저지른 사실에 대해 재차 인정하는 내용이 담겨 있다. 결안 문서의 시작 부분에는 죄인의 성명과 나이가 기록되고 맨 끝 부분에는 사형수의 처형 시기·장소·방법 등이 함께 기록되기도 하는데, 죄인의 진술뿐 아니라 이러한 기록까지 통틀어서 결안이라고 부르기도 하였다.
2. 차율(次律): 가장 무거운 형벌인 사형보다 한 단계 아래의 형벌에 해당하는 법률을 가리킨다. 이는 사형을 감해 주는 죄인에게 적용하는 것으로, 장(杖) 100을 치고 유(流) 3,000리로 정배(定配)하는 처벌이나 안치(安置)하는 처벌 등을 가리킨다. 10세 이하의 아이가 장난을 치다가 살인을 하면 처벌하지 않았으나, 10살 이상 15살 이하가 장난을 치다가 살인을 하면 차율로 등급을 감하여 처벌하였다.

06. 금법(禁法)

금법(禁法)은 나라에서 정한 금지 규정을 가리키는 것으로, 금령(禁令)이라고도 하였다. 금지 규정을 위반할 경우에는 으레 처벌이 뒤따랐으므로 금법에는 처벌 규정도 함께 포함되었다. 형조에서는 장금사(掌禁司)가 금령에 관한 사무를 관장하였으며, 『추관지(秋官志)』「금조(禁條)」에는 우마도살(牛馬屠殺), 신사(神祀), 투전(投牋), 지혜(紙鞋), 고중(高重), 성중승인(城中僧人), 난전(亂廛), 주금(酒禁), 기마(騎馬), 조선음녀(漕船淫女) 등이 금지 조항으로 열거되어 있다.

◑ 참고자료 ◐
『추관지(秋官志)』「금조(禁條)」.
『육전조례』「형전」 형조 장금사(掌禁司).

06-01

○ "飭禁宮女遊衍之習, 毋論職高尙宮、侍女, 遠地定配事, 定式。"事, 傳敎。【戊戌閏六月十三日。】

* 毋論: 『승정원일기』와 『일성록』 및 『정조실록』에는 약간씩 차이가 있기는 하지만 이 앞에 '如是設禁之後, 若復踵前習則'이라는 내용이 더 있다.

● "궁녀들이 제멋대로 노는 습속을 신칙하여 금지하되, 앞으로도 예전의 버릇을 되풀이할 경우에는 직급이 높은 상궁이나 시녀를 막론하고 원지(遠地)에 정배(定配)하는 것으로 정식을 삼는다."라는 내용으로 전교하였다. 【무술년(1778, 정조 2) 윤6월 13일.[10]】

■본문 해설

위의 전교는 정언(正言) 송전(宋銓)의 상소를 받고서 내린 것이다. 송전은 상소에서 백성이 너무 지나치게 술을 마시고 잔치를 벌이며 노는 것을 단속하여 근면하고 절약하는 풍습이 조성되게 할 것을 청하였는데, 정조는 그러한 풍습은 궁중에서부터 시작해야 한다는 생각에서 위의 전교를 내렸다. 정조가 이러한 전교를 내린 것은 송전의 상소가 계기가 되었으나, 세손(世孫) 시절부터 궁녀들의 무절제한 유흥을 못마땅하게 여겨 왔던 것으로 보인다. 정조의 말

10. 『승정원일기』와 『일성록』 및 『정조실록』 모두 동일한 날짜에 기록되어 있다.

에 의하면 당시의 궁녀들이 기녀(妓女)와 액례(掖隷)를 거느리고 유흥을 벌였고, 심지어 재상의 정자와 별장을 빼앗는 일까지 있었다고 한다.

◑ 참고자료 ◐

『승정원일기』 정조 2년 윤6월 3일 송전(宋銓)의 상소, 13일 입시 기사.

■어휘 해설

1. 원지(遠地): 원도(遠道)에 속한 지역으로, 원도는 전라도, 경상도, 함경도, 평안도를 가리킨다. 『승정원일기』에서 원지에 정배된 사례를 찾아보면, 함경도는 경원부(慶源府), 종성부(鍾城府), 무산부(茂山府), 단천부(端川府), 이성현(利城縣), 홍원현(洪原縣), 북청부(北青府), 명천부(明川府), 갑산부(甲山府), 경흥부(慶興府), 안변부(安邊府), 평안도는 숙천부(肅川府), 희천군(熙川郡), 영원군(寧遠郡), 운산군(雲山郡), 전라도는 보성군(寶城郡), 순천부(順天府), 금산군(錦山郡), 진안현(鎭安縣), 영암군(靈巖郡), 해남현(海南縣), 광양현(光陽縣), 강진현(康津縣), 경상도는 진주목(晉州牧), 합천군(陜川郡), 양산군(梁山郡), 거제부(巨濟府), 함양부(咸陽府), 남해현(南海縣), 장기현(長鬐縣), 기장현(機張縣), 웅천현(熊川縣), 용궁현(龍宮縣) 등이 원지로 나타난다.

06-02

○ "無論士夫、中庶, 名係朝籍者, 因事對吏而科外帖給, 則與者草記勘律, 下隷刑配, 該掌都事拿問勘處。"事, 定式。【承旨擧條批答。丙午七月二十日。】

* 午: 저본에는 '申'으로 되어 있는데, 『승정원일기』와 『일성록』 및 『정조실록』 정조 10년(1786) 7월 20일 기사에 근거하여 수정하였다.

● "사대부(士大夫)나 중인(中人)이나 서얼(庶孼)을 막론하고 이름이 관원 명부에 올라 있는 자가 사건 때문에 의금부의 이례(吏隷)를 상대할 때 규정을 어기고서 첩문(帖文)을 발급하면, 첩문을 발급한 자에 대해서는 초기를 올려 법률 조문을 정해 처리하고, 하례(下隷)에 대해서는 형장(刑杖)을 치고 정배(定配)하며, 담당 도사(都事)는 의금부로 잡아다 신문하여 처벌한다."라는 내용으로 정식을 삼았다. 【승지가 낸 거행 조건에 대해 비답을 내렸다. 병오년(1786, 정조 10) 7월 20일.[11]】

---

11. 『승정원일기』에는 동일한 날짜에 기록되어 있고, 『일성록』에는 같은 달 23일에 기록되어 있으며, 『정조실록』에는 기록되어 있지 않다.

■본문 해설

승지는 좌부승지 조연덕(趙衍德)을 가리킨다. 위의 규정은 의금부의 이례들이 죄수들에게 횡포를 부리고 금품을 갈취하는 폐단을 금지하기 위해서 정한 것이다. 조연덕의 말에 의하면, 의금부의 이례들이 요구하는 금품을 주지 않으면 죄수에게 음식과 문서를 전해 주지 않고 모욕을 주는 등의 행패를 부리기 때문에 죄수들이 어쩔 수 없이 금품을 주겠다는 내용의 첩문(帖文)을 발급한다고 하였다. 정조는 그러한 폐단을 없애기 위해서 첩문을 발급한 자와 받은 자는 물론이고, 이례에 대한 감독 책임이 있는 도사까지 처벌하도록 한 것이다. 의금부의 이례는 이서(吏胥)와 도례(徒隷)를 아울러 가리키는데, 여기에서는 그중에서도 도례를 가리킨다. 의금부의 도례로는 나장(羅將)과 군사(軍士)가 있었고, 도례는 하례(下隷)라고도 불렀다. 여기에서의 하례는 특히 나장을 가리킨 것으로 보인다.

◑ 참고자료 ◐

『육전조례』「형전」 의금부.

『승정원일기』 정조 10년 7월 20일 입시 기사.

06-03

○ "職牒燒火, 吏曹擧行, 而禁府不待傳旨徑先替行。此後, 雖微事, 或有不待傳旨擧行, 則堂、郎繩以重律。"事, 傳敎。【載『政院故事』。乙卯正月二十六日。】

● "직첩(職牒, 관직 임명장)을 불사르는 것은 이조가 거행하는 일인데 의금부에서 전지가 내려지기를 기다리지 않고 지레 대신 거행하였다. 앞으로는 사소한 일이라도 전지가 내려지기를 기다리지 않고 거행하면, 당상과 낭청을 중죄로 다스린다."라는 내용으로 전교하였다.【『정원고사』에 기재하도록 하였다. 을묘년(1795, 정조 19) 1월 26일.[12]】

■본문 해설

위의 전교는 의금부가 정해진 절차를 밟지 않고 정동준(鄭東浚)의 직첩(職牒)을 불태운 일로

12. 『승정원일기』와 『일성록』에는 동일한 날짜에 기록되어 있고, 『정조실록』에는 같은 달 27일에 기록되어 있다.

인해 내린 것이다. 정동준은 정조의 총애를 받아 측근으로 등용되었으나 자신이 원하는 지위에 오르지 못하자 정조를 원망하고 무함하다가, 권유(權裕)의 탄핵을 받고 자살하였다. 이날 대간(臺諫)들이 입시하여 정동준의 관작(官爵)을 추탈(追奪)할 것을 청하자, 정조가 정동준의 직첩을 거두어 불에 태우라고 명하였다. 직첩을 불태우는 일은 이조에서 행하는 일인데, 승정원에서 잘못하여 정조의 명을 의금부에 내리자 의금부가 정동준의 직첩을 거두어서 불에 태웠다. 정조가 문제를 삼은 것은 두 가지이다. 하나는 승정원이 정조의 명을 잘못 전달하기는 하였지만 이조가 해야 할 일을 의금부가 대신 행했다는 점이다. 또 하나는 임금의 명을 실행하기 위해서는 승정원에서 임금의 명을 전지(傳旨)로 작성해 임금의 재가를 받아 실행할 관사에 전해 준 뒤 실행해야 하는데, 전지를 재가하지도 않은 상태에서 의금부가 정조의 명을 실행했다는 점이다. 이러한 규정은 『은대편고』에도 수록되어 있다.

◑ 참고자료 ◐

『은대편고』「형방고」 전지(傳旨).
『정조실록』 19년 1월 11일(갑오) · 22일(을사) · 26일(기유) · 27일(경술).
『승정원일기』 정조 19년 1월 26일 전교 및 조참(朝參) · 차대(次對) 기사.

07. 격쟁(擊錚)

격쟁(擊錚)은 백성이 억울한 사연을 임금에게 호소하기 위해 징이나 꽹과리 등을 울리는 것을 가리킨다. 『속대전』에서는 "원통함을 호소하려는 자에게 차비문(差備門) 밖에서 쇠붙이를 쳐서 울릴 수 있도록 허락하였는데, 이를 격쟁이라 한다."라고 하였고, 『전율통보』에서는 "동가(動駕)할 때 호위 구역 밖에서 쇠붙이를 쳐서 울리는 것을 격쟁이라 한다."라고 하였다. 격쟁은 조선 초기에 억울한 사연이 있는 사람에게 신문고(申聞鼓)를 울릴 수 있도록 허락했던 격고(擊鼓) 제도에서 유래한 것으로, 신문고를 없앤 뒤에 억울함을 호소할 길이 없는 사람들이 격쟁을 한 것으로 보인다.

억울한 사연이 있는 사람들이 격쟁을 한 기록은 세조 때부터 보이기 시작하는데, 격쟁은 신문고를 울리는 것과는 달리 불법이었다. 그러나 조선 후기에 와서는 사실상 제도로 정착하였고 법전에도 반영되었다. 격쟁은 사건사(四件事)에 한하여 허용되었는데, 사건사란 자신이 억울하게 형벌을 받은 일, 아버지와 아들의 분별에 관한 일, 본처와 첩의 분별에 관한 일, 양민(良民)과 천민(賤民)의 분별에 관한 일을 말한다. 이 외에도 자손이 아버지나 할아버지를 위해 청원하는 일, 아내가 남편을 위해 청원하는 일, 아우가 형을 위해 청원하는 일, 종이 주인을 위해 청원하는 일, 기타 지극히 원통한 일 등도 격쟁이 허용되었다. 사건사라 하더라도 혈서(血書)로 쓴 것은 받아 주지 않았다.

『육전조례』에서는 도성(都城) 안에서 동가할 때 격쟁할 수 있는 장소로 파자교(把子橋), 통운교(通雲橋), 혜정교(惠政橋) 3곳을 정하고, 그 이외의 장소에서 격쟁한 것은 받아 주지 않는다고 하였다.

◑ 참고자료 ◐

『대전통편』「형전」 소원(訴寃).
『전율통보』「형전」 소고(訴告).
『은대편고』「이방고」 회계(回啓), 「형방고」 추조(秋曹).
『육전조례』「형전」 형조 고율사(考律司) 격쟁(擊錚).
『세조실록』 14년 5월 16일(을해), 8월 10일(정유).
『성종실록』 10년 11월 7일(무자), 11년 12월 14일(기미).

07-01

○ "郊外動駕時, 各邑境民人擊錚者, 自該府出付該監營, 則該營依刑曹例捧供辭, 以該曹稟處之意, 狀聞。" 事, 定式。【承旨擧條定式。戊戌八月二十七日。】

● "교외에 동가할 때 각 고을의 격쟁한 백성을 의금부에서 해당 감영에 넘기면 해당 감영은 형조의 예에 따라 진술을 받아 '형조에서 여쭈어 처리하게 하소서.'라는 내용으로 장계를 올려 보고한다."라는 내용으로 정식을 삼았다. 【승지가 거행 조건을 내어 정식을 삼았다. 무술년(1778, 정조 2) 8월 27일.[13]】

■본문 해설

승지는 우부승지 서유방(徐有防)을 가리킨다. 위의 규정은 교외로 동가할 때 의금부가 상언단자(上言單子)를 형조로 보내 주지 않아 처리가 지연되는 것을 막기 위해서 정한 것이다. 한성부의 관할 지역 안에서 격쟁할 경우에는 형조에서 바로 격쟁한 사람으로부터 진술을 받

13. 『승정원일기』와 『일성록』에는 같은 달 25일에 기록되어 있고, 『정조실록』에는 기록되어 있지 않다.

아 보고하였다. 그러나 지방 고을에서 격쟁한 경우에는 의금부가 격쟁한 사람을 해당 감영에 넘겨주면 해당 감영에서 다시 고을 수령에게 넘겨주었는데, 의금부가 상언 단자를 받아 두기만 하고 형조로 보내 주지 않기 때문에 처리가 지연되어 격쟁한 사람이 고을에 며칠씩 구속되어 있는 폐단이 생겼다. 그에 따라 의금부의 통지가 없더라도 해당 감영의 보고에 따라 형조에서 처리할 수 있도록 규정을 정한 것이다. 『육전조례』에서는 한성부가 관할하는 구역을 교외 10리까지로 정하여 동쪽 교외는 석관현(石串峴)까지, 서쪽 교외는 홍제원(弘濟院)의 석교항(石橋項)까지, 남쪽으로는 살곶이다리[箭串橋]의 걸강포(乞綱浦)까지, 북쪽 교외는 불천(佛川)까지로 하되, 남쪽 교외는 나루터[津頭]까지, 북쪽 교외는 제단(祭壇) 앞까지라고 하였다.

◑ 참고자료 ◐

『육전조례』「호전」 한성부 도로교량(道路橋梁).
『승정원일기』 정조 2년 8월 25일 친국(親鞫) 기사.

07-02

○ "勿論山訟、他訟, 泛及題外說話, 以爲敲撼之計者, 直於曹庭、道庭, 燒火所捧原情後, 加等勘罪, 仍卽草記或狀聞。"事, 定式。【刑曹啓目判付。辛亥正月二十日。】

＊ 他: 『승정원일기』와 『일성록』에는 '地'로 되어 있다.

● "묘지 소송이나 다른 소송을 막론하고 주제에서 벗어난 이야기를 범범하게 언급하여 상대방을 모함할 계책을 꾸미는 경우에는 격쟁한 사람에게서 받은 원정(原情)을 곧바로 형조의 뜰이나 각 도의 뜰에서 불사른 뒤에 등급을 올려서 처벌하고 이어서 즉시 초기하거나 장계로 보고한다."라는 내용으로 정식을 삼았다. 【형조의 계목에 대해 판부하였다. 신해년(1791, 정조 15) 1월 20일.[14]】

■본문 해설

위의 규정은 서부(西部) 유학(幼學) 이정국(李靖國)의 상언(上言)에 대한 형조의 회계에 대해 정조가 판부를 내려 정한 것이다. 이정국은 전해에 과천현(果川縣)에 있는 자기의 선산(先山) 가까이에 이기경(李基慶)이 어머니를 매장하자 상언하여 이 무덤을 파서 옮기도록

14. 『승정원일기』와 『일성록』에는 동일한 날짜에 기록되어 있고, 『정조실록』에는 기록되어 있지 않다.

해 줄 것을 청하여 허락을 받았다. 그런데 이때까지도 이기경이 이장(移葬)을 하지 않자 다시 상언한 것이다. 이때의 상언이 사료에 실려 있지 않아 자세한 내용을 알 수 없으나, 정조의 말로 볼 때 상언 안에서 이기경의 선조를 언급한 내용이 있었던 것으로 보인다.

◑ 참고자료 ◐

『승정원일기』 정조 15년 1월 20일 형조의 계목.
『일성록』 정조 14년 10월 3일 한성부의 초기.

■어휘 해설

1. 원정(原情) : 죄인이 범죄 사실을 진술하거나 격쟁한 사람이 억울한 사연을 진술하는 것 또는 그러한 진술을 받아 적은 글을 가리킨다.

07-03

○ "詣臺臺臣之權除喝導於闕中者, 兵曹來告該房, 俾卽論啓。" 事, 定式。【因持平姜儐鳴錚定式。甲寅八月二十九日。】

● "대청(臺廳)에 나아오는 대간(臺諫) 중 대궐 안에서 임시로 갈도(喝導)를 행하지 않는 자에 대해서는 병조가 형방 승지(刑房承旨)에게 고하여 형방 승지가 즉시 아뢰게 한다."라는 내용으로 정식을 삼았다. 【지평 강빈(姜儐)의 격쟁으로 인하여 정식을 삼았다. 갑인년(1794, 정조 18) 8월 29일.[15]】

■본문 해설

위의 규정은 지평 강빈(姜儐)이 궐 안에서 징을 울린 일로 인하여 정조가 전교를 내려 정한 것이다. 강빈이 징을 울린 이유는 다음과 같다. 홍문관 교리에서 사헌부 지평으로 옮겨 제수된 강빈이 사은숙배(謝恩肅拜)하기 위해 궐 안에 들어갔다가, 승정원으로부터 대간(臺諫)이 올린 계사(啓辭)에 대한 비답(批答)을 받으라는 전갈을 받았다. 그러나 강빈은 해당 합계(合啓)를 올릴 때 참여하지 않았고 더구나 원래 계사를 올렸던 대간들이 비답을 받지 못한 상태에서 자신이 비답을 받는 것은 옳지 않다며 거듭 거절하였다. 그런데 승지와 주서가 강제로 비답을 읽어 주고 자리를 떠나자, 당시는 밤중이었으므로 교리 조홍진(趙弘鎭)과 다음 날에 청대(請對)하기로 약속하고 조방(朝房)에서 밤을 새웠다. 다음 날 아침에, 함께 청대하기로

15. 『승정원일기』와 『일성록』에는 동일한 날짜에 기록되어 있고, 『정조실록』에는 기록되어 있지 않다.

한 조홍진이 상소의 초본을 보내왔는데, 자신이 비답을 받은 행위에 대해 비난하는 내용이었다. 그러자 강빈이 억울한 심정을 호소하기 위해 소매에 징을 숨기고 궐 안에 들어와서 징을 울렸다. 이때 강빈을 궐 안으로 들여보낸 수문장(守門將)도 심문하고 곤장 10대를 쳤는데, 수문장은 강빈이 궐 안으로 들어올 때 갈도를 앞세우고 있었으므로 대청에 나아오는 대간인 줄로 알고 들여보냈다고 진술하였다. 수문장의 진술로 볼 때 강빈이 갈도를 앞세우기만 하고 벽제(辟除)는 하지 않았던 것으로 보인다.

◑ **참고자료** ◐

『승정원일기』 정조 18년 8월 29일 전교 및 홍인호(洪仁浩)의 계사 및 병조의 초기.

■어휘 해설

1. 갈도(喝導) : 사간원 관원이 행차할 때 앞에서 인도하며 소리를 질러 행차를 알리는 것, 또는 그러한 일을 맡은 아전을 가리킨다. 조선 초기에는 사헌부와 사간원 모두 갈도를 두었으나, 중기에는 모두 나장(羅將)으로 바뀌었다가 후기에는 사간원은 다시 갈도로 바뀌고 사헌부는 소유(所由)로 바뀌었다.

07-04

○ "擊錚公事, 判堂有故, 則曹郎以'次堂例不得擧行'之意, 言于該房, 以爲啓聞變通事, 定式。"事, 傳敎。【乙卯五月初六日。】

● "격쟁에 관한 사안은 형조 판서가 사정상 공무를 행할 수 없으면 형조의 낭청이 '차당(次堂, 형조 참판)은 규례상 처리할 수가 없습니다.'라는 뜻으로 형방 승지(刑房承旨)에게 말하여, 형방 승지가 보고하여 변통할 수 있게 하는 것으로 정식을 삼는다." 라는 내용으로 전교하였다. 【을묘년(1795, 정조 19) 5월 6일.[16]】

■본문 해설

위의 전교는 형조가 창원(昌原)에 사는 유씨(劉氏) 여인의 격쟁에 대해 회계(回啓)하지 않고 미루자, 내린 것이다. 유씨는 유학(幼學) 정준(鄭埈)의 처로, 정준이 창원 부사(昌原府使) 이여절(李汝節)에게 장(杖)을 맞고 숨지자, 격쟁하여 억울함을 호소하였다. 이여절은 정준을 포함하여 도감(都監) 30명에게 가혹하게 장을 쳤고, 그로 인해 정준을 죽게 만들었는데, 정조

16. 『승정원일기』와 『일성록』에는 동일한 날짜에 기록되어 있고, 『정조실록』에는 기록되어 있지 않다.

가 경상 감사 조진택(趙鎭宅)에게 사건을 조사하여 보고하도록 하였다. 그러나 조진택이 이 여절을 옹호하는 내용으로 보고하자, 유경(柳畊)을 창원 안핵어사(昌原按覈御史)로 파견하여 다시 조사하도록 하였다. 이러한 규정은 『은대편고』에도 수록되어 있다.

◑ 참고자료 ◐

『은대편고』「형방고」 추조(秋曹).

『승정원일기』 정조 19년 5월 6일 입시 기사.

『일성록』 정조 19년 6월 11일 경상 감사 조진택(趙鎭宅)의 장계, 8월 11일 창원 안핵어사 유경의 서계(書啓).

08. 복계(覆啓)

복계(覆啓)는 임금이 지시하거나 문의한 사항 또는 임금이 내려 준 다른 관사나 신하의 문서에 대한 의견, 대책, 처리 방향 등을 마련하여 아뢰는 것을 가리키며, 회계(回啓)라고도 하였다. 서울의 관사는 3일 이내, 지방의 경우에는 30일 이내에 복계하는 것이 원칙이었고, 이를 위반하면 승정원에서 추고(推考)하기를 청하였다. 상언(上言)에 대해서는 『경국대전』에서 재가한 지 5일 안에 복계하도록 하였으나, 정조 때에 와서는 이것도 3일 이내에 복계하는 것으로 바뀌었다. 「호고」 06. 회계(回啓) 참조.

◑ 참고자료 ◐

『경국대전』「형전」 소원(訴寃).

『속대전』「이전」 고과(考課).

08-01

○ "有時囚而無端不坐過三日, 不爲提醒於堂上, 則首都事先汰後拿, 當該首堂下義禁府推考。"事, 定式。【禁府啓目判付。甲寅五月初十日。】

● "현재 갇혀 있는 죄수가 있으나 정당한 이유 없이 좌기(坐起)를 열지 않은 지 사흘이 지났는데도 의금부 당상에게 일깨워 주지 않으면, 수도사(首都事, 우두머리 도사)는

태거(汰去)한 뒤에 의금부로 잡아다 처리하고 해당 수당상(首堂上, 판의금부사)은 의금부에 내려 추고한다."라는 내용으로 정식을 삼았다.【의금부의 계목에 대해 판부하였다. 갑인년(1794, 정조 18) 5월 10일.[17]】

■ **본문 해설**

위의 규정은 강봉서(姜鳳瑞)의 원정(原情)을 보고한 의금부의 계목(啓目)에 대해 정조가 판부를 내려 정한 것이다. 양사(兩司), 육조(六曹), 한성부(漢城府), 장례원(掌隸院)은 좌기(坐起)를 연 일수와 당상의 좌기 참석 여부를 5일마다 단자(單子)로 보고하였고, 형조는 5일마다 의금부는 10일마다 도수도 단자(都囚徒單子)를 올렸다. 형조와 의금부에 이러한 규정을 둔 것은 미결수에 대한 판결을 지체시키지 않기 위한 조치라고 할 수 있다. 정조는 여기에서 더 나아가 미결수가 있는데도 3일이 지나도록 좌기를 열지 않은 경우에는 의금부의 당상과 도사를 처벌하도록 법을 더욱 강화한 것이다. 의금부에서는 매일 좌기를 열어 죄수에 대한 신문·의처(議處)·조율(照律) 등을 행하였으나, 임금의 특별 하교가 없이는 하루에 두 차례 좌기를 열 수는 없었다.

◑ **참고자료** ◐

『속대전』「이전」 고과(考課).
『전율통보』「이전」 고과.
『은대편고』「이방고」 과삼일(過三日)·좌부좌(坐不坐).
『육전조례』「형전」 의금부 개좌(開坐).
『승정원일기』 정조 18년 5월 10일 의금부의 계목(啓目).

09. 사계(査啓)

사계(査啓)는 관원이나 관사가 사실을 조사하여 임금에게 보고하는 것을 가리킨다. 수령이 진휼(賑恤)에 보탠다는 명목으로 백성을 착취하거나 수량을 허위로 늘려서 보고한 경우에는 감사가 조사하여 보고하고, 사실대로 보고하지 않았을 때에 적용하는 법률을 해당 수령에게 적용하였다. 각 도의 살인 사건에 대한 사계는 해당 감사가 형조로부터 관문(關

17. 『승정원일기』와 『일성록』에는 동일한 날짜에 기록되어 있고, 『정조실록』에는 기록되어 있지 않다.

文)을 받은 지 50일 이내에 올려야 했고, 기한을 어길 경우에는 처벌을 받았다. 어사(御史)의 서계(書啓)에서 장오죄(贓汚罪)로 탄핵을 받은 수령에 대해서는 감사가 직접 조사하여 보고했고, 감사가 무죄라고 보고했더라도 사안이 중대할 경우에는 의금부가 재차 조사하였다. 병사(兵使)는 각 고을을 순행할 때에 속오군(束伍軍)과 세초군(歲抄軍)을 점검한 뒤에 탈이 있는지의 여부에 대해 조사하여 보고하였다. 의금부가 사계에 대해 회계(回啓)하면서 당상의 의견을 제시하지 않고 임금에게 판결해 주기만을 청하는 경우는 승정원에서 문서를 받지 못하도록 하였다.

◑ 참고자료 ◐

『대전통편』「호전」 비황(備荒), 「병전」 교열(敎閱), 「형전」 추단(推斷).
『전율통보』「호전」 비황, 「병전」 교열, 「형전」 추단.
『은대편고』「병방고」 습조(習操), 「형방고」 금오(金吾)·추조(秋曹).
『육전조례』「이전」 승정원 청추(請推).

09-01

○ "革罷放未放啓本備局回啓之規, 自發配時, 禁府、刑曹中所稟衙門, 使之發文, 而令前已自本司發關, 亦令該府、該曹中稟處。"事, 定式。【戊戌閏六月十四日。】

＊ 稟: 『승정원일기』와 『일성록』 및 『정조실록』 같은 날 기사에는 모두 '掌'으로 기록되어 있다.
＊ 文: 『승정원일기』와 『일성록』 및 『정조실록』 같은 날 기사에는 모두 '關'으로 기록되어 있다.

● "방미방 계본(放未放啓本)에 대해 비변사가 회계(回啓)하는 규정을 혁파하고, 죄인을 정배(定配)할 지역으로 보낼 때부터 의금부와 형조 중 임금에게 물어서 처리한 아문에서 관문(關文)을 보내게 한다. 그리고 지금 명령을 내리기 이전에 비변사에서 관문을 보냈던 경우라도 의금부와 형조 중에서 임금에게 물어 처리하게 한다."라는 내용으로 정식을 삼았다. 【무술년(1778, 정조 2) 윤6월 14일.[18]】

■본문 해설

위의 규정은 정조가 비망기(備忘記)를 내려 정한 것이다. 이전에는 각 도에서 올린 방미방 계본에 대해 형조나 의금부에서 회계(回啓)한 뒤에 비변사에서 또다시 회계하는 관례가 있었

18. 『승정원일기』와 『일성록』 및 『정조실록』 모두 동일한 날짜에 기록되어 있다.

는데, 이때부터 비변사가 다시 회계하는 규정을 혁파하도록 한 것이다. 형조나 의금부가 임금의 재가를 받아 정배(定配)하도록 결정된 죄인에 대해서는 재가받은 내용을 관문에 실어 정배할 지역의 감사에게 보내 정해진 지역에 정배하게 하였다. 그중 대신(大臣)이 거행 조건을 내어 처리한 죄인에 대해서는 비변사가 해당 지역의 감사에게 관문을 보냈고, 방미방 계본에 대해 회계할 때에도 비변사가 회계하였다. 정조는 이러한 관례를 비변사의 월권으로 보고 혁파한 것이다.

◑ **참고자료** ◐

『속대전』「형전」 사령(赦令).
『승정원일기』 정조 2년 윤6월 14일 비망기(備忘記).

■**어휘 해설**

1. 방미방계본(放未放啓本): 나라의 경사 등을 맞아 사면령을 반포한 뒤에 서울에서는 형조와 의금부가, 각 도에서는 관찰사가 정배(定配)된 죄인을 분류하여 보고하던 계본을 가리킨다. 방미방 계본은 정배된 죄인을 풀어 줄 부류[放秩], 풀어 주지 않을 부류[未放秩], 그대로 둘 부류[仍秩], 임금에게 여쭈어 처리할 부류[稟秩] 등으로 분류하여 작성하였다.
2. 관문(關文): 조선 시대 관사 사이에 주고받던 공문서의 일종으로, 상급 관청에서 하급 관청으로 문서를 보내거나 동급 관청끼리 문서를 주고받을 때 사용하였다. 그중 동급 관청끼리 주고받는 관문을 평관(平關)이라고 하였다. 관문에는 '關'자가 새겨진 인장을 찍었다.

09–02

○ "殺獄文案覆啓判付, 必皆楷關知委事, 定式。"事, 傳教。【辛丑正月二十二日。】

● "살인 사건과 관련된 문서의 회계(回啓)에 대해 판부한 것은 반드시 모두 해서(楷書)로 관문(關文)을 작성하여 통지하는 것으로 정식을 삼는다."라는 내용으로 전교하였다.【신축년(1781, 정조 5) 1월 22일.[19]】

■**본문 해설**

위의 전교는 각 도의 살인 사건과 관련된 회계에 대해 판부를 내리고 나서 내린 것이다. 각

19. 『승정원일기』와 『일성록』에는 동일한 날짜에 기록되어 있고, 『정조실록』에는 기록되어 있지 않다.

도에서 살인 사건과 관련된 문서를 올리면 이에 대해 형조와 비변사 등에서 회계하였고, 회계에 대해 임금이 판부를 내리면 회계한 관사에서 판부 내용을 관문(關文)으로 작성하여 각 도에 알렸다. 살인 사건은 사람의 목숨과 관계된 중대한 사안이므로 그에 대한 판부도 해서로 신중히 작성하도록 한 것이다.

◑ 참고자료 ◐

『승정원일기』 정조 5년 1월 22일 입시 기사.

09-03

○ "凡狀啓、啓目等啓下文書外，各司草記勘罪判下者，必皆捧傳旨。"事，下教。【己未五月二十七日。】

● "계자(啓字)를 찍어서 내려 준 장계와 계목 등의 문서 이외에 각 관사가 죄목(罪目)을 정해서 올린 초기에 대해 판하한 것은 반드시 모두 전지를 들인다."라는 내용으로 하교하였다.【기미년(1799, 정조 23) 5월 27일.[20]】

■본문 해설

위의 하교는 사료에서 확인하지 못하였다. 다만 『승정원일기』 이날 기사에 의하면, 정조가 장계의 경우에는 계자(啓字)를 찍어서 내려 주기 때문에 전지를 작성해서 들여보낼 필요가 없지만, 의금부 문서의 경우에는 계자를 찍어서 내려 주지 않는데도 전지를 작성해서 들여보내지 않는 것은 말이 되지 않는다고 하였다. 계목도 장계와 마찬가지로 계자를 찍어서 내려 주기 때문에 정조가 말한 의금부의 문서는 의금부의 초기를 가리키는 것으로 보인다. 계목에는 계자를 찍어서 내려 주기 때문에 그에 근거해서 임금이 판하한 내용을 실행하면 되지만, 초기에는 계자를 찍어서 내려 주지 않기 때문에 초기에 대해 판하한 내용을 실행하기 위해서는 판하한 내용을 바탕으로 승정원이 전지를 작성해서 재가받는 절차를 한 차례 더 거치도록 한 것이다.

◑ 참고자료 ◐

『승정원일기』 정조 23년 5월 27일 입시 기사.

---

20. 『승정원일기』와 『일성록』 및 『정조실록』 모두 동일한 날짜에 기록되어 있지 않다.

09-04

○ "禁府、刑曹所決獄案, 無巨細抄錄肯綮, 待月終錄啓, 啓下後, 每年季朔, 都謄一冊以啓。夏、秋、冬季朔, 不必別作冊子, 春季朔冊子, 請出添書以入, 依吏、兵曹『大政攷』、戶曹財用簿、禮曹講製案例事, 定式。"事, 傳敎。【癸卯七月十八日。】

＊ 入: 저본에는 없는데, 『승정원일기』와 『일성록』 및 『정조실록』 같은 날 기사에 근거하여 보충하였다.

● "의금부와 형조에서 판결한 옥안(獄案)은 큰 사안이나 작은 사안이나 관계없이 핵심 내용을 뽑아 기록해 두었다가 월말이 되거든 종합적으로 기록하여 보고한다. 월말에 보고한 것을 재가받은 뒤에 매년 사계절의 마지막 달마다 한 권의 책자에 모두 베껴서 아뢴다. 다만 여름, 가을, 겨울의 마지막 달에는 책자를 따로 작성할 필요가 없이 봄의 마지막 달에 작성해서 올렸던 책자를 내어 달라고 청하여 추가해서 들이되, 이조와 병조의 『대정고(大政攷)』, 호조의 재용부(財用簿), 예조의 강제안(講製案)의 예에 따른다. 이로써 정식을 삼는다."라는 내용으로 전교하였다. 【계묘년(1783, 정조 7) 7월 18일.[21]】

■본문 해설

위의 전교는 정조가 판결에 대한 근거 기록을 남기려는 의도에서 내린 것이다. 『경국대전』에는 각 관사에서 10일 간격으로 죄인의 죄명(罪名), 처음 수감된 날짜, 형장(刑杖)을 치며 신문한 횟수, 죄목을 판결한 횟수 등을 기록하여 보고하도록 하였고, 『속대전』에는 사송(詞訟)을 담당하는 아문에서 10일 간격으로 판결한 사안을 기록하여 보고하게 하였으며, 『대전통편』에는 형조와 의금부에서 5일 간격으로 현재 갇혀 있는 죄수의 명단을 작성하여 보고하도록 하였다. 정조는 형조와 의금부가 판결한 옥사를 그때그때 요약 정리해 두었다가 매월 말일에 종합하여 보고하게 하고, 이를 4분기로 나누어 1년에 4차례 다시 책자를 수정하여 올리도록 하였다. 매월 말일마다 보고할 때에는 경죄수(輕罪囚)와 중죄수(重罪囚)로 나누어 기록하다가 날짜별로 기록하였고, 죄수의 이름 밑에 그달에 신문한 횟수를 기록하였다. 그리고 이를 분기별로 보고할 때에는 경죄수와 중죄수로 분류하여 보고하였다. 위의 규정에 따라 매년 분기마다 형조에서는 『결옥록(決獄錄)』을, 의금부에서는 『결옥안(決獄案)』을 작성하여 올렸다. 다만 사계절의 마지막 달에 작성하도록 했던 것은 첫 달에 작성하는 것으로

21. 『승정원일기』와 『일성록』 및 『정조실록』 모두 동일한 날짜에 기록되어 있다.

바뀌었다.

◑ 참고자료 ◐

『경국대전』「형전」 휼수(恤囚).
『속대전』「형전」 결옥일한(決獄日限).
『대전통편』「형전」 휼수(恤囚).
『은대편고』「이방고」 친림도정(親臨都政), 「호방고」 촬요(撮要), 「통고(通攷)」 월령(月令).
『육전조례』「이전」 승정원 월령(月令).
『승정원일기』 정조 7년 7월 18일 입시 기사, 9월 30일 인견 기사, 8년 2월 8일 인견 기사, 13년 12월 19일 형조의 계목, 순조 2년 9월 5일 홍의호(洪義浩)의 계사.
『내각일력』 정조 5년 9월 17일 영첨(領籤)의 구전 계사(口傳啓辭).

■어휘 해설

1. 옥안(獄案): 죄인을 신문한 내용과 판결한 내용 등이 기록된 문서 또는 책자를 가리킨다.
2. 『대정고(大政攷)』: 정조 즉위년(1776)부터 23년(1799)까지 도목정사(都目政事)의 내역을 기록한 책자로, 도목정사를 대정(大政)으로도 부르기 때문에 붙여진 이름이다. 해마다 여름과 겨울의 도목정사로 나누어 기록하였으며, 각각 정조의 전교(傳敎), 동전(東銓)과 서전(西銓)의 관원 명단, 차출해야 할 빈자리 등을 기록하였다.
3. 재용부(財用簿): 돈과 곡물의 출납을 기록한 호조와 선혜청의 회계안(會計案)을 가리킨 것으로 보인다. 호조는 조선 전기부터 회계안을 정기적으로 수정하여 임금에게 바쳤고, 선혜청은 영조 25년(1749)부터 바치기 시작하였다. 회계안은 호조와 선혜청이 각각 보관하고 있는 것 외에 임금도 한 부씩 보관하였는데, 호조와 선혜청이 매년 사계절 각 첫 달의 10일마다 임금이 보관하고 있는 것을 내어 달라고 청하여 수정한 뒤 그달 15일까지 반납하였다.
4. 강제안(講製案): 강경(講經) 시험과 제술(製述) 시험에 응시한 인원의 명단과 성적 등이 기록된 장부를 가리킨다. 『내각일력』에 의하면, 초계문신(抄啓文臣)의 강경과 제술이 시행될 때마다 강제안을 정기적으로 수정하여 올렸던 것으로 보인다.

10. 대간(臺諫)

대간(臺諫)은 사헌부와 사간원의 관원을 아울러 이르는 칭호로, 대신(臺臣)과 간신(諫臣)을 가리킨다. 다만 사헌부의 관원 중 감찰(監察)은 일반적으로 대간에 포함시키지 않고 대감(臺監)이라 하여 대간의 또 다른 이름인 대장(臺長)과 구별하였다. 대간은 임금에 대한 간쟁(諫諍)과 관원에 대한 탄핵(彈劾) 등 언관(言官)으로서의 역할을 수행하였는데, 이러한 언관으로서의 역할은 매일 올리도록 의무화된 계사(啓辭)를 통해 수행하였다.

대간이 올리는 계사는 그 내용에 따라 임금의 시책에 대해 간쟁하거나 관원의 처신에 대해 탄핵하는 내용의 논핵 계사(論劾啓辭), 다른 관원의 탄핵을 받았거나 임금의 질책을 받은 대간이 직무를 맡을 수 없다며 체차(遞差)해 주기를 청하는 내용의 피혐 계사(避嫌啓辭), 피혐(避嫌)한 대간에 대해 정당성 여부를 판정하여 출근하도록 청하거나 체차하도록 청하는 내용의 처치 계사(處置啓辭), 지방에 있는 대간에게 속히 올라오도록 하유(下諭)할 것을 청하는 내용의 하유 계사(下諭啓辭)로 나눌 수가 있다.

◑ 참고자료 ◐

『대전통편』「이전」 경관직(京官職) 사헌부・사간원.
『전율통보』「이전」 경관직 사헌부・사간원.
『홍문관지(弘文館志)』「식례(式例)」 처치식(處置式).
『은대편고』「형방고」 대소(臺疏)・대간(臺諫)・피혐(避嫌)・처치(處置)・하유(下諭).
『은대조례』「형고」 대간.
『성종실록』 3년 7월 7일(임인).
『승정원일기』 영조 31년 1월 25일 지평 이세현(李世鉉)의 상서(上書), 정조 원년 3월 8일 의금부의 계목.

10-01

○ "敦化門守門將, 每於臺諫赴公時, 以平服往來, 則卽告政院, 以爲察推, 都吏及陪吏嚴刑定配。"事, 下教。【書揭院壁、兩司朝房。辛亥八月三十日。】

● "돈화문의 수문장은 대간이 공무를 보러 나아올 때마다 평복 차림으로 왕래하면 즉시 승정원에 보고해서, 해당 대간은 추고(推考)하고 도리(都吏)와 배리(陪吏)는 엄히 형장(刑杖)을 친 뒤에 정배할 수 있도록 한다."라는 내용으로 하교하였다.【승정원의 벽과 양사의 조방(朝房)에 써서 걸었다. 신해년(1791, 정조 15) 8월 30일.[22]】

22. 『승정원일기』와 『일성록』에는 동일한 날짜에 이와 관련된 기사가 기록되어 있고, 『정조실록』에는 기록되어 있지 않다.

■본문 해설

위의 하교는 사료에서 확인하지 못하였다. 다만 이날 장령 이태현(李泰賢)이 올린 피혐 계사(避嫌啓辭)에 "오늘 관아로 나아오는 길에 과연 평복 차림으로 조방(朝房)에까지 이르렀다가 엄중한 하교를 받기에 이르렀습니다."라고 하고서 체차해 주기를 청하자, 정조가 아뢴 대로 체차해 준 일이 있었다. 이러한 내용으로 볼 때 이태현의 일을 계기로 이러한 규정이 생긴 것으로 보인다. 관원들이 창덕궁(昌德宮)을 출입할 때에는 경유하는 궐문이 각각 달라서, 대간은 돈화문, 다른 신하들은 금호문(金虎門), 중관(中官)은 단봉문(丹鳳門), 궁인(宮人)은 요금문(曜金門)으로 출입하였다. 그에 따라 돈화문 수문장에게 대간의 복장을 살피도록 한 것이다.

◑ 참고자료 ◐

『승정원일기』 정조 15년 8월 30일 이태현의 계사, 17년 9월 28일 전교.

■어휘 해설

1. 도리(都吏): 각 관아(官衙)에 딸린 아전 중에서 가장 우두머리의 아전을 가리킨다. 도서리(都書吏)라고도 부른다.
2. 배리(陪吏): 각 관아에 딸린 아전 중에서 소속 관원을 수행하는 아전을 가리킨다. 배서리(陪書吏)라고도 부른다.
3. 조방(朝房): 각 아문(衙門)이나 각 영문(營門)이 본래 집무하는 곳과는 별개로 궐 밖에 설치한 집무 공간을 가리킨다. 조방은 회의, 숙직, 재계, 대령하는 공간 등으로 활용되었다.

10-02

○ "三月初三日、十一月十二日、七月二十五日・六日齋戒, 雖不出朝紙, 次對不得循例來會, 持公事入侍命下, 則微稟, 臺諫雖不出姑停望, 不得循例詣臺循例請牌, 只觀外處茶時, 若無行公臺諫, 監察茶時啓辭爲之。"事, 定式。【丁巳七月二十五日。】

● "3월 3일, 11월 12일, 7월 25・26일의 재계는 조보(朝報)에 싣지는 않더라도 차대(次對)에 의례적으로 와서 모이지를 못하며, 이러한 날에 승지들에게 재가받을 문서를 가지고서 입시하라는 명을 내리면 승정원에서 넌지시 여쭌다. 그리고 대간이 계사를 일시적으로 정지하겠다고 승정원에 통보하지 않았더라도, 대간은 의례적으로

대청(臺廳)에 나아갈 수가 없고 승정원은 의례적으로 대간을 궐 안으로 불러들이기를 청할 수가 없다. 궐 밖의 장소에서 다시(茶時)를 행하는지만 살펴보되, 공무를 행할 대간이 없으면 감찰에게 다시를 대신 행하도록 하겠다는 계사를 올린다."라는 내용으로 정식을 삼았다. 【정사년(1797, 정조 21) 7월 25일.[23]】

■본문 해설

위의 규정은 사도세자(思悼世子)의 생모인 영빈(暎嬪) 이씨(李氏)의 기일(忌日)을 하루 앞두고 정조가 재계하는 날인데도 승정원의 승지들이 문서를 가지고 입시하자, 내린 것이다. 영조의 기신일(忌辰日)은 3월 5일이며, 진종(眞宗)의 기신일은 11월 16일이고 진종의 비인 효순 왕후(孝純王后) 조씨(趙氏)의 기신일은 11월 14일이므로, 각 기신일과 그 전날인 3월 4일, 11월 15일, 11월 13일 등 각각 2일씩만 재계하면 되었다. 그러나 정조는 하루씩 더하여 3월 3일과 11월 12일에도 재계하였다. 이러한 국기(國忌)와 달리 영빈 이씨의 기신은 사기(私忌)이므로 원래 재계할 필요가 없었다. 그러나 정조가 영빈 이씨의 기신일인 7월 26일과 전날인 25일에도 재계를 행하였다. 그에 따라 이처럼 추가로 재계하는 날에도 원래 재계해야 하는 날과 마찬가지로 의례적인 공무를 중지하거나 물어서 처리하도록 한 것이다. 3월 3일과 11월 12일은 원래 재계하는 날이 아니라서, 11월 25일과 26일은 국기가 아닌 사기라서 재계하는 사실을 조보(朝報)에 싣지 않았다.

양사(兩司)의 대간들은 매일 궐 안의 대청(臺廳)에 나아와서 한 차례씩 계사를 올렸는데, 시각이 지났거나 임금이 재계하는 날 등에는 계사를 일시적으로 올리지 않고 중지한다는 사실을 승정원에 통보하였다. 다만 위에서 거론한 날에는 대간들이 미처 승정원에 통보를 하지 않았더라도 계사를 올리기 위해 대청에 나아갈 수 없도록 하였고, 승정원에서도 대간을 불러들여서 계사를 올리라고 재촉하지 못하도록 하였다. 평상시에는 매일 대간들이 대청에 모여서 다시(茶時)를 열었으나, 공무를 행하는 대간이 없으면 감찰이 승정원에 보고하여 임금의 승낙을 받은 뒤에 대신 다시를 행하였다. 다만 재계하는 날에는 대간들이 궐 안의 대청이 아닌 궐 밖의 장소에서 다시를 행했다. 이럴 경우에도 공무를 행하는 대간이 없으면 감찰에게 대신 행하도록 한 것이다. 『은대편고』에는 재계하는 날에는 승정원에서 대간을 궐 안으로 불러들이지 않고 감찰에게 대신 다시를 행하도록 하겠다는 계사를 곧바로 올린다고 하였다.

◑ 참고자료 ◐

『은대편고』「예방고」 궁묘(宮廟)·능원묘(陵園墓)·제향(祭享), 「형방고」 대간(臺諫)·다시(茶時), 「통

23. 『승정원일기』와 『일성록』 및 『정조실록』 모두 동일한 날짜에 기록되어 있다.

고」 월령(月令).
『육전조례』「이전」 사헌부 예대(詣臺), 승정원 월령(月令).
『영조실록』 40년 7월 26일(병자).
『승정원일기』 정조 21년 7월 25일 이조원(李肇源)의 계사 및 입시 기사.

■어휘 해설

1. 다시(茶時): 매일 아침에 사헌부의 대간들이 궐 안의 대청(臺廳)에 모여서 차를 마시며 여는 회의를 가리킨다. 만약 대간들이 모일 수 없는 상황이면 감찰이 승정원에 보고하여 임금의 허락을 받은 뒤에 다시를 대행하였다. 재계하는 날에는 궐 밖의 장소에서 다시를 열었다.

10-03

○ "三司及兩司合啓時, 已署謹悉而又呈箚疏者, 便是一事再啓, 申明舊式, 區別勿捧。"事, 下敎。【年條未詳。】

● "삼사(三司) 또는 양사(兩司)가 합계(合啓)할 때에 동참한다는 취지의 서명을 하고서 또 차자(箚子)나 상소를 올리는 것은 곧 동일한 사안을 재차 아뢰는 것이니, 옛 법식을 거듭 밝혀서 구별하여 받아들이지 않는다."라는 내용으로 하교하였다.【연도는 상세하지 않다.[24]】

■본문 해설

위의 하교는 사료에서 확인하지 못하였다. 대간이 계사를 올리기 위해 논의할 때 참석하지 못하고 집에 있는 자에게는 간통(簡通)을 보내 동의 여부를 물었는데, 이때 동의할 경우에는 '삼가 잘 알았다[謹悉]'라고 써서 보냈다. 양사의 대간은 각각 하루에 한 차례씩 계사를 올릴 의무가 있었으나, 같은 날 동일한 사안에 대해 재차 계사를 올릴 수는 없었다. 대간이 합계에 대해 동의한다는 의미로 '謹悉'이라고 써서 보내고 또 별도로 상소나 차자를 올릴 경우에는 같은 날 동일한 사안에 대해 재차 계사를 올린 것과 같은 행위로 간주하여 금지한 것이다. 이때 올린 상소나 차자의 내용은 '謹悉'이라고 써서 보낸 합계의 사안과 동일한 사안일 경우를 가리킨다고 할 수 있다.

---

24. 『승정원일기』와 『일성록』 및 『정조실록』 모두 기록되어 있지 않다.

◑ **참고자료** ◐

『승정원일기』 숙종 24년 2월 19일 정언 조태채(趙泰采)의 계사, 정조 4년 2월 13일 주강(晝講) 기사.

10-04

○ "臺啓, 勿以各張書之, 更端處, 以'又所啓'書之。若有兩司新啓, 則前一張, 雖新啓累度, 只以府新啓、院新啓, 各一張爲之。其他諸臣擧條, 一人所奏雖累件, 皆以一張書之, 有出朝報者, 只於出朝報條, 印給出朝報。"事, 下教。【甲寅正月初十日。】

● "대간의 계사(啓辭)를 각각의 종이에 쓰지 말고 한 장의 종이에 쓰되, 사안이 달라지는 곳에 '또 아뢰기를[又所啓]'이라고 쓰라. 만약 양사의 신계(新啓)가 있으면, 전계(前啓) 1장에 신계가 여러 건이라 하더라도 '사헌부의 신계[府新啓]'나 '사간원의 신계[院新啓]'라고 각 1장씩만 쓰라. 기타 대간들이 입시하여 아뢴 거행 조건은 한 사람이 아뢴 사안이 여러 건이더라도 모두 1장에 쓰고, 조보에 낼 사안이 있을 경우에는 조보에 내도록 한 조목에만 '조보에 냄.[出朝報]'이라고 찍어서 준다."라고 하교하였다. 【갑인년(1794, 정조 18) 1월 10일.[25]】

■본문 해설

위의 하교는 사료에서 확인하지 못하였다. 대간의 계사는 사헌부와 사간원이 각각 단독으로 올리는 계사가 있고, 사헌부와 사간원, 또는 양사와 홍문관이 합동으로 올리는 계사가 있었다. 『승정원일기』에는 사헌부가 올린 대간의 계사를 부계(府啓)라 기록하고 사간원이 올린 대간 계사를 원계(院啓)라고 기록하였으며, 양사나 삼사가 함께 올린 계사는 합계(合啓)라고 기록하였다. 이들 부계(府啓), 원계(院啓), 합계(合啓)는 각각 임금에게 아뢸 특정 사안에 대해 기록한 문서인데, 동일한 문서 안에서도 여러 가지 사안을 기록할 수가 있었다. 즉 부계나 원계 안에도 여러 가지 사안을 기록할 수가 있고, 합계 안에도 여러 가지 사안을 기록할 수가 있는 것이다. 그런데 그 각각의 사안을 각각 다른 종이에 작성할 것인지, 아니면 한 장의 종이에 모두 작성할 것인지에 대한 논란이 있어 왔다. 『승정원일기』 숙종대의 기사에는 서로 다른 사안은 각각의 종이에 한 사람이 작성하는 것이 원칙이라고 한 내용이 보이며, 영조대의 기사에는 대간이 대청(臺廳)에서 전달한 계사는 한 장에 쓰고 대간이 입시해 아뢴 계사는 사안별

25. 『승정원일기』와 『일성록』 및 『정조실록』 모두 동일한 날짜에 기록되어 있지 않다.

로 각각 다른 종이에 쓰는 것이 옛 규례라고 한 내용이 보인다. 이처럼 대간 계사를 사안별로 각각 다른 종이에 작성할지 아니면 한 장의 종이에 작성할지는 계속 논란이 되어 왔는데, 이러한 논란은 정조 때에 와서 위와 같이 정리가 되었다.

◑ 참고자료 ◐

『승정원일기』 숙종 1년 12월 6일 정언 강석빈(姜碩賓)과 유명천(柳命天)의 계사 및 승정원의 계사・7일 삼복(三覆) 기사, 2년 8월 7일 사간 권유(權愈)와 헌납 김해일(金海一)의 계사, 11년 1월 12일 전교, 영조 49년 윤3월 27일 입시 기사.

■어휘 해설

1. 신계(新啓): 대간의 논핵 계사(論劾啓辭) 중 새로운 사안으로 올리는 계사를 가리킨다. 피혐 계사(避嫌啓辭), 처치 계사(處置啓辭), 하유 계사(下諭啓辭)를 신계로 부르는 경우가 더러 보이기도 하는데, 이러한 계사들은 모두 동일한 사안에 대해 단 한 차례씩만 올리는 계사이기 때문에 넓은 의미에서 신계라고 부르는 것이지 신계와 별도로 전계가 있어서 구별하여 부르는 것은 아니다.
2. 전계(前啓): 대간의 논핵 계사 중 전에 올렸던 계사를 다시 올리는 계사를 가리키며, 구계(舊啓)라고도 불렀다. 대간이 올린 논핵 계사를 임금이 수용하지 않으면 대간은 동일한 사안을 매일 반복해서 올릴 수가 있었는데, 이를 전계 또는 구계라고 하였다.

10-05

○ "臺諫處置出仕承牌, 以'某官就職', 卽出朝報。"事, 下敎。【甲寅正月初十日。】

● "피혐(避嫌)한 대간에 대해 출근하는 쪽으로 처치(處置)해서 해당 대간이 부름을 받고 나오면 '아무 관원이 직무에 복귀하였다.'라고 즉시 조보(朝報)에 낸다."라는 내용으로 하교하였다. 【갑인년(1794, 정조 18) 1월 10일.[26]】

■본문 해설

위의 하교는 사료에서 확인하지 못하였다. 『은대편고』에 의하면, 처치 계사(處置啓辭)에 대해 '아뢴 대로 하라.'라고 비답을 내릴 경우에는 승정원에서 해당 대간을 출근하도록 하겠다는 계사를 올렸다. 그리고 대간이 출근하라는 명을 받고 궐 안으로 들어온 경우에는 승지가 대청에 나아가서 서로 읍을 한 뒤에 '직무에 복귀하시오.[就職]'라고 말하면, 대간이 '출근하겠습

26. 『승정원일기』와 『일성록』 및 『정조실록』 모두 동일한 날짜에 기록되어 있지 않다.

니다.'라고 대답하였다.

◑ 참고자료 ◐

『홍문관지(弘文館志)』「식례(式例)」 처치식(處置式).
『은대편고』「형방고」 처치(處置).

■ 어휘 해설

1. 처치(處置): 피혐(避嫌)한 대간에 대해 정당성 여부를 판정하여 출근하도록 청하거나 교체하도록 청하는 것을 가리킨다. 피혐한 대간에 대해 처치하는 방식은 크게 3가지로 나눌 수 있다. 첫 번째 방식은 피혐한 대간을 소속된 관사에서 처치하는 것이고, 두 번째 방식은 피혐한 사간원의 대간을 사헌부가 처치하거나 피혐한 사헌부의 대간을 사간원이 처치하는 것이며, 세 번째 방식은 피혐한 양사의 대간을 홍문관이 처치하는 것이다. 첫 번째 방식은 피혐한 대간이 소속된 관사 안에 정상적으로 공무를 행하는 대간이 있을 경우에 처치하는 방식이고, 두 번째 방식은 피혐한 대간이 소속된 관사 안에는 정상적으로 공무를 행하는 대간이 없고 양사 중 다른 관사에 정상적으로 공무를 행하는 대간이 있을 경우에 처치하는 방식이며, 세 번째 방식은 양사에 모두 정상적으로 공무를 행하는 대간이 없을 경우에 처치하는 방식이다.

11. 잡식(雜式)

잡식(雜式)은 특정한 항목으로 묶기 어려운 잡다한 규정들을 한데 모아 놓은 것을 가리킨다. 「이고(吏攷)」의 끝 부분에도 '통행잡식(通行雜式)'을 두어 특정한 고(攷)에 배정해 싣기 곤란한 잡다한 규정이나 사례 및 「이고」에 해당하지만 별도로 분류하기 곤란한 규정이나 사례들을 모아 놓았다. 여기의 잡식도 「병고」에 해당하지만 별도로 분류하기 곤란한 규정이나 사례들을 모아 놓았다. 모두 2조항이 실려 있다.

11-01

○ "凡取稟、頉稟、請出稟, 自政院直以立張啓辭入啓, 勿令司謁騰書事, 定式。"事, 下敎。【丙午七月初七日。】

* 午: 저본에는 '申'으로 되어 있는데, 『승정원일기』와 『일성록』 정조 10년(1786) 7월 7일 기사 및 「병고」 품계(稟啓)에 근거하여 수정하였다.

● “모든 취품, 탈품, 청출품은 승정원에서 직접 작성한 낱장의 계사로 들이고 사알을 시켜 베끼게 하지 않는 것으로 정식을 삼는다.”라는 내용으로 하교하였다.【병오년(1786, 정조 10) 7월 7일.[27]】

■본문 해설

위의 하교는 승지가 구전(口傳)으로 보고하던 관행을 서면으로 보고하도록 바꾸면서 내린 것으로, 「병고」 품계(稟啓)에도 중복되어 나타난다. 자세한 해설은 「병고」 품계의 03-04 본문 해설 참조.

11-02

○ “禁諸上司能書之役, 革罷吏曹官案書役。雖政院書役, 亦爲關由廟堂, 依他各司例。”事, 定式。【備邊司草記批答。癸丑四月十一日。】

● “여러 상사(上司)가 능서 서리(能書書吏)를 사역하는 것을 금지하고, 이조의 관안(官案)을 능서서리에게 수정하도록 하는 일을 혁파한다. 승정원이 능서서리에게 글씨 쓰는 일을 시키는 것이라 하더라도 다른 각 관사의 규례대로 묘당(廟堂, 비변사)에 보고한다.”라는 내용으로 정식을 삼았다.【비변사의 초기에 대해 비답을 내렸다. 계축년(1793, 정조 17) 4월 11일.[28]】

■본문 해설

이러한 규정은 상사(上司)들이 각 관사에 감결(甘結)을 보내 서리들에게 서역(書役)을 시키는 폐단을 없애기 위해서 내린 것이다. 상사들의 서역은 승정원의 계복(啓覆) 문서 작성, 이조의 어람관안(御覽官案) 수정, 의금부의 옥안(獄案) 수정, 군기시의 무과 방목(武科榜目) 작성, 예조의 임헌공령(臨軒功令) 작성 등을 가리킨다. 정조 9년(1785)에 선혜청 당상 서유린(徐有隣)·조시준(趙時俊) 등이 각 관사 서리들의 서역에 대한 폐단을 정조에게 아뢰자, 정조가 능서서리(能書書吏)가 필요할 경우에는 각 관사에 ‘어느 관사의 어느 일에 몇 명의 서리를 사용하겠다.’라는 내용으로 통지하고, 각 관사에서는 이를 위반하였는지의 여부를 매달 말에 비변사에 보고하도록 하였다. 뒤이어 비변사에서도 각 상사에서 능서서리가 필요할

---

27. 『승정원일기』와 『일성록』에는 동일한 날짜에 기록되어 있고, 『정조실록』에는 기록되어 있지 않다.
28. 『승정원일기』와 『일성록』에는 동일한 날짜에 기록되어 있고, 『정조실록』에는 기록되어 있지 않다.

경우에는 사용하는 것이 정당한지의 여부와 몇 명이 필요한지를 비변사가 참작해서 정할 수 있도록 하였다. 『육전조례』에는 방목(榜目)이나 옥안(獄案)을 작성하기 위해 능서서리가 필요할 때에는 모두 비변사에 보고하도록 하였다. 능서서리란 글씨를 잘 쓰는 서리를 가리킨다.

◑ 참고자료 ◐

『육전조례』「병전」 군기시(軍器寺) 노야색(爐冶色) 총례(總例), 「형전」 의금부 총례.
『승정원일기』 정조 9년 2월 23일 입시 기사, 24일 입시 기사, 25일 비변사의 초기, 17년 4월 10일 비변사의 초기.

공고(工攷)

01. 소장(疏章)

소장(疏章)은 신하가 임금에게 상소하는 글을 가리킨다. 소장은 그 내용에 따라 관직에서 물러나겠다는 내용의 사직소(辭職疏), 시사(時事)에 대한 소회를 밝히는 언사소(言事疏), 임금의 구언(求言)에 응하여 올리는 응지소(應旨疏), 연로한 부모를 위해 고을 수령에 제수해 주기를 청하는 걸군소(乞郡疏), 부모의 질병이 있거나 다른 관원의 탄핵을 받아 허락을 받지 않고 궐 안의 근무지를 떠나면서 올리는 경출소(徑出疏), 부모의 질병이 있거나 다른 관원의 탄핵을 받아 허락을 받지 않고 궐 밖의 근무지를 떠나면서 올리는 경행소(徑行疏) 등이 있고, 그 외에 성균관과 사학의 유생이 올리는 관학소(館學疏), 지방에서 거주하는 읍(邑)과 도(道)를 통해 올리는 현도소(縣道疏) 등이 있었다.

소장은 하위 승지가 담당하였으며, 궐문이 닫히고 난 뒤와 재계하는 날에는 원칙적으로 소장을 받아들이지 않았다.

◑ 참고자료 ◐

『은대편고』「공방고」 소장(疏章).

『은대조례』「공고」 소장.

01-01

○ "三品以下官之疏章頭辭、衍語, 飭禁申明, 則六品正言、郎階館官以'五慶、三冊'等稱賀之說頭辭者, 猥褻莫甚。後復犯科, 則該房罷職, 當者先罷後拿。"事, 定式。【乙卯二月二十七】

* 正言: 저본에는 없는데, 『승정원일기』와 『일성록』 같은 날 기사에 근거하여 보충하였다.

※ 慶: 저본에는 '度'로 되어 있는데, 『승정원일기』와 『일성록』 같은 날 기사에 근거하여 수정하였다.

● "3품 이하의 관원이 상소에 두사(頭辭)와 쓸데없는 말을 쓰는 것에 대해 신칙하여 금하라고 거듭 밝혔는데, 6품인 정언과 낭계(郎階)인 홍문관 관원이 '오경(五慶)'이나 '삼책(三冊)' 등의 경하하는 말을 두사에 쓴 것은 더할 나위 없이 외람되다. 이후에 다시 법을 범한다면 공방 승지(工房承旨)는 파직하고 당사자는 파직한 뒤 의금부로 잡아다 신문한다."라는 내용으로 정식을 삼았다. 【을묘년(1795, 정조 19) 2월 27일[1]】

■ 본문 해설

위의 규정은 이조 판서 윤시동(尹蓍東)의 상소에 대해 정조가 전교를 내리면서 정한 것이다. '낭계(郎階)인 홍문관 관원'은 정5품 교리, 종5품 부교리, 정6품 수찬, 종6품 부수찬 등을 가리킨다. '오경(五慶)'이란 을묘년(1795, 정조 19)에 있었던 5가지 경사를 가리키는 것으로, 정조가 즉위한 지 20년이 된 것, 정순 왕후(貞純王后)가 망육(望六, 51살)이 된 것을 기념하여 존호(尊號)를 올린 것, 사도 세자(思悼世子)에게 존호를 올린 것, 혜경궁(惠慶宮) 홍씨(洪氏)가 회갑이 된 것, 혜경궁에게 존호를 올린 것을 말한다. '삼책(三冊)'은 3차례 올린 책문(冊文)을 가리키는 것으로, 정순 왕후, 사도 세자, 혜경궁 홍씨에게 존호를 올리면서 그러한 내용을 새겨서 올린 옥책(玉冊)을 말한다. 정조의 명에 따라 3품 이하의 관원이 올리는 상소에는 두사를 쓰지 못하게 되었고, 이러한 규정은 『은대편고』, 『은대조례』, 『육전조례』에도 수록되어 있다. 순조 8년(1808)에 순조는 우의정 김재찬(金載瓚)의 건의에 따라 언관(言官)의 상소에 '어리석은 신이 죽을죄를 무릅쓰고 말씀드립니다.[臣愚死罪]'라거나 '신이 참으로 고루합니다.[臣實固陋]'와 같은 의례적인 말도 쓰지 못하도록 하였다.

◑ 참고자료 ◐

『은대편고』 「공방고」 소장(疏章), 「통고」 장계(狀啓).
『은대조례』 「공고」 상소(上疏).
『육전조례』 「이전」 승정원 총례(總例).
『승정원일기』 정조 18년 12월 9일 인견(引見) 기사 · 13일 인견 기사, 19년 1월 11일 상호도감(上號都監)의 초기, 2월 27일 전교, 순조 8년 2월 5일 상참(常參) 기사.

---

1. 『승정원일기』와 『일성록』에는 동일한 날짜에 기록되어 있고, 『정조실록』에는 기록되어 있지 않다.

■어휘 해설

1. 두사(頭辭): 문서의 시작 부분에 의례적, 형식적으로 기록하는 말이나 앞서 받은 문서 내용을 재차 인용하여 기록한 것을 가리킨다. 나라의 경사를 맞아 신하들이 올리는 전문(箋文)의 두사는 예조에서 임금의 재가를 받아 정하여 통일적으로 사용하였다.
2. 낭계(郎階): 조선 시대 동반(東班)의 품계 중 대부(大夫)를 제외한 낭(郎)의 품계를 가리킨다. 조선 시대 동반의 품계는 종9품 장사랑(將仕郎)에서 정5품 통덕랑(通德郎)까지 14단계의 낭계(郎階)와 종4품 조봉대부(朝奉大夫)에서 정1품 대광보국숭록대부(大匡輔國崇祿大夫)까지 16단계의 대부계(大夫階)로 이루어져 있다.

01-02

○ "摠戎使徐龍輔, 以格外嫌避, 上疏還給。此後似此諸凡不載於『大典通編』大文相避、小註相避而以疏來呈者, 勿踰院閾以爲例。"【乙卯八月二十一日。】

● "총융사 서용보가 규정에도 없는 혐의를 이유로 교체해 주기를 청하였으니 상소를 돌려주라. 앞으로 이같이 『대전통편』의 대문 상피(大文相避) 조항과 소주 상피(小註相避) 조항에 실려 있지 않은 사유인데도 상소를 가지고 와서 바치는 자는 승정원의 문턱을 넘지 못하게 하는 것으로 규례를 삼는다."라고 하였다.【을묘년(1795, 정조 19) 8월 21일[2]】

■본문 해설

위의 규정은 총융사에 제수된 서용보가 상소하여 친족인 서유대(徐有大)가 훈련대장(訓鍊大將)에 제수된 상황에서 자신이 장신(將臣)을 맡기 어렵다는 이유로 체차해 주기를 청하자, 정조가 전교를 내려 정한 것이다. 서유대는 서용보의 아버지 서유녕(徐有寧)의 족형(族兄)으로, 예전 서유녕이 총융사에 제수되었을 때에 서유대가 금위대장(禁衛大將)을 맡고 있어 서유녕이 상소하여 다섯 군영(軍營) 중 두 군영을 한 집안에서 차지하는 것은 마음이 편치 않다며 체차해 주기를 청하여 정조의 허락을 받았었다. 정조 19년(1795) 봄, 서용보가 총융사에 제수되었을 때에도 아버지 서유녕의 전례를 들어 체차해 주기를 청했으나, 이때에는 정조가 허락해 주지 않았다. 이때에 정조는 신하들에게 『대전통편』에 실린 조항을 상피(相避)의 기준으로 삼게 한 것이다.

---

2. 『승정원일기』와 『일성록』에는 동일한 날짜에 기록되어 있고, 『정조실록』에는 기록되어 있지 않다.

◑ 참고자료 ◐

『승정원일기』 정조 9년 5월 11일 총융사 서유녕의 상소, 19년 1월 28일 부사직 서용보의 상소, 8월 21일 부사직 서용보의 상소 및 전교.

■어휘 해설

1. 대문 상피(大文相避): 『경국대전』 「이전(吏典)」 상피(相避)의 대문(大文)에 규정된 상피를 가리킨다. 『경국대전』 「이전」 상피의 대문에는 서울과 지방의 관원이 상피해야 할 친인척의 범위를 규정해 놓았다. 이는 상피를 적용할 기본적인 대상들을 열거한 조항으로, 적용할 관사나 관원을 특정하지 않은 점으로 보아 모든 관사와 관원에게 보편적으로 적용되는 원칙이라고 할 수 있다. 『경국대전』에 대문 상피를 적용하도록 규정된 관원은 원칙적으로 학관(學官)과 군관(軍官)을 제외한 서울과 지방의 모든 관원이다. 이들은 자기 집안의 대공복(大功服) 이상을 입는 친척 및 사위・손녀사위・자형・매부, 외가의 시마복(緦麻服) 이상을 입는 친척, 장인・처조부・처남・동서와 상피하도록 하였다.
2. 소주 상피(小註相避): 『경국대전』 「이전(吏典)」 상피(相避)의 소주(小註)에 규정된 상피를 가리킨다. 『경국대전』 「이전」 상피의 소주(小註)에는 특정 관사나 관원이 상피해야 할 친인척의 범위를 대문(大文)보다 확대하여 규정하였다. 이는 대문 상피(大文相避)가 적용되는 기본적인 친인척 이외에도 그 범위를 확대하여 특정 관사나 관원까지 예외적으로 적용되는 원칙이라고 할 수 있다. 『경국대전』에 소주 상피를 적용하도록 규정한 관사와 관원은 의정부, 의금부, 이조, 병조, 형조, 도총부, 한성부, 사헌부, 승정원, 장례원, 사간원, 종부시, 오위장(五衛將), 겸사복장(兼司僕將), 내금위장(內禁衛將), 부장(部將), 사관(史官), 송사(訟事)를 담당하는 관원이다. 이들은 대문 상피 이외에 자기 집안의 3촌 고모부와 조카사위 및 4촌 자형과 매부, 외가의 3촌 고모부, 처가의 동성 3촌 숙부와 조카 및 3촌 고모부와 조카사위 및 4촌 형제와도 상피하도록 하였다. 현종 7년(1666)에는 시관(試官)과 응시자 사이, 현종 10년에는 감사와 수령 사이, 숙종 6년(1680)에는 감사와 찰방 사이에도 소주 상피를 적용하도록 하였다.

01-03

○ "未徹疏之無敢引義, 先朝飭敎, 不啻截嚴, 此後, 察飭。"事, 下敎。【丙辰七月二十六日。】

● "임금에게 아직 보고되지 않은 상소의 내용을 가지고서 감히 신하의 도리를 내세우며 사직하지 못하도록 한 것에 대해서는 선왕(先王, 영조)의 신칙하는 하교가 매우 준엄하셨으니, 앞으로는 살펴 신칙한다."라는 내용으로 하교하였다. 【병진년(1796, 정조 20) 7월 26일[3]】

■본문 해설

위의 하교는 형조 판서 윤사국(尹師國)이 정언 송문술(宋文述)의 상소 내용을 이유로 출근하지 않고 물러나려 하자 내린 것이다. 송문술의 상소는 정조에게 전달되지 않아서 『승정원일기』 등에도 실려 있지 않기 때문에 자세한 내용을 알 수 없으나, 윤사국의 말에 의하면 '윤사국이 역적 정동준(鄭東浚)과 친하게 지냈으며, 정동준의 지원에 힘입어 감사(監司)와 정경(正卿)에 올랐다.'라는 내용이었던 것으로 보인다. '선왕의 신칙하는 하교'란 영조 9년(1733)에 내린 하교를 가리킨다. 즉 영조가 조정에 분란이 일어날 것을 우려하여 오광운(吳光運)의 상소를 보관한 채 내려 주지 않았는데, 좌의정 서명균(徐命均)이 연석에서 그 상소 내용을 언급하다가 좌부승지 홍성보(洪聖輔) 등의 이름이 그 상소에서 거론되었음을 발설하였다. 이 일로 인해 좌부승지 홍성보가 상소하고 궐 밖으로 지레 나가는 일이 발생하자, 영조가 이후로는 왕에게 아직 보고되지 않은 상소나 왕이 아직 내려 주지 않은 상소의 내용을 이유로 사직하는 상소는 승정원에서 들여보내지 말도록 정식을 삼았다. 위의 규정은 『은대편고』와 『은대조례』에도 수록되어 있다.

◑ 참고자료 ◐

『은대편고』「공방고」 소장(疏章).

『은대조례』「공고」 소장.

『승정원일기』 영조 9년 7월 1일 인견 기사 · 2일 전교 및 좌부승지 홍성보(洪聖輔)의 상소, 정조 19년 3월 21일 윤대(輪對) 기사, 5월 25일 입진(入診) 기사, 20년 6월 23일 입시 기사, 7월 26일 입시 기사.

01-04

○ "金鍾純、趙潞鎭事單擧上疏, 勿爲捧入, 若入他件事, 捧入。"事, 下敎。【丙辰三月初三日。】

* 純: 저본에는 '淵'으로 되어 있는데, 『승정원일기』와 『일성록』 및 『정조실록』 20년 3월 1일의 기사에 근거하여 수정하였다.

● "김종순(金鍾純)과 조노진(趙潞鎭)의 일만을 거론한 상소는 들여보내지 말고, 다른 사안까지 포함된 상소는 들여보낸다."라는 내용으로 하교하였다. 【병진년(1796, 정조 20) 3월 3일[4]】

3. 『승정원일기』와 『일성록』에는 동일한 날짜에 기록되어 있고, 『정조실록』에는 기록되어 있지 않다.
4. 『승정원일기』와 『일성록』 및 『정조실록』 모두 동일한 날짜에 기록되어 있지 않다.

■본문 해설

위의 하교는 사료에서 확인하지 못하였다. 정조가 이해 3월 1일에 조현명(趙顯命)의 봉사손(奉祀孫)인 조노진과 김재로(金在魯)의 봉사손인 김종순을 6품의 자리에 임용하라고 명을 내렸는데, 대간과 옥당 등이 역적과 관련된 인물의 후손을 임용하는 것은 불가하다고 하면서 명을 철회해 줄 것을 요청하였다. 이런 점으로 볼 때, 정조가 조노진과 김종순의 사안에 대해 신하들이 거론하는 것을 막기 위한 의도에서 나온 조치로 보인다. 김종순은 아버지가 김치공(金致恭)이고 할아버지가 김약로(金若魯)인데, 김약로는 김상로(金尙魯)의 형이고 김치공은 숙부인 김상로가 역적으로 몰릴 때 연좌(連坐)되어 정배(定配)되었다가 사망하였다. 조노진은 아버지가 조재득(趙載得)이고, 조재득은 조재한(趙載翰)의 형으로, 정조 즉위년(1776)에 조재한이 역적으로 몰릴 때 조재득은 함경도 경흥부(慶興府)에 종으로 삼고 조노진은 해남현(海南縣)에 안치(安置)하였다. 그 뒤 정조 12년(1788)에 조현명의 제사를 받들 사람이 없게 되자 조노진을 석방하여 봉사손으로 삼게 하였다.

◑ 참고자료 ◐

『정조실록』 12년 3월 2일(갑자), 20년 3월 15일(신유).
『승정원일기』 영조 22년 1월 22일 전강(殿講) 기사, 정조 즉위년 4월 5일 의금부의 초기, 12년 2월 29일 입시 기사, 3월 3일 의금부의 초기, 20년 3월 1일 이조의 초기 및 이조 판서 심환지(沈煥之)와 이조 참판 황승원(黃昇源) 등의 상소・대사간 이의강(李義綱) 및 부교리 김근순(金近淳)의 상소, 순조 15년 11월 15일 집의 홍백의(洪百儀)의 상소.

참고문헌

원전자료

『고려사(高麗史)』

『조선왕조실록(朝鮮王朝實錄)』

『승정원일기(承政院日記)』

『일성록(日省錄)』

『내각일력(內閣日曆)』

『후한서(後漢書)』

『송사(宋史)』

『경국대전(經國大典)』

『속대전(續大典)』

『대전통편(大典通編)』

『대전회통(大典會通)』

『전율통보(典律通補)』

『은대편고(銀臺便攷)』

『은대조례(銀臺條例)』

『육전조례(六典條例)』

『만기요람(萬機要覽)』

『양전편고(兩銓便攷)』

『수교집록(受敎輯錄)』

『탁지지(度支志)』

『추관지(秋官志)』

『홍문관지(弘文館志)』

『규장각지(奎章閣志)』
『통문관지(通文館志)』
『한원고사(翰苑故事)』
『경국대전주해(經國大典註解)』
『경국대전초해(經國大典抄解)』
『신증동국여지승람(新增東國輿地勝覽)』
『지봉유설(芝峯類說)』
『연려실기술(燃藜室記述)』
『오주연문장전산고(五洲衍文長箋散稿)』
『증수무원록(增修無冤錄)』
『경모궁의궤(景慕宮儀軌)』
『경모궁지(景慕宮志)』
『창릉지(昌陵誌)』
『동궐도(東闕圖)』
『인신등록(印信謄錄)』
『보인부신총수(寶印符信總數)』
『목민심서(牧民心書)』
『인정(人政)』
『홍재전서(弘齋全書)』
『송자대전(宋子大全)』
『영재집(泠齋集)』
『연천집(淵泉集)』
『주례주소(周禮注疏)』
『논어집주(論語集註)』

기타자료

『비변사등록 사목・절목류 해제』, 한국정신문화연구원, 2002.
한상권, 『조선후기 사회와 소원제도』, 일조각, 1996.

Abstract

Comparison, Marking, Translation, and Interpretation of *Chŏngwŏn'gosa*

Live commentary by
Kim, Tae Woong and Lee, Kang Wook

Chŏngwŏn'gosa is a collection of newly arranged official regulation or existing official regulation redeclared by royal ordinance regarding the operation of Sŭngjŏngwŏn during the reign of King Chŏngjo (May 1776 - June 1800). *Chŏngwŏn'gosa* is composed of Igo (吏攷), Hogo (戶攷), Yego (禮攷), Pyŏnggo (兵考), Hyŏnggo (刑攷), Konggo (工攷), which are successively and respectively a collection of examples regarding the duties of 6 pang sŭngji (6房承旨), constituting a total of 400 articles. In the 400 articles, 296 articles (74%) were also compiled in *Sŭngjŏngwŏnilgi* (承政院日記), 256 (64%) in *Ilsŏngnok* (日省錄), 110 (27.5%) in *Chŏngjosillok* (正祖實錄), and 100(25%) in all three sources. 98 articles (24.5%) were not included in all three sources.

This research was proceeded in 5 stages: comparison and correction, marking, translation, annotation, and interpretation. In the stage of comparison and correction, examples were compared and contrasted with other sources, and errors/omissions/pleonasms/inverted sentences were corrected. Overall 15 marks were used in the stage of marking, and abstruse terms were translated into manageable words in the stage of translation. Each examples in *Chŏngwŏn'gosa* were cross-checked and confirmed with articles of *Sŭngjŏngwŏnilgi*, *Ilsŏngnok*, and *Chŏngjosillok* in the stage of annotation, and explanations were accompanied to each chapters, tests, and glossary in the stage of interpretation.

찾아보기

ㅅ

ㅇ

ㅈ

ㅊ

ㅌ

ㅍ

ㅎ

발간사

‘한국학’은 이제 학문의 한 분야로 자리잡았다. 한국학을 전공으로 하는 학과도 생겨나고 한국학 연구자들의 국제학술대회도 자주 접할 수 있다. 한국사회가 짧은 시기에 보여 준 역동적인 변화에 대한 학문적 관심이 나라 안팎으로 증대된 결과일 것이다. 한국의 역사와 문화, 사회적 경험에 점점 더 많은 연구자들이 관심을 기울이는 것은 매우 반가운 일이다.

한국학이란 고정된 분과학문 체계 내의 한 부분영역이 아니라 다양한 분과학문들이 함께 참여하는 학제적 연구의 성격을 지닌다. 한국학은 과거의 전통에 깊은 관심을 갖지만 현재의 문제들에도 주목하며 미래의 전망을 모색하는 작업도 포함한다. 인문학적 논의와 사회과학적 관심은 물론이고 자연과학적 문제의식과 예술적 시각이 함께 어우러지는 곳이다. 당연히 한국학은 국내의 연구자들이 자신의 특수성만을 부각시키는 폐쇄적인 장이 아니라 전 세계의 학자들이 자유롭게 참여하는 지적 토론의 공간이 되어야 한다. 한국을 대상으로 한 다양한 연구를 지원하며 진지한 논의와 지적 실험을 뒷받침하는 것이야말로 한국학의 가장 중요한 역할이라 할 것이다.

이런 의미에서 한국학은 한국의 문화와 역사적 경험을 전 인류의 문화유산과 역사적 경험의 한 부분으로 바라보는, 전 지구적 시각을 요구받고 있다. 한국학은 한국사회의 경험을 연구하되, 그것을 21세기 세계사적 과제들과 더불어 사고함으로써 새로운 문명적 대안을 모색하는 세계 학계의 논의에 적극적으로 동참하는 작업이 되어야 한다. 이런 종합적이고 개방적인 연구의 집적이 이루어질 때 한국의 특수성만을 절대화하는 오류에서 벗어나면서 동시에 서구의 눈으로 한국을 대상화, 타자화하는 오리엔탈리즘적 지역학의 한계도 극복할 수 있는 길이 열릴 것이다.

한국의 학문 발전에 큰 책임을 지고 있는 서울대학교 규장각한국학연구원은 한국학의 바람직한 발전을 위해 적극적인 역할을 하고자 한다. 이를 위해 별도의 연구재원을 마련하여 '21세기 신규장각 자료구축사업'을 추진하고, 이 사업의 결과물들을 모아 연구총서, 자료총서, 모노그래프를 출간하고 있다. 한국학 연구자들의 연구역량과 진지한 문제의식들이 결집됨으로써 한국학의 연구수준이 더욱 높아지고 내용이 보다 풍부해지리라 믿는다. 이 연구 사업이 해를 거듭할수록 한국사회에 대한 이해가 깊어짐은 물론이고 한국의 경험을 통해 세계 학계의 시각과 논의도 더욱 풍성해질 것을 기대해 마지않는다.

2015년 2월

서울대학교 규장각한국학연구원 한국학연구사업위원회

감수 · 해설

김태웅(Kim, Tae Woong)

현재 서울대학교 기록관 관장 겸 역사교육과 교수다. 서울대학교 역사교육과를 졸업한 뒤 서울대학교 대학원에서 문학석 · 박사학위를 받았다. 정부기록보존소(현 국가기록원) 학예연구관과 군산대학교 조교수를 역임하였다. 대표 저서로는 『한국근대 지방재정 연구』, 『국사교육의 편제와 한국근대사 탐구』, 『이주노동자, 그들은 우리에게 어떻게 다가왔을까: 일제강점기 중국인 노동자와 한국인』, 『전라감영연구』(공저), 『서울재정사』(공저) 등이 있다.

이강욱(Lee, Kang Wook)

현재 한국승정원일기연구소 소장이다. 성균관대학교 유학대학원 유교경전학과를 졸업하고, 성균관 한림원의 한림계제를 수료하였다. 한국고전번역원의 수석전문위원을 역임하였다. 논문으로는 「『승정원일기』를 통해 본 草記의 전면적 고찰」, 「啓辭에 대한 고찰」, 「臺諫 啓辭에 대한 고찰」, 「『일성록』 別單의 형식 및 분류」가 있고, 저서로는 『홍재전서』(공역), 『일성록』(공역16책/단독19책), 『은대조례』, 『은대조례 참고자료집』(공저), 『은대 다이어리』(공저) 등이 있다.

교열 · 해제

진현(Jin, Hyun)

현재 한국고전번역원의 번역위원으로 『일성록』 번역에 참여하고 있다. 동덕여자대학교 국사학과와 민족문화추진회 국역연수원의 연수부 및 상임연구부를 졸업하였다. 번역서로는 『일성록』(공역)이 있다.

하명준(Ha, Myung Joon)

현재 서울과학기술대학교 강사다. 한국외국어대학교 사학과를 졸업하고, 서울대학교 대학원 역사교육과에서 「조선후기~근대개혁기 평안도의 정치 · 문물 伸長 연구」로 박사학위를 받았다. 저서로는 『우리 역사, 어떻게 읽고 생각할까』(공저)가 있다.

표점 · 번역

강민정(Kang, Min Jung)

성균관대학교 대학원 한문학과 박사과정을 수료하고 한국고전번역원 부설 고전번역교육원의 연수과정을 졸업하였다. 논문으로는 「窮悟 任天常 漢詩研究」가 있다.

권혁식(Kwon, Hyeok Sik)

현재 한국고전번역원 성과평가실에 근무하고 있다. 한국고전번역원 부설 고전번역교육원의 연수과정을 졸업하였다.

김양현(Kim, Yang Hyun)

현재 한국고전번역원의 번역위원으로 『승정원일기』의 번역에 참여하고 있다. 성균관대학교 유학동양

학부를 졸업하고 한국고전번역원 부설 고전번역교육원의 연수과정과 전문과정을 졸업하였으며, 한국학중앙연구원 한국학대학원 고문헌관리학과 석사과정에 재학 중이다.

김용미(Kim, Yong Mi)
현재 한문고전 전산화작업을 위한 원문 교정 교열을 하고 있다. 동국대학교 철학과를 졸업하고 민족문화추진회 국역연수원의 연수부와 일반연구부를 졸업하였다.

김유경(Kim, Yoogyung)
현재 한국고전번역원의 번역위원으로 『일성록』 번역에 참여하고 있다. 숙명여자대학교 국어국문학과를 졸업하고, 연세대학교 대학원 국어국문학과에서 고전문학을 전공하여 박사학위를 받았다. 민족문화추진회 국역연수원의 연수부와 일반연구부를 졸업하였고, 역서에 『조선인대시집』 등이 있다.

김윤지(Kim, Yoon Ji)
현재 한국고전번역원 고전정보센터에 근무하고 있다. 국민대학교 국사학과를 졸업하고, 성균관대학교 대학원 동아시아학과 석사과정을 수료하였다. 한국고전번역원 부설 고전번역교육원의 연수과정을 졸업하였다.

김효동(Kim, Hyo Dong)
현재 전통문화연구회 연구원으로 재직 중이다. 성균관대학교 대학원 동아시아학과 박사과정을 수료하였고, 한국고전번역원 부설 고전번역교육원의 연수과정을 졸업하였다. 논문으로는 「乃菴 崔左海의 『論語』 解釋에 관한 硏究」가 있으며, 번역서로는 『유교의 이단자들』(공역)이 있다.

노효경(Roh, Hyogyung)
현재 한국승정원일기연구소 부설 은대학당의 전문과정에 재학 중이다. 성균관대학교 유학대학원 유교경전학과의 석사과정을 졸업하였고, 민족문화추진회 국역연수원의 연수부와 일반연구부를 수료하였다. 번역서로는 『養浩堂日記』(공역), 『은대조례 참고자료집』(공역)이 있다.

박순애(Park, Sun Ae)
대구한의대학교에서 한문학을 전공하여 석사과정을 졸업하였고, 한국고전번역원 부설 고전번역교육원의 연수과정을 졸업하였다. 한국고전번역원의 연구원으로 출판부, 특수고전번역실에서 근무하였다. 논문으로는 「西浦 金萬重의 女性觀 硏究」가 있다.

박지은(Park, Jieun)
현재 한국고전번역원 콘텐츠기획실에 근무하고 있다. 성균관대학교 한문교육과를 졸업하고, 동 대학원 한문고전번역협동 석박사통합과정을 수료하였다.

손왕호(Son, Wang Ho)
현재 한국고전번역원의 번역위원으로 『승정원일기』의 번역에 참여하고 있다. 계명대학교 서예과를 졸업하고, 한국고전번역원 부설 고전번역교육원의 전문과정을 졸업하였다. 번역서로는 『승정원일기』(공역)가 있다.

안소라(Ahn, So Ra)
현재 한국고전번역원의 전문역자로 『승정원일기』의 번역에 참여하고 있다. 성균관대학교 대학원에서 한문학을 전공하여 박사과정을 수료하였고, 한국고전번역원 부설 고전번역교육원의 연수과정과 전문과정을 졸업하였다.

오원경(Oh, Won Kyoung)
현재 한국고전번역원의 번역위원으로 『조선왕조실록』의 번역에 참여하고 있다. 동덕여자대학교 중어중국학과를 졸업하였고, 한국고전번역원 부설 고전번역교육원의 연수과정과 전문과정을 졸업하였다. 번역서로는 『은대조례 참고자료집』(공역)이 있다.

오윤정(Oh, Youn Jeong)
현재 한국고전번역원의 번역위원으로 『승정원일기』의 번역에 참여하고 있다. 경상대학교 한문학과를 졸업하였고, 민족문화추진회 국역연수원의 연수부와 상임연구부를 졸업하였다. 번역서로는 『청성잡기』(공역)가 있다.

윤미숙(Yun, Mee Sook)
현재 한국고전번역원 대외협력실에 재직 중이다. 한국방송통신대학교 중어중문학과를 졸업하였고, 민족문화추진회 국역연수원의 연수부와 상임연구부를 졸업하였다.

이상설(Lee, Sang Seul)
현재 한국고전번역원의 번역위원으로 『조선왕조실록』의 번역에 참여하고 있다. 한국방송통신대학교 중어중문학과를 졸업하였고, 한국고전번역원 부설 고전번역교육원의 연수과정과 전문과정을 졸업하였다. 번역서로는 『조선왕조실록』(공역)과 『은대조례 참고자료집』(공역)이 있다.

이윤희(Lee, Yoon Hee)
현재 한국고전번역원의 번역위원으로 『승정원일기』의 번역에 참여하고 있다. 이화여자대학교 사학과를 졸업하고 성신여자대학교 대학원 한문학과에서 석사과정을 마치고 박사과정을 수료하였다. 민족문화추진회 국역연수원의 연수부와 일반연구부를 졸업하였다.

전철근(Jeon Cheol Geun)
현재 해동경사 연구소 연구위원이며 용인향교에서 경전을 강의하고 있다. 전주대학교 한문교육학과를 졸업하였고, 민족문화추진회 국역연수원의 연수부와 일반연구부를 졸업하였다.

조미은(Jo Mi Eun)
한국학중앙연구원 한국학대학원에서 고문헌관리학을 전공하여 박사과정을 졸업하였다. 논문으로는 「조선시대 왕세자 대리청정기 문서 연구」와 「19세기 해유문서와 중기에 관한 사례연구」 등이 있다.

조춘래(Cho Chun-Lae)
현재 한국고전번역원의 연구원으로 『승정원일기』의 번역에 참여하고 있다. 강원대학교 한문교육과를 졸업하였고, 한국고전번역원 부설 고전번역교육원의 연수과정과 전문과정(I)을 졸업하였다. 번역서로는 『승정원일기』(공역)가 있다.

주정순(Ju Jeong Sun)
현재 승정원일기연구소 부설 은대학당 전문과정에 재학 중이다. 성균관대학교 대학원 한문학과 석사과정을 수료했으며, 국사편찬위원회 초서 초급과 고급 연수과정을 마쳤다.

채은주(Chae Eun Ju)
현재 한국고전번역원의 편집위원으로 『승정원일기』의 윤문・교정에 참여하고 있다. 원광대학교 중어중문학과와 민족문화추진회 국역연수원의 연수부를 졸업하였다.

추소령(Choo So Young)
현재 한국고전번역원의 번역위원으로 『조선왕조실록』의 번역에 참여하고 있다. 영남대학교 국어국문학과를 졸업하였고, 민족문화추진회 국역연수원의 연수부와 일반연구부를 졸업하였다. 번역서로는 『일성록』(공역)이 있다.

하지영(Ha Ji Young)
현재 한국고전번역원의 편집위원으로 『승정원일기』의 윤문・교정에 참여하고 있다. 청주대학교 한문교육학과와 민족문화추진회 국역연수원의 연수부를 졸업하였다.

홍진용(Hong Jin Yong)
현재 한국고전번역원 고전정보센터에서 근무하고 있다. 동국대학교 사학과를 졸업하고 동대학원 동양사학과 석사과정을 수료하였다.

서울대학교 규장각한국학연구원 한국학자료총서

1 古代國語 語彙表記 漢字의 字別 用例 研究 | 송기중
2 한국철학자료집: 불교편1 – 삼국과 통일신라의 불교사상 | 허남진 외 편역
3 한국철학자료집: 불교편2 – 고려시대의 불교사상 | 심재룡 외 편역
5 서울대학교 중앙도서관 고문헌자료실 소장『경제문고』해제집 | 권태억 외
6 한글본 이언 연구 | 민현식
7상 원문 교주 구운몽 | 원작 김만중, 교주 김병국
7하 현대역 구운몽 | 원작 김만중, 옮김 김병국
8 해방 이후 한국기업의 진화 I: 1976 ~ 2005년간의 통계의 구축과 기초분석 | 이근 외
9 해방 이후 한국기업의 진화 II: 1956 ~ 1977년간의 통계의 구축과 기초분석 | 이근 외
10 서울대학교박물관소장 식민지시기 유리건판 | 이문웅 · 강정원 · 선일 편
11 풍자 우화 그리고 계몽담론 | 권영민
12 한국근현대문학의 프랑스문학수용 | 이건우 외
13 한국 근대도면의 원점: 서울대학교 규장각한국학연구원 소장 근대 측량도와 건축도 1861~1910 | 전봉희 · 이규철 · 서영희
14-1 유원총보역주 1 | 허성도 · 김창환 · 강성위 역주
14-2 유원총보역주 2 | 허성도 · 김창환 · 강성위 역주
14-4 유원총보역주 4 | 이영주 · 허성도 · 김창환 역주
14-5 유원총보역주 5 | 이영주 · 김창환 · 이남종 역주
15 식민권력과 근대지식: 경성제국대학 연구 | 정근식 · 정진성 · 박명규 · 정준영 · 조정우 · 김미정
16-1 근대한국 국제정치관 자료집: 제1권 개항 · 대한제국기 | 장인성 · 김현철 · 김종학 엮음
16-2 근대한국 국제정치관 자료집: 제2권 제국–식민지기 | 장인성 · 김태진 · 이경미 엮음
17 1980년대 조선–청 국경회담 관련 자료 선역 | 김형종 편역
18 한국 근대문학의 러시아 문학 수용 | 권영민 · 박종소 · 오원교 · 이지연
20 韓國 書誌學의 先鞭: 마에마 교사쿠의 작업을 중심으로 | 한재영 · 이현희 · 가와사키 케이고
21 사도세자의 죽음과 그 후의 기억: 『현고기(玄皐記)』 번역(飜譯)과 주해(註解) | 김용흠 · 원재린 · 김정신 · 정두영 · 최성환 역주
22 손와만록: 조선후기 향리 출신 선비 김경천의 인생이야기 | 김경천 지음 이대형 · 이미라 · 박상석 역주
23 충역의 시비를 정하다: 『정변록(定辨錄)』 역주 | 김용흠 · 원재린 · 김정신 · 정두영 역주
24 금오헌록 역주 | 김영석 역주

서울대학교 규장각한국학연구원 한국학연구총서

1 지방문학사 : 연구의 방향과 과제 | 조동일
2 한국 근대과학 형성과정 자료 | 문만용 · 김영식
3 목석의 울음 : 손창섭 문학의 정신분석 | 조두영
4 통일한국의 농업 | 김완배 외
5 현대 한국사회의 철학적 문제 : 사회운영원리 | 백종현
6 한국유교의 과제 | 금장태
7 韓國 古代·中世初期 土地制度史 : 古朝鮮~新羅·渤海 | 이경식
8 『무과총요』 연구 | 나영일
9 북한 주요 산업지역의 토지이용 변화와 개방지역에 관한 연구 | 황만익 · 이기석
10 재벌체제와 다국적기업 : 경제개발의 두 가지 유형 | 이승훈
11 붉은악마와 월드컵 | 이순형
12 『조선왕조실록』 보존을 위한 기초 조사연구(1) | 송기중 · 신병주 · 박지선 · 이인성
13 한국 근대의 사회복지 | 안상훈 · 조성은 · 길현종
14 한국어 체언의 음변화 연구 | 이상억
15 조선 중기 무예서 연구 | 나영일 · 노영구 · 양정호 · 최복규
16 1950년대 사회주의 건설기의 북한 보건의료 | 황상익
17 후발 산업화와 국가의 동학 : 탈관료화와 강성국가의 공동화 | 하용출
18 조선 후기의 기술도 : 서양 과학의 도입과 미술의 변화 | 정형민 · 김영식
19 韓國 中世 土地制度史 : 朝鮮前期 | 이경식
20 남북 언어의 문법 표준화 | 권재일
21 50권본 『화엄경』 연구 | 이승재
22 한중 소화의 비교 | 서대석
23 고려전기의 전시과 | 이경식
24 개항기 전후 경상도의 육상교통 | 허우긍 · 도도로키 히로시
25 한국어의 주제와 통사 분석 : 주제 개념의 새로운 전개 | 임홍빈
26 한국적 패션 디자인의 제다움 찾기 : 전통미와 현대적 활용을 중심으로 | 김민자
27 한국 근대문학교육사 연구 | 우한용
28 『조선왕조실록』의 여진족 족명과 인명 | 김주원
29 중앙아시아 고려말의 문법 | 권재일
30 삼국통일전쟁사 | 노태돈
31 한국의 사회운동과 진보정당 | 임현진
32 한국 행락문화의 변천과정 | 황기원
33 노래의 상상계 : '수사'와 존재생태 기호학 | 신범순
34 한국의 언어 민속지 : 전라남북도 편 | 왕한석
35 주시경의 언어이론과 표기법 | 송철의
36 일제강점기의 철도 수송 | 허우긍
37 인권으로 읽는 동아시아 : 한국과 일본의 인권 개선조건 | 정진성 · 공석기 · 구정우
38 정조와 정조시대 | 김인걸 외
39 문화의 정치와 지역사회의 권력구조 : 안동과 안동김씨 | 김광억
40 한국어 명사구의 의미론 : 한정성/특정성, 총칭성, 복수성 | 전영철
41 한국의 건강 불평등 | 김창엽 · 김명희 · 이태진 · 손정인